国家出版基金项目
NATIONAL PUBLICATION FOUNDATION

中国社会科学院近代史研究所中华民国史研究室
总编 李 新

中华民国史

人物传

第五卷

李 新 孙思白 朱信泉 赵利栋
严如平 宗志文 熊尚厚 娄献阁 主编

中 华 书 局

第五卷目录

N

O

P

Q

R

第五卷目录

国家出版基金项目
NATIONAL PUBLICATION FOUNDATION

中国社会科学院近代史研究所中华民国史研究室
总编 李 新

中华民国史
人物传
第五卷

李 新 孙思白 朱信泉 赵利栋
严如平 宗志文 熊尚厚 娄献阁 主编

中 华 书 局

S

内 山 完 造

汪仁泽

内山完造，日本冈山人。1885 年(日本明治十八年)1 月 11 日生。其父贤太郎，曾任村会议员、村长等职。内山五岁入学，十二岁去大阪大塚商店当学徒。十六岁在京都赤野商店供职，其后曾自行经商，1911 年至京都报社当送报员，此时他从信仰佛教改信基督教。

1912 年，内山得牧师介绍，任大阪大学眼药总店参天堂推销员，被派至中国，在上海、武汉、沙市、常德等地推销眼药。1916 年与井上美喜结婚，常居上海。

1917 年，内山完造以妻子的名义在上海四川路住所楼下开设内山书店。他确定的经营方针是开架售书，听任顾客自由翻阅选购，对中国顾客不论购书多少都可赊售，有人说他这样做书会被偷，赊账会收不回来，书店就将亏本关门。但结果却相反，由于内山良好的服务态度，反使顾客日益增多，获利颇丰。开始时该店只经销基督教书籍，后来从日本购进大批医学书和日本进步文学著作以及马克思主义书籍销售。尤其后者在当时军阀统治下别处难以买到，因此吸引了众多的读者，“李大钊、陈独秀他们都是书店的顾客”①。进入 20 年代，内山扩大书店，迁入新址，店面扩大，内间设有桌椅，冬天生了火炉，顾客可围着火炉品茗座谈，成为中日文化人士的漫谈场所。内山名之为“漫谈会”，当时中方经常参加的有田汉、欧阳予倩、谢六逸、郁达夫、郭沫若等人。1926

① 吉少甫:《内山完造和他的书店》,《出版史料》1985 年第 4 期，第 51 页。

年内山书店销售《马恩全集》、《新经济学全集》、《世界文学全集》、《现代日本文学全集》、《大众文学全集》等各书数百上千套。据统计，当时我国出版现代日本文学的中译本约八百三十种①，内山回忆说："这些书（所据以翻译的日本原著）大部分都是我的书店供应的，特别是左翼作家翻译出版的三十三种书，毫不夸张地说（日本原著）就是我的书店供应的，看一下这些译本与我的关系，我自豪地认为，日本文化通过我的书店对中国的影响是相当大的。"②这些书的主要译者有鲁迅、郭沫若、田汉、夏丏尊、欧阳予倩、陈望道、丰子恺等，大多是内山书店的常客。1930 年内山与参天堂断绝了关系，专心致志经营书店，并积极参加沟通中日民间交往的社会活动，如资助举办星期演讲会等。在此期间他还研究中国的上海，先后撰著了《活生生的中国》、《关于中国的民俗》、《上海漫话》、《上海夜语》、《上海霖话》、《上海汗话》等书，陆续在日本出版。

内山"以书会友"，先后结交了我国很多的著名文人。郭沫若 1923 年从日本留学回国，即与内山结识。次年他任大夏大学讲师期间，为了备课，每天在内山书店立读或借阅有关参考书。1927 年蒋介石在沪发动"四一二"政变后，郭沫若仓促之间跑到内山书店暂避，后由李一氓接他去见周恩来。次年郭沫若被通缉，举家亡命日本前夕，由内山安排住宿，次日护送上船东渡。此后郭沫若在日本侨居十年间，内山为之介绍出版商，帮助郭沫若的著作在日本顺利出版。1927 年鲁迅辞去广州中山大学教职，来到上海后，常去内山书店购书，与内山相识，逐渐建立了深厚的友谊。两人常促膝谈心，内容涉及幽默的人间世态和严肃的中日两国国民性话题。内山陆续向鲁迅介绍了从日本来华的著名人士小路实笃、增田涉、鹿地亘、岩波茂雄、山本实彦等五十多人。他支持鲁迅

① 根据近藤春雄所著《现代中国的作家与作品》（新泉书房 1949 年版）所载目录统计。

② 内山完造：《花甲录》1933 年条，岩波书店 1960 年版。

提倡和推广现代版画艺术,于1930年至1933年在沪协同举办了三期木刻展览。他还经销已被反动当局查禁的鲁迅著作《伪自由书》、《南腔北调集》、《准风月谈》等书。鲁迅也为内山的第一本随笔集《活生生的中国》作了序文①。1930年至1934年间,内山曾四次帮助鲁迅避过反动当局的迫害②。当时有人恶毒攻击鲁迅与内山的友谊,鲁迅在《伪自由书》后记中予以严厉反击说:"至于内山书店,三年以来,我确是常去坐,捡书谈话,比和上海的有些所谓文人相对还安心,因为我确信他做生意,是要赚钱的,却不做侦探;他卖书,是要赚钱的,却不卖人血:这一点,倒是凡有自以为人,而其实是狗也不如的文人们应该竭力学学的!"1936年10月18日鲁迅病危,内山请来了医生,并在他身旁照料,直至翌晨鲁迅逝世。当天成立的治丧委员会,内山是九位成员之一③。1953年,内山作为民间人士战后首次访华,在与许广平、郭沫若畅谈后曾激动地记下当时的心情:"我心想,自己是一个幸福的人。由于我和鲁迅的关系,今天我无论走到中国的什么地方,都有知己。他们把我称作中国的朋友或中国人的老朋友。活着的知己有田汉、欧阳予倩、夏衍、郭沫若先生。郭沫若先生也是我最亲近的人,我感到能作一个死去的鲁迅和健在的郭沫若的朋友是幸福的。"④

---

① 原书名《生ける支那の姿》,1935年11月在东京学堂书院首版发行,其后再版达46次。1936年开明书店以《一个日本人的中国观》为名出版尤炳圻的中译本。

② 内山完造曾四次帮助鲁迅逃避国民党的迫害:一、1930年3月,国民党政府通缉鲁迅,内山让他暂住内山书店假三楼上约一个月左右。二、1931年1月,左联青年作家柔石等被捕后,内山帮助鲁迅全家避居日人开设的"花园庄旅馆"约四十天。三、1932年"一二八"事变后,鲁迅全家至内山书店避难,数天后由内山派日籍店员护送迁至四川北路支店二楼,住至3月中旬。四、1934年2月,内山书店两华籍店员因参加中共外围组织被捕后,鲁迅全家连夜搬至内山家中避居一个多月。

③ 鲁迅治丧委员会由毛泽东、宋庆龄、蔡元培、马相伯、内山完造、史沫特莱、沈钧儒、茅盾、萧三九人组成。其中毛泽东的文章除上海《日日新闻》(日文)刊载外,其他各报都未敢刊出。

④ 吉少甫:《内山完造和他的书店》,《出版史料》1985年第4期,第53页。

1932年“一二八”事变后，内山曾给去租界避难的中国邻居写了多张保证字样的名片，以防在通过日本军警戒线时发生麻烦。他还勇敢营救因“便衣队嫌疑”被日本自卫团拘禁的中国无辜者。他在路上遇到被带往日本陆战队的周建人一家，即出面保证，终于使周全家获释①。内山的这种立场引起了日本军方的怀疑，被迫暂时回到日本避祸，直到5月间方始回上海。

1937年“八一三”淞沪抗战爆发，内山夫妇和撤离上海的日侨一起回国。翌年5月返沪准备结束在华店务，后为友人劝阻，遂将书店改为合资公司继续经营②。1941年12月8日，日本向英、美宣战后接管上海租界。15日，许广平被日本宪兵部拘留，内山尽力营救，直至次年2月始获释。此时开明书店的夏丏尊和章锡琛亦被捕，也经内山设法营救，半月后被保释。不久日本军方指定内山书店接管中美图书公司。1945年初，内山妻在沪病故，葬于沪地公墓。是年8月，日本无条件投降后，内山还去股东的股本后，将店内资产除留一百五十令白纸赠予鲁迅夫人外，其余全部分给店员，不久书店由国民党当局接管。此时上海日侨成立了自治会，内山当选为代表，协助办理日侨的遣返工作。1946年6月，内山申请永久在华居留。1947年2月，他从日本归侨中收购大量旧书，开设了“一间书屋”旧书铺。11月中旬郭沫若夫妇来告别，未遇。12月5日，接到郭从香港来电，告已平安到达。翌晨内山所住吴淞路义丰里一带即被国民党保安队包围，以组织颠覆国民政府“阴谋团”的嫌疑，强将内山等三十三名日侨押解上船遣返回国。

内山完造为了向日本人广泛传播中国的真实情况，从1948年1月

---

① [日]山下恒夫编，赵知燕译：《内山完造年谱》1932年条，北京鲁迅博物馆鲁迅研究室编《鲁迅研究资料》(9)，天津人民出版社1982年版。

② 此时内山书店在上海设有施高塔路8号本店，及北四川路1017号及吴淞路432号两支店，资本金十二万元，股东分无限责任和有限责任两种，此外在日本设有东京神田及长崎八坂町两店。参阅《中华全国中日实业家兴信录(上海之部)》(日文版)1940年上海兴信所藏版，第381页。

起一年半中,足迹遍及日本各地,作“中国漫谈全国巡回演讲”达八百多次,10月间出版了所著《同一条血流中的朋友啊》。1949年6月,日中贸易促进会成立,内山当选为常任理事,是月出版了所著《中国四十年》,9月又出版《上海话》。10月中华人民共和国成立后,内山参加了日中友好协会的创立准备工作。翌年10月协会成立,内山当选为理事长。1953年1月,作为民间人士访华。在此前后,他曾多次在日本热情地接待我国的访日代表团体。1956年内山应邀再度来华,在北京参加鲁迅逝世二十周年纪念大会和孙中山诞辰九十周年纪念活动。是年12月18日,他又一次从日本来华,飞抵上海时深情地说:“我禁不住热泪纵横,这是因为鲁迅和我的亡妻的墓都在上海的缘故。而且,这里是我活动了半辈子的地方,它与其说是我的第二故乡,倒不如说是我前半生的故乡。”①次日他参拜了移葬于虹口公园的鲁迅墓以及他前妻的墓。1957年2月,日本岸信介组阁后,执行露骨的反华政策,次年日中友好协会成立了以内山为领导的特别委员会,召开国民大会,开展了要求岸内阁总辞职的全国运动。为此内山不顾自己年高多病,再次作全国各地巡回演讲,题为“日中友好运动是直接拯救祖国的运动”。自1958年5月起至1959年4月,由于长途跋涉疲劳过度,突然高烧不退,被迫返回东京卧床休息,这时他被误诊为肺结核病。9月,应中国人民对外文化协会邀请,内山来华疗养,并参加建国十周年庆祝活动。此时他的自传体《花甲录》以及《两边倒》、《平均有钱》、《新中国读本》等著作,已先后在日本出版。9月19日,内山应邀到达北京,在当天的欢迎会上突因脑溢血昏倒,经抢救无效即于20日逝世,终年七十四岁。所遗骨灰根据他生前遗愿安葬在上海万国公墓他前妻的墓旁。

---

① 吉少甫:《内山完造和他的书店》,《出版史料》1985年第4期,第53页。

倪 嗣 冲

萧栋梁

倪嗣冲，字丹忱，原名毓桂，安徽阜阳倪寨人。生于1868年（清同治七年）。其父倪淑，曾任四川开县知县。倪嗣冲少年时随父在四川读书，中秀才后回到家乡，花钱捐了个候补知县。早年入淮军幕，历任淮军记室、佐杂、历保至监司。旋投靠袁世凯，光绪二十一年（1895年），袁世凯在天津小站练兵，任倪为幕僚，后充北洋营务处总办，后捐纳知府。

1907年，徐世昌任东三省总督，倪以道员擢升奉天提法使、黑龙江民政使兼巡防军翼长，复司垦政。1909年锡良代徐为东三省总督，以倪贪劣，劾去其职。

1911年辛亥革命爆发后，袁世凯继奕劻任内阁总理大臣，于10月荐任倪嗣冲为河南布政使，帮办军务，统领豫军出镇皖豫边区，旋又命为安徽布政使。12月，倪与段祺瑞、张勋等四十多名清军将领，请明降谕旨，立定共和政体。同月，倪率军五千从河南周口出发，攻占安徽太和，并猛攻颍上，打死淮上军官兵一千余人，攻占阜阳后又屠杀无辜百姓五千余人。民国成立后，倪拥护并支持袁世凯的北京政府，成为北洋军阀统治时期的重要人物。

1913年3月，袁世凯派人刺杀国民党领袖宋教仁，引发"二次革命"，倪嗣冲又积极配合袁世凯镇压"二次革命"。7月22日，被袁任为皖北镇守使，27日改任安徽都督兼署民政长，由此攫得安徽省统治大权。8月，他集中十门大炮和数百敢死队强渡淮河，攻占正阳关后，又以肉搏战等方式攻占寿州，于8月28日进驻安庆。10月通电请驱逐身居要津之国民党人，并残酷镇压革命党人和反袁人士。1914年3月，下令解散安徽省议会和各县议会，实行军阀统治；6月袁世凯裁撤各省都督，于北京建立将军府，设将军府诸名号，分驻各省督理军务，以倪为安武将军督理安徽军务，所部改为安武军，倪任总统领官。倪在帝制复辟急先锋段芝贵倡导下，联合十四省将军劝进袁世凯速定大位；又在梁士诒等谋划下，伪造民意，参与组织“全国请愿联合会”，要求改共和制为帝制。1915年12月袁宣布称帝，册封倪为一等公爵。倪在安徽大肆恢复清朝旧秩序，使人用令箭，行程用滚单，求见者须呈手本、履历等，甚至在1916年春，袁世凯召开公府紧急会议宣布取消帝制时，倪仍极言反对，并向袁表忠心：“臣愿统领大军平定南方，为圣主效命疆场！”1916年4月，袁任张勋为长江巡阅使兼署安徽督军，任倪为长江巡阅副使，驻蚌埠，旋兼署安徽省长。5月倪去南京，力主维持袁之总统地位；同月又与张勋通电拥袁，对反对者不惜以兵戎相见；6月2日至汉口，准备攻湘，6日袁死，7月才率军离开岳州返回安徽。

1916年6月，黎元洪继任总统，皖系首领段祺瑞任国务院总理，倪嗣冲又投靠段祺瑞。7月6日，黎改各省将军为督军，民政长为省长，任倪为安徽省长。倪即指使儿子倪道杰、倪道煌、侄子倪道烺等十余名倪家子侄包办操纵全省的选举、军事、人事等方面事务，安插亲信党羽，包揽全省要职。当黎、段之间发生“府院之争”后，9月，倪与张勋联名召集山东、奉天、吉林、江苏、直隶等十三省区代表在徐州开会，组织“十三省联合会”，史称“督军团”，攻击国民党议员、阁员干涉国会、宪法、内阁，图谋复辟清室。1917年2月，又与张勋召开第三次徐州会议，并约江苏督军冯国璋至徐州与张勋会谈。4月，段祺瑞为推行其对德宣战政策，召集安徽、福建、江西等十省督军在北京开会，指使他们对总统黎元洪施加压力，胁迫国会通过对德宣战案。倪充督军团骨干，与张怀芝、李厚基等晋见黎元洪，请求对德宣战；5月，倪又出席第四次徐州会议，继续坚持复辟清室活动，呈请解散国会，改制宪法，宣称免段祺瑞国务总理为非法，实行与中央脱离关系；6月又反对由李经羲组阁，主张由段复职。7月1日张勋拥戴清废帝溥仪复辟，溥仪任倪为安徽巡抚。倪得此消息即指示政务厅长张贴黄榜，宣布"圣谕"，表示要亲自"接旨谢恩"，在全省遍挂象征清朝的龙旗，掀起复辟狂潮。但张勋复辟遭到举国反对，孙中山号召讨张，段祺瑞亦认为倒黎目的已达到，3日在马厂通电讨逆。次日，段祺瑞自任讨逆军总司令，誓师马厂。5日倪通电表白复辟之举"事前既毫未商明，事后岂甘心承认"，今后一切当随冯国璋、段祺瑞一致进行。7日冯国璋与段祺瑞联名任命倪为讨逆军南路总司令。次日又令倪兼署安徽督军。倪遂由复辟的急先锋变为"反复辟"的司令。

1917年9月，倪嗣冲被冯国璋任命为安徽督军兼长江巡阅使，准免倪安徽省长本职。9月，孙中山高举维护"临时约法"大旗，下令讨伐段祺瑞、倪嗣冲等，而北京政府却给倪授勋，将其所部安武军扩编为四个混成旅的新安武军，除拨给倪三百八十万元军费外，还任由倪在安徽横征暴敛，扩军肥私。12月，倪与曹锟、张怀芝、阎锡山、张作霖等电请北京政府下令讨伐西南护法军政府，并与曹锟、张作霖等反对恢复旧国会，主张以临时参议会代行国会职权。

1918年，倪嗣冲积极支持段祺瑞武力统一政策。他与张敬尧等于2月电请以武力解决湘事，又与曹锟、张作霖等坚主对南方下讨伐令；4月进京劝段祺瑞、徐世昌继续用兵，并与曹锟、张怀芝等电请代总统冯国璋迅速召集新国会。7月出席天津会议，决定推徐世昌为总统。8月再次通电力主对南方用兵。11月出席北京会议，讨论停战撤兵等问题。1919年五四运动爆发后，倪下令解散安徽罢课的学校；11月与曹锟、张作霖等十六名督军、省长电请裁军二成。

1920年1月，以参战出力，获北京政府奖叙，授陆军上将。同年7月直皖战争爆发，皖系失败，段祺瑞被免去督办边防事务兼管理将军府事宜等职。9月16日，北京政府免除倪嗣冲安徽督军兼长江巡阅使职。1924年7月12日，倪于天津英租界寓所病卒，年五十七岁。

主要参考资料

翁飞等:《安徽近代史》,安徽人民出版社 1990 年版。

王传厚整理:《倪嗣冲在安徽的罪恶统治》,中国人民政治协商会议安徽省委员会文史资料研究委员会编《安徽文史资料选辑》第 7 辑(北洋军阀和国民党统治前期史料专辑),1982 年版。

韩信夫、姜克夫主编:《中华民国大事记》第 1—2 册,中国文史出版社 1996 年版。

陶菊隐:《北洋军阀统治时期史话》第 1—3 册,三联书店 1957 年版。

倪 映 典

王学庄

倪映典，字炳章，安徽合肥人，1885 年 9 月 20 日（清光绪十一年八月十二日）生于一个贫寒的农民家庭。父倪玉泉，是个乡村医生，倪映典自幼随父亲学医。八国联军入侵、签订辛丑和约后，深重的民族危机刺激了年青的倪映典，他不愿再伏处乡里，想出外寻找报国的机会。

1904 年，倪映典考入安庆安徽武备学堂练军。在学兵营里，他爱读欧美革命史和宣传革命的书籍，与具有革命思想的同学柏文蔚、孙启等接近，加入了革命团体岳王会。1906 年，他以术科优异成绩毕业，入军见习，因遭排挤，弃差至江宁，入江南炮兵速成学堂将校科，结业后任新军第九镇炮兵队官。倪在江宁与赵声、吴春阳、柏文蔚、冷遹、龚镇鹏等相往还，经常在鸡鸣寺聚议革命进行的方法。1906 年冬，萍、浏、醴起义，第九镇被派往萍乡镇压，倪随队出发。他与赵声等密谋寻机响应起义，不果。次年返宁后，应同学邀，往安庆任新军炮队教练。两江总督端方、第九镇统制徐绍桢，以其私自离职，追回禁闭一月，事后又改授马队队官，加以怀柔。同年，经皖抚冯煦请调，倪映典始得回皖任第三十一混成协炮兵营管带。他与该营队官熊成基、步队管带冷遹、薛哲等联络，共谋于次年春间发动起义。1908 年 2 月 11 日，倪等正在薛哲营中议事，冷遹匆忙来告事泄，当局下令捕人，倪只得将后事托付给熊成基等，秘密逃往芜湖、合肥。由于端方严令通缉，他又偕方楚乔去沪，然后同舟赴粤，投奔赵声。

此时，赵声正在广州任广东陆军小学堂监督。倪映典向赵声报告了安徽起义筹备情况，表示愿得到广东方面的响应。赵声介绍倪与当地革命党人朱执信、胡毅生等相识，并介绍他加入了同盟会。当时，云南河口起义开始，缺乏军事人才，倪应召前往，但正待离开香港时，起义已告失败，只好折回广州。于是，他改名倪端，由赵声介绍入新军任炮队见习排长。同盟会在广州军队中的活动，这时已逐渐展开，倪也对部属进行了艰苦的工作。他利用学科讲授机会，宣传种族革命思想。因言语不通，他冒险在黑板上大书“汉亡二百六十余年”八字，士兵大半表示领会。倪喜出望外，继续口讲笔授，介绍岳飞抗金、清兵入关、扬州十日等事迹，启发士兵的反清觉悟。同年冬，安庆来信告知将乘太湖秋操起义，约广州响应，倪认为粤军起义条件尚不具备，密电劝暂缓发动，但很快就传来了熊成基起义失败的消息。

1909 年春，广东新军步、炮、工、辎各营次第建立，成为一支可观的军事力量。赵声、朱执信、倪映典等人决计以运动军队为第一步，在广州发动起义。同年夏，他们召集军中革命党骨干数十人在白云山能仁寺举行会议，举定干事员，决定分工。倪是干事员之一，他发给每人二百张同盟会盟票，在军队中扩张组织。当时，他任炮一营右队二排长，旋调任左队二排长。该营管带齐汝汉是安徽人，知道倪一点底细，见倪行动可疑，便借故将他斥革，倪只得在军外继续活动。赵声也因受当局怀疑被解除督练公所提调职务，不久去槟榔屿。运动新军的责任便由倪映典独力担承。倪在天官里寄园巷五号设立机关，专门联络新军弁目。他破除省府县籍贯不同的乡里界限，通过下级官佐、士兵罗激扬、巴泽宪、赵珊林、谭瀛、黄洪昆、王占魁等人与士兵广泛接触。他们利用野操和假日，不断将各营士兵带到白云山，由倪演说革命道理，“言至忿际，拍桌几烂，各人则鼓掌赞和”。由于各方面的积极努力，军中同盟会员增加到三千余人。

同年 10 月，倪映典赴香港向同盟会南方支部负责人胡汉民等人报告运动军队情况。南方支部决定次年发动起义，将决定电告孙中山，并电请黄兴、赵声、谭人凤等人来港主持。南方支部还发布了倪手订的

《运动军事章程十条》,指导活动。在南方支部主持下,起义准备做了明确的分工,倪映典负责新军,张醁村、姚雨平运动防营,朱执信、胡毅生运动会党,陈炯明、邹鲁、林云陔、莫纪彭、郑赞丞、方楚乔等人都参加了活动,筹款、筹械、调查、通信、宣传、联络,均有专人负责。不久,赵声回到广州,住华宁里遇兴隆客栈,主持全部军事。为使赵声无后顾之忧,倪映典与胡汉民相商,将赵声家属从镇江接到香港。

起义正在积极准备中,12 月 28 日发生了突然变故。一标长官发现了同盟会盟票,为此,排长巴泽宪逃亡。这件事虽没酿成大案,却引起了官方的注意。于是倪映典赶赴香港,将起义时间定为庚戌年正月十五日(1910 年 2 月 24 日)元宵节。为避免遭受敌人破坏,起义机关又增加了雅荷塘、清水濠等九处,贮藏枪支、弹药、旗帜、文件。有的机关由妇女驻守,以掩人耳目。

1910 年 2 月 7 日(己酉年十二月二十八日),借迎接赵声父亲抵港的机会,赵声、倪映典等领导者均赴香港商议起义军事。行后,广州形势发生了急剧的变化。2 月 9 日(己酉除夕)傍晚,新军二标士兵因细故与店家争执,警察上前干涉,相互交哄,新军包围警局。消息传至香港,倪映典与黄兴、赵声、胡汉民等人紧急磋商,认为新军可能因此被遣散,那样就将失去基本队伍,不如孤注一掷。于是,决定正月初六日(2 月 15 日)起义。倪迅即于 2 月 11 日(正月初二日)晚赶回到广州。

这时,广州形势更加紧张。庚戌元旦(2 月 10 日),二标士兵结队入城,捣毁警局多处。粤督一面布置镇压,一面派人安抚、压制。新军协统张哲培到二标训话,并将枪机、弹药运进城,宣布全协初二日不放假,初三阅操。初二日,驻北教场的二、三标已被防营监视,驻燕塘的一标因不放假大哗,又因传有兵来攻,纷纷夺械出防。谭瀛、黄洪昆等乘机鼓动士兵到各处夺取枪械子弹,协统、标统均逃避。当晚,奉命安抚士兵的军官黄士龙回城时又被旗兵打伤,新军群情更加激愤,跃跃欲试。

该晚,倪映典了解到情况后,当机立断,决定次日起义。

2月12日(正月初三日)上午,倪映典来到燕塘炮一营,这时,齐汝汉正集合士兵训话,倪用枪将齐击倒,号召士兵们起义,炮、工、辎四营响应,推倪为总司令。倪率队到一标,击毙队官胡思深,士兵响应。倪分兵攻城,自率千余人经沙河进攻东门。清军早有防备,水师提督李准坐镇东门,派统领吴宗禹率二千余人分路进攻。下午,两军相遇,吴部在牛王庙一带布防。倪映典身穿蓝袍,手持红旗,来往驰驱,指挥新军进入阵地。清军管带童常标(倪旧部、同乡)、李景濂(同盟会员)心怀不良,施毒计谋害倪映典。他们伪装调停,诱使倪上前会面,倪未加怀疑,当面晓以大义,以争取防营一同行动。童等佯装赞同,推此事须请示统领,驰回阵地即下令开枪。倪还在巡视战场,受伤坠马,被清兵抢去,砍头而死。

倪映典牺牲后,起义军奋起猛攻,激战一小时有余,终因伤亡惨重、弹药不继而退却。延至次晚,起义军的反抗全为清军所镇压,起义失败。倪映典领导的这次武装起义,过去习惯称之为"庚戌广州新军之役"。

主要参考资料

陈春生:《倪烈士映典传略》,中国史学会主编《中国近代史资料丛刊·辛亥革命》(三),上海人民出版社1957年版,第158页。

邹鲁:《倪映典传》,《中国国民党史稿》第5册,中华书局1960年版。

《实录馆剪报今人谱——倪秉章传》,中国人民政治协商会议湖北省暨武汉市委员会等编《武昌起义档案资料选编》(下卷),湖北人民出版社1983年版。

《奔粤英勇起义的倪映典》,中国人民政治协商会议安徽省委员会文史资料研究委员会编《安徽文史资料选辑》第5辑(纪念辛亥革命专辑),1982年版。

聂　　耳

查建瑜

聂耳，原名聂守信，字子义、紫艺，笔名黑天使、红孩儿、浣玉、噪森、王达平，云南玉溪县人，1912 年 2 月 15 日(辛亥年十二月二十八日)生于昆明。父亲聂鸿仪，原在玉溪县行中医，后至昆明市行医兼营成春益药铺。聂耳四岁时，父亲弃世。他和三个哥哥、两个姐姐全靠母亲彭寂宽袭夫业，供他们上学。聂耳 1918 年入昆明县立师范附属小学读书，1922 年转入求实小学，1925 年春入云南第一联合中学。1927 年夏初中毕业后，因家境困难，考入当时云南唯一的公费学校——云南省立第一师范高中部外语组，攻读英语。

聂耳幼年受家乡民间音乐、滇戏、花灯等的熏陶，爱上了音乐。十岁时跟一个木匠学吹笛子、拉二胡，又学会弹三弦和月琴，是小学生音乐团的骨干。入中学后他学小提琴和钢琴，经常到风景如画的西山美人峰、翠湖练提琴，萌发了想当一名音乐家的愿望。他积极参加读书会、戏剧研究会及游艺晚会的活动，在这些活动中吹奏乐器，还饰演过《罗密欧与朱丽叶》中的女主角。受到革命思潮的影响后，他为自己确立了“打倒恶社会，建设新社会”①的奋斗目标，参加了中共地下组织领导的“济难会”，经常探望、接济被反动当局囚禁的革命志士。

1928 年秋，聂耳秘密加入了中国共产主义青年团。是年冬，滇军第十六军到昆明招兵，他们打着“国民革命”的旗号，欺骗中学生“参加

① 汪毓和著:《聂耳详传》，人民音乐出版社 1987 年版，第 6 页。

学生军是进军官学校，将来为民众谋利益”。聂耳与一些同学报名参军，离昆明经海防、香港、广州，及至被编入湖南郴州新兵队当兵后，才知上当受骗。他化装逃离新兵队，被一个当营长的同乡收留在营部当文书。次年3月被送到军官团受训。不久，该团奉命调赴广州与燕塘军校合并，他被遣散，流落广州。

聂耳在军营数月，对当时一些军阀政客高唱的“国民革命”大失所望。1929年5月，他回到昆明，继续在第一师范高中部读书。这年他写成《薄暮》、《碎礼》两部小说和一篇《在轮船上》的散文。

聂耳在昆明一师求学时，发起成立“七一一青年救济团”①，受到反动当局的注意，被列入黑名单。1930年7月，他在一师毕业后，离开云南，到上海谋生。他先在一个同乡开办的云丰申庄帮工，还秘密参加了上海虹口区反帝大同盟。次年春，云丰申庄倒闭，他考入联华音乐歌舞学校为练习生。联华是黎锦晖领导的“明月歌舞社”扩大改组而成的，对外演出仍以明月的名义。在首席提琴手王人艺的帮助下，聂耳刻苦学艺，每天苦练小提琴。不久他又跟随意大利籍小提琴教师帕杜施卡(Podashka)学习。他为歌舞伴奏，也兼舞蹈演员，从此改原名聂守信为聂耳。他勤奋学艺，一年后即由练习生升为正式琴师。

“九一八”事变后，上海人民抗日爱国的斗争如火如荼，聂耳经常参加群众示威游行活动。1932年春，他认识了共产党人田汉，受革命思想熏陶，树立了“为大众呐喊”的志向，决心以音乐谱写人民的心声。

当时的音乐界有两种倾向：一种是提倡西洋音乐的所谓“学院派”，宣扬艺术至上，埋头于正统的古典音乐，严重脱离时代和社会实际；另一种是以“明月歌舞社”一些人为代表的“毛毛雨派”，演些“妹妹我爱你”、“桃花江是美人窝”等低级庸俗的歌舞，与当时日本帝国主义疯狂侵犯中国领土、民族危急的形势极不相称。聂耳几次向“明月歌舞社”领导提出严厉批评，并以“黑天使”、“浣玉”等笔名发表《批评杂谈》、《中

① 汪毓和著：《聂耳详传》，第8页。

国歌舞短论》、《黎锦晖的芭蕉叶上诗》等文章，要求“明月”领导摒弃毒害青少年的音乐歌舞节目①。他还竭力主张“明月”到苏联演出，吸收新的艺术思想，创造出新的艺术。他提出的意见未被采纳，便愤然脱离“明月”，8月底离开上海前往北平。他参加左翼剧联领导的新剧活动，在抗日独幕剧《血液》中任主角，并在北平各界群众举行纪念“九一八”周年的隆重集会上，用小提琴演奏被禁演的《国际歌》。同年11月，聂耳回到上海，进入联华影片公司，从事音乐创作。

1933年2月，聂耳与夏衍、田汉、洪深等三十一人被选为中国电影文化协会的执行委员。他和任光、安娥、吕骥等人成立了“苏联之友社”音乐小组，经常在任光、安娥家里聚会，交流创作思想，研究音乐艺术。他提出“什么是中国的新兴音乐”应该是目前从事音乐运动者首先要解决的课题②，他创作了《开矿歌》（田汉词，电影《母性之光》插曲）、《小工人》（安娥词）、《饥寒交迫之歌》（董每戡词，独幕剧《饥饿线》插曲）、《静夜曲》等作品。同年，聂耳经田汉介绍，加入中国共产党。

1934年4月，聂耳被百代影片公司请去组织国乐团，并协助任光搞录音工作，为电影《渔光曲》配音。6月14日，《渔光曲》在“金城”公演，上海各大报刊纷纷发表文章赞许。11月，他又被“联华”请回主持音乐工作，并兼顾艺华影片公司和新开办的电通影片公司的音乐工作。是年，他共创作歌曲二十二首。他与田汉合编舞台剧《扬子江暴风雨》，他负责配音并谱曲《码头工人歌》、《苦力歌》等四首歌曲，当时被认为是中国第一个能准确而又深刻塑造工人阶级形象的作曲家。苏联《国际艺术》杂志也刊登了聂耳的照片。他的《毕业歌》（田汉词，电影《桃李劫》插曲）充分表达了中国青年慷慨激昂的反帝爱国精神。他的《开路先锋》（孙师毅词）、《大路歌》（孙瑜词）也因节奏深沉、刚毅，将劳动阶层

① 聂耳、冼星海学会编：《永生的海燕：聂耳、冼星海纪念文集》，人民音乐出版社1987年版，第113页。

② 聂耳、冼星海学会编：《永生的海燕：聂耳、冼星海纪念文集》，第198页。

的痛苦、怨恨以及反抗精神展示无遗，获得强烈的社会效果。嗣后，他为艺华公司的电影《飞花村》谱写了《飞花村》和《牧羊女》两首抒情插曲（孙师毅词），以及为话剧《回春之路》创作的《告别南洋》、《慰劳歌》、《梅娘曲》（田汉词）等插曲，成为鼓舞各阶层人民奋起抗战的精神武器。他还根据民间乐曲整理改写了《金蛇狂舞》、《山国情侣》、《翠湖春晓》等四首民族器乐曲，旋律优美动人，感情色彩浓郁，深受广大人民群众的欢迎。他还创作了《前夜》、《时代青年》两个剧本，撰写了《看俄国歌剧杂谈》、《一年来之中国音乐》等十二篇论文，以及短篇小说、散文、通讯等。

1935 年，聂耳为电影《新女性》谱写主题歌《新女性》（孙师毅词），为电影《逃亡》创作了《塞外村女》、《自卫歌》两首插曲。他为电影《风云儿女》创作的《义勇军进行曲》和《铁蹄下的歌女》（田汉词）在国内引起轰动。

短短两年，聂耳的名字和他的作品传遍中华大地，他的作品灌制成唱片，被抢购一空。人们赞誉他为乐坛巨星，冼星海评价他为“划时代的作曲家”，“民族呼声的代表者”①。

1935 年 4 月初，聂耳得到上海反动当局要逮捕他的消息，经过党组织同意，决定赴苏联学习音乐。4 月 15 日，乘长崎丸离开上海，准备先到日本学习一年。4 月 17 日抵神户，次日上午到达东京，第二天便开始了紧张的学习。6 月 2 日，他出席东京中华青年会馆举行的中国留日学生艺术界聚餐会，发表《关于中国新兴音乐》演说，在听众热烈掌声中演唱了《码头工人歌》和《大路歌》。6 月 16 日，他出席留日中国学生诗歌座谈会，并提出“诗歌与音乐的关系”作为下次座谈会的研究题目。

不久，聂耳认识了一位在日本新协剧团从事灯光工作的朝鲜籍人李相南，两人很快成为朋友。新协剧团这时正准备赴外地演出，李邀聂

① 聂耳、冼星海学会编：《永生的海燕：聂耳、冼星海纪念文集》，第 88 页。

耳帮忙。聂耳想到既可以观摩演出，又达到旅游目的，便欣然同意。他与李先行出发旅游，7 月 8 日上午到达神奈川县藤泽町，借住在李的朋友滨田实弘的姐姐家。当时正值盛夏，聂耳和房东滨田一家每天赴鹄沼海滨浴场洗海水浴。7 月 17 日午后，他们前往鹄沼海滨，聂耳独自一人在水深至胸部的海水里做跳浪活动。一小时后，李相南和滨田的姐姐携孩子先后上岸，遍寻聂耳不见。第二天早晨聂耳的遗体从海底打捞上来，嘴里流着血，头部也有血迹，据当地医生检验，聂耳系窒息死亡，年仅二十三岁。

聂耳突然去世的噩耗传到祖国，人们惊疑、叹息不止。8 月，上海举行隆重的追悼大会，田汉、郭沫若致悼词。日本东京、千叶县等地也先后举行了追悼聂耳的大会，出版了《聂耳纪念集》。藤泽市民在聂耳去世的鹄沼海滨建了一座聂耳纪念碑。

1954 年 2 月，中国政府在云南昆明市西山、园通山分别修建了聂耳纪念碑和纪念亭。郭沫若撰写的碑文有“何以致溺之由，至今犹不能明焉”之句，表达了人们对聂耳惨遭不幸的疑惑与惋惜之情。

聂 云 台

江绍贞

聂云台，名其杰，原籍湖南衡山，1880 年 10 月 8 日（清光绪六年九月初五）出生在长沙。他父亲聂缉椝是曾国藩的女婿，当过上海制造局总办，上海道台，江苏、安徽、浙江巡抚等官职。聂缉椝在 1890—1893 年上海道台任内，其账房徐子静侵蚀的赃款中，有华新纺织新局股票四百五十股，计银五万四千两。徐被迫交出后，聂将其据为己有，因而占有这个企业股权的十分之一①。1904 年聂缉椝任浙江巡抚时，凭借权势，又用三千余缗的垦照费，在湖南沅江、南县一带洞庭湖滨取得淤田四万余亩，后来建成了"种福垸"大地主庄园。

聂云台是聂缉椝的第三子，1883 年即随父住在上海。少年时延师就读，于 1893 年回原籍参加童试，考取秀才。此后，他跟随外国人学英语及电气、化学工程等，虽未入过正式学校，但于各学科皆有所通晓，操英语尤熟练。

华新纺织新局是洋务派所主持的官商合办企业，原为前任上海道龚照瑗及严信厚等人在李鸿章支持下于 1888 年筹办，1891 年开工，聂缉椝任上海道后，曾参与筹办。开工头几年，营业情况较好，但甲午战

① 据曾纪芬记述："初，中丞公在沪道任内亏空八十万，皆系因账房徐某吞蚀所致，爰由内账房汤癸生君经手陆续追出各种股票，其中以汇丰银行及开平煤矿为大宗。此外则轮船一只名飞鲸及码头，亟以变卖，抵偿公款。有纺织新局者，因已数年不分股息，其股票五万四千两（即四百五十股）竟一钱不值。"见《崇德老人自述年谱》，京城印书局 1933 年版。

后，受外商纱厂的竞争，连年亏损，许多股东失去经营信心。1904 年，聂缉槼任浙江巡抚时，不便出面经商，便指使其旧日亲信汤癸生出面组织复泰公司，租办华新，由汤任复泰总理，聂云台被派任复泰的经理。当时日俄开战，放松了对中国的经济侵略，复泰租办华新第一年就获利九万两。次年，汤癸生病死后，复泰进行了改组，聂云台取得他父亲的同意，将复泰改组为聂家独资经营的企业，由他自己担任复泰公司总理，其弟聂管臣任协理。改组后的复泰，仍继续租办华新。这时聂家除已据有的股权外，经汤癸生生前又代聂家陆续收买了一部分华新股票，同时汤家一部分华新股票也被收买过来，遂一家占有了华新股权的三分之二以上，在股权上占了绝对优势。

1908 年底，复泰对华新的租期届满。当时纱业有利可图，华新其他老股东要求收回自办，而聂家则想独占经营，争夺激烈。聂云台便凭借聂家在股权上的绝对优势，召集华新的董事会议，迫使董事会同意全部厂产拍卖。开标结果，聂云台以三十一万七千五百两银得标。但划除聂家应得之拍卖份额外，只需再拿出十万两左右，就全部占有了这个企业。

华新为聂家收买后，改名恒丰纺织新局，由聂云台担任总理，聂管臣任协理。初期，因沿用华新旧有机器设备，产量和质量都不高。为此，聂云台曾进行过一些技术和管理制度方面的改革。1909 年，由聂云台亲自主持开办训练班，培养技术人才，废除了包工头制。特别是 1912 年率先将蒸汽引擎改为电动机，不仅降低了成本，而且增加了产量。欧战期间是民族资本的“黄金时代”，恒丰也获得了很大的利润。但到 1918 年底以前，聂云台没有及早地更新和扩充恒丰的生产设备，而是将利润所得投资在封建土地的经营上。恒丰的设备更新，是 1919 年以后的事。

“种福垸”大庄园是聂家经营的另一产业，它与恒丰的关系，像一对孪生兄弟，互为支援和调剂。在“种福垸”建立之初，因为筑堤排涝，继续收买邻近土地，需款甚巨，截止 1915 年，从恒丰汇往“种福垸”的资金不下六十万元。到“种福垸”工程完成有了收益之后，又反转来，以收益支持恒丰。“种福垸”东西长十六里，南北宽十里，分东、南、西、北四区，三百七十四牌，可耕地达四万五千到四万八千亩，招租佃户三千余家。从 1916 年起，聂家开始从土地上得到大量的收入，每年从农民身上获得“正租”稻谷五六万石，棉花一万五千斤左右，其他杂课尚多，超过正租的百分之五十以上。1920 年后，正式建立起一套管理机构，设有总理、协理、堤务局主任等职，并有由县府名义派往、而实际由聂家豢养的保警队，可以任意对佃农进行逮捕和审判。

1915 年，聂云台作为中国实业团副团长赴美访问。1917 年，他与黄炎培等人在上海发起成立中华职业教育社，聂担任临时干事。1918 年冬，由于家族内部的矛盾，聂氏兄弟实行析产，将恒丰分作九股，成为其母(曾纪芬)与各房兄弟的合伙公司，推聂云台为总理，协理一职改由其另一兄弟聂潞生担任。“种福垸”无法分割，仍为聂家各房共有，由聂其贤等在当地经营，但大权仍由聂云台掌握。

欧战结束后，我国棉纺业仍有几年的继续繁荣。由于恒丰历年有了积累，加之又有大量的地租收入，聂云台开始对恒丰进行扩充，除增添纱锭和布机外，并着手兴建恒丰二厂及织布厂。1919 年 6 月，由聂云台发起招股，在吴淞蕴藻浜筹建大中华纱厂。大中华原定资本银九十万两，聂家投资二十三万两。由于投资踊跃，到 1922 年全部建成投产时，有纱锭四万五千枚，资本达二百万两，为当时华商第一流纱厂，聂云台担任该厂董事长兼总经理。与此同时，他还与姚锡舟等集股，在江苏崇明建大通纺织股份有限公司，与王正廷、吴善卿等在上海建华丰纺织公司，与张謇、荣宗敬、徐静仁等在吴淞办中国铁工厂，与孔祥熙、陈光甫等办中美贸易公司等企业。在这些企业里，聂云台分别担任董事长、董事和总经理等职。他还参与上海纱布交易所的筹建，并自设恒大纱号，作为交易所经纪搞投机买卖。1921 年，聂在长沙开设协丰粮栈，为湖南最大粮栈之一。聂家企业的发展，使聂云台在工商界成为风云一时的人物，1920 年他当上了上海总商会会长和全国纱厂联合会副会长。

迄1921年止，恒丰的纺锭增加到四万一千余枚，布机六百台，有职工三千余人。但由于他们家、厂不分，封建的人事关系与企业的管理体制纠缠不清，使其发展速度落后于同期全国棉纺业的发展水平。

1923年后，由于外国资本的卷土重来，华商棉纺业陷于慢性危机，聂云台所经营的各项企业都遭受巨大的损失。恒丰纱厂于1923—1924年间一度停工，为了维持周转，1924年曾向恒隆钱庄借款六十万两，此后长期借债度日①。特别是大中华纱厂，开工不到三年，因受外资竞争的打击，承担不起债务的负担，于1924年8月仅以一百五十九万两忍痛出售，聂家损失银三十余万两。其他企业，如中美贸易公司向美商订购颜料，因价格跌落损失三四十万两。华丰纺织厂因亏损于1927年被日商吞并。中国铁工厂因经营失利，一度被债权人拍卖未成，1932年"一二八"之役毁于炮火。

聂云台在经营上的失败，使他在工商界以及在家庭中的信誉大为降低。1924年后，他虽仍旧总理之名，实则处于退休地位，企业由聂潞生出面维持。此后，聂潞生逐渐成为恒丰厂和聂家经济活动的中心人物。

恒丰的工人工资水平在同业中属于最低的，又有各种克扣课罚制度。1923年恒丰工人自发地发动了第一次罢工，以后接连不断。1925年五卅运动中，恒丰工人站在斗争的最前列，使聂云台、聂潞生等非常恐惧，他们买通上海租界工部局的巡捕房捉拿罢工工人，拘留、开除工运领导干部。1926年，北伐胜利进军，各地工农运动高涨，聂云台多次著文，把群众称作是"随声附和的群氓"，极力宣传印度的甘地主义和提

① 恒丰1924年向恒隆钱庄借款六十万两，次年到期，无力偿还，改向恒丰昌等四家钱庄借款一百万两，1926年又无力偿还。使用机器、厂房做抵押，向沙逊洋行借款一百五十万两。此款转期三次，于1929年向浙江兴业银行贷款二百四十万两后才归还。中国科学院上海经济研究所、上海社会科学院经济研究所编：《恒丰纱厂的发生发展与改造：中国第一家棉织厂》，上海人民出版社1958年版。

倡生产救国①。

1926 年,聂云台担任上海公共租界工部局的董事和顾问,这年他生病几死。此后疾病缠身,意念消沉,在长斋念佛中生活,成为一个虔诚的佛教居士。1943 年,又因骨痨锯掉一条腿,更少过问世事。而恒丰则在聂潞生主持下,聂云台于 1929 年向浙江兴业银行贷款二百四十万两偿还旧债,并以余款建造三厂。1935 年秋,恒丰各厂(包括纱号)因亏损停业。1936 年由债权人浙江兴业银行征得聂家同意,将恒丰出租给宋系资本开办的中国棉业公司,改名为恒丰中记纺织新局。抗日战争爆发后,中棉公司商请浙江兴业银行同意,停止租赁关系。"浙兴"为保全债权利益,与聂家一起将恒丰伪装成英商产业,借以逃避日军管理,但没有成功。1938 年 5 月,恒丰被日本军管。1942 年与日本大康纱厂合办,成立所谓"恒丰纺绩株式会社",向日本领事馆注册,资本中日各半,聂家从日方找补的现款中偿还了"浙兴"的债务。

抗日战争胜利后,聂潞生因曾担任过汪伪政权"全国商业统制委员会"的理事及其他伪职,不便公开活动。聂云台虽已体肢残疾,不得不再次走到前台。当时,恒丰已被国民政府经济部接收。聂云台为收回产权,写信向宋子文求助,又指使他儿子聂含章向军政部次长俞大维(聂含章的表兄)活动,由俞向宋子文说情。聂家与"敌伪产业处理委员会"主任徐寄廎、"敌伪产业处理局"局长刘攻芸等人也都早有交情,经他们疏通,终于在 1946 年 3 月将产权收回。为此,聂家赠送俞大维和俞母大量恒丰股票,并让俞大维充当恒丰董事。这样,出任过伪职的聂潞生也就未受到任何追究。

聂云台虽将恒丰收回,但经过抗战以来的变化,聂家已无力经营,遂邀大棉商吴锡林、吴柏年入股,改组为恒丰股份有限公司,由聂云台出任董事长,聂含章任总经理,吴柏年为经理。恒丰由聂、吴两家合办后,利用吴家提供的流动资金,趁国民政府经济统制和通货膨胀之机,

① 聂其杰:《廉俭救国说》,国光印书局 1934 年版。

大搞投机活动,猎取暴利。但是,他们并不将盈利用来扩大再生产,而是为了满足生活消费而随时分掉,同时将纱布出口所得的外汇存放在国外。解放初期,恒丰设备陈旧,资金缺乏,财务亏损,种种困难,几至无法支持。经过人民政府对该厂多方面的扶助与整顿,工人们努力增产,主动减薪,并对资方的不法行为进行了必要的限制和斗争,促使他们将逃资调回,生产才逐步好转。

1953 年 12 月 12 日,聂云台因病在上海去世。

钮 永 键

杨克义

钮永键，字惕生，江苏上海（今属上海市）人，生于1870年4月8日（清同治九年三月初八）。父钮世章，同治三年中乡举，曾创办吴会书院，著有《琴韵楼诗文集》。

钮永键五岁起入塾，因聪颖过人，于1889年二十岁时考取秀才，居榜首，由提学使特调到著称于江南的江阴南菁书院就读。其时，恰与吴稚晖同学，俩人间的毕生友谊亦从此开始。1892年，书院学生与江阴知县发生纠纷，他与吴稚晖因不满书院山长的所为，愤而退学。返上海后，入正经书院攻读。在此期间，他接受了维新思想，对西方的民主政治尤为倾心。1894年，他应江南恩科乡试中举。时值中日甲午战争爆发，钮痛恨清廷腐败，乃弃文习武，于1895年考取湖北武备学堂，接受德国式军事教育四年。毕业后返回上海，先在经莲珊办的两等学堂任教，后又帮助经莲珊创办高昌庙女学，并任教务长。

1899年，张之洞选送日本留学生，钮永键赴武昌应试获第一名，被录取。因抵东京时间迟误，他未能进陆军士官学校就读，即在东京补习日文，同时为组织留学生事奔走。次年3月，吴稚晖到东京与他同住神田区朋凌馆。5月，他受程家柽、吴禄贞之邀，去横滨山下町拜访孙中山，一起畅谈了革命思想和形势。从此，他与孙中山有了较多交往，受到孙中山革命思想的深刻影响，投身民主革命的志向亦愈益坚定。他串连川、粤籍留日学生，筹办地方性的学生会，为成立留学生总会“中国协会”而奔走。当时国内为培植青年，抵御外侮，各省多筹办武备学堂。

12月,他受两广总督陶模的邀请,回国在黄埔筹办广东武备学堂。半年后,武备学堂招生就绪,他又返回东京。在东京,他与史久光等编印《江苏》杂志,积极宣传革命思想。

1903年,俄军在日俄战争中占领我国东北,留日学生群情激愤。钮永键与黄兴、蓝天蔚、秦毓鎏、叶润等发起组织留日学生抗俄集会,会上议决成立拒俄义勇队,推蓝天蔚为队长,并选举钮永键与汤尔和为特派员,回天津说服袁世凯对俄主战。由于清廷驻日公使蔡钧的阻挠,义勇队被迫解散,后改组为军国民教育会,成为东京发动国内革命的一个团体。5月,钮与汤尔和回到天津,几次请见袁世凯均被拒绝,只得重返东京。在留日学生革命热情的影响下,不久他又返回上海活动,在家乡创办紫岗学舍,招收青年训练新式兵操,灌输革命思想。第二年,他应广西太平思顺兵备道兼边防督办庄蕴宽的邀请,去龙州边防大营任总文案,兼边防教导团总理。1905年,黄兴从日本回国,为谋桂林起义,曾去龙州联络钮永键、秦毓鎏等。嗣后庄蕴宽调任桂林兵备道总办,钮亦调任为帮办,同时受命筹办广西讲武堂及陆军小学,兼任总监。他经黄兴介绍,秘密加入同盟会。在广西任职四年多的时间里,他的革命思想对学生影响很大,许多青年学生受到了革命思想的熏陶。1909年冬,钮的革命活动被清廷发觉后,受到两广总督的缉捕。他逃往香港后,于次年赴柏林,考察德国军事。1911年春,他在德国获悉广州黄花岗起义失败的消息,决定立即回国投身革命。

10月中旬钮永键抵达上海后,武昌起义已爆发,他看到国内革命形势高涨,各处多在酝酿革命起义,上海方面也已由陈其美、李燮和等策划布置,便积极参加了起义的准备。他在同盟会、光复会、上海商团之间做了一些协调工作,推动上海反清势力的三股力量汇聚在一起。11月3日,陈其美率先攻江南制造局被拘。第二天钮永键协助上海商团组织援军,由李燮和率敢死队攻陷制造局,解救了陈其美等人。上海光复后,上海军政府成立,陈其美被推为都督,钮永键任军务部长。钮又立即转赴松江,说服他的许多学生——松江驻军举行起义。11月6

日松江宣布独立，成立军政分府，钮被推举为军政部长。他组建松军干部学校和弁目营、学生军，扩大革命武装力量。其时，与革命军相持的清军将领张勋自南京秘密逃往徐州，南京城内空虚。钮即与革命党人顾忠琛连夜走访上海巨商虞洽卿，筹借巨款，交给因起义不成、在上海待机的第九镇统制徐绍桢。徐得款后赶赴镇江，集合旧部，会同浙江、江苏义军组成江浙联军进攻南京，取得胜利。12 月初，江苏都督府由苏州移驻南京，钮永键被任命为参谋次长。

1912 年 1 月 1 日，孙中山在南京就任临时大总统，组成中华民国临时政府，同时成立参谋本部，任命黄兴为参谋总长，钮永键为参谋副长。从此，黄、钮二人的交往和友谊更趋密切。2 月 13 日，在清帝溥仪下诏退位的第二天，孙中山向参议院提出辞去临时大总统职务。15 日参议院应孙中山咨请选举袁世凯为临时大总统，电请袁来南京就职。袁不肯南下，孙中山就派蔡元培为欢迎特使，宋教仁、钮永键等八人为欢迎员，北上迎袁。袁借口曹锟部兵变，不肯南下。钮洞察袁之用心，曾向孙中山提出兴兵讨袁建议，因认识不一而未成。3 月，参议院同意袁世凯在北京就职，孙中山则于 4 月 1 日行解职礼，钮也随同解职。8 月，袁世凯电邀孙中山北上，钮永键作为参谋随同前往。在北京时，适逢同盟会改组为国民党，孙中山被推为理事长，钮被举为名誉参议。

1913 年 3 月 20 日，宋教仁在上海北站被刺，袁世凯反对革命的阴谋败露。孙中山发起讨袁，开始了国民党的“二次革命”。7 月间，上海继江苏宣布独立，陈其美为上海讨袁军总司令，钮永键为总参谋长。同时松江也宣布独立，钮被推为司令。7 月 23 日，上海讨袁军攻江南制造局不克，钮 25 日率松江学生军及敢死队猛攻，仍未能下。8 月，沪、宁等地讨袁军事先后失败，钮率领余部退至江苏嘉定一带。但大势已去，众寡悬殊，最后被迫在太仓解散部队，自己赴日本避难。其时，孙中山在日本积极酝酿筹建中华革命党，钮亦参与其事，并与戴季陶、陈其美等二十三人在东京先期入党。

1914 年春，为组建中华革命党事，孙中山和黄兴等人发生歧见，以致形成了两派。钮永键虽有先期入党之举，但此时又与黄兴等人的主张相接近，因而感到左右为难，不好自处。他采取回避矛盾的方法，在3月间离开日本，经美转英，考察第一次世界大战中的欧洲战事。其间，与当时在英国的吴稚晖有较多的联系交往。一年后，他于5月动身经美国返回日本。这时由于形势的发展，他的思想状况亦渐趋稳定。是年秋，袁世凯帝制阴谋公开暴露，全国反对帝制的浪潮风起云涌。10月，钮永键返回上海，参加国内反袁斗争。12月，袁世凯宣布称帝，钮与林隐青冒险去南宁，策动陆荣廷倒戈未果。当他乘船到达香港时，知道各路讨袁护国军已纷纷出兵，乃于1916年3月赶回上海，进行苏浙方面的讨袁策应工作。5月，陈其美在上海被袁党暗杀，钮永键受命和王宠惠筹办其丧事。10月，黄兴在上海病逝，他也参与办理治丧事宜。当时，吴稚晖从英国返沪后，担任《中华新报》主笔，钮曾在报社任职。

1917年9月，孙中山南下护法，在广州成立中华民国军政府。年底，钮永键应孙中山电召到广州，接受冷遹所部的十五个营，出任师长。1918年初，孙中山任命钮永键为军政府参谋次长兼石井兵工厂总办。12月，钮在广州遭枪击受伤，乃离职养伤，愈后即辞职返沪疗养。他一时情绪消沉，为回避时局的纷扰，在基督教美以美会创办的中西女塾执教，又与徐谦在上海基督教青年会开办“查经班”。

1921年5月，孙中山在广州就任非常大总统，发表钮永键为江苏省长。因此时江苏尚在北洋军阀统治之下，钮无法就职，只做一些筹备工作，各方联络苏沪的革命党人，开展活动。1923年，孙中山为打破北洋军阀所控制的北方局面，派员北上联络同志和策动各方军政人员，钮永键和徐谦受命赴北京，在冯玉祥身边进行了积极的工作。后钮被冯委为国民军总参议。1924年冬，孙中山受邀北上商讨国是，钮永键得知孙中山途中病发，特赶至天津迎候，陪同进京。孙中山于1925年3月在北京病逝，钮被推举为抬棺移灵的国民党二十四位要人之一。此后钮仍留在国民军中工作，直至国民军撤离北京，钮才返回南方。

1926年7月，国民政府誓师北伐，钮永键奉派为国民革命军总司令部总参议，负责上海的敌后活动。其间，他曾策动孙传芳部的海军起义，但他不肯支持上海工人武装起义活动，而热衷于用官禄来收买和策动敌军。在第三次工人武装起义前夕，他辞去任职，声称要“闭门谢客”，回避革命风暴，也未参与后来的“四一二”政变。1927年4月18日，南京国民政府成立，他被任命为国民政府秘书长，不久又任江苏省政务委员会委员兼民政厅长。11月，省政府改为主席制，他出任江苏省政府主席。

当时，刚摆脱军阀统治的江苏，政治、经济上的稳定和发展任务很重，加之江苏又是国民党蒋介石统治的“畿辅拱卫”之地，故而钮永键是身负重任。在主政江苏的三年时间里，他秉承蒋介石建立国民党专制统治的方略，以“清、慎、勤”作为格言，做了不少工作。为充分发挥省政府的作用，避免省政府与中央机关、南京特别市机关同处南京而受到的干扰，他主持将省会迁往镇江。他自兼水陆公安管理处长，建立陆上保安团和水上公安处，强化治安工作，清剿溃兵游勇、盗贼土匪，较快地取得了社会安定。与此同时，他也积极执行“清党”反共的方针，对转入地下的共产党人及进步人士进行搜捕镇压。他下力整理财政，清整全省的田政、地籍，并督促清查赋税。他对文化教育工作比较重视，省政府专门成立教育经费管理处并自兼处长，对各县教育经费实行单独管理，不准其他方面侵占或挪用。1928年至1930年，江苏省大、中、小学的学生数及经费数字，均居全国各省之首。钮还重视发展社会教育，在无锡设立省立教育学院，培养师资人才，设立民众教育实验区，开展识字教育，在各县普遍设立民众教育馆，以致当时的江苏成为全国推行民众社会教育最发达的省份。

1930年3月，钮永键辞去江苏省政府主席职务，旋即被任命为行政院内政部代理部长。年底，又调任考试院铨叙部部长。1932年5月，被任命为考试院副院长，代理院长半年。考试院的工作本是有职无权，但钮在工作中仍很认真，在人员的任用、考绩、奖励以及考试院的组织等多方面，参与或主持制定了若干规范和条例，并参加了一些考试实施工作。

1937年全面抗战开始后，钮永键又奉命兼铨叙部部长。1941年国民政府成立党政工作考核委员会，他被聘为专任委员。12月，钮永键辞去考试院副院长之职，转任国民政府委员兼政务官惩戒委员会委员长，主持简任官以上政务官员的惩戒事宜。1945年5月，国民党六大在重庆举行，他当选为中央监察委员。

抗战胜利后，钮永键和叶楚伧奉派为京、沪、苏、浙、皖五省市宣慰使，往来于苏、浙、皖之间。其间因叶楚伧病逝，宣慰一事多为钮永键负责。1946年5月，国民政府迁返南京，他仍任政务官惩戒委员会委员长职。1947年，国民政府组织国大代表和立、监委员选举，他受派督导江苏省选举。1948年5月，蒋介石当上了总统，钮永键被聘为总统府资政。1949年3月，他又被任命为考试院副院长，并随考试院迁往台湾。

钮永键在台湾先被蒋介石聘为国民党中央评议会委员，1950年9月举行高等及普通学校考试，他担任典试委员长。1952年钮永键八十三岁时，以年老体弱辞去各项职务。1953年夏赴美就医。1957年曾返台出席国民党第八次“全国”代表大会，仍被选为中央评议委员。1965年12月23日，钮永键在纽约因病去世。

主要参考资料

杨恺龄:《钮惕生先生的生平》，杜元载主编《革命人物志》第8集，台北“中央文物供应社”1969年版。

杨恺龄编:《钮惕生先生遗札选集》，《近代中国史料丛刊续编》第26辑，台北文海出版社1975年版。

杨恺龄编:《钮惕生先生年谱》，《东方杂志》复刊第10卷第2—3期。

区 寿 年

边 篆

区寿年，字介眉，广东罗定人，1902 年 10 月 5 日（清光绪二十八年九月初四）生。祖父区龙光是个武进士，其后人多崇尚武艺。区寿年幼时入本村塾，后在多镜圩小学求读，高小毕业后居家务农。

1921 年冬，经叔父介绍，区寿年至舅父蔡廷锴所在的粤军第一师第四团第十一连连部任文书。嗣后至粤军阳江军事教练所学习，结业后回十一连任司务长，后升排长。1922 年 5 月，孙中山在韶关督师北伐，粤军第一师进军北上占领赣州，区寿年也参加了攻克赣州之战。6 月陈炯明在广州叛乱，粤军回师平叛，但第四团在团长带领下附陈，至增防梧州时又投拥戴孙中山的滇桂联军。区随部辗转，先后参加了收复省城、进攻肇庆、争夺英德等战斗。1924 年秋，蔡廷锴在粤军第一师第二团任第一营营长，任区为第三连连长。区在家乡招募一批青年，在封川一带训练。

1925 年 8 月，粤军第一师扩编为国民革命军第四军，区寿年连编属第十师第二十八团第一营。不久，参加南征讨伐邓本殷之役。翌年 7 月，第十师出征北伐，区连在第二十八团团长蔡廷锴带领下担任前卫，参加了攻克平江、激战贺胜桥、进占武昌城等战役，英勇作战，是“铁军”中的一支优秀队伍。嗣后第十师扩编为第十一军，区寿年升为第十师第二十八团第三营营长，参加了对奉军作战的临颍、开封等役，获得嘉奖。

蒋介石于 1927 年 4 月“清党”反共后，7 月汪精卫又在武汉“分共”,第十师在师长蔡廷锴率领下跟随叶挺到南昌参加了八一起义。在随后南下向广东进军途中,第十师脱离了起义队伍,开到赣东北之铅山。第十师又恢复了编属第十一军的建制,为第二十四师,区寿年被任命为第七十团团长。部队编配后由赣入闽,1928 年初奉李济深之命至广东东江,截击张发奎军奏捷,驻防琼崖,区团在高州、徐闻整训。

1929 年秋,区寿年升任蔡廷锴第六十师第一二〇旅旅长。在年末的粤桂战争中,区旅在花县击溃桂军后跟踪进击梧州、火山奏捷,打开了广西的门户。1930 年 2 月粤桂战火再燃,区随蔡廷锴作战,在进占北流一带后驰往民乐援香翰屏第六十二师,歼桂军数百。5 月,第六十师与蒋光鼐第六十一师联袂参加中原大战,先击败桂张(发奎)联军于衡阳,旋即快速北上,在鲁境津浦线上与阎锡山军激战。在攻克泰安之战中,区旅攻占右翼集镇后又驱逐泰安守敌。继后在攻占济南之战中,区旅与敌激战于长城岭和党家庆附近之高地,抢占火车站。敌全线溃退,第六十师和第六十一师合力攻打济南城,于 8 月 15 日进占。蒋介石为奖赏两师,遂编第十九路军,以蒋光鼐为总指挥,蔡廷锴为军长。接着第十九路军西驰河南,投入陇海线战事。战后,区因战功获四等宝鼎勋章。

中原大战结束后,蒋介石调集各路军队前往江西,第十九路军开至兴国,参加第二次对红军的“围剿”。1931 年 5 月,第十九路军在江西吉安扩编,新建第七十八师,区寿年升任该师师长。在接着进行的第三次“围剿”战中,区师留守吉安。“九一八”事变后,第十九路军将士义愤填膺,在赣州集会强烈要求武装抗日,停止内战。嗣后第十九路军调赴宁沪沿线,总部和第六十一师驻南京、镇江,第六十师驻苏州、常州,区寿年第七十八师驻淞沪、南翔等地。

1932 年 1 月中下旬,日本侵略军在上海不断制造事端进行挑衅,无理要求中国驻军撤退三十公里。1 月 24 日,国民政府军政部长何应钦至上海,要蔡廷锴撤防南翔以西地区。蔡拒,区闻悉愤慨不已,表示若要撤退就退伍回家做农民,免受侮辱。随后区偕第七十八师旅长以上将领随蔡至苏州，出席第十九路军高级将领紧急会议，表明抗日决心。日方加紧挑衅，还于27日提出最后通牒，无理要求撤退闸北的中国驻军。何应钦与参谋总长朱培德27日三次急电命令第十九路军“忍辱求全，避免冲突，万勿妄动，以免妨碍国防大计”，并令第七十八师防地交给宪兵团接防。28日下午4时还来电限于当日下午6时交防完毕，不得贻误戎机。但此时日本海军陆战队已在上海市区的四川北路、老靶子路等地频繁调动。区寿年接报后，要求推迟到29日交防，以免自乱阵脚。区还接到蒋光鼐、蔡廷锴的密令：如若日军来犯，即行抵抗。结果28日深夜11时30分，两股日军分向驻守在闸北虬江路等路口的第七十八师翁绍垣第一五六旅第六团第一营、二营防地突击。第六团官兵奋起还击，打响了淞沪抗战。区寿年果断指挥所部坚决抗御六千多海军陆战队的进攻，还利用闸北街道楼群堡垒进行反击。嗣后，战线由闸北延伸到江湾、庙行、吴淞、宝山等地，第十九路军三个师三万余兵力一齐上阵，更得到张治中率领的第五军及教导总队、宋子文领导的税警总团等部的增援，还得到上海和全国民众的鼓舞和支援，将士们抗日御敌的爱国热情空前高涨，坚守阵地，不断击退日军的猛烈进攻。在闸北巷战、吴淞要塞战、八字桥战斗、蕴藻浜战斗、江湾庙行战斗、浏河战斗等前后三十三天的血战中，杀伤日本侵略军万余人，迫使敌军三度增兵、四次更换指挥官。由于日军增援部队又于3月1日在太仓、浏河登陆，而蒋介石未再增派援军，第十九路军在苦战月余、伤亡逾万、弹药不济的困难情况下，不得不撤离上海，退驻嘉定等地。中日双方3月3日宣布停战，5月5日签订《淞沪停战协定》。区寿年坚决抗敌，勇敢善战，受到各界和舆论的赞扬，国民政府亦授予青天白日勋章。

为全国军民赞颂的第十九路军随即被蒋介石调赴福建“剿共”，在闽西北几次与红军遭遇。区寿年率第七十八师驻守连城，但在朋口一战中被红军击败，损失甚大，只得弃连城撤往永安。

1933年11月，第十九路军领导人蒋光鼐、蔡廷锴与陈铭枢、李济深等爱国反蒋人士发动“福建事变”，自建“人民共和国”政府和“人民革命军”，区寿年被任命为第一方面军第三军军长。但蒋介石抽调十五个师进攻福建，同时利诱收买一些军官。“闽变”于1934年1月失败，第十九路军解体，所部接受改编，区寿年离开部队潜赴香港。后赴德国研学军事，还赴英、法、意等国参观考察，获取新知。

1936年7月，区寿年随同蔡廷锴由香港至南宁，经与李宗仁、白崇禧等商妥，在广西恢复第十九路军，8月发表宣言后即赴前线抗日。第十九路军恢复三个师的建制，区寿年仍任第七十八师师长。不久，李宗仁、白崇禧和蒋介石妥协，蔡廷锴出走香港，广西部队缩编，第十九路军被缩编为第二十六师，区寿年任师长。翌年初第二十六师改为陆军第一七六师，区仍为师长，隶属李宗仁第五路军。

卢沟桥事变后，区寿年所部开赴抗日前线，先后参加淞沪抗战、徐州会战和保卫武汉的黄梅、广济战役。1938年9月，区寿年升任第四十八军副军长兼第一七六师师长。武汉保卫战结束后，区率部随第二十一集团军总司令兼安徽省主席廖磊（先曾兼任第四十八军军长）入皖，在大别山地区建立豫鄂皖边区抗日游击根据地，为东区南分区指挥官，在安徽太湖、潜山、桐山和湖北应山、罗田等十一县开展游击战争，袭击日伪军。区建立了一个政治总队，在根据地宣传抗日救亡，建立群众自卫组织，恢复地方秩序，清查汉奸敌探，还组织战地服务队协助作战。1939年11月，区升任第四十八军军长。翌年7月，他到重庆入陆军大学特别班深造两年。1943年2月，区被任命为第二十六集团军副总司令，驻湖北恩施。但他手头无一兵一卒，常与其时软禁在恩施的新四军军长叶挺打牌消遣。

抗日战争胜利后，蒋介石整治军队准备内战，改集团军为绥靖区，区寿年于1946年2月改任第六绥靖区副主任，协同周岩率部驻防豫南商丘。1948年6月，蒋介石发动的内战已陷入“分区防御”的困境，区寿年被任命为第七兵团司令，指挥余锦源整编七十二师、沈澄年整编七十五师共五个旅的兵力，配合邱清泉第二兵团进攻开封。区兵团奉命由民权经睢县、杞县迂回开封，于6月27日被解放军主力分割包围。

区率整七十五师在龙王店投入很大兵力修筑外壕、鹿砦、土围墙、火力点和防御工事,打算坚守待援。7 月 1 日,解放军向龙王店发起总攻,突破土围子向守敌阵地猛烈进攻,区部难以抗御,坚固的土围子反而成了困缚区部的陷阱,左冲右突也出不了土围子。战至 2 日凌晨,第七兵团司令部、七十五师师部及第十六旅一个个全被歼灭,区寿年及师长沈澄年等人被俘。

区寿年经过两年学习改造,获得宽大处理。1951 年回到广州,被中国国民党革命委员会华南临时工作委员会选为宣传委员会委员。1954 年被选为广州市政协委员,翌年又任市政协常委。1957 年 1 月 15 日,区寿年因长期胃溃疡医治无效而逝。

主要参考资料

姜克夫编著:《民国军史略稿》,中华书局 1987 年—1992 年版。

陈燕茂、黄和寿:《十九路军史略》,中国人民政治协商会议广东省委员会文史资料研究委员会编《广东文史资料》第 23 辑,广东人民出版社 1979 年版。

蒋光鼐、蔡廷锴、戴戟:《十九路军淞沪抗战》,中国人民政治协商会议全国委员会文史资料研究委员会《从九一八到七七事变》编审组编《从九一八到七七事变》(原国民党将领抗日战争亲历),中国文史出版社 1987 年版。

林一元:《区寿年》,中国社会科学院近代史研究所民国史研究室编《中华民国史资料丛稿·人物传记》第 6 辑,中华书局 1979 年版。

欧阳予倩

张小曼　杨光莹

欧阳予倩，湖南浏阳人。1889年5月1日（清光绪十五年四月初二）生。他的祖父欧阳中鹄是清末有名的学者，官至广西巡抚。唐才常、谭嗣同都是他的学生。

欧阳予倩从六岁到十二岁在家塾读书，唐才常是他的蒙师。戊戌政变后，谭嗣同被杀，欧阳颇受刺激。1901年随祖父到北京读书。次年入湖南长沙经正中学堂。经正的教员中有几个是同盟会会员，他们劝欧阳到日本去。1903年欧阳到日本东京进成城中学。1906年奉母命回乡结婚。1907年再次赴日入明治大学商科。同年他在东京参加了我国最早的话剧团体"春柳社"，演出了美国黑人反对种族歧视的《黑奴吁天录》，目的是为了惊醒国人，奋发图强。此后，又演出了法国浪漫派作家萨都的《热血》。这是一出歌颂革命党人、鼓舞革命斗志的戏剧。看了"春柳社"的演出之后，许多有理想、有抱负的青年参加了同盟会。这使欧阳意识到戏剧艺术的教育作用，决心一生从事戏剧事业。1908年改入早稻田大学文科学习。

辛亥革命后欧阳予倩从日本回国。1913年他在湖南长沙组织"文社"剧团。演《运动力》一剧时，因剧中结尾是农民焚烧地主的楼房，触动了统治阶级，"文社"为湖南都督汤芗铭逼迫解散。1914年春节后，欧阳从长沙回到上海，和陆镜若等组织"新剧同志会"，用"春柳社"名义演出《猛回头》、《社会钟》等话剧，宣传民主革命，揭露当时的黑暗统治。

欧阳予倩在从事话剧的同时，刻苦地向陈祥云、江梦花等学习京剧，向薛瑶卿学习昆曲。1916 年终于正式成为职业京剧演员。此后十五年中，欧阳对京剧加以革新和创造，编演了二十多个新的京剧剧目，在舞台上创造了许多具有反抗精神的古代妇女形象，自成一派，获得“南欧北梅”的赞誉。

为了发展话剧运动，1918 年欧阳予倩再次去日本调查戏剧情况。同年回国后，得到清末状元、实业家张謇的支持，到南通办了“伶工学社”和“更俗剧场”，想借此培养一批有知识的演员，以便组织剧团，改革戏剧。但欧阳在南通三年，收获不大，于 1921 年离开南通回到上海。同年 12 月，与汪优游、谷剑尘、应云卫等人成立了一个戏剧团体——上海戏剧协社，并结识了田汉。1922 年洪深回国后，经欧阳介绍也加入了戏剧协社。由洪深导演，协社连续演出了欧阳予倩的《泼妇》、《回家以后》，汪优游的《好儿子》和洪深改译的《少奶奶的扇子》、《娜拉》等剧，在社会上引起很大的反响。

1926 年，左翼电影运动开始兴起，欧阳予倩参加了民新影业公司。他拍摄的第一部电影是《玉洁冰清》，后来又拍了《三年以后》、《天涯歌女》。

1927 年宁汉分裂后，蒋介石在南京成立国民革命军司令部，陈铭枢任政治部主任，田汉参加了政治部的工作。欧阳予倩接受田汉的邀约，到南京担任政治部艺术指导员，因此认识了陈铭枢。不久龙潭战役发生，南京一片混乱，欧阳便与田汉、唐槐秋一起回到上海。

1928 年 1 月，欧阳予倩参加了田汉所组织的南国社，并在南国艺术学院任教。同年冬，陈铭枢邀欧阳到广东去搞戏剧运动，他便随陈到了广州。1929 年 2 月在广州创办广东戏剧研究所。这个研究所附设有戏剧学校、音乐学校、管弦乐队，并办了一个《戏剧》杂志。当时广东政变频繁，内战不断，戏剧研究所也时办时停，三年中就停办了三次。1931 年“九一八”事变后，欧阳在广东参加了中国左翼戏剧家联盟广东分盟。10 月，离开广州经香港转往上海。

同年 11 月，欧阳予倩在上海组织“现代剧团”，参加的有应云卫、唐槐秋等。不久“一二八”事变爆发，“现代剧团”解散。欧阳写了《不要忘了》和《同住的三家人》两个剧本。《不要忘了》以活报剧的形式，反映了国联李顿调查团来到中国后，置中国的利益于不顾的无理态度，以及工人阶级对此事的示威抗议。独幕剧《同住的三家人》真实地暴露了国民党当局巧立名目掠夺老百姓的黑暗统治。

1932年秋，欧阳予倩与陈铭枢同赴欧洲考察戏剧。欧阳在法国住了半年，曾和冼星海一起多次参加留法华工组织的晚会活动。1933年夏，欧阳到苏联参加第一届戏剧节。10月回到福州，参加了反蒋抗日的“福建人民政府”，并拟定了福建人民政府的“国旗”、“国歌”。不久，福建人民政府失败，欧阳被国民党政府通缉，流亡日本。1934年冬通缉令取消后，回到上海，为新华影业公司编导了电影《新桃花扇》。1935年欧阳参加明星影片公司，编导了《清明时节》、《小玲子》等片。1936年冬他加入联华影片公司，编导了《如此繁华》，没有拍完，“八一三”战事就爆发了。抗日战争开始后，欧阳负责组织电影界救亡协会。后来，他加入戏剧界和京剧界救亡协会，并被选为文化界救亡协会理事，积极组织救亡演剧队，往各地演出。

上海、南京相继沦陷后，欧阳予倩在上海租界内组织了一个中华京剧团。上演的第一个戏是欧阳自编的《梁红玉》，接着又演出了《渔夫恨》和《桃花扇》，起到了很好的作用。汉奸特务逼他和日本侵略者见面，他设法秘密离开上海到了香港。随即应马君武电邀到桂林帮忙改进桂剧，于1938年5月到了桂林。

由于马君武不赞成欧阳予倩的剧本，欧阳予倩在桂林勉强排完了一出《梁红玉》，就和徐悲鸿一同到了香港。这时，正值唐槐秋带了中国旅行团在港演出，欧阳为他们排了《流寇队长》、《日出》、《钦差大臣》等戏。欧阳还为上海新华影业公司写了电影剧本《木兰从军》，后来这部影片打破了当时国产片的卖座纪录。1939年，欧阳应何香凝邀请，曾在香港为《救亡日报》募捐，并与廖承志、夏衍取得联系。从那以后，欧阳与中共经常保持联系。

1939年8月,欧阳予倩又接到马君武和原北大教授白经天的信,劝他仍回桂林,于是他再次回到桂林。马君武便将桂剧团全部交欧阳经管。1940年,广西省政府又把徐悲鸿走后留下的广西省立艺术馆移交给欧阳,由他担任艺术馆馆长兼桂剧团团长。从此,直到1944年桂林沦陷,欧阳一直巧妙地利用国民党和桂系的矛盾,运用戏剧艺术武器,大力进行团结抗日宣传活动。这期间由欧阳导演的多幕剧有老舍的《国家至上》、夏衍的《愁城记》、阳翰笙的《天国春秋》、沈浮的《小人物狂想曲》和他自己的《忠王李秀成》等戏。

与此同时,欧阳予倩还编导了不少桂剧,培养了一批桂剧演员。在中共地下组织的领导下,欧阳和田汉在桂林组织了有八个省包括几十个剧团参加演出的"西南戏剧展览会",成为抗日战争时期进步戏剧力量的大会师和大检阅。

1944年7月,桂林因受日军进逼紧急疏散,欧阳予倩和广西艺术馆的一部分人退到桂东昭平县。这时欧阳和陈劭先、陈此生、千家驹、张锡昌等经常接触。以陈劭先为主,在昭平办了《广西日报》昭平版。昭平吃紧后,他们疏散到深山中的黄姚村继续办报,后来该报改为欧阳负责。由于这个报纸经常转载《新华日报》的消息,宣传"坚持抗战、坚持团结、坚持进步"的主张,深受广大群众欢迎,桂东十几县的人都看这份报纸。1945年夏,欧阳正式加入民盟。日本投降后,欧阳从昭平回到桂林。

1946年纪念"五四"时,欧阳予倩在讲话中批评美国前总统胡佛利用粮食为诱饵,破坏东欧国家的团结,受到国民党的迫害,愤然辞去艺术馆馆长职,于同年秋离开桂林回到上海。当时,他生活相当困难,一度在上海市立剧专讲课。冬天,新中国剧社因在上海找不到演戏的地盘,约欧阳领队去台湾演出。1947年1月欧阳和他们到台湾后,为他们导演了《郑成功》、《桃花扇》、《日出》等戏,深受欢迎。

1947年冬,欧阳予倩接受香港永华影业公司的聘约到了香港。不久,与顾而已、舒绣文等另组大光明影业公司,拍了《野火春风》等两部影片后，于 1949 年 3 月来到北平。

7 月，欧阳予倩参加文代会，被选为全国文联常委。后又当选为全国政协委员。1950 年 4 月，被任命为中央戏剧学院院长。1953 年 10 月，被选为全国人民代表大会代表。1955 年 4 月 9 日，欧阳以六十六岁的高龄加入了中国共产党。1960 年当选为中国文学艺术界联合会副主席、中国戏剧家协会副主席和中国舞蹈工作者协会主席。

欧阳予倩在担任中央戏剧学院院长和中央实验话剧院院长期间，辛勤地为国家培养了大批戏剧艺术人才，同时从事戏剧艺术理论和中国古代舞蹈史的研究，整理出版了《自我演戏以来》、《一得余抄》、《话剧、歌剧与中国戏剧艺术传统》、《欧阳予倩选集》、《电影半路出家记》、《唐代舞蹈》等著作，并主编了《全唐诗中的乐舞资料》。

1962 年 9 月 21 日，欧阳予倩因病在北京逝世。

主要参考资料

欧阳予倩:《自我演戏以来》，中国戏剧出版社 1959 年版。
欧阳予倩:《欧阳予倩选集》，人民文学出版社 1959 年版。
欧阳予倩:《电影半路出家记》，中国电影出版社 1962 年版。
欧阳予倩:《一得余抄》，作家出版社 1959 年版。

潘 昌 猷

肖宇柱

潘昌猷，名文义，四川仁寿县人，1901 年 1 月 10 日（清光绪二十六年十一月二十日）出生于一个佃农家庭。父潘在田，去世较早。潘昌猷童年时家境清寒，曾随其母到地主向兰亭家干活。其兄潘文华先在成都一家商店当学徒，后考入陆军速成学堂学习。数年后，潘文华擢升营长，汇款回家，潘母在本乡购置田地，家境渐趋好转，潘昌猷在乡就读私塾。

1924 年，潘昌猷到成都去见杨森求职。杨森与潘文华是陆军速成学堂的同学，时任四川省督理，委派潘昌猷任成都东外统捐分局局长。不久杨森垮台，潘昌猷被免职，回到仁寿老家。

1925 年，潘文华已升任第二十一军教导师师长，驻节重庆。潘昌猷到重庆，在师部当军需，继升军需处长。1928 年，潘文华任重庆市长，委派潘昌猷为市金库主任兼市奖券所所长。奖券所发行"市政公益奖券"，他从中挪用资金，与人合伙开设中孚钱庄，开始进入金融界。1931 年，潘文华下令开设重庆市民银行，官商合办。潘昌猷被推为总经理，代表官股，由市商会会长温少鹤任董事会主席，代表商股。潘昌猷延揽人才分别担任襄理、会计主任、营业主任等职；又开办商业补习学校，培训班底，亲自到校听课，学习银行业务知识，还向行家请教经营管理经验。经过一番努力，市民银行业务逐渐开展，连年获利，在重庆金融界渐露头角。特别是市民银行享有发行货币的特权，更与一般商业银行不同，潘昌猷声望大增，1934 年当选为重庆市银行公会主席，接着被选为市商会主席，还兼任重庆市立中学校长。

潘昌猷以其兄潘文华系驻军师长兼市长，以后一旦调防，市长易人，地位不保，亟谋将市民银行转化为己有。他采用向市民银行透支款项，扩大自己股权的办法，在股份总额中占到八成，并得潘文华的支持改组市民银行，又收买了官股，于1934年8月29日将“重庆市民银行”改为“重庆商业银行”。

1935年11月，国民政府发行“统一公债”，按票面额七折在上海证券交易所拍板交易，行情时高时低，潘昌猷以为有机可乘，大量贪进。1937年“七七”事变爆发，“统一公债”价格惨跌，重庆商业银行亏累甚巨，陷入严重危机，向四川省银行申请贷款解困。四川省财政厅厅长兼任四川省银行总经理的刘航琛，素对潘不满，不给贷款，并向重庆行营主任顾祝同、财政部特派员关吉玉提出关闭重庆商业银行，以平息金融风潮。潘昌猷前往见顾、关，声称购买公债是拥护国家的金融政策，重庆商业银行只是一时周转不灵，并非资不抵债。顾祝同考虑到其兄潘文华在四川军界的声望，彼此交情还好，允由四川省银行办理抵押贷款。刘航琛只同意抵押三天。后潘得到聚兴城银行杨粲三相助，给予三个月的一百万元贷款，才渡过难关。

潘昌猷遭此失败，心情沉重，下了一道“罪己诏”，自免总经理之职，宣布“本人不善经营，降为三等行员”，以常务董事名义处理行务。

1938年1月，川省主席刘湘去世，以潘文华（时任第二十八集团军总司令）继任的呼声最高，但他不愿放弃军权，转而支持王缵绪继任四川省政府主席。王为酬谢潘文华，于是年6月委派潘昌猷任四川省银行总经理。于是潘昌猷利用省行低利贷款，把重庆商业银行的业务搞活起来。王缵绪颇为眼红，也想动用省银行资金，壮大他投资经营的建设银行，同年11月派他的军需处长郭松年为省行董事长，改行董事长责任制，潘昌猷成了一个徒具空名的总经理。

次年6月，成都发生以潘文华部彭焕章为首的七师长，在成都发动“倒王（缵绪）事件”，潘昌猷响应配合，联络刘文辉、邓锡侯、潘文华三部的驻渝代表，以及有关人士冷杰生、何北衡、吴晋航等二十多人，在其住宅集会，一致同意支持“倒王行动”。“倒王”快邮代电传遍成、渝两地，迫使王缵绪于1939年下台。蒋介石自兼四川省政府主席，授意孔祥熙（时任行政院长兼财政部长）拉拢四川军界的核心人物。孔与潘文华换帖订为兰交，潘昌猷因此得到孔的垂青和提携。1940年6月，财政部投资二百万元，改组四川省银行，指定潘昌猷任董事长，再度掌握省行的实权。潘昌猷控制四川省银行后，套用资金更甚于前，转入重庆商业银行及其所属企业运用，同时得孔祥熙的关照，获得中央、中国、交通银行和邮政储金局的低息贷款。在币制日趋贬值的情况下，他调运大量资金从事黄金、美钞、外汇的投机活动，财富剧增，重庆商业银行从而跻身于重庆著名银行之列。

潘昌猷在抗战时期，兴办的企业有崇德进出口贸易公司、重庆盐号、植华纱厂、华昌煤矿、庆华轮船公司、华陵化学公司、四川兴业银公司等，投资的企业有重庆自来水公司、四川水泥公司等数十家。

抗战胜利后，潘昌猷积极向省外发展，图谋重庆商业银行发展成全国性的大银行之一。他以上海为据点，设立重庆商业银行临时管理处，增设汉口、广州、南京、天津、香港等分行，于连云港、长沙等地设立分支机构。重庆崇德进出口贸易公司、重庆盐号的业务重心也转移到上海，初期经营尚称得手。当内战爆发后，时局动荡，形势急转直下，他的扩张抱负终成泡影。

在此期间，潘昌猷在重庆的事业接连遭到国民党当局的扰乱。1949年初，重庆特刑庭指控重庆商业银行买卖金钞触犯禁令，行员李某被捕并被提起公诉，潘昌猷从上海赶回重庆营救，被勒索黄金六百两；6月，西南长官公署以“签发空头支票，扰乱金融”的罪名，勒令重庆商业银行停止营业。潘函托黄应乾（潘文华的高级幕僚）向有关各方疏通，遭到国民党重庆负责人曾扩情等的强硬抵制。时潘文华的防地在重庆，乃与在渝的财政部长徐堪洽谈，由财政部发代电“准予先行恢复营业”，始得缓解。潘昌猷不堪其扰，调拨港币四十万元将重庆商业银行欠款还清，于 1949 年 11 月底结束。

此时国民党统治已现崩溃之势，潘昌猷预谋退路，陆续将资金（包括黄金七千五百两、美钞和美金公债一百七十万元，以及港币一百多万元）向香港转移，于 1949 年秋携眷去港。

潘昌猷以其在工商、金融界的地位，先后任重庆市银行公会主席、重庆市商会主席、重庆市参议院议员、国民参政员、立法委员。在抗战中期，潘昌猷与张澜、李济深、郭沫若等时有往还接触。他为郭无偿提供住宅，在经济上也有所支持。1945 年秋，毛泽东到重庆谈判，9 月 17 日在桂园举行茶会，招待实业界人士，潘亦应邀参加。1948 年他曾以巨资支持程潜竞选副总统。

中华人民共和国成立后，潘昌猷于 1950 年 1 月回到北京，受到中央人民政府副主席李济深和张澜的欢迎，并出席张澜的宴请。嗣后，潘在京购买住宅一幢，又从香港调汇数十万元，准备恢复重庆、成都、上海、天津、汉口等重点分行业务，后感觉社会制度根本变革难以适应，心存疑虑。同年冬，他托辞清理外汇赴港。1953 年由香港远去南美，在巴西定居。晚年，他曾想回国一行，因疾病缠身，思归未成。

1981 年 1 月 2 日，潘昌猷在巴西病故。

主要参考资料

石体元、刘选深、赵世厚：《重庆商业银行的兴起与衰落》，中国民主建国会重庆市委员会等编《重庆五家著名银行》（《重庆工商史料》第 7 辑），西南师范大学 1989 年版，第 157—175 页。

刘仁耀、赵世厚：《我们所知道的潘昌猷》，中国民主建国会重庆市委员会编《重庆工商人物志》，重庆出版社 1984 年版，第 155—208 页。

潘　　复

马陵合

潘复，字馨航，山东济宁人，生于1883年11月22日。其父潘守廉，字洁泉，光绪十五年进士，素笃信佛教，号对凫老人。曾任河南省邓州知州，历职二十余载，辛亥革命后引退在家赋闲。潘复自幼在家延师攻读，他天资聪颖，文思敏捷，举笔成章，书法造诣颇高。

1908年，原津镇铁路的终点从镇江西移至浦口，改称津浦线。原线路经由潘复家乡济宁，由于线路变化，不再过济宁。济宁各界民众哗然，因济宁为鲁西南重镇，工商业繁盛，交通运输至关重要，于是公众推举潘复、吕庆圻、袁景熙、李其庄等赴京请愿，据理力争，后经议决既定路线不再改动，另修兖济支线(兖州至济宁)，潘复力主其事，奔走上下，从此名声大振。时潘曾撰有《争路小记》，详述争路理由和历程："济宁一线，地坦途平，施工甚易……铁路之性质，实为发达商务为唯一之目的。轨道所经，必由民物繁盛之区，四方荟萃之地，方能多所运输，同臻发达。……济宁商埠为南北枢纽，数十百年商务著名繁盛之区，较之曲兖，岂止十倍，设轨线一旦交通，南北商货多一伟大销场，于实业前途，关系匪尠……"当时，除济宁代表向各方呼吁外，与之配合有的山东旅京同乡官员杨毓泗编修等上津浦督帮办大臣公呈，全济绅商学界上旅京同乡诸公及四省总协理书。尽管最后争得修支线的结果，但是，潘复仍不满意，他认为"代表此行，谓之毕功可也，谓之失败可也”①。

清季，潘复纳赀捐官挂知府衔，分发到江苏候补，巧遇其父科场同年陆钟琦任江苏布政使，潘复遂得以入其幕中，并颇得陆钟琦之赏识。1911年陆钟琦擢升为山西巡抚，潘亦随之赴晋。同年10月，山西新军标统阎锡山举兵响应武昌起义，光复太原，陆钟琦全家遇难。潘复经此变故，遄回济宁老家。1912年，潘复与同乡靳云鹏在济宁合资创办济丰面粉公司。但经商非其所志，对仕途兴趣甚浓，故于同年赴宁，入南京临时政府财政部，谋得一司员职位。然嫌官卑职小，又投身进步党，积极从事政治活动，亦无成就。又转到关外，供职张作霖幕府中，得与奉系发生渊源关系。

同年4月，江苏都督庄蕴宽辞职，袁世凯遂命程德全继之，潘复为其秘书。1913年1月，经程德全推荐，潘复赴山东投靠山东都督周自齐。周自齐对其颇为器重，先委任为劝业道道尹，后又被委任为山东实业司司长。在此任内，潘复曾举办过一次博览会。同时，在治理鲁西南湖河水灾方面，潘复也有所作为。清末，因铁路兴起，鲁西南一带运河湖泊失于治理，河道淤塞，吐纳宣泄不灵，汶河泗水泛滥其间，东平、济宁、鱼台等县七千万亩土地连年水灾，百姓饱受其苦。潘复据实向政府当局陈述灾情，于1914年成立了南运河疏浚事宜兼山东水利局，亲自兼任总办，机构设在济宁城里塘子街，培训科技人员，派员实地勘察，拟订疏浚工程计划。曾拟订《勘察江北运河水利统筹分疏泗沂沭淮草案计划》、《勘议筹治南运河水利草案》等勘测与治理方案。后因筹借款项，遭到日、美等国财团的反对，只好中途停办。后升任全国水利局副总裁，继续拟订相关计划，如有《奉令履勘江苏运河水道利病情形统筹施工计划概要文(全国水利局副总裁潘复呈大总统)》、《郡国利病：勘察江运河水利统筹分疏泗沂沭淮草案计划书》等，为治理南运河提供了一

① 孙瞿门：《潘复其人其事》，济宁市政协文史资料委员会编《军阀逐鹿：济宁籍北洋军阀专辑》(《济宁文史资料丛书》第11辑)，1993年版，第156页。

定的前期准备。

期间，为涉足政界，潘复加入了统一党，为该党山东支部副部长。1914年6月，靳云鹏以泰武将军督理山东军务，因军人初管政治，需要助手，便首先选中了潘复，两人结为金兰之好，潘复为报效靳云鹏，利用自己任职实业司长之便，为靳云鹏筹办鲁丰纱厂，王占元、田中玉等人均有投资，全省一百零七个县招股四十万元。1919年春开业，纱锭一万六千枚。该企业经营效益良好，靳云鹏与潘复大发其财。

1915年，周自齐在财政部任内，以潘复为参事，这是其在财政部升迁发轫。1919年11月，靳云鹏受总统徐世昌之命组阁，推举潘复做财政次长，自此潘复便正式步入了北京政坛。

1920年5月，靳云鹏受安福系排挤，呈请辞职，由海军总长萨镇冰兼代国务总理。7月，直皖交战，徐树铮的边防军受挫于吴佩孚部，皖系败北，因此安福系的财政总长李思浩遂被免职，由潘复署理部务并兼任盐务署督办。同年8月9日，在张作霖的推荐下，靳云鹏再度受命组阁，周自齐为财政总长，以潘复为财政次长兼盐务署署长。潘复在此任内，不仅利用权位大敛钱财，而且不断与权贵结交。他在赌场中故意认输而献媚于张作霖。10月，潘复晋授勋五位，1921年1月，又晋授三等大授宝光嘉禾章。潘复此时位尊多金，生活奢侈，晚上常在其红罗厂、毛家湾两私宅中欢宴豪饮，选色征歌，继以豪赌，每至子夜仍未休。

1921年5月14日，靳云鹏以内阁总理辞职的方式重新组阁，潘复仍任财政次长。当华盛顿会议开幕的前几天，美国烟酒借款已经到期，1921年11月1日，经手借款的美国银行团代表阿卜脱(John Jay Abbot)向北京政府也提出了“借新还旧”的办法，建议成立一千六百万美元的新借款，用以偿还烟酒借款一千一百万美元及其利息六十六万美元，并须扣除赎回美国人所持有的湖广铁路债券一百三十万美元及其利息一百零八万美元，新借款指定以烟酒税为担保品，设立一个以美国为稽核员的烟酒税稽核所主持其事。

但是，总统府和国务院为了控制烟酒借款竟发生冲突。当时盐务署长潘复是国务总理靳云鹏的人，而烟酒公署督办张寿龄则是总统徐世昌的私党。如果一千六百万美元的新借款成立，虽然北京政府所得甚微，可是经办机关烟酒公署却可以取得一百多万美元的回扣，烟酒公署既然是徐世昌所控制，靳云鹏就分不到分文了。于是潘复便想出了一个"移花接木"的办法，他向阿卜脱提供意见，指出烟酒税经常被各省军阀扣留，不是可靠的担保品，必须加入盐税余款为副担保品，才能保障借款的安全。这意见当然受阿卜脱的赞成。这样，潘复的盐务署就可以得到佣金的一半八十万美元。由于争夺这笔佣金，使得府院之间的关系更加恶化，也因为府院不和，加上全国反对，遂使烟酒借款未克实现。不久阿卜脱起程回国，把这项交涉移交四国银行团美国代表史蒂芬（Stevens, Frederic W.）继续商谈，后也不了了之。潘复却因此事受到吴佩孚的攻击而下台。靳云鹏则认为吴佩孚的攻击是徐世昌的指使，因此他致电张作霖，力言张寿龄任烟酒督办以前，所有税收账目既不呈报国务院备案，又不送审计院审查，内阁无权过问，要求追究责任。

张作霖从关外打来了一个电报给徐世昌，指责烟酒公署督办张寿龄才力不胜，以致烟酒税收入锐减，应当予以撤职。由于张作霖的攻击，张寿龄只好下台。徐世昌想提拔袁乃宽继任烟酒督办，靳云鹏却要潘复继任，徐世昌坚决不同意，并声称："宁可牺牲总统，决不让潘复上台。"双方经过折中协调，决定改派接近直系的汪士元为烟酒督办，又派接近奉系的钟世铭为盐务署长。随后，北京政府正式批准李士伟辞去财政总长职，由直系高凌霨继任之。潘复直到徐世昌卸任大总统，也没有当上财政总长。潘复曾一度认为任盐务署长可得实利，加上当时财政困难，各方索饷之声，纷至沓来，对于财政总长一职也未过于强求。但是，因潘复聚敛自肥，不为徐世昌所喜，财政总长没有希望之后，连盐务署署长也被他人取代。

潘复在公府方面的信用已扫地，不得不筹其退路，欲谋得山东省省长一席，但到 12 月靳云鹏内阁倒台，潘复图谋掌鲁的一线希望也变成了泡影，未几潘复便退居津门①。

潘复这一时期利用财政次长之职，大发其财。其生财之道无孔不入，既弄权卖官，又操纵公债市场。有一个叫英翰的满洲人，在清政府执政时曾任巡抚职，后家道衰败，便让其儿子通过关系找潘复谋事，事成后，英翰送给潘复几箱古字画作为酬谢，字画价值连城，潘复视若珍宝。每当发行公债时，潘复在北京联系银行，又在南方派员推销公债券，从中牟利。1920 年，他联合虞洽卿组织劝业银行，推靳云鹏为董事长，虞洽卿为常务董事兼上海行经理。在发行公债之前，潘复先同海关税务司联系，得到内部消息后再通知虞洽卿等向各银行商洽推销或押款，套购牟利，大肆肥私。当时，军警饷源应由财政部筹拨，这本是财政部的一笔特别开支，但潘复却常用公债或国库券向各银行抵押借款，以此推销公债和国库券。潘复于 1919 年 11 月在山东组织过丰大商业储蓄银行，美其名曰办理储蓄事业，而实际是他们的私人账房，所以收储蓄存款任意提用②。寓津期间，潘复帮助褚玉璞发行直隶省公债，操纵市面金融；与人合资创办了边业银行；接办了德兴盐务公司，把持长芦盐的销路。种种手段使潘复累资巨万，富豪一时。

潘复退居到天津后，座上客常满，樽中酒不空。张学良、李景林、张宗昌、褚玉璞、张弧、吴光新、吴毓麟等人常到潘宅聚会，潘复的私宅变成了朝野官僚的俱乐部。其中与直系人物来往特别密切，对吴毓麟、张廷锷、曹锟的秘书王兰亭等，潘复每每贿以千金，以谋重登政坛。同时，潘复的二姨太和曹锟的三姨太刘凤坤感情相投，来往密切，曹锟曾一度有起用潘复之意。但是，王克敏久思攘夺财政而阴谋破坏，并说“潘太会搞钱，手段太辣”。他暗中唆使孙宝琦向曹锟建议另换别人，曹锟乃

① 朱缙卿、余生：《北洋时期的国务总理潘复》，全国政协文史资料委员会编《中华文史资料文库》第 9 卷（军政人物编），中国文史资料出版社 1996 年版，第 2906 页。

② 陈志新、何丽敏：《北洋政府的末任总理——潘复》，《军阀逐鹿：济宁籍北洋军阀专辑》，第 119 页。

授意王承斌在天津劝张弧进京，就任财政总长一职。这样，潘复即将到手的财长一职，又再次沦入他人之手。事后，吴毓麟再为潘复说项，乃为其谋得全国水利督办一职，但有名无实①。

1924年，直奉战争爆发，结果直系战败，奉系张作霖入关，控制了北京政府。奉系李景林督直隶，潘复经齐协民介绍，得与李景林接近，因此和张学良也拉上了关系。次年，张宗昌成为山东军务督办，潘复对张宗昌竭尽贿赂，被张委任为山东督署总参议。上任后，潘复尽其所能，迎合张宗昌，投其所好。他曾送张一件镏金镶翠、珍珠玛瑙装潢的金葫芦，价值巨万。张宗昌在南口与冯玉祥作战时，潘复竟送妓女到南口进行慰劳。张宗昌认其为知己，以至后来潘复东山再起，重登政坛，张宗昌在暗中多方出力。与此同时，潘复也千方百计与直系拉关系。

此时北京《社会日报》主笔林白水经常发表文章抨击军阀当权，潘复、张宗昌都在挨骂之列。1923年以前，潘复曾经做过财政次长。林白水曾在1923年1月25日的《社会日报》上发表过一篇题为《山东全省好矿都要发现了》的时评，说的就是潘复贪污的事情。他说："他（潘复）总共做了一年零几个月的财政次长兼盐署署长，在北京就买了两所大房子，连装饰一切，大约花去十万块钱。又在天津英界盖一座大洋房，光是地皮，就有十亩之大，一切工程地价，统共花去十五万块。"1926年8月5日，林白水在《社会日报》中发表题为《官僚之运气》的文章，文中有一句："狗有狗运，猪有猪运，督办亦有督办运，苟运气未到，不怕你有大来头，终难如愿也。"并把潘复与张宗昌的关系比作"肾囊之于睾"，潘复哭诉于张宗昌之前，一定要置林于死地，因此张宗昌命令北京宪兵司令王琦即逮捕林，并于8月6日晨以宣传赤化的罪名将林杀害，潘复借刀杀人，泄了私愤。

1926年秋，直系孙传芳在江西被国民革命军打得大败，微服逃至天津，因与潘复有乡谊关系，到津之后，先找潘复，在潘复家同张宗昌见

① 程海鸥：《潘复的政坛浪迹》，《军阀逐鹿：济宁籍北洋军阀专辑》。

面，然后孙传芳由张宗昌陪同去见张作霖。孙传芳在张作霖面前赔罪认错，并表示今后一切都听张作霖的，张作霖对孙传芳表示不咎既往。此间，潘复与孙传芳、张学良、张宗昌、褚玉璞、杨宇霆等人“义结金兰”，成为结拜兄弟。潘复过去拉拢张学良、李景林想当财政总长而未成，此次总算和奉系攀上了关系，并且孙传芳对其心存感谢，这为他后来当国务总理奠定了基础。

1926年潘复任黄河工程督办。是年，吴佩孚被北伐国民革命军打败，张作霖入京主政。1926年4月，颜惠庆摄阁，在张宗昌和褚玉璞推荐下，潘复重掌财政。6月23日，颜惠庆辞职，由海军总长杜锡珪兼代总理。到10月1日又由外长顾维钧兼代。1927年1月23日，顾维钧重新组阁，以外长兼署总理，阁员变动颇大，惟潘复财政一席，在三次摄政过程中，始终连任。

当时正值九六公债贬值，投机者损失不赀，潘复初受命尚未就职，投机者们便寄很大希望于潘复，潘复亦极力想以提高九六公债价格为自己树立威信。所谓九六公债是指1922年北洋政府为对盐余抵押借款的一次全面整理而发行的公债，其名称为“偿还内外短债八厘债券”。由于发行定额为九千六百万元，故而称之为“九六公债”。由于债多券少，因此北洋政府在发行九六公债时规定先补偿原债券额面的百分之六十三，再按发行条例中规定的八四折之，事实上债权者所得九六债券百元，只实得折合债券五十三元。如此低廉的折扣，一旦有升值的迹象，必然会成为投机者的首选。果然，在本息无着的情况下，九六债券成为市面上的买卖投机砝码。1926年底，中国政局发生了根本性的变化。南方国民革命军已经北伐至长江流域，军事节节胜利，势不可当，于是债权人害怕政策发生变化，不断抛出手中的九六公债。更为要紧的是，年关将至，银根吃紧，严重影响到公债的交易。同时，却有付息的消息四处传播。于是，在“京沪电汇规元飞涨至七钱五分二厘，京津电汇洋元每万元加至百二十元，为十数年来未有之现象”的大背景下，九六公债的价格在市场上再次暴涨暴跌。九六公债在发行之初，信用已经非常薄弱,市价仅仅在三十八元左右。但在1926年8月初,价格攀升到惊人的七十多元。九六公债的价格在1926年11月、12月间又暴涨暴跌。以北京为例,九六公债在市场上1926年11月8日最低收盘价格五十七点八元,11月20日回涨,11月21日暴跌十余元,11月23日,最低到四十四点四元,与最高时七十多元相去甚远。当时造成行情下跌的原因是安格联(Sir Francis Arthur Aglen)不肯担保九六公债中用于偿还国内公债的五千多万元的本息。潘复就任财政部后,凭借与安格联有过交往,说服安格联同意整理九六公债,想借此抬高市价,发笔横财。他通过庄云九的恒源银号大量收购,使久已价值不到一扣的九六公债行情大涨,遽升到六扣以上。但是,此时发生了奉军郭松龄倒戈事件,北京政权不保。九六公债的行情一落再落,潘复闹得个竹篮打水一场空。

1927年,国民革命军北伐势如破竹,北洋政府已处于风雨飘摇之中,为挽救其即将垮台的命运,于是同年6月中旬,张作霖、张宗昌等奉系高级将领在北京开会,公推张作霖为安国军政府大元帅。张作霖任大元帅后,潘复到处活动,要想和张作霖见面,屡次被拒绝。最后,通过夏仁虎和曾毓隽介绍,得以与张作霖面谈。同时,当时属于实力派直鲁联军总司令的张宗昌联合孙传芳、褚玉璞等支持潘复,潘复遂登上内阁总理的宝座①。当时潘复内阁的阁员多为奉系人物,王荫泰任外交总长,何丰林任军事部总长(陆军、海军两部合并为军事部),沈瑞麟任内务总长,阎泽溥掌财政,姚震任司法总长,刘哲任教育总长,张景惠任实业总长,刘尚清任农工商总长,后在杨宇霆的推荐下,常荫槐接任潘复兼任的交通总长一职。张作霖虽同意潘复组阁,但实际上对其仍存有戒心。

潘复内阁的统治区小得可怜,不但山东、河南两省岌岌可危,就是

① 曾毓隽:《忆语随笔》,中国人民政治协商会议全国委员会文史资料研究委员会编《文史资料选辑》第41辑,文史资料出版社1963年版。

北京也处于风雨飘摇之中，加之张作霖穷兵黩武，内战频繁，庞大的军费开支使北京政府财政拮据，所以财政部特设关盐两税抵借外债委员会，严令各地方速收关税款解京以备偿还外债后，再充军费支出。面对财政困难的局面，潘复理财也乏术，只好大举裁员简政，中央财政经费每月只剩八十万元，财政部裁员后仅剩下二十个公务员，但这种挖肉补疮的办法是挽救不了罗掘已穷的财政困难，庞大的军费开支是有增无减，天怒人怨。潘复本人多次收到被辞人员请他吃手枪、炸弹的匿名信，吓得潘复每天到院上下班先由宪兵净街，然后由警察迎送，一时传为笑谈。

1928年2月3日晚，潘复在私宅邀集外交、财政两界要人商量关税事务，以原定关税自主期迫近，在关税自主期前之过渡税率亟应图早日实施。此前，北京曾令代理总税务司易纨士(Arthur Francis Henry Edwards)南下商量办法。此次会议决定再由税务处去电上海，训令易纨士在上海接洽实施过渡办法，同时在北京成立关税自主委员会。2月6日，关税自主委员会成立，潘复以国务总理身份兼任该会主席，委员中有顾维钧、梁士诒、罗文干、沈锡麟、王克敏、曹汝霖等人。3月1日，易纨士回北京汇报在上海交涉情形。鉴于财政困难，潘复通知易纨士拟于4月实行过渡关税，不管南方是否同意，北方先办，至于是否实行七级税级制，待疏通外交使团后再定。因北京政府迅速垮台，过渡关税并未实行。同时，潘复为筹措军费，向中国、交通、边业三银行借款二百万元，以崇文门关税为抵押，预扣除利息外，净交一百六十七万元。

1928年5月3日，日军在济南制造了骇人听闻的“五三”惨案。9日，张作霖在军政府召开紧急会议，潘复、张学良、杨宇霆等军政要员到会。会上，张作霖接纳各将领之劝告，决定以大元帅身份下总退却令，京汉线奉军全部先行退至琉河、长辛店一线，主力部队撤离京津，向滦河一线总退却。1928年6月1日，张作霖下令将安国军大元帅印旗、国务院印信及外交部重要档案全部运往奉天。2日，张作霖通电宣告退出北京。同日，潘复表示退让贤能，院中事务交许宝蘅暂时负责，阁员大多数亦与之同退。

4日，张作霖的专车在皇姑屯被日军预埋之炸弹炸死。潘复因转赴天津，逃过了这一劫难。此后，潘复回到天津英租界小营门寓所，过起寓公生活。

潘复下台后，一度被张学良聘请为高级顾问。后来又结识了宋哲元，当时宋常驻天津，两人交往甚密。1935年国民党政府签订了丧权辱国的《何梅协定》。国民党撤回在华北的党政军人员，华北局势危急，这时潘复怂恿宋哲元出来维持局面，并对宋说："国民党丢下华北不要了，你为拯救华北几千万民众，必须当仁不让，出来维持，我看此事非君莫属。"宋哲元不久便在北平成立"冀察政务委员会"，自任委员长，同时潘也在该会挂了个顾问的虚职。但是，此时他已大病在身，不能任事。

1935年冬，潘复患感冒，久不愈。1936年6月赴北平就医，9月12日在北平去世。

主要参考资料

济宁市政协文史资料委员会编：《军阀逐鹿：济宁籍军阀人物专辑》，1993年版。

马叙伦：《石屋续渖》，上海建文书店1949年版。

潘复：《山东南运河水利报告录要》，南运河水利筹办处1916年版。

潘 公 展

李 戈

潘公展，原名有猷，号淦清、幹卿。浙江吴兴县人，1895 年 10 月 23 日（清光绪二十一年九月初六）生。其父潘理斋（名士达）经营丝业，曾设大集成丝行。

潘公展少年时，入湖州城内私塾改办的两等小学堂读书，因受当时反清思潮的影响，曾秘密组织革命团体，并和同学办了一个油印刊物《富强报》，鼓吹反清。1912 年经当地美国传教士介绍，考入上海圣约翰大学外语系学习。

潘公展聪慧好学，在圣约翰大学就读期间，常在英语讲演比赛中获优胜，还经常为校刊《约翰声》投稿，并先后兼任《时事新报》“学灯”副刊和《国民日报》“觉悟”副刊的特约撰稿人。他经国文老师介绍参加了“南社”。

1919 年五四运动爆发，上海学生闻讯积极响应，于 5 月 7 日正式成立上海学生联合会，潘公展被举为评议部秘书、财政委员会委员。学生会创办会刊（日刊），潘公展又被选为主编。

1919 年夏，潘公展在圣约翰大学毕业后，先在上海私立市北中学执教，兼教务主任。翌年协助汤节之筹办《商报》。1921 年《商报》正式出版，潘任《商报》电讯主编，并撰写每日时评和每周大事述评，文名渐著。

1926 年 11 月，国民革命军北伐攻占南昌后，蒋介石筹组中枢机关，物色秘书人才。经陈果夫推荐，潘公展于 1927 年 1 月与《商报》编辑主任陈布雷应召同往南昌。蒋介石和潘、陈二人长谈了两次，并劝说他们加入国民党。经蒋介石、陈果夫介绍，潘与陈布雷即于2月加入了国民党。当陈布雷留在蒋的身边任秘书时，潘得蒋允暂回上海，被史量才延揽任《申报》编辑，主编要闻。

1927年4月，蒋介石发动"清党"反共，在上海设立政治分会，张静江任主席，潘公展任分会委员。此后，潘由一个报人变为国民党要员。6月，上海特别市政府成立，黄郛任市长，潘任农工商局长。不久农工商局改社会局，潘仍为局长并兼任市政府秘书长。

1929年，陈果夫、陈立夫把"浙江革命同志会"扩大改组成"中央俱乐部"(Central Club)，简称CC。"中央俱乐部"以二陈为中心，以张强、潘公展、程天放等人为主要骨干，自此潘成为CC系要员。

1932年8月，潘公展改任上海市教育局长，四年后又兼任社会局长。

潘公展在国民党内，因为得到蒋介石和陈果夫的重用，一直处于显要地位。1927年5月，上海特别市党部开始"清党"，潘被任为整理委员，后又当选为常务委员。此后，潘一再担任国民党上海特别市党部执行委员，并出席了国民党第三、第四次全国代表大会，还是大会主席团成员之一。在1935年11月的第五次全国代表大会上，被选为国民党中央执行委员。1942年11月在国民党五届十中全会上又被选为中央执行委员会常务委员。

潘公展在抗战前一直活动在上海文化宣传和教育界，为国民党统治效力。为配合蒋介石对革命根据地和工农红军的军事"围剿"，他在上海指使和支持一批文人进行文化"围剿"，制造白色恐怖。"九一八"事变后，全国掀起抗日救亡运动，潘公展在上海力图控制局势，规定了一套新闻、书刊送审制度，就连小人书画稿也要经过审核，力图以此"杜绝赤化宣传"，"达安内攘外之成功"①。

---

① 潘公展在文化新闻界商讨会上的致词，《晨报》1934年1月20日。

潘公展还于1932年6月在上海创办了一份《晨报》，自任社长。他宣传“本位救国论”，即所谓：“人人均宜为本业致其最善之努力，谋如殊途同归之救国。”他说：“吾人若不唤起国人本位救国之意义，则国人或将中风发狂。”①以后，潘又办起《晨报晚刊》（后改名《新夜报》）和《儿童晨报》、《儿童画报》。

1934年3月，国民党声言“依据三民主义建设新中国的文化”，设立了“中国文化建设协会”，以蒋介石为名誉会长，陈立夫为理事长，潘公展为常务理事兼书记长。潘随即在上海组设分会，说要“把以往此种凌乱的无条理的各自为政的文化工作，改变为有计划的协作，将上海的文化界谋通盘规划的办法”，以改变“以往的所有个人或团体作文化工作没有中心”②的状态。潘还鼓吹要彻底“剿匪”，就要“肃清有阶级色彩及共产主义的出版物”③，随即下令销毁大批进步书籍和杂志，包括郭沫若的《创造十年》和《蒋光慈遗集》等。

潘公展接任上海教育局长时，正是“九一八”事变后，爱国师生对于蒋介石的不抵抗政策极为愤慨，抗日救亡运动风起云涌。潘竭力维护学校秩序，同时唆使一批人另行成立“中学联”、“大教联”、“中教联”及文艺团体等，对爱国师生进行分化和控制。1934年5月，他下令各中学校长和训导主任严密控制学生的课外活动和课外作业。在1935年“一二九”运动波及上海时，爱国学生又一次掀起抗日救亡热潮，潘下令各学校阻止学生游行示威。当五千学生到市政府请愿时，潘下令“所有全市公私中学校于即日起提前放假”。

1936年底西安事变和平解决后，全国进入了“结束内战，一致抗日”的新阶段。中国共产党积极推动国共两党重新合作，主张组成抗日民族统一战线。但是潘公展说中国共产党的主张“是有糖衣的毒药”，

---

① 《本位救国之余义》，《晨报》1935年4月7日。

② 潘公展“中国文化建设协会”上海分会上的致词，《晨报》1934年4月1日。

③ 《沪市庆祝“剿匪”胜利，潘公展假中西电台播音》，《晨报》1935年1月4日。

于 1937 年 2 月 18 日至 24 日在《中央日报》上连续发表了题为《统一与和平》的长文，为蒋介石制造内战进行辩解，说“必须内部统一，才能抵抗外敌……统一就是安内，抗敌就是攘外”，受到中国共产党和国民党内外有识之士的驳斥。

1937 年抗战爆发，11 月上海沦陷，潘公展离沪经港到达武汉，任国民政府军事委员会参事室参事。1938 年 3 月，国民党中央宣传部在汉口开办“独立出版社”，叶楚伧任董事长，潘任经理。10 月潘撤退至长沙，被任命为湖南省政府秘书长。1939 年初又撤至重庆，任国民党中央宣传部副部长，兼《中央日报》总主笔。嗣后并兼军事委员会战时新闻检查局副局长、中央图书杂志审查委员会副主任委员、中央政治学校新闻专修班主任，1942 年 12 月改任中央图书杂志审查委员会主任委员。他在重庆创办了一家胜利出版总社，在福建等省设有分社，除出版一些鼓励抗日、揭露日军残暴侵略的书籍外，还出版了一些反马列主义的书。

潘公展在抗日战争期间，一直跻身于掌握国民党宣传大权之要位。他指挥国民党的各种宣传工具，以“国家至上”、“民族至上”和“建设三民主义”为宗旨，为维护国民党统治制造种种舆论。他于 1938 年写了一本题为《领袖、政府、主义》的小册子，宣传“一个主义，一个领袖，一个国家”及“一党专政”。1941 年 1 月皖南事变发生后，潘公展一面不准《新华日报》报道事件真相，一面指挥国民党报刊反诬新四军“违反军纪”、“破坏统一”。潘还在《中央日报》发表了《军纪根源论》，说“新四军之违反军纪，其根源乃由于三民主义信仰不诚、信仰不坚所致”，为杀害抗日革命军队将士开脱罪责。

抗战胜利前夕，国民党于 1945 年 5 月在重庆召开第六次全国代表大会，潘公展被提名为大会主席团成员。他在 5 月 12 日作了一个“关于中共问题的总报告”，诬蔑中国共产党“武装割据”、“破坏抗战”，“颠覆政府”、“危害国家”，还说：“与中共之斗争无法妥协。今日之急务，在于团结本党，建立对中共斗争之体系，即创造斗争的优势与环境。”他提出:“当前对中共之争论,应集中于反驳联合政府,反驳抗日战争中有两条路线的论调,反驳中共具体纲领,与反对解放区人民代表大会。”大会根据潘公展报告,通过了两个决议:一个是对外发表的,说对中共要“采取政治解决之方针”,“尽力于团结御侮”;另一个是对内的,说“根据中共问题之总报告,中共一贯坚持其武装割据,借以破坏抗战。……最近更变本加厉,提出联合政府口号,并阴谋制造其所谓‘解放区人民代表会议’,企图颠覆政府,危害国家”。决议要国民党员对共产党“提高警觉,发挥革命精神,努力奋斗,整军肃政”①。在大会选举中央委员时,有些代表不满蒋介石、陈果夫等人的控制,在选票上画乌龟或骂“总裁独裁,中正不正”等。潘公展提议要把投票人的号数记下,阴谋加害,遭到一些代表的责骂和反对,并有二三十人喊打,拉起椅子奔向潘公展。但潘继续受到蒋介石的重用,在六届一中全会上再次被选为中央常务委员,并任中央宣传委员会主任委员。

抗战胜利后,潘公展于 1945 年 12 月回到上海,参加上海接收工作,先接办了《申报》任社长,后任临时参议会参议员,并为国民党上海市党部常委。后来蒋介石标榜“实施宪政”,在各地相继建立参议会。上海参议会于 1946 年 3 月建立,潘任议长,以“民意领袖”身份四处活动。1946 年 11 月,上海三千摊贩为抗议当局的无理取缔,结队游行请愿。潘公展以议长身份出面讲话,要求“当局施政必须慎重,亦望市民共同维持秩序”,貌似公正。当上海当局无理拘捕七百余人,并拘捕送饭家属一百六十余人时,潘公展则并未出面说话。

蒋介石发动的内战连连败北,国民党统治摇摇欲坠,蒋介石用召开“行宪国大”和选举总统的手法,力图稳定时局。潘公展在上海积极响应,四处发表“竞选演说”,鼓吹“行宪要义”、“民主政治真谛”等等。

---

① 《本党同志对中共问题之工作方针》(1945 年 5 月 17 日通过),荣孟源、孙彩霞编《中国国民党历次代表大会及中央全会资料》,光明日报出版社 1985 年版,第 921 页。

1948年3月，潘到南京出席“行宪国大”，并被推为大会主席团成员。

1948年8月，蒋介石颁布《财政经济紧急处分令》，实行“限价政策”，发行金圆券，强行收兑金银外币等。潘公展特地召开宣传大会说：“吾人如能信任金圆券一若物资然，则藏币胜于藏物。”但是没过三个月，蒋介石就被迫宣布“取消限价”，金圆券剧烈贬值，人民损失惨重，经济极度混乱。潘此时又号召参议员们：“在此时局危艰，社会动荡之今日，应该协助政府安定人心为第一要务。”①

同蒋介石共命运的潘公展，把朝不保夕的国民党统治寄希望于美国政府。1948年11月，他与上海各界头面人物联电美国政府：“当此决定生死存亡之际，我们人民不得不向阁下及贵国人民呼吁，假如欲及时避免此人类历史上之大惨剧，数万万爱好和平之士被迫而受共产党之迪克维多统治，则贵国必须加以援助，刻不容缓。”②潘又于12月发起成立“上海自救救国联合会”，号召“拥护元首，协助政府”，“坚定人心，自救救国”③。他在市参议会还声称要“全力救上海”。

蒋介石于1949年元旦发表了一个求和的声明，潘公展起而呼应，以上海参议会的名义，于3日“呼吁停战，商谈和平”；并于9日“建议”各省市参议长、各团体理事长或代表，于2月10日来沪开会，“共商促进和平”问题。当中共中央于14日提出和谈的八项条件后，潘即于15日说“此时亟应暂时不提出任何条件”，而应“先立刻同时命令停战”④。此外，他还在上海张罗“全国和平促进会”，说“人民代表应参加和平谈判”，想要挤进和谈会议。4月15日，国共双方和谈代表拟定《国内和平协定》“最后修定案”，潘公展于当晚立即召开上海市参议员座谈会

① 潘公展:《痛斥失败主义，请同仁协助安定人心》，《申报》1948年11月23日。

② 《市参议会会长潘公展及各界联电美政府》，《申报》1948年11月27日。

③ 《潘公展在上海自救救国联合会成立大会上的讲话》，《申报》1948年12月13日。

④ 《潘公展谈和平》，重庆《中央日报》1949年1月16日。

“征询”意见。他首先发言表示反对,并主张发表一份反对和平协定的意见书。

1949年5月上海解放前夕,潘公展潜往香港,开办了一个“国际编译社”,出版“国际文摘”。年底转赴加拿大。次年5月又至美国,初在《纽约新报》撰稿,1951年5月与陈立夫等人创办了《华美日报》。他虽庇身美国,却经常写文章为蒋介石的“反共复国”献计献策,历时二十余年,被夸赞“是近数十年来最难得的一位文化斗士”①。

1975年6月23日,潘公展病死于美国纽约。

潘公展著有《中国学生救国运动史》、《罗素的哲学问题》、《陈英士先生传》、《战时政治制度》、《以不变应万变的抗战原理》、《统一与抗战》、《领袖、政府、主义》。他后期写的文章,编有《潘公展先生言论选集》;晚年诗词编为《潘公展先生诗词选集》。他还主编过《五十年的世界大势》、《五十年来的中国》两书,并译有《儿童爱》、《遗产的废除》等。

① 陈立夫:《悼念潘公展》,台北《中央日报》1975年7月12日。

潘　光　旦

全慰天

潘光旦，号仲昂，江苏宝山县人，1899年8月13日（清光绪二十五年七月初八）生。父名潘鸿鼎，曾任清翰林院编修。

潘光旦1905年入私塾读书。1913年至1922年间在北京清华学校学习，经常参加学校的社团活动和年报、学报、周刊等编写工作。1915年右腿因参加体育运动受伤致残，依靠双拐走路，但仍然爱好活动，1919年参加了五四运动的罢课游行。1921年曾携带同学捐款到河北唐县赈济旱灾。

1922年，潘光旦去美国留学。开始在达茂大学学生物学，1924年毕业，得学士学位及成绩优异金牌。1925年又在哥伦比亚大学研究院学习，学动物学、古生物学、遗传学，1926年毕业，得硕士学位。同时期还先后在纽约州和马萨诸塞州等其他研究机构参加有关优生学、人类学、内分泌学、单细胞生物学的学习和研究工作，成绩优秀。1925年在纽约与清华校友闻一多、罗隆基等发起组织大江学会，并发行《大江季刊》，兼任学会理事，为季刊写稿。潘还曾兼任纽约中国留美学生季刊（中文）总编辑、月报（英文）编辑。这几个刊物主要宣传科学、民主等救国主张。1925年孙中山逝世后，潘参加中国学生在纽约召开等追悼会，并将《总理遗嘱》译成英文，又与人合作将《国民党第一次全国代表大会宣言》译为英文。

潘光旦1926年回国后，在上海地区的大学工作，先后任吴淞政治大学教务长、东吴大学预科主任、光华大学文学院院长、吴淞中国公学社会科学院院长等，讲授心理学、优生学、家庭问题、进化论、遗传学等课程。他先后主编《时事新报》的副刊《学灯》和《书报春秋》、《优生月刊》、《华年周刊》，1928年至1934年兼任《中国评论周报》(英文)编辑。这些刊物宣传科学、民主等救国主张，更多地讨论人口、劳工、家庭、妇女、优生等社会问题。当时，潘光旦还参加平社、中国社会学会、太平洋国际学会等学术团体。平社的社员多是留美学生，经常聚餐，宣读和讨论文稿，然后送《新月》月刊等处发表。

1934年，潘光旦到清华大学工作，任社会系教授，除主讲优生学、家庭问题外，还先后开设人才论、西洋社会思想、中国儒家社会思想等课程。1935年至1937年兼任清华大学教务长。

抗日战争爆发后，清华与北京大学、南开大学一起，南迁长沙，合办长沙临时大学；1938年再西迁昆明，改名西南联合大学，直至抗战胜利。在这烽火连天的八年间，潘光旦一直随同清华辗转南方各地，坚持教学研究工作，先后任教务长、秘书长、图书部主任、社会系主任等。他一直在社会系讲课，一度在云南大学社会系、昆明译员训练班、云南留美学生预备班兼课。

1946年，清华大学迁回北平复校，潘光旦随同回到北平，继续任社会系主任、图书馆长，讲授优生学、家庭问题、西洋社会思想等课程。

潘光旦先后完成的著作有：《冯小青——一件影恋的研究》、《中国之家庭问题》、《日本、德意志民族性之比较研究》、《读书问题》、《中国伶人血缘之研究》、《明清两代嘉兴之望族》、《优生概论》、《人文史观》、《民族特性与民族卫生》、《优生与抗战》、《自由之路》、《政学罪言》、《优生原理》等。译著有：霭理士著《性的教育》、《性的道德》、《性心理学》，赫胥黎著《自由教育论》等。

潘光旦在优生学方面的中心思想是：不但要求个人进步、社会进步，而且要求种族进步。他认为，种族进步更为根本，离开它，个人进步和社会进步是不可能长久的。在潘光旦看来，只有种族进步，在先天遗传方面比较优秀的人才能辈出，社会、经济、文化等才会不断繁荣昌盛，源远流长。种族的演变，首先是通过生物现象中的繁殖、变异、遗传、竞争、选择、淘汰、死亡等因素进行的。如果优良人种在质量上得到提高、在数量上得到增加，便是种族进步，否则便是退步。其次，人种的这种演变，还同时受到社会现象中婚姻、家庭、战争、宗教、政治、法律等因素的影响。这种影响是多种多样的，也是很大的，必定造成人口中不同的生育率和死亡率，从而引起种族的进步或退步。潘光旦认为，在欧洲中世纪宗教法庭审判下被杀害的多是优秀人才，这不能不影响种族进步。他认为，欧洲古希腊、罗马的文明很快衰落了，而中国文化历史悠久，这不是没有种族方面的原因的。

潘光旦在社会学方面的中心思想是：力求建立一种健全的社会。他认为，任何社会都包括个人生活与社会生活两方面，这两方面并不是势不两立的，而是相辅相成的，不可偏废。就个人方面说，又总有通性、个性、性别三方面。通性是人人相同之处，个性是因人而异之性，性别是男女之分。就社会方面说，即就人群方面说，又总有社会秩序、文化进步、民族绵延三个方面。社会秩序与通性一致，文化进步与个性一致，民族绵延与性别一致。只有使这两大方面、六小方面都得到照顾，才是比较健全的社会。潘光旦说："在温暖的情绪与清明的理智之下，试问哪一壁的哪一方面我们愿意捐弃的呢？我们谁不知道，缺一壁或缺一壁的任何一方面，多少总是不健全的表示呢？"①他认为几十年间先后传入中国的，最先是英美式的个人自由主义，接着是苏联式的阶级集体主义，最后是德意式的种族集体主义，各有偏蔽，都不可生搬硬套。他又认为：个人生活的健全发展，通性、个性、性别不偏废，主要依靠自由教育；社会生活的健全发展，秩序、进步、绵延不偏废，主要依靠民主政治。健全社会必须以自由教育为体，以民主政治为用。

1926 年至 1927 年间，潘光旦在上海与张君劢等人经常往来，商

① 潘光旦：《自由之路》，商务印书馆 1946 年版，第 76 页。

谈时局，1936年加入张君劢领导的国家社会党。1947年至1948年，还一度参加在北平新成立的中国社会经济研究会，任理事及该会所办《新路》周刊编委，宣传改良主义思想。他在国共两大党的政治斗争中，日益明显地反对国民党的许多政策和措施，而同意共产党的若干经济政策。

抗日战争时期，国民党日趋反动腐化，全国人民的爱国民主运动在中国共产党的正确领导下不断高涨。在这种形势下，潘光旦的政治态度日益发生变化。他经常发表文章，对国民党当局进行抨击。1939年他反对大学设训导长，认为把训育从教育里划分出来，在理论上很有问题，并且没有人当得起这训导长。1940年，他发表《宣传不是教育》一文，由于昆明《中央日报》一篇社论的反对，他又发表了《再论宣传不是教育》，在文中写道："我说宣传不是教育，多少还说了一些为什么不是。那篇社论说宣传就是教育，却没有说为什么是。"①同年，国民党中央宣传部副部长潘公展在重庆《中央日报》与昆明《每周专论》上撰文，指责大学教师的思想不纯正，潘光旦便发表《异哉所谓教师的思想问题》，说："作者厕身大学环境且二十年，所见和公展先生的很有不同，又忝为教师的一人，责任有归，未敢缄默。"②1943年，潘光旦指责蒋介石的《中国之命运》把真自由和假自由刚好弄颠倒了，希望再版时更正，并说："这样，真假可以划分得更清楚，黑白可以表见的更分明。"③1944年，他公开主张学人论政，并要求国民政府真的广开言路，说："试想大家，特别是一般学人、艺人和有专门技术的人，对于国家大事，既连口都不能开，还敢希望有更进一步的贡献么？"④1942年至1945年，他和闻一多、吴晗等西南联大教授一起，创办《自由论坛》月刊和周刊，大力呼

① 潘光旦：《自由之路》，第229页。
② 潘光旦：《自由之路》，第101页。
③ 潘光旦：《自由之路》，第14页。
④ 潘光旦：《自由之路》，第359页。

吁自由和民主，成立联合政府。他在解放前的论文集，有一本就叫做《政学罪言》。

1941年3月，中国民主同盟的前身——中国民主政团同盟成立，潘光旦参加。他自1941年起一直担任民盟中央委员、中央常务委员，并曾兼任民盟昆明支部委员、主任委员，负责创办和编辑民盟在昆明的机关刊物《民主周刊》。他在昆明经常和闻一多、吴晗、费孝通、曾昭抡等一起参加共产党地下工作者华岗、尚钺、楚图南等人在唐家花园秘密召开的小型座谈会，讨论政治形势。在昆明的爱国民主运动高涨过程中，尤其在1945年底爆发了震惊全国的“一二一”运动后，西南联大不少民主教授遭受国民党特务的恐吓和迫害。李公朴、闻一多被国民党特务杀害时，潘光旦和其他民主人士一度往昆明美国领事馆避难。嗣后回到北平，他继续兼任民盟华北总支部委员。

中华人民共和国成立后，潘光旦担任政务院文教委员会委员、中国人民政治协商会议第二届全国委员会委员等职，并任民盟中央常委、民盟总部宣传委员和文教委员、民盟北京市支部委员和文教委员、民盟清华大学区分部主任委员。

1949年至1952年间，潘光旦继续在清华大学工作，担任社会系主任、图书馆长，兼任校务委员会委员。他讲授社会主义思想史、家庭进化史、马列名著选读等课程，译注了恩格斯《家庭、私有制和国家的起源》。1951年春，潘前往上海、苏州、吴江、无锡、常熟等地视察土改运动，收集了大量第一手资料，写出《谁说江南无封建?》，在《人民日报》等报刊发表，后收编为《苏南土地改革访问记》出版。1952年，潘光旦到中央民族学院任研究部第三室主任。他调查研究湘西土家族，写出了调查报告和有关文章。他还研究景颇族史、畲族史，并整理中印边界有关资料。

1957年反右斗争中，潘光旦被错划为“右派分子”。此后十年，他通读二十五史，搜集整理少数民族史料约达一百六十万字，同时翻译了达尔文巨著《人类的由来》。1967年6月10日潘光旦病逝，遗书万册捐献给中央民族学院。中共十一届三中全会后,他得到平反,恢复名誉。

潘光旦的遗著《中国境内犹太人的若干历史问题》以及《人类的由来》均已出版。2000 年 12 月,《潘光旦文集》出版,共十四卷,约六百四十万字。

潘 天 寿

刘 江

潘天寿，原名天授，字大颐，号寿者，在有的作品上或自署“阿寿”。1897 年 3 月 14 日（清光绪二十三年二月十二日）出生于浙江宁海县北乡冠庄村。父潘秉璋是个秀才。他童年随父启蒙识字，七岁入塾。课外喜画画、写字，热心于临摹《三国演义》、《水浒传》等书的绣像插图；村里祠庙墙壁门窗上的彩绘人物、山水、鸟兽等，也是他模仿的“范本”。假日或课余常帮助家中放牛、砍柴、车水、耘田。冠庄村西有群山，最高者为雷婆头峰，是他常去樵牧的地方，故晚年画上署别号“雷婆头峰寿者”。

潘天寿十四岁时去宁海县城小学读书。课外临习各家碑帖。后从市贾处购得《芥子园画谱》，如获至宝，有空就按图临绘，习作常为同学及亲友所喜爱。

1915 年秋，潘天寿高小毕业，步行到达杭州，以优异成绩考入浙江第一师范学校。他在一师接触到一些具有爱国思想的知识分子，如教育家经亨颐、文学家夏丏尊和李叔同等人，对于他们的才学和品德，极为敬佩。“五四”时，一师师生举行罢课、游行，潘也曾参加活动。后来官方镇压爱国运动，校长经亨颐被免职。潘天寿目睹现状，思想彷徨，觉得青年人应当力挽狂澜，但自己“无干事之才，只有画画还能胜任”，因此决心以国画为振兴民族精神的工具。在校几年，他向长于西画的李叔同学习素描，向经亨颐请教书法篆刻，使自己在诗、书、画、印诸方面打下了一定的基础。他积极参加学校里研究书法篆刻的“乐石社”和

“寄社”，空暇时常去裱画店观赏古今名家字画作品，假日常为同学书写楹联、绘画中堂等。因此在一师五年，他对书画的笔墨技法、气韵品格诸项，都有了相当的体会和理解。

1920年潘天寿于一师毕业后，先后在宁海、孝丰等地农村小学教书。他在乡村大自然环境中，留心观察各种强劲有力的动植物，以及富有野趣的画材，耳濡目染，铭记于心，晚间则尽兴挥毫，以雄阔气魄试画松、鹫、竹、梅，常至深夜。从这些早期作品中，已开始显露出他独特的气势与审美情趣。

1923年，潘天寿经师友介绍，来到上海，任教于民国女子工校。他一面执教，一面更加广收博采，对青藤、白阳、石涛、八大山人、石谿诸家悉心研究，朝夕临摹，艺事日益精进。他在创作中，受当时名家吴昌硕、黄宾虹等人的影响。当时吴昌硕已年近八十，有一次看了他带去的几件作品，对他的才气十分重视，殷切勉励，曾写了一副篆联送他：“天惊地怪见落笔，巷语街谈总入诗。”吴又作了一首长古《读潘阿寿山水幛子》相赠，称他：“久久气与木石斗，无挂碍处生阿寿；寿何状兮颀而长，年仅弱冠才斗量。”①以后潘天寿与吴昌硕过从甚密，请益甚多，并常观摩吴作画，深得其气势与神韵。

同年秋，潘天寿受上海美术专科学校校长刘海粟之聘，为国画系讲授中国画与中国绘画史等课程，著有《中国绘画史》，1926年出版。1928年春，杭州国立西湖艺术院成立，院长林风眠聘潘为国画主任教授，潘遂定居杭州；同时仍在上海美专、新华艺专、昌明艺专等校兼课，每周来往于沪、杭之间。1929年赴日本考察艺术教育。1932年他与诸闻韵、张振铎、吴茀之、张书旗等在上海组织了“白社”国画研究会，主张以扬州画派石涛等人的革新精神发展民族绘画，举办展览，并出版《白社画集》。“九一八”后，外敌入侵，国内新军阀又混战不休，潘天寿原先设想的以美育来振兴民族精神，收效极微，思想甚为苦闷，一度曾寄托

① 吴东迈：《吴昌硕》，上海人民美术出版社1963年版，第15页。

于道佛禅理以求解脱，这种情绪也反映在他这时期的作品中。

1937 年卢沟桥事变爆发后，北平、上海相继沦陷，潘天寿随杭州艺专西迁，辗转于浙、赣、湘、黔、滇、川诸省，其间曾短期在东南联大、英士大学艺术系任教。在湖南沅陵时，北平艺专与杭州艺专合并改为国立艺术专科学校，潘天寿任国画系主任、教授等职。

1944 年秋，潘天寿在重庆被任命为国立艺术专科学校校长。1945 年抗战胜利后，他立即着手复校杭州的准备工作，于次年夏迁回杭州。这时期国民政府发动内战，通货膨胀，人民怨声载道，爱国学生多次游行示威。身为艺专校长的潘天寿，对国民政府镇压学生运动的暴行深为不满，但又无力满足学生的正义要求，加以某些人争权夺利，终于在 1947 年秋被迫辞去校长职务，专任国画系主任。

潘天寿在国画艺术和教育上，一贯主张可用国画“振兴民族精神”。他认为国画教学不仅是为了传授技巧知识，“民族绘画的发展，对培养民族独立、民族自尊的高尚观念，是有着重要意义的”①。因此他启导学生要有忧国忧民的思想，要求画家注意人品的修养，常说“品格不高，落墨无法”②。他主张在学习时间的分配上，“可三分读书，一分写字，五分画画，一分其他(包括社会活动、体育锻炼、文化生活等)”③。在专业教学实施上，他认为应分科教学，因为“人物、山水、花鸟等科各有其特点与要求”，“写生要活写，不要死写”。他还主张既要继承一切优秀传统，又要推陈出新。他说：“凡事有常必有变。常，承也；变，革也。承易而革难。然常从非常来，变从有常起”④，“体现民族风格不等于同古

---

① 潘天寿：《谈谈祖国目前的国画情况》(1959 年)，《潘天寿美术文集》，人民美术出版社 1983 年版。

② 潘天寿：《听天阁画谈随笔》，上海人民美术出版社 1980 年版，第 21 页。

③ 潘天寿：《在浙江美术学院中国画系教学工作会上的讲话》，《潘天寿美术文集》；潘天寿：《在泰安讲学记录》，记录稿。

④ 潘天寿：《听天阁画谈随笔》，第 8 页。

人一样，有继承还要有发展”①，画家“要有时代性”，“要有自己的个性、风格、特点”②。

潘天寿的作品，确实形成了他独特的风格。他取材平凡，立意深邃，章法奇特，结构严谨，表现出一种坚韧、憨厚、挺拔、浑朴的风格。

1949 年 5 月杭州解放后，潘天寿感到自己梦寐以求的振兴民族精神的愿望得以实现，无限欣喜。他多次下乡下厂并参加土改，画了《踊缴爱国粮》、《文艺工作者下乡》、《和平鸽图》等作品。1957 年他任浙江美术学院院长。1958 年后历任中国美术家协会副主席、浙江分会主席。他当选为全国人民代表大会第一、二、三届代表，被聘为苏联艺术科学院名誉院士等。1963 年他任中国书法家代表团副团长访问日本。

“文革”中，潘天寿受到冲击，1971 年 9 月 5 日在杭州去世。粉碎“四人帮”后，1977 年中共浙江省委为潘天寿平反昭雪。1979 年在杭州建立了“画家潘天寿纪念馆”。

潘天寿除著有《中国绘画史》外，还撰写有《听天阁画谈随笔》、《中国书法史》、《治印丛谈》、《顾恺之》等著作，由人民美术出版社编辑成《潘天寿美术文集》出版。

---

① 潘天寿：《谈谈中国传统绘画的风格》，《潘天寿美术文集》。

② 潘天寿：《对浙江美院附中讲话》，记录稿。

庞 炳 勋

汪仁泽

庞炳勋，字更陈，直隶（今河北）新河人，1879 年 12 月 16 日（清光绪五年十一月初四）生。父亲为晚清秀才，全家靠其教书维持生计。庞炳勋童年时拜举人宋洛雨为师，稍长进南宫县油坊街学堂上学。毕业后因父亲去世，家境困难，乃从事小本生意。

1899 年，二十岁的庞炳勋弃商从军，在北洋新军第三镇当炮兵，因术科成绩优等被选入学兵队，与教官孙岳结成深厚的师生情谊。其后曾进东北测绘学堂学习，毕业后回第三镇担任初级军官，经孙岳介绍加入了同盟会。辛亥革命时孙岳密谋策应“滦州起义”，被察觉后革职，庞亦随之离军返乡，重操商贩旧业，曾到蒙古贩马，练就相马技术。1918 年，庞在高邑县贩运粮食时，偶遇正拟赴保定就任直系军官教育团团长的孙岳，遂随同往保定，任该团副官。

1920 年，庞炳勋任孙岳的义勇军队长参加直皖战争，战后历任孙岳第十五混成旅少校营附、副官长等职。1922 年 4 月，第一次直奉战争期间，庞在长辛店作战时，腿被炮弹炸伤而致微残，故有“庞瘸子”之称。因作战勇敢，战后升任中校骑兵营营长、上校旅参谋长。6 月，第十五混成旅移驻邯郸、大名一带。当地匪患严重，庞被孙岳任命为威平八县联防总指挥，负责剿匪，不到一年八县土匪被肃清，所部纪律严明，被誉为“剿匪劲旅”。

1924 年 9 月，第二次直奉战争中，庞炳勋随同孙岳参加驱逐曹锟的“北京政变”，在保定击败北洋军阀曹世杰部，升任国民军第三军补充团团长，不久升任第二混成旅旅长。其后又随第三军转战洛阳，攻克西安，继而北上，在天津以南地区将奉鲁联军驱至德州。1925年秋，庞被任命为天津镇守使兼第二混成旅旅长。翌年初，庞率部在津南与直鲁军作战，夺回沧州、杜林等地。3月，日舰炮击大沽口进行挑衅，事后庞奉命率所部前往塘沽，沿海布设水雷，修筑工事，以防日军再次挑衅。

1926年4月，国民军在奉系和直系的联合进攻下失利，弃守京津。庞炳勋认为国民军大势已去，未随孙岳撤退，而将所部带至武清投向吴佩孚，被改编为直系第十二混成旅，但遭到部下反对，部分官兵奔赴南口归国民军。庞部改编时，所辖炮兵营被直系将领田维勤以武力截去，使庞怀恨在心。8月上旬，庞奉吴佩孚之命南下信阳，此时已在信阳的田维勤和庞同时被吴任命为正副城防司令。庞与附近的豫军樊钟秀暗中约定共同突袭田部，但突击之时樊失约未到，庞部反被田维勤逐出信阳，事后吴命庞率部到明港整顿。是年冬，吴佩孚的直系势力被北伐军逐出湘鄂一带，濒于绝境，庞部亦粮饷无着，处境窘困，后被靳云鹗改编为保卫军第十一师，庞任师长，驻防洋河镇。1927年3月，庞部再改编为河南保卫军第三军，奉靳命北上漯河。此前庞已接受武汉国民政府的策反，途经驻马店时公开打出国民革命军暂编第五军的番号，被编入唐生智部。5月中旬，庞率部进攻遂平直系张万信师，围攻一月始获胜，庞部进驻遂平整训。此后庞部按北伐军编制，设各级政治干部，庞并学习孙文学说。

先是，冯玉祥国民军已编为国民革命军第二集团军，5月入潼关参加北伐，在豫西北攻打奉军告捷。庞炳勋往见冯玉祥表示愿接受冯的领导，乃被任命为国民革命军第二集团军东路军（司令鹿钟麟）第二十军军长，下辖第五十八、五十九两师和骑兵团、炮兵队各一。10月，冯部与直鲁军在豫东大战，庞率第二十军进至宁陵时，冯部姜明玉倒戈，庞部腹背受敌，退至皖北。月末，庞部在睢县长岗集与直鲁军血战数日，攻克睢县和归德。此时韩复榘部亦进入归德，将庞部缴获的军械全部扣留，庞不服，经鹿钟麟调停，另拨庞枪二千支、马二百匹，并赏洋五万银元。11 月庞部随冯军西撤，直鲁军分三路反攻，庞奉命迎战，再克归德，并进占夏邑。12 月庞部随同冯军攻取徐州。庞屡建战功，年终被任命为河南省政府委员（省主席由冯玉祥兼任）。

1928 年 1 月，庞炳勋率部北进滑县围剿红枪会后，进驻汤阴整训。庞部本系旧军阀部队，军内多有吸食鸦片恶习，且连年征战，军纪松弛，庞仿冯玉祥治军之法，实行“烟酒必戒、嫖赌必禁”，自己以身作则，半月内戒绝烟毒，并提倡部下学习冯玉祥所编“精神书”，定期考查学习成绩。又设立军法处、稽查队，上街巡逻，遇有违纪者即行处置，并通报全军。整训一个月，全军面貌一新。3 月奉命赴林县镇压农民武装天门会；4 月驰往彰德击溃奉军，进至保定、容城，激战中庞头部受伤。

北伐战争结束后，庞炳勋第二十军被改编为暂编第十四师，庞任师长，下辖两个旅、一个补充团。1929 年初，冯玉祥对蒋介石的“编遣”不满，率所部西撤，庞师改为冯玉祥护党救国军独立第一军，后又改称国民军联军第六军。4 月，在冯玉祥发动的反蒋战争中，庞阻截反戈投蒋的韩复榘，缴获其大量辎重。不久庞率部开往渭南华州（今华县），任冯军第三路军总指挥。10 月初，庞部又参加西北军的反蒋战争，在黑石关与唐生智部对峙，后撤至陕州。

1930 年初，冯玉祥与阎锡山谋划联合讨伐蒋介石，庞炳勋被冯派为代表与阎会商讨蒋事宜，达成了协定。3 月庞任冯军第二路军总指挥，作为预备队集结郑州待命。战启，冯军刘恩茂部倒戈，庞奉命率部征讨，激战十余日获胜。推进至杞县、太康一线后，会同孙良诚、吉鸿昌部对蒋军实行分割包围，使蒋军伤亡惨重。8 月庞协助孙、吉进攻宁陵，因值雨季作战困难，未克而归。9 月 18 日，张学良拥蒋入关，冯军全线崩溃。庞部随西北军撤过黄河，驻山西沁州（今沁县）一带。入冬军无棉衣，粮饷也靠晋军接济，庞心灰意懒，勉支残局。1931 年庞部被张学良改编为步兵第一师，旋扩编为陆军第四十军，庞任军长兼第三十九师师长。

1931 年，日本帝国主义制造了“九一八”事变，全国军民悲愤万分，庞炳勋请缨抗日，蒋介石令其待命。1933 年初，庞率第三十九师参加长城抗战，担任构筑工事和援军任务。5 月，冯玉祥等在张家口成立察哈尔抗日同盟军，不久蒋介石调集大军对之围攻，并派国民党中央执委张厉生对庞进行收买拉拢，许庞如将冯赶走即委以察省主席。庞不顾部下反对，出任察省"剿匪"总司令，竟然率部攻打抗日同盟军。冯玉祥亲笔致庞函，要其顾念袍泽之情、不做亲者痛仇者快之事，但庞反劝冯自动下台。冯见其不听劝告，即策动第四十军内部反庞。7 月中旬庞部进至沙城时，所部成排成连投向抗日同盟军。8 月，冯玉祥在蒋军和日军的夹击下被迫下野，提出宋哲元主持察省省政，得蒋同意。庞所望落空，后经张厉生周旋，将改编后同盟军中的刘振东、唐聚五两部归属庞部，又补充其部分重武器，并兼任察省委员作为补偿。

1934 年，第四十军移驻河南，庞炳勋在军内成立了国民党特别党部等组织。是年夏，庞参加了庐山军官训练团，结业时受蒋介石接见并获五万银元。其后庞率部在南阳收编地方武装别廷芳部，在卫辉剿匪禁烟。翌年 4 月被授予陆军中将加上将衔，11 月当选国民党中央监察委员。1937 年初，庞任第四预备军总司令，所部调驻山西运城。

1937 年"七七"事变后全面抗战爆发，庞炳勋部奉命开赴津浦前线。9 月间日军以优势兵力向姚官屯庞部发起猛攻，庞亲临前线激励部下奋勇杀敌，指挥所部以步枪、手榴弹拼死抗敌，击退日军的多次冲锋，激战四昼夜，守住了阵地。后因伤亡过重，奉命转移至安徽砀山，归第五战区指挥。不久庞兼任徐海警备司令，所部移驻海州休整补充，担负海防。1938 年初，庞任第三军团军团长，2 月奉命率部防守临沂。此时日军侵占南京后，调集了十三个师团约二十万兵力，南北合击徐州，第五战区司令部决策"阻南打北，各个击破"。南线抗日军队经过激战，阻北上之敌于淮河一带；北线日军准备从滕县、临沂东西两路夹击徐州门户台儿庄。2 月下旬，日军板垣师团五千多人大举进犯临沂。庞深知临沂得失关系全局，率部奋力坚守，在当地民众大力支援和鼓舞下，面对强敌主动出击。3 月 11 日，日军在飞机大炮掩护下，猛攻临沂外围相公庄、诸葛城，庞亲临前线指挥，血战一昼夜，击退了来犯之敌。正在徐州的外国使团和记者得知日本精锐师团竟然被阻在中国“杂牌军”面前，大感惊奇。此时庞的军团部离前线只三华里，有人建议后移十公里，庞答称：我如临危后退，影响士气，临沂必失。15日敌增兵两千再次强攻，庞部伤亡惨重，急电请援。次日下午张自忠赶到临沂，所部第五十九军强渡沂河袭敌后右侧，敌大乱。庞指挥所部发起反攻，日军败退莒县。庞、张两部乘胜追击至汤头，毙伤敌二千余人，日旅团长长野、第三大队长牟田皆被击毙，并缴获敌大量军用品。临沂之战告捷轰动全国，《大公报》等发号外、社论，给予赞扬和高度评价。3月下旬，日军再次增兵进犯。在敌优势兵力猛攻下，庞部边战边退，撤至临沂城郊，又获第五十九军和第五十七军王肇治旅的增援，三部协力作战，将日军截成两段驱逐至汤头一带，再获大捷。4月初，日军从东、西、北三面向临沂发起第三次猛攻。此时第五战区在台儿庄对滕县南下的矶谷师团已形成包围，庞奉命坚守临沂拖住板垣师团。19日，板垣师团炸毁临沂西门城墙蜂拥而入，庞和张自忠指挥抗日将士与敌逐街逐巷展开肉搏战，双方伤亡惨重，直到我军台儿庄战役全胜后始奉命撤出临沂，向郯城转移。庞部爱国将士在临沂之战中浴血奋战两个月，阻滞了板垣师团的行动，有力地配合了台儿庄大战。

1939年初，庞炳勋部奉命在黄泛区开展敌后游击战，不久又奉蒋介石之命调至太行山地区，一面在敌后牵制日军，一面阻止八路军在太行山扩大根据地。10月，庞炳勋并任第二十四集团军总司令兼第五十军军长，下辖第五十军和孙殿英新五军、范汉杰第二十七军。他曾按照蒋介石的军事部署，向八路军进攻，占领高平、陵川等地。1940年初，庞接替鹿钟麟任河北省主席、国民党河北省党部书记长、冀察战区司令等职。2月，庞部向冀南八路军进犯，受到反击后不再敢妄动。此时庞部驻林县、陵川一带，同八路军以及日伪军防地犬牙交错，情况十分复杂。庞所辖的新五军军长孙殿英是惯匪出身，不听指挥，第二十七军又是蒋介石的嫡系部队，也指挥不动，庞感到难以有所作为，只是偶尔向日伪阵地小规模出击而已。1942 年夏，曾与对太行山实行“大扫荡”的日伪军在林县合涧镇作战，歼敌七百余人。

1943 年 4 月，日军调集五个师团突然围攻第二十四集团军驻地，庞炳勋指挥所部仓促应战，各军阵地仅一天即被敌全部突破。第二十七军退往黄河以南，孙殿英率新五军于 24 日在鹿岭投敌。庞率第三十九师突围时，队伍被击溃，庞藏身山洞，被孙殿英搜山部队发现送往新乡。此前庞曾通过敌后军统电台向蒋介石请示“如何自处”，蒋复电要其“委曲求全”。此时庞遂向日军投降，日伪即在沦陷区大肆宣传，将庞原任各职全部加上伪号予以保留。6 月，庞受汪伪政府任命为伪开封绥靖上将主任，率伪暂编第二十四集团军，移驻开封。

1945 年 8 月日本投降后，庞炳勋致电蒋介石表示愿戴罪候处。蒋复电慰藉，并派飞机准备接他去重庆，庞疑虑重重借故不愿去渝。不久庞的伪军被蒋介石改编为第一路军，庞任总司令，率部阻挠八路军进开封城受降，并通电向蒋表示所部愿做“剿共”前驱。1946 年春，已经六十七岁的庞因年迈体衰自愿放弃军职，被蒋介石任命为国防部咨议。

1949 年南京解放前夕，庞炳勋携眷迁居台湾。曾同昔日西北军朋旧孙连仲在台北合开餐馆。

1963 年 1 月 12 日，庞炳勋因病去世。

主要参考资料

新河县政协文史研究会编：《庞炳勋史料》，1990 年版。

李捷三：《我所知道的庞炳勋》，中国人民政治协商会议天津市委员会文史资料研究委员会编《天津文史资料选辑》第 43 辑，天津人民出版社 1988 年版。

李泰棻：《国民军史稿》，1930 年北平版。

周康燮：《1927—1934 年的反蒋战争》，香港大东图书公司 1978 年版。

吴相湘：《第二次中日战争史》，台湾综合月刊社 1973 年版。

庞 元 济

王铁生

庞元济，字莱臣，号虚斋，浙江吴兴县南浔镇人，生于1864年7月27日(清同治三年六月二十四日)①。南浔地处杭嘉湖三角洲，是富庶的鱼米之乡。庞父以经营典当起家，后独资开设庞怡太纸行，为南浔镇上四大巨富之一②。

庞元济在青年时期喜好字画碑帖，常常购置乾隆、嘉庆年间的名人字画，精心临摹③。后发现字画买卖可获大利，于是从事此项交易。他雇了熟练的裱褙工匠和临摹工匠，从书肆中发现真迹，加以裱褙整修，然后高价出售，有时也以赝品冒充真迹。

1895年，庞元济与杭州富商丁丙等人在杭州武林门外拱宸桥开设世经缫丝厂，资金三十万两，采用进口的新式机器，日可制茧丝一担。庞、丁等人后又在浙江德清县唐栖(今余杭塘栖)开设缫丝厂④。这些都是浙江最早的缫丝厂。但因经营不善，无利可图，加以庞元济后来信

---

① 据樊伯炎口述。樊于1934年入庞家为门客，很受庞的赞赏和信任，一直到1949年庞元济去世后才离去。

② 据南浔藏书楼管理员汤福根据地方志整理的资料。庞父以经营典当起家，是樊伯炎口述。

③ 庞元济:《虚斋名画录》序言:“余自幼嗜画，未及冠，即喜购置乾嘉时人手迹，刻意临摹，颇得形似，先君子顾而乐之曰:此子不愁无饭噉矣。”《虚斋名画录》，现藏樊伯炎处。

④ 汪敬虞编:《中国近代工业史资料》第2辑下册，科学出版社1957年版，第695页。

奉佛教，认为煮死蚕蛹有悖佛旨，不久即将两厂先后盘出①。次年，庞元济又与丁丙、王震元等人集资四十万两，由英国进口机器，在杭州筹设通益公纱厂。1897 年建厂竣工，初期购置英国纱锭一万五千零四十枚，雇男女工人共约一千二百人，1898 年产纱二百万磅，1899 年达三百万磅。但因管理不善，资金不足，债台高筑，又因北方义和团事件影响棉纱销路，不得已于 1902 年停产，次年将该厂转让给李鸿章之子李经方②。

1904 年秋，庞元济在上海与人合资开办龙章机器造纸有限公司，自任总经理，严于均为协理，陈润夫、韩山羲、祝兰舫、苏宝森、顾牧斋等十余人为董事。原定官股银六万两，商股银三十万两，但在建厂过程中，几度发生资金短缺的困难，经庞元济力为挪借，终于在 1907 年夏建成，开工造纸③。建厂初期由于经营不善，加以纸价行情看跌，发生亏损。1909 年召开董事会，决定向清政府商部借银十五万两，另招新股十万两④。庞元济请他堂弟庞赞臣来龙章纸厂主持厂务。庞赞臣毕业于邮传部高等实业学堂(后改为交通大学)，精通技术。来龙章厂后，立即将蒸汽动力改为电力动力，使生产效率大增，营业蒸蒸日上⑤。1914 年第一次世界大战爆发，外资无暇东顾，给龙章带来了前所未有的黄金时期，极盛时有工人两千名⑥。直到 1937 年抗战前夕，庞元济因自己年迈力衰，遂将盈利颇丰的龙章纸厂卖给其外甥、国民党要人张静江，后张将龙章纸厂拆迁重庆⑦。

---

① 孙世源口述，孙曾在庞元济之弟庞元澄家任账房多年。

② 许超:《杭州第一棉纺织印染厂七十年来的变迁》，中国人民政治协商会议浙江省委员会文史资料研究委员会编《浙江文史资料选辑》第 8 辑，1964 年版，第 1—2 页。

③ 汪敬虞编:《中国近代工业史资料》第 2 辑下册，第 843 页。

④ 汪敬虞编:《中国近代工业史资料》第 2 辑下册，第 841 页。

⑤ 据樊伯炎口述。

⑥ 据张福祥口述。张曾为庞元济家中多年的老佣人。

⑦ 据樊伯炎口述。

除了兴办工业以外，庞元济还在南浔、绍兴、苏州、杭州等地开设米行、酱园、酒坊、药店、当铺、钱庄等大小企业，在绍兴县置田四千亩，在苏州、上海、南浔等地置有大量房地产①。

自抗日战争全面爆发到庞元济去世这段期间，庞因年事已高，不再从事实业活动，在上海当寓公。

庞元济属于向资产阶级转化的地主阶级成员，故政治思想保守。戊戌变法时，反对维新派。辛亥革命后，以清朝遗老自居。后来溥仪已是伪满洲国的傀儡，庞元济仍对溥仪念念不忘②。

清末，庞元济曾出资捐上海道台不成，后放上海商务督办③。1919年前后，曾赴日本游览，历时半年。庞元济虽曾出资捐官，但系从生意着眼，出于商业需要，对政治不感兴趣。以后在国民政府时期及日伪时期，与统治阶层人物也有周旋，但未出任职务④。

庞元济信奉佛教，每日清晨盘膝打坐，念《金刚经》，数十年如一日，从不间断；发财之后，经常为乡里举办一些赈粥、施药之类的慈善活动，并曾出资兴修荻塘，用石块整修湖州至平望间长约三十里的一段运河堤岸⑤。

1949年3月8日，庞元济于上海病故⑥。

---

① 据南浔镇工会文化工作组蔡启桢根据地方志整理的资料。

② 据樊伯炎口述。

③ 据南浔镇工会文化工作组蔡启桢根据地方志整理的资料。

④ 据樊伯炎口述。

⑤ 据樊伯炎口述。

⑥ 据张福祥口述。

彭　家　珍

吕乃澄

彭家珍，字席儒，1888 年 4 月 9 日（清光绪十四年二月二十八日）生于四川金堂县①。其父彭士勋任清朝主事，曾一度到日本考察，颇有志革新，在四川首倡新学，常念中国积弱，非武力不足以救亡。彭家珍一岁多时，其母因病不能抚育，由其父兼任鞠养。五岁时，父亲教他学习文天祥的《正气歌》，背诵如流。稍长，又教他读黄宗羲等人的书。因此，他自幼就对清廷高压汉人的政策不满。

彭家珍于 1903 年 2 月从父命考入四川成都陆军武备学堂炮科，1905 年冬毕业。因考试成绩优等，为四川总督锡良所赏识，派他赴日本考察军事，并委他从日本购买一批军火。这时留日学生中的革命派很多，他常与进步同学交游，从此遂抱保种救亡的决心。回国后，彭家珍充任四川新军第六十六标第一营左队排长，后又升任该营左队队官。1906 年夏，革命党人谢奉琦等人在四川叙州府一带起义，未成。清吏大肆捕杀革命党人，彭家珍表面上戒备森严，暗中通知革命党人逃避，因而党人被捕的很少。这事后来被协统朱庆澜发现，彭被迫于 1909 年 5 月离开四川入云南，充任云南新军第十九镇随营学堂管带兼教练官。同年 9 月，又升任本堂提调。1910 年 4 月，彭家珍随锡良入东三省，充任奉天讲武堂学兵营队官兼教习。新军第二十镇内有革命思想的军

① 《彭大将军家珍墓志铭》，王暨英修，曾茂英纂：《金堂县续志》卷 10，1921 年版，第 37 页。

官，大都是他的学生。这时清廷政治更加腐败，全国各地革命浪潮风起云涌。他秘密联络奉天军界同志准备武装起义，未遂。1911年9月，东三省总督赵尔巽委彭家珍为天津兵站司令部的副官。他负责从奉天解送军米、手枪、马匹到天津，有机会与京津的革命党人经常接触，便由赵铁桥、黄以镛介绍加入了同盟会。他经常到国光新闻社参加革命活动，他还把陆军部发给天津兵站司令部的军用免票、半价票、输送军用物品票等私赠党人使用。这样，不仅革命同志往来自如，而且各种物资得以源源接济。

1911年10月上旬，第二十镇从新民府调往滦州参加永平秋操。10月10日，武昌起义爆发，秋操停止。清廷随即令调第二十镇南下攻打武汉革命军。该镇统制张绍曾据守滦州，按兵不动，并联合蓝天蔚等人签名，盖用了第二十镇统制的关防，于10月29日向清廷提出“政纲十二条”，请求速开国会，制订宪法，组织责任内阁，释放国事犯等要求。同一天，山西宣布独立，准备组织民军进攻北京。恰在这时，清廷由欧洲购买的一批军火（枪五千支，弹五百万发）①，从俄国运入关内。东督赵尔巽特派彭家珍、刘其达、张允仁三人负责押运。彭家珍利用机会先和他的学生商震、程起陆等人商定扣留方法，接着乃密电张绍曾，请他派兵截留。电云：“自鄂变以来，我军驰赴前方应敌，近日战事最为激烈。我军以军火缺乏，难挫顽凶，兹特购买大批军火，由西伯利亚铁道运经滦州，直赴前线援救。闻公等奏请立宪，原系崇尚和平，此旨正大，薄海钦迟。惟朝廷无立宪之意，不惜购买军火自相残杀。珍等恭逢运输之役，苦无挽救之方，军火到滦，望公等妥为保护是荷。”②张绍曾得电，将军火扣留，并电迫清廷停战。同时，又电告鄂军政府，告以扣留军

① 《京津同盟会纪事》，台北“中华民国开国五十年”文献编纂委员会编《中华民国开国五十年文献》第2编第5册“各省光复”，台北“中央文物供应社”1962年10月版，第179—183页。

② 罗正纬：《滦州革命纪实初稿》，中国史学会主编《中国近代史资料丛刊：辛亥革命》（六），上海人民出版社1957年版，第340页。

火的真情，示意及时进攻。清廷得电后，迫于形势，不得不颁布宪法十九信条，并特赦革命党人，图以此缓和革命。同时，又阴下毒手，由良弼与袁世凯派人合谋暗杀吴禄贞于石家庄，又撤掉张绍曾第二十镇统制的职务，削去他的兵权。因此，吴禄贞、张绍曾相约进攻北京的计划失败了。但是彭家珍并没有因此而灰心，仍然极力策动第二十镇军官王金铭、施从云等人秘密组织武装起义。

1911 年 11 月 6 日，清廷释放谋刺摄政王载沣的汪精卫、黄复生、罗伟章等人。他们出狱以后，乃赴天津组织秘密机关。12 月 1 日，中国同盟会京津分会于天津义租界寓所成立。汪精卫任正会长，李石曾任副会长，分军事、文书、财政、司法、外交、交通等部，彭家珍在军事部任事①。会后他和黄复生、赵铁桥、罗世勋四人被派往上海联络南方革命党人，请求接济北方革命运动。彭家珍、黄复生因此留沪研究制造炸弹的方法。接着，江苏都督程德全任命彭为北方招讨使，革命党人复推他为北方暗杀部部长。当自制炸弹试验成功后，他运炸弹由上海到天津。这时军事部经济困难，彭暗中把天津兵站司令部的军饷二百金献给同盟会，以作购买炸药之用。后来这事被赵尔巽发现，以盗饷罪由陆军部出令通缉。他被迫改名朋嘉桢，号锡三，仍然经常往来于京津之间，专门从事暗杀工作。当时被袁世凯暗中收买而背叛革命的汪精卫，以中国同盟会京津分会会长的身份，阻挠和破坏北方革命党人的武装起义和暗杀活动。1911 年 12 月 27 日，汪精卫暗中接受袁世凯的任务，以议和代表参赞的名义，自北京南下到上海，劝孙中山让出大总统位置给袁世凯，为袁效劳。

自汪离京后，北方革命党人于 1912 年 1 月 2 日在滦州举行武装起义。袁世凯派王怀庆带兵镇压，大肆捕杀革命党人。京津党人义愤填

① 邹鲁、胡鄂公、眭云章等人的著作中都说彭家珍任京津同盟会的军事部长。但“中国同盟会京津分部章程”中说蓝天蔚任军事部长（见《中华民国开国五十年文献》第 1 编第 12 册，第 333 页），彭家珍为部员。因此，本文未写肯定的职务。

膺，秘密决议：清臣如袁世凯、良弼、荫昌、载泽、载洵、载涛等皆可杀，而袁世凯宜先诛之。彭家珍与陈宪民昼夜赶装炸弹，不到十天，便装成了一百多枚。待侦察清楚了袁世凯的行动路线以后，1912 年 1 月 16 日，革命党人张先培、杨禹昌、黄之萌等人投弹袭击袁世凯于东华门，未中。三人被捕殉难。事后，清吏大肆搜索党人，彭家珍居住的四川营董宅被军警搜查，仆人张顺被捕去。他又迁寓中西旅馆四十三号，经常打听良弼、铁良、那桐、载洵、载涛等诸亲贵的活动情况，准备一网打尽。1 月 19 日，清资政院开会，王公大臣都到，彭探悉赶来，而院会已散，未能下手。同年 1 月中旬，清帝退位的消息传出以后，亲贵良弼、铁良、毓朗等人极力反对。他们组织三十余人于 1 月 18 日齐赴庆王府，包围主张清帝退位的奕劻，次日便以“君主立宪维持会”的名义发表宣言，成立宗社党，反对清帝退位，破坏共和。当时担任军谘使的良弼，自请督师南下，与革命军决一死战。彭家珍奋然曰：“有军事知识，且极阴狠者为良弼，此人不除，共和必难成立，则此后生民涂炭，何堪设想乎！”①他便挺身而出，以暗杀良弼为己任。可是他并不认识良弼。他从四川同乡徐某的家中，找到良弼的照片，仔细观察，识别良弼的容貌。他了解到四川同乡张敬三、罗春田与良弼友好，便冒张的名义诱良弼来而杀之，未果。他想直接刺杀良弼，然而良弼出入陈兵自卫，无法接近。他又想起了奉天讲武堂监督崇恭与良弼至亲密，他在讲武堂工作时曾经保存了崇恭的名片。于是派他的学生熊斌和刘升之赴奉天，用崇恭的名义发了一个假电报给良弼，假称东督赵尔巽愤宗社将亡，举崇恭来北京，共图挽救。至 1912 年 1 月 24 日（阴历辛亥年十二月初六日），彭家珍探知清室内廷将于腊月初八日，假腊八赏赐喇嘛恩粥典礼，召集诸亲贵密议南北战事，他决定在腊八宴上行刺。初七日辰刻，他在中西旅馆写了绝命书，书中有云：“共和成，虽死亦荣；共和不成，虽生亦辱。与其生受辱，

① 《烈士彭家珍绝命书》，《金堂县续志》卷 10，第 24 页。

不如死得荣!”①他写完了绝命书以后,便叫他的仆人伍焕章,交给他银票百元,并对伍说:“我有事他往,能否回京,尚不能定,明晨早车将余衣服用器运往天津交民意报馆,你也暂住在报馆。如果陈宪民诸先生来,请他不要住宿在我房里。”②腊八傍晚(即1912年1月26日)彭家珍穿着标统制服,身佩军刀,乘马车到金台旅馆,说他是从奉天来的,因军事来京,从怀中取出崇恭名片,因得开十三号房居住。休息一会儿,他说有紧要公事入城,命馆人快替他备马车。他上车入前门,先到军谘府,没有碰见良弼。再往红罗厂入良弼私宅,门房告诉他良弼到摄政王府未归,引彭入坐客房,久候弼未至。他复出门,想到别的地方去寻找良弼。刚上车行至大街,恰好碰见良弼驱车归家。彭复引车回,下车立于门的左侧。良弼下车进门,门丁持崇恭名片给他。良弼说:“黉夜至此,胡匆迫乃尔!”③彭家珍乘其不备,掷一炸弹,轰然一声,阶石炸裂。良弼被炸断左股,晕绝卧地,奄奄一息,过几天便死了。弹片触石反射,伤彭家珍头部,立刻牺牲。同时殒命者有良弼卫兵八人,马弁一人。良弼死后,清廷王公贵族闻风丧胆,纷纷逃出北京,赴天津、大连、青岛等地逃命。

这时,孙中山任中华民国临时大总统。特追赠彭家珍为大将军衔,谥义烈公。北京西郊万牲园烈士墓道建成时,他的遗体已由其家属运回四川省金堂县安葬,所以西郊烈士墓仅是他的衣冠冢。

① 《烈士彭家珍绝命书》,《金堂县续志》卷10,第24页。

② 眭云章:《彭家珍刺杀清臣良弼案》,眭云章著《中华民国开国记》,台北“中央文物供应社”1968年7月版,第510页。

③ 冯自由:《革命逸史》第2集,中华书局1981年版,第315页。

彭 寿 松

许在全　陈孝华

彭寿松，字岳峰，湖南长沙人，生于1866年（清同治五年）。其父彭定太是清湘军将领，曾率兵驻扎固原、肃州近十年。彭寿松自幼随父，久居边塞。

1884年，法国侵略军进犯福建，清政府派左宗棠带领湘军入闽，彭定太亦随左至闽。中法战争结束后，湘军仍留闽，彭在闽安家。嗣后彭寿松在闽捐资为候补县佐，于1903年出任福建保甲局总办，以其强悍、大胆的作风，在福州地方初露头角。但不久因“忤上官意”①被参劾革职。

彭寿松闲置在家，教子济溶、侄荫祥读书识字。这时清朝政府日益腐败，外来侵略不断加剧，民族压迫严重，开明人士、血气青年竞起议论国事，图谋革命。彭寿松受其影响，“愤国事日非，国土日蹙”②，参加秘密会党哥老会。

1907年6月，留日学生闽人陈不浮在归国的轮船上蹈海而死。福建革命党人认为这是痛愤清廷腐败而做出的举动，在福州下渡十锦祠隆重举行追悼会，借以鼓吹革命。彭寿松莅会，发表慷慨演说，当场剪

---

① 《彭寿松事略》，中国人民政治协商会议湖北省暨武汉市委员会等编《武昌革命实录馆：武昌起义档案资料选编》下卷，湖北人民出版社1983年版，第235页。

② 佚名《彭荫祥历史》，《武昌革命实录馆：武昌起义档案资料选编》下卷，第243页。

去发辫,以示推翻清政府的决心。同盟会会员刘通等人见彭反清革命意志坚决,开始与之联络。此后他们往来更加密切,共同从事反清斗争。1908年11月,清光绪帝和慈禧太后相继去世,福州设立灵堂于明伦堂,全城文武官员每天前往哭灵。彭寿松力主乘机举事,以炸弹聚歼之,但其他革命党人认为来不及部署,而未实行。

1911年4月,彭寿松由刘通主盟加入同盟会。时适广州黄花岗起义失败以及闽籍革命志士多人壮烈牺牲的消息传来,彭愈加痛恨清王朝,且认为"实力在于军队,非联络反正必不成功"①。为便于联络军警界,经彭寿松提议,在福州设立军警特别同盟会,由彭担任会长。时驻闽清军为陆军第十镇,基本成分系原湘军改编而成。中法战争中蒙受的耻辱记忆犹新,部分官兵痛感清廷窳败,倾向革命。彭寿松既是湘人,又是湘军将领之后代,与军界有较深渊源关系。经过彭的努力活动,驻福州的第十镇十九、二十两协新军,以及巡警道所属的警察,很快都加入军警特别同盟会,从而使后来福建辛亥光复有了武装力量的基础。与此同时,彭还联络哥老会各山堂,促使他们联合起来。

彭寿松的革命活动,引起了清政府的警觉。福建布政司尚其亨先是用笼络手段,请彭入署赞襄,还把他推荐给闽督松寿,委以警察提调,但皆为彭所谢绝。尚其亨遂施调虎离山计,把彭推荐给督办粤汉、川汉铁路大臣端方。彭与党人商议,均主张应行,可以借此机会联络湘鄂一带革命党人。为此,彭寿松召回时任广西柳州水师管带的儿子济溶,让其与胞侄彭荫祥负责主持军警特别同盟会的事务,自己则赴汉口任职。

彭寿松在汉口期间,除与湖北革命党人有过联系外,还曾到宜昌进行活动。10月6日,他在"宜昌适报丁忧"②,乃请假返闽。9日,彭乘

---

① 佚名《彭荫祥历史》,《武昌革命实录馆:武昌起义档案资料选编》下卷,第243页。

② 《彭寿松事略》,《武昌革命实录馆:武昌起义档案资料选编》下卷,第237页。

轮船抵达汉口时，由于革命党人起义的秘密暴露，武汉三镇已是风声鹤唳，草木皆兵，他亦险遭逮捕。当10日夜彭寿松登江轮离开汉口的时候，革命军经过一夜激战，已克复了武昌。彭先到上海，在这里与革命党人共商响应武昌首义之举措；同时协助在沪的福建革命党人将一批军火运回福建，以准备福州起义之用。

10月15日，彭寿松回到福州。这时福州革命党人正加紧筹备起义。为了争取新军将领，继第十镇协统许崇智加入同盟会之后，彭寿松于11月5日介绍该镇统制孙道仁加入同盟会。至此，在福州发动起义的条件已经成熟。同日，彭和同盟会革命党人郑祖荫、刘通等人在城外白泉庵举行秘密会议。会后他们代表同盟会与新军将领孙道仁、许崇智在闽江夹板船上会晤，商议起义日期、作战部署等重要问题。决定拥戴孙道仁为都督，许崇智为前敌总指挥，以于山为总进攻阵地。由于起义军队子弹缺乏，还决定由彭寿松负责运动屏山弹药库守兵凿垣偷运子弹。

11月8日晚，彭寿松率领由各学堂学生组成的炸弹队（亦称敢死队），以及由各山堂哥老会会员、闲散官兵组成的先锋队与差遣队，上于山进入总攻阵地，彭在于山观音阁设立了军警特别同盟会办事处作为临时指挥机关。9日拂晓，福州起义正式发动，革命军在于山向清将军署发起进攻。彭亲自率领炸弹队与清旗兵作战，击毙清将军朴寿。经过两天一夜的激战，福州宣告光复。

11月11日，彭寿松与郑祖荫等人率新军、学生军和同盟会员列队前往旧督署，开会议定组织军政府，推举孙道仁为都督，彭寿松、郑祖荫、林斯琛等十人为参事员，并组成由彭担任会长的参事会，协同都督掌握政权。13日，在都督署大堂举行都督就职典礼，彭寿松代表同盟会将闽都督府钤印授予孙道仁。15日，在南较场开追悼阵亡将士大会，彭在会上大声疾呼“犁庭扫穴是吾辈后死者之责，新亭对泣尚非其时”。21日，军警特别同盟会与同盟会福建分会合并，彭寿松继郑祖荫出任分会会长。都督府成立一个月后，又决定撤销参事会，改设政务院。12 月 12 日政务院正式成立，任命彭寿松为总长。翌年 4 月，孙中山辞去临时大总统后南返广州，彭曾亲往上海迎孙中山至福州，并于孙中山到达的 20 日晚主持了欢迎会。

彭寿松担任同盟会福建分会会长和都督府政务院总长后，独揽大权，日渐一意孤行。他只依靠原军警特别同盟会的一帮人，尤其是对旧官僚马绛生言听计从。彭自视甚高，欲居闽省首席，不久即与孙道仁、许崇智时生龃龉。许崇智掌握军队，彭无法制许，便组织防卫军，由其子彭厚庵统率。孙道仁拥有都督名义，彭则轻视之，让其侄彭荫祥任延建邵道尹，下属三府均由亲信担任。与此同时，彭与同盟会元老郑祖荫、林斯琛、刘通等人也渐渐疏远，乃致使自己陷于孤立。1912 年春，福建省临时议会选举议员，外省旅闽人士要求特定议员专额，彭利用在政务院的职权，使政务会议通过这一规定。本省人士群起反对之，同盟会会员蒋筠反对尤力，多次召开群众大会，登台演说，措词激烈。彭寿松十分愤怒，竟遣人于 4 月 29 日将蒋刺杀。案发后，主办《民心报》的黄家宸撰写文章谴责彭罪行，彭恼羞成怒，又命人于 5 月 22 日将黄杀死。时称“蒋黄惨案”。

“蒋黄惨案”引起轩然大波，旅沪福州同乡会大为激愤，要逐彭寿松出闽，守旧分子则在背后推波助澜。众怒难犯，彭于 5 月间发表告退通告，宣称“近病益甚，更难再勉”，“唯有远避”①。时值都督府根据北京政府电令进行第二次改组，彭被挽留。7 月 1 日，政务院撤销，在都督府内设参议厅，彭寿松任总参议兼全省警察总监，统辖防卫军，督办全省禁烟事务。8 月 1 日，彭寿松以“扰乱治安”罪名查封福州《群报》，主笔苏鉴亭被捕，并笞数十板。此事引起京沪新闻界的不平，北京政府亦来电诘问。京沪闽籍同乡更是愤慨，大有非去彭不可之势。袁世凯乘机派岑春煊以镇抚使名义来闽，迫逐彭寿松。

岑春煊于 8 月下旬率部乘舰到闽，驻扎马江，遣人谕彭离闽。彭寿

① 《彭寿松事略》，《武昌革命实录馆：武昌起义档案资料选编》下卷，第 239 页。

松曾欲抵抗，但此时能为其效力者无几。同盟会党人陈子范顾虑彭一去，福建革命势力将受重大影响，特由沪赶回劝彭抵抗，但看到彭已是外失人心，内亦解体，乃太息而去。福州各界人士唯恐双方引起冲突，糜烂地方，而在京乡人又纷纷来电，促家属迁徙，致使人心动摇，钱庄倒闭，社会秩序纷乱。9 月 24 日，与彭寿松素有交谊的郑祖荫、刘通等人，劝彭暂行息肩，且为彭预拟好退职电文。彭见势不可为，于是日发出辞职电。不几日，北京政府来电召彭晋京，并准予出洋考察。但彭认为舆论都称岑系专为查办自己而来，“故暂缓行期以俟之，庶得攸分黑白，稍明心迹”①。地方人士则顾及彭钱款不充裕，难以成行，由商会筹十万元赠之。10 月 9 日，彭寿松从福州马尾搭轮离闽。从此，福建政权完全落入官僚军阀之手。

彭寿松离闽后，避居汉口租界，“建屋数幢，取名寿松里，一面收租，一面与马绛生合资经商”②。1915 年袁世凯称帝时，彭冀图在武汉起义炸毙鄂督，但未成功。1917 年孙中山南下“护法”，是年彭返回长沙，被孙中山任命为湘鄂民军联络部部长，从事运动湘鄂交界的羊楼司一带几千会党，并统辖民军千余人。1918 年 3 月，北军吴佩孚部攻占岳阳，彭受命率部援助南军湘、粤、桂三省联帅谭浩明，但谭见前方部队败退，即不战而退出长沙。于是彭将所部遣布于湘、贵流域，自己则潜回长沙购运军火，以图再举。这时北京段祺瑞政府已任命张敬尧为湖南督军。彭在长沙被张的密探诱捕，虽经其妻花费重金营救，仍被判处十七年徒刑，关押在狱。6 月间，发生张部行营起火以及马夫枪刺张敬尧之弟未遂案，彭寿松被指控为此案的指使者，于 6 月 14 日被处死。

---

① 《彭寿松事略》，《武昌革命实录馆：武昌起义档案资料选编》下卷，第 240 页。

② 沈来秋：《辛亥前后的彭寿松》，中国人民政治协商会议福建省福州市委员会文史资料工作组编《福州文史资料选辑》（辛亥革命专辑）第 1 辑，1981 年版，第 42—43 页。

彭 禹 廷

冯文纲

彭禹廷，原名延忠，后改名锡田，取字禹廷，以字行。1893 年 3 月 3 日（清光绪十九年正月十五日）生，河南镇平县七里庄人。其父彭如璧，早年设帐教书，后改营中药铺，同时兼耕七亩半田。彭禹廷七岁起随族兄读书，十二岁应童子试，名列前茅。1906 年入县立高等小学堂，1907 年转县立师范传习所，1908 年考入开封知新中学堂。作文试题为《子胥复楚论》，彭在文中“痛诋楚君不能用人致以资敌”，语义中肯，切中要害，校长郑巘门“大为击赏”①，1909 年保送彭入河南优级师范。这时，民主革命思潮已经在开封传播，彭禹廷学业精进，思想蓬勃而不可遏，遂参加同盟会。

1911 年 10 月，武昌首义成功。11 月，张钟端等河南革命党人在省城开封以优级师范为据点谋取响应，彭禹廷参与其事。12 月 22 日夜，举义事泄失败，张钟端等十一人被捕，彭禹廷越墙隐匿，后随革命军刘凤梧部即河南奋勇军进入南阳。不久，河南光复，彭禹廷复入优级师范，继续学业。因其在校为人憨直，触忌校方，1913 年遂被除名。同年，彭禹廷转入北京汇文大学，甫经二载，又因他不信宗教，常在礼拜时读书，引起牧师不满，要把他赶出教堂。彭禹廷不堪忍受，遂于 1915 年愤然离校回籍。

---

① 镇平县地方建设促进委员会：《镇平自治概况二集》，文华美术印刷公司 1936 年版，第 197 页。

1918年，彭禹廷应聘南阳第五中学任英语教员，教课认真，深受师生欢迎。1920年春，经校长阎敬轩推荐任河南印刷局副局长，第二年改任南阳丝厘局局长。后因厘税事务与己志不合，坚辞图他就。1921年10月，阎敬轩随冯玉祥部赴陕，任陕西路政局长，彭禹廷应邀到西安，奉命视察潼关一带路政。11月，阎敬轩突然病故，彭禹廷为其料理善后，适逢西北军旅长张之江来吊，张感其义气，荐彭于陕督冯玉祥，彭被冯委为卫队团过之纲部书记官。此后六七年间，彭禹廷均随冯部，自陕而汴，而北京，而塞外，历任旅部书记官兼军法官、军法课长兼察哈尔禁烟督办。

彭禹廷为人做事坦直热诚，刚毅果断。1924年他自题《自求自》词说："吾跪吾前，自求自焉：岁月易迁，速醒莫长眠，立志要坚，读书要专，言多易招愆，应留半句在口边；今日应为之事切勿待明天。彭锡田求彭锡田。"1925年夏，张之江任察哈尔都统，委彭禹廷为都统署秘书长。1926年3月，张改任西北边防督办，彭禹廷随张任边防督办公署秘书长。同年8月，直奉联军攻占南口，冯部撤退，彭禹廷随军西入绥远。这时，军阀混战，国事日非，对中国旧军队中的许多黑幕他深为厌恶。次年1月，他返回北京，借寓学友梁仲华家，与梁结为莫逆之交，开始共同探索新的道路。

1927年6月，张之江任国民革命军第二集团军总执法处处长，邀彭禹廷为高等执法官，移驻郑州陇海花园。这时，蒋介石已经公开背叛革命，彭禹廷目睹时事，以及父老昆仲度日的艰难，断然抛弃旧念"即谬于'欲为民族寻出路，非建设乡村不可，欲谋乡村之建设，非由民团入手不可'的偏见"，决然离军回乡，倡办地方事业，立志有益社会。

是年8月，彭禹廷返家奔母丧，途中为土匪所阻，滞留襄（城）叶（县）。10月初到家时，镇平南区（侯集区）正是土匪蜂起，一夕数掠，土匪还探听彭的所在，企图绑票取赎。彭禹廷愤不可遏，遂应地方绅董之请，出任镇平南区区长，组训民团，肃清匪患。他将全区壮丁编组成第一队和第二队，与土匪交锋，先后击毙匪首张孝先等三人，使土匪相继远遁。1928年3月，境内又先后成立民团第三队、第四队，每战皆捷，各杆土匪纷纷逃至他县，镇平全境获安。8月，陆军二十四师师长石友三驻防南阳，任彭禹廷为镇平民团旅长。11月，民团改组，全县设一大队，彭禹廷改任民团大队长。是时，张之江由南京连电“促其入都，共襄国事”，彭禹廷则以“国家之基础在乡村，乡村不治，国基即难奠定，暂以救地方者救国家”为由，复电恳辞。1929年1月，韩复榘主豫，省府当局委彭禹廷为河南自卫团豫南第二区区长，统辖南阳、南召、方城、唐河、邓县、内乡、淅川、新野、镇平九县民团，并与匪首王光斗、王老十等激战于南(阳)、南(召)、唐(河)、邓(县)等县。5月，石友三部移防，宛属(南阳地区)空虚，杆匪乘机窜南召，破鲁山，陷赊店，围方城，留宛部队亦有议变消息。彭禹廷闻警，挺身独往，说服留宛部队听从他的指挥，驰援方城等地，使新街、贾庄、黑龙集一带免遭劫掠。

1929年夏初，镇平匪势敛迹，彭禹廷暂住菩提寺休息。他发现匪患虽暂告解除，农民的困苦依然如故，农业的改良，工业的提倡，社会问题的解决，均迫在眉睫。彭多次与梁仲华函商，研讨办法。这时，韩复榘又委他为豫南民团总指挥。彭亲赴开封，屡以“现在民众痛苦，非剿匪一时所能解决，必有治本办法，健全人才，方能奏效”面陈，坚辞不就民团职务。7月，经韩同意，在辉县百泉创办河南村治学院，以彭为院长，梁仲华为副院长，王柄程为总务长，郭海封为教务长，并聘梁漱溟为主任教授，以期寻找农村问题的根本改革之法，培养造就实施自治的人才。1930年1月，河南村治学院开学，并由梁漱溟发表《河南村治学院旨趣书》，广为号召，一时直、鲁、豫、晋各省来此求学者络绎不绝。该院设农村组织训练部、农村师范部、村长训练部、农村警察训练部、农业实习部，尤其注意乡村自卫，以及农业改良和农业教育的试验与推广。全国村治派的名流风从云集。是年5月，冯玉祥、阎锡山筹划反蒋，专到百泉，表示战后亦“要从村治上着手，为人民谋切身利益”，“为中华民族找一条出路”。中原大战后，学院竟为辉县县长李晋三纵匪抢掠，同时镇平亦遭“八二六”土匪屠城浩劫，全县民团险被瓦解。彭禹廷一气之下，便把院务委诸梁仲华等人维持，摒弃“走曲线的软办法”，于1930年9月17日“只身返里，走入硬干的途径”，专门从事以镇平为中心的宛西自治。

彭禹廷回县伊始，应邀给民团讲话。他见匪势日张，动辄千人，实非一县民团所能抵御，首倡宛西联防。1930年9月27日，宛西民团首脑内乡别廷芳、邓县宁洗古、淅川陈重华齐集内乡召开联防会议。会议议决成立宛西地方自卫团，公推别廷芳为司令，彭禹廷自任第四（镇平）支队长。10月10日，豫南民团司令李正韬任彭禹廷为豫南民团宛属游击总指挥。彭禹廷发表《告宛属十三县同胞书》，详述此次回县意愿“是要救农民的贫穷，为农村增加生产”，把在村治学院研究的“救穷”、“兴利”办法贡献出来，“以偿平生之愿”。在他向民团发表讲话后的第二天，镇平县长阚葆贞亦召集民团训话，说彭禹廷回县之后只“不过是一个平民”，“不配给民团讲话”。同时施以重金送他出门，逼他离开镇平。一些土豪劣绅亦说彭禹廷此次回县旨在“捣乱”，意在“造反”。彭禹廷不为所动，阚葆贞见彭态度强硬，于10月29日将宁洗古暗杀在泌阳城东。彭禹廷失去左右手，便设计在镇平侯集将阚扣捕，公布罪状，就地枪决。1930年10月，镇平十区自治办公处和镇平自治委员会正式成立，发表宣言，颁布章程，规定自治委员会为立法机关，十区自治办公处是由人民自治替代官治之过渡机关，并号召全县人民依靠自身的努力奋斗来解除地方上的痛苦，以求孙中山先生的“三民主义”在全县范围内的“及早实现”。此后，举凡壮丁的训练，息讼会的建立，清丈土地的实施，田赋累进法的推行，查户口，兴实业，便交通，立学校，设医院，建工厂，积义仓，改良风俗，讲究卫生，调剂金融，整理财政，以及植树造林，兴修水利，改良丝绸，推广家畜农作物优良品种等“自治”、“自卫”、“自富”的措施，均在彭禹廷的倡导下开展起来。

1931年1月，他又邀集全县“乡运先进”组成自治研究会，借以阐发自治建设原理，同时针对当时社会的“自私自利”、“依赖性”、“匪”、“穷”四大病症，提出“夜不闭户，路不拾遗，村村无讼，家家有余”的十六字自治目标。5月至7月，他又将自己的自治主张命名为“地方主义”、“自救主义”和“地方革命”。他解释说，“地方革命”即是缩小的“国民革命”；“自卫主义”即是缩小的“民族主义”；“自治主义”即是缩小的“民权主义”；“自富主义”即是缩小的“民生主义”。“自卫”、“自治”、“自富”，即是“镇平的三民主义”。他还把国民党“匪式军队”、“贪官污吏”和“万恶土匪”作为“地方革命”的直接打击对象，主张地方自治既“不靠县官”，也不靠国民党“军队”，虽迹近反抗政府，但借以达到“直接救地方”和“间接救国家”的目的。

彭禹廷认为20世纪是个“革命的时代”，外国侵略者于此必将“日即于崩溃”。“九一八”事变后，他目睹日本侵略者的暴行，谴责国民党的“不抵抗主义”。他认为我国农村“尚未露出大不均的现象”，只有“大穷小穷”、“大家小家”的区别，中国“没有走上资本主义”道路，“用不着共产”。他说共产党亦是“民团的敌人”。他又认为“欧美式的代议制度，我国试验失败，代议士都变成了猪仔，没有一点成绩”。据此，他主张“地方革命”甚至整个国民革命，只能走以“知识为要件”，以“不合作为对待匪式军队、贪官污吏之唯一武器”，“用不着流血”的道路。1932年3月，豫陕晋边区绥靖督办刘镇华来宛，任彭禹廷为南阳、南召、新野、镇平四县绥靖联防区主任。同年4月，南阳、汝南两地保卫团干部训练所聘彭禹廷为村治部主任，并邀他亲到南召、新野指导“自治自卫”办法。1933年3月1日，筹办两年的宛西乡村师范正式开学，彭禹廷被推为校长。3月22日，彭禹廷手创《自治歌》，歌词为：“地方自治，关系匪轻，以伸民权，以裕民生。自治不成，革命无功，有志之士，努力笃行。任劳任怨，不伐不矜，群策群力，贯彻始终。”他对地方自治事业仍然寄予满腔热望。

彭禹廷的镇平自治及其自治主张，是资产阶级改良主义的产物，施行的是一种“国民党改组派的改良主义的政策”，但诸如“建立农村自治、农民银行，按照托拉斯的形式集中绸缎丝行的生产与出卖，提倡经营地方水利，发展交通（如修汽车路）与对旧的地主豪绅加以不断的严重打击，反对封建思想，废除高利贷，免去一切杂税，尤其是目前在改造（选）自治村村长的过程中，更将大部分的地主豪绅赶出自治村机关门外，而代之以大批富农，即是将乡政权从地主豪绅手里夺来交给富农管理，使在政治方面更帮助了农村经济走向资本主义式发展”①的结果，以及“佃户（或不足五亩地者）不纳粮”和“田赋累进法”的实施，在一定程度上和一定范围内确实部分减轻了农民的沉重经济负担，使镇平或宛西一隅免遭国民党“匪式军队”以及各杆土匪的肆意蹂躏，保护或部分发展了镇平乃至宛西各县的社会生产，安定了当地民众的生活。因此，时人常把镇平称为“世外桃源”。但镇平自治为当地劣绅所仇视。1933 年 3 月 25 日，被劣绅毕浴佛、杨瑞峰贿买彭的随从杨天顺等人将彭禹廷谋害致死。彭著有《讲演集》②一书传于世。

---

① 《鄂豫边特委给镇平特区信》（1931 年 10 月 27 日），转引自《中共镇平简史》（附件九，未刊稿），第 56 页。

② 以上未注出处引文均引自《彭禹廷讲演集》（王扶山、王彬质笔记，镇平县教育局 1932 年版）、《镇平自治概况》（镇平县十区自治办公处，京城印书局 1932 年版）和《彭禹廷与镇平自治》（李腾仙著，镇平县地方建设促进会 1936 年版）等书。

彭　泽　民

周天度

彭泽民，字锦泉，号镛希，1877 年 11 月 7 日（清光绪三年十月初三）生于广东四会。父亲彭明翰，在佛山靠糊纸盒为生，家庭十分贫苦。彭泽民幼年入塾受教，断续七年，并曾跟随伯父学习中医。后因父亲病故，生活无着，1902 年被迫离乡前往南洋马来亚谋生。起初在吉隆坡郊区当塾师，后在一个锡矿场任文书。

彭泽民到吉隆坡后，常去兴中会在吉隆坡创设的“中和讲堂”听讲，受到革命思想启蒙，倾向革命。1906 年吉隆坡同盟会支部成立，有会员十余人，彭泽民是发起人之一，被推为书记。因英国殖民当局监视甚严，不能公开活动，同盟会托名“中国青年益赛会”，利用基督教宣道堂内座为机关。青年益赛会不久即成为马来亚雪兰莪邦的革命中心，影响日益扩大。1911 年初，孙中山、黄兴策划广州起义，彭泽民积极动员华侨捐款，鼓励华侨回国参加起义。黄花岗七十二烈士中的李晚和罗成，就是吉隆坡同盟会支部成员。

广州起义失败后，吉隆坡当局认定青年益赛会为暗杀机关，下令停止活动。辛亥革命后，吉隆坡同盟会组织由地下转为公开，青年益赛会得以恢复，会员增至数千人，彭泽民先后任副会长、会长四年。1915 年 9 月，彭被孙中山委任为中华革命党雪兰莪副支部长。袁世凯称帝时，他在华侨中为中华革命党筹集讨袁军饷，并组织华侨讨逆军，入广东东江参加讨伐龙济光的战斗。

彭泽民初到南洋时，收入微薄，生活十分清苦。第一次世界大战期间，西方国家急需橡胶，殖民当局招垦橡胶园，彭领到橡胶园一处，并得到锡矿场工人的帮助，建木屋数间，全家悉力以赴经营橡胶园，生活有所改善。

1919年，中华革命党改组为国民党，彭泽民参与国民党芙蓉总支部工作，发起创办吉隆坡《益群日报》，宣传孙中山的革命主张。《益群日报》受到侨胞欢迎，畅销南洋各地。

1924年1月，孙中山在广州召开国民党第一次全国代表大会，实现国共合作，彭泽民积极拥护和支持孙中山"联俄、联共、扶助农工"三大政策。次年"五卅"惨案发生，他因支持香港工人大罢工以及在华侨中进行革命活动，被英国殖民当局驱逐出境，回到广州。随后，他被芙蓉总支部推选为代表，参加1926年1月在广州召开的国民党第二次全国代表大会，当选为中央执行委员。随又任国民党中央海外部长及国民政府委员。同年5月，以蒋介石为代表的国民党右派在国民党第二次中央执行委员全体会议上，提出了限制和打击共产党的所谓整理党务案，彭泽民和何香凝、柳亚子等国民党左派起来反对。整理党务案被通过后，彭曾到孙中山遗像前痛哭①。

北伐军占领武昌后，国民党中央政治会议作出了迁都武汉的决议，1927年1月彭泽民由广州到达武汉。这时，蒋介石擅自决定迁都南昌。彭在武汉积极参与了国民党中央发动的旨在反对独裁、恢复党权的反蒋运动。他和宋庆龄、何香凝、邓演达等国民党左派一道，在3月国民党二届三中全会上，主张发展工农运动，以抵抗蒋介石的独裁政策。在这次会议上，他继续被选为国民党中央海外部长。蒋介石发动"四一二"政变后，彭泽民和其他一些国民党中央执行委员及国民政府委员联名发表了《讨蒋通电》，痛斥蒋的反革命罪行。他在中央军事政治学校举行的讨蒋大会上发表演讲说："我们要打倒帝国主义，蒋介石竟勾结帝国主义；我们要解放农工，蒋介石竟摧残农工。我们要革命，

① 廖梦醒：《我的母亲何香凝》，香港朝阳出版社1973年版，第21页。

要拥护总理的政策，我们非打倒蒋介石不可。”①

继蒋介石叛变革命之后，武汉汪精卫集团又公开背叛革命。彭泽民与宋庆龄、邓演达等人竭力反对。事先，他曾向汪精卫指陈利害，规劝汪坚守孙中山的革命三民主义，改变反革命立场，汪精卫不听，反而指责他“叛党亲共”。7 月 14 日晚，汪精卫召开“分共会议”。会散后深夜 12 时，彭泽民赶至林伯渠家中，将会议情况告诉了林伯渠和吴玉章，使他们能及时脱险。接着，彭泽民随第四集团军的第二方面军离开汉口。

7 月底，彭泽民到达南昌。8 月 1 日，他参加了中国共产党领导的南昌起义，被推为革命委员会委员。他与国民党中央委员中的共产党员和国民党左派人士联名发表的《中央委员宣言》，声讨了蒋介石、汪精卫、何键等国民党新军阀背叛孙中山的革命三民主义和屠杀人民的罪行，并号召革命同志团结一致，“继续为反对帝国主义与实行解决土地问题奋斗”②。8 月 5 日，起义军开始撤离南昌，彭随部队南下。当时气候酷热，加上敌人的不断袭击，行军十分艰苦。他与共产党人一道，不畏艰难险阻，在行军途中对部队进行革命宣传，为战士看病，表现了坚强的革命毅力。起义部队到达广东汕头后，他在彭湃的帮助下，取道陆丰的汕头，乘渔船到达香港，从此开始了他在香港二十年的政治流亡生活。由于彭泽民坚持反帝反封建和反蒋的爱国革命立场，1928 年国民党中央将他开除党籍，并予以通缉。

1927 年 11 月 1 日，宋庆龄、邓演达、陈友仁三人在莫斯科发表宣言，谴责蒋介石、汪精卫叛变革命以及屠杀工农的罪行，提出组织中国国民党临时行动委员会。宋庆龄、邓演达写信给彭泽民，邀他共同发起。1930 年 5 月，邓演达回国路过香港时，与彭一起商讨反蒋问题。

① 汉口《民国日报》1927 年 4 月 22 日。

② 南昌《民国日报》1927 年 8 月 1 日，中国社会科学院现代革命史研究室编：《南昌起义资料》，人民出版社 1979 年版，第 43 页。

随后，邓演达在上海将大革命失败后一部分国民党左派和共产党的脱党分子组成的中华革命党，改组为中国国民党临时行动委员会，彭泽民列为中央负责人之一。彭在香港组织了南方干事会，负责会务工作。但不久邓演达被国民党特务逮捕杀害，行动委员会的反蒋活动失败。1933 年冬，彭泽民到福州参加了蒋光鼐、蔡廷锴等人发动的“福建事变”。彭认为不可能成功，不久，即离闽回港。

彭泽民流亡香港期间，受到国民党特务和英国殖民政府的监视，生活异常艰苦，但他操守不移。为了维持生活，他经友人介绍向香港名医陈伯坛学习中医六年，随后在香港挂牌行医。他对贫苦的劳动人民充满同情，经常赠医赠药，因而深得人们的赞誉。

1935 年，日本向华北发动新的进攻，民族危机进一步加深。11 月 1 日，彭泽民和章伯钧等人在香港召开了中国国民党临时行动委员会第二次代表会议，鉴于反抗日本侵略和争取民族解放是全国人民的迫切要求，决定改名为中华民族解放行动委员会。会议通过《临时行动纲领》，主张团结全国力量对日抗战，反对蒋介石的官僚独裁统治。《纲领》还指出：共产党领导的红色政权，“和几十万红军的存在，这是一个为世人所惊骇的事实”①，要求恢复大革命时期联俄、联共政策。彭在这次会上当选为临时中央执行委员会委员。

抗战前夕，彭泽民发表《告全国各界领袖书》，要求国民党改变政策，顺从民意，迅速实行民主政治，各党派平等合作，共赴国难②。“七七”事变后，他和章伯钧于 7 月 10 日联名致电国民党政府，提出召集国民代表大会，制定全国上下一致遵守的政治纲领，实现民主政治等抗日救国八项政治主张。他还主张予华侨以参加祖国政治的机会，鼓励他们成立各地抗敌后援会，动员华侨参加抗日战争③。他在香港创办了

---

① 《中华论坛》第 1 卷第 10—11 期合刊。

② 《中华论坛》第 1 卷第 10—11 期合刊。

③ 彭泽民：《怎样动员华侨》，《抗战行动》第 1 期。

《抗战华侨》杂志，积极向海外侨胞进行团结抗日的爱国宣传。

皖南事变后，彭泽民和宋庆龄、柳亚子、何香凝于 1941 年 1 月 20 日联名发表给蒋介石及国民党中央执监委员的公开信，谴责国民党发动反共内战，要求“撤销剿共部队，解决联共方案，发展各种抗日力量，保障各种抗日党派”①。是年 3 月，各抗日民主党派在重庆成立中国民主政团同盟，中华民族解放行动委员会是发起单位之一，彭泽民因此也参加了同盟。

太平洋战争爆发后，彭泽民在香港两次被日本侵略者拘捕入狱，备尝艰辛，但他凛然不屈。抗战胜利后，他呼吁和平团结，反对内战，是南方民主运动领导人之一。1946 年 9 月，他写了《孙夫人〈对时局主张〉代表了全中国人》一文，表示完全赞同宋庆龄于 7 月 22 日发表的《对时局主张》所阐明的立场，要求国民党立即接受她的主张，与共产党实行停战，恢复政治协商会议，进而组成各党各派的联合政府，并认定这是实现“人民权利的起点”②。

1947 年 1 月 31 日，中华民族解放行动委员会在上海召开第四次代表会议，鉴于抗日民族解放的任务已经完成，当前面临的问题是实现人民民主，决定改名为中国农工民主党。彭泽民被推为中央监察委员会主席。4 月，国民党为了和缓人民对其一党专政的强烈不满，宣布“改组政府”。彭和农工民主党留港中委郭冠杰、李伯球等人发表《对改组政府的意见》，指出，“国民党临到政治完全破产，人心尽去的今日，竟来一套‘改组政府’，以图挽救危机”，完全“违反人民的要求，徒增人民的痛苦”③。这时，彭泽民被推为设在香港的民盟南方总支部主任委员。他连续发表文章和宣言，揭露和抨击蒋介石国民党与人民为敌，摧残民主运动的行径。

---

① 《新中华报》1941 年 2 月 9 日。

② 《中华论坛》第 2 卷第 2 期。

③ 香港《华商报》1947 年 4 月 24 日。

1948年5月,彭泽民代表农工民主党与其他各民主党派的负责人,响应中共中央提出的召开新政治协商会议和成立民主联合政府的号召,并在香港开展了新政协运动。这时,他已是香港的名医,生活优裕,但他不顾一切,应毛泽东的邀请,毅然离港,于12月26日到达东北解放区哈尔滨。途中曾赋七绝一首:"廿年空有还乡梦,此日公车入国门。几经羁縻终解脱,布衣今日也称尊。"表现了无比兴奋的心情。

1949年2月,彭泽民到达北平,9月,代表农工民主党参加中国人民政治协商会议第一次全体会议,并被选为全国政协常务委员和中央人民政府委员。新中国成立后,他担任中华全国归国华侨联合会主席、中国红十字会副会长、中医研究院名誉院长等职务。他继续用自己的精湛医术替人民看病,为社会主义服务。1951年他任农工民主党副主席。1954年被选为第一届全国人民代表大会常务委员会委员。1956年10月18日,他在北京逝世,受到全国人民和海外侨胞的深切哀悼。

平　刚

王　川

平刚，字少璜，贵州贵阳府贵筑县青岩人，1878年（清光绪四年）生，祖籍安徽。清朝末年随其父母迁居贵阳，以经营小帽铺为业。父平敬斋，系一虔诚的天主教徒，平刚不信教，父子二人的见解颇为分歧。其母先后生十三胎，仅存平刚及姊妹三人。

平刚自幼性格坚强，为人正直，心地善良。读小学时，常为贫穷无势而被欺辱的同学鸣不平，惩治那些仗势欺人的小恶霸。关心民间疾苦，扶助弱者。平刚勤奋好学，八岁入私塾读书，二十岁考取秀才。他胸怀天下，为民担忧，富有叛逆精神，敢于反抗朝廷。1904年（光绪三十年），适逢慈禧太后七十寿辰，全国奉命庆祝，贵阳也沿大街搭成几座"万寿台"，大肆筹备庆祝。平刚剪发以示抗议，成为贵州剪辫第一人。之后，又撰写一副对联贴于寿台旁边："东望日本西望意，卅年来人皆进化；北惩俄罗南戒党，七旬后我亦维新。"意在讽刺慈禧在穷途末路之时，对国内外环境视若无睹，竟作如此厚颜无耻的"庆寿"之举①。此联一出，大快人心，但却激怒了地方当局。贵阳知府下令提讯平刚，将治以重罪。后经友人解救，在杖打手心四十之后，由其父领回家中严加管教。平刚在家中受其父狠斥，加以不能向官府申辩，立志出游日本，以摆脱当时的恶劣处境。1905年5月，平刚离开贵阳东渡日本。

---

① 陈恒安：《平刚先生生平事略》，中国人民政治协商会议贵阳市花溪区委员会文史资料征集委员会编《花溪区文史资料选辑》第5辑，1988年版，第85页。

尚未东赴日本之前，平刚即认为应致力于文化教育方能激发青年的爱国热情。1904年，他与张忞等人创办寻常小学于贵阳。后由日返筑后，平刚担任光懿学校董事长，特别把精力倾注于创办乐群学校（后增设中学），常年不断地为之筹措经费，排除官吏和军队的多种干扰。

1905年，同盟会在孙中山先生的领导下在日本东京成立，平刚抵达日本后即加入同盟会，担任干事，并结识贵阳人于德坤。二人虽性格不同，而友谊颇深。二人都善于写作，曾为同盟会刊物《民报》分担编写任务。平刚一度有被提为总干事的拟议，后由宋教仁担任此职。

1907年，贵州始由张百麟组织发起自治学社，黄茀青、陈兰生等人从旁协助其运作。平刚虽在日本，但与张百麟、周培艺、乐嘉藻等人秘密书信，论述世界大势及中国革命的方针。1908年，张百麟写信给平刚，表示愿意将自治学社加入东京同盟会作为贵州分会；但为避免清廷注意，仍保留自治学社之名，以便活动。后来经孙中山认可，平刚被任命为贵州同盟分会主持人①。当时，不论是在国内外互通情况、联络关系方面，还是在介绍贵州留学生及旅日人士参加革命方面，尤其是在促请同盟会接纳自治学社，承认其为贵州分会组织方面，平刚皆为活动最力的关键人物，他以通信方式，向自治学社传达革命思想。

1910年，在贵州的革命酝酿成熟即将爆发之时，平刚由日本回到贵阳，参加创办乐群小学，目的在于以办学为名，秘与张百麟、周培艺保持频繁接触。

1911年11月4日，贵州革命部队入城，革命各方当日下午在谘议局召开会议，决定设立军政府，由都督、行政总理、枢密院三部分组成，枢密院全权处理军政府内部事务，平刚成为枢密院七要员之一。6日，军政府移于前巡抚署（旧贵州省政府）办公。平刚被公推为军政府起草

① 平刚讲、白杨记：《贵州光复史实——在贵州光复纪念大会上讲词》，贵州省社会科学院历史研究所编《贵州辛亥革命资料选编》，贵州人民出版社1981年版，第339页。

条文，定名为《大汉贵州军政府三个月期间之约章》，咨请贵州立法院同意并公布，平刚协同周培艺（行政总理）负责处理日常事务及函电来往。

1912年1月1日，中华民国临时政府成立，平刚当选为众议院秘书长，并偕同国民党议员去京，做了许多工作，但由于袁世凯对国民党人的迫害和威胁无处不在，国民党在京议员常不能自安，平刚的革命抱负未能实现。在这一时期，革命好友宋教仁遇刺，平刚随即产生消极意念。此后平刚盘桓上海，蓄意读书，受知于革命同志陈子渔。后与陈子渔之女陈凤飞结为夫妻，平刚从此在闺房课读，少与国民党议员往来。

1915年，蔡锷等人在云南发动起义，出兵讨袁，平刚跟随其师章太炎入滇，支持护国运动。1917年，孙中山领导护法运动，在广州召开“非常国会”，就任大元帅。章太炎到广州任大元帅府秘书长，平刚也随至广州，任府中秘书。平刚以幕僚身份曾向孙中山建议自行设立军官讲练所训练一般军事骨干，以解决国内各方的武装纠纷。党内有不以平刚之言为然者，斥之为军阀思想，故平刚的建议未被采纳。一直到1923年，平刚都在孙中山身边效力。

1923年，因父母衰老，其妻陈凤飞身体孱弱难于支持家事，生活日见窘迫，平刚不得不离开广州革命政府，回家探视。归黔后，其职务仅限于省内。首先担任镇宁县长。1923年，滇军径直闯入镇宁县署，勒索人夫和现款，并以刀枪相遇。平刚挺身而前，与滇军阐述国民革命的道理。滇军不听，遂将平刚逐出县署。失去县长职位的平刚即由镇宁返回贵阳。

1926年，平刚被控制贵州的兴义系军阀袁祖铭的部将周西成延揽，并被委任为古蔺县长，后调任为赤水县长。尔后周西成从袁祖铭另一部将彭汉章手中夺得政权，被国民党政府任命为第二十五军军长兼贵州省主席，平刚也回到贵阳，被周西成任命为政治顾问。

从周西成掌权开始，历经毛光翔、王家烈，直到1936年，平刚等人一直在筹设国民党贵州党务指导委员会任职，平刚任指导兼训练部长。平刚虽以老革命的声望办党，但在军阀系统的控制下，其工作没能取得较大进展。

1937年冬，吴鼎昌任贵州省政府主席。吴到任后，立即筹备成立贵州省临时参议会，从全省推举参议员和正副议长。第一届共为三十人，平刚被公推为议长，第二届仍蝉联为议长。平刚率领的临时参议会曾对省政府提出若干质询和建议，但都未被采纳，使他心灰意冷，便以“看经念佛”自娱①。他曾任贵州省佛教会会长，只要方丈和尚所反映的庙里问题和困难，他都尽力解决。

平刚虽有多年的革命资望，但对国民党中央身居高位的老友，他不想向上攀附，少有信件、应酬的往来；也鄙视与军阀、官僚为伍。而对牺牲、病故的同志，尤其是其中的贵州人，时常思念不已。对于张忞、黄泽霖、于德坤等同志的遗孀或子侄，他都代为出面请求抚恤费，或介绍工作。为纪念这些同志，平刚撰写了《贵州革命先烈事略》，并予以刊行，传播广远，还为贵州辛亥革命领导人张百麟撰写纪念碑文，立于河滨公园。

平刚一生为民，曾两次使贵阳免遭大火之灾。1944年日寇从广西侵入贵州独山，省城一片混乱，奉蒋介石命令率军守卫贵阳的汤恩伯召开紧急会议，提出坚壁清野，火烧贵阳的恶毒计划。参加会议的省参议长平刚听后拍案大怒：“谁要烧贵阳城，我就不讲客气，先把他坠南明河，我也做个落水鬼，和他同归于尽。”并告诉汤恩伯：“你敢烧，我就敢这样做。”并且宣布放弃准备疏散去毕节的决定，要与贵阳城共存亡。为避免这场灾难，平刚在家中堂屋内横放一口棺材。汤恩伯请示蒋介石，蒋介石不敢得罪这位民国元老，撤销了对贵阳城的火焚计划，使得贵阳城幸免于难②。1949年解放前夕，国民党师长刘伯龙从外地来到贵阳，据说准备夺得贵州省大印后烧掉贵阳，然后逃之夭夭。谁知被当时的省长谷正伦捷足先登，带着大印逃跑了。于是刘找平刚谈话，意为

---

① 《民国元老平刚》，《贵州文史丛刊》1995年第6期，第21页。

② 平明宁：《我的叔祖父——平刚》，《花溪区文史资料选辑》第5辑，第78—79页。

宁肯烧掉贵阳城，也不能将贵阳留给共产党，遭到平刚的坚决反对。刘无奈，不敢立即行动，后终于未能烧城。贵阳城也因此得以保住。

平刚治学十分严谨，早年曾师从章太炎先生，为其所器重，师生间有诗唱和，还曾为太炎先生代笔写过一些文章，如《赠陆军中将黄君墓志铭》、《故陆军上校李君墓志铭》等。平刚对章太炎先生也极为崇敬。平刚嗜好读书，读过的书大多有眉批，逝世后全部捐赠给贵州省图书馆。他一生著述较多，计有日记一百一十四册，约百余万字，记述了从1914年至1951年的政治生涯和国内外重大政治事件。此外，还有文集《嘘云集》、《感遇集》、《贵州革命先烈事略》等，许多文章都是正楷抄写①。

解放后，平刚自愿接受党的领导，政府安排他为省政府委员。其时他年事已高，老弱多病，于1951年底逝世，享年七十四岁。

主要参考资料

严平、张宗屏整理：《平刚日记选辑》，《贵州文史丛刊》1982年第4期至1985年第4期。

贵州省社会科学院历史研究所编：《贵州辛亥革命资料选编》，贵州人民出版社1981年版。

杜元载著：《革命文献》第65、66辑，台北“中央文物供应社”1974年版。

① 平明亮：《忆祖父平刚二三事》，中国人民政治协商会议贵州省委员会文史资料研究委员会编《贵州文史资料选辑》第2辑，1979年版，第140—141页。

溥　仪

余觉金　寿祝衡

溥仪，姓爱新觉罗，字浩然，于1906年2月7日（清光绪三十二年正月十四日）出生于北京醇王府。祖父奕譞是道光皇帝第七子、咸丰皇帝的七弟。咸丰登基时，封奕譞为醇郡王。咸丰十年，十九岁的奕譞奉旨和咸丰的懿贵妃叶赫那拉氏（即同治帝的生母慈禧太后）的妹妹成婚，于是咸丰和奕譞既是兄弟，又是连襟。溥仪的父亲是第二代醇亲王载沣，生母苏完瓜尔佳氏乃荣禄之女。1908年11月13日（光绪三十四年十月二十日）慈禧太后懿旨授载沣为摄政王，其长子溥仪着在宫内教养，并在上书房读书，同日由乳母王焦氏抱送入宫。次日，光绪帝暴卒，无子，懿旨以醇亲王载沣之子溥仪为嗣皇帝，入承大统；承继穆宗毅皇帝为嗣，兼承大行皇帝（光绪）之祧。乃尊慈禧太后为太皇太后，兼祧母隆裕为皇太后。

慈禧以嗣皇帝溥仪尚在冲龄，着摄政王载沣为监国；嗣后所有军政事均由监国摄政王裁定。15日慈禧病死。溥仪于是年12月2日即位，是清朝第十代皇帝，时年三岁，以明年为宣统元年。授载沣为监国摄政王。12月18日上皇太后徽号为隆裕皇太后。1909年1月2日以足病为由，罢斥袁世凯，令开缺回籍养疴。

辛亥革命成功，宣告民国时代的诞生，维持近三年的宣统王朝终于在1912年2月12日由隆裕太后颁布溥仪逊位诏书而结束，溥仪成为清朝的末代皇帝。然而辛亥革命并没有摧毁专制制度的社会基础。按照清室优待条件，溥仪得以暂居宫禁，尊号仍存不废，在紫禁城里照样过着帝王生活。依附退位小皇帝的那些宗室王公大臣和遗老遗少们，自然更不愿退出历史舞台。

溥仪六岁开始延师授读。以陈宝琛为代表的师傅们在向冲龄的溥仪授业时，总是宣扬“康乾盛世，同光中兴”的业绩。溥仪从小就以“恢复祖业，还政于清”①为己任。复辟的逆流始终在紫禁城里泛滥。富于讽刺意味的是，溥仪实现复辟的梦想不是寄托于宗室觉罗、王公大臣以及大大小小的遗老遗少们，而是寄托于投共和之机当上民国总统的袁世凯，以及其他北洋军阀之流的实力人物。

袁世凯生前，乃至后继者如黎元洪、段祺瑞之流，各人出自不同的目的，对清室履行优待条件，巨细无遗。每逢阴历元旦，溥仪生日，或隆裕寿辰、忌辰，彼等都不忘派员参加庆吊活动。他们对小朝廷恩惠有加，连紫禁城的王公大臣也居然得到民国总统颁发的“嘉禾章”。于是小朝廷俨然与民国政府分庭抗礼，赐谥号，赏朝马，封官许愿，以示皇恩浩荡。上上下下，认为复辟在望。

1917 年 7 月 1 日，废帝溥仪在紫禁城养心殿召见了拥有六十营兵力，以“辫帅”著称的长江巡阅使张勋，接受了张勋的要求，在京复辟，下诏“亲临朝政，收回大权”，恢复“大清帝国”，第二次当上大清皇帝。7 月 3 日，段祺瑞在天津马厂通电讨逆，张勋的辫子军不堪一击，张勋狼狈逃入荷兰使馆避难，这场闹剧仅上演了十二天便告结束，溥仪第二次宣布退位。在段祺瑞等人庇护下，溥仪未受到惩罚，优待条件继续有效。

在紫禁城里，对溥仪影响最深的人，除了汉文教师陈宝琛外，就是苏格兰籍的英文老师庄士敦。庄士敦于 1919 年 3 月由小朝廷延揽。他对溥仪宣扬英国绅士风度和大英帝国的风土文物。就溥仪而言，庄士敦具有不可抗拒的魅力。年轻的溥仪开始醉心于欧化的生活方式，逐渐对大清传统威仪产生厌倦，甚至不顾小朝廷上上下下的非议，首先

---

① 本传引文均引自爱新觉罗・溥仪著《我的前半生》一书。

自动剪掉辫子，以取悦庄士敦。

1922年12月1日，溥仪十八岁时，册立满洲正白旗郭布罗氏荣源之女婉容为皇后，同时又纳满洲额尔德特氏端恭之女文绣为淑妃，这是溥仪一生中一个重大的转折点。已成年的他不再凡事都听任那些王爷和王公大臣们的摆布，他要冲出紫禁城的樊篱。这时他把“光复故物”、“恢复祖业”、“还政于清”的幻想又寄托在列强的声援上，他甚至正式提出要到英国留学的愿望。

溥仪的出洋留学问题一经提出，紫禁城上上下下闹得惶惶不可终日。尤其是王公大臣们认为，溥仪一旦离开紫禁城，民国政府就会取消对清室的优待。他们一致反对溥仪出洋。溥仪的唯一支持者是弟弟溥杰。考虑到公开出走会遇到许多阻力，两人就改变策略，准备潜逃。首先着手筹集资金，方法是把紫禁城里最值钱的字画以及古籍珍本，以溥仪赏赐溥杰为名，每天让溥杰运走一定数量。盗走了的宝物就存放在溥仪的七叔载涛事前在天津英租界准备好的房子里，以便待价而沽。

出洋资金解决了，接着就准备行动。庄士敦建议溥仪先向公使团首席公使荷兰的欧登科联系，欧登科作出承诺：只要溥仪逃出紫禁城，以后一切就包在他身上。1923年2月25日，由于临行动前走漏风声，紫禁城实行全城戒严，溥仪出走受挫。事后，又经庄士敦建议，先从整顿紫禁城内部着手，以待时机。7月，溥仪先遣散大部分太监，继而整顿内务府。内务府是为服侍皇室而设立的机构。溥仪把整顿的重任交给郑孝胥，委以“内务府大臣”的首席。但郑一筹莫展，加以当时流言四起，盛传民国将要废止清室优待条件和接管紫禁城，郑只好知难而退。

1924年9月，第二次直奉战争爆发，原属直系的冯玉祥部在热河前线倒戈，回师北京发动政变，解散“猪仔国会”，软禁贿选总统曹锟，支持黄郛组阁，冯部改称国民军。11月5日，黄郛以代行国务总理名义颁发优待清室的修正条件五条，永远废除皇帝尊号。同日国民军总司令冯玉祥派鹿钟麟、张璧等将领率领军警执行该项决议，溥仪被迫携眷出宫，移住北京什刹海的醇王府。

溥仪从到醇王府之日起，就确定要在东交民巷使馆区寻找藏身之所。几经周折，先得庄士敦的协助，潜入德国医院，但又顾虑医院不安全，乃通过郑孝胥的活动，征得日本公使芳泽谦吉的同意，于11月29日潜往东交民巷，住进日本公使馆。在日本人的庇护和影响下，溥仪开始向往去日本留学。对此，日本使馆示意溥仪应先行迁居天津，然后着手筹备出国事宜为妥。溥仪的股肱之臣朱汝珍也积极配合行动，在天津日租界物色到一座占地二十亩的叫"张园"的楼房。1925年2月23日傍晚，溥仪由日本便衣警宪护送到天津，从此当上日租界的寓公。

留在溥仪身边的股肱之臣罗振玉主张溥仪留学日本，争取外援。郑孝胥则先是主张"用客卿"、"开放门户"，最后则坚决主张只投靠日本一家。但溥仪此时并未采纳罗振玉的主张，也不全按郑孝胥的主意行事。他住进"张园"，乃至其后迁居"静园"，长达七年的日租界寓公生活，主要是多方结纳各方武人，以此作为他日"恢复祖业"、"还政于清"的依仗。这一时期溥仪不仅与张作霖秘密会晤，还公开与其他奉系军人酬酢，相互馈赠，杯酒言欢。张宗昌固然是座上客，盘踞中蒙边境的白俄头目谢米诺夫也是入幕之宾。溥仪原把复辟的愿望寄托在这些武人身上，结果事与愿违，人财两空。1928年还发生孙殿英东陵盗墓事件，刨挖溥仪家的祖坟，孙的工兵营只用三夜工夫便把乾隆和慈禧全部殉葬宝物掠夺一空。1929年3月，溥仪把溥杰送去日本，以代替他自己出洋留学。他把复辟的希望完全寄托在日本身上。

1931年"九一八"事变猝起，由于张学良执行蒋介石的不抵抗政策，坐使日寇不旋踵而强占东北三省。当日的"静园"远非安静，近臣遗老之间的争论越演越烈。罗振玉以及日本军方人物力主溥仪速去东北复位。郑孝胥、陈宝琛以及日本政界人物，当时则主张慎重行事。但郑孝胥一向是主张投靠日本人的，故日后他当上了伪满第一任国务总理大臣。溥仪原本倾向于离开天津，后因关东军司令官本庄繁传话建议东北局势未稳，东北之行以缓为宜，溥仪便改变主意，在"静园"听令。

同年11月2日晚，溥仪接见了本庄繁的参谋土肥原，此人在关东军内部是个一言九鼎的人物，他代表关东军希望溥仪早日前往东北。这次会晤，是溥仪更进一步投靠日本的标志。事后溥仪的近臣们在这个问题上又发生了激烈的争议，但由于溥仪会见土肥原的消息已经走漏见报，在社会上已引起轩然大波，恰值天津又发生骚乱事件，急于复辟的遗老们，唯恐夜长梦多，坐失时机，最后也统一了看法，决定依土肥原的计划行事。就在这个关键时刻，溥仪接见了蒋介石的使者高友唐，高代蒋传话：国府答应恢复清室优待条件，只要溥仪不去东北和日本，居留上海或出洋考察都可照办。但溥仪始终不忘蒋曾是“东陵事件”主谋孙殿英的庇护者，因此一口拒绝了蒋开出的条件。溥仪于11月10日傍晚离开“静园”，经过日方事前周密的安排，先乘汽船偷渡白河，到达大沽口后，又改乘日商船“淡路丸”于11月13日到达营口，从而结束了历时七年的天津日租界寓公的生活。

1932年2月，盛传日方要以溥仪为傀儡，在满洲成立一个共和国。热衷于称帝的溥仪，于19日写下必须“正统系”十二条，要郑孝胥、罗振玉两人立即前往沈阳向板垣力争，维持大清的皇统，并扬言若遭拒绝，他就返回天津。但郑、罗在和板垣会谈时，并未提出“正统系”十二条，溥仪也没有回天津去。2月23日下午，在旅顺举行了溥仪、板垣会谈。尽管溥仪当场把板垣提出要他当“满洲国”执政的方案顶回去，会谈没有结果，但次日板垣让郑、罗等人传话：如果溥仪仍固执己见，就看作与日本为敌了。溥仪经不起板垣的恫吓，态度软化，只得准备粉墨登场。

全部演出提上日程，担当导演的关东军已事先安排妥善：2月末由所谓“全满洲会议”在沈阳作出决议，宣告东北“独立”。推选溥仪为新“国家”元首——执政。3月1日和5日由所谓会议代表分两批到达旅顺搞两场类似“劝进”的活动。溥仪于3月8日离开旅顺，前往长春。9日举行“执政”就职典礼。当此时尽管在场的遗老廷臣中还有人为溥仪降贵纡尊屈就执政而黯然神伤，然而溥仪本人却一反常态，踌躇满志，认为身居执政，就有了向日本人讨价还价的资本，早晚总要重登大宝。当日下午，溥仪按日本主子指定的人选，任命了国务总理，各部总长、省长、院长等官员。

曾几何时，溥仪就认识到他只是个名义上的执政，真正的执政是关东军司令官本庄繁。溥仪还发现他这个名义上的执政，比名义上的总理郑孝胥还不如。郑可以背着他径自和本庄繁签订丧权辱国的密约十二条。但溥仪自认为他手里还有一张王牌，那就是除他溥仪而外，日本人在中国再也找不到第二个可以利用的皇帝。

1933年10月，继任的关东军司令官菱刈隆正式通知溥仪，日本政府准备承认他为“满洲帝国”皇帝。1934年3月1日，溥仪当上名义上的皇帝，就在这一天，他连登基时该穿什么衣服也得由关东军司令官菱刈隆决定。这年7月间，溥仪的父亲来长春，溥仪曾派一队护军去车站迎接。次日关东军司令部以大使馆的名义，提出口头抗议，斥溥仪派护军迎载沣时进入了“满铁附属地”，违反协议。然而日方没有把事情闹大，总算给溥仪留了一点颜面。

1935年4月，在关东军的安排下，溥仪对日本作了一次“国事访问”，受到从日本天皇裕仁以次各方面头面人物的热烈接待。溥仪怀着感恩戴德的心情回到长春，立即向新到任的关东军司令官南次郎大将通报东京之行的经过，随后又向简任以上的伪满官员作报告。尽管溥仪对日方极尽歌功颂德之能事，但日本主子决不会在权力上给他多加一个额外的砝码。不久，南次郎曾以郑孝胥需要退休的消息通知溥仪，溥仪不假思索地建议让臧式毅补缺，可是立刻遭到南次郎的拒绝，说“关东军已决定让张景惠当总理大臣了”。

溥仪始终认为只要他当上皇帝，日人总得对他另眼相看。直到1936年春天，南次郎的后任，兼第四任大使植田谦吉向他亲口证实：他的姻亲、伪兴安省省长凌升因“反满抗日”已被处决。以及后来又因接见伪内蒙自治军政府首脑德王一事，事后一再受到日方盘诘。乃至溥杰的婚事，日方也越俎代庖，不容置喙。1937年4月，溥杰和嵯峨胜侯爵之女嵯峨浩在东京结婚，就是由关东军授意安排的。经过这一连串事实，溥仪总算略有醒悟地掂了掂自己的分量。

日方自然继续随心所欲地使用听命的傀儡皇帝。“七七”事变前夕，日人曾以溥仪的名义颁布“满洲帝国刑法”，借法之名，行大肆镇压抗日民众之实。“七七”事变以后，溥仪为了保住皇帝的宝座，不顾东北人民死活，从人力、物力、财力，一直到军事方面，对日本侵华战争作出全力支持。

1940年，继植田谦吉任关东军司令官兼第五任大使的梅津美治郎通过“满洲国帝室御用挂”①吉冈安直传话：日本的宗教就是满洲的宗教，日本皇族的祖先“天照大神”就是爱新觉罗氏的祖先，应该趁神武天皇纪元二千六百年大庆的机会，把“天照大神”迎到“满洲国”奉祀。

同年6月间，溥仪二次访日，把所谓“天照大神”的三件神器——剑、铜镜和勾玉携回长春，供奉在“帝宫”旁新建的“建国神庙”，并设“祭祀府”。每月初一、十五按时由溥仪率领日、满文武百官上庙祭祀，并强令东北各地建庙，任何人走过神庙都得行礼如仪；但“天照大神”并没有给溥仪以特殊的照顾，1942年“满洲国”建国十周年前夕，吉冈安直又提醒溥仪：“没有日本，就没有‘满洲国’，所以日本就是‘满洲国’的父亲，以后‘满洲国’就称日本为‘亲邦’！”由此可见，不仅溥仪是个地地道道的日本的儿皇帝，“满洲国”也名副其实地是日本的儿子国了。

“天照大神”同样也没有保佑日本的国运，日本不可战胜的面纱终于被扯下来，1945年8月9日早晨，最后一任的关东军司令官山田乙三在伪宫同德殿气喘吁吁地向溥仪通报苏联对日宣战的消息。紧接着日军宣称退守“南满”，“满洲国国都”迁往通化。在吉冈安直的安排下，溥仪开始逃往通化。8月15日，日本宣布投降，溥仪仍在日方的安排下当众宣读了“退位诏书”。至此，在伪满粉墨登场达十四年的这场丑剧终于结束了。

1945年8月16日，溥仪、溥杰等人在吉冈安直的陪同下，从通化

---

① “满洲国帝室御用挂”，是日本的名称，据说类似“内廷行走”，又好像是“皇室秘书”，但实际是傀儡皇帝的操纵者。

乘日本小型飞机回到沈阳，准备换机逃往日本。飞机刚到沈阳机场着陆，正待换机起航，受降的苏军恰巧也乘机赶到，这样，溥仪一行便成为苏军的俘虏，次日被用飞机运往苏联。溥仪先后在苏联的赤塔和伯力收容所里度过整整五年的拘留生活。祖国人民革命的节节胜利，使他惶惶不可终日。为了逃避祖国人民的审判，他曾三次上书苏联当局要求政治避难——永远居留苏联。但苏联当局终于在 1950 年 7 月 31 日，把包括他在内的所有伪满战犯都送回中华人民共和国。

以后的事实证明，溥仪回到祖国，是新生的起点。抚顺和哈尔滨战犯管理所不是监狱，而是一座世上少有的新型大学。溥仪经过管理所方面长达十年的思想教育和劳动改造，终于成为一个自食其力的劳动者。

1959 年 12 月 4 日，中华人民共和国最高人民法院特赦通知书指出：溥仪经过劳动改造和思想教育，已经确实有改恶从善的表现，符合特赦令第一条的规定，予以释放。12 月 9 日这一天，新生的溥仪作为一个公民回到北京。

溥仪从 1960 年起直到他去世之日止，人民政府先后妥善地给他在中国科学院植物研究所辖下的北京植物园和全国政协文史资料研究委员会安排了工作，溥仪一方面参与力所能及的劳动生活，另一方面从事研究文史资料的专员工作，并开始写作《我的前半生》一书。1960 年，毛泽东主席还亲自接见了溥仪，陪他吃了一顿备有苦瓜的家常饭，从此以后他也喜欢吃起苦瓜来了。当天毛泽东和他照了相，还对与他相关的劳动、学习、工作、生活各方面情况关怀备至。事后毛泽东还在另一个场合对周恩来总理问起溥仪每月的工资定额，周总理回答溥仪的月薪为一百元时，毛泽东当即指示每月工资应增加一百元。

周恩来总理在 1960 年和 1961 年间更是先后多次接见溥仪、溥杰夫妇和溥杰的岳母家族等人。周总理不仅对溥仪的学习、工作、待遇等问题关怀备至，甚至对溥仪的婚姻大事，乃至后来溥仪身患肾癌住院治疗以及医治无效去世的善后问题，也一一过问。

1962年，溥仪被选为全国政协委员，同年4月30日和李淑贤结婚。1964年，在政协的安排下，他参观访问了江苏、浙江、江西、安徽、陕西、河南各地。同年3月，他的回忆录《我的前半生》在北京出版。1967年10月17日，溥仪因患肾癌不治去世。

主要参考资料

爱新觉罗·溥仪：《我的前半生》，群众出版社1997年版。

孙喆甡：《中国末代皇帝爱新觉罗·溥仪传》，香港天地图书有限公司1992年版。

蒲殿俊

综　文

蒲殿俊，字伯英，亦字沚庵，笔名止水，四川广安县百仓沟人，生于1875年（清光绪元年）①。蒲家为县中巨富，拥有大量田产。祖父蒲端溪是位廪贡生，善书法。父亲蒲玉林是县学生员；母亲李氏，素读经史且能文。蒲殿俊幼时即聪颖过人，髫龄入塾，由母躬亲课读。稍长，以广安名儒周煦笙为师，其祖父端溪、姑丈胡骏（字葆森）亦为之解释经史义理，于是造诣日深。十八岁应童试中第一名秀才，十九岁补廪膳生，二十岁获丁酉科拔贡，次年赴北京参加朝考，落第而归。

蒲殿俊在京时，适值康有为、梁启超等领导的戊戌维新运动失败，谭嗣同、刘光第、杨锐等六君子被清廷杀害；而刘、杨为川人，极为蒲所敬仰。两年前康、梁在京创立保国会、强学会时，蒲与胡骏、罗纶等即受刘、杨之嘱，在成都创立“蜀学会”，办《蜀学报》，故对“六君子”被害极为愤慨，并决心做革新救国的努力。

1899年，蒲殿俊与顾鳌、聂开基等在广安创办紫金精舍，推胡骏为舍长，聘吕翼文、彭光弼、张澜等有革新思想人士为教员，广授经史词章，兼及时务、舆地、博物等知识，“力矫旧时书院群惰之风”。蒲等革新

① 蒲殿俊的生卒年月有两种不同的记载：其一为生于1875年（清光绪元年），卒于1934年10月28日；另一种记载则为生于1878年（清光绪四年），卒于1935年。本文取前一种记载。本传根据下列主要参考资料综撰而成，故署名“综文”，特此说明。

教育的尝试，遭到当地“甘堂”和“培文”两书院山长及守旧势力的反对，被称为“紫金派”并诬其为“康党”。

1902年，蒲殿俊受绥定知府之聘，任汉章书院山长，次年参加乡试，中解元。1904年到京会试，以进士授法部主事。旋以官费派赴日本留学，入东京梅谦政法大学。在日本学习期间，常与在日爱国青年聚谈，主张在不改变君主体制下，实行日本式的立宪政治。

1903年，川督锡良曾奏请清廷允许川人自办铁路，以杜列强觊觎之议。次年，蒲殿俊在日联合川籍学生三百余人集议，倡率认股，促进了川路征收租股的推行。由于官办集股弊端百出，舆论沸腾。1906年，蒲约集留日四川学生组成川汉铁路改进会，蒲被推为会长。他与改进会主要成员提出《川汉铁路公司商办建议书》，上书川督锡良，并分寄北京各衙门和四川各州县，从而促成锡良于1907年2月上奏清廷，将川路公司改为商办。蒲首倡川路商办，反映了川省绅商的要求，因而成了“四川新派人物中的佼佼者”。

1908年秋，蒲殿俊由日本返国，任清政府法部主事兼宪政编查馆行走。次年，清廷令各省成立谘议局，蒲殿俊被原籍广安选为议员，10月14日四川谘议局在成都举行第一次常会，他被举为议长。蒲主持此次常会，曾对省内一些不法官吏进行了纠举弹劾，对省财政预算进行审查和诘难。次年，蒲结合多数议员和省城绅、商、学、工各界人士集资创办《蜀报》，为谘议局的机关报，蒲任社长，邓孝可为主笔。该报以输入新知、提高民智、监督官吏、促进立宪为主旨，“谋政治之革新，以推动历史的前进”。此外，蒲还创办《白话报》、《西顾》、《启智画报》等刊物。这些刊物对清政府的腐朽无能的揭露，客观上促进了革命运动的发展，从而也使蒲殿俊在川省绅、商、学界声望日高。

蒲殿俊在任议长同时还参加了反对张之洞签订四国借款合同和请求清廷速开国会实行立宪的斗争。四国借款合同由于遭到鄂、湘、川、粤四省绅民的激烈反对，在张之洞死后清廷曾予以搁置；而要求速开国会活动，则一再遭到清廷的拒斥，对此蒲殿俊颇为失望。

1911年5月8日清皇族内阁成立，次日宣布铁路国有政策，将已归民办的川汉、粤汉铁路收归国有。旋又将铁路修筑权出卖给英、法、德、美四国银行团，激起湘、鄂、川、粤人民的反对。川人保路的初衷，不过是要求保住现有股款和归还已用之款。清廷对四川绅民及地方当局反对铁路国有和借款修路的奏请一再予以严厉拒斥，并下令各地电报局不准收发有关“煽惑违抗铁路国有政策的电报”，这就更激起四川各界民众的反对，他们认为“收川路是剥夺川民股本，禁发路事电报，则剥夺人民的言论自由”，咸主强硬对付，要求办保路同志会以保路、保川、保国。

6月17日，保路同志会在成都成立，蒲殿俊、罗纶分任正副会长，号召实行“破约保路”。几天之内省城参加民众达十万人以上，外州县也都迅速响应成立了保路同志会，同盟会革命党人、各地哥老会组织，不仅大量涌入该会，而且一开始就在筹建武装，做与清廷血战的准备。于是保路运动就成为各阶层各界人士联合的组织，力量空前扩大，斗争方式也就从原来少数上层人士的和平请愿、文字和口头哀求，发展到由广大民众用实际有力的行动与清廷对抗的阶段了。

8月8日，川汉铁路临时股东总会开会讨论铁路国有问题时，获悉邮传部竟勾结川汉路宜昌分公司总理李稷勋，不仅收路，更夺路款，引起与会股东大忿，当即通过由蒲殿俊拟就的“断难承认邮传部的咨案，请奏明撤销，并严治盛(宣怀)大臣以忤旨害民之罪”的呈文；莅会的川督赵尔丰为示好川人，也允为代奏。到8月下旬，清廷电谕到川，不但不准所请，并饬赵尔丰严行弹压争路权的川绅，当24日向大会公布电谕后，股东们愤怒已极，最后一致决议即日罢市、罢课，并派代表上督院请愿。

成都罢市后，各街居民用黄纸书写德宗景皇帝光绪的牌位供于门前，牌位两旁写上“庶政公诸舆论，铁路准归商办”两句摘自上谕的话，作为战斗的口号。前一个是参政的要求，后一个是财产权的斗争，两个合并起来，正好是经济斗争与政治斗争打成一片。无形之间，把群众在一个目标下统一团结起来了。罢市三日，蒲殿俊等见无结果，便嘱股东总会提出将收路借债问题交资政院和谘议局议决的要求，借以为清廷和川人谋退路的办法，却又遭到清廷传旨申饬，严饬赵尔丰切实弹压争路川人，并派端方带兵入川查办。

9月7日，赵尔丰以请蒲殿俊、颜楷、张澜、罗纶以及股东、保路两会主要负责人邓孝可、江三嵊、叶茂林、王铭新、胡嵘等人到督署看邮传部电报加以诱捕。当成都市民得知这一消息后，立即奔向督署请愿，赵尔丰下令军队向手无寸铁的市民开枪射击，当场打死三十余人，伤者数百。成都血案激怒了川人，他们被迫拿起武器，起来自卫。

从9月16日起，成都附近各县起义的民军开始围攻成都，由于民军所持原始武器，与持有快枪、大炮的清军作战，多次失利，伤亡较大。民军遂改变作战方针，先攻取清军力量薄弱的州县，以蓄积兵力、筹取给养、扩大声势、孤立成都。不出旬月，全川一百三十余州县大半为保路同志会和同盟会革命党人率领的民军所攻占。赵尔丰只好收缩兵力，退保成都。

10月10日武昌首义爆发，次日成立了湖北军政府，接着湖南、江西等省宣布独立。11月15日，赵尔丰将蒲殿俊、罗纶等一律释放，以谋妥协。蒲等获释即发表《哀求全川伯叔兄弟书》，吁请全川人民、各地民军停止战斗息事归农。但四川民众不为所动，清政府的倒台已不可免。于是赵尔丰在索得安全、地位等保证后，愿将四川政权交与蒲殿俊和朱庆澜等，11月27日大汉四川军政府在成都组成，由蒲殿俊任都督，朱庆澜任副都督，宣布四川独立。

蒲殿俊出任都督后，省城各方本无异词。但蒲初掌政权，缺乏经验，重要事项不能迅速作出决定，日惟忙于拟制法令、审阅公文，不懂得驾驭军队之术，从而为存心造乱者提供了机会。12月8日，蒲殿俊、朱庆澜在成都东校场检阅巡防营及部分新军之时，军队以索饷为名，放枪哗变，使成都民众蒙受空前灾难。而蒲、朱则在兵变时仓皇逃走。军政府军政部长尹昌衡在新军中川籍军官的支持和罗纶调来民军的配合下,平定了哗变,恢复成都秩序。在成都的四川士绅等公推尹昌衡、罗纶继任正副都督。蒲任职仅十二天。

民国初年,蒲殿俊一度热心政党政治,1912 年 8 月与梁启超、汤化龙等组织民主党;1913 年 5 月 29 日,民主、共和、统一三党合并为进步党,蒲任该党九名理事之一兼四川支部常委。蒲想通过政党政治实现资产阶级宪政。同年蒲当选国会众议员。1915 年筹安会出现,蒲迁居上海,“讽议共和不可复摇”,著文抨击复辟。1917 年,张勋拥溥仪复辟,蒲在天津与梁启超、汤化龙等赞助段祺瑞马厂誓师,讨伐辫子军。后任段内阁内务部次长兼市政公署督办,不久辞职。其后致力于舆论指导和社会教育,1919 年任北京《晨报》总编,改组晨报副刊,增设自由论坛和译丛,介绍新知识新思想,使《晨报》在新文化运动中产生一定影响。1921 年蒲殿俊创办《戏剧》月刊,组织“民众戏剧社”,为戏剧革命和文化建设作出过一定的贡献。1922 年恢复国会时,蒲再任众议员。

1927 年,蒲殿俊奉母命回广安,“卖文鬻字”,不问世事。其后他为躲避四川军阀与蒋介石拉他出来做事,又举家迁往北平。他在自己五十岁生日时写道:“止酒从医谏,因逃恶税征;已无民畏死,安用壮犹人。饥饱凭毫翰,兴亡听鬼神;此生浮未了,差免附朱门。”充满对时事不满又无可奈何的心情。

1934 年 10 月 28 日,蒲殿俊病逝于北平首善医院。

主要参考资料

米庆云执笔:《四川保路运动的领导人蒲殿俊》,中国人民政治协商会议四川省成都市委员会文史资料研究委员会编《成都文史资料选辑》第 1 辑(纪念辛亥革命七十周年专辑),1981 年版。

肖湘:《广安蒲君伯英行状》,隗瀛涛、赵清主编《四川辛亥革命史料》(下),四川人民出版社 1982 年版。

戴执礼编:《四川保路运动史料》,科学出版社 1959 年版。

邱远应:《蒲殿俊》,任一民主编《四川现代人物传》第 2 辑,四川省社会科学院出版社 1986 年版。

隗瀛涛:《蒲殿俊》,戴逸、林椒言主编《清代人物传稿》(下编)第一卷,辽宁人民出版社 1984 年版。

蒲 辅 周

陈志新

蒲辅周，原名启宇，后改名辅周。1888 年 12 月 11 日（清光绪十四年十一月初九）生于四川梓潼县西溪沟一个中医世家。祖父蒲国桢、父亲蒲显聪，均为闻名乡里的中医。蒲辅周懂事起常见有病人登门求医问药，其病势危重之患者更是苦不堪言，而一经长辈们诊视，无不应手辄效，这在蒲辅周的幼小心灵打上了深深的烙印，使其对中医学产生了浓厚的兴趣。1903 年，刚满十五岁的蒲辅周决心从医，得到祖父和父亲的首肯。蒲国桢对蒲辅周说："医乃仁术，不下一番苦工夫，不足以为医。"蒲辅周自幼好学，初读通俗的如《医学三字经》、《医学五则》等，后循序精读《内经》、《难经》、《伤寒论》、《温病条辨》等重要医学典籍。一个偶然机会从朋友处借来一本日本人汤本求真编写的《皇汉医学》，其精华处令蒲辅周拍手叫绝，蒲将这部百万字的书手抄下来，以备日后参研。他认为一个外国人对中国医学尚能如此精通，而作为一个中华民族的子孙通学中医学责无旁贷。在祖父、父亲两代人的精心调教下，蒲辅周朝夕侍诊，耳濡目染，尽得家传之秘。

1906 年，十八岁的蒲辅周在其祖父开设的杏林药店举行出师仪式。传统的中医学家一向以忠信为本，故学医者必须信守戒律三条，即：一、不嫌贫爱富。有钱人的病要看，无钱人的病亦要看。二、不调戏妇女。为妇女诊病尤须郑重其事。三、不忘恩负义。走遍天涯海角也要牢记先师之教诲。蒲辅周出师时其父即语重心长对他讲：人生在世，全凭志气，学医要持之以恒，有始有终，决不可半途而废。蒲辅周怀救世之心，体恤民间疾苦，乃改启宇为辅周，意在辅助贫弱、周济病人，在日后数十年行医中，始终将其作为自己的座右铭。

蒲辅周年二十余岁已名震川北，求医者络绎不绝。某日一伤寒病患者登门求治，蒲以《伤寒论》太阳篇中麻黄汤，施以大剂麻桂，患者服后大汗淋漓，顿感轻松，岂料翌日病情如初，头痛、全身酸软、无食欲。后经蒲细心调理，历时半月方痊愈。蒲再读《伤寒论》，知桂枝汤令履被取微似汗最佳，否则病必不除。他深感内疚，责自己学医不精，险些贻误患者。重温家教：医乃仁术，既可活人，亦可杀人，其业不精，必为庸医。遂决定停诊三年，闭门读书，潜心钻研医理。他广求方书，搜阅名家医书百余种。蒲把握整体，博采众长，同时遍访远近名医，广交同道。本地一老中医名张东友，乃将治关节炎痛的“痛风验方”口授与蒲；为学眼科名医龚老先生的经验，蒲无偿为其做几年丸药，龚在弥留之际，将治内眼病及白内障的“九子地黄丸”方传授给蒲。他还从另一位老中医处获得治疗跌打损伤的特效良方“百损丸”。蒲辅周闻成都有一名医，善用“五积散”医病，遂登门拜访，与其探讨精奥，运用于临床之中，使“五积散”治疗范围更为广泛。

蒲辅周把希望寄托在振兴中医学上。1934 年 3 月，蒲辅周被地方各界推举出任一区区正，弋游宦海有悖其素志，他甘为布衣，于是远离故乡，到成都另辟蹊径。成都人才济济，名医荟萃，正可以医会友，切磋医理。是年冬，成都流行温病，蒲对治疗此症一向很有办法，但成都人对蒲不甚了解，加之对麻黄素有偏见，对蒲的处方不愿接受。蒲便将麻黄研成细末包成药引子，视病情轻重冲服，患者服后很快痊愈。一时间，蒲的药引子是家传秘方，灵验得很的消息不胫而走，患者接踵而至，局面很快打开。蒲辅周崇尚范仲淹，早年在梓潼创办同济施医药社和平民教养工厂。到成都后，仍在泰山堂药铺定点施药，解救贫困患者。1940 年，梓潼流行霍乱，死人无数。蒲辅周闻讯立即汇款至家乡，委托当地药房按方配药分送病人。

1945 年夏，成都麻疹流行，此症属内蕴热毒、外感天行的温热病。

当地医家均以辛凉宣透之法对待,效果甚微。蒲辅周反复琢磨症状深思:大凡春夏之交疫病流行,而当年成都雨水尤多,温暑温热之气交结互蒸,热毒内隔不能外出。此症虽宜重用寒凉之剂,然须防泄泻,否则气下陷,无力托毒外出,必须以通阳利湿之药施之,方能收效。蒲用此法屡试屡验,遂遍告同道,从而使麻疹得以遏制,百姓始释重负。

1949 年四川解放,蒲辅周迎来了医学昌明的春天。1950 年,他加入成都东城区联合诊所,并当选为区人民代表,不久又受聘于成都铁路分局医院应诊。1956 年 1 月,蒲奉调入京,于卫生部中医研究院从事医疗、科研和教学工作。他以培养人才为己任,并积极学习中医政策和中西医结合的方针,将唯物辩证法运用到中医当中去,直接指导临床实践,当时的流行性脑炎、腺病毒肺炎、冠心病等重点疾病医治和预防均取得长足进展。后蒲担任中央领导人及国际友人的保健方面的工作,乃以一平常心对待这些特殊患者。周恩来总理问过他:蒲老,你给我开的药为什么特别灵? 蒲答道:别人把您当总理医,我把您当病人医;总理的病非医生可医,病人的病自是医生可医的。总理对蒲的高尚医德称赞不已。

1962 年,蒲辅周加入了中国共产党,并先后被选为第三、四届全国政协常务委员,第四届全国人民代表大会代表。曾出任中医研究院副院长、农工民主党中央委员、国家科委中医专业组副组长、中华医学会常务理事等职。他精通中医内科、妇科和儿科等症,尤其以治疗温热病见长,被誉为热病国手。蒲辅周在治疗热病上有许多独到之处,他把伤寒、温病两大学说熔为一炉,对其病因、脉症、治法均能予以评辨,即使病势重危,一经其诊视,也立能回春。蒲非常注重中医医学典籍的研究和理论探讨,称赞中国医药学有其独特和比较完整的理论体系,是东方文化宝库之精粹。他既反对那些只认经验不要理论,不重视祖国文化遗产的态度,又坚持不抱残守缺的进取精神。

蒲辅周严于律己,宽以待人。生活虽优裕而简朴,晚年服用滋补药从不用公款。1975 年 4 月 29 日,一代名医蒲辅周溘然长逝,终年八十七岁。

蒲辅周由其学生帮助整理的有《中医对几种急性传染病的辨证论治》、《蒲辅周医案》、《蒲辅周医疗经验》、《蒲辅周医语》等著作，为中医学留下一份宝贵的遗产。

主要参考资料

高辉远:《蒲辅周》，卢嘉锡主编《中国现代科学家传记》第1辑，科学出版社1991年版。

黄树则主编:《中国现代名医传》，科学普及出版社1985年版。

崔月犁、韦功浩主编:《中国当代医学家荟萃》第1卷，吉林科学技术出版社1987年版。

李兴培:《蒲辅周研究》，新疆人民出版社1990年版。

高辉远等:《蒲辅周医案》，人民卫生出版社1972年版。

蒲辅周:《中医对几种急性传染病的辨证论治》，人民卫生出版社1972年版。

蒲志兰编:《蒲辅周》，中国中医药大学出版社2004年版。

齐 白 石

奚 纯

我国著名的艺术家——画家、诗人、篆刻家齐白石，原名纯芝，字渭清，号兰亭，后改名璜，字滨生，号白石。1864 年 1 月 1 日(清同治二年十一月二十二日)出生在湖南湘潭县南星斗塘的一个贫穷农民家里。全家靠种田织布为生。齐白石六七岁时，他的祖父用柴灰教他认字。八岁的时候，他的母亲将辛苦积蓄下来的一点零钱，买些纸笔，送他到外祖父周雨若处读书，但因为家里需要劳动力，未满一年就停学了。回家后帮助父亲放牛、砍柴、耕田，养成了热爱劳动的习惯。

齐白石从幼年就非常喜爱写字画画，但因为家境贫寒，买不起纸，他拆下旧账本上的纸来画画写字。他也很爱读书，劳动之余，总是抓紧时间读书，或一边劳动一边读书，一本《千字文》背得烂熟。这样的童年生活，使他养成了一种坚韧不拔的性格。

齐白石十三岁的时候，跟他一个叔祖父学木工，开始学的是粗木作。次年又跟村里的一个木匠学雕花木作。这种雕花木作，让从小就热爱画画的齐白石产生了极大的兴趣。他借鉴于我国古典小说和戏曲插图的艺术成就，使所雕的木器上的图案不论是人物还是花卉，都显得层次分明，形神兼备。他创作出很多以人物故事为题材的雕刻作品，为当地群众所喜爱。

自 1877 年至 1888 年，齐白石做了十一年的雕花木匠，同时也练了十一年的绘画，这为他后来走上绘画和篆刻的创作道路打下了一个良好的基础。但齐白石真正开始他的艺术生涯，走上专业绘画和篆刻创作的道路，是在1889年他二十五岁的那年。那是一个十分偶然的机会，他在农村为一家新娘子雕一张嫁床的时候，经主人的介绍，认识了一位颇有才学的塾师胡沁园，通过胡沁园，又认识了另一个塾师陈少蕃。这两位热心的教育家，是齐白石走上艺术创作道路极其关键的人物。当他们发现了齐白石的才智后，就把培养齐白石作为一件十分慎重的大事来做，陈少蕃教他读书，胡沁园教他学画。他们还为齐白石提供了良好的学习环境，为齐白石介绍了很多学识广博的学友。在他们的指导和启发下，勤奋好学的齐白石如饥似渴地学习文学知识，努力提高自己的文化水平和艺术能力。

从1890年到1901年，齐白石一面读书学画，一面靠卖画养家，创作了不少富有诗情画意的诗配画创作，如《琴书至乐图》、《浮想望岳图》等，都受到过师友们的夸赞。在这期间，他还先后和师友们组织了"龙山诗社"和"罗山诗社"，多次参加作诗、诵诗集会的活动。这一段时间的学习和创作生活，是齐白石由雕花木匠成为著名画家、诗人、篆刻家的转折，是他的艺术生涯发生质的变化的开始。

齐白石最善于吸取前人和今人的长处。他不但努力向前辈名画家和民间画家的作品学习，还能虚心地向和他朝夕相处的师友们学习。当时，他向胡沁园学习画工致的花鸟草虫，向萧芗陔学习画人物肖像，向谭溥学习画山水。他不但注意临摹，而且十分注意对实际生活现象的细致观察，经常看鸟、兽、虫、鱼的特点，揣摩它们的精神，描绘它们的动态。这一切，为他后来在艺术上独创门户准备了成熟的条件。就这样，齐白石在劳动生活的基础上，不断开拓自己艺术生活的道路。当时他的生活条件十分艰苦，学习条件也十分清苦，在没有油灯的夜晚，就燃起松枝来读书，为了练习篆刻，买不起印章的他总是把一枚印章刻了又磨掉，磨掉了又刻。

齐白石在1902年到1909年的七八年间，曾"五出五归"，游历了南北各地，足迹遍及北京、西安、桂林、梧州、广州、钦州、香港、上海、苏州、南京等六七个省市的主要城市，饱览了祖国的名山大川。"身行万里半天下”①，使他结识了很多有真才实学的朋友，鉴赏了好多秘籍、名画、书法、碑拓，大大开阔了他的胸怀，扩大了他的眼界。

1909年暮秋，他暂时结束了游历生活，回到故乡，在风景明媚的茹家冲居住下来。这就是他的书画篆刻中每每提到的“寄萍堂”所在地。他在这里一住十年，从他的遗物中发现，仅这一时期的速写或工笔画的毛边纸画稿，数以千计。每纸画稿都不出一张信纸那么大，有的画几只虫，有的画几只鸟，有的是打乱了的花瓣，有的是折下来的树叶，但都凝结着画家的心血。通过这十年的刻苦磨炼，基本形成了他那种明快而自然的独特画风。

1919年，齐白石五十五岁以后才在北京定居下来，以篆刻和作画为生。这时齐白石的艺术造诣已经成熟，很有名气了，但他并不自满，他不断地从当时名画家吴昌硕、陈师曾、黄宾虹等人的作品中吸取营养，来提高自己的艺术技巧。他总是长夜镌印，晨起临池，经过千锤百炼，使他不论在篆刻、诗词、书法、绘画上都达到更高的境界。到抗日战争前的十多年中，他创作出一万幅以上的画和三千方以上的篆刻印章。他的每件作品，都为艺术界人士所重视。

1927年，齐白石被国立北平艺术专科学校和京华美术专科学校聘为教授。他在教学中，奖掖后进，培育新生，后来成名的画家于非闇、王雪涛、李苦禅等人都是他的学生。“三千门客赵吴无”的一方篆刻②，正是表达了他当时对自己培养一代青年画家的高兴和自豪的心情。

抗战开始时，齐白石已七十多岁了。他身处沦陷后的北平城内，精神极其痛苦。他本来十分好客的，从此，他紧闭大门，减少交往，辞却了北平艺术学校教授的职务，公开告白不见客，不赴宴，不照相。为了不让日本侵略者和汉奸特务有可乘之机，他贴出告白，声言“白石老人心

① 龙龚：《齐白石传略》，人民美术出版社1959年8月版，第36页。
② 龙龚：《齐白石传略》，第56页。

病复作,停止见客”①,这种具有反抗性的告白,充分表现了这位艺术老人的民族气节。日本侵略者和汉奸走狗曾没收过他的存款,搅扰他的画室,但他没有被敌人的嚣张气势所压倒,他借画抒发与寄托他胸中的苦闷与义愤。1944 年他在《群鼠图》上题句说:“群鼠群鼠,何多如许,何闹如许,既啮我果,又剥我黍。烛炧灯残天欲曙,严冬已换五更鼓。”②又在水墨螃蟹的画上题诗说:“处处草泥乡,行到何方好,昨岁见君多,今年见君少。”③抗战胜利后,齐白石于 1946 年恢复卖画刻印,赴南京参加中华全国美术会画展,旋赴沪展览。

1949 年 1 月 31 日北京解放的那一天,历尽旧社会无限沧桑的八十五岁高龄的齐白石跑到大街上,挤在欢呼的人群中,以十分欣喜的心情,迎接一队队的人民解放军。中华人民共和国成立以后,他愉快地担任了中央美术学院名誉教授,又被延聘为中央文史馆馆员,并被选为中国文学艺术界联合会主席团委员、中国画研究会和中国美术家协会主席、中国画院名誉院长。

1952 年,他为祝贺亚洲及太平洋区域和平会议在北京召开,创作了大幅的百花与和平鸽的图画,赢得了国际和平战士的声誉。

1953 年,齐白石九十岁(虚岁)生日,中国美术家协会和中央美术学院为他隆重举行庆祝会,中央人民政府文化部授予他“中国人民杰出的艺术家”的荣誉奖状。德意志民主共和国授予他共和国艺术科学院通讯院士的荣誉状。1954 年他被选为第一届全国人民代表大会代表。

1956 年,世界和平理事会又宣布齐白石为 1955 年度国际和平奖金的获得者。

“一天不画画心慌,五天不刻印手痒。”解放后,齐白石的创作多得

① 龙龚:《齐白石传略》附图版手迹影印。

② 齐璜口述,张次溪笔录:《白石老人自传》,人民美术出版社 1962 年版,第 100 页。

③ 齐璜口述,张次溪笔录:《白石老人自传》,第 100 页。

惊人，仅 1953 年一年的绘画作品，大小就有六百多幅。所作的《荔枝鸽子》、《和平鸽》、《牡丹》等作品，充满着老人对新中国成立后的和平幸福生活的歌颂。

1957 年 9 月 16 日，齐白石在北京病逝，各界人士沉痛哀悼他。北京人民美术出版社整理了他的诗词、篆刻、书法和绘画，出版了《齐白石作品集》。

钱 大 钧

张 昊

钱大钧，字慕尹，1893 年 7 月 26 日（清光绪十九年六月十四日）生于江苏昆山。其祖父钱伯熊，晚清贡士，父亲钱自美（自梅），母亲江氏。钱大钧四岁时随父迁居苏州，六岁入私塾，1902 年，读完“四书”、“五经”后，入英华学校，不久转入新创立的初等小学读书，1903 年考入苏州长洲高等小学堂。1906 年父亲去世后，到上海习商，不久返回苏州。1909 年，由长洲高等小学堂保送，入南京江苏陆军小学堂第四期学习。

辛亥革命爆发后，江苏陆军小学堂停办，钱大钧回到苏州，不久他听到上海独立的消息，去上海参加学生军。随后革命党人钮永键在松江军政分府创办松军干部学校，钱大钧赴松江投考，半年毕业后，被派任军政分府所属弁目队班长。南北议和后，军政分府撤销，弁目队移驻苏州。1913 年，江苏陆军小学堂复校，钱大钧回校补训，年底毕业后，回松军任别动队排长。1913 年“二次革命”时，钮永键组织学生军和敢死队攻克上海郊区龙华，进而攻打上海制造局，钱大钧积极参加战斗，失败后，部队退到吴淞、嘉定一带解散，钱大钧只身赴沪，后潜回昆山老家。

1914 年初，钱大钧经钮永键介绍去日本东京，认识了流亡日本的孙中山，参加东京大森浩然学社听讲，深受孙中山革命思想的影响，孙中山成立中华革命党，钱大钧率先宣誓加入。同年底回国，考入武汉南湖陆军第二预备学校学习。袁世凯复辟帝制，钱大钧联络同志，积极开展倒袁活动，引起湖北都督王占元怀疑，遂秘密来到上海。因生活所迫，先在《时事新报》担任日文翻译。一个月后，钮永键在松江重建旧部，钱大钧赴松江帮助编练新军，来往于上海及平湖、金山卫之间。袁世凯死后，钱大钧回湖北恢复学业，同年12月毕业，升入保定陆军军官学校，在入伍生炮兵队学习。1917年4月，因成绩优异，被选送日本士官学校留学，在中国学生队第十二期炮兵科学习。

1919年6月，钱大钧从日本士官学校毕业，回国担任保定军校第八期第四队分队长。1920年7月，直皖战争爆发，保定军校停办。10月，钱大钧奉命参加复校工作，任第九期炮兵队队长。1921年4月，孙中山在广州召开国会非常会议，当选为非常大总统。钱大钧闻讯后毅然辞去炮兵队队长职务，前往广州投奔孙中山，被任命为粤军第一师学兵营营务官。不久调任师部少校参谋，在广东、江西等地多次参加战斗，1923年晋升中校参谋。

第一次国共合作时，孙中山为培养革命军官，在苏联和中国共产党帮助下筹建中国国民党陆军军官学校，钱大钧奉命到黄埔参加军校筹建工作。1924年6月，黄埔军校正式开学，钱大钧由于精通兵器学被任命为中校兵器教官，不久升为代理上校总教官。10月，任校本部参谋处少将处长。

1925年，黄埔军校师生参加第一次东征陈炯明时，钱大钧任校本部少将参谋长，协助蒋介石、周恩来指挥部队。2月12日，东征军进攻淡水，第二教导团团长王柏龄由于缺乏指挥能力，贻误战机被撤职，钱大钧代理该团团长，击败敌军。3月14日，棉湖战斗快结束时，第一教导团千余人在棉湖的西北山地遭到敌军林虎部主力围攻，伤亡惨重。钱大钧率领第二教导团增援，粉碎了敌人攻势，并乘胜翻越猴子岭，追击溃逃之敌，于19日和22日相继攻克林虎部的后勤基地五华及其司令部所在地兴宁①。4月底，他被调回黄埔军校训练新兵，组建第三教导团，代理教育长并代行校长职务。不久出任党军第一旅第三团少将

① 钱大钧:《八十自述》(上)，台湾《中外杂志》第28卷第6期，第38页。

团长。6月，钱大钧参加平定滇桂军阀杨希闵、刘震寰叛乱的战斗。在10月举行的第二次东征中，钱大钧率第三团防守博罗，22日，他率部攻打海陆丰，配合主力彻底消灭陈炯明部。12月22日，钱大钧升任国民革命军第一军第一师少将副师长兼参谋长。1926年1月，晋升为第一师中将师长，一个月后与王柏龄调换，任第二十师中将师长。

1926年7月，国民革命军出师北伐，钱大钧兼任广州警备司令，防守后方。1927年蒋介石在上海发动“四一二”政变后，4月15日，钱大钧同李济深等人在广州召开紧急会议，成立“中国国民党广东省特别委员会”，实行“清党”。钱大钧“任临时戒严司令，指挥一切陆海军”①，逮捕、屠杀共产党员和工人中的积极分子八百余人②，广州陷入白色恐怖之中。不久，钱大钧被蒋介石任命为北路总指挥，前往曲江、赣县遣散、改编部队。

南昌起义爆发后，起义军取道江西的临川、宜黄、广昌进军广东，钱大钧奉命堵截。8月25日，钱部在瑞金以北的壬田与起义军遭遇，两个团被击溃。8月30日，起义军攻克会昌，歼灭钱部四个团。随后又发生多次战斗。起义军由于伤亡过大被迫转移。9月中旬，钱大钧又把部队调往梅县，围攻朱德、陈毅等留守三河坝的部队，激战之后，起义军于10月初突围。9月下旬，何应钦第一军扩编为三个军，钱大钧部改编为第三十二军，他任军长兼军事委员会委员。12月，钱参加平定张(发奎)黄(琪翔)“广州事变”。后率部经闽浙北上。

1928年1月9日，蒋介石重掌大权，为加强其军事统治，调钱大钧部驻沪宁一线。4月，钱大钧就任淞沪警备司令，不久又任上海特别市党部常务委员、江苏省政府委员。6月，国民党中央整编军队，第三十二军与第二十一师合编为陆军第三师，钱大钧任师长兼江南“剿匪”司

① 中国第二历史档案馆编:《中华民国史档案资料汇编》第四辑(上)，江苏古籍出版社1987年版，第417页。

② 魏汝霖:《记钱大钧上将》，《中外杂志》第32卷第4期，第14页。

令，设司令部于苏州。7月他在上海创办了一个训练治安人员和秘密警察的学校。

1929年春，钱大钧调任国民革命军总司令部总参议，随蒋介石在长江中游地区参加新军阀混战。蒋桂战争结束，蒋介石把李宗仁创办的第四集团军随营军官学校改编为中央陆军军官学校武汉分校，钱大钧出任教育长。1930年夏，中原大战爆发，张发奎、李宗仁等将领趁机反蒋，陈兵湘桂边境。蒋介石任命钱大钧为总指挥，在湖南羊楼司一带布防。张、李退回原防后，钱受命编练教导第三师（中原大战结束后改编为第十四师）。编练成军后，钱大钧派第一旅到津浦铁路前线对冯、阎作战，另派三个团兵力参加会攻鄂东根据地的战斗。1931年1月，陈诚接任第十四师师长，钱大钧改兼武汉要塞司令。由于作战有功，钱大钧在12月当选为国民党第四届中央候补执行委员。

1931年2、3月间，由前线返回的一百多名伤兵闹饷，武昌第一纱厂和震寰纱厂工人要求增加工资，钱大钧按蒋介石“严惩首犯，格杀勿论”的指示，派兵逮捕了部分伤兵和工人，并枪毙了领头的十二名伤兵。同年秋天，武汉大水，他奉蒋介石“防共比防水更重要，不得任意抽调兵力，参加防汛”的手谕，对洪水泛滥坐视不管，致使洪水进入汉口市区，造成汉口有史以来最大劫难，一百多万难民无家可归①。

1932年1月，武汉要塞司令部撤销，所属部队改编为第八十九师，钱大钧兼任师长。同年春，钱升任第十三军军长，指挥所属八十八师、八十九师、三十三师参加“围剿”红军的战斗。3月，钱调任委员长南昌行营主任，帮助蒋介石筹划对红军的第四次“围剿”。

1933年初，钱大钧任委员长保定行营上将主任兼军政部保定编练处主任、北平军分会委员。他用金钱和礼物馈赠河北各将领以资笼络，所花钱财在“行营开支特别费”中支取，每次至少数万元。年底，蒋介石

① 文心珏：《我所知道的钱大钧》，中国人民政治协商会议全国委员会文史资料研究委员会编《文史资料选辑》第81辑，文史资料出版社1982年版，第159、160页。

为集中力量打内战，撤销保定编练处，调钱大钧为鄂、豫、皖三省“剿匪”总司令部参谋长，代蒋处理三省军政大事。中央红军北上长征后，蒋介石将鄂、豫、皖三省“剿匪”总司令部改组为武昌行营，并于1935年2月任命钱大钧为行营参谋长，协助行营主任张学良处理军政事宜。

1936年1月，国民政府军事委员会委员长侍从室在南京成立，下设第一、二两处，钱大钧任第一处主任兼侍卫长，主管总务、参谋和警卫工作，负责蒋介石的驻留和行动安全，其工作直接对蒋负责。6月，“两广事变”爆发，由于钱大钧与陈济棠部军长余汉谋是保定同学，又是粤军第一师同事，蒋介石派他密赴江西大庾与余接触，促使余通电反陈拥蒋，使“两广事变”顺利解决。钱大钧作为功臣在11月补选为国民党第五届中央执行委员。

同年12月初，蒋介石到西安督促张学良、杨虎城“剿共”，钱大钧随蒋住临潼华清池。12月12日晨，张、杨发动西安事变，钱大钧听到枪声后，匆忙奔赴现场命令警卫部队拼死抵抗，在华清池五间厅转角处被流弹击中，子弹由前胸部穿出，伤及右肺尖，由于流血过多跌坐墙边，被东北军急送医院抢救，幸免一死①。12月25日，西安事变和平解决，27日，钱大钧等人获释。钱大钧在上海休养一段时间，于1937年2月恢复健康后仍任侍从室主任和侍卫长，后改任军事委员会办公厅代理主任。

1937年7月，抗日战争爆发，钱大钧随蒋介石视察全国各地防务，并奉命两次赴前线劳军。11月，他“与后勤单位协调，于军运繁忙中勉为调集车辆十余部……亲自监督，于24小时内将库存国宝抢运下关装船西迁”②，保护了大批故宫文物。

---

① 常国宾：《白凤翔临潼扣蒋》，吴福章编《西安事变亲历记》，中国文史出版社1986年版，第232页；钱大钧：《钱慕尹上将七十自传》，（台）淞沪警备司令部刊行1962年版，第21页。

② 钱大钧：《八十自述》（下），《中外杂志》第29卷第1期，第37页。

1938年2月，航空委员会改组，钱大钧任主任，专门指挥空军对日作战。4月29日，他参与组织了武汉空中保卫战，击落敌机二十一架。为揭露日本军国主义暴行，钱大钧组织空军远航日本本土，于5月20日上午在福冈、长崎等地上空投掷宣传弹并胜利返航，大大鼓舞了中国军民的士气和信心，在国际上的影响也很大。同年11月，钱大钧参与处理“长沙大火”案，奉命将酆悌等人就地正法。1939年初，钱大钧经宋美龄批准分配一笔特别费时，只分给了少数几个高级官员，有人将此事密报蒋介石，致使钱大钧被撤职查办。

1941年7月，何应钦推荐钱大钧出任军事委员会运输统制局参谋长，不久改任秘书长，统筹国内外物资运输管制以及检查事宜。1942年3月，钱大钧调任军政部政务次长，兼点验委员会主任，与常务次长张定璠一起处理军政部日常工作。钱大钧同时还担任军政部特别党部特派员。1944年11月底，由于国民党内部斗争，军政部人马大换班，钱大钧第二次出任军事委员会委员长侍从室第一处主任，兼军事委员会调查统计局局长。

1945年5月，钱大钧当选为国民党第六届中央执行委员会委员。9月9日，他出任上海光复后第一任市长兼淞沪警备总司令。任职期间，钱大钧向英国交涉，收回跑马厅（现上海人民公园），不许在此搞赛马、赌博等活动；责令工务局扩建南京中路，方便闹市区交通；修筑吴淞口海堤；同时利用“接收”之机，大肆搜刮民财，中饱私囊①。由于深知宦途艰险，1946年3月5日，钱大钧分别辞去淞沪警备总司令和上海市长职务，到苏州过起奢华生活。

1947年4月，钱大钧当选为吴县参议会议长，同月当选国民党第六届中央执行委员会常务委员。1948年4月，第一届“国民大会”召开，钱大钧作为上海代表，被推选为大会主席团主席。1949年2月，钱大钧出任重庆绥靖公署副主任，6月任西南军政长官公署副长官。

---

① 邢建榕等:《旧上海第十任市长》,《联合时报》1987年6月5日第4版。

1950年，钱大钧从海南岛转赴台湾后，任“总统府战略顾问委员会”委员。1954年任“光复大陆设计委员会”委员。1960年2月任中国国民党纪律委员会委员。1963年任台湾中华航空公司董事长。由于喜爱体育活动，钱大钧在台湾先后担任过台湾省足球委员会主任委员、“中华全国田径协会”理事长等职，率领足球队、篮球队和田径队参加亚运会、世运会①。

钱大钧擅长书法，1975年2月手书篆体《金刚经》全文赠送台北“国立历史博物馆”典藏。

1982年7月21日，钱大钧病逝于台北“三军总医院”。

① 刘绍唐：《民国人物小传·钱大钧》，台北《传记文学》第41卷第3期，第139页。

钱　　穆

熊尚厚

钱穆，原名恩𨱍，字宾四，笔名未学斋主，1895 年 7 月 30 日（清光绪二十一年六月初九）生于江苏无锡一个家道中落的富家。其父钱永沛是秀才，以教书为业。

钱穆七岁进私塾，聪颖好学，一年后就能阅读《三国演义》、《水浒传》等小说。九岁入果育小学读书。果育小学网罗了一批对旧学有深厚基础、对新学也能融会贯通的人任教。受老师的影响，钱穆既喜欢读古代欧阳修、韩愈和近代洪亮吉、汪容甫等人的作品，又爱看西洋小说《天方夜谭》之类的书，尤好史地，为日后的学术生涯打下了扎实的根基。在读高小时，他的作文成绩冠全班，老师奖给他一本蒋百里译的《修学篇》。他深受书中欧美自学成才者的启发，决心走自学成才之路。

钱穆十二岁时父亲病故。次年冬他考入常州府立中学堂，颇为史地课老师吕思勉青睐。当时常州中学堂发生反对舍监的学潮，钱穆出任学生代表，并参加了罢考。其后，他转入南京钟英中学。1911 年 10 月武昌起义爆发，钟英中学停课，钱穆辍学回家，经人介绍到秦家水渠当小学教师，教国文、史地、英文等课，兼教体育和音乐，后相继转入鸿模学校、县立第四高等小学任教。他蛰居于农村，自知升学无望，“决意自学读书”①。闭门谢客，刻苦攻读《孟子》、《史记》等经史子书及唐宋

① 钱穆：《师友杂忆之三——三兼小学》，朱传誉主编《钱穆传记资料》（一），台北天一出版社 1979 年 11 月版。

诸家文辞，并开始撰述，数年间相继写成《说惠施历物》、《辨者二十一事》和《论语文辞》等著作。他看到北京大学的招生广告，考生必读章学诚的《文史通义》后，即觅而读之，继又读夏曾佑的《中学历史教科书》，努力使自己具备大学的文史知识。1919 年夏，钱穆回到鸿模学校教书，利用该校藏书楼的有利条件，攻读韩愈、柳宗元、欧阳修等人的文集。同年秋，他到后宅镇秦伯市一小任校长兼市立图书馆馆长，在教学中努力从事于教育改革的实践。不久因肺病休养，期间他仍研习许氏《说文》等书。在十年的教书生涯中，钱穆于"冥索"中自学苦读，勤于笔耕，开始踏上学术之路。

1922 年秋，钱穆南下厦门，经史学家施之勉举荐任教于集美师范学校，课余在图书馆得《船山遗书》，仔细阅读，对古史地名变迁的研究产生了兴趣。半年后，他回到无锡任第三师范学校国文教师，在编写《论语要略》讲稿的同时，经常为报纸杂志撰稿。为了考证孟子的生平，他计划撰著《先秦诸子系年》，先编成《孟子要略》。其《墨辩探源》一文，1924 年发表在《东方杂志》第 21 卷第 8 号上，引起读者的瞩目。而《论语要略》于 1925 年由商务印书馆出版。钱穆还校译了《公孙龙子》和《易经》三卷①。那时军阀战乱，学校停办，生活拮据，但他仍专心于学术的钻研。无锡第三师范复课后，他讲授国学概论，随讲随录，先集成七章。

1927 年秋，钱穆进入苏州省立中学，担任全校国文课首席教席，续编《国学概论》。苏州中学是清末紫阳书院的旧址，藏书甚丰，城里还有很多旧书肆。此时，他全力以赴地撰著《先秦诸子系年》一书。时蒙文通教授在南京看了钱的《系年》一书的手稿十分赞赏，将其中关于《墨子》的部分在南京一杂志上发表，并说钱是一位很有学问的人才，不宜长期留在中学教国文，建议他到大学去教历史。与此同时，他还在杂志上发表有《孔子略史及其学说的地位》、《易经研究》和《论十翼非孔子

① 为"原始、本事、传辨"三卷。

作》等论文。上海商务印书馆还出版了他的《墨子》、《王守仁》等著述。

1930年秋，经顾颉刚推荐，钱穆被燕京大学聘为讲师。同年冬，《燕京学报》发表他的《刘向刘歆父子年谱》。该文是解决晚清道咸以来经学今古文争议的专著，对1891年康有为著的《新学伪经考》提出批评，还针对顾颉刚等人的疑古学风也提出意见。钱穆以史治经，破经学之壁垒，纠正一味疑古的风气，在学术上显示了他敢于突破前人论点的勇气，得到胡适等学者的推崇，受到学术界的重视。此书成了钱穆的成名之作。1931年夏，北京大学聘他为史学系副教授。

在北大历史系任教期间，钱穆讲授《中国近三百年学术史》、《秦汉史》和《中国政治史》等课程。"九一八"事变后，为了唤醒国魂，御侮救国，他会同傅斯年等学者编写一部《中国通史》，并任北大中国通史课的首席教授。同时继续编写《中国近三百年学术史》等讲义。1933年春，他完成了有关中国古代哲学的研究，积以往数年对考证孟子生平的研究，以及对老子和《老子》书的考辨等成果，撰成《先秦诸子系年》一书。该书内容从孔子到李斯前后二百年间诸子学人的生平出发，论及师友渊源及其学术流变，被当时的学者称为是对清代版本考据的一次总结。接着，他又针对梁启超等人对清代学术史的见解，以两宋学术概要为引言，乾嘉经学为中心，偏重从理学方面评述黄宗羲、王夫之、顾炎武、章学诚、龚自珍等一大批学者的学术思想，撰成他的第二部学术巨著——《中国近三百年学术史》。

钱穆性喜山川，屡次出游访古，遍游中原各地、大江南北、长城内外。在完成上述著作的同时，他还先后撰写有《周初地理考》、《古三苗疆域考》、《黄帝故事地望考》及《楚辞地名考》等十余篇文章。在旅游途中，他见到农村贫困的情形，忧戚于心；面对日本侵华日亟，他主张积极抗日。"七七"卢沟桥抗日战争爆发后，北大、清华和南开合组临时大学于长沙，钱穆在文学院任课。翌年春，长沙临时大学迁到昆明改为西南联合大学，文学院设在昆明附近的蒙自，他遂辗转前往任教。不久，西南联大文学院迁至昆明，钱穆住于宜良的岩泉下寺，除讲授中国通史外，则闭门著述。他撰写的《国史大纲》于1939年6月完成，交商务印书馆于次年6月出版。该书在体例上首重政治制度，次为学术思想，再次为社会经济，并对其相互间的联系于客观中求实证，抓住各个历史时期突出的变化，通鉴全史而觅取其动态。所用的历史方法，是“记补考证派的工夫而达宣传革新派之目的”，又因以文化治史，故对以往历史多继承少批判，否认历史的种种变革，其观点有许多的“混乱与错误”①。

1939年，日机频繁地轰炸昆明，钱穆潜回苏州探亲，在家乡住了一年多。他一边闭门奉养母亲，一边自学英语，借助字典通读了英文《西洋通史》。1940年夏，他撰写了《史记地名考》八十万字。翌年，他返回大后方，在成都受聘于华西大学中国文化研究所，担任所长。1941年6月，他与罗忠恕等学者发起成立东西文化学会。其后，钱穆于成都主持齐鲁国学研究所，并在齐鲁大学兼课。他曾去乐山的武汉大学和遵义的浙江大学讲学。1943年秋，齐鲁国学研究所停办，他在华西大学文学院任教。同年冬卧病于华西坝，在养病中他通读了《朱子语类》一百四十余卷和子目录整部，对朱学的研究深有体悟。在成都时期，钱穆有心于中国文化史和中国思想史的研究，撰有《中国文化导论》等书。同时还在一些报刊上发表学术和时论文章数十篇。时论文章辑成《文化与教育》、《政学私言》两书出版。

抗日战争胜利后，钱穆于1946年夏离蓉赴沪。时上海各校仍处于恢复状态，他暂时回到家乡，不久应云南大学之聘前往昆明执教，一年后仍回江苏。1948年春，他任无锡私立江南大学文学院院长。1946年至1948年间，钱穆先后发表《孔子的心学与史学》等论文三十余篇。到江南大学后，他计划仿郑樵的《通志》写一部《国史新编》，并续写宋明理学的宋学部分，由于时局巨变，《国史新编》只写出了庄子的部分，书名

① 胡绳：《理性与自由——文化思想批评论文集》，三联书店1950年12月修订版，第63页。

《庄子纂笺》。

1949年春，钱穆应广州私立华侨大学之聘前往任教。同年秋，他携眷南走香港，10月在九龙开办亚洲文商专科夜校，次年秋更名新亚书院，任院长。他在新亚讲授中国文学史、庄老、楚辞和礼记四门功课。1951年到1953年，他撰有《中国思想史》、《宋明理学概述》和《孔子与春秋》等著作。1954年，新亚书院与美国雅礼协会合办，得到洛克菲勒基金会等组织的资助。同年，蒋介石在台湾提倡王阳明之学，钱穆将旧作增写成《阳明学述要》出版。1955年秋，钱穆在新亚书院内创设新亚研究所，香港大学授他名誉法学博士学位。1960年1月，他应美国耶鲁大学之聘前往讲授《论语新解》，耶鲁大学授予荣誉文学博士。翌年又应香港孟氏教育基金会之请，讲授《中国历史研究法》。1963年，新亚书院并入香港中文大学，他向新亚董事会提请辞去院长职未准，仍留新亚书院从事教学与研究，先后出版有《中国历代政治得失》等书。1965年6月，钱穆获准辞去新亚书院院长后，前往吉隆坡，在马来亚大学任汉学教授，历时近二年。

1967年10月，钱穆定居于台北，担任中国文化学院史学研究所博士班主任，讲授中国史学名著、史学导言等课。同时整理旧讲义和散篇论文，撰著出版了《秦汉史》、《中国历史研究法》和《孔子传》等书。1969年6月完成《朱子新学案》一书①。钱穆还发表有《墨子思想研究指导》、《陆象山思想研究指导》等论文，并任台北“故宫博物院”研究员、台北“中国历史学会”监事。

1977年，香港中文大学新亚书院开办“钱宾四先生学术文化讲座”，时钱穆患眼疾黄斑变性症，视力已经很弱，仍前往讲授《从中国历史来看中国民族性及中国文化》的专题讲座。后在讲座记录稿基础上加以扩充，出版了《中西文化比较观》一书。该书以他数十年研究中国传统文化所持见解的精要，内容深入浅出，呼吁青年们要热爱祖国的优

---

① 该书计五十八章，一百余万字，1981年由台北三民书局出版。

秀文化，并为弘扬光大这种文化作出贡献。1983 年 4 月，香港中文大学新亚书院再次举行“钱宾四先生学术文化讲座”，北京大学朱光潜教授应邀前往参加，钱穆闻讯专程前往香港与之会晤。翌年，他获得台湾颁发的文化奖，《现代中国学术论衡》一书出版。

钱穆晚年双目失明之后，长日杜门，仍继续从事学术著作。在其夫人的帮助下，他于 1987 年 8 月出版了《晚学盲言》上下两卷巨著，讨论中西文化传统的异同。同时，他还在其寓所向他的学生口头讲授，并对学生说：“不要忘了自己是中国人”，“一定要做一个中国人，而且要为中国人争一口气”①。1990 年 8 月 30 日，钱穆病逝于台北。

钱穆是我国近代著名的国学大师和史学家，生平著述极为丰富。他一生维护中国传统的民族文化，反对全盘西化，其学术观点为文化史观，虽有一些“混乱和错误”，但他很有民族精神。

① 唐端正：《我所怀念的钱宾四先生》，《钱穆传记资料》(一)。

钱 能 训

张树勇

钱能训，字幹丞，亦作幹臣，浙江嘉善人①。生于1870年（清同治九年）②。1898年（清光绪二十四年）中戊戌科二甲第十八名进士，翌年留馆，为翰林，散馆后授编修，历任刑部主事、员外郎、郎中、监察御史、广东和湖北乡试主考官、广西学政等职。1903年，因得到左都御史裕德的保荐，参加经济特科考试，后升监察御丞。1904年，清政府设巡警部，因受知于徐世昌，在徐任巡警部及民政部尚书时，钱能训先后任巡警部左参议、左丞，民政部右丞等要职，并成为徐的心腹。1907年东三省改制，徐世昌首任东三省总督，旋即奏调周树模、钱能训为奉天左右参赞参与帷幕。时徐尊周而亲钱，不久，钱即升任顺天府尹。1910年（清宣统二年），徐世昌在军机大臣任上，又推荐钱出任陕西布政使，时巡抚杨文鼎一直未到任，钱又以布政使护理巡抚。从此，钱便跻身于督抚封疆大吏之列。

辛亥武昌起义后，陕西随之响应，在西安的同盟会与会党领导人相约在10月29日于省城举事，钱能训得知消息后，惊恐万状，除调巡防营进城防守外，又在省城大肆逮捕革命党人；当民军光复西安后，又与

① 贾逸君编：《中华民国名人传》卷2，“钱能训”条目，北平文化学社1933年版，第168页。

② 一说生于1869年。《中国大百科全书》（中国历史）Ⅱ，中国大百科全书出版社1992年4月版，第774页。

西安将军文瑞派兵进行镇压，遭民军痛击失败后，文瑞投井而死，钱能训匿居民宅而被民军拿获。钱曾举枪自杀未遂，后逃出省城奔赴北京。

民国成立后，钱能训凭借与徐世昌等人的老关系，又屡次出任政府要职。1913 年 10 月 16 日，钱出任北京政府熊希龄内阁之内务部次长。1914 年 3 月，钱以蒙古、西藏、青海三省区的名额被选为约法会议议员。同年 5 月，袁世凯在总统府内设政事堂，改国务总理为国务卿，以徐世昌为首任国务卿，时钱能训被任命为政事堂右丞兼任礼制馆副总裁（总裁为徐世昌），与左丞杨士琦一起成为徐的得力助手，协助徐世昌处理日常政务。钱由于徐世昌的引荐，深受袁世凯的器重。1915 年 1 月，钱被袁授为中卿，10 月 24 日又署理平政院院长，同时兼任文官高等惩戒委员会委员长。1916 年 4 月 22 日，又正式被任命为平政院院长。1917 年 8 月，时任副总统的冯国璋继黎元洪之后代理北京政府大总统，同年 11 月段祺瑞因对南战争失败引咎辞去内阁总理一职，初由汪大燮代理，紧接着改由王士珍署理，12 月 1 日钱能训出任王内阁的内务总长。1918 年 2 月 20 日，王士珍在皖系的攻击下辞职。钱一度又暂时兼代国务总理，为时仅一个月零三天。3 月 23 日，段祺瑞重组内阁，钱蝉联内务总长。是年 9 月 4 日，徐世昌继冯国璋之后被皖系操纵的安福国会选为大总统并于 10 月 10 日正式宣誓就职，段随即请辞内阁总理职，专任参战督办，训练参战军、边防军，以践与冯国璋共同引退之诺言。于是，徐以内务总长钱能训暂时代理国务总理。在钱代阁期间，因徐世昌通电尊重和平以谋统一，所以在 11 月 15 日就和战问题召集督军会议，总统、全体阁员均出席，讨论问题共五项，其中第一项即停战撤兵。此时欧战告终，经外交团劝告，和平空气几乎弥漫全国，因此段祺瑞及各省督军不得不附从其议。16 日，钱令前方各军队罢战退兵，至 20 日，广东护法军政府亦宣告停战。12 月，徐世昌提请国会参众两院讨论通过对钱的任命，12 日，钱能训正式组阁出任国务总理。23 日，徐在总统府成立善后讨论会，由钱兼任会长。1919 年 1 月 11 日，内阁进行改组，钱兼任内务总长。

钱能训正式组阁以及在国务总理任上实际只有半年的时间，即1918年12月12日至1919年6月13日。其间因南北分裂，北洋军阀内部各派系矛盾重重，政坛斗争此起彼伏的原因，使他作为阁揆而大伤脑筋的事层出不穷。首当其冲的问题是：当时段祺瑞虽然已经离开内阁，但他一方面拥参战军实力，一方面挟安福系大多数议员，对其关于事涉政府重要问题，大半一意孤行，对于钱阁，根本就“不在其心目中”①。这些困境处处使钱能训穷于应付。而且，在组阁之初，陆军总长靳云鹏和财政总长龚心湛即因索款发军饷过年关的问题发生争吵，闹得不可开交，使钱能训束手无策，后来经段祺瑞出面调解，方告平息。一波未平，一波又起，更使钱能训难办的是如何对付段的心腹号称“小徐”的徐树铮。时徐树铮任西北筹边使，这本是总统徐世昌的调虎离山之计。因为小徐企图保段卷土重来操纵北京政权，莫说钱能训对此大伤脑筋，就是号称“老狐狸”的大总统徐世昌亦无可奈何，于是把小徐调到远离京城的蒙疆去发展。当时外蒙古活佛哲布尊丹巴在库伦（即今蒙古乌兰巴托）要求自治，北京政府对此一无办法，而徐树铮两赴库伦，竟然使外蒙古取消自治，为国家可谓建立殊勋，因此徐树铮更恃才傲物，愈加骄纵，更不把国务总理钱能训放在眼里。时欧战告终，美国总统威尔逊（Thomas Woodrow Wilson）发起和平会议，于1919年1月1日由美、英、法、日等国家在法国首都巴黎召开会议。中国是第一次世界大战的参战国和战胜国之一，亦被邀请出席。会上，中国代表提出日本归还山东问题，日本代表立即表示反对。随后，英、法、美三国代表为此举行会议，并提出一项解决山东问题的办法，即把以前德国享有胶州湾权利让与日本，日本将山东主权交还中国，并许日本保留德国所享有的经济特权，且许以特殊铁道警官之聘用。对于此项解决办法，中国代表表示反对并提出抗议，三国亦无表示。时任大总统的徐世昌与国务

① 张国淦：《中华民国内阁篇》，杜春和等编《北洋军阀史料选辑》上册，中国社会科学出版社1981年版，第231页。

总理钱能训在国内外的压力下表示赞同我出席和会代表的意见，决定不在和约上签字。可是，徐树铮唯恐天下不乱，与段祺瑞一起坚决主张签字，使徐世昌、钱能训左右为难。

在钱内阁当政期间，还发生了另外一件大事，即南北议和。徐世昌当选大总统后，标榜和平，而作为内阁总理的钱能训，便秉承徐的旨意致电西南军阀，提出"国人不堪再战，希先就事实设法解纷，而法律问题俟之公议"①。钱同南方军政要人如陆荣廷、岑春煊私交颇深，双方私下派人联络，电报往返，经多次磋商，终于于 1919 年 2 月 20 日使南北议和会议在上海旧德国商会地址举行。北方先后派朱启钤、王揖唐为总代表，南方先后派唐绍仪、温宗尧为总代表。开会不久，双方因陕西停战及取消参战军与停支参战借款问题相持不能解决，南方代表通电停止和议，北方代表亦向北京政府提出辞职。后来虽又复会，但讨论数日，亦无结果。最后南方代表提出一揽子的八项条件，北方代表难以接受，和议遂告破裂。

钱能训虽身为北京政府内阁总理，然而上有大总统徐世昌的决策权力，间有段祺瑞颐指气使的屡屡干政，还要受到徐树铮的不断压迫，又适逢巴黎和会中国外交失败的严重危机，钱举步维艰。后来，中国外交失败的消息一传到国内，举国愤怒，终于爆发了轰轰烈烈的反帝爱国的五四运动。经此运动，钱内阁成员残缺不全，最后终告瓦解。6 月 13 日，钱能训被明令免去国务总理职务，以财政总长龚心湛暂时兼代。同年 11 月 13 日，北京政府又任命钱能训为苏浙太湖水利工程督办，然钱不谙水利工程，且对此项任命兴趣索然，遂于第二年 8 月即自动辞职。不久，钱应聘为外交部顾问。1921 年 8 月 21 日，钱能训与熊希龄、汪大燮、谷钟秀等人发起组织"华盛顿会议中国后援会"，在成立大会上，钱任主席，同时与汪大燮、孙宝琦等人一起被举为该会理事。随后，理事会发表声明：一、反对华盛顿会议协商议程；二、反对二三国的秘密协

① 《钱内阁之主和通电》，《申报》1918 年 10 月 26 日。

商，主张山东应无条件归还中国。1924 年 6 月 5 日，钱能训因病在京去世。

主要参考资料

陶菊隐著:《北洋军阀统治时期史话》，三联书店 1957 年版，1978 年重印本。

李剑农著:《中国近百年政治史》，商务印书馆 1948 年版。

贾逸君编:《中华民国名人传》，北平文化学社 1933 年版。

《申报》、《国闻周报》等报刊。

钱 新 之

江绍贞

钱新之，名永铭，字新之，晚号北监老人。原籍浙江吴兴，1885年（清光绪十一年）出生在上海一个资产阶级家庭。他幼时入塾读“四书”“五经”，1897年进上海育才学堂（后改为南洋中学）。1902年入天津北洋大学学习财政经济学。1903年得官费赴日本留学，入神户高等商业学校，续习财经及银行学。1909年回国，参加清政府考察留学生的考试后，因父丧南归。次年，钱任教于南京高等商业学校。

辛亥革命后，钱新之一度在沪军都督府任职。1912年上海都督陈其美被唐绍仪内阁任为工商总长，钱新之由陈派往北京接收旧农工商部，任会计课长。未及一年辞职回到上海，受中国实业银行筹备机构之聘，赴东北考察金融实业。同时又为工商总长张謇起草过一些金融商业方面的章则条文，得到张的赏识。1916年4月，袁世凯为筹军饷作最后挣扎，提出合并中国、交通两银行，集中现金或发行不兑换券之议，致使两行发生挤兑风潮。5月11日，国务院竟下令停止兑现。这道命令，首先遭到上海的中国、交通两行抵制，钱参加支持宋汉章、张嘉璈等人的抗拒停兑活动。

1917年，钱新之参与蔡元培、张元济、黄炎培等人在上海发起成立的中华职业教育社。是年，交通银行上海分行恢复营业，钱经张謇的介绍任该行副经理。由于该行执行停兑令，已是元气大伤。钱新之采用近代资本主义国家银行的经营方法，推动与扩大了银行业务。1919年升任该行经理。1920年又任上海银行公会会长。

交通银行开办于1907年，兼有代理国库以及发行钞票等特权，后一直被交通系梁士诒等人所把持。1921年，张作霖支持梁士诒组阁，遭到吴佩孚和直系军阀的反对。1922年春爆发直奉战争，结果奉系失败，梁士诒罢交行总理职。这时，钱新之积极活动，抬出张謇任总理，钱则被张任为协理。张謇挂名而已，行务实由钱新之主持。钱新之在稳定钞票发行，改善放款制度，清理催讨政府机关欠款，以及整顿分支行处等方面实施改革，使交行扭亏为盈。1925年5月，梁士诒再得张作霖支持，复任交行总理，钱随张謇一道去职。次年，钱转任盐业、金城、中南、大陆四行储蓄会副主任及四行联合准备库主任。

1927年2月，钱新之受吴鼎昌之请，代表北方金融界至南昌见蒋介石。他和陈光甫联合借给蒋五十万元军饷，数额虽不算多，却帮助了蒋的年关急需。3月22日成立"上海商业联合会"的组织，钱新之作为北方金融资产阶级的代表参加，并担任常务委员。蒋介石到达上海后，与虞洽卿等人策划成立"江苏兼上海财政委员会"，钱被蒋任为该会委员。这两个所谓一官一民的机构，从上海银钱两业中为蒋介石垫借了政变经费。"四一二"政变后，钱又继续为蒋筹款。南京国民政府成立后，古应芬为部长，钱被任为财政部次长。时古应芬长期在粤，钱实代理部务。

国民政府为筹措大量的内战经费，以发行债券为其财政根本方针，钱新之为此积极出谋划策。当时，国民政府曾想废除北洋政府所发行之旧公债，钱力持不可，指出新公债之购主即旧债之持有人，不可废旧债而自隳其债信。这一主张得到蒋介石的认可，不仅维护了资产阶级的利益，也使国民政府所发行之江海关二五库券及续发二五库券近一亿元的巨债，得以在资产阶级特别是银行业中顺利推销。1928年，张静江出任浙江省政府主席，邀钱新之任省府委员兼财政厅长。是年10月，国民政府中央银行建立，钱被任为该行理事。11月，交通银行加入官股二百万元，改组为特许发展全国实业银行，钱任常务董事。

钱新之虽然在国民政府里得到一定的职位，但他的主要愿望还是在金融实业方面求得发展，因而于1929年辞掉政界职务，当上了中兴煤矿公司总经理。该矿当时因经过军阀混战，资金短缺，生产陷入停顿状态，工人生活极端困苦，共产党领导的工人运动比较活跃。钱新之出任总经理后，立即请求陈立夫派遣吴绍澍（原名雨声，1927年叛变共产党，改名绍澍）前往山东枣庄，在该矿大肆搜捕共产党人，镇压工人运动。钱新之还凭借他与银行界的关系，取得贷款五百万元，添置设备，使生产得以恢复。该矿原有运煤轮船，经过钱的筹划，建立了中兴轮船公司，资本一百五十万元，拥有轮船吨位二万八千余吨，由钱任董事长。

当时帮会头子杜月笙在上海法租界开设五大赌台，又大肆贩运毒品，得到巨额的赃款。钱新之为他筹划，于1929年创办了中汇银行。此后，杜在金融工商方面的活动，大多由钱谋划，钱也以杜为靠山。是年，钱当选中华职教社董事会主席，直到解放前止。但社务主要是由黄炎培等人主持。1930年，钱新之受国民政府委派为中法工商银行中方副董事长。当时曾有驻法国公使之任命，钱不愿脱离金融实业界而没有受任。

“九一八”事变后，史量才建立上海地方维持会（后改称上海地方协会），钱新之与杜月笙等人充任理事。1934年，会长史量才被国民党特务暗杀后，杜任会长，钱任副会长。1933年，钱新之与中国银行、浙江实业银行一起，收购杭州电厂，建立杭州电力公司。又投资太平洋保险公司和泰山保险公司等企业。

1935年，出现全国性金融危机。国民党政府乘机以救济金融工商为名，用发行金融公债的办法增加中国、交通两行官股，并改组人事，张嘉璈等人均遭排挤，钱仍被派任为这两行的常务董事。同年，他还参加赴日经济考察团，进行所谓“睦交”、“通商”的活动。

抗日战争爆发后，钱新之与杜月笙、潘公展、王晓籁等人遵国民政府之意，组“上海市各界抗敌后援会”。上海沦陷后，他随同杜月笙、王晓籁等人于11月27日离上海到香港。在港成立中国红十字会总办事处和赈济委员会第九区赈济事务所。

1938年,钱新之受国民政府聘任为国民参政员。是年8月,交通银行董事长胡笔江从香港乘飞机赴渝途中,遭日机袭击坠机身亡,钱遂接任交行董事长职。当时,钱新之打算以香港作为交行的中心,他将从上海撤出的资金和人员大半都集中到香港。不料1941年冬太平洋战争爆发,交行和钱个人在港的资财损失惨重。他只好审时度势,致力在西南、西北大后方添设分支行处,发展营业。

1942年3月,钱新之与杜月笙在重庆设立"中华实业信托公司",他担任常务董事。该公司得到戴笠在交通、检查等方面提供的方便,由华中各地抢购物资内运经销。是年7月,国民政府公布统一发行法,将钞票发行权统一集中于中央银行。这对当时握有发行权的交行是一大威胁。同时,钱得悉财政部长孔祥熙有打入交行兼任董事长之意。他为了对付孔的威胁,便企图依靠CC系的势力与孔抗衡,聘请了CC系的赵棣华任交行总经理。结果交行的发行权不仅没保住,反而从总行到分支行都侵入了CC系的势力。钱新之为对付CC系的威胁,一方面凭借他依靠政学系、宋系以及杜月笙的帮会势力的多角式的手段,一方面紧紧握住实权,因而他在交行的地位一直没有动摇。

1943年,杜月笙在重庆筹设"通济公司",钱新之代表交行投资,并担任常务董事。这个公司与日本特务机关在上海开设的"民华公司"对口,进行物资交换。抗战胜利前夕,他还用交行资金投资宋系官僚资本开设的孚中公司,担任董事长,但实权掌握在宋子良、宋子安兄弟手里。该公司在抗战胜利后,大量套购外汇,从美国输入汽车、无线电设备等禁运物资,牟取暴利。

1946年1月,政治协商会议在重庆召开,钱新之奉蒋介石之命,以"无党派人士"的身份出席。政协会后,他回到上海,一方面恢复沿江沿海及内陆各大都市的交行机构,同时在工商企业以及文化事业机构中大肆活动。钱新之先后担任了闸北水电公司、中国盐业公司、上海《新闻报》等许多企业事业机构的董事长。10月,蒋介石下令召开"国民大会",遭到中国共产党及各民主党派的强烈反对。钱新之不仅自己紧紧追随，当选为“国大”代表，而且多次诱劝黄炎培等人参加，遭到严拒。

由于蒋介石的大打内战，带来财政经济上的严重危机。1947 年 4 月建立起政学系的所谓两张财权（行政院长张群，中央银行总裁张嘉璈），用发行公债等办法筹措反共内战经费。钱新之被任为美金公债劝募委员会主任委员。始初，他想借江浙资产阶级的捧场，擅自代表金融界承销公债总数的四分之一，结果除部分较大的行庄购入少数外，中小行庄则强烈抵制。他的承诺不能实现，便采用种种强制手段，如强令四行二局的职员认购一个月薪金总额的债券，生产贷款搭配债券，甚至挨户摊派等等。但经过四个多月的卖力推销，也只售出总额的六分之一。

1948 年，钱新之与杜月笙一起筹组了规模较大的复兴航业公司。抗战初期，中国军队为阻挡日本军舰驶入长江，调集了不少民航船只自沉于江西境内马当山下的长江中。抗战胜利后，钱、杜等人出面向国民政府交涉，得到几万吨船只的补偿。又经过他们向美国借贷美金三千万元，购买美国剩余船只五万吨，组成了这个公司，由钱新之任董事长。是年 8 月四行储蓄会改组成立联合商业储蓄银行，钱任董事长。

当中国人民解放战争取得辽沈、淮海、平津三大战役的伟大胜利之时，杜月笙受美国的指使进行上海“国际化”的阴谋活动。为此，杜月笙曾组织“上海各界自救救国联合会”，并拼凑了一个所谓“行动委员会”，妄图以此迎接美国海军陆战队进驻上海，以实现其“国际化”的阴谋，钱新之参与了这一活动。但是，他们的阴谋还没有来得及实现，中国人民解放军解放了南京。钱新之于上海解放前夕，去了香港。

1950 年 3 月，钱新之与杜月笙将复兴航业公司由香港迁往台湾，改由官营。其后钱因病退休，迁到台湾定居，于 1958 年 6 月 19 日病故于台北。

主要参考资料

姚崧龄：《张公权与陈光甫、李馥荪、钱新之结识与彼此合作经过》

(台),《传记文学》第31卷第2期。

李兆涛:《钱新之外圆内方》,《艺文志》1978年第149期。

戚再玉编:《钱永铭》,《上海时人志》,上海展望出版社1947年版,第217页。

[美]包华德主编,沈自敏译:《钱永铭》,《民国名人传记辞典》(第4分册),《中华民国史资料丛稿》,中华书局1983年版。

钱 玄 同

娄献阁

钱玄同,原名夏,字中季,号德潜。浙江湖州归安(今吴兴)人,1887年9月12日(清光绪十三年七月二十五日)生。其父钱振常是位举人,曾任礼部主事,晚年任绍兴、扬州、苏州等地书院山长。

钱玄同六岁入塾,初读经、史、文学诸书。到1901年因得见刘逢禄《左氏春秋考证》一书,佩服刘氏之说,遂信公羊而疑左传。稍后,由于受梁启超主办的《新民丛报》等改良主义刊物的影响,政治上曾一度赞同过保皇派的主张。1903年冬,钱读了章太炎的《驳康有为论革命书》和邹容的《革命军》,1904年又读了章的《訄书》、刘师培的《攘书》以及其他传播革命思想的刊物,政治思想上发生变化,渐有排满反清意识,并毅然剪掉发辫,表示"义不帝清"①。当时他还与友人合办《湖州白话报》,不再用光绪年号,只书"甲辰"字样。

同年,钱玄同在梁启超《论中国学术思想之大势》一文中得知清初音韵学家刘继壮(字献廷)造新字的学说,引起了兴趣,于是便矢志作语言文字学的研究,改号"掇献",表示要"掇拾刘献廷之坠绪"②。

1906年其兄钱恂任留日学生监督,钱玄同随兄去日本,旋入早稻田大学学师范。其时章太炎在东京任《民报》主笔,钱曾往谒,并于翌年

① 钱玄同:《三十年来我对于满清的态度底变迁》,《语丝》第8期。

② 钱玄同:《以公历一六四八年岁在戊子为国语纪元议(与黎锦熙罗常培书)》,《国语周刊》第77期。

加入同盟会。1908年，章太炎在民报社开办国学讲习会，钱与鲁迅、龚宝铨等人一起听章太炎讲《说文》，“治声音训诂之学”①，钱受章太炎在古文经学上的某些影响，此外还颇留意于“章草”的研究。

1910年，钱玄同回国，先后在浙江嘉兴、海宁、湖州等中学任国文教员。翌年曾谒崔适，认崔为师，读崔的《史记探源》和康有为的《新学伪经考》等书，遂背章氏古文经学说而宗经今文学家言。后来新文化运动兴起，钱又打破“家法”对经今古文均持怀疑批判的态度。

辛亥革命后，钱玄同一度觉得推翻清朝的统治即是光复汉族，一切都应回复到中国古代的情形，并参照《礼记》、《书仪》、《家礼》等古籍，写了《深衣冠服说》。时沈钧儒任浙江军政府教育司长，聘钱为教育司科员、视学。1912年3月，他穿戴着深衣玄冠到司办公，意在提倡，但无人效法，且被传为笑料。

1913年，钱恂任袁世凯总统府顾问，钱玄同也随兄到了北京，担任国立北京高等师范学校附中国文教员。1916年起改任高师和北大教授，与鲁迅、周作人等人常相往还。

1917年，陈独秀、胡适发起文学革新，钱玄同很快表示赞成，积极加入了这一革新的行列。同年7月，他在《新青年》上发表了《论应用文亟宜改良》的信，除阐明改革应用文的理由外，还提出了改革大纲十三事。在此前后，钱写了不少文章、随感录和通信鼓吹白话文，主张言文一致，反对用典。提倡小说、新诗、新戏，建议采用阿拉伯数字，以公元纪年，改横排加西式标点符号等，并希望《新青年》及其撰稿人做除旧布新的示范，对“所有认做‘合理’的新法，说了就做得到的，总宜赶紧实行去做”②。

1918年，钱玄同作为《新青年》杂志的轮流编辑之一曾邀鲁迅投稿，鲁迅的小说《狂人日记》就是在钱的推动之下写作发表的。此外，钱

① 钱玄同:《章草考序》，《师大国学丛刊》第1卷第1期，第71页。

② 钱玄同通信，《新青年》第3卷第4号。

玄同还与刘半农合演双簧信，即先由他化名王敬轩致信《新青年》，从反面说出守旧派的各种谬论，然后再由刘从正面逐条进行驳斥，特别点名批判了守旧的林纾。林大骂钱等人“伤天害理”，并在其毁谤性小说《荆生》中，以金心异影射钱玄同，百般加以丑化；而鲁迅则热情称赞钱是“在寂寞里奔驰的猛士”①。

在新文化运动期间，钱的言行是颇激进的，甚至认为当时的中国没有一件事可以不改革。他多次批驳保存国粹和灵学等谬论，打倒“桐城谬种”、“选学妖孽”是他首先提出的，并称这两种文妖“为有害文学之毒菌，更烈于八股试帖及淫书秽画”②。钱更反对孔教，拥护捣毁孔家店的主张。1919 年 2 月，他在写给 SF 的信中说“共和与孔经是绝对不能并存的”，要人们“将自来的什么三纲、五伦、礼乐、刑政、历史、文学弃如土苴”③。不久，“五四”爱国运动爆发，钱先是站在前面热烈欢迎；但运动过后，他便逐渐退回书斋专搞语音文字等学问了。

早在 1917 年钱玄同就加入了国语研究会，成为国语运动初期的活动分子之一。1918 年首次在北大讲授音韵学，编有音韵学讲义，后以《文字学音篇》印行。他教授此课达二十年，对语音声韵颇有研究，但专著不多。同年钱曾参与审定《国音字典》，又与马裕藻、沈尹默等人创编国语课本，字旁加注音符号，供北京孔德学校小学一年级用。当时钱发表在《新青年》上的文章多是宣传国语的，尤重视注音符号问题，曾陆续写了《论注音字母》、《注音字母与现代国音》等文章，对注音符号的改进与推广提供了不少意见。

1919 年 4 月，北洋政府教育部国语统一筹备会成立，钱玄同任委员兼常驻干事。曾与刘半农等人提出“统一国语进行方法”案，主张改

---

① 鲁迅：《呐喊自序》，《鲁迅全集》第 1 卷，人民文学出版社 1981 年版，第 419 页。

② 钱玄同通信，《新青年》第 4 卷第 6 号。

③ 钱玄同通信，《新青年》第 6 卷第 2 号。

国文为国语和编纂辞典等，得该会第一次大会通过。1920年国语讲习所开课，他主讲国音沿革，并有《国音沿革六讲》一书排印。

钱玄同十分重视汉字改革，在新文化运动期间曾提倡世界语，希望废汉字用世界语来替代，说这是灭孔学与道教妖言，使中华民族成为20世纪文明民族的根本解决之道。但很快觉得这个理想太高不易达到，逐渐转向国语罗马字的研究。1922年，钱玄同经与黎锦熙等人商议，决定把他们准备推行的新文字叫做国语罗马字，并发刊“汉字改革号”①，以促进汉字改革运动的开展。为此，钱精心撰写了一篇题为《汉字革命!》的长文，系统论证了汉字改革的必要性和可能性，着重强调汉字革命必须“将汉字改用字母拼音”，不仅使用注音符号，而且应进一步“采用世界的字母——罗马字母式的字母”拼音②。他曾拟定两种国语罗马字拼音方案。

1923年，北京高等师范学校改名国立北京师范大学，钱玄同仍任教授，同时继续参加国语工作。这年召开的国语统一筹备会第五次大会，决定成立国语罗马字拼音研究委员会和增修国音字典委员会，他为该两会的成员之一。他又提出增修新式标点符号的意见书，建议增加隔号、音界号、略字号和连字号等符号。1925年，章士钊任段祺瑞政府司法总长兼教育总长后，又在小学恢复读经，并将《甲寅》杂志复刊，宣称不收白话文，复古逆流再次抬头。钱很有打“章老虎”的勇气，与黎锦熙一起在《京报》附设之《国语》周刊上对《甲寅》作战，反对古文，积极维护国语运动。

同年9月，刘半农由欧洲回国，发起语音学者团体“数人会”，钱玄同、黎锦熙、赵元任等人参加，经过一年时间，开会二十多次，合各家意见，排定了《国语罗马字拼音法式》草案，以国语统一筹备会名义于1926年11月公布。同时钱还努力从事增修国音字典工作，编成了十

---

① 《汉字改革号》即《国语月刊》1922年第7期，实际印行于1923年1月。

② 钱玄同:《汉字革命!》，《国语月刊》“汉字改革号”(第1卷第7期)，第19页。

二大册稿本。

1928年秋，钱玄同任北师大国文系主任，讲授"说文研究"、"经学史略"、"周至唐及清代学术思想概要"等课程。同年，国民党南京政府授权他与黎锦熙筹备成立国语研究机构，他们拟订了一个计划书，将编纂国语大辞典、设立国语专修学校、广印国语罗马字和汉字注音符号读物等均列入计划。不久教育部聘钱任国语统一筹备委员会委员兼常委，同时在北平设中国大辞典编纂处，钱为纂著部第一组国音大辞典股主任。

1929年，国语统一筹备委员会第二次常委会决定由钱玄同主持编纂《国音常用字汇》，到1932年编成出版，经教育部公布定为发音标准。该字汇共收一万二千余字，编选精当，卷首的长篇例言是钱精心撰写的切实之作。1933年大辞典的纂著开始，钱与黎锦熙分任总编纂，黎主字义和词类，钱主字形和字音。同年，他还写成《说文部首今读表》、《说文音符今读表》各两卷。

1934年，著名的语音学家刘半农、白涤洲先后病故，钱玄同很悲痛，在纪念文章里写了"人生若朝露，为学贵及时；逝者长已矣，生者当力追"①的俚语来自勉。当时钱玄同的身体已很虚弱，仍担负师大及北大的授课任务，又撰《古韵二十八部音读之假定》，还准备编写《简体字谱》一书。在他看来，简体字有益于国语前途者甚多，此虽是治标的办法，然而却是"目前最切要的办法"②。同年他提出《搜采固有而较适用的"简体字"》案，经国语统一筹委会通过并把编制简体字表的任务委托给他。1935年钱因病休假，但仍抱病赶编。第一批编了两千三百余字，最后教育部长仅圈定三百二十四字公布，还遭到当政的某些要人反对，竟下令暂缓推行。

---

① 钱玄同：《哀青年同志白涤洲先生》，《国语周刊》第160期。

② 钱玄同：《减省现行汉字的笔画案》，《国语月刊》"汉字改革号"第1卷第7期，第160页。

同年国语统一筹委会裁撤,另成立国语推行委员会,由十三人组成,钱玄同仍是委员兼常委,但已没有固定经费,很快因时局关系便偃旗息鼓了。

除语音学外,钱玄同还注意搜集古今有关辨伪的著作。按照他的意见,所有古籍都只是可供参考的史料,“要研究它们,总以辨伪为第一步”①。不仅辨伪书,更要辨伪事。从 1921 年起他就与顾颉刚等人通信讨论书史之真伪,取号“疑古”,既反对泥古,又反对蔑古,成为古史辨派的代表人物之一。钱不仅疑子集诸书,而且疑“群经”,1931 年发表的《重论经今古文学问题》一文,是他在经学方面的得意之作,曾被译成日文。

随着学术成就和名位的提高,钱玄同的思想逐渐趋向保守,曾受到他的老朋友鲁迅的讽劝与批评。但是当日本侵略者入侵中国时,他的爱国情绪又从书斋中萌动起来。从 1931 年“九一八”事变之后,他即断绝与日人往来。1933 年日军进一步侵占榆关、承德,更使他感到痛苦。1936 年面对国难极端深重的局势,钱和北平各大学教授共同发表宣言,反对国民党政府与日本签订“塘沽”、“何梅”等屈辱协定,并提出中日外交公开以及不承认日本在华北的特殊地位及取消一切伪组织等项要求。

1937 年卢沟桥事变后北平沦陷,师大迁往西安,钱玄同因病留平。他在病中完成了编校《刘申叔先生遗书》的工作。钱是个知名人士,不能不为日寇所注意,有的朋友曾劝他及早离开北平,但终为病体所不许。钱曾多次表示决不任伪职,决不当汉奸。1938 年,他复名钱夏,“夏”即非“夷”,意即不做日伪的顺民。他长期患有高血压症,至 1939 年 1 月 17 日因脑溢血去世。

---

① 钱玄同:《论今古文经学及辨伪丛书书》,顾颉刚编著《古史辨》第 1 册,上海古籍出版社 1982 年影印版,第 29 页。

钱 锺 书

李红岩

钱锺书(1910.11.21—1998.12.19),字默存,号槐聚,笔名中书君。江苏无锡人。著名学者、作家。

父钱基博(1887—1957),字子泉,号潜庐;又字哑泉,号老泉。著名国学家。著有《现代中国文学史》、《中国文学史》、《近百年湖南学风》等著作。

钱锺书早年在无锡、苏州读小学、中学。1929 年 9 月考入清华大学外文系,1933 年 6 月毕业。就读期间,与新派学人罗家伦、叶公超、温源宁、张申府、吴宓以及陈衍等老派学人交往,在《清华周刊》、《新月》、《大公报》等报刊发表诗文,学术才华开始受到学术界关注。

1933 年 9 月至 1935 年 6 月,钱锺书在上海任私立光华大学外文系讲师,兼任国文系教员,讲授诗学、英文学等课程。其间,曾兼任英文《中国评论周报》(*The China Critic Weekly*)编辑,在英文《天下月刊》(*The Tien Hsia Monthly*)等刊物发表论文。1935 年夏,与大学同学杨季康(绛)结婚。

同年秋,钱锺书考取英国庚子赔款资助公费留学,赴英国牛津大学艾塞特学院(Exeter College)留学,主修英国文学。其间曾担任《牛津大学东方哲学宗教丛书》特邀编辑。以毕业论文《十七、十八世纪英国文学里的中国》获牛津文学士(B. Litt)学位。1937 年秋,钱锺书赴法国巴黎大学进修,1938 年夏,回国。

回国后,于 1938 年 10 月至 1939 年 7 月在昆明西南联合大学外文系任教授，讲授“欧洲文艺复兴”、“当代文学”、大一大二英文等课程。1939年10月，自上海赴湖南安化县蓝田镇（涟源）任国立师范学院英语系教授，兼系主任，至1941年7月而止。其后，回上海。抗战胜利前，在震旦女子文理学院任教。抗战胜利后，于1946年6月任国立中央图书馆总纂，兼任英文馆刊《书林季刊》（*Philobiblon*）主编。9月，任国立暨南大学外文系教授，主讲“欧美名著选读”、“文学批评”等课程。在上海期间，钱锺书与国内学术界、文艺界建立了广泛的联系，确立了坚实的学术地位。

1949年夏，钱锺书迁居北京，任清华大学外文系教授。曾任中共中央宣传部《毛泽东选集》英文编译委员会委员、《毛泽东诗词》英译定稿小组成员。1953年，转至北京大学文学研究所任职。1956年，该所划归“中国科学院哲学社会科学部”（简称“学部”）。“文革”中，钱锺书曾下放“五七干校”劳动，开始撰写《管锥编》一书。1977年，学部独立并扩大成为中国社会科学院，钱锺书任该院文学研究所古典文学室研究员。1982年，任中国社会科学院副院长。曾为第七、第八届全国政协常委。

学术代表著作《管锥编》（英文名：*Limited Views：Essays On Ideas and Letters*《有限的观察：关于观念与文学的随笔》），中华书局（北京）1979年8月第一版，全四册，一千零八十九千字，这是该书最初的版本。1982年9月，中华书局又出版《管锥编增订》一册，八万四千字。1986年6月，中华书局出版该书第二版，其中1994年12月推出的第四次印刷本，将《管锥编增订》、《管锥编增订之二》、《管锥编增订之三》合为第五册。该五册本是《管锥编》的定本，共一千三百六十千字。

全书由笺注古籍的形式构成，由古籍中的某段话语发凡引绪，铺展开来，形成既相对独立成章又相互映照、长短不一的文字内容。起发凡引绪作用的古籍共十种，由之形成的文字内容共七百八十一则，计：《周易正义》二十七则，《毛诗正义》六十则，《左传正义》六十七则，《史记会注考证》五十八则，《老子王弼注》十九则，《列子张湛注》九则，《焦氏易林》三十一则,《楚辞洪兴祖补注》十八则,《太平广记》二百一十五则,《全上古三代秦汉三国六朝文》二百七十七则。

该著作是一部具有丰厚文化价值的学术经典性著作,在国内外获得高度评价。全书用文言写成,运用了多种西方语言,引用中外典籍数千种,贯通文、史、哲等多种人文学科,反映了作者贯通中西的渊博学识以及深邃的思辨力和超群的写作才华。

该书是一部以文学为核心的观念史著作。从“文学中心论”的立场出发,是该书最重要的特点。这一立场,是对学术史中以史学为中心的立场的扬弃,也是对近代以来实证主义、科学主义学术立场的修正,表现出强烈的人文化、文学化乃至诗化的特性。

在文学观念统领下,该书在具体研究层面又采用了实证性的方法,表现出庞杂而综合的特点。全书所采取的笺注古籍的著述形式,吸取了我国传统的治学方法和撰述义例。在材料选择上,遵循尽量完备的原则。但是,作者的目的并不在古籍之疏解,而在人性观念之抉发。书中的思想探讨过程,没有采取逻辑演绎、构造体系的形式,而是通过实证性的资料搜集和梳理,将古今中外、异时异地的具有统一性的心理观念资料排列比勘,相互映照,以求贯通,从而达到思想研究的目的。

钱锺书的历史观是一元史观。他认为:“东海西海,心理攸同;南学北学,道术未裂。”因而他的写作目的是通过具体而微的阅读体验,繁复而庞杂的文献梳理,将人类的“基本根性”揭示出来。他站在一元的世界统一性的立场,将一元的统一性归结于人类的心灵,但又强调“心同理同,正缘物同理同”,“思辨之当然,出于事物之必然”,因而最终体现出唯物主义的立场。

由一元史观出发,《管锥编》表现出对世界的丰富性与复杂性的强烈关注。全书具有辩证的性质,既不放过任何一个细节,又时刻通过细节去映现世界的统一性。书中采用“理一分殊”的方法,通过大量事例,揭示了一般与差别、规律性与特殊性的辩证关系,“推一本以贯万殊,明异流之出同源,高瞩遍包”。不但不因“一元”的原则而削弱对特殊性、偶然性、具体性、多样性的重视，而是在文献的大量征引中予以强化。同时，书中对只看重“规律”、“模式”或“韵节”而忽略“个人”、“偶然性”及“差别”的思想进行了抨击。

全书鲜明地反映了辩证思维的特点。书中不仅娴熟运用辩证法，以辩证的眼光观察、论断研究对象，而且在辩证的思维中全面继承发展了我国学术以学术考辨方式进行思想论述的传统，具体而微地揭示出儒家“中庸”学说的辩证内涵，指出“执其两端用其中，亦儒家于辩证之发凡立则”。

全书所运用的基本方法是“打通”，即在古今中西的文献间建立关联。“打通”的基础在于不同文献间具有内在统一性。书中将这些具有内在统一性的文献进行现象学的处理，即在相互映现中表现共同性，使共同性显现出来，从而达到创造性阐释的效果。在中西文献的对比中，全书融通历史与现实，模糊学科门类间的界限，用现实的眼光作阐释性的对话，“使小说、诗歌、戏剧与哲学、历史、社会学等为一家”。在叙述中，全书将现代阐释学的方法与文学创作的手法相互结合，体现出“于旧解别出新意”、“以解颐为解诂”的特点，提供了大量讽语、谐语和警句，充满诙谐和机趣。

《管锥编》内容非常丰富，带有人文百科全书的特征。但是，贯穿全书的主题，是诗化观念，亦即用艺术化的眼光阐释各类文献，观察各类事物。作者认为，文士和诗人往往在见解上高于学者乃至哲人，并经常成为后者的先声。书中多次强调“哲人欲探析意蕴，而实未能远愈词人之舞文弄笔”，“诗人感觉虽及而学士知虑未至，故文词早道‘首’，而义理只言‘心’”，“文士慧悟愈于学士穷研”。全书以艺术化的眼光考察中外史学，以条举例证的方式，细致入微地阐释了历史学的科学性与艺术性的关系，提出了一种诗化的史学见解。

钱锺书认为，艺术作品具有观察人情与人心的史料功能，但受艺术属性限制，基本不具备考信具体历史事实的功能。所以，书中反对无原则地“以诗证史”。同时，又主张“史蕴诗心”，即认为历史著作常常采用艺术的手法，在局部上成为艺术作品。由此出发，书中对实证主义进行了抨击，认为“不宜苛责词赋之有背史实，不宜轻信词赋之可补史实”。甚至艺术属性较淡的诸子书，其中所道，也常常“实有其人而未必实有此事，自同摩空作赋，非资凿空考史”，故“据此以订史，是为捕风影，据史以订此，是为杀风景”。作者既反对用考据而非审美的眼光看待艺术作品，也反对用自然科学的眼光看待历史著作。此类相关言论，在书中是大量的。

书中还考察了中西历史中哲学(含伦理道德和人生哲学)、宗教、政治、军事、科技、语言等方面的诸多问题，尤其是对中西文学史和艺术史上许多具有普遍性的议题进行了考察，涉及创作、文体、鉴赏、批评、修辞等方面，也包含许多考据性的内容。

《管锥编》是20世纪我国具有里程碑意义的人文经典之一。它是西学东渐以及中西文化全面汇通以来文化发展的产物，既具有鲜明的民族特色，也体现了全球化的特点。该书所具有的多方面的学术思想价值，正日益得到国际学术界的阐释、认可和应用。目前，国际上有诸多人文学者专门研读该书，并出版了一批专业性的书籍。

钱锺书的另一学术著作《谈艺录》是《管锥编》的姊妹篇。该书最早由上海开明书店于1948年6月出版。1984年，中华书局出版该书补订本，共四百三十千字。由于《管锥编》的标目截止于隋朝，而《谈艺录》的论述对象以唐至清朝为主，故该书客观上与《管锥编》构成一个完整系统。全书以诗话为主，内容虽不如《管锥编》丰富，但基本风格与基本理念相同，而文气较《管锥编》更为锐利。特别是书中所贯穿的“文本自足”的文学本体观以及由此而衍生的学术观，在《管锥编》中得到了更加切实的验证。

钱锺书在文学创作上的代表著作是长篇小说《围城》。该书最早于1946年2月至1947年1月在郑振铎、李健吾主持的大型文艺刊物《文艺复兴》上连载。1947年6月，收入赵家璧主编由上海晨光出版公司出版的《晨光文学丛书》。这是《围城》最早的单行版本，至1948年再版,1949 年 3 月发行三版。该书受到中外文学史家广泛好评。

另有散文集《写在人生边上》,1941 年 12 月上海开明书店出版;短篇小说集《人·兽·鬼》,1946 年 5 月上海开明书店出版,收录《上帝的梦》、《猫》、《灵感》、《纪念》四部短篇;选本《宋诗选注》,人民文学出版社 1958 年 9 月第一版;文集《七缀集》,上海古籍出版社 1985 年 12 月第一版;诗集《槐聚诗存》,(北京)三联书店 1995 年 3 月第一版;手稿缩印影本《钱锺书手稿集》,(北京)商务印书馆 2003 年 7 月第一版。另有少量零散著作。

主要参考资料

李洪岩著:《钱锺书与近代学人》,百花文艺出版社 2007 年 1 月第 1 版。

[德]莫芝宜佳著,马树德译:《管锥编与杜甫新解》,河北教育出版社 1997 年 11 月第 1 版。

张文江著:《管锥编读解》,上海古籍出版社 2005 年 10 月第 1 版。

秦 德 纯

沈庆生

秦德纯，字绍文，山东沂水人，生于1893年12月11日（清光绪十九年十一月初四）。十三岁就读于沂水高等小学。1908年考入济南陆军小学第三期，1911年夏毕业。次年入陆军第一预备学校，1914年毕业。后入保定军校第二期步科，1916年夏毕业，到驻在济南的陆军第五师见习，不久在该师补充二旅任上尉团附。1918年经人介绍到皖系参战军第一师任上尉参谋。1920年皖系垮台，秦由北洋政府的陆军部派遣入北京陆军大学第六期学习。1922年冬毕业后，经人介绍到河南归德镇守使王为蔚处任上校参谋长，王属直系。1924年10月，直系首领吴佩孚于第二次直奉战中失败后，辗转退据河南，调王为蔚为二十四师师长，秦德纯任该师参谋长兼骑兵团团长。12月，国民军二军岳维峻部攻入河南，吴佩孚逃走，王部二十四师被岳收编，改为国民军二军第五师，王为蔚任师长，秦德纯任参谋长，仍驻防豫东一带。

1925年11月中旬，岳维峻派兵两路进攻山东奉系张宗昌，一路由其将领李纪才部由归德向鲁西进攻，一路由其收编的王为蔚、田维勤、陈文钊等旧直系部队由徐州进攻鲁南。秦德纯随王为蔚进军至泰安。

10月间，浙江孙传芳发动反奉战争，吴佩孚先是乘机在武汉就任“十四省讨贼联军总司令”。11月，当岳军进至泰安时，吴派其豫东讨贼军第一路司令靳云鹗到豫东，以协助岳维峻指挥直系旧部会攻山东为名；俟靳到徐州，经其联络，王为蔚、田维勤、陈文钊相率脱离国民军二军，仍回直系。王为蔚部又恢复了二十四师番号，秦任该师四十七旅旅长。时直奉联合对付国民军之势已成，靳反而与张宗昌联合，率王、田、陈三部于1926年1月突然转攻李纪才部并回军河南，驱逐岳维峻。秦德纯随王为蔚等人于1926年3月进占郑州。4月，吴佩孚令二十四师北上，与奉军会攻南口国民军。秦旅驻防琉璃河。5月，吴至保定督师，升秦为二十四师师长。

10月，广东北伐军占领武汉后，吴令二十四师回防郑州。11月，秦调任二十七师师长。1927年1月，奉系头目张作霖趁吴佩孚新败之后，派张学良率大军南下，声称愿帮助吴收复武汉，要求进军河南。但秦认定奉军的要求是“假虞灭虢”，真正目的在一举而占有河南，吞并直军，所以他力劝靳云鹗坚决拒奉。靳转与吴佩孚商议，吴同意拒奉，并将直军全部交靳指挥。3月，靳在信阳就任河南保卫军总司令，准备与奉军作战。靳将直军各部拼凑为十几个军，任秦德纯为第四军军长。这时，张学良派人秘密与秦联系，劝秦投奉，在几经磋商后，秦表示：一旦奉军渡河南下，愿率部撤离郑州，撤往京汉路以西，不与奉军作战，俟奉军全部占据河南后，再“有以报命”。张学良对秦的这一表示，认为“这人不简单”，意在“坐观成败，看风驶船”。3月底，奉军打败靳军，占领郑州后南下，时秦部在漯河，他果然对奉军只略事抵抗，即撤至遂平、西平一带。

同年6月，冯玉祥率领其国民革命军第二集团军打败奉军，占据河南，时秦部无所归属，乃托人与冯玉祥联系，由冯收编为二十三军，秦被任命为国民革命军第二集团军第二方面军副总指挥兼二十三军军长。不久，秦和冯治安对调，任十四军军长，旋调为第二集团军总司令部副总参谋长。1928年6月，冯系将领石敬亭、孙良诚先后掌握了山东省政府，秦任省政府委员。

1929年春，国民党新军阀之间矛盾激化。到10月，宋哲元奉冯玉祥令率西北军出潼关反蒋，秦德纯任国民军副总参谋长，随宋哲元对蒋军作战，11月失败，退回陕西。次年4月，冯、阎联合反蒋，冯玉祥在潼关就任“中华民国陆海空军”副总司令，组织第二方面军，以鹿钟麟为前敌总司令，秦德纯任参谋长。10月，冯、阎失败，退入山西的西北军张自忠、赵登禹等残部归张学良改编为二十九军。时孙良诚与宋哲元争着统带二十九军，后宋哲元依赖肖振瀛、秦德纯活动之力，遂让张学良同意委任宋为军长，同时秦被任命为二十九军总参议，肖任军法处长。从此秦、肖两人为宋出谋划策，成为宋的“智囊”。“九一八”事变后，当张学良处境困难时，秦示意宋向张学良表示拥戴到底，因此1932年秋，张以宋哲元出任察哈尔省政府主席，秦任省府委员兼民政厅长。1933年春长城之战，中国军队与日军激战于喜峰口，大捷，秦任第三军团副总指挥，因功获青天白日勋章。同年3月热河失守后，张学良终于被迫下野，蒋介石将北平绥靖主任公署改为军事委员会北平分会，由亲日派何应钦、黄郛主持，秦德纯兼任军分会委员。1935年6月初，发生所谓“张北事件”，日寇乘机要挟，国民政府指派秦德纯同日军代表土肥原谈判，于6月25日订立了屈辱投降的所谓“秦土协定”。“协定”订立后，秦恐受到舆论责骂，向外界透露说“这是何应钦同意的，应该叫‘何土协定’”。在这一事件发生期间，何应钦恐事态扩大，密报蒋介石，蒋将宋哲元察省主席职务解除，而以秦德纯代察哈尔省政府主席，并准备将二十九军南调。宋被免职后，甚不满，秦遂未就察省主席职。

同年7月何应钦订立了“何梅协定”后，借口回南京“述职”，一去不返。政客肖振瀛利用平津空虚的形势，乘机活动，为宋哲元及其二十九军谋取冀察地盘。时日本土肥原等人正暗中策动“华北自治”，肖振瀛向日方说明，宋哲元愿率二十九军与日本“亲善合作”。他借日军驻华北势力要挟南京政府，公开提出“拥宋驱黄(郛)”，二十九军不能调走。秦对肖的这一活动，出谋划策，积极支持，肖在前台，秦居幕后，通力合作。南京政府为安抚宋哲元，先后任宋为平津卫戍司令、冀察绥靖公署主任。11月，土肥原及日本华北驻屯军谋促宋哲元进一步成立“华北防共自治政府”，图谋中国愈急。秦为宋策划，主张取得华北政权，须“名正言顺”，“避免戴上汉奸头衔”，最好办法是逼使何应钦荐宋以自代。因为当时北平军分会虽已形同虚设，但何尚担任委员长名义。秦以军分会委员名义电何应钦，故意促其“北来主持大计”。蒋介石被迫派何应钦等人于月底北上处理华北问题。何在秦、肖鼓动及日军威胁下，报请蒋介石核准，于12月初宣布成立了半傀儡式的“冀察政务委员会”，以宋哲元为委员长，秦德纯为常务委员兼北平市长，肖振瀛为常务委员兼天津市长。当时北平学生为反对冀察政权特殊化和蒋介石的投降政策，掀起了有名的“一二九”和“一二一六”爱国运动，秦德纯对示威群众采取了驱散、逮捕等镇压措施。

冀察政务委员会成立后，在对日本勾搭事项上，多由肖振瀛出面；对与南京政府的联系上，多由秦德纯负责，秦与肖互为表里。西安事变后，1937年春，宋哲元派秦密赴南京，摸蒋介石今后对日政策的底。秦向蒋表示，愿照蒋的意旨，“应付华北危局”，蒋当面嘉奖了秦，并嘱秦与宋“忍辱负重”，秦因知蒋介石对日政策未变。因此秦于返平后，直到“七七”事变前，对日军的陆续向华北增兵，无所戒备，幻想冀察局面仍可苟安一时。等到卢沟桥炮声响起，秦看到全国人民和二十九军士兵的抗日情绪高涨，虽有主战表示，但实际仍摇摆不定。到7月26日宋哲元发出自卫守土通电，任秦为北平城防总指挥，秦才做防守部署。在平郊只抵抗了一天，到28日，宋哲元即委张自忠自代，偕秦德纯退往保定。宋哲元深怕蒋介石把放弃平津的罪责加在他一人身上，派秦德纯到南京见蒋，经秦活动，蒋介石不但未予“追究”，反将二十九军扩编为第一集团军，任宋哲元为总司令，秦为总参议。

1938年3月，第一集团军番号被蒋介石撤销，秦调任国民政府军事委员会点检委员会副主任委员。1940年，任军事委员会战区军风纪第五巡察团主任委员。不久，又改任军法执行总监部副总监。1944年，任兵役部政务次长。当时，国统区走私之风盛行，秦派他的兵役部上校部附张任之往来香港等地，秘密贩卖药品及日用百货，并与肖振瀛合伙大搞走私活动，牟取暴利。1945年秦调任军令部次长。1946年改任国防部次长。同年5月前往日本东京，作为中国方面的证人，参加对日本侵华战犯军事审判庭的审判。

解放战争开始后，全国青年学生不断掀起反蒋浪潮。1948年，北平爆发了反迫害、反饥饿的“七五”运动，蒋介石派秦德纯于8月上旬往北平以“调查”为名，策动对进步青年的镇压。从8月22日起，北平、天津两地军警逮捕了大批学生。

是年12月，济南已解放，蒋介石令秦德纯出任山东省政府主席兼青岛市长。1949年2月，秦先在上海圆明园路设立山东省政府临时办公处，3月中旬，到青岛就职。到任仅八天，南京解放，秦飞往广州，复任国防部次长。8月，前往台湾，1950年任“总统府”战略顾问。1963年9月病死于台北。有《秦德纯回忆录》一册。

主要参考资料

李泰棻:《国民军史稿》,1930年10月版。

高兴亚:《国民军革命史》,1930年初稿。

《正风半月刊》第3卷第8期(1936年)。

文公直:《最近三十年中国军事史》,上海太平洋书店1930年版。

宋哲元口述,兆庚记录:《西北军志略》,《近代史资料》1963年第4期(总第33号)。

秦寄云、赵钟璞:《秦德纯的一生》,中国人民政治协商会议全国委员会文史资料研究委员会编《文史资料选辑》第52辑,中华书局1965年版。

秦 润 卿

陆书臣　吾新民　程庸畴

秦润卿，名祖泽，字润卿，以字行，浙江慈溪人，1877 年 9 月 27 日（清光绪三年八月二十一日）生。父亲秦九龄在上海一家洋行当门房，收入菲薄。秦润卿少时入塾，十五岁时因家贫辍学，由表叔林韶斋带到上海，进协源钱庄当学徒。秦办事勤恳，颇得店东程觐岳的赏识。满师后，先任信房（文书），后为外场①。后来协源钱庄先后改名为协大、延源、豫源。秦在担任豫源外场时，放款很有魄力，同业中有人想聘请他到别的钱庄任职，程觐岳知道后就叮嘱经理罗樾卿说："润卿是个人才，一定要留住他。"秦遂于 1909 年被破格擢升为副理，1917 年又被提升为经理。1919 年 5 月豫源改名福源钱庄，秦仍任经理。

秦润卿常讲："乐群以敬业为先，博利以止贪为要。"②业务经营必须采取稳健方针。当时各钱庄因资金不足，大多做"缺单"，而福源则坚持做"多单"③，历年存放同业的款项均超过同业存入款项，从不向洋商银行拆款。福源钱庄放款也逐步从以信用为主转为以抵押为主，据统计，自 1925 年至 1935 年抵押放款常占 70%以上。它的投资以房地产

---

① 钱庄职员有内场、外场、信房、库房等职务。联络客户、经管放款的称外场，俗称跑街。

② 上海钱业公会"劝告同业稳健经营"函，载《银行周报》第 9 卷第 25 期，第 37 页。据原福源钱庄职员称，该函虽由公会出面，实出秦意，能代表秦的一贯经营思想。

③ 钱庄依靠同业借入款经营投放的，称"缺单"；反之，经常有余款存放同业的钱庄称"多单"。

与公债为主，不搞金钞、股票投机。此外，秦润卿还规定钱庄股东和负责人不得向本企业借款。由于经营稳健，福源钱庄业务日益发展。1933年福源在宁波路70号自建营业大楼①后，业务更加发达，年底存款从三百三十八万两骤增至五百三十四万两，跃为同业前列。

福源、福康、顺康钱庄的店东程觐岳于1923年去世前，召集程氏子弟及三庄负责人嘱咐，将店事家事全部托付与秦润卿，并叮嘱程氏子弟今后不得干预店务。从此，秦除继续担任福源经理外，并兼任福康和顺康钱庄督理，三店大事均听命于秦。几年之间福源、福康、顺康三庄业务不断发展，资力日益雄厚，秦亦逐步成为上海钱庄业的头面人物。

1917年上海钱业公会成立之时，秦润卿即被选举为副会长。1920年1月会长朱五楼去世，秦被公推为会长。此后历次连任，直到1935年11月，前后主持上海钱业公会近二十年，历经上海钱庄业盛极而衰的大部分过程。秦自担任钱业公会会长起，大力整顿会务，制定公会章程，修订钱业业规，热心指导同业经营。第一次世界大战期间，列强无暇东顾，上海钱庄获得发展，到1920年底从四十家增加到七十一家。战后，列强势力卷土重来，我国经济动荡不定。秦通过钱业公会，一再劝告同业稳健经营，审慎放款。1921年上海发生"信交风潮"②，由于钱业公会事先采取防杜措施，劝告会员钱庄不去交易所投机，并督促同业慎重签发银票，所以在信托公司和交易所纷纷倒闭时，钱业没有受到重大损失。钱业公会初成立时会址十分狭小，秦设法筹款建造四层新屋一所，于1922年落成。1921年2月创办《钱业月报》，除报道钱业动态、金融商情外，改变过去钱庄股东资本向外保密的习惯，公布会员钱庄的股东、经理、副理姓名和资本金额，以昭信誉。此外，秦还创办修能

① 钱庄营业用房屋素不讲究，大多设在一般里弄中。福源钱庄自建沿街营业大楼，在上海钱庄中属于首举。

② 1920年，西方信托公司和交易所事业传入我国，信托公司和交易所纷纷设立，各项投机活动盛行，后因投机失败，又纷纷倒闭，造成市场混乱，称为"信交风潮"。

学社、钱业中小学以培养钱业职工子弟①。秦的社会地位日益提高，除担任钱业公会会长外，还担任上海总商会副会长、工部局华董、宁波旅沪同乡会副会长，以及华人纳税会、四明公所、华洋义赈会董事或理事等职。

1927年3月，北伐军攻占南京，蒋介石为了筹措军费，派财政委员陈其采来沪与上海金融业协商借款。经反复商谈，上海银钱业同意借款三百万元，其中银行业二百万元，钱庄业一百万元，上海银钱业还委派陈其采、虞洽卿等十五人组成江苏兼上海财政委员会主持其事，秦润卿作为钱庄业代表亦列名其中。此项借款后由国民政府发行“二五库券”抵偿。此后国民政府为了筹措军费，曾不断发行各种公债，1927年至1935年间，上海钱庄业先后承购各种债券或承借垫款达二千九百余万元，秦作为钱庄业领袖，总是以各钱庄生存为立足点。每次金融风潮来临，他辛勤奔波，与政府当局折冲，来平息钱庄业的危机。此时，秦除继续担任钱业公会会长和总商会副会长外，还先后担任中央银行监事、交通银行上海分行经理、上海市银行董事、中国垦业银行董事长和天一保险公司董事长等职。

中国币制原以银两为本位，后来外国银元输入，本国又先后铸造银元，形成银两和银元并用的局面。1932年国民政府财政部提出“废两改元”，钱业公会曾提出异议，发表《为废两改元问题告国人书》，秦润卿并发表谈话要求延期实行，均无效，终在1933年3月实施，钱庄业因取消洋拆，失去了银洋兑换的收入。1935年国民政府财政部又先后宣布废除银本位，实行“法币政策”。自此，钱庄对本国银行的优越地位完全丧失，在经济普遍萧条的情况下，钱庄本身业务经营和管理制度上的保守性更加不能适应形势。1935年金融风潮中，上海各钱庄资金周转普

---

① 修能学社开办时间较短，学生不多。钱业中小学开办时间较长，解放时学生达一千七百余人，1950年由上海市教育局接办，后改名为“新中中学”与“塘沽路第二小学”。

遍困难，全市六十五家钱庄中有十家歇业倒闭。钱业公会一再集议，公推秦润卿去见财政部长孔祥熙，要求政府救济。秦代表钱庄界向孔祥熙力争，经一再磋商，决定由财政部发行金融公债二千五百万元，由各大银行承垫，对钱庄发放抵押放款，才使钱业渡过这一难关。财政部为此指派徐堪、杜月笙、王晓籁、顾贻榖、秦润卿为委员，组成钱业监理委员会，负责办理此项贷款，并责令借款钱庄缴验押品证件，缴呈资产负债表，对钱庄业务进行监督。

秦润卿主持上海钱业公会期间，对于国内发生的群众爱国运动，是同情与支持的。在1919年的五四运动中，他领导上海各钱庄，自6月4日起停市至11日。1925年五卅运动爆发，各钱庄自6月3日起停市至26日，与各界人民共同表示对侵略者暴行的抗议。1931年“九一八”事变后，秦领导上海各钱庄一致与日本厂商绝交，并摒除与经销日货商行的经济往来。

1937年抗日战争爆发，不久上海沦陷，租界沦为“孤岛”。秦润卿不愿事敌，辞去各种社会职务，另觅秘密住处，深居简出，蓄须明志，除担任福源、福康、顺康钱庄督理外，不再参与社会活动。但事实上他仍是上海钱庄业首领人物，同业间遇有大事必与他商量。抗日战争胜利后，1947年10月全国钱商业同业公会联合会成立，秦仍被推选为理事长。

秦润卿虽然身为上海钱庄业领袖，但个人生活不尚奢华，平日在钱庄里和职工一起吃饭。他自己不做生意，在钱庄里不多宕账①。秦一贯热心社会公益事业，所得各项董监酬劳，颇多捐赠社会福利事业。除在上海创办钱业中小学等事业外，并在故乡慈溪创办了许多公益事业，

① 钱庄职工平时工资较低，有急需时可以宕账，不计利息，于年终分红时扣还。钱庄高级人员往往利用职权，大量宕账，投机囤积，图谋私利。

如普迪小学①、慈溪中学、云华堂(养老院和育婴堂)和保黎医院等。此外,还在慈溪故居宅旁营建“抹云楼”,收集各种藏书四万册,解放后连同房屋、设备悉数捐献给国家,受到当地人民政府嘉奖。

中华人民共和国成立以后,秦润卿历任上海市各届政协委员。年事已高的秦润卿喜见国家欣欣向荣,对私营金融业联营联管积极支持。1952年私营金融业全行业改造,秦所领导的福源、福康、顺康三家钱庄,以及秦担任董事长的中国垦业银行和鸿祥钱庄,都顺利地参加公私合营。统一的公私合营银行成立,秦被推选为副董事长,时虽已年逾七旬,仍每日坚持到银行办公。

1966年7月5日,秦润卿因病在沪去世。

主要参考资料

采泉:《金融巨子秦润卿的一生》,孙善根、邹晓昇编《秦润卿史料集》,天津古籍出版社2009年版。

马积祚:《领导上海钱庄业五十年之秦润卿》,《秦润卿史料集》。

秦祖泽:《抹云楼家言》,《秦润卿史料集》。

秦省如:《秦公润卿年表》,《秦润卿史料集》。

俞佐庭:《慈溪秦润卿先生七十祝辞》,《秦润卿史料集》。

中国人民银行上海市分行编:《上海钱庄史料》,上海人民出版社1960年版。

① 普迪小学有一小与二小两所,均吸收贫苦儿童入学,免收学费,还赠送书籍和笔墨纸张。

覃　　振

万江红

覃振，原名道让，字理鸣，1885年（清光绪十一年）出生于湖南桃源县大田村一个书香门第家庭。覃幼年就读于私塾，聪颖早慧，“十四五岁时已博览群书”①。1902年，他入桃源县漳江书院，并认识了同乡宋教仁。翌年进入常德府中学学习。此时，官府要人在朗江书院新设小学及图书馆的开幕典礼上讲了一番忠君爱国，覃振毅然走上讲台，驳斥了官绅的谬言，畅述要救国必须革命之理，在场官绅大惊失色。事后，武陵知县欲加逮捕，常德知府兼湘西学务总办朱其懿爱其才气，力主宽容，最后开除了他的学籍。除学后，覃振写《死里求生》一文，书写多份张贴，一时轰动全城。官府下令逮捕，他得朱其懿的帮助，改名郭谦之东渡日本，入东京弘文书院学习。当时，湖南的留日学生仇鳌、罗杰在东京发起成立新华会，覃振率先加入，并积极参加其中的军事训练。

1904年，覃振回国。此时，正值黄兴、宋教仁、陈天华、刘揆一等积极筹谋起义，计划旧历十月初十在省垣举事，同时浏阳、常德、衡州、宝庆各地响应。宋教仁负责常德一地的起义工作，覃振也前往协助。他与蒋翊武、成邦杰、易本羲、文斐等人“愿负运动新军责任”②。由于风

① 吴相湘：《覃振》，杜元载主编《革命人物志》第9辑，台北“中央文物供应社”1972年版，第275、276页。

② 刘揆一：《黄兴传记》，中国史学会主编《中国近代史史料丛刊·辛亥革命》（四），上海人民出版社1957年版，第285页。

声外播，他几遭不测，幸得警界同志预为报信，乘机脱逸，避躲乡间。是年冬，与宋之昭结婚。由于清政府追查起义一事甚紧，覃再去日本，入早稻田大学学习。1905 年秋，覃振在东京加入同盟会，并为同盟会评议部评议员。

1906 年，覃振离日回国。6 月，长沙、善化（今长沙县）等地学界要求公葬爱国志士陈天华、姚宏业，覃振与禹之谟、宁调元等倡议公葬岳麓山，与封建顽固派进行了针锋相对的斗争，公葬最后得以举行。然此事不为当局所容，于 8 日将禹之谟逮捕，不久杀害于靖州。覃振也在加害之列，幸得警界同志的密告，得以逃脱赴日。

1908 年，覃振又从日本秘密回到上海，准备联合革命党人在长江中下游起义。惟他的行动早被清政府察觉，于午夜到达长沙时即在连升客栈被捕。在狱中，他遭到多次提审和逼供，然而始终未透露实情，清政府一无所获。由于学务处提调张鹤龄的斡旋，幸免一死，被判终身监禁，囚于长沙监狱。覃振除了咏诗作文外，还向狱友宣讲革命道理。由于始终找不到证据，后被押往桃源县监狱。此时，刘复基、蒋翊武等革命者及常德学生常来探监，覃振继续和革命同志保持联系。

1911年武昌起义爆发，湖南随即光复，覃振获得自由。此时，焦达峰、陈作新被变兵杀害，覃在新军中“痛苦陈词，大局始平”①。嗣后，覃振任湘桂联军督战官随军北上武汉，被黎元洪挽留担任秘书，并协助谭人凤、蒋翊武部署大江南岸防御事务②。不久，他又受湖北都督黎元洪和湖南都督谭延闿委派，以两湖代表身份赴南京参与商组政府事宜。1912年元旦，南京临时政府成立，不久覃振当选为临时参议院议员，次年春改任众议院议员。袁世凯在攫取总统的过程中，对内施用武力，对外进行大借款，覃对袁的倒行逆施多次进行抨击。袁屡屡想笼络他，都无济于事。

① 吴相湘：《覃振》，杜元载主编《革命人物志》第9辑，台北“中央文物供应社”1972年版，第275、276页。

② 杨玉如：《辛亥革命先著记》，科学出版社1957年12月版，第83页。

1913年3月，袁世凯派出歹徒刺杀宋教仁，覃振痛失良友，悲愤填膺，强烈要求政府当局“彻底追究主谋，明示天下，藉正人心”①。覃的呼号为袁氏所嫉恨，派警察悍然来到覃宅进行搜查。覃潜往天津，乘船秘密东渡日本。覃的家眷也从北京迁回湖南家乡。1914年，覃在东京加入了黄兴主持的“欧事研究会”。为促进革命党人内部的团结，后又加入孙中山创立的中华革命党，而主张解散欧事研究会。覃振被孙中山委为中华革命党湖南支部长。1915年，袁世凯加紧帝制活动，覃振在东京联络华侨及留日学生在神田青年会聚会，发表演讲声讨袁世凯。他的学生吴先梅将监视留日学生活动的密探蒋士立刺伤，袁氏悬赏捉拿凶手，并以此为借口请日本警方出动拘捕中华革命党人达百名。覃亦被捕，在日警厅遭到严刑拷打，终因缺乏证据，两月后被释放。

袁世凯称帝后，覃振受孙中山的派遣，以特派总司令身份回湖南主持党务军事。当时在湖南主政的是汤芗铭，杀害众多革命党人。覃振在上海与龙璋、周震鳞商定，以驱赶汤芗铭为斗争目标。1916年2月，讨袁独立的省区日益增多，湖南十分孤立。汤芗铭请其兄汤化龙派人劝说覃振，勿操之过急，等有机会一定请湘人回来主政，但必须保证汤芗铭安全离开湖南，覃振严正拒绝。覃派遣的廖湘芸、杨王鹏等人，因秘密收藏炸药被敌发觉，乃提前进攻督军署，但因敌我力量悬殊，革命同志殉难二十余人，杨王鹏被挖心剖腹而死。覃振闻讯，急忙从上海赶到汉口，准备亲往长沙指挥。汤芗铭见民愤极大，乃伪装宣布独立，以缓和局势。覃则坚决不允，加上此时程潜的护国军声势不断扩大，汤芗铭无奈，终于逃跑。

汤芗铭弃职逃跑后，在黄兴的举荐下，谭延闿主持湖南政务。中华革命党人在湖南长沙及各县分布很多，覃振也逐渐公开活动。经孙中山允准，他在长沙创立了正谊社，并在各重要的县市设立了分支部，推举龙璋为社长，覃为副。他们通过正谊社，在湖南广泛团结各界人士推

① 《参议员之质问书》，《长沙日报》1913年4月5日。

进党务。

1917 年 7 月，段祺瑞控制的北京政府派傅良佐任湖南都督，遭到湖南人民反对。覃振乃与赵恒惕等人密商，派廖湘芸去湘西策动独立。此时，孙中山在广州发起护法运动，覃前往协助。不久覃奉孙中山之命回湖南任检阅使，部署湘西的军事活动，与已在零陵宣布独立的林修梅互为犄角。同时又与入湘的黔军建立联系，两路配合，最后击败了北洋军，傅良佐被迫退出湖南。

1918 年 5 月，孙中山辞去广州军政府大元帅职去上海，覃振随同前往。1920 年 11 月，孙中山去广州召开非常国会，覃前往参加。1921 年 5 月，孙中山任非常大总统，覃为总统府参议兼法制委员。是年冬，孙中山到桂林督师北伐，覃受委托负责党务工作，并派多人回湖南进行北伐宣传。1922 年 10 月，孙中山着手改组国民党，覃振被指定参加起草党章。

1924 年 1 月，国民党第一次全国代表大会在广州召开，覃振当选为第一届中央执行委员，以后第二、第三、第四届连任，第五、第六届为中央监察委员。第一次代表大会后，覃振为国民党汉口执行部常务委员，负责办理湘鄂陕等省党务，在湖南以学界、工商界为对象发展党务。他与林祖涵、包惠僧、彭素民商量，派工商联合会主席刘少奇为国民党湖南工商分部筹备主任，夏曦为国民党湘界分部主任。但覃内心对孙中山的联共并不赞成。

1925 年 3 月，孙中山在北京逝世后，覃振北上参加奠祭。当时汇聚北京的国民党右派人物组织起了同志俱乐部，覃成为其成员之一。11 月 23 日，国民党右派在北京西山碧云寺召开所谓国民党一届四中全会，他参与其中，还与林森、邹鲁等被推选为中央执行委员会常务委员。这次非法的会议炮制了一系列违背孙中山三大政策的文件，还决定“中央执行委员会”移至上海，覃也到达上海。鉴于西山会议派的分裂活动，1926 年 1 月，国民党在广州召开的第二次全国代表大会，通过了《弹劾西山会议决议案》和《处分违犯本党纪律党员决议案》，覃振等十二人受到书面警告处分，限期改正。但覃振等人坚持固有立场，继续分裂活动，于3月29日在上海召开非法的“国民党第二次全国代表大会”，覃振与林森、邹鲁、张继、谢持等二十五人被选举为中央执行委员。

1927年4月28日，蒋介石在南京另立中央后，与西山会议派妥协，于6月7日作出决定，恢复覃振、林森、居正等人的党籍。9月16日，国民党宁、沪、汉三方组成的中央特别委员会在南京召开成立会，覃振代表上海方面参加特别委员会，并与戴季陶、顾孟馀、胡汉民等八人被选为特委会宣传部委员(各部实行委员制，不设部长)。12月3日，国民党二届四次全体会议在上海举行第一次预备会，决定组织特别法庭审理南京“一一二二”惨案，覃振与邹鲁、谢持、居正等十人被指控而即行停职监视。覃避居上海，后于1928年6月举家迁往北京。

1930年，阎锡山、汪精卫、冯玉祥各派以及西山会议派与南京蒋介石相对抗，覃振亦参与反蒋活动。起初，反蒋各派在党统问题上纷争不休。覃因主张反蒋，又是国民党元老，被请了出来进行调解。覃振经过奔走各派，提出了兼顾各派意见的方案。5月上旬，以他的提议为基础的党务讨论会在天津召开。7月13日，国民党中央党部扩大会议预备会在北平召开，覃振出席会议，会后被派往前方劳军。8月7日，“扩大会议”在北平召开，覃振被推任民众训练委员会委员，并为秘书主任。为争取张学良反蒋，8月20日覃振以扩大会议代表身份到北戴河访张，但未获结果。后因阎、冯军事失利，“扩大会议”迁往太原，他也随之前往。阎、冯战败下野，覃也不得不避居他乡。

1931年12月，蒋介石第二次下野后，国民党四届一中全会选举张继为立法院院长、覃振为副院长，张继未到任前，由覃代理。不久，改孙科为院长，未到职前仍由覃代理。1932年5月，覃振改任司法院副院长，并兼任司法院下属的中央公务员惩戒委员会(原官吏惩戒委员会)委员长，负责综理会务，监督所属职员，并查询惩戒案件进行程序。1934年夏，覃振赴英、法、德、意、美等国考察，半年后回国。为推动法制，他专门组织了中华民国法学会。

抗日战争期间，覃振随国民政府西迁重庆，仍任职于司法院。1943年任国民政府委员。因患哮喘症久治不愈，抗战胜利后回上海治疗。

1947年4月18日，覃振病逝于上海。

主要参考资料

遁园:《怀理鸣先生》,《畅流》1951年第3卷第4期。

覃谡:《忆先君覃振》,中国人民政治协商会议湖南省委员会文史资料研究委员会编《湖南文史资料选辑》第15辑,湖南人民出版社1982年版。

吴相湘:《西山会议健将覃振》,《民国百人传》,台北传记文学出版社1971年版。

胡耐安:《欢乐岁月覃理鸣》,台北《传记文学》第14卷第4期。

丘逢甲

陈　民

丘逢甲，字仙根、仲阏、蛰仙，号仓海，诗文中常自署“南武山人”、“东海遗民”、“台海遗民”，1864 年 12 月 26 日(清同治三年十一月二十八日)生于福建台湾府淡水厅铜锣湾(今属苗栗县)，祖籍广东镇平(今蕉岭)。父亲丘龙章曾中秀才，又获选为贡生，先后设馆授徒于屏东、铜锣、丰原。丘逢甲四岁随父亲读书，六岁能诗，七岁能文。十四岁应童子试，主考福建巡抚丁日昌阅其卷，大为赞赏，特赠“东宁才子”①印一方。发榜时他名列榜首。

1887 年，丘逢甲以诗文受知于兵备道唐景崧，应召入其幕府，并拜唐为师。丘一方面在海东书院读书，一方面为唐辅佐文书事宜。唐藏书颇丰，喜结纳贤士，奖掖风雅，公余常办诗酒之会，为当时台湾颇有名气的诗人。丘逢甲有机会结识学子，博览群书，见识日益增广。然而为时未久，即因才高年轻遭人嫉妒，乃以告假省亲为由返回家乡，专攻举业的书籍。1888 年赴福州应乡试，中举。次年赴京会试，中进士，授工部候补主事。但他眼见日本不断侵略台湾，清政府又腐败无能，台湾巡抚刘铭传在台湾开发建设受阻，遂无意于仕途，不久即告归台湾，走上开启民智、培育英才的讲学道路。先后任台中衡文书院主讲、台南罗山书院主讲和嘉义崇文书院主讲。他在讲学时鼓吹新思想，遭到一些冬烘学究的忌妒。

---

① 东宁为台湾别称。郑成功收复台湾后，称台湾为东宁。

1894年甲午战争爆发，中国沿海戒严。台湾巡抚自刘铭传去职、邵友濂继任以来，军备不修，防务弛废。丘逢甲以局势严重自请于当局，表示愿率士民共同守御，获准督办团练后，与其兄丘先甲及好友谢道隆分赴各地，招募乡民训练，以备战守。唐景崧临危受命，出任台湾巡抚。台湾军民正多方备战，但不久马关议和，且有割让台湾的传闻。唐景崧迭电总署，极力反对割台，丘逢甲也向唐建议拒命抗日。1895年4月17日，《马关条约》正式签订。是时，在北京参加会试的台湾举人联名上书都察院，力争不可；丘逢甲也领衔全台绅民，电奏清廷，表示抗日保台的决心："臣桑梓之地，义与存亡，愿与抚臣誓死守御。"①至5月25日，台湾绅民得知和议已定，割让无可挽回，乃自立抗日政权，名称"台湾民主国"，设总统、副总统，总统府置军务、内务、外务三大臣，另设上下议院，议员均由民间推选出任。以蓝地黄虎为国旗，年号"永清"，表示"永戴圣清"之意。丘逢甲与陈季同、林朝栋等绅商同赴抚署共进贺表，拥戴唐景崧为"台湾总统"，领导抗日保台。唐以礼部主事李秉瑞任军务大臣，以丘逢甲为义勇统领。由于全台各级官员纷纷内渡，被推举的议员也多不就任，虽电请各省援助，由于清廷制止，收效甚微，武器弹药尤为缺乏，形势极为严峻。

1895年5月29日，日军从鼎底澳登陆，守军未战而溃。不久，基隆沦陷，狮球岭失守，台北告急。6月4日，溃兵入城索饷，乘机抢掠，纵火焚烧抚署，火药库也发生爆炸。唐景崧眼看大势已去，自知无能为力，遂微装奔避沪尾，随即内渡厦门。6月7日，日军进占台北，丘逢甲驰援不及，遂回大埔厝柏庄，设置义军总部，筹划抗日事宜。日军攻占台北后继续南侵，义军虽节节抵抗，但由于装备简陋，枪械弹药不足，伤亡惨重，终告不支。尤其是谣传唐景崧内渡前曾发库银十万元送至台中，为丘逢甲及其部属私吞，致使军心涣散，号令不行。丘逢甲陷于困境，自知无可挽回，遂布告各义军，自由抗战，不限部勒。然后偕同长兄

① 连横：《台湾通史》，北京商务印书馆1983年版，第69页。

丘先甲奉父母内渡。在其悲愤而沉痛的离台诗中，有“宰相有权能割地，孤臣无力可回天；扁舟去作鸱夷子，回首河山意黯然”①的词句。丘逢甲一行经厦门抵泉州，然后举家回广东镇平（今蕉岭）祖籍。然而台湾情结使他魂牵梦萦，东望故园，不禁吟咏出“古戍斜阳断角哀，望乡何处筑高台”以及“客愁竟义怜江月，乡梦千重隔岭云”②的诗句，无限惆怅和深深的失落感溢于言表。

抗日保台的失败，使丘逢甲更加忧虑国事和向往日本的明治维新，对康有为、梁启超所倡导的变法维新，深表赞同。1897 年，应潮州太守李士彬之聘，出长韩山书院，专以新思潮及有用实学课士，讲授时务策论，废弃八股试帖，开岭东新学之先河。次年，转赴潮阳东山书院讲学，仍鼓吹新思想，倡言维新变法。8 月，戊戌政变推翻新政，丘逢甲感到十分失望。

丘逢甲于 1899 年与好友梁居实、杨守愚及三弟丘树甲，筹划创办新式学堂“岭东同文学堂”，拟聘日本学者熊泽纯之助为教授，讲授日文，使学生学习日本维新富强之道。这时粤东当局命丘赴南洋考察侨务，丘乃乘便向华侨筹募创办同文学堂的经费。途经香港时，曾会晤康有为、梁启超等人，也与唐才常议论时局。他对康、梁保皇之举颇不以为然，转而同情孙中山的革命主张。但对利用会党及防营的举措，却以为不足恃。这是得之于保台失败的惨痛教训：当年在台湾留用的湘勇、淮勇不下四五万人，但骄兵悍将，上阵对敌一触即溃。

由于得到南洋华侨的捐助，岭东同文学堂于 1900 年秋正式创立于汕头，丘逢甲任监督，温仲和为总教习，何寿朋、温廷敬分管教务。学堂聘请英、日籍学者及归国留学生，讲授算学、格致（物理）、化学、生理卫

---

① 《岭云海日楼诗钞》，沈云龙主编《中国近代史资料丛刊》第 55 辑，台北文海出版社 1966 年版，第 730—740 页。

② 《岭云海日楼诗钞》，沈云龙主编《中国近代史资料丛刊》第 55 辑，第 135、131 页。

生、英文、日文以及兵式体操,在新学上独树一帜,为尔后的国民革命队伍输送不少人才。

丘逢甲于1904年辞离汕头回镇平,在县城创办“镇平初级师范传习班”,后改为县立中学堂;又两年,利用“族田”收入,设立员山、城东两间家族学堂。1906年冬,丘应粤督岑春煊之聘,赴广州出任广东学务公所参议,致力于发展新式教育。两年后,学务公所改为提学司,丘逢甲转任广州府中学堂监督。1908年,丘被举为广东教育总会会长,仍兼中学监督。

1909年广东谘议局成立,丘逢甲被选为议员,继而任副议长,并受聘为两广总督公署议绅。丘在谘议局中常抨击地方积弊,语惊四座;又荐举革命党人古应芬为谘议局书记长,邹鲁为书记,以利开展革命活动。并以其社会地位及政治影响,掩护革命党人。

1911年10月武昌起义,汉口、汉阳光复,各省纷纷响应。丘逢甲因支持革命党人,被新任广州将军凤山密奏为广东革命大绅之首,准备就职后加以逮捕,幸亏凤山走马上任一到广州就被革命党人李沛基炸死,清吏因而胆怯,未敢采取行动。11月8日,革命党人动员谘议局与各界领袖召开大会,决议独立,以迫两广总督张鸣岐,丘逢甲极力赞同此议。次日,广州宣布共和独立。10日,胡汉民自香港抵达广州,成立广东军政府。丘逢甲登报启事,以革命告成,避讳为封建遗物为由,从此恢复邱姓本字为丘,又弃用“逢甲”二字,改以别号“仓海”为名,从此以后即称“丘仓海”。其次子丘琮则以“念台”为号,以示念念不忘光复台湾之志。丘逢甲被广东军政府任命为教育部长。不久又被推举为广东省代表,北上参加筹组临时中央政府。1912年1月南京临时政府成立后,丘逢甲任参议院议员。

丘逢甲至南京任职不久,即因劳累过度而肺病复发,乃告假南归故里,于2月25日在镇平老宅逝世。临终遗言葬须南向,以示不忘台湾。著作有《柏庄诗集》和《岭云海日楼诗钞》等。

仇　亮

朱信泉

仇亮，原名式匡，字蕴存，号冥鸿，湖南湘阴人，1879 年 7 月 5 日(清光绪五年五月十六日)出生。父亲仇道南，清附生。仇亮幼承家学，天资聪颖，十三岁便能文，应童子试、县府考，常列前茅。十六岁补博士弟子员，及冠，食廪饩。后肄业求实书院，尽心探究船山、黎洲、亭林之遗书，民族思想遂油然而生。又见清政府政治日非，列强交侵，赔款割地，国势阽危，以为欲救中国非先推翻专制腐朽的清政府，使国内各民族一律平等不可。于是愤然弃科举制艺，1903 年春经选拔出洋，留学日本。初入东京弘文学院习师范，与杨毓麟、陈天华等组织《游学译编》以鼓吹革命。同时更为努力研寻治术，博览群书，因而悟到革命非武力不为功，于是改入振武学校习军事，刻苦自励，成绩优异。

1905 年 8 月，孙中山、黄兴在东京组织“同盟会”，仇亮当即参加并担任该会湖南支部长。《民报》创刊，仇任编辑。其时，正值中国留日学生革命情绪趋向高潮，他与同乡程潜、程子楷、陈强，江西李烈钧，云南罗佩金、唐继尧、李根源、叶荃，湖北李书城、孔庚、耿觐文，河南曾昭文、韩凤楼，陕西张凤翙，河北姜登选，山西阎锡山等反清人士深相结交，潜心研讨民族革命方略，莫不意气轩昂，情绪奋发。仇亮“以生性笃实长厚，尤为众所赞美，有仇长厚之称”。不少同学均由仇亮联络加入同盟会。当时国内各革命战役之始计定谋，皆决策于东京同盟会本部，如萍乡、钦廉、镇南关诸役，仇亮皆参与擘划。

仇亮于振武学校毕业后，继入日本陆军士官学校，卒业归国时黄兴赠以联云:“天生此材必有用,我与子别当谁从?”仇亮也以诗相答,中云“誓把雄心挥一剑,积尸不羡故人多”之句,表明黄对彼“相知深、相期切”,而仇亮亦自负綦重也。仇亮归国后,初在清廷军谘府任职,次年赴太原任山西督练公所督练官,秘密进行同盟会反清活动。

1911年10月10日辛亥武昌起义爆发,10月29日,太原新军起义,攻占抚署太原光复,成立山西军政分府。仇亮因纠合山西同志举义响应,事成众议推为都督,他力辞转推阎锡山,自己则为之运筹决策、部勒军队,数日事定。仇亮乃前往石家庄,佐时任清军第六镇统制吴禄贞图谋幽燕。

其时,清廷急令第六镇第十二协开赴石家庄,进攻山西。吴禄贞则令第十二协停战,并亲赴娘子关与山西新军密商晋燕联军,与滦州驻军一起,直捣北京。但已为清廷重新起用的袁世凯探得此中情实,袁派人收买吴的卫队长马步周,于11月17日晨将吴禄贞刺杀于石家庄火车站。仇亮以情势危急,曾谋深夜移吴禄贞军中枪械弹药入娘子关为守御用。清廷旋令张锡銮为山西巡抚,统率第三镇曹锟进犯山西,12月12日清军攻占娘子关。仇亮欲只身赴东南乞援,行前草家书,略云:“晋事急,不冒死乞援,无以对禄贞及山西国民。倘竟为国死,吾父母勿悲痛。”

仇亮间行至南京,会各省代表云集,组织中华民国临时政府。孙中山任临时大总统,黄兴主陆军部,仇亮任军衡司司长。南北议和成,孙中山以总统让袁世凯,仇亮力言不可,谓“袁枭獍,熏陶帝制最深,终必危害民国”。及临时政府北迁,仇亮遂辞去军衡司长职,创《民主报》于北京,阐扬齐民为治之理,力斥君主立宪之非。

其时政党林立,争为雄长,同盟会为扩大计,宋教仁联合统一共和党、国民共进会、共和实进会及国民公党等组成国民党,仇亮任国民党本部会计部长。同时还与黄兴创办垦殖协会,黄兴任会长,仇亮为副,设本部于北京,山东、上海、湖南、湖北、河南及东北三省均次第成立支部,以垦殖为务,并在苏州开办垦殖学校以培育人才;在北京、上海筹办殖银行以集经费；在贵州、陕西设置汞砂及银矿公司，以事开采。仇亮以为“革命当裕民生，以培国本，深谋远虑，有如是者”。

1913年3月，宋教仁被刺，袁世凯帝制自为的阴谋更为暴露，举国震愤。仇亮前往上海访孙中山、黄兴，共谋“二次革命”。仇亮由沪返天津寓所，适值夫人许氏产后病殁，因而滞留天津料理丧事。先是，《民主报》以宋案抨击袁世凯，因而受到军警当局的迫扰；及湖口战败，袁世凯大肆索捕，侦骑四出。仇亮乃诡踪迹、扶妻柩、携子女，间道返湖南湘阴原籍为妻营葬而获免。已而复密谋革命，认为：“不入虎穴，焉得虎子？”故复返北京。抵京数日，即被逮下狱。1915年7月18日，仇亮就义于北京，卒年三十七岁。

主要参考资料

《仇亮烈士生平简介》，《文史通讯》1981年第4期。

程潜：《仇亮传》，中国人民政治协商会议湖南省委员会文史资料研究委员会编《湖南文史资料选辑》第15辑，湖南人民出版社1982年版。

胡达：《仇亮事迹》，中国人民政治协商会议湖南省委员会文史资料研究委员会编《湖南文史资料选辑》第10辑，湖南人民出版社1978年版。

《仇亮》（附录：仇冥鸿入狱始末记），黄季陆主编《革命人物志》第1集，台北“中央文物供应社”1968年版，第221—225页。

郑逸梅：《南社社友事略：仇冥鸿》，《南社丛谈》上海人民出版社1981年版，第97页。

秋　瑾

闻少华

不惜千金买宝刀，貂裘换酒也堪豪。
一腔热血勤珍重，洒去犹能化碧涛。
——秋瑾《对酒》

秋瑾，激进的旧民主主义革命家，中国妇女解放运动的先驱，也是近代著名的女诗人。字璿卿，号竞雄，又称鉴湖女侠。原籍浙江山阴县（今绍兴），1875 年 11 月 8 日（清光绪元年十月十一日）①生于福建厦门。秋瑾的祖父秋嘉禾做过厦门知府。父亲秋寿南是个举人，当过湖南常德县厘金局总办。

少年时代的秋瑾已经读了不少经史书，能诗词，又学会骑马击剑。

1893 年，秋瑾的父亲到湖南做官，她随父入湘。1896 年，依父母之命嫁湘潭富绅子弟王廷钧。王是个纨袴子弟（王父与曾国藩是表兄弟），和秋的性情不合，家庭生活甚不融洽。1903 年王花钱捐了一个户部主事的京官。秋瑾随他去北京。

在义和团运动失败之后，秋瑾目睹民族危机深重，清政府腐败无

① 秋瑾生年为 1875 年（光绪元年）。浙江绍兴偏门外峡山村歪台秋宅的客堂内有秋氏忌日牌，其记载："秋寿南女，秋闺瑾（即秋瑾），字璿卿，乙亥年十月十一日生辰（即 1875 年 11 月 8 日），丁未年六月初六讳忌，生肖属亥。"而且秋氏祖龛和杭州秋社供奉的秋瑾牌位上所记生卒年月，都与秋氏家谱和忌日牌记载相同。有关原件现存绍兴文管会。

能，曾作《宝刀歌》以述怀："北上联军八国众，把我江山又赠送。白鬼西来做警钟，汉人惊破奴才梦。"还曾感慨地说："人生处世，当匡济艰危，以吐抱负，宁能米盐琐屑终其身乎！"她在京期间，结识好友吴芝瑛，两人意气相投，共同搜求新书报，讨论"新学"，对民主革命问题有了一些理解。后来，她在《致王时泽书》中表明她在当时已决心献身于救国事业，"吾自庚子以来，已置吾生命于不顾，即不获成功而死，亦吾所不悔也"。

《辛丑条约》后，在民族危机进一步加深的情况下，秋瑾想探求更多的新知识。1904 年夏，她冲破家庭的束缚，自筹旅费只身到日本留学，"钗环典质浮沧海，骨肉分离出玉门"，是她当时出国心情的写照。到东京后，秋瑾先入骏河台中国留学生会馆所设的日语讲习所补习日文。是年秋，秋瑾参加了冯自由等人在横滨组织的"三合会"，受封为"白扇"（军师），该会以"推翻满清，恢复中华"为宗旨。9 月，秋瑾创刊之《白话报》问世，该报鼓吹民主革命，重视妇女解放。11 月，她与留日女生陈撷芬等人重组"共爱会"，以反抗清政府为主旨。12 月，秋瑾结识了赴日的光复会首领陶成章。同年与在日本学习的鲁迅等人相识。

翌年春，秋瑾回国省亲及筹措学费，因陶之介绍，在上海爱国女学校认识光复会会长蔡元培。由上海返绍兴，在热诚小学校又见到徐锡麟，经徐介绍加入光复会。

1905 年夏，秋瑾复去日本，当轮船过黄海时，她感时忧国，思绪万千，"忍看图画移颜色，肯使江山付劫灰"，"拼将十万头颅血，须把乾坤力挽回"，充满激情的诗句表达了她挽救祖国的心声。她到东京后，经冯自由介绍在黄兴寓所加入同盟会。7 月在该会成立时被推为评议部评议员和同盟会浙省主盟人。同年冬，清政府为了破坏留日学生的爱国活动，由驻日清公使串通日本文部省颁布"取缔中国留学生规则"，驱逐留日的革命党人。留日学生异常愤慨，纷纷集会，讨论对策。当时留日学生有两种不同意见：一部分主张忍辱求学，一部分则主张罢课回国，以示抗议。秋瑾是极力主张回国革命的。在浙江同乡会的集会上发表演说时，她为了表示回国干革命的决心，同时也针对有些人对她(他)们回国动机的怀疑，从靴筒里抽出她自买的一把倭刀，猛然往讲台上一插说："如有人回到祖国，投降满虏，卖友求荣，欺压汉人，吃我一刀。"

秋瑾在日本留学期间，已经是一个很有声誉的革命活动家和宣传家。"每际大会……则抠衣登坛，多所陈说。其词悲感激切，荡人心魂"。她结纳革命志士，交游甚广。

1906年初，秋瑾回国，回国前她留信给在日友人说："且光复之事，不可一日缓，而男子之死于谋光复者，则自唐才常以后，若沈荩、史坚如、吴樾诸君子，不乏其人，而女子则无闻焉，亦吾女界之羞也。愿与诸君交勉之。"回国后，与易本羲等人在上海创办中国公学。3月往浙江湖州南浔镇浔溪女学教书，与徐自华、徐蕴华姊妹建立起不同寻常的友谊。初夏辞职离校，转赴上海，与陈伯平等人以"锐进学社"为名，联系敖嘉熊、吕祥熊等人运动长江一带会党，又与蒋乐山、张恭等人运动浙江会党，做起义准备。同年9月，秋瑾与陈伯平等人在虹口祥庆里寓所试制炸药，不慎爆炸，炸伤手臂。

同年冬，秋瑾在上海创办《中国女报》。她在该报发刊辞中大声疾呼："吾今欲结二万万大团体于一致，通全国女界声息于朝夕，为女界之总机关，使我女子生机活泼，精神奋飞，绝尘而奔，以速进于大光明世界。"伴随着她的革命实践，她的妇女解放的思想也更加明确，更加炽烈，"扫尽胡氛安社稷，由来男女要平权。人权天赋原无别，男女还须一例担"。

在创办《中国女报》的同时，秋瑾把她的目光投向军事方面。1906年12月，革命党人刘道一等人联合会党，在萍乡、浏阳、醴陵起义。光复会会员集议于上海，计划起兵响应，由秋瑾负责联络浙江会党。不久她回到绍兴，进入徐锡麟创办的大通学校。当时的大通学校是一个特殊的学校，事实上是革命的联络机关。秋瑾以大通为据点，联络金华、诸暨、义乌各地会党首领。不料尚未联络成熟，而萍、浏、醴起义已失败。秋瑾听说后非常痛惜，但她仍决定依靠会党的力量，准备在浙江举事。

1907年春，秋瑾被举为大通学校的督办。她以大通学校为中心，往返于杭州、上海之间，运动浙江军队官佐和军校（如武备、弁目学堂）师生参加光复会。同时又两次到金华、处州所属各县，把所属会党成员按军队编制起来，用"光复汉族，大振国权"八字为顺序，编为八军，称为"光复军"。推徐锡麟为首领，秋瑾自居协领。王金发、竺绍康等人为分统。光复军编制既定，积极准备起义。这年五六月间，孙中山先后发动了潮州、黄冈和惠州七女湖的起义，各处会党纷纷响应。在这种形势下，秋瑾认为时机成熟，她与徐锡麟约定浙、皖两地同时举事。与浙江会党吕祥熊、王金发、竺绍康等人计议，预定浙江方面先由金华会党起义，处州响应，诱使清军调离杭州，出击金、处等地，然后以绍兴义军渡江直攻省城杭州，军学界为内应。如攻不下杭州，则把部队带回绍兴，从金华、处州进入江西，直趋安庆，和徐锡麟相呼应。她与会党首领决定的起义日期是7月19日，但不久，金华、武义等地会党起义相继失败，绍兴会党也过早地暴露了目标，清政府大肆搜捕党人。徐锡麟于7月6日在安庆仓促起事，失败遇害。7月7日，绍兴知府贵福得到劣绅胡道南的告密，星夜赴杭州报告浙江巡抚张曾敭，清当局即做好了镇压准备。秋瑾于7月10日得知徐锡麟失败遇害的消息，悲痛异常。7月12日，在杭州武备学堂的学生侦知杭州派出清兵的消息，遣人密告秋瑾，她做了些疏散的布置。7月13日上午，会党首领王金发秘密从嵊县来见秋瑾，认为事态已急，劝告秋瑾暂避。秋抱定为革命牺牲的决心，吩咐王金发快走，自己则留下。王走后的当天下午，知府贵福和山阴、会稽两县知县跟在张曾敭派遣的一队清兵之后，进入绍兴。这时，学生们又劝秋瑾走避，她没有理会，只叫学生们离开。清兵很快包围大通学校，荷枪实弹，入内捕人，学生持枪械同清兵搏斗，多人死伤，秋瑾及程毅等六人不幸被捕。

秋瑾被捕后，7月14日贵福派山阴县令李钟岳提审，秋瑾只写下

“秋风秋雨愁煞人”七字,“坚不供实”。贵福又改派人严讯,秋瑾仅说:“论说稿是我所做,日记手折亦是我物,革命党的事就不必多问。”不为严刑所屈。贵福等人怕久押生变,请准浙江巡抚张曾敭,决将秋瑾就地杀害。1907 年 7 月 15 日凌晨,秋瑾从容就义于绍兴轩亭口下。烈士遗骸经其友人收殓,营葬于杭州西湖西泠桥畔。

主要参考资料

中华书局上海编辑所编:《秋瑾集》,1962 年版。

中华书局上海编辑所编:《秋瑾史迹》,1958 年版。

中国史学会主编:《中国近代史资料丛刊·辛亥革命》(三),上海人民出版社,1957 年版。

郭延礼著:《秋瑾年谱》,齐鲁出版社 1983 年版。

中国人民政治协商会议全国委员会文史资料研究委员会编:《辛亥革命回忆录》(四),中华书局 1962 年版。

邱 清 泉

颜 平

邱清泉，原名青钱，字雨庵，1902 年 3 月 6 日(清光绪二十八年正月二十七日)生于浙江永嘉县。其父邱箴衡，曾业裁缝，兼营负贩，后开恒泰鱼行。邱清泉八岁入塾，十岁入基圣小学堂，十四岁入永嘉县立高等小学，1917 年秋考入浙江省立第十中学。五四运动波及浙江，邱曾与同学下乡宣传抵制日货。他读书兴趣亦由古籍转向西方学说，如达尔文“物竞天择”说、尼采的“超人哲学”等。1921 年在第十中学毕业后，回乡执教一年，即赴上海求学，入上海大学社会系。

1924 年夏，邱清泉考入黄埔军校第二期工兵科，先后参加平定广州商团叛乱、第一次东征和击溃刘(震寰)杨(希闵)叛军的实地作战，获得筑桥、攻城和安置炸药等工兵方面的实际知识和经验。1925 年 9 月自军校毕业后，即入国民革命军第一军为少尉排长。第二次东征惠州之役后，升任中尉排长兼连党代表。1926 年 5 月，调任黄埔军校第五期入伍生工兵营第三连连长。北伐军兴，工兵营随军入湘，配属第四军，曾参加武昌攻城战和南昌之役。1927 年初，邱清泉等人率学生至武昌返回军校继续完成学业，时任工兵大队第一队队长。

是年 4 月，蒋介石在上海发动政变，宁汉分裂。邱清泉在武昌与“孙文主义学会”分子一道反对国民党左派和革命师生，曾被拘囚半月。邱逃逸至南京投奔蒋介石，入总司令部训练处为科员，后调任侍从室副官。1928 年 1 月，任第九军第三师补充团第三营营长，次年又转第二师任营长，在开封、郑州一带参加蒋、冯之战。1931 年升任第十师第五十九团团长。

蒋介石对工农红军进行大规模军事“围剿”，于1932年5月组设“豫鄂皖三省剿匪总司令部”，邱清泉入该司令部为政训处科长，追随原“孙文主义学会”头目的政训处长贺衷寒之后，并常为《扫荡月刊》（后改为《扫荡报》）撰写文章。1933年邱升任中央陆军军官学校政治训练处处长。

1934年7月，邱清泉被派赴德国留学，先入工兵专科学校，翌年10月入柏林陆军大学。他主要研习战术战略，除学巴尔克、斯蒂芬、克劳塞维茨等人的军事著作外，还学鲁登道夫的法西斯“总体战”理论，颇受普鲁士精神的影响。1937年5月毕业回国，在南京任教导总队参谋长。

卢沟桥事变后全面抗战爆发，邱清泉所在的教导总队调赴上海参战。淞沪会战经过三个月的鏖战，在日本侵略军登陆金山卫、占领松江后，邱随教导总队西撤，移驻南京，守卫紫金山、孝卫陵一线。12月13日南京沦陷，邱撤退不及，乔装匿居乡间两旬，后经句容至江阴渡江，由徐州到武汉。1938年3月，邱清泉被任命为由装甲兵团扩编成的第二〇〇师副师长。嗣后，邱兼突击第一纵队司令，率战车营、工兵营、战车防御炮营、装甲汽车队、高射炮队、摩托搜索队及步兵一营，由湘潭北上至兰封，编入第一战区战斗序列，参加了兰封战役。6月，邱部奉派驻守郑州。9月信阳之役，邱曾率装甲兵深入敌后，日军畏慑。10月，第二〇〇师扩编为第五军，邱任该军第二十二师师长，率部至湖南东安进行训练。

1939年12月，日本侵略军占领南宁东北五十公里之昆仑关，第五军奉派增援桂南，归北路军徐庭瑶指挥。邱清泉率二十二师仿效宋将狄青征侬智高“微服过关”，由思陇翻山越岭，迂回至五塘、六塘断敌后路，与第二〇〇师、荣誉第一师形成前后夹击之势，自20日晨起不断发起攻击，次第占领三角山等阵地，击毙日军少将、十二旅团长中村正雄等官兵多人。28日，第五军协同第六十六军、九十九军等部及空军发起全面反攻，邱清泉部参加正面作战。经过四天激战，于 31 日夺回昆仑关。邱清泉因战功获四等宝鼎勋章，并于次年 5 月升任第五军副军长。

1940 年 9 月，邱清泉调至重庆，任军事委员会委员长侍从室参议。半年后又调任军训部第十六补充兵训练处处长兼重庆第三警备区司令。他训练新兵，除督促传授战斗技能外，还以连为单位组织新兵利用驻区空地种菜、喂猪、养羊。胡宗南对邱之才干颇为赏识，邀邱去西安任陆军军官学校第七分校副主任。第七分校学员人数超过总校，所辖八个总队分设于西安四郊，邱在校本部设军官教育队训练教官，然后让他们分赴各总队施教。

1943 年 1 月，第五军扩编为第五集团军，军长杜聿明升任集团军总司令，邱清泉任第五军军长，辖三个师、六个特种兵团共约四万五千人，是一支兵员充足装备精良的主力部队。邱清泉上任后，注重给养和整训，以加强战斗力。1944 年 5 月，邱清泉奉命率第二〇〇师由昆明前往滇西参加远征军作战，编入宋希濂第十一集团军，于 9 月迂回攻击日军龙陵、芒市间之联络线，至 11 月 3 日会同第七十一军等部克复龙陵，12 月次第克复畹町北之象鼻山、腰子山、冷山等。远征军和驻印军经过艰苦战斗，于 1945 年 1 月 27 日在芒友会师，打通了中印公路，为抗战末期国际援助作战物资的运输打开了孔道。此役邱清泉获得三级宝鼎勋章和美方赠给的铜质自由奖章。

抗战胜利后，蒋介石密电昆明防守司令杜聿明解除龙云所部武装，强行"改组"云南省政府，谓"西南大局之成败在此一举"，并亲自坐镇西昌指挥。驻在昆明北郊及罗次、呈贡的第五军，在邱清泉的指挥下，于 10 月 3 日凌晨包围了昆明全城和云南省政府。龙云被蒋强行解除云南省主席等本兼各职，调离昆明。邱清泉在此事件中为蒋效忠出力，获"二等云麾勋章"和"忠勤勋章"。12 月，邱的第五军又参与镇压昆明"一二一"运动，迫害爱国学生。此后，邱率第五军调赴江苏，驻南京北岸之浦口，拱卫首都。

在蒋介石发动全面内战的战略部署下，邱清泉率第五军屡屡出击，不遗余力。1946 年 8 月，在进犯鲁西南解放区的“钳形攻势”中，隶属“徐州绥靖区”的第五军，协同整编第十一师等部，自砀山、虞城之线长驱北进，但被人民解放军冀鲁豫军区独立旅阻于城武地区。直至整编第三师等四个旅一万七千余人被歼灭，解放军主力已转移，邱部才于 9 月 12 日侵占定陶，20 日占菏泽。11 月，邱部奉命绕道东明渡过黄河北犯，12 月先后侵占濮阳、清丰、观城，翌年 1 月 2 日又占范县。但在解放军发起巨(野)金(乡)鱼(台)战役之际，邱部撤出范县退缩观城。嗣后，邱清泉的第五军改称整编第五师，继续在豫皖一带作战。1947 年 11 月，人民解放军攻克砀山、黄口，向徐州外围进迫。邱部与整编第三师等部奉调自商丘、宿县驰援。12 月又南趋太和、界首企图追击。但解放军转而北上，会合鲁西地区解放军向开封、郑州方面进击，邱部又尾随于后赶去解救。1948 年春，邱清泉部在河南杞县黄泛区被人民解放军刘伯承、杨勇部围击，顽抗三个月。继后由整编第五师扩编为整编第五军的邱部，在解放军的围击下，几乎全军覆没，更无力东援被围之第七十五师沈澄年部。蒋介石以邱不援友军之罪，予以申诫处分。邱垂头丧气，于 8 月告假回乡。

1948 年 9 月，整编第五军扩编为第二兵团，邱清泉为副司令官，一月后升为司令官。邱上任后立即率部自虞城、砀山北进，欲去救援济南被围之王耀武部，但遭到人民解放军之阻击，刚进抵曹县，济南已告解放，只得返回商丘。嗣后，在人民解放军摧枯拉朽的强大攻势下，菏泽、郑州、开封、商丘等城于 10 月下旬至 11 月初次第解放，邱清泉兵团只得往东撤退。淮海战役起，邱清泉兵团辖第五、十二、七十、七十四等军，于 11 月初集结于徐州以西黄口、砀山一带。人民解放军在徐州以东之碾庄地区围歼黄百韬第七兵团，蒋介石指令邱清泉和李弥两兵团去救援。邱率七个师东援，被“围点打援”的解放军强大兵力阻击，十一天只走出三十里，至黄百韬兵团已被全歼之时，邱还在碾庄以外四十余里。此时，碾庄以东陇海路两侧和津浦路徐蚌段两侧先后解放，宿县也已于16日升起红旗，徐州、蚌埠已成孤点，刚被蒋介石调来增援的黄维第十二兵团又被围于双堆集。蒋介石固守徐州之计划已成泡影，急急下令邱清泉、李弥、孙元良三个兵团南撤。邱率第二兵团撤至永城东北陈官庄，在人民解放军堵击下，被分割包围在纵横不到二十里的狭窄地区。邱指挥所部构筑工事固守阵地，以待蒋介石空投粮弹，伺机突围南逃。时已进入寒冬，连日雨雪交加，所部身无棉衣，赖挖地洞避寒。粮草亦渐尽绝，官兵纷纷宰杀马匹充饥，继食树皮草根，以至抢吃人肉。士兵纷纷投奔解放军，但邱清泉残暴枪杀意欲投降的士兵，负隅顽抗。12月17日，中原人民解放军和华东人民解放军司令部广播了敦促杜聿明、邱清泉等人投降书，但邱扬言“抱定不成功便成仁之决心”，顽抗到底。1949年1月6日，人民解放军向陈官庄、青龙集地区发起总攻，邱清泉兵团随同杜聿明集团被全部歼灭。邱清泉在1月10日凌晨逃往张庙堂的途中被击毙。

主要参考资料

周振强:《蒋介石的铁卫队——教导总队》，中国人民政治协商会议全国委员会文史资料研究委员会编《文史资料选辑》第12辑，中华书局1961年版，第43—53页。

日本防卫厅防卫研究所战史室:《中国事变陆军作战史》第3卷，中华书局1981年版。

杜聿明:《中国远征军入缅对日作战述略》，中国人民政治协商会议全国委员会文史资料研究委员会编《文史资料选辑》第8辑，中华书局1960年版，第1—42页。

郑洞国、覃异之:《中国驻印军始末》，《文史资料选辑》第8辑，第78—92页。

毛泽东:《关于淮海战役的电报》，中国人民解放军军事科学院编

《毛泽东军事文选》,战士出版社 1981 年版,第 517—577 页。

邱维达:《邱清泉第二兵团被歼记》,中国人民政治协商会议全国委员会文史资料研究委员会编《文史资料选辑》第 12 辑,中华书局 1961 年版,第 168—182 页。

邱菽园

陈　民

邱菽园，原名德馨，自号“星洲寓公”，1874 年（清同治十三年）生于福建海澄（今龙海）。父亲邱正忠于 1840 年到新加坡当劳工，后经商致富，成为新加坡著名米商。邱菽园六岁出国至新加坡，由父亲聘家庭教师讲授中文典籍，后回国继续深造。二十岁参加乡试，中举。1895 年赴京会试，不第。时值甲午战败，我国割让台湾，他参加上书反对割台，不获报。失望之余，绝意仕途，返回新加坡。这时他的父亲已故，他与弟邱德祥继承遗产，各得七十多万元，成为巨富。

邱菽园工诗词，为人豪放，倜傥不羁，日以诗酒与南来名士交游，对公益事业莫不慷慨解囊，有“小孟尝君”之称。林文庆等人倡办中华女校时，他捐三千元作建校基金，表示对女子教育的支持。他积极从事社会活动，与林文庆同为当时南洋著名的维新派领袖。他们合作组织了“好学会”等社团，开设中国古典文学讲座，传播中国传统文化。陈楚楠、张永福等人就是受了他的影响而走上革命道路的。1898 年，邱菽园独资创办《天南新报》，自兼主编，亲撰社论，鼓吹维新救国。该主张得到林文庆的支持，林出任该报英文编辑。

1900 年 2 月，邱菽园邀约康有为到新加坡，随后被康有为推举为南洋英属各邦保皇会分会会长。同年 7 月，唐才常在汉口组织自立会，图谋东南大举，邱菽园捐饷二十五万元。由于各种原因，再加上康有为扣压华侨捐款，起义数次改期而失败。事后，秦力山、朱菱溪等人陆续来到南洋，向康有为清算。邱菽园才知道康有为骗款卖友的实情，大为震怒。在《天南新报》发表《论康有为》，揭露康借维新救国之名，到处募捐，从中作弊。邱在文中质问：捐了许多款，究竟做出什么事来？有一笔明白的账开给大家看吗？此外，仅就康有为保皇党的立场来说，他说有光绪皇帝的御书和衣带诏存在他那里，他总是自己吹嘘，却从来没有给人看过，我相信这是骗人的，假如是真的话，为什么同党极亲密的人都不能看到呢？康有为以后不要再骗人了①！邱并声明从此与康断绝一切关系。邱菽园这一揭露，影响很大，许多投身保皇党或受过康、梁蒙骗的人，如马来亚的郑螺生、李源水等人也都先后与保皇党断绝关系，转而支持孙中山的革命活动，后来成为同盟会南洋分会的早期会员。

1900年唐才常自立军之役，使清政府开始注意到邱菽园、林文庆等南洋华侨富商的活动，遂通过驻新加坡总领事对邱、林等人支持"叛乱"的行为加以警告，还逮捕了邱菽园在国内的亲戚。邱菽园被迫花一千两银子向清廷捐了个"道台"，以示对清政府"效忠"。此后。他再也不涉足政治，但爱国之心未泯，思想也较开明，与许多革命派人士私交甚笃，曾出面为黄乃裳开垦诗巫做保证人。

1905年，邱菽园由于投资土地买卖而亏蚀一空，他的弟弟邱德祥也经营失败，兄弟两人不得不宣告破产，向法院报穷。不少人为之惋惜，但邱菽园却不以为意，身居陋巷而孜孜不倦于新小说之阅读与欣赏，并仿效钟嵘(《诗品》)体例，作《新小说百品》，后又著《客云庐小说话》②，完全以卖文为生，曾一度担任中华总商会的秘书。

民国成立后，军阀割据，战祸连绵，邱菽园愤懑不已，曾在自己承办

① 胡汉民述，张振之记：《南洋与中国革命》，"中华民国开国五十年"文献编纂委员会编《中华民国开国五十年文献》第1编第11册，台北正中书局1966年版，第478页。

② 邱菽园上述二文，于1907年先后发表于香港《新小说丛》第1期及第2、3期，见阿英编《晚清文学丛钞·小说戏曲研究卷》，中华书局1960年版，第377—426页。

的《振南日报》上著文抨击。1929 年胡文虎创办《星洲日报》，聘请邱菽园任该报副刊主任，但他上任一年，便以老病辞职。从此谢绝应酬，以诗酒自娱。晚年笃信佛教，为居士，终日蛰居于“觉觉经舍”。

1941 年 11 月 30 日，邱菽园病故于新加坡。

邱菽园的主要诗作有《啸虹生诗钞》，康有为曾为其作序，认为其诗“滂博天葩，雄奇俊迈”，“或与黄公度京卿骖靳联镳焉”①。此外，还著有《菽园赘谈》、《五百石洞天挥麈》、《挥麈拾遗》等诗文集。

① 康有为：《邱菽园诗集叙》，《啸虹生诗钞》，1922 年铅印本，第 1—2 页。

任　白　涛

任嘉尧

任白涛，笔名冷公、一碧。1890 年 1 月 24 日（清光绪十六年正月初四日）生于河南南阳一个破落地主家庭。出生仅六月，父亲病故，依伯父为生。青年时好读书，邻居张衡蒲为同盟会员，所藏革命书刊甚多，因得接触进步思想。辛亥革命前后，任上海《民立报》、《神州日报》、《时报》、《新闻报》驻汴特约通讯员。曾参与反对袁世凯称帝的斗争。

1916 年，任白涛东渡日本，进早稻田大学政治经济科学习，同时补习日文。因酷爱新闻学，参加大日本新闻学会，为首届会员，研究新闻学，并积累资料，进行写作。1917 年，周恩来亦在东京求学，当时一些进步的留日学生，有着热爱祖国、追求真理的共同愿望，常在周末至王扶璧寓处相聚，畅谈形势，议论国家大事与祖国前途，任白涛与周恩来由于志趣爱好相近，友谊甚笃。在日本留学时，任白涛已将《应用新闻学》一书初稿写就。当时我国尚无中文的新闻学专著问世，《应用新闻学》可称为我国新闻学专著的嚆矢。

1921 年任白涛从日本回国，曾将《应用新闻学》交商务印书馆出版，但未被接受，乃筹款自费印刷二百本。不久任白涛离沪去杭州，寓寺庙中，创设中国新闻学社，积累新闻资料，与各地有志从事新闻学的研究者共同探讨学术问题，潜心钻研新闻学。并以卖文为生，常为《教育杂志》、《妇女杂志》撰稿，译述外论，介绍国外情况，发表本人对教育、妇女、社会问题的主张。当时稿酬菲薄，任白涛生活清寒。名记者戈公振在撰著《中国报学史》时，鉴于手头积累资料不够，曾于 1923 年到灵隐寺访问任白涛，向其请益，任乃将历年珍藏的报刊资料慨然借予戈公振选用。

1923年，李一氓在《中国评论》杂志撰文，揭发商务印书馆出版的伍超所撰的《新闻学大纲》一书，与任白涛著《应用新闻学》有雷同之嫌，任白涛核对之下，发现伍超一书有百分之七十系直接抄袭《应用新闻学》，当即致函商务印书馆交涉，但商务未予理会。

1925年，任白涛寄寓杭州大佛寺从事著述时，碰巧胡适亦来杭游览，晤谈之下，了解任白涛耗多年心血写成的《应用新闻学》，先交商务，商务不愿出版，却出版了伍超抄袭的《新闻学大纲》，颇为愤慨。胡适与商务总编辑王云五有师友之谊①，函王，始得王云五回信。商务方面决将伍超之书毁版，而同意将任在《教育杂志》发表的文章，编集成《改造中的欧美教育》，由商务印书馆出书，以版税作为赔偿。

以后，胡适又介绍任白涛与亚东图书馆主持人相识，任的《应用新闻学》、《给志在文艺者》、《恋爱心理研究》、《恋爱名论》等书，相继由亚东图书馆出版。

1927年，任白涛由杭州迁居上海，仍悉心撰述。次年，与南华通讯社女记者邓涧云（广东鹤山人）缔交。两人志同道合，于1929年秋在上海结婚。任婚后仍以写作维持生活。

1935年，任白涛将历年所积累的新闻学资料，加以整理分类，动手执笔写《综合新闻学》一书。原定计划写三十万至五十万字，到1937年抗日战争爆发时始全部杀青，计一百三十万字。

"八一三"淞沪战役爆发，商务印书馆总管理处由上海迁往香港，任白涛将书稿寄往香港。为避免邮政检查一关，托友人汪馥泉把《综合新闻学》稿件寄出。行前写了《抗战期间的新闻宣传》一书，交北新书店出版。1938年春节，任白涛夫妇离沪到广州，正碰上日军飞机"大轰炸"，

① 胡适曾在中国公学读书，王云五时任英文教员。后胡介绍王到商务印书馆，主持编译所工作。故有师友之谊。

局势动乱，但任白涛仍不忘著述，写成《国际通讯机构及其它》一书，交广州商务印书馆出版。

当时日军南侵，战局急转直下，广州处境险恶，任白涛通过《新华日报》驻广州经理张尔华的关系，把原稿、资料、信件、日记等材料装成一大木箱，由帆船运往梧州。自己则于10月21日广州沦陷那天上午，匆忙沿广三铁路步行离穗，几经颠沛流离，始抵梧州。在广西滞留期间，又为商务印书馆写成《日本对华的新闻宣传政策》一书。

1939年春，任白涛到了重庆，随即前往中共代表团驻渝办事处找周恩来。适值周去第三战区视察，只见到邓颖超，留下通讯处（白象街商务印书馆转）辞别而去。当周恩来返渝时，重庆已遭到5月3日、4日的敌机大轰炸，商务原址化为废墟，周无法找到任白涛的下落。曾登《新蜀报》寻人，原文是："任白涛兄：弟已回渝，仍寓曾家岩渔村。兄现寓何处？请告。翔宇启。"①任一见署名为"翔宇"的广告知道周回到了重庆。"翔宇"是周恩来在留日时用的别名，只有少数知友知道。便于次日赶赴曾家岩晤面。久别重逢，分外欢欣。任白涛向周恩来叙述了二十多年来的生活和工作，并表示毕生以研究新闻学为夙愿，打算为抗战期间国际新闻宣传略效绵薄。

不久，周恩来介绍任白涛到郭沫若主持的国民党军事委员会政治部第三厅，担任设计委员，从事对敌宣传事宜。那时，重庆一再遭到敌机轰炸。任征得周的同意，将文稿资料等物装在竹箱内，存放在曾家岩。每逢空袭警报发出，中共代表团驻渝办事处工作人员便协同将上述物件搬进防空洞，警报解除后又重新取出（放在防空洞内易受潮发霉）。正因为这些文稿资料是人民的宝贵财富，周恩来才这样关怀，这样爱护备至②。

1941年皖南事变后，任白涛被裁员。此时湖北省政府已迁到恩

---

① 广告剪报原件在上海图书馆保存的任白涛文物中。

② 据任白涛爱人邓涧云回忆笔录。

施，拟邀任出任《新湖北日报》总编辑。任当时想去延安，向周请教，经告知："我们需要更多的同志和朋友在新闻界工作。你还是先到恩施去好。"①任白涛在恩施，名义上虽是《新湖北日报》总编辑，但薪金菲薄，生活清苦，住所楼下养猪，楼上住人，晚上要提着灯笼，走过田埂去上班，下雨天还要穿着钉鞋走路。可是他仍然认真负责，一丝不苟地工作，他想到的是一切为了抗战。工作了九个月，因与工人打成一片，受到社长谢然之②的疑忌和排挤，任被迫离开该报，再度失业。其后，任白涛曾任第六战区中校参谋、湖北省政府参议等职。

1945年抗日战争胜利，任白涛回到了重庆。一度借住在神仙洞《新华日报》职工宿舍，不久迁至化龙桥《新华日报》编辑部，这儿每逢星期六改善生活，打一次"牙祭"，还举行联欢会。在沸腾的革命洪流里，任白涛感到极为兴奋，他说："这是我一生最有意义的日子。"③

1946年7月，任白涛夫妇离开重庆，来到南京，曾去梅园新村中共代表团所在地，得悉寄存曾家岩的文稿资料等早由中共代表团专机运到，存放在上海马斯南路（今思南路）周公馆（即中共代表团驻沪办事处）。不久任到了上海，乃赴商务印书馆，晤编译所负责人谢仁冰，得悉《综合新闻学》原拟分四册出版，第一、第二册已于抗战时在香港发行，第三、第四册排稿后打好纸型，由于太平洋战争爆发尚未印刷。任将第一、第二册取回阅读，因未经作者本人亲自校对，谬误百出，非订正不可。加以付排后垂十年，形势发展变化颇大，第三、第四册亦须修改后方能出版。遂向谢交涉，一定要修改后始能出版。谢同意，但商定不能多更动版式。

花了九个月时间，任白涛将全书修改竣事，又往晤谢仁冰。谢却反

① 据任白涛爱人邓涧云回忆笔录。

② 谢然之，一度在瑞金任《红色中华》主编，被俘后投靠国民党，解放前去了台湾。

③ 据任白涛爱人邓涧云回忆笔录。

悔说，这部书有些章节写得过于尖锐，目前不可能出版，并表示歉意，只是将该书全部清样、纸型、铜版、锌版等物交回任白涛，不了了之。

《综合新闻学》是新中国成立前我国新闻学著作中内容丰富、篇幅最长的一部，是任白涛花毕生精力撰写的。它就新闻学概论、原始的公告形态和方法、现代的采访技术和通讯方法、编辑和技术、经营管理以及杂志方面，作了全面的论述，保存了不少中外古今新闻事业史的珍贵资料，可惜由于客观原因未能问世。

1948年，任白涛为三联书店翻译了《〈资本论〉图解》第一册，作为研究马克思著作的辅导读物。

新中国成立后，任白涛曾出席第一次全国文代会，又孜孜不倦地继续修订《综合新闻学》，并为北新书局编写一些文学、医学书籍。1952年春，周恩来总理知道了任白涛生活清苦及工作情况，嘱中共上海市委统战部派人慰问，并电邀任赴京工作。7月中旬，任白涛准备就绪，即将成行，不幸突患中风，虽经医务人员悉心医疗，仍于1952年8月31日病逝上海。

任白涛遗稿、往来信件、日记、资料以及《综合新闻学》等遗物，亦按周恩来总理指示和任白涛生前愿望，全部交给国家有关单位保存。

任 鸿 隽

赵慧芝　王　震

任鸿隽，字叔永。1886年12月20日（清光绪十二年十一月二十五日）出生在四川垫江县一个小官吏家庭，祖籍浙江归安县（今吴兴县），1863年（清同治二年）太平军占湖州，祖父任轶才率全家入川，依叔祖父任秋苹①，居成都。父任章甫，习刑名，初做幕僚，后纳资为佐贰，1872年（清同治十一年）选授垫江县典史，1902年殁于任上。

任鸿隽兄弟姐妹七人，在兄弟中排行第三。六岁延师在家就读，十二岁已熟读"四书"、"五经"，并同季弟任鸿年同时考入垫江书院②。他聪明勤奋，在书院历次月试中均名列第一。1904年他冒籍巴县参加院试，考取第三名秀才。同年，任考入重庆府中学堂师范班。这是废科举后四川创办的第一所中学。他在此学得新知识，并在政治上受到老师杨沧白等人的影响，萌发了民主革命思想。1905年底毕业后，在重庆开智小学和私立重庆中学堂执教一年。1907年初，以教学所得积蓄偕学友周秉鲁、罗锦章赴上海求学，入中国公学高等预科甲班。中国公学是当时革命党人的活动场所，秋瑾等人的革命活动对任鸿隽的思想产生了重要影响。课余任常与同学张奚若、杨杏佛、朱芾煌、胡洪骍（胡

① 任秋苹曾入四川总督吴棠戎幕，任四川盐运使。

② 任鸿年（1888—1913），字季彭，别字百一，同盟会会员，曾积极参加辛亥革命。宋教仁案件后，对资产阶级革命失去信心，投井自杀。遗绝命书七百余言。

适）等人谈论时事，向往革命，怀有推翻清政府的情绪①。

1908年初，任鸿隽在学友邓子浮的帮助下，得到留日同乡李竹君、李雨田经济上的资助，随同余耀彤东渡日本留学。初入同文中学，翌年夏考入东京高等工业学校，为官费留学生，学习应用化学。与此同时，他还从章太炎学习国学，对形声、训诂及诸子源流之学得益颇多，并深受其革命思想影响。是年，经同学朱芾煌、但懋辛介绍在东京加入中国同盟会，先后任同盟会四川分会书记、会长等职。他学习应用化学，目的在于继承喻培伦、黄复生之事业，为革命制造炸弹②。在此期间，他还常与日本友人宫崎寅藏接触，为支持国内革命购买军火③。1911年3月，为了配合黄花岗之役，牵制长江方面的清军援兵，和喻培棣一日内即拟就布告，油印数百份，并连夜刻制“中华民国军政府印”，盖在布告上④，带回国内在长江一带散发。武昌起义前后，为配合四川铁路风潮，发表了《川人告哀文》、《为铁路国有告国人书》等文章。

1911年11月，任鸿隽由东京返回上海。此时上海已经光复，四川方面战事正紧。聚集在上海的四川革命党人发起组织蜀军，推熊克武为首领，欲去四川支援，并推任鸿隽和另一党人去武昌与黎元洪的军政府交涉，借道返川⑤。1912年1月1日，孙中山在南京就任中华民国临

---

① 杨小佛：《杨杏佛事略》，《人物》1982年第1期。

② 喻培伦（1886—1911），字云纪，四川内江人。日本千叶医学校留学生。1908年经吴玉章介绍参加同盟会。曾专力制造炸弹。1911年广州起义中，奋勇当先，弹尽被俘，英勇就义。为黄花岗七十二烈士之一。吴玉章：《辛亥革命》；熊克武：《广州起义亲历记》，中国人民政治协商会议全国委员会文史资料研究委员会编《辛亥革命回忆录》（一），文史资料出版社1961年版。

③ 任鸿隽：《五十自述》（手抄本，藏于其女任以都处）；张奚若：《回忆辛亥革命》，《辛亥革命回忆录》（一）。

④ 任鸿隽：《前尘琐记》，《传记文学》第26卷第2期。

⑤ 任鸿隽：《记为蜀军返川向湖北军政府借道事》，中国人民政治协商会议全国委员会文史资料研究委员会编《文史资料选辑》第77辑，文史资料出版社1981年版；《记南京临时政府及其他》，《辛亥革命回忆录》（一）。

时大总统职，宣告成立临时政府。任鸿隽与吴玉章等人任总统府秘书①，他曾为孙中山草拟《告前方将士文》、《咨参议院文》、《祭明陵文》等文稿。南北和议告成后，袁世凯继任临时大总统，任鸿隽对此极为不满，便立意弃官请求出国学习。因对革命有功，经稽勋局派赴美国留学。在去美之前，他应邀北上，到唐绍仪内阁任秘书。6 月，唐内阁倒台，任赴天津任《民意报》总编辑，他除为该报撰写社论、时评等文章外，还根据朱芾煌的日记撰写长文《共和建设别记》在该报连载，揭露袁世凯在南北和议中运用手腕谋取临时大总统之职的内幕。文章刊出方半，袁世凯已怒不可遏，通过法租界当局迫令《民意报》停刊。11 月底任鸿隽赴美留学，与杨杏佛等人同入康奈尔大学文理学院，实际上所学专业则偏于化学、物理两科。

1914 年 6 月，任鸿隽在与康奈尔大学的中国留学生谈论当时风云变幻的世界形势，认为“在现今世界，假如没有科学，几乎无以立国”②。为实现科学救国，他们商议创办《科学》月刊，以向国内介绍并传播科学，于是便着手草拟“缘起”，制订办法，募集资金。为要发行科学杂志，他们又发起组织科学社。数月之内，入社者达七十余人，股金筹集到五百余元。1915 年 1 月，《科学》月刊正式出版。4 月，任鸿隽、胡明复和邹秉文草拟了社章，10 月 25 日经全体社员通过，中国科学社遂正式成立。社章规定科学社的宗旨是“联络同志，研究学术，以共图中国科学之发达”③。任鸿隽与赵元任、胡明复、秉志、周仁五人被选为中国科学社第一届董事会董事，任鸿隽被推举为董事会会长兼中国科学社社长。

在康奈尔大学期间，任鸿隽还曾主编过《留美学生季报》，与胡适等人过从甚密。1916 年曾因为中国文字和中国文学问题与胡适发生一

① 任鸿隽：《记南京临时政府及其他》，《辛亥革命回忆录》(一)。

② 任鸿隽：《中国科学社史简述》，中国人民政治协商会议全国委员会文史资料研究委员会编《文史资料选辑》第 50 辑，中华书局 1964 年版。

③ 任鸿隽：《中国科学社史简述》，中国人民政治协商会议全国委员会文史资料研究委员会编《文史资料选辑》第 50 辑。

场激烈的辩论，他与梅迪生、杨杏佛一起反对胡适提倡的白话文，尤其反对白话诗。此乃中国文学史上白话与文言论战之发端。

1916 年 6 月，任鸿隽于康奈尔大学文理学院毕业，获化学学士。一度想去哈佛大学攻读文学硕士，但为了实现科学救国的愿望，决定去哥伦比亚大学研究化学，1918 年获得化学硕士学位。其时第一次世界大战已告结束，任与一批留美学生于 10 月搭轮经日本回国。中国科学社总事务所也由美国迁回国内，先后在上海和南京设办事处。该社为调动社会力量，积极扩大科学活动，曾发起"五万元基金"募集运动。任鸿隽为此奔走各方，历访各界名人，为发展中国科学事业大声疾呼。"可是在反动而又愚昧的政府统治下，对于人民的利益照例是漠不关心的，对于学术思想这种看来是不关重要的事情，尤其难望得到重视。"①因此有时不免遭到冷遇，但他毫不灰心，以沿门托钵的精神，不辞辛劳，前往广州、北京、成都、南通、杭州等许多地方募集基金，获得社会各界开明人士的支持。任鸿隽在上海曾多次拜访孙中山，时孙正在著述《孙文学说》，以有关科学部分嘱任鸿隽校读，并鼓励留学生应自有组织，以对国家有所贡献，对中国科学社组织颇为赞赏，并给予极大的支持。

1919 年春，任鸿隽回到四川，在各学校、商会演说，鼓吹科学②。当时四川督军熊克武正拟筹办炼钢厂，他向熊建议应同时建立钢、铁两厂，"相辅而行，为四川立钢铁工业之基础"③。熊亟是其言，遂委任鸿隽草拟创设钢铁厂的计划，并将筹办铁厂之事委托给傅友周和姜荣光。是年冬，任偕周子竞复去美国采购机器设备并调查炼钢方法。1920 年夏，任鸿隽回国，适值四川一、二军之战，熊克武已去职，而继任者未遑

① 任鸿隽：《中国科学社史简述》，中国人民政治协商会议全国委员会文史资料研究委员会编《文史资料选辑》第 50 辑，中华书局 1964 年版。

② 中国社会科学院近代史研究所中华民国史组编：《胡适来往书信选》上册，中华书局 1980 年版。

③ 任鸿隽：《五十自述》（手抄本，藏于其女任以都处）；张奚若：《回忆辛亥革命》，《辛亥革命回忆录》（一）。

远略，于是建厂计划中辍。十余年后四川设立钢铁厂所用机器设备，即系当年任鸿隽等人所引进。

任鸿隽在川筹建钢铁厂事中辍后，北京大学校长蔡元培和北洋政府教育总长范源濂邀请他担任北京大学化学教授兼教育部专门教育司司长。但任鸿隽一向主张专事一职，反对兼任，不久乃辞去北大教职。但未及一年，范源濂因教育界经费风潮去职，任遂辞去教育部职。

1920年在北京大学任教期间，任鸿隽与陈衡哲结婚①。陈长于西洋史，是我国第一位女教授，也是颇有个性和见地的女学者，对任鸿隽的事业帮助颇多。

1922年8月，中国科学社在江苏南通举行第七次年会，修订社章，增设理事会以负责经常工作，原董事会则主持科研方针和募集资金。年会选举张謇、蔡元培、梁启超、马良、汪兆铭、熊希龄、严修、范源濂、胡敦复九人为第一任董事，选举竺可桢、胡明复、王琎、任鸿隽、丁文江、秦汾、杨铨、赵元任、孙洪芬、秉志、胡刚复十一人为第一届理事，任鸿隽为理事长。同年冬，任到上海商务印书馆任编辑。1923年任去南京，任国立东南大学副校长。1925年春因不满学校两派斗争而辞职，专心著述《科学概论》一书。8月到北京任中华教育文化基金董事会秘书。此后继而任秘书长、副干事长、干事长直至1935年。1927年蔡元培被南京国民党政府任命为教育行政委员会常务委员和大学院院长，并受命筹建中央研究院②，任鸿隽积极参与筹建工作，并担任大学院科学教育委员会委员③。1929年任四川省政府委员兼教育厅长，至1931年去职。

---

① 陈衡哲1919年毕业于美国瓦塞学院，因成绩优秀，获得瓦塞奖学金入芝加哥大学研究院学习。1920年获硕士学位。1916年夏，陈在纽约伊萨卡度假时与任鸿隽相识。

② 高平叔：《蔡元培年谱》，中华书局1980年版。

③ 陶英惠：《蔡元培与“中央研究院”，1927—1940》，台北《中研院近代史研究所集刊》第7期，1978年版。

1935 年 9 月，任鸿隽出任四川大学校长，12 月全家迁居成都，陈衡哲亦在川大任西洋史教授。陈一贯同情被压迫的妇女，而目睹大学女生中不少人系达官贵人的姨太太，便在成都《新新新闻》著文抨击，认为这是对妇女的侮辱，是大学教育的破产，号召四川妇女争取独立自主；并在《独立评论》上连续撰文，对当地政治和社会情况进行激烈的批评。陈因此受到攻击，被迫离开川大返回北平①。1937 年 6 月，任鸿隽也辞去川大校长职务，回北平中华教育文化基金董事会任编译委员会委员长。7 月应蒋介石之邀参加庐山谈话会。次年 7 月，任被聘为国民参政会参政员。是年底，应蔡元培之邀，到昆明担任中央研究院总干事、化学研究所所长和评议员等职。1941 年冬，中央研究院迁至重庆，翌年任鸿隽辞去中央研究院的职务，再次到中华教育文化基金董事会任干事长。这时中基会、中国科学社组织机构和《科学》杂志均迁至四川重庆的北碚。1944 年 1 月，中国科学社董事会改为监委会，任鸿隽继任社长、监委会书记，以及理事会会长、临时编委会委员和特约撰稿通讯员。1945 年抗日战争胜利后，他随同中基会和中国科学社返回上海。1946 年任鸿隽再度赴美考察，次年春回国后定居上海，致力于中基会和中国科学社的事业。

中华人民共和国成立后，中国科学社和中华自然科学社、中国科学工作者协会、东北自然科学研究会联合发起向中共中央和中央人民政府建议，召开全国自然科学工作者代表会议，并先组织筹备委员会，任鸿隽为筹备委员会委员。这个会议于 1950 年 8 月在北京召开，成立了中华全国自然科学专门学会联合会（简称科联）和中华全国科学技术普及协会（简称科普）。任鸿隽被选为全国科联第一届委员会委员和常委会委员。任鸿隽作为中国科学社的主要负责人，在这些活动中起到了积极的推动作用。通过这次会议，他认识到人民政府对于科学事业是

---

① [美]包华德主编，沈自敏译：《民国名人传记辞典》第 1 卷“陈衡哲”条，中华书局 1981 年版。

很重视的，认为“此后的科学工作，已经成为国家的事业，前途无限光明”①。为了更好地发展我国的科学事业，配合和促进社会主义建设，他召集中国科学社理事会，经讨论决定将当时该社主办的几项事业先后移交给人民政府或国家的其他科学组织。1951 年将《科学》月刊与《自然科学》合并，由全国科联主办刊行；1953 年将《科学画报》交上海科学普及协会继续刊行；1954 年将生物研究所移交给中国科学院；1956 年将明复图书馆捐献给上海市人民政府，改组为上海市科学技术图书馆；1956 年到 1957 年间将中国科学图书仪器公司所属印刷厂合并给中国科学院的科学出版社，编辑部合并给上海科技出版社，仪器部分合并给上海量具工具制造厂。最后，在 1959 年秋，由中国科学社理事会提议，并得到全体社员同意，将科学社拥有的房屋、财产、书籍、设备等，全部捐献给国家。1960 年 5 月 4 日，中国科学社宣告结束，完成了历史使命。

中国科学社是我国最早的科学团体，《科学》杂志也是我国创刊最早的综合性科学期刊，它对传播现代科技知识、推动我国科学文化的发展、训练造就科学人才和在科学基础理论研究方面，都作出了重要的贡献。在中国科学社四十五年的历史中，任鸿隽不仅是发起人之一，并且是始终致力于中国科学社事业的主要组织者和领导者之一。

建国后，任鸿隽是第一届全国政协特邀代表，第二、三届全国政协委员，上海市人民代表大会代表，上海科技图书馆馆长。1958 年该馆与上海图书馆合并，他继任上海图书馆馆长，上海市科技协会副主席等职。1961 年 11 月 9 日，任鸿隽在上海病逝，终年七十五岁。

任鸿隽的著作和译著颇多，粗略统计，文章有二百多篇，主要发表于《科学》、《东方杂志》、《新教育》、《教育杂志》、《建设》、《现代评论》、《独立评论》、《新青年》、《留美学生季报》、《中国科学社论文专刊》（英文

① 任鸿隽：《中国科学社史简述》，中国人民政治协商会议全国委员会文史资料研究委员会编《文史资料选辑》第 50 辑，中华书局 1964 年版。

版)等刊物。内容涉及化学、物理、生物、教育、科学发展史、科学家传记等。他很重视科学对于国家发展的巨大作用,写了很多宣传科学和传播科学技术的文章。他的主要著作有《科学概论》,译作有《教育论》、《最近百年化学的进展》、《大宇宙与小宇宙》、《爱因斯坦与相对论》等,还有与李珩、吴学周合译的《科学与科学思想发展史》,与胡明复等人合译的《汉译科学大纲》等。任鸿隽也具有相当的文学素养,他的文章,特别是古体诗很见功夫,除散见于报纸杂志之外,还选有《古青纪游诗》等。

任 可 澄

李双璧

任可澄，原名文嵘，字志清，号匏叟。贵州安顺人。1879 年 1 月 14 日(光绪四年十二月二十二日)出生于一个有五百年谱牒可稽的官宦家庭里。

任可澄幼时受传统教育，“未冠入泮，蜚声庠序”①。1902 年中举。次年，考取内阁中书，在北京做了一年多的闲官，后以升迁无望，报丁忧回籍。

时值清廷倡言改革，任可澄约同贵阳巨绅唐尔镛、徐天叙兴办了“贵州官立师范传习所”，为贵州的新式教育培养了第一批小学师资。1905 年以后，他又与唐尔镛、华之鸿等人创办了“通省公立中学堂”、“优级师范选科”和“宪群法政学堂”等新式学校。在“通省公立中学堂”里，任可澄担任堂长并主讲国文、史地、读经等课程。任可澄热心教育事业，为他在社会上赢得了较高声誉。1907 年他当上了旨在发展贵州教育的“贵州黔学总会”会长。

在政治立场上，任可澄坚定地站在以康、梁为首的改良派一边。他通过在日本留学的陈国祥、蹇念益等贵州同乡，和梁启超组织的“政闻社”建立了联系，并联络了一批与他们有共同政治主张的士绅，于 1909 年 10 月成立了“贵州宪政预备会”，任可澄是这个组织的会长。他们先

① 白之瀚:《代任泰撰任公志清事略》,《贵州文献汇刊》第 5 期(1949 年),第 113 页。

后发行了《黔报》、《贵州公报》,主张变革,鼓吹立宪。

任可澄和他所领导的“宪政预备会”在省谘议局选举以及教育总会会长的任命等问题上与另一主张立宪的激进组织“自治学社”展开了激烈的斗争。随着形势的发展,“自治学社”日趋倾向革命。任可澄为了阻挠革命的发动,曾使用攻讦、告密的手段诬陷自治学社,并向清政府秘递该组织负责人名单,以便官府按名捕拿,只是由于革命形势的迅猛发展,才使这一图谋未能得逞。

云南“重九”起义的消息传来后,任可澄见贵州革命派也在积极准备发动革命,遂惊呼:“小人得志,我辈无噍类矣!”①他向巡抚沈瑜庆献计,电召兴义土豪即西路巡防营管带刘显世“募土著五百人,星夜来省,以资捍卫”②,沈采纳了他的计划。自治学社为了实现“不流血的革命”,主动向“宪政预备会”提出“携手合作”的建议。两派领导人遂于1911年11月2日集议,敦劝巡抚沈瑜庆反正。可是,任可澄却向沈瑜庆另提出“既不保清,亦不革命,集中力量,以图自保”③的主张,要求沈瑜庆效法江苏程德全,做“半独立”的表示,任的这一活动,遭到革命党人坚决反对。

农历九月十三日(11月3日)晚,自治学社联合陆小学生和新军发动起义,次日成立“大汉贵州军政府”。革命党人推新军教练官杨荩诚为都督,新军排长赵德全为副都督,“自治学社”领导人张百麟为枢密院长,任可澄也被邀担任枢密院副院长,“宪政派”的重要成员也大都参加了军政府的工作。然而,两派合作的历史甚为短暂,不久,任可澄即举

① 周素园:《贵州民党痛史》,中国人民政治协商会议贵州省委员会文史资料研究委员会编《贵州文史资料选辑》第4辑,贵州人民出版社1980年版,第62页。

② 白之瀚:《代任泰撰任公志清事略》,《贵州文献汇刊》第5期(1949年),第113页。

③ 张彭年:《辛亥以来四十年间贵州政局的演变》,中国人民政治协商会议贵州省委员会文史资料研究委员会编《贵州文史资料选辑》第1辑,贵州人民出版社1980年版,第72、75页。

荐刘显世参加新政府，担任军事股长一职。任可澄和刘显世还假借枢密院的名义，致电云南都督蔡锷，请蔡指派在滇的贵州立宪党人刘显治、熊范舆为代表，参加各省都督府代表会议。另外，在政府各部门，任亦处处安插党徒，以致实权尽入其手。不仅如此，任可澄还扶持退职官僚和守旧乡绅郭重光等人组织了“耆老会”，从事破坏新政权的活动。任可澄、郭重光等人密议，由宪政派重要成员何麟书出面组织“尚武社”等所谓“五大社团”，倡开公口（即会党），扰乱秩序。他们反过来又将“公口林立”、“全黔糜烂无完土”的罪名加在革命派的头上，以此作为请滇军入黔平乱的借口。对任可澄在光复后的种种行为，革命派中一部分人曾向枢密院长张百麟提出“不去可澄必有后患”的警告①，但张百麟等人未采取防范措施。

在任可澄、刘显世、戴戡等立宪党人的请求下，云南派兵“援黔”。1912年3月1日，唐继尧率滇军到达贵阳，3日，贵州军政府即被颠覆。在唐继尧为都督的“军政府”里，任可澄担任了参赞兼秘书长的要职，“同时，任可澄对自治派大肆报复，不特贵阳，就是各县曾与自治派有关的人士，宪政派的分子也假任可澄的势力要求地方官搜捕，而地方官不敢不办”②。任可澄的所为，获得袁世凯的好感。1913年任被任命为黔东观察使，次年春被举为袁记约法会议的议员，6月任镇远道尹，8月升任云南巡按使。

1915年8月，“筹安会”策动拥袁复辟帝制。12月，袁政府的法制局要求各地明确表态，时任云南巡按使的任可澄当即召集省中绅商著名人物开会，谋划拥戴事宜。因赴会者寥寥，使任大为气沮，只好草草收场。事后，任可澄又亲拟奏稿，准备会同唐继尧等人奏报劝进情形，但滇中反对帝制的声浪已经很高，任可澄不得已乃以其个人名义电呈

---

① 冯自由：《革命逸史》第4集，中华书局1981年版，第219页。

② 张彭年：《辛亥以来四十年间贵州政局的演变》，中国人民政治协商会议贵州省委员会文史资料研究委员会编《贵州文史资料选辑》第1辑，第72、75页。

袁世凯，用涕泣而谏的语气请袁不必称帝。蔡锷返滇后，云南正式宣布讨袁，迫于形势，任可澄只好加入了护国讨袁的行列①。在 1915 年 12 月 25 日的“独立”通电中，任忝列其名，但由于任可澄在云南起义前有劝进的举动，护国军中有些将领对他是不信任的。尽管如此，任可澄在护国战争中“躬治军书，所为文檄，遐迩传诵”②，为护国运动还是做了一些有益的事情。

护国运动结束后，黎元洪的北京政府于 1916 年 7 月任命任可澄为云南省长。任可澄发出通告准备就职，不料云南将领联名指斥他在帝制初期有劝进行为，不能服众，他只好以脑病复发为由，离开云南，回到贵州主持贵州通志局，编修《贵州通志》。

作为一个有声望的退职官僚，任可澄受到了贵州各派政治势力的重视。贵州兴义系军阀“新派”首领、黔军总司令王文华和乃兄、时任国会议员的王伯群，于 1919 年初创议成立了贵州政治会议，以商讨贵州政治改革问题为名义，从事夺取刘显世等“旧派”的统治权的准备活动。他们推举任可澄担任这个组织的会长。由于刘显世表示宁死也不肯交出军政两权，政治会议很快就流产了。当时，兴义系内部新旧两派的斗争已呈白热化状态，任可澄为避祸，迁居于安顺老家。1920 年 11 月初，“新派”重要骨干何应钦、谷正伦等人发动了“民九事变”，刘显世被逼下台。时任督军署参谋长兼警察厅长的何应钦派人到安顺找来了任可澄，并策动省议会推举任为临时省长。任深知兴义系两派斗争的内情，不愿再卷入政潮中去，遂于事变数日后潜离贵阳，回到安顺。1922 年夏，兴义系“旧派”军事头目袁祖铭在武汉组织“定黔军”，迅速平定了“民九事变”后出现的何、谷“五旅之乱”，分化了谷部团长彭汉章、王天

① 李子辉：《任可澄为袁世凯所作的帝制活动》，中国人民政治协商会议贵州省委员会文史资料研究委员会编《云南文史资料选辑》第 10 辑，1979 年版，第 60 页。《贵州政报》民国十一年(1922 年)七月下旬，第 6 号。

② 白之瀚：《代任泰撰任公志清事略》，《贵州文献汇刊》第 5 期(1949 年)，第 113 页。

培，驱走了何应钦、谷正伦，恢复了兴义系“旧派”的军阀统治。袁祖铭为借重任可澄的声望，致函任可澄，请他出任省长一职，期许他“综理自治事宜，部署全局，改进一切”①，任亦婉辞未就。

其后，任可澄一直致力于《贵州通志》的撰修，而在政治上，则更趋于保守。1925 年 2 月，他以云南代表的身份列席了段祺瑞执政府召集的善后会议。当北伐军兴以及袁祖铭已就职国民革命军左翼军前敌总指挥之际，他还在袁面前“力陈拥吴（吴佩孚）之利”，他“强聒不舍，凡革命军之优点，概从掩蔽，且诬为赤化，盛张吴佩孚之形势”②。在北伐军节节胜利的情况下，任仍没有从北洋派的立场上转变过来，1926 年 6 月，他还在张作霖控制的北京政府杜锡珪内阁里当了半年教育总长。

此后，任可澄僦居北京，“日惟摩挲故纸自娱，仅赖及门生资济，常时不给”③。在他的后半生中，曾于 1935 年 8 月担任过全国禁烟委员会委员，于 1937 年担任过云贵监察使等闲职，其余大部分时间均用于《贵州通志》的主编和其他著述。

1946 年 11 月，任可澄因脑溢血逝于昆明④。他除了主持编修《贵州通志》，并撰写其中的《前事志》外，还有《牂牁江考正》、《读史脞录》、《且同亭笔记》、《续夏曾佑〈中国历史〉宋元明清编》、《黔语》、《藏山堂诗文词稿》等著作。

---

① 周素园：《贵州陆军史述要》，中国人民政治协商会议贵州省委员会文史资料研究委员会编《贵州文史资料选辑》第 1 辑，第 29 页。

② 周素园：《贵州陆军史述要》，中国人民政治协商会议贵州省委员会文史资料研究委员会编《贵州文史资料选辑》第 1 辑，第 29 页。

③ 白之瀚：《代任泰撰任公志清事略》，《贵州文献汇刊》第 5 期（1949 年），第 113 页。

④ 白之瀚：《代任泰撰任公志清事略》，《贵州文献汇刊》第 5 期（1949 年），第 113 页。

任　援　道

朱佩禧

任援道，字良材，又名亮才，号豁庵。1890年（清光绪十六年）出生于江苏宜兴县城西大街永宁巷进士第任家①。任家是宜兴望族，先祖在清代累有功名，北洋时期还有不少政界要员。

任援道毕业于河北保定军官学校②。1911年辛亥革命爆发后，他先后担任汉口学生军总指挥、汉阳军队后勤服务主任、第二混成旅指挥官。1913年，他担任上海国民革命军参谋长。后投靠叔父任凤苞，担任天津造币厂总务科长。后在江西督军蔡成勋那里当江西银号督办，任湖南军阀唐生智的天津交际处处长。其后任山东兵工厂厂长、津浦路北段交通司令和京汉路警备司令。1929年6月25日，蒋介石过天津，当面嘱咐唐生智的交际处长任援道，电邀唐生智到北平与蒋会谈。26日，唐生智果真从河南北上，到北平与蒋介石会面③。

1935年12月，任援道任冀察政务外交委员会外交委员（宋哲元为委员长）。1937年7月抗日战争全面爆发后，任援道投敌当了汉奸。1938年3月，出任梁鸿志组织的伪维新政府绥靖部长，即伪保安部长④。1939年4月和5月，任分别担任绥靖军官学校和绥靖军水巡学

① 一说1891年出生，清光绪十七年。

② 尤文远、马志祥编：《保定军校千名将领录》，方志出版社2001年版，第153—154页。

③ 《蒋暂不招待使团，唐方任将赴平晤蒋》，《申报》1929年6月27日。

④ 《申报》1938年3月29日。

校的校长，两校学生成为“绥靖军”的基础。6月，任援道参加汪精卫、梁鸿志的上海会谈，会后发表声明，支持汪精卫组建政府。8月，日本关东军土肥原在天津、北平与任道援会晤①。8月25日，汪精卫在上海秘密召开伪国民党第六次代表大会，有二百四十多人参加，任道援被指定为伪国民党“中央委员”。1940年，随日本顾问原田永吉参加汪精卫、梁鸿志、王克敏青岛会谈，会谈结束后即组成汪伪国民政府筹备委员会并出任委员、“警卫组长”职务。1月29日，伪维新政府宣布解散，3月30日汪伪国民政府在南京成立，任援道担任汪伪“苏浙皖三省绥靖军”总司令，下辖七个师和一个独立团。无论在维新政府还是汪伪政权，任援道都是实力派人物。

1940年4月4日，任援道在南京设立总司令部，设立南京、湖州、杭州、庐州、蚌埠、苏州、芜湖七个绥靖区，并在南京中山东路励志社原址成立“绥靖军官学校”，培养绥靖军中、下级军官，任援道兼任校长②。4月27日，任援道在南京召开绥靖区司令会议，以上七个绥靖区司令徐朴诚、程万军等出席，28日会议结束。

任援道在汪伪政权先后任伪职有十三项之多，如汪伪国民党中委、汪伪中央政治委员、汪伪最高国防会议委员、汪伪军事委员会委员等，主要实职有伪第一方面军总司令，伪军事参议院副院长、代院长，伪海军部长，伪江苏省省长（主席），伪苏州绥靖主任公署主任，伪江苏省保安司令，伪上海市市长，确立了他在汪伪政权中的地位。其中，任伪海军部长一职，反映出汪伪内部的争权夺利的本质。

1940年3月汪伪国民政府成立后，在其行政院下设海军部，体制和编制基本仿照原国民政府海军部，但是多设了一个顾问室，由日本海军少将级军官充任顾问，几名军官任助理，一切部务须经顾问室同意后

---

① 《土肥原在津会晤任逆》，《申报》1938年8月12日。

② U38—2—80，上海市档案馆敌伪政治档案案卷，法帝警关于任援道和姜西园的简历。

才能实行。日本海军中国方面舰队司令长官野村中将通过中国留日海军军官李慧济,征求伪海军联谊社成员郑世璋、黄勋、何传滋、曾伟等人对部长人选的意见①。他们以为以前海军部军械司少将司长林献炘为适宜人选②。但林献炘称病婉辞,于是李慧济等人又推荐前海政司少将司长许继祥③。但日伪都不满意,这主要是伪政权内部陈璧君的公馆派与周佛海之间争权夺利所致。公馆派坚持海军部长一职由陈璧君的妹夫褚民谊担任。褚是留法医学专业,与海军素无关系,周佛海坚决反对。公馆派也反对改派其他人。双方互不退让。

1940 年 3 月 22 日,伪中央政治会议举行第三次会议,海军部长人选仍没有选出,只得决定由汪精卫兼任部长,凌霄任政务次长,许继祥任常务次长。伪苏浙皖绥靖军总司令任援道得知海军部长一职尚缺,即积极活动,得到日本海军顾问寺冈谨平、冲野中佐的支持和汪精卫的同意。任援道又派徐沛(烟台海军学校第九届航海生)向李慧济、郑世璋等联谊社成员疏通,允诺到职后在部中给予他们职位。5 月 30 日,伪政府特派任援道兼海军部长。6 月 5 日,伪中央政治委员会举行第九次会议,任命姜西园为海军政务次长兼中央海军学校校长④。

1942 年 8 月,伪中央政治委员会通过《调整军事委员会机构案》,将军政部(改陆军部)、海军部改隶属军委会。当时担任军事参议院代理院长任援道继续担任海军部长,辞去军事参议院院长这一兼职⑤。他改组军事机关,设参谋总长(刘郁芬),辖管陆军、海军的两名参谋次长(许建廷为海军部次长),同时还任命萨福畴为海军部次长。1944 年

① 李慧济,烟台海军学校第十八届航海生。伪海军联谊社系由留沪海军军官组成。郑世璋、黄勋、何传滋、曾伟为烟台海军学校第六届航海生。

② 林献炘,留德学生,黄埔海军学校第八届航海生。

③ 许继祥,船政学堂第十二届航海生。

④ 姜西园,烟台海军学校第十五届航海生。

⑤ 《任援道改组军事机关》,《申报》1942 年 8 月 21 日、9 月 25 日。

11月，汪伪政府调整军事机构，任援道改任伪江苏省省长，由凌霄代理海军部(1945年1月15日任部长)。1945年3月8日，任汪伪中央政治委员会委员。

1941年5月，汪伪政权开始“清乡”，任援道作为汪伪“清乡委员会”的委员，推荐儿子任祖萱为清乡委员会中的“招抚整编委员会”委员。任祖萱在江苏为非作歹，在许多交通要冲设卡收税，临时征收捐税。1942年6月1日，任援道陪同褚民谊，代表伪中华民国政府访问日本，觐见日本天皇裕仁，并会见日本首相东条英机。11月24日，任援道担任海军检阅使，定期向各检阅委员下令，同赴广州实施检阅海军部所属各机关舰艇部队的军风军纪①。12月15日，任完成对长江下游一带的海军检阅，即赴广州检阅要港部队所辖各舰艇及各基地部队②。

1943年，抗战形势发生变化，任援道与就近的重庆国民政府第三战区司令长官顾祝同建立了联系。2月23日，海军第二届高级干部讲习班举行开学典礼，学员有二十多人，由各地调集。伪军事委员会委员长汪精卫派任援道致训词，他提出三点勖勉:一、各爱其国;二、互爱其邻;三、共爱东亚。要求海军高级干部忠实恪遵，在受训完成后尤其须在实际工作积极表现③。2月23日下午，任援道携海军部次长招桂章、中央海军学校校长姜西园、威海卫司令鲍一民驱车至虹口方面与吉田将军会谈④。4月29日，任援道任第一方面军总司令，前往皖中、合肥等地驻军检阅第四师防务暨训练装备事宜，经过芜湖，返回南京⑤。5月21日，日本海军大将山本五十六被美军炸死在太平洋，任援道发

① 《任援道为海军校阅使》,《申报》1942年11月25日。

② 《任援道赴粤检阅海军》,《申报》1942年12月16日。

③ 《海军二届海军高级干部讲习班举行开学典礼》,《申报》1943年2月23日。

④ 《海长任援道等访问日航司令》,《申报》1943年2月24日。

⑤ 《任援道前往巡视皖中、合肥等地》,《申报》1943年4月30日。

表了悼念谈话，认为山本元帅的战死是壮烈的牺牲等①。5月27日，日本第三十八个海军节，在南京举行演讲会上，任援道、寺冈顾问发表演说，任援道希望日本海军在中国海军新兴途中给予指导与协助，并共同担任保卫东亚太平洋的任务。演说会还放映了电影《夏威夷影片》、《马来战记》、《中国海军建设》等②。8月5日，在新国民运动公务人员和青少年学员两集训营上，任援道应邀作了特别演讲，题为《中国新海军之建设》，阐述了中国海军的历史、军校学生之生活及海军对国家之重要性等内容③。10月27日，任援道到无锡视察炮艇队④。12月2日，任援道对太平洋战役中日本的海空军表现发表谈话称"赫赫战果"⑤。12月6日，任在国立中央大学受邀发表演讲，题为《战时大学生》，对于战时大学生应负之使命及应有之抱负进行了阐释⑥。

1944年11月10日，任援道接任江苏省省长兼驻苏绥靖主任。1945年3月15日，任抵达上海，上海市商会、市政咨询委员会、市民福利协会、中国新闻协会上海区分会等六个团体举行欢迎茶话会。任援道在会上发表谈话，具体介绍在江苏省四个多月来的施政概况⑦。其中，治安和生产方面，江苏省现辖二十三个县，去年产出稻米约两千多万担，麦五百万担，其他杂粮大豆均有大量收成，可谓是江南鱼米之乡，米粮提供给米统会采购；财政与税赋，田赋征收实物，省库盈收；教育与建设也在不断改进管理等⑧。1945年5月27日，任援道为答谢上海市市政当局及工商界、金融界举办江苏农贷，宴请各界领袖，包括周作民、

① 《任海长悼山本大将》，《申报》1943年5月22日。

② 《纪念日本海军节，京市昨举行演讲会》，《申报》1943年5月30日。

③ 《任海长昨莅临暑训练营》，《申报》1943年8月6日。

④ 《任海长莅锡视察炮艇队》，《申报》1943年10月27日。

⑤ 《对太平洋战役任海长发表谈话，盛赞盟邦海空军赫赫战果》，《申报》1943年12月2日。

⑥ 《任海长在中大演讲》，《申报》1943年12月7日。

⑦ 《任省长莅沪谈江苏省政设施概况》，《申报》1945年3月15日。

⑧ 《任省长莅沪谈江苏省政设施概况》，《申报》1945年3月15日。

唐寿民、吴震修和上海市市政当局秘书长及各局处长。任援道致辞感谢，此次农贷十分成功，实际上对于帮助江苏省农民，而粮食丰收间接也帮助了上海自身，粮价稳定，市面安定①。

1945年8月15日，日本天皇宣布无条件投降，汪伪南京政府作鸟兽散。由于任援道接受了重庆国民政府苏、浙、皖三省总指挥陶广的建议，率军归顺重庆国民政府。1945年8月14日，国民党政府军事委员会任命任援道为南京先遣军司令，负责南京和苏州一带治安，所有伪司令官原统辖之军警、保安团队统归其指挥②。后来，担心自己失去使用价值后，会遭到惩罚，于是，以二百根金条贿赂有关方面，举家前往香港，在九龙弥敦道中段热闹市口开了一家酒楼。1949年，中国人民解放军饮马深圳河，任援道又觉香港也难以立足，于是举家远飞加拿大定居，不问世事。1980年病逝加拿大。

主要参考资料

汤虎君：《汪伪巨奸任援道》，《钟山风雨》2002年第3期。

《上海法租界公董局警务处关于汪伪政府海军部长任援道的简历》，敌伪政治档案案卷，1940年6月1日，上海市档案馆，U38—2—80。

《金城银行关于伪军认借款、应酬、请托、宗教、请求资助介绍职业等事项吴蕴斋与日部长本芳太郎及汉奸梅思平、孙良诚等有关方面来往文书》，1945年，上海市档案馆，Q264—1—1292。

江苏省政协文史资料委员会编：《民国海军的兴衰》（江苏文史资料第32辑），中国文史出版社1989年版。

日本外务省东亚局调查部第六课编：《新国民政府名人鉴》（昭和十

① 《任省长莅沪宴请各界领袖》，《申报》1945年5月27日。

② 《申报》1945年8月18日。

五年)，亚洲历史资料中心藏:REEL No. 調— 0024 — 0107。

刘熙明:《伪军——强权竞逐下的卒子(1937—1949)》,稻乡出版社 2002 年版。

任　卓　宣

马宣伟

任卓宣，又名任后彰，笔名叶青。四川南充县三会乡人，生于1896年4月18日(清光绪二十二年三月初六)。父亲务农，家境贫寒。读完私塾，入七宝寺高等小学就读。毕业后考入南充中学，得族人资助，始能完成四年学业。中学毕业后，到七宝寺高等小学教书半年。1919年进北京高等法文专修馆读书。次年经张澜推荐公费赴法勤工俭学。时值第一次世界大战后，欧洲发生经济危机，民生凋敝随处可见，工人生活尤其困难。任卓宣目睹西方资本主义的腐朽，深有感受，有所感触，便创办《赤光》杂志，鼓吹社会主义革命；并把《赤光》杂志寄回家乡，传播革命思想。这时他加入旅欧中国共产主义青年团。1922年参加中国共产党。1925年，上海"五卅"惨案发生后，中国留法学生激于义愤，6月21日约集华侨学生百余名，到巴黎中国驻法公使馆示威抗议，任卓宣为总代表。24日，任卓宣被法国警察总厅逮捕，拘禁四个月始获释放，后被驱逐出境。他转经德国、波兰到苏联，入莫斯科中山大学学习。

1926年，任卓宣从莫斯科回国，任中共两广区委宣传部长。1927年冬任中共湖南省委书记时，在长沙被捕叛变，还和敌特一起在长沙市逮捕了贺龙的姐姐。1928年3月潜回成都，匿居成都大学，投靠校长张澜。任卓宣曾向中共川西特委写了长信，讲述他的出身、学习和工作情况，更多地为他第二次被捕叛变辩解，还要求与特委主要负责人谈话，要求与党建立联系。特委书记刘披云从中共中央通报上得知任卓宣已经叛变，未加理睬。不久，成都大学校长张澜请任卓宣主编《科学思想》旬刊，以介绍科学方法以及启发青年思想为办刊宗旨。

1930 年，任卓宣由成都赴上海，参与川军第二十八军旅长陈离出资创办的辛垦书店，主编《二十世纪》月刊与《研究与批判》等刊物。他出版的著作有《胡适批判》和《张东荪哲学批判》、《费尔巴哈论纲研究》等书。另外还编辑出版《哲学论战》、《黑格尔》、《新哲学论战集》等。辛垦书店停办后，任卓宣投靠了陈立夫、陈果夫。

1935 年 7 月，任卓宣与尉素秋结婚。随后与郑学稼等人创办真理出版社，继续搞反共反苏宣传。任卓宣出版了《伦理学问题》、《救国哲学》、《为发展新哲学而战》等书。

1938 年 1 月，任卓宣应留苏同学、四川同乡、复兴社头目康泽的邀请，到中央军校特别训练班和中央政治学校特别训练班担任高级教官，主讲《中国底现阶段及其将来》。他公开提出中国革命之理论：既非斯大林之阶段论，亦非托洛斯基之不断革命论，实乃孙中山之一次革命论，即“举民族革命、政治革命、社会革命毕其功于一役”也。这期间，他除出版《抗战底根本问题》一书外，还创办了《抗战响导》。1939 年 4 月在重庆创刊《时代思潮》等刊物。任卓宣在刊物上公开发表文章攻击中国共产党坚持抗战的主张和各种政策，他把刊物办成国民党右派的反共喉舌。并与陈独秀、郑学稼联合一致，发表反对中共的文章。

1940 年 4 月，任卓宣应国民党江西省主席熊式辉邀请，到江西中正大学任教，并任三民主义文化运动委员会常委兼第一专门委员会主任。他出版了《中国不可征服》、《中国民族之伟大》、《统一与民主》、《从民主到宪政》、《三民主义底哲学基础》、《毛泽东批判》等反共著作。

1942 年日军占领江西，任卓宣转赴重庆，先后担任国民党中央党部专门委员、中央组织部研究室主任、国民政府行政院战时青年训导团研究室主任、三青团中央常务干事、中央干部学校教授及朝阳学院教授。他还主编《组织旬刊》、《政治响导》等刊物，尽力吹捧蒋介石，为国民党效力。1945 年 5 月出席国民党“六大”，当选中央委员。

抗战胜利后，任卓宣随张继代表国民政府宣慰华北五省。他到北平后，在各大专院校对青年发表攻击中共及苏联政府的演讲。1946 年 11 月，作为代表出席“制宪国民大会”。1949 年春，蒋介石在奉化召见任卓宣时问及对中共作战失败的原因，任卓宣答：“未能彻底实行三民主义，尤以耕者有其田政策之落空，致使广大农民终为共产党之驱策。”蒋介石当即表示同意他的看法。同年 5 月，任卓宣奉命主持国民党中央宣传部的工作，他奔波于台北、广州、重庆、海南之间，竭力拉拢反共势力，以图挽救蒋家王朝。

任卓宣于 1949 年底随蒋介石集团撤退台湾。1951 年，他接受蒋经国的邀请，任政工干部学校教授，主讲《三民主义研究》、《共党理论批判》、《三民主义与其它主义比较》等课。1968 年，国民党在台北设立政治作战学校政治研究所，任卓宣任所长。1974 年，任卓宣届龄退休，获台湾政府所颁云麾勋章。他除在研究所继续任教授外，还在台大、政大、师大、文大及司法官训练所和军法学校等校授课。任卓宣到台湾后除致力于三民主义与孔孟学说的研究外，还创建和协办了“中国文艺协会”、“国父遗教研究会”、“五权宪法学会”、“中国经济建设研究会”、“中国土地改革协会”等团体。还发行《革命思想》、《政治评论》、《中国经济评话》、《土地改革》和《战斗周刊》等杂志。他自叛变投入蒋介石集团后，以宣传“三民主义”和反共思想为职志，发表了两千五百多篇文章，出书一百多部，总字数达两千余万字。

1990 年 1 月 28 日，任卓宣在台北中和寓所去世。

主要参考资料

《刘披云同志回忆在四川地下党工作情况谈话纪要》、《任伯戈同志论大革命时代四川地下党的一些历史情况》，分别载《四川革命史研究资料》1980 年第 1 期、1981 年第 1 期。

台湾高雄四川同乡会年刊资料室提供资料。
林铭章稿:《任卓宣》,《传记文学》第 56 卷第 5 期,第 132—134 页。
《任卓宣评传》,(台北)帕米尔书店 1965 年版。
《任卓宣评传续集》,(台北)帕米尔书店 1975 年版。

容　闳

李希泌

容闳，字纯甫，1828 年（清道光八年）生于广东香山县境距澳门四五里的彼多罗岛上南屏村（今属珠海市）。其父和岛上居民均靠种地捕鱼为生。容闳兄弟姐妹四人，全家六口，生活十分困难。

1835 年容闳七岁时，被父亲送到澳门一所德国女传教士郭士立（Karl Friedrich August Gützlaff）夫人办的小学，学习英文。不久，学校停办，容闳失学回家。1839 年，美国传教士勃朗（Samuel Robbins Brown）在澳门正式建立玛礼逊学校，1841 年勃朗把容闳找回去继续学习。次年，容闳随学校一起迁到被英国割占的香港。

1847 年，勃朗辞职回国，他挑选了容闳和另外两名中国学生王宽和黄胜去美国学习，准备培养他们成为传教士。1849 年，容闳在马萨诸塞州的孟松中学毕业。他在中学学习期间，阅读了英国著名文学家莎士比亚等人的文集和政治家卓伯斯特的演说辞，他的英文具有较好的基础。接着，他在乔治亚州萨凡纳妇女协会的资助下，考入耶鲁大学，1854 年毕业于该校。同期毕业生有九十八人，他是其中唯一的中国学生。这时，容在美国已居住了八年，深受西方资本主义文化的熏染，并已取得了美国的国籍，后来还娶了美国妻子。但当他看到外国殖民者加紧侵略中国，清朝政府贪污腐败，中国人民过着啼饥号寒的贫困生活时，他内心无法平静。容闳慨然发誓："余之一身既受此文明之教育，则当使后余之人，亦享此同等之利益。以西方之学术，灌输于中国，使中国日趋于文明富强。"①

容闳本想在美国继续深造，学习工程专科，可是资助他求学的教会急于希望他早日回中国传教。容遂于1854年11月启程回国，先在美国代理公使派克(Peter Parker)②处担任书记。三个月后，他辞职前去香港充当高等审判厅译员，同时学习法律，准备当律师，可是受到英国律师的排挤，使他在香港不能立足。他于1856年秋到了上海，在江海关翻译处担任通事。容闳发现海关其他通事和船商相互勾结，贪污走私，海关的华员没有升到总税务司职位的希望，遂辞职而去，从事翻译业务。由于他的译文准确流畅，使他在买办与洋人中间声誉噪起。

1859年3月，容闳受洋商宝顺公司的委托，到产茶区调查装茶情形。他从上海乘船，顺运河转入长江，历苏、浙、赣、湘、鄂五省，一直到了汉口，调查和了解茶叶的制造及装运出口的方法。1860年，容闳应曾兰生和两个美国传教士邀约，访问太平天国的首都——天京(今南京)，他想乘此机会了解太平天国的实际情况。同年11月18日到达天京，干王洪仁玕两次接见他们。洪仁玕是洪秀全的族弟，容闳在香港时已和洪相识，容向洪仁玕提出了包括军事、政治、经济、文化等方面七项资本主义的改革措施。当时太平天国的领袖们正忙于作战，没有时间研究容闳的建议，但很器重容闳，想把他留下，曾封他第四等义字的爵号。容闳和他的同伴对太平天国能否成功都没有信心，他亲自去向洪仁玕告别并辞谢给他的封爵，只要了一张在太平军占领区自由通行的护照后返回上海。

1861年，容闳利用洪仁玕给他的护照，受一家洋行的委托，带了几万两银子从芜湖乘船深入到安徽太平县的山区收购茶叶，历时半年，共收购茶叶六万五千箱，运往上海。因茶叶生意有利可图，他在九江设立事务所，专做茶叶经理人。不久发觉以经商所得来振兴国家的想法难

① 容闳著，张叔方补译：《西学东渐记》，湖南人民出版社1981年版，第23页。

② 旧译伯驾。

以实现，遂罢。

1863年，容闳通过曾国藩的幕僚李善兰等人的介绍，在安庆见到了主张“师夷智”以自强的洋务派首领曾国藩。他向曾国藩建议开办机器厂，制造各种机器，然后再用这些机器装备制造枪炮、造船等厂。他的建议，与曾国藩开设工厂自造坚船利炮的办洋务打算不谋而合。曾委派他出洋购办机器，并赏给他五品军功的头衔。容闳领了六万八千两银子，到美国向朴德南公司订购了机器。1865年春，机器装运回国，在上海高昌庙创建江南制造总局，专门制造枪炮、弹药、火轮等。这是清朝洋务派最早兴办的军事工业。容闳因建厂有功，清朝政府赏给他五品候补同知的衔头，并任他为江南布政使署的译员。在此期间，容闳曾翻译哥尔顿所著《地文学》和派森所著《契约论》。

1868年，曾国藩回任两江总督，先到上海视察江南制造总局，容闳陪曾参观了从美国进口各种机器的开动情况和产品制作程序，曾颇为赞赏。容闳乘机向曾国藩建议在江南制造总局内附设兵工学校，以培养机械工程技术人员，曾予以批准。容闳认为兵工学校的成立是他的“教育计划”小试其锋，鼓舞了他把“教育计划”付诸实施的勇气。他的“教育计划”由他“交颇投契”的江苏巡抚丁日昌转呈武英殿大学士文祥。容闳在“教育计划”中提出“政府宜选派颖秀青年，送之出洋留学，以为国家储蓄人材”①。其时，文祥居丧，不能参与政事，他的留学计划搁浅。1870年天津教案发生，清政府派曾国藩、丁日昌等去天津办理此案。丁日昌电邀容闳赴津担任译员。容闳待办案完毕，乘机请丁日昌向曾国藩重提他的教育计划，并得到曾国藩和李鸿章的赞许与支持。曾、李联衔致函总理各国事务衙门称：“拟选聪颖幼童送赴泰西各国书院学习军政、步算、制造诸学，约计十余年，业成而归，使西人擅长之技，

① 容闳著，张叔方补译：《西学东渐记》，第86—87页。

中国皆能谙悉，然后可以渐图自强。”①同年冬，清政府批准了曾、李派遣幼童留学的奏折。曾当即约容闳到南京共商派送出洋学生的名额、学习年限、留学经费以及设立预备学校等事项。次年 7 月，他们制定了《挑选幼童前赴泰西肄业章程》十二条，上奏清政府，章程中规定：留学生名额为一百二十名，分为四批，每批三十人，按年分送出国；学生年龄十二岁至十五岁；挑选学生的条件，不分满人或汉人，必须身家清白，有殷实保证，体质经医师检验，方为合格；考试科目为汉文写读，进学校学过英文的，加试英文；考试合格后，必须先入预备学校，学习一年中西文，然后派送出国；在学生未出洋以前，学生的父兄必须在“出洋志愿书”上签字，写明他的子弟在出国留学期间，如有疾病或者意外事件，清朝政府概不负责；学生留学费用及出国的服装等，全部由清政府供给。章程中还规定了学生学习汉文的书目，宣讲礼教的次数以及遥向清朝皇帝叩头的日期等等。

清政府决定成立留学生事务所，任命陈兰彬与容闳为正副监督；又成立预备学校于上海，由曾国藩的幕僚刘开成任校长。该校先在上海招生，因所招学生不满第一批定额，容闳亲赴香港招生。詹天佑就是在香港报考而被录取的幼童②。第一批录取的学生于 1872 年 3 月到沪进预备学校补习中英文，同年 7 月由陈兰彬率领启程赴美，时容闳已先去美国安置学生们的入学、住宿等事项。容闳先在美国的斯布林菲尔设立留学生事务所，并于 1874 年在哈特福德的克林街建筑一幢坚固壮丽的楼房，准备做留学生事务所的永久所址。

1873 年春，容闳为引进美国的新式军械格林特炮，而返国一行。当他在天津见到李鸿章时，适秘鲁派专使来招募华工。李派容闳与秘鲁专使进行谈判。他向李报告秘鲁与古巴等国奴隶般地虐待华工

---

① 李鸿章：《论幼童出洋肄业函》，吴汝伦编录《李文忠公译署函稿》卷 1，合肥李氏 1921 年版。

② 徐启恒、李希泌合著：《詹天佑和中国铁路》，上海人民出版社 1978 年版。

的情况，李派他去秘鲁，派陈兰彬去古巴调查华工情况。他和陈兰彬均有调查报告书寄给李鸿章。容闳的报告书中附有华工背部受笞被烙的伤痕斑斑的相片二十四张。秘鲁专使初对虐待华工矢口否认，后来看到这些相片，噤不能声，垂头丧气而去。清政府遂将华工出洋定为禁令。

1875 年秋，留美幼童最后一批三十人送到美国。不久，清政府发表派陈兰彬与容闳为驻美正副公使。容闳为了专心进行他的“教育计划”，请求清政府收回成命，免去其副公使职，仍专任留学生事务所副监督，但未得准许。次年，陈兰彬以全权公使的身份来美国，吴子登继任监督。吴认为中国派送留学生是背经叛道的举动，和陈兰彬勾结起来破坏留学生计划。吴还暗中打报告给清政府，说留学生仿效美国人参加或组织各种秘密结社，甚至信仰了“番教”。吴建议清政府必须从速解散留学生事务所，撤回留美学生。时逢美国盛行反对华工以及宣传种族歧视的舆论，背信弃义地破坏了 1868 年和中国签订的关于派遣留学生的中美《勃林加姆条约》(亦称《蒲安臣条约》)。在这种情况下，清政府命令留美学生返国，交给“地方官严加管束”。1881 年，一百二十名留美学生全部回国，其中仅有詹天佑和欧阳庚二人在美国获得了学位，其他都是半途而废，容闳的“教育计划”从此夭折。

1881 年，容闳驻美副公使任期届满，回北京销差。他曾条陈总理各国事务衙门请禁止输入和种植鸦片，未被采纳。不久闻其妻患病，遂于 1883 年再去美国。1886 年其妻病故。此时容闳对清政府和洋务运动颇为失望。

1894 年 11 月，孙中山创立兴中会，以“驱逐鞑虏，恢复中华，创立合众政府”为目标，第一次向中国人民提出了推翻清政府，建立资产阶级民主共和国的革命主张。据说“合众”二字是容闳向孙中山建议的。他对孙中山说：“做皇帝不成功，洪王其前车也。莫如用合众二字号召。

孙先生从之。”①

1894年8月中日甲午战争爆发,容闳自美国接连写了两封信给湖广总督张之洞的幕僚蔡锡勇,建议向英国借款一千五百万英镑,购买铁甲舰三四艘,雇用洋兵五千名,由太平洋抄袭日本的后路,使日本腹背受敌。张之洞看到容闳给蔡的信后,立即电令容闳去英国接洽借款。容闳即赴伦敦接洽借款,但由于以李鸿章为首的主和派正向日本乞和,同时容主张以关税作为借款抵押,李鸿章与总税务司赫德均不同意,借款交涉终于流产。容应张之洞的邀约,再度回国。时张调署两江总督,他向张提出实行新政的建议,张未予采纳,给了他一个江南交涉使的挂名差使,他到任三个月便辞去了。

1896年,容闳打算创立中国国家银行,得到总理各国事务衙门大臣张荫桓的支持,并邀请他到北京草拟章程。章程中规定由清政府预筹开办费一千万两,供银行开办后第一年之用。户部尚书翁同龢看到章程后,与张荫桓的意见一致,并奏请光绪帝批准。他们积极进行集资与购地建筑银行行址等筹备工作,并委托容闳去美国考察银行业务。这时,中国电报局总办兼上海招商局总办盛宣怀闻知此事,立即带了三十万两银子到北京,贿赂有关人员,阻止国家银行的成立。后来连预筹的开办费一千万两也被盛挪去开办中国银行。容闳愤慨地指出中国上自慈禧,下至官吏,无一不以贿赂办事,“吾人之在中国,只需有神通广大之金钱,即无事不可达目的”②。

1898年,容闳打算组织铁路公司,修建天津到镇江共长五百英里的津镇铁路,取得清政府批准给他的筑路权。此时德国声称在山东有筑路特权,不许津镇铁路通过山东。容闳修铁路的计划又以德国的阻挠和破坏而失败。容闳救国有心,但他提出的主张到处碰壁,他感慨地

---

① 李根源:《雪生年录》,曲石精庐1934年排印。

② 容闳著,张叔方补译:《西学东渐记》,第120页。

说:“余之种种政策,既皆无效,于是救助中国之心,遂亦至此而止矣!”①

容闳在北京筹办银行与铁路时,结识了康有为、梁启超等维新党人。容闳认为:“维新是中国政治存亡危急之机,澎湃而来的潮流,全世界人见此莫不惊奇,以为从未曾有。”同时他也认清慈禧无时不思窃取政权。他决定留在北京,以观究竟。维新党的领袖们经常在他的寓所讨论变法问题。1898 年,以慈禧为首的顽固派发动了戊戌政变。容闳被慈禧视为奸细,容闳逃到上海租界居住。他仍和维新党人有联系。

1900 年,八国联军侵入北京,慈禧与光绪逃往西安。康、梁等人指使在上海的唐才常邀集当地社会名流约百余人,开“张园国会”,主张起兵“勤王”,清除后党,拥戴光绪帝执政。容闳在会上被选举为会长,严复为副会长,唐才常为总干事。会上还通过了由容闳以英文起草、严复译为中文的对外宣言。会后,唐才常赶赴汉口,指挥自立军于 8 月 24 日起义,但唐在起义前一天被张之洞捕杀。清政府通电缉拿容闳就地正法。容被迫亡命香港。

1901 年,容闳曾到台湾游历,见到日本驻台湾总督倪玉。倪玉邀他去日本游历。他婉辞,仍回香港,随后即返美。

容闳回美国后,用英文写成自传体的《西学东渐记》一书,记载了他大半生的事迹,也记述了他在中国的亲见亲闻。后由徐凤石与恽铁樵译为中文,由商务印书馆出版。该书于 1991 年经王蓁重译更名为《我在美国和中国生活的追忆》,由中华书局出版。

1912 年元旦,成立中华民国临时政府,孙中山曾写信给容闳,希望他回国参加工作。此时他已八十多岁,不堪长途跋涉的辛劳了。同年 4 月 21 日,他在美去世,临终前还谆谆嘱咐他的两个儿子回国为“新生的中华民国”服务,以替他尽报效祖国之心。

---

① 容闳著,张叔方补译:《西学东渐记》,第 121 页。

荣宗敬　荣德生

江绍贞

荣宗敬(名宗锦)、荣德生(名宗铨)兄弟,江苏无锡人。宗敬生于1873年(清同治十二年);德生生于1875年8月4日(清光绪元年七月初四)。其父荣熙泰,原在浙江乌镇一家铁冶坊当管账,1883年去广东,次年随候补知府朱仲甫在广东三水县等地厘金局和肇庆府衙门任总账。

荣氏兄弟幼时入塾读书。宗敬于十四岁时去上海,先后在南市铁锚厂及钱庄当学徒,期满后任职森泰蓉汇划字号,负责无锡、江阴、宜兴三地的汇兑收解。1894年因所在钱庄倒闭而归家。德生亦在十五岁时往上海通顺钱庄当学徒,期满后于1893年随父去广东三水河口厘金局帮理账务。

1895年,荣熙泰携德生回无锡。1896年与人合伙在上海开设广生钱庄,资本三千元,荣家出一半,派荣宗敬任经理,德生管正账。不久又设无锡分庄,德生任分庄经理。1898年钱庄由荣家独资经营,并兼营茧行。

1900年,八国联军入侵,华北混乱,粮食减产。荣氏兄弟见面粉北运免税,能获厚利,便与离职回乡的朱仲甫共同发起,在无锡开办保兴面粉厂。共集股三万九千元,荣氏兄弟从广生盈利中提取六千元入股,依靠朱仲甫在官场的活动,得到专利十年。保兴于1902年建成投产,初时仅有法国石磨四部,日出粉三百包,并无大利。次年朱仲甫退出,荣氏兄弟增资至二万四千元,再吸收买办张石君、祝兰舫等人的入股,共五万元，将保兴改组为茂新，荣德生任经理，荣宗敬在上海兼任批发经理。

1905年，荣氏兄弟又与买办荣瑞馨等人合股集资二十七万元在无锡创办振新纱厂，1907年建成。起初振新实权在荣瑞馨手中，后董事会推德生任经理。荣宗敬还向买办张麟魁、荣瑞馨等人合办的裕大祥号投资。1908年该号投机亏损倒闭，宗敬动用广生钱庄资金赔补，致使广生停业。1909年，茂新因受外国面粉竞销的影响，亏损很大，各股东失去信心，纷纷将股出售，荣宗敬以低价买下十四股，增加设备，决心继续经营。

辛亥革命后，荣德生于1912年出席了在北京召开的全国工商会议，提出扩充纺织业等提案，想依靠北洋政府发展实业。同年，面粉营业好转，荣氏兄弟各出资一万元，与王禹卿等人集股四万元在上海创办福新面粉厂，荣宗敬任总经理。其后两年，以福新盈利开办福新二厂和三厂。

第一次世界大战期间，各国忙于战争，急需粮食，不但外粉在国内市场绝迹，而且国产面粉一度远销欧洲、南洋，荣氏粉厂获得厚利。于是荣氏用企业的盈利和日本银行所借的款项，进一步扩充营业。通过收买兼并，荣氏在无锡建立了茂新二厂，在上海建福新四、六两厂，并在汉口新建福新五厂。振新方面，由于股东间存在矛盾，荣氏遂于1915年退出。次年在上海招股创办申新纱厂，荣宗敬自任总经理。1917年又收买恒昌源纱厂为申新二厂。

五四运动爆发后，全国兴起了抵制日货运动，荣氏趁此时机做继续扩展企业的准备，派人赴欧美订购机器，在无锡建公益铁工厂。并先后在上海、济南等地购置土地，准备建厂。经过几年筹划，在上海建起了福新七厂、八厂，在无锡和济南分建茂新三厂、四厂。荣氏企业经过不断扩充，截至1922年止，面粉厂达到十二个，生产能力占全国民族资本面粉厂的三分之一左右，被称为“面粉大王”。纱厂四个，拥有纱锭十三万余枚。自有资本一千万余元，二十年中增了二百余倍(但借入资本对自有资本的比例以1923年申新和福新为例，均在百分之一百七八十以上)。荣家企业体系大致形成。1921年成立茂新、福新、申新总公司于上海，荣宗敬自任总经理，并在苏、浙、皖等省设棉麦采购和纱粉销售机构达十九处。荣氏凭借雄厚实力，操纵纱布、粉麦市场。

与此同时，荣宗敬当上了华商纱厂联合会副会长。荣德生也开始了他的政治活动，于1918年和1921年先后当选江苏省议员和北洋政府国会议员。

1922年后，外国资本卷土重来，荣家企业出现亏损。他们兴建大型面粉厂的计划被迫放弃。1922年初，荣宗敬即向日本东亚兴业会社以常年一分一厘五的高息，以及用申新一、二两厂全部财产作抵押的苛刻条件，借了三百五十万日金，以应付资金周转困难的状况。为加强竞争，荣德生于1924年在申新三厂实行管理改革，聘用专家和技术人员代替工头管理生产，以及定出一整套现代科学管理的厂规和罚则，提高了生产效能。

在五卅运动和大规模的抵制外货高潮中，荣家企业扭转了亏损，转为盈利。荣宗敬还在外汇套购中获利，趁机兼并，增设了申新五、六两厂。在抵制外货运动中，荣宗敬发表提倡国货宣言，并在工人、学生运动的推动下参加了罢市。但当上海租界当局对上海华商各厂以停电相威胁时，他代表纱厂联合会要求北洋政府设法使电气工人复工，并随虞洽卿等人接受上海租界工部局的条件，迫使电气工人复工以换取工部局电气处供给电力。

北伐期间，荣宗敬、荣德生对汹涌澎湃的工人运动非常恐惧。上海工人武装起义胜利后，荣宗敬要求白崇禧解除工人武装“以维治安”①；荣德生则阻挠申新三厂工人迎接北伐军。

1927年南京国民政府成立后，荣宗敬因不愿认购国民政府摊派的库券，被蒋介石下令通缉，并查封其财产。荣宗敬被迫屈服，以后逐渐

---

① 《上海总商会会议记录》,《荣家企业史料》上册，第194页。

向国民党政府靠拢。他先后担任了国民政府的工商部参议、中央银行理事、全国经济委员会委员等职务。并与官僚资本加强联系，在资金、原料、市场等方面取得政府的一些帮助。又得到中国银行和上海商业储蓄银行的支持，以做押款的办法，先后收买东方、三新等纱厂，建立了申新七、八、九厂。1931 年，申新发展到九个厂，拥有纱锭四十六万枚。

此时，由于世界资本主义经济危机的袭击和国民政府的苛税，加上在投机事业上的亏蚀，总公司负债已达四千余万元，其中向中国、上海两行的借款，占借款总额百分之三十以上，荣家企业面临危机。荣宗敬依靠美麦加工虽然获得一些利益，但远不能抵补亏损。他求助于英、美等国，建议向英国赊购纱锭，还想借用美麦美棉以及分沾国民政府的棉麦大借款，结果一一落空。1932 年起，荣德生在申新三厂推行“劳工自治”以提高劳动效率，也未能使经营得到好转。

到 1934 年 6 月，申新资产总值六千八百万元，而负债已逾六千三百万元，以致荣家各厂大部分被抵押。在银行停止放款，债主宣告收取旧欠的危机下，申新搁浅。荣德生去南京向行政院长汪精卫请求发行公司债，得不到切实回答。荣宗敬又向实业部请求救济，实业部长陈公博乘机提出“整理”方案，企图用三百万元将申新攫为国民政府的“国营”企业。荣宗敬致函蒋介石、孔祥熙，指责实业部的整理方案“实有企图宰割之嫌”①，荣德生在无锡联合申新三厂股东和同业，通电反对“整理”申新。这些活动得到吴稚晖出面支持，最后由于国民政府内部的派系矛盾，才使申新幸免被吞掉。

1935 年，申新七厂借英商汇丰银行的押款到期，无力偿付本息，荣宗敬再向国民政府呼吁援助，仍无效。向汇丰请求转期，汇丰不但不予考虑，竟不顾中国法律，悍然将价值五百万元以上之申新七厂财产，以二百二十五万之低价拍卖给日商。消息传出，上海各界愤英商违法，对申新强烈声援，申新七厂职工更群起护厂，坚决反对。汇丰慑于各方压

① 《荣宗敬致财政部长孔祥熙函》，《荣家企业史料》上册，第 428 页。

力，才签了押款转期合同，使申新七厂得以保存。

1936 年上半年，宋子文当上了中国银行董事长，企图利用债权将申新吞为己有。但迫于社会舆论，加之申新与上海银行有债权矛盾，宋的目的未能达到。经过几次波折，荣家企业虽然保存下来，但在资金上不得不依靠中国、上海等银行垫款营运，许多厂的经营管理权亦为中国、上海等银行组成的银团所掌握。在抗战爆发前，荣家各厂奄奄一息，仅勉强维持生产。

抗日战争爆发后，荣宗敬留驻上海，荣德生则去汉口。荣宗敬为摆脱敌寇的利诱拉拢，避居香港，1938 年 2 月 10 日在香港病逝。

荣德生于荣宗敬去世后返回上海，他的子侄们要推他做申新总经理。他为避开日本人的胁迫未出任，企业分别由子侄们管理。福新系统则被王禹卿控制。这时荣家许多厂虽遭受日寇破坏，但位处租界的各厂仍继续生产，并趁货币贬值，物价上涨的机会，获得暴利，一二年内即将债务偿清。太平洋战事爆发前，日军曾想与荣德生“合作”经营无锡申新三厂和茂新二厂，荣德生没有同意。

抗战胜利后，荣德生锐意进取，着手重建茂新一厂，扩建申新三厂，并创建规模庞大的天元实业公司，然至 1947 年 11 月仅建成天元麻、毛、棉纺织等厂。是年，荣德生由他儿子荣毅仁出面，与上海几个大粉厂合组小麦联购处，得到国民政府粮食部的支持，得以垄断了安徽、江苏部分的麦源。又低价买进了敌伪遗留下来的原麦物资。这样就使茂新等厂顺利修复开工，并将王禹卿控制的福新系统重归荣家掌握，扩建后的申新三厂成为江苏省最大的棉纺织厂。

1948 年，荣德生曾将他儿子们所控制的企业组成总管理处，由荣德生担任总经理。由于他的儿子们各自闹独立，未能真正统一。荣德生曾想通过国民政府，向日本索取荣家企业在战争中的损失赔偿，同时还想得到国民政府的帮助来发展企业，这些幻想后来都破灭了。1946 年，荣德生遭匪徒绑架，1948 年他的侄子荣鸿元又被蒋经国逮捕，两次敲诈勒索达美金百万元以上。这些事实，使荣德生对国民政府感到绝望。在解放前夕，当得知他的女婿唐熊源等人要拆迁申新三厂机器去台湾时，他赶到厂里和工人一起制止了这一行动。

解放后，荣德生曾任中国人民政治协商会议第一届全国委员会委员和苏南行政公署副主任等职务。1952年7月在无锡病逝。

主要参考资料

上海社会科学院经济研究所经济史组：《荣家企业史料》上册，上海人民出版社1962年版。

荣德生：《乐农自订行年纪事》。

《茂新、福新、申新总公司卅周年纪念册》，1929年。

黄逸峰：《旧中国荣家资本的发展》，《学术月刊》1964年第2期。

柔 石

邱德新

柔石，本姓赵，名平复。笔名除柔石外，还用过赵少雄、赵璜、金桥、刘志清等。浙江宁海县市门头（今并入象山县）人，1902 年 9 月 28 日（清光绪二十八年八月二十七日）生。柔石的家庭前几代都是读书的。到他父亲时，家境衰落，后开一小店，由于苛捐杂税，家境仍很困难，柔石十岁才上小学。

1917 年夏天，柔石毕业于宁海县正学小学。同年秋天，到台州浙江省立第六中学上学，因对学校教学不满意，中途退学。1918 年暑期，考入杭州浙江省立第一师范学校。在这里，他除努力于学业外，也很留意阅读一些有关苏俄和社会主义的书刊。他在一封家信中曾说："俄国为实行社会主义之一国，其目的在打破万恶之政府，以谋求世界之大同，改革贫民之经济，以求人道之实现，欲人人安乐，国国太平。"①"五四"运动爆发时，柔石积极响应，在学校和一些青年组织文学小团体"晨光社"，出版刊物，宣传新文学。

1923 年夏，柔石在第一师范毕业。由于家庭经济困难，没有继续升学。1924 年春至慈溪县普迪小学任教。这时，柔石利用教书之余，开始文艺写作。1925 年 1 月，在宁波自费出版了第一部短篇小说集《疯人》。作品反映争取个性自由、婚姻自由的思想，表达了作者对旧社

---

① 赵蒂江：《我的爸爸柔石》，丁景唐、瞿光熙编《左联五烈士研究资料编目》，上海文艺出版社 1961 年版，第 186 页。

会的不满，从一个侧面反映了“五四”时期的一些社会问题。但是，作品中的人物多数带着伤感和虚幻的情绪，缺少积极上进的精神。作者自己后来也说当《疯人》“装订完毕后，自己就很愿意它立即灭亡，因为发现内容之幼稚和丑陋。那本书，以后我是送给我底开着一家小店的哥哥拆了包货用了”①。1925 年春天，柔石到北京，在北京大学当旁听生，常去听鲁迅的课。当时他的生活颇为艰苦，有时吃不上饭，但仍然很乐观，曾写信给家里说：“虽然没有早餐的钱，也不过一二天，我正可以从这种时候多读几句书”，“读书人更应该从苦中磨炼出来，才能够懂得比书中深一层的道理”②。

由于经济窘困，无力继续在北京学习，柔石应友人的聘请，于 1926 年 3 月回到浙江，在镇海中学教书，不久任教务主任。他一边教课，一边从事文艺创作。1929 年 10 月出版的长篇小说《旧时代之死》，就是这一时期写作的。这本书初稿完成于 1926 年上半年，正是北伐战争的前夜，打倒军阀、打倒侵略者的革命烈火渐成燎原之势。作者在本书的自序中指出：在本书内所叙述的，是一位落在时代的熔炉中的青年，八天内所受的“熔解生活”的全部经过。那时，正是段祺瑞在天安门前大屠杀北京学生的时候，我滞留在上海。那时内心的一腔愤懑，真恨得无处可发泄。加之同住在上海的几位朋友，多半失着业，叫着苦。这部小说表现着“时代病”的传染与紧张。作者号召人们为新社会的诞生而努力战斗。这是作者进步思想的一个表现。然而，黑暗社会怎样才能死去，未来的新社会应当是怎样一个社会？对于这些，作者还是朦胧不清的。

1926 年 7 月，北伐战争开始了。当时，柔石不顾军阀对学界的镇压，和镇海中学进步师生一起，到群众中去，宣传反帝反封建的思想，号

① 柔石：《自序》，《希望》，商务印书馆 1930 年 7 月版。

② 赵帝江：《我的爸爸柔石》，丁景唐、瞿光熙编《左联五烈士研究资料编目》，第 186 页。

召群众响应北伐。那年秋天，柔石患病咯血，但他还是坚持斗争。后来病势严重，不得不回家养病。在养病期间，他仍然帮助宁海县的青年筹办宁海中学。1927年春天，北伐军到达杭州，浙江全部光复，柔石到宁海中学任教。他和学校几个朋友一起组织“消夏社”，办义务补习班，帮助贫苦青少年学习；又组织“教育储金会”，资助贫寒子弟升学。不久，他担任了宁海县教育局长。当时，教育界的保守势力还是很大的。柔石不顾新旧官僚的威胁和阻挠，致力于全县的教育改革，清除教育界里的保守势力，把全县小学校长和教员作了一次大的调整，注入了新鲜的血液。1928年5月，宁海县农民在本县旁亭（今属三门县）举行起义，反对当局统治，宁海中学二三十名师生参加了这次起义。由于当局的镇压，起义不幸失败，宁海中学被解散，一些师生惨遭杀害，柔石也被迫出走上海。

在上海，柔石着手修改他的小说《旧时代之死》。不久，经友人介绍，他认识了鲁迅①。从此直至柔石逝世，他始终和鲁迅在一起，从事无产阶级革命文学工作，在共同的战斗生活中，建立了深厚的革命友谊。柔石是鲁迅的“一个唯一的不但敢于随便谈笑，而且还敢于托他办点私事的人”②。1929年初，经鲁迅的推荐，柔石担任过半年之久的《语丝》的编辑。

1928年秋天，柔石在鲁迅的帮助下，和殷夫、胡也频等爱好文艺的青年组织了“朝花社”。他们除积极创作外，还着力介绍外国文艺，尤其是当时东欧和北欧的文艺作品。“朝花社”出版了《朝花周刊》（后改为《朝花旬刊》），附出《艺苑朝华》（画集）。此外还出版了一些书籍，如：

---

① 鲁迅与柔石第一次见面的确切日期，目前没有弄清。据王士菁的《鲁迅传》（中国青年出版社1959年版）记载，鲁迅在1928年9月9日从景云里二十三号搬到十八号，把原来的房子让给柔石住。《鲁迅日记》中最早记载与柔石的来往则是在9月27日。由此看来，柔石找到鲁迅的时间，可能在8月下旬至9月初之间。

② 鲁迅：《为了忘却的记念》，《鲁迅全集》第4卷，人民文学出版社1981年版，第481、482、486页。

《近代世界短篇小说集》、《北欧文艺丛书》、《朝花小集》。在“朝花社”里,柔石是骨干,除写稿译书外,“大部分的稿子杂务都归他做”①。

“朝花社”开始成立时,经费不足,虽有鲁迅的支持,由于刊物销路不大,经费一直困难。后来“朝花社”无法支持下去,不得不于1930年1月宣布结束。柔石在这个时期的作品有中篇小说《二月》和短篇小说集《希望》;译作有《丹麦短篇小说集》和高尔基的《阿尔泰莫诺夫之事业》(即《颓唐》)。

《二月》写于1928年夏至1929年底,正是中国革命暂时陷入低潮时期,知识分子队伍发生变化,有一部分人失去了前进的方向,处在彷徨之中。《二月》通过对青年知识分子萧涧秋寻找生活道路的描写,给当时尚处于彷徨状态的知识分子指出了一个方向:只有投身于社会变革的伟大潮流中,把自我这个小小的齿轮与社会革命的大齿轮紧紧地联系在一起,才能实现自己的革命理想。鲁迅对这部作品很重视,不仅有详细的口头批评,而且还写了《〈二月〉小引》。

《希望》收集短篇小说二十八篇,均写于1928年8月至1929年7月。作品多数直接取材于劳动人民或生活在底层的人物,反映了他们在苦难中的呻吟,控诉了旧社会对他们的残酷压迫。这是柔石创作转变的一个起点。

1930年1月,柔石创作短篇小说《为奴隶的母亲》,发表在1930年3月出版的《萌芽》月刊上。这是柔石政治思想转变的重要标志。作品直接触及到了封建社会中两个对立阶级——地主阶级和农民阶级间不可调和的矛盾,从而揭示了产生一切罪恶的根源。

国民党南京政府建立后,当局大肆迫害进步作家,查封进步刊物,实行文化“围剿”。为击破文化“围剿”,中共团结进步文化人士,和国民党进行了顽强的斗争。柔石积极参加了中共所领导的一系列活动,表现了革命者的坚贞品质。1930年2月15日,“中国自由运动大同盟”

---

① 鲁迅:《为了忘却的记念》,《鲁迅全集》第4卷,第481、482、486页。

（简称“自由大同盟”）在上海举行成立大会，柔石是发起人之一。大会发表反对帝国主义、反对国民党的法西斯文化和思想政策的宣言。3月2日，“中国左翼作家联盟”（简称“左联”）在上海成立，柔石是筹建者之一，被推选为“左联”的执行委员，后来任常务委员兼编辑部主任，担任“左联”机关刊物《萌芽》月刊的编辑①。同年5月，柔石加入中国共产党②。不久以“左联”代表资格，出席了中国共产党在上海召开的全国苏维埃区域代表大会筹备会，并向大会宣读了鲁迅等人署名的《致中华苏维埃第一次工农代表大会祝词》。6月，写《一个伟大的印象》一文，报道了这次会议的生动情景。

1931年1月17日晚，柔石参加在上海东方旅社召开的党的秘密会议时，因叛徒告密，同与会者三十余人一起被上海公共租界巡捕房逮捕。不久，由租界当局将他们“引渡”给国民政府当局。在狱中，柔石仍然坚持学习德文。2月7日，柔石和其他二十余人在上海龙华的国民党淞沪警备司令部附近的荒野里被国民党当局秘密杀害。

柔石逝世后，鲁迅因中国失掉了很好的青年和自己失掉了很好的朋友③，悲愤地写了《柔石小传》和《为了忘却的记念》等文来纪念他。

---

① 《萌芽》月刊，原为鲁迅编，1930年1月创刊。自第三期起，成为“左联”机关刊物。

② 关于柔石入党的时间，阳翰笙在《中国左翼作家联盟成立的经过》（《人民日报》1980年3月5日）一文中说，柔石在1929年9月就已经是“党内的负责人”之一。但在这以前的其他资料均说他是1930年5月入党。目前尚无材料证明哪一种说法准确。

③ 鲁迅：《为了忘却的记念》，《鲁迅全集》第4卷，第481、482、486页。

阮　玲　玉

查建瑜

我国30年代著名的电影女演员阮玲玉，原名凤根，学名玉英，艺名玲玉，广东香山县（今中山县）人。1910年4月26日（清宣统二年三月十七日）生于上海。父亲是上海浦东亚细亚煤油公司机器部的工人，在玲玉五岁时，因贫病交迫死去。母亲在电影公司老板家做佣人，玲玉随母充当小婢女。

阮玲玉从小天资灵敏，富于表情，爱看戏，喜欢模仿剧中人的动作。稍长，要求读书，她母亲多方设法，1917年把她送入一家私塾，1918年转入崇德学校。1925年曾在崇德登台演剧，初次显示了她的表演才能。就在这时，她的母亲因病被解雇，她被迫辍学。

1926年，阮玲玉考入明星影片公司当演员。第一次参加拍摄的影片是《挂名的夫妻》，她扮演一个没有过门就守活寡的少女，很成功。接着在《北京杨贵妃》、《血泪碑》中充任要角。1928年转入大中华影片公司，主演《劫后孤鸿》等六部影片。她塑造的人物都很逼真，博得了广大观众的赞赏，从此在影坛崭露头角。1929年冬她转入联华影片公司，1930年主演《故都春梦》。后来相继主演《野草闲花》（1930年）、《恋爱与义务》（1931年）、《三个摩登女性》（1932年）、《城市之夜》（1932年）、《新女性》（1935年）等片。在《野草闲花》中，阮玲玉饰演一个倔犟的卖花女，把一个贫穷的卖花姑娘表现得很有性格，获得观众的一致称誉，成为当时著名的“电影明星”。《三个摩登女性》和《新女性》是30年代左翼戏剧运动中出现的比较进步的影片，有反侵略反专制的倾向，社会影响比较广泛。影片中的反侵略场面和罢工场面曾被电影检查机构强令剪去。《新女性》一片中,揭露了一些黄色报刊助纣为虐的卑鄙行径,曾引起当时"上海记者公会"的"抗议"。他们向联华影片公司施加压力,提出剪去影片中的某些片断以及登报向全国新闻界公开道歉等无理要求。阮玲玉在进步电影工作者的影响下,刻苦努力,对《新女性》中受迫害人物的性格和发展过程,塑造得很深刻,她的艺术才华在这部影片中得到了充分的发挥。

当时的电影是无声片,创作方法也很简单。一部影片开拍前,导演只交代剧情梗概,全靠演员的表情和动作表达人物的性格和语言。阮玲玉一经导演说明,便能准确地掌握剧中人物的思想感情,喜怒哀乐,自然流露,而且不论反派正派,少女或老妇,只需服装一换,她便表情毕肖,往往超出导演的预期效果①。从 1926 年到 1935 年,阮玲玉共拍摄二十九部影片。她以认真的态度,丰富的感情,加上她的表演艺术,塑造出许多不同类型和不同性格的妇女形象,被誉为最有希望的天才艺人。

1925 年阮玲玉还在上学时,被她母亲所服役那家主人的弟弟张达民引诱,1926 年与他同居。张不务正业,挥霍好赌。阮玲玉进入影坛后,张把她当做摇钱树,索取无厌。阮玲玉在影坛出名后,交际渐广,张对她十分嫉妒。彼此意见日多,经常发生口角,阮忍无可忍,曾与张分居三次,并曾服毒自杀,幸抢救及时未死。后经亲友调解,两人仍住在一起。1932 年上海"一二八"事变时,他们同赴香港。4 月,阮返沪拍《续故都春梦》,张留香港。这时,茶界富商唐季珊经常找阮玲玉,乘机大献殷勤,骗取了阮的爱情,与他同居。1933 年 4 月张达民返沪,阮玲玉委律师和张谈判,双方达成协议:订立离异契约,阮每月给张一百元,两年为期。两人正式脱离了同居关系。

1935 年 2 月,两年快到期时,张达民见无利可再图,就借口以阮玲

① 蔡楚生:《追忆阮玲玉》,《中国电影》1957 年第 2 期。

玉背夫和唐季珊私姘，合谋侵占他的财产为由，投诉于上海地方法院。经人出面调停，张索款万元，阮同意六千，张坚持不减，调停中断。

讼案在上海传开后，新闻界有些人因阮玲玉主演《新女性》怀恨在心，他们抓住阮的讼案，乘机在报纸上大加张扬，着力渲染，对阮进行人身攻讦。阮精神深受刺激，十分悲愤，曾对她母亲说：……一个孱弱女人始终不能自由自在地生活和工作，不是受夫的束缚，就是受社会上的诽谤攻击。而眼前讼案又导致我誉丧名裂。人言可畏！人言可畏！她还说，她有时想起《新女性》影片中的那个韦明受迫害而服毒自杀的情景，不寒而栗！她这些话曾引起她母亲的警惕，也曾注意防范，但终于没有防范得住。3 月 7 日夜里，阮玲玉服了过量的安眠药，经抢救无效，于第二日下午六时三十八分逝世，年仅二十五岁。

阮玲玉自杀前写了两封遗书：一给报社，一给唐季珊。她给报社的遗书中说："我现在一死，人们一定以为我畏罪，其实我何罪可畏？因为我对张达民没有一样有对他不住的地方。别的姑且不论，就拿我和他临别脱离同居的时候，还每月给他一百元，这不是空口说白话，是有凭据和收条的，可是他恩将仇报，以怨报德。更加以外界不明，还以为我对他不住。唉！那有什么法子可想呢？想了又想，唯有以一死了之罢。唉！我一死何足惜，不过还是怕人言可畏！人言可畏罢了。"①

阮玲玉的遗体放在上海万国殡仪馆，去吊唁的人络绎不绝。3 月 14 日下午出殡时，灵车所经之处，伫立路旁为她默哀的人达十万之多，不少人为她的冤死流泪，灵柩落葬于上海广肇山庄。阮玲玉的死在社会上引起很大的反响，艺术界为她的卓绝才华惋惜，舆论愤愤不平，大多数人认为新闻界无休止的张扬和攻讦是迫使阮玲玉自杀的主要原因。新闻界也有人出面抵赖。也有人认为是有缺陷的法律制度迫害阮玲玉致死。不少报刊发表了悼念文章。5 月 5 日，鲁迅发表了一篇《论人言可畏》的文章，斥责了当时新闻界欺凌弱者的可恶嘴脸。文章中

---

① 《良友画刊》1935 年 3 月号。

说:"人言可畏是电影明星阮玲玉自杀之后,发见于她的遗书中的话。……她被额外地画上一脸花,没法洗刷。叫她奋斗吗?她没有机关报,怎么奋斗;有冤无头,有怨无主,和谁奋斗呢?我们又可以设身处地的想一想,那么,大概就又知她以为'人言可畏',是真的,或人的以为她的自杀,和新闻记事有关,也是真的。"①

附记:写作中曾参考陈协星《阮玲玉》一文。

① 上海《太白》半月刊第2卷第5期,1935年5月20日出版,署名赵令仪,现辑入《鲁迅全集》第6册,第261页。

阮 忠 枢

张学继

阮忠枢,字斗瞻,安徽合肥人,生于1867年(清同治六年),举人出身。早年入李鸿章幕府,曾任北洋水师学堂教习、北洋军械总文案。在甲午战争失败李鸿章失势之后,阮忠枢又结识了袁世凯。袁世凯致其兄袁世敦函中说:"正在侘傺无聊之时,忽遇契友阮斗瞻(忠枢)愿作曹邱生,劝弟投其居停李总管(莲英)门下,得其承介晋谒荣中堂。"①从函中可知,阮忠枢与袁世凯相识很早,在袁世凯未发迹前两人即已成为"契友",而且袁世凯之投靠太监总管李莲英和军机大臣荣禄,都是由阮忠枢介绍的。荣禄是慈禧太后的宠臣,他为人识见不高,好恭维,爱金钱。袁世凯抓住荣禄的这个弱点大下工夫,终于赢得荣禄的信任。由于荣禄的极力推荐,袁世凯得以于1895年赴天津小站主持编练新军,这是袁发迹的起点。

从袁世凯天津小站练兵起,阮忠枢就一直是袁的机要文案幕僚。袁的机要文案幕僚甚多,前后不下数十人,但以阮忠枢"笔利而快"②,拟稿"最当袁意"③。袁世凯上朝廷的奏折,大都出自阮忠枢的手笔,甚至朝廷的不少谕旨,也由阮忠枢起草,可见其文笔之出色。阮忠枢是跟

---

① 杜春和等编:《北洋军阀史料选编》上册,中国社会科学出版社1981年版,第11页。

② 刘成禺、张伯驹:《洪宪纪事诗三种》,上海古籍出版社1983年版,第294页。

③ 吴长翼编:《魂断紫禁城——袁世凯秘事见闻》,中国文史出版社2001年版,第134页。

随袁世凯时间最长、资格最老的机要文案幕僚。有人描述阮氏与袁世凯的关系说:“阮内史长与袁氏为老友,而能承顺袁之意旨,而谨慎缜密,有口不言温室树之概。每有事,辄先延内史长入,密语良久,然后更及十三太保。虽以梁财神之倚重,杨杏城之尊信,不及内史长之昵如家人也。”①

作为文案幕僚,阮忠枢“有芙蓉癖,喜作麻雀牌,日以继夜,皆于牌桌及烟榻上饮食,倦则自以腰带捆于椅背上。项城有要公,需彼属稿,时时不见,命材官四寻,则已入勾栏中矣”②。张伯驹为此赋诗云:“倚马才华目一空,蒲卢掷罢卧芙蓉。材官四访无寻处,却在花街柳巷中。”正因为这样,袁世凯后来物色没有不良嗜好的张一麐取代阮忠枢,成为主要文案。袁世凯保荐阮忠枢做过顺天府丞、邮传部侍郎、副大臣等职务。

1911 年辛亥武昌起义后,阮忠枢奉命两次到河南彰德敦促袁世凯出山。清廷于 1911 年 10 月 14 日(宣统三年八月二十三日)颁布上谕,任命袁世凯为湖广总督,督办剿抚事宜,所有驻湖北军队及各路援军均归其节制调遣;荫昌、萨镇冰所统率的陆军、海军亦得会同调遣。内阁总理大臣奕劻以为袁世凯对此条件一定会满意,叫阮忠枢赶快赴彰德去劝驾。阮忠枢到彰德后与袁世凯是如何谈的,已不得而知。但当时已在彰德的杨度和王锡彤均劝袁世凯不要立即应命出山。杨度认为清王朝已经没有什么希望,即使平定了革命党,也不会有什么好结局。而王锡彤则顾虑袁世凯出山后会有性命之忧。袁克定也赞同他们的意见,力主暂时不要出山。阮忠枢不敌众人之言,结果空跑一趟。于是,袁世凯给清廷上了一个“辞谢”的奏折:“奉上谕:袁世凯现简授湖广总督,所有该省军队暨各路援军均归该督节制调遣等因。钦此。闻命之

---

① 许指严:《新华秘记》,荣孟源、章伯锋主编《近代稗海》第 3 辑,四川人民出版社 1985 年版,第 409 页。

② 刘成禺、张伯驹:《洪宪纪事诗三种》,第 294 页。

下，惭赧实深。伏念臣世受国恩，愧无报称。我皇上嗣膺实录，复蒙渥沛殊恩，宠荣兼备，徒以养疴乡里，未能自效驰驱，捧读诏书，弥增感激。值此时艰孔亟，理应恪遵谕旨，迅赴事机。惟臣旧患足疾，迄今尚未大愈。去冬又牵及左臂，时作剧痛。此是数年宿疾，急切难望痊愈。然气体虽见衰颓，精神尚未昏瞀。近自交秋骤寒，又发痰喘作烧旧症，间以头眩心悸，思虑恍惚。虽非旦夕所能就痊，而究是表证，施治较旧恙为易。现既军事紧迫，何敢遽请赏假。但困顿情形，实难支撑。已延医速加调治，一面筹备布置。一俟稍可支持，即当力疾就道，藉答高厚鸿慈于万一。"①袁世凯的这个奏折很可能是阮忠枢的手笔。

袁世凯借机要挟清廷赋予他更大的权力。清廷被迫一一满足袁的条件，阮忠枢又带着隆裕皇太后的懿旨第二次来彰德劝袁世凯出山，袁世凯才于 10 月 31 日离开彰德南下，指挥清军镇压革命军。

辛亥革命的果实为袁世凯窃夺，袁世凯成了中华民国的临时大总统。民国成立后，阮忠枢的本事却用不上了，他成为过时的人物。唐在礼说："袁世凯在天津任直隶总督、北洋大臣时，所有奏折和重要公事几乎完全出于阮的手笔。阮在当时是个比较老实稳妥的人，他有意退位，避免自己揽权作威。他这样做，赢得了左右上下的人缘，再加上所有要政他全参与，多少年来一直如此，因之在僚属中威望很高。到民国成立以后，公文程式为之一变，新辞、时议皆非阮之所长，他就在不知不觉中很快地坐冷板凳，几乎什么事袁都不请他参加。"②

阮忠枢虽然不再司机要文案，但袁世凯又派给他一项新的任务，那就是派他去徐州联络张勋。辫子军统帅张勋思想顽固，反对共和、反对民国，他不是袁世凯的嫡系，辛亥革命后他驻兵徐州、泰安一线，对袁世凯并不忠心耿耿，袁世凯对他放心不下。阮忠枢与张勋是拜把的兄弟，

① 陈国权译述：《新译英国政府刊布中国革命蓝皮书》，中国史学会主编《中国近代史资料丛刊·辛亥革命》(八)，上海人民出版社 2000 年重版本，第 307 页。

② 吴长翼编：《魂断紫禁城——袁世凯秘事见闻》，第 148 页。

袁世凯即利用此层关系,屡遣阮忠枢等与张勋有关系的人前往泰安联络感情,并“观少轩对彼之项背”①。刘成禺《洪宪纪事诗本事簿注》一书说:“(张)勋,赣人,迷信神怪,岁延天师往泰安,建醮施法。阮斗瞻诸人往说勋者,皆尊为唐淮南节使高骈以誉之。高骈好道,勋实替人,从好之方,无微不至。斗瞻与勋最相得,项城令阮月必一至泰安,三年不改。于晦若与袁书,所谓‘可怜跑死阮忠枢’是也。勋纵情声色,大有淮上旧帅刘泽清诸人之风。斗瞻征逐其间,欲移其向。一日广宴张乐,淮海名娼,环列如肉屏风。张、阮抡猜狂叫,为长夜达旦之饮。阮葆头濯酒,据地作狮子舞。群妓□握短发,飞蓬刺天。张顾而乐之曰:‘斗瞻头毛,真可谓狮子盘绣球矣,仆病未能也。’斗瞻乘机持利刀一柄曰:‘大师亦欲为此乎?’佯执其辫。少轩震怒,剪未下而批其两颊,斗瞻弃剪,滚地大吐。左右曰:‘阮内史监大醉矣。’扶入长卧。翌日谒少轩谢罪,实则斗瞻欲藉此一醉,观少轩复辟之志坚定与否,为他日游说也。”②

1913 年 7 月,张勋攻下南京后,袁世凯任命张勋为江苏都督。但江苏为东南重地,袁对之很不放心,不久即以日本反对为借口将其调开,另调嫡系大将冯国璋为江苏都督。军阀最讲利害,在张勋看来,袁世凯将其调离江苏,无疑是不信任他,是他的奇耻大辱。袁世凯为了让张勋顺利交接,想了不少办法,除了亲自写信解释外,又派阮忠枢前往南京见张勋,当面解释并劝说。阮忠枢回到北京后,于 1913 年 12 月 1 日致函张勋,解释袁世凯迫于日本外交压力不得不调动张勋的苦衷,信中说:“无如外部日前复呈阅日使所受该政府之训令,日使昨复向我政府催诘,极峰复召弟面对,深膑太息,欷歔不胜,明知日人之刁难,系由于我乱党之怂恿,其宗旨仍不外乎‘离间’二字,而当此有强权无公理时代,又不得不委曲求全。既虑以此来外人之责言,又虑因此损我公之感情,大有双方作难,无可如何之情状,而微窥其意,颇似怪弟不能将此等

① 刘成禺:《洪宪纪事诗本事簿注》,山西古籍出版社 1997 年版,第 277 页。
② 刘成禺:《洪宪纪事诗本事簿注》,第 278 页。

困难之情形代白诸左右者，爰亲致公长函一通，亦可谓详哉！言之披肝鬲而见情愫矣。今弟请为公一言决之曰：公之去留，亦视极峰之疑信如何耳！如果功高见嫉，极峰有疑忌之意，则我公自宜明哲保身，翩然远引，所谓君子见几，不俟终日者也。今极峰尚无疑忌之意，而且有信任眷恋固结不舍之情，则公又何妨曲谅其为难，而姑为之抑志以迁就哉！天下事有情所万不能堪，而势出必不得已者，此类是也。然似此之委曲迁就，亦非为一身计也，仍所以为极峰，为中国而已。不识我公以为何如？尚其深思而察纳之！幸甚！盼甚！”①

阮忠枢回到北京与袁世凯商量后，又决定派张小松持袁世凯、阮忠枢的亲笔函前往南京面见张勋，传达袁、阮的意见，并敦劝张勋接受新的任命。不久，张勋复函阮忠枢，声称：“兄受大总统知遇，虽糜顶捐踵，无所足惜。然既见逼于外人，而无转圜之余地，兄又岂能贪恋高位而贻君父以无穷之忧也。已矣！兄已检点一切，一俟奉命，即行解甲归田，望以此情陈之于总统之前，并陈明俟兄卸任后，再当趋侍左右，以觐颜色而遂瞻依。”②张勋对袁世凯调动江苏都督职务极端不满，始终以“解甲归田”相要挟。袁世凯也不得不耐住性子，动员徐世昌、阮忠枢等与张勋函电往返，磋商调职条件。在袁世凯满足了所有的条件后，张勋才遵令移交江苏都督于冯国璋。

阮忠枢时常奔走于北京与张勋军营之间，不计辛劳，人称阮忠枢为袁世凯的“神行太保”。文人包天笑还在上海《时报》上发表过《阮忠枢之脚》的文章③。刘成禺赋诗云：“将军跋扈慕高骈，金帛游谈佐绮筵。忙煞当年阮司马，移书淮上走年年。”

1914 年 5 月 1 日，袁世凯宣布废除国务院，于大总统府设立政事

① 来新夏主编：《北洋军阀》(二)，上海人民出版社 1993 年版，第 432—433 页。

② 来新夏主编：《北洋军阀》(二)，第 435 页。

③ 包天笑：《钏影楼回忆录续编》，山西古籍出版社、山西教育出版社 1999 年版，第 736 页。

堂，政事堂首领称国务卿。原国务院秘书厅改称内史监，阮忠枢任内史监内史长。这是袁世凯帝制自为的第一步。内史监除内史长阮忠枢，还有内史二十二人：沈祖宪（吕生）、闵尔昌（葆之）、吴闿生（辟疆）、王式通（书衡）、夏寿田（午诒）、郑沅（叔进）、陈燕昌（友白）、董士佐（冰鹊）、张星炳（叙墀）、沈兆祉（小沂）、王寿彭（次篯）、刘春霖（润琴）、杨度（皙子）、刘燕翼（襄孙）、张国淦（乾若）、谢煊（仲琴）、吴膠（康伯）、王振尧（古愚）、高景祺（养祉）、马吉樟（积生）、杨景震（介卿）、孟以铭（鼎臣）。

据说，在准备称帝时，袁世凯担心章太炎以文字搅乱了他的帝王美梦，阴谋杀害章太炎。阮忠枢极力谏阻，他对袁世凯说："武则天读骆宾王之檄文，犹许为人才；燕王受方孝孺的口诛，尚欲其不死；太炎的文章学术，不可多得，无罪而加戮，公的智谋，岂不逊于武则天、燕王吗？"①听了阮忠枢的一番话，袁氏为之动容，才放弃了杀害章太炎的恶念。

洪宪帝制开始后，阮忠枢的主要任务除了继续联络张勋，又多了一个联络拉拢冯国璋的任务，显得比以前更加忙碌。因为袁要称帝，最不放心的就是张勋和冯国璋这两个资格老而且握有重兵的大将，需要阮忠枢时时宣达袁的意旨，沟通他们与袁世凯之间的感情。但张勋、冯国璋态度暧昧，袁世凯派阮忠枢反复陈说，最后，阮忠枢对张、冯二人表示："不必明白赞成，亦不必正当反对。"②

在洪宪帝制中，江苏将军冯国璋的态度最为微妙，阮忠枢曾经两次前往南京面见冯国璋。在云南护国军起义的前后，冯国璋与梁启超及中华革命党的领导人暗通款曲，这种情形让袁世凯担忧。为了疏通冯国璋，袁世凯决定再次派阮忠枢前去。阮忠枢最后一次替袁世凯下江南，仍然住在冯国璋将军公署的西花园，冯国璋常常陪着阮忠枢一榻横

---

① 郑逸梅：《我所知道的章太炎先生》，载《杭州文史丛编·文化艺术卷》，杭州出版社2001年版，第5页。

② 刘成禺：《洪宪纪事诗本事簿注》，第279页。

陈，一灯相对，抽鸦片打发时光。阮忠枢在南京住了几天，回到北京时，冯国璋依然坚持要袁世凯“敝屣尊荣”，也就是要袁世凯不要恋栈，快快下台。

不久，阮忠枢又给冯国璋打来电报，大意说假如袁下野以后，西南方面还有进一步的要求，那该怎样应付，希望冯在这一点上预为筹划。阮电报中所说的西南方面“进一步的要求”，便是当时甚嚣尘上的一种呼声，也是袁世凯最害怕的，那就是把洪宪帝制的罪魁祸首交付国民裁判并没收其全部财产。对于阮忠枢的这个电报，冯国璋复电倒也干脆，他表示袁如果肯下野，就决不容许任何人再对袁追究责任。假使有人要这么做，他就一定要“唯力是视，与之周旋”，并且他一定要用自己的身家性命来担保袁的生命财产的安全①。在这个问题上，冯国璋总算给了袁世凯一个很大的面子。

但袁世凯口是心非，只是说下野，实际上赖着不动，还想挣扎观望。于是，冯国璋于1916年5月上旬发起召开南京会议。袁世凯很清楚：“此次南京会议，明为北方势力，实不啻由予手中攘夺大柄。”袁一面指派蒋雁行就近监视南京会议，一面派阮忠枢前往徐州，策动张勋出来破坏南京会议。阮忠枢写信给张勋传授机宜：“（一）拟请尊处商同丹帅（指倪嗣冲——笔者注）迅约各省同志代表汇集徐州，结成团体，预备各种抵制宁垣之法。（二）各省长官与尊处暨丹帅向表同情者，而其所派代表巧弄唇舌，当场捣乱。拟请尊处与丹帅迅电该省长官，诘其是否与之同意；如非同意，即电请其撤回原代表，另派新代表。（三）尊处与丹帅可以长江巡阅使、副使名义，另行召集沿江各省军官代表成一团体，发表宗旨。（四）无论用何方法，凡由尊处与丹帅召集各省代表结成团体后，即可联盟签约，推其中一两人为盟长、副盟长，专以挽留元首勿遽

① 恽宝惠：《我所知道的冯国璋》，中国人民政治协商会议全国委员会文史资料研究委员会编《文史资料存稿选编——晚清北洋》上册，中国文史出版社2002年版，第877—878页。

退位为唯一之根本主旨。(五)联盟签约后,即可正式报明中央政府,并通电宣告各省,谓联盟者已主张一致,不得再有磋商之余地。有异议者,当公同以强硬之手段对待(如梁启超在广东开会,经龙子澄部下胡令宣一骂而逃,彼辈固非不惧强硬者也。)。(六)元首即允退位,联盟各省当正式发表意见,以大义相责。苟继任未得适当之人,与善后种种办法未经确定以前,不敢遽听轻言高蹈①。

在阮忠枢的挑动下,张勋与倪嗣冲发起徐州会议以抵制冯国璋主持的南京会议,阮忠枢并为徐州会议拟定了办法,他要求张勋:"如各代表一致赞同,即请嘱各该代表将节略中大要各端及讨论赞同情形分电各长官,俟得复认可后,即拟请尊处会商丹帅,挈同认可之各省文武长官,联衔电致院部及在京政军警各机关,与夫业经号称之独立各省(即以此节略改为通电底稿)。盖专持不退位之说,固属根本上之唯一宗旨,然所以不能退位之理由,与退位后之危险,以及将来自由退位之办法,必须逐层声明,得大多数之同意,方足以昭示天下,而期可折服彼方面之口,且以见此次在徐会议解决之价值(所以通电已独立各省者,并非定要其赞同,但以表示此方面之结合团体系一致如此解决而已)……南京会议既拟设法打消,所有公举东海一层,虽已得各省赞同,请暂缓宣布,且南方各省如何复冯及梁任公是否足以代表彼方面,并允否赴宁?尚不可知,须看下回分解耳。"②

阮忠枢为保其主子袁世凯用尽了心机和心血。然而,袁世凯于6月6日一命呜呼,阮忠枢的一切努力都是白费力气。但阮忠枢并没有从洪宪帝制的失败中吸取教训,一年后他又参加了张勋复辟活动,并被任命为"邮传部左侍郎"。同年12月,阮忠枢病逝于上海。

---

① 史华:《张勋藏札》,《近代史资料》总第35号,中华书局1965年版,第3—4页。

② 史华:《张勋藏札》,《近代史资料》总第35号,第4—5页。

萨 本 栋

孔 立

萨本栋，字亚栋，1902 年（清光绪二十八年）7 月生于福建闽侯县。萨氏祖先为西域回族，元代称色目人，从山西雁门迁居福建，父名幼实。萨本栋少年时代在福州求学。1921 年毕业于北京清华学校，随即派送美国留学，先在斯坦福大学学习机械，1924 年获学士学位。同年转入麻省伍斯特工学院（Worcester Polytechnic Institute），1925 年获得电机工程师学位。接着又攻读物理学，1927 年获博士学位。同年应聘为西屋公司（Westing. House Co.）工程师。他在留学时代已蜚声学界。

1928 年，萨本栋自美回国，2 月担任清华大学物理系教授，达八年之久。在这期间，先后出版了《普通物理学》和《普通物理实验》二书。原来清华大学普通物理课程采用的是美国教材，萨本栋的著作出版后取代了原有的教材，后来这本书成为"部定"的"大学用书"，被国内各大学广泛选用。萨本栋还参加指导理科研究所物理部研究生，并和他的助手合作，从事电路与无线电方面的科学研究，完成了有关用双矢量方法解决电路问题以及各种真空管的性质和效能研究的论文十多篇。他在教学和科学研究上显示了出众的才华，得到物理学界前辈的推崇。后来他被清华大学教授会选为评议员。

1936 年，萨本栋再度前往美国，作为俄亥俄大学聘请的客座教授，讲学一年。在这次讲学的基础上，他撰写了《并矢电路分析》（*Dyadie Circuit Analysis*）一书，于 1939 年在美国出版。

1937 年萨本栋回国。在抗日战争爆发前一天，被任命为国立厦门大学校长，这时他才三十五岁。7月底萨本栋到校就职。其时，日本已经开始从厦门撤退侨民。9月初，日本军舰炮击厦门，所以萨本栋到任后的第一件大事，就是领导迁校工作，先迁鼓浪屿，后考虑到东南各省学生升学的需要，他决定把学校迁往福建西部的长汀县。在校舍、设备、经费、师资等方面的重重困难下，萨本栋显示了他的组织才能，从12月下旬开始，未及一个月的时间，顺利地完成了迁校工作，图书、仪器等都没有受到什么损失。接着，他又领导安排师生生活、建设校舍、添置设备、聘请教授等工作。他说现在不是一个推诿责任的时代，所以，事无大小，我都要亲为或与闻。大至办学方向、教学质量、聘请教师、发现人才，小至学生伙食、照明用电等等，他都认真地对待和处理。

抗日战争时期，国家十分需要土木建筑、机械、电机、航空工程等方面的人才，而当时厦大却没有这些系科，也缺乏必要的设备和师资力量。萨本栋强调培养人才应当“造福于国家和人群”，千方百计地为创办工科各系而奔走，先后办起了土木、机电二系，改理学院为理工学院。1944年筹办航空系，于当年秋季招生。厦门大学工科学生占全校的三分之一，为国家培养了一批急需的人才。

萨本栋主张学生在校应当努力学习，出了校门才能“本其所学，贡献社会”。所以他十分强调学生的质量，他说：“本校一向对于学生程度之提高，非常注意。在量与质不能兼顾的情形之下，对于质的改良，比起量的增加，尤为重视。”他要求教学经验丰富的教师担任基础课的教学，著名学者如担任过教务长的傅鹰、谢玉铭教授和一些系主任都亲自担任普通化学、普通物理等基础课的教学，萨本栋本人也亲自教过微积分、普通物理等课程。他规定理工科学生微积分不及格，就要转到其他学院学习。全校一年级学生都要修国文、英文，不及格的要重修，重修不及格则予以退学。1939年至1941年还实行毕业前的“语文特殊试验”，要通过国文、英文的特殊考试，才能取得毕业证书。他对培养学生的动手能力十分重视，努力创造条件，让理工科学生参加各种实验和实习。此外，他还提倡开展各种学术活动，曾经亲自参加数理系学生的专题报告会，并向报告人提问、培养学生对学术的兴趣，提高研究能力。

萨本栋除了校务工作以外，还担任了大量的教学工作。他为机电系开设过电工原理、交流电路、交流电机等课程，有时每周上课的时数达到甚至超过一个专职教授的要求。他的讲课富有条理性，能把枯燥的原理讲“活”了。他布置作业或考试，既注意让学生掌握基础知识，又有难度较大的问题以提高学生的能力。他患了严重的胃病，可是为了不耽误学生的学习，经常带病上课。病倒在床上时，还让学生到他的床前听讲。在萨本栋献身精神的鼓舞下，厦大学生勤奋好学，蔚然成风，在全国大学学业竞赛中名列前茅。厦门大学办得日益出色，被誉为当时“国内最完备大学之一”，成为“东南最高学府”。

在厦门大学的七年中，萨本栋承担了过于繁重的任务，这使他心力交瘁，积劳成疾。1944 年，他还不到四十三岁，便已经腰弯背驼，显得异常衰老了。但是他为了谋求厦门大学的发展，还接受美国的邀请前去讲学，并准备考察美国的航空工程，为开办厦大航空系提供借鉴。

1944 年 5 月，萨本栋前往美国，担任麻省理工学院和斯坦福大学客座教授。当时中国抗战正处在艰难阶段，国际舆论轻视中国，萨本栋感到“精神的不愉快，远超过身体不好所造成的痛苦”，因而发奋著述。他把在厦大写的教材重新整理，用英文写成《交流电机原理》(*Fundamentals of Alternating Current Machines*)一书，在美国出版，受到各国学者的好评，被加州大学等许多学校选为教材。1945 年在归国途中，他应邀到英国讲学，8 月间回到重庆。这时他已经辞去厦门大学校长的职务，就任“中央研究院”总干事，后来又兼任物理研究所所长。

萨本栋主持了中研院由重庆迁回南京的工作，接着又计划在南京、上海一带建立一个科学中心。1948 年他当选为中研院第一届院士。萨本栋和当时的中央大学校长吴有训私交甚笃，在南京时他就住在吴家，并且应邀在中大开设无线电工程课。可惜不久胃癌发作，1948 年年底萨本栋前往美国旧金山加州大学医院就医。在病情恶化时，他还向医生讲述他对物理学的一些新见解，希望把知识留给后人。他还要求把自己的尸体加以解剖,供医学研究之用。1949 年 1 月 31 日萨本栋逝世。遵照他的遗嘱,将骨灰安葬在厦门大学校园内。

主要参考资料

夏启瑞等:《萨本栋与厦门大学》、张存浩:《回忆杰出的科学家、教育家萨本栋》、萨师暄:《关于萨本栋二三事》、林泽芬执笔:《魂系中华,骨归故里——忆我们的萨校长》,均载中国人民政治协商会议全国委员会文史资料研究委员会编《文化史料丛刊》第 8 辑,文史资料出版社 1984 年版。

抗日战争时期的《厦大通讯》和档案。

清华大学校史编写组:《清华大学校史稿》,中华书局 1981 年版。

《唯力十日刊》(1938 年、1939 年)。

萨 镇 冰

陈贞寿

萨镇冰，字鼎铭，福建侯官（今福州）人。1859 年 3 月 30 日（清咸丰九年二月二十六日）生。他的父亲萨怡臣是个秀才，以教书为生。萨幼承家学，七岁即读经子诸书。十一岁考进马尾船政后学堂，学习驾驶。三年毕业后派在“扬武”等舰见习，曾游历新加坡、小吕宋等地。

1877 年 3 月，萨镇冰被派赴英国格林威治皇家海军学院学习。三年后回国，任“澄庆”兵船大副。1882 年，调任天津水师学堂教习，黎元洪是他的学生。1886 年擢升“威远”兵船管带，翌年改任“康济”号练习舰管带，1888 年晋升为参将，1894 年授副将衔，并补北洋海军精练左营游击。

甲午战争爆发时，萨镇冰奉命守卫日岛。他冒着猛烈的炮火，亲自把守速射炮①，直到炮台被毁，他才按照提督丁汝昌的指示，撤退到刘公岛。威海卫之役，丁汝昌因弹尽援绝，服毒自杀。萨镇冰亦曾企图自杀“殉国”未果，战后受革职处分，回乡执教。

1896 年，萨镇冰出任吴淞总炮台官，后任自强军帮统。时清政府为重整海军，先后向德、英等国购买若干艘新舰，萨镇冰出任“通济”舰管带。1899 年，升任北洋水师帮统，兼任“海圻”舰管带。“海圻”舰是当时中国最大的军舰。

---

① 李鼎芳译：《肯宁咸乙未威海卫战事外纪》，中国史学会主编《中国近代史资料丛刊·中日战争》（六），上海人民出版社 1957 年版。

1903年，清政府任萨镇冰为广东南澳镇总兵官，不久升萨为北洋水师统领。1905年擢广东水师提督总理南北洋海军。1908年萨奏准清政府每年派舰访问南洋，抚慰侨胞，此举为我国政府宣抚华侨之始，而他的声望也由此著于海外。

1909年7月，清政府派郡王贝勒载洵和萨镇冰为筹办海军大臣。萨把南北洋海军统一编制，将大小舰艇四十余只分为“巡洋”、“长江”两个舰队。10月，萨同载洵赴英、法、意、奥、德、俄等国考察海军事务，次年8月，又往日本、美国考察。后清政府设立海军部，在“巡洋”、“长江”两舰队之上，设统制部，任萨为海军统制。

辛亥革命爆发，清政府急电萨镇冰星夜率舰赴鄂。萨乘“楚有”舰率舰队溯江兼程前进，助清军于10月29日攻陷汉口。由于海军官兵同情革命，部分已暗中联络酝酿起义，大势所趋，萨不得不自行引退。他搭乘一英轮下驶，至九江英领署住宿一宿，翌日乔装商人往上海①。时袁世凯组成责任内阁，任命萨为海军大臣，他对形势踌躇观望，未就任。

1912年，袁世凯继任临时大总统，任命刘冠雄为海军总长。此时，萨镇冰任吴淞商船学校校长。12月，授海军上将衔。1913年“二次革命”爆发，8月袁世凯起用萨镇冰，委其督办淞沪水陆警察事宜，维持上海治安。翌年，袁世凯命设陆海军大元帅统率办事处，为全国最高军事机构，任命萨镇冰为办事员。同年5月，袁世凯设立了他的御用机关参政院，任命萨镇冰为参政员。8月又任萨镇冰兼上海兵工厂总办。

1915年夏，袁世凯图谋帝制日急，引起了全国人民的公愤，反袁活动此伏彼起。革命党人于11月10日刺杀了袁之悍将、上海镇守使郑汝成，并谋先在上海发难。袁大为恐慌，派萨镇冰等人加强戒备。萨自

① 陈国权译述：《新译英国政府刊布中国革命蓝皮书》之第47号附件丁，中国史学会主编《中国近代史资料丛刊·辛亥革命》（八），上海人民出版社1957年版，第308页。

德州、汉口视察兵工厂后于此月3日抵沪。5日，革命党人联络“肇和”舰上的海军练习生陈可钧等人趁机发动起义，占领了“肇和”舰，并迫使“应瑞”、“通济”两舰发信号表示赞同革命。萨镇冰与松沪扩军使杨善德、杨晟等人商议，决定用重金收买“应瑞”、“通济”两舰官兵。6日黎明，“应瑞”、“通济”两舰突向“肇和”舰开炮，击中锅炉，“肇和”舰遂复入袁军之手，沪上革命党人的反袁斗争遭受巨大挫折。

袁世凯死后，黎元洪继任大总统。时由于龙济光的振武军炮轰驻韶关的李烈钧滇军，激起了战争，北京政府海军部特派萨镇冰为粤闽巡阅使率海军前往查办。8月25日萨到广州，率舰驻泊沙面震慑，并调解龙、李矛盾，使粤事得以了结。

1917年5月，“府院之争”中黎元洪免去段祺瑞的国务总理职后，任李经羲为国务总理，萨镇冰任海军总长。7月初，张勋复辟，曾授萨为海军部尚书，未就任，张勋便垮台了。段复任总理，任萨为海疆巡阅使。时程璧光、林葆怿率第一舰队南下参加护法，刘冠雄以萨与程、林有袍泽之谊，命萨牵制羁留程、林，但此谋未逞。12月萨辞海疆巡阅使职。1918年9月，北京政府因李厚基在闽粤战争中败北，遂派萨镇冰为福建清乡督办，企图调动海军协助闽浙军抵抗粤军。吴佩孚在前线发表“罢战主和”通电后，10月闽粤议和，萨从中调解，使李厚基与陈炯明达成停战协议。1919年11月，北京政府内阁改组，靳云鹏任总理，萨镇冰被任为海军总长。次年5月靳云鹏辞职，萨镇冰暂代国务总理。7月14日爆发直皖战争，皖系失败，8月靳云鹏内阁再度成立，萨仍任海军总长，直至1921年5月内阁改组时去职。

1922年4月，第一次直奉战争爆发，第二舰队司令杜锡珪靠近吴佩孚，主张参战助直，第一舰队司令林建章接近皖系，主张暂守中立。杜派员到沪游说林的部属助吴参战遭拒绝，即怂恿萨镇冰出台。萨以海军前辈的身份，登上“海筹”舰，亲率第二舰队“海容”等舰，北上秦皇岛，炮轰山海关，截断奉军归路。战胜奉军后，5月25日，萨被北京政府授为肃威将军。后萨又追随吴佩孚，通电拥戴黎元洪复位。当时驻沪海军发生“倒杜(锡珪)拥林(建章)”的运动,林建章在沪宣布驻沪舰队独立,这实际是脱离直系的“独立”。因此孙中山对林的举动表示欢迎,萨镇冰则站在直系一边表示反对。10月,闽北镇守使王永泉受徐树铮策动,与粤军许崇智等部联合向福州进攻,李厚基连电北京告急。时萨镇冰适在安徽、福建查勘烟禁,直系控制的北京政府遂电催萨前往应付,许其调遣海军。萨抵福州后,被黎元洪特派为会办福建军务和福建省长。此时孙中山已委林森为福建省长。11月,北京政府命令孙传芳、周荫人为福建援军正副司令,屯兵于福建边境。时广东方面受陈炯明威胁,军情吃紧,许崇智部离闽回粤讨伐陈炯明,王永泉感到孤立,遂与萨镇冰合作,由林寿昌等人以学生会名义召开各界会议,推举萨镇冰为自治省长,林森被迫辞职。萨与王永泉、刘冠雄致电北京政府表示拥护之忱。1923年3月,孙传芳、周荫人两部自杉关长驱直下福州,于次年5月驱走王永泉。孙向浙江进兵,周荫人继孙传芳为福建军务督办,萨仍为省长。福建至此完全成为直系地盘。萨虽为省长,但无实权。

1926年12月2日,北伐军东路军击溃周荫人主力后,迫近福州,省城各界推举萨镇冰为福建保安总司令。3日,林寿昌在福州组织“暴动”,响应北伐军,翌日,萨弃职而去。时周荫人军张毅部在被困瓜山地区时,大肆烧杀抢夺,南港瓜山一带九十三乡人民家破人亡,哀鸿遍野。萨以下台省长的身份,出面募捐,办理赈灾工作,颇著成效。

1927年国民党政府在南京成立后,萨镇冰被聘为海军部高等顾问,但他这时已年近古稀,并未过问政治上的事,而是留居福州,从事社会救济工作,在社会上赢得较好的声誉。

1933年11月20日,十九路军发动“闽变”,成立福建人民政府,萨镇冰应邀出席了在福州召开的“中国人民临时代表大会”和22日举行的“人民革命政府”就职典礼。他发表演说,支持闽变当局提出的反蒋抗日原则①。当时,福建分划为四省,萨镇冰被聘为“人民革命政府”的

① 均见闽变时出版的《人民日报》1933年1月下旬。

高等顾问和延建省的省长。他拒绝南京政府要他赴沪的劝诱。在萨的影响下,马尾海军各机关由十九路军顺利接收。但不久福建人民政府被蒋介石扼杀,十九路军撤退时,萨镇冰亲自到马尾进行疏通,防止海军对十九路军的攻击①,待十九路军全部渡过乌龙江撤离福州后,他回福州临时维持地方秩序。

此后,萨镇冰蛰居福州,同族弟萨嘉曦续修《雁门萨氏家谱》,与故旧知交赋诗饮酒。1937 年抗日战争全面爆发,10 月萨前往南洋,宣传抗日。次年 2 月取道越南回国,历游蜀、黔、湘、滇、桂、陕、甘各省。抗战胜利后,萨重回福州定居,刊行诗集《客中吟草》。

福建解放前夕,国民政府曾有人看望萨镇冰,转达蒋介石之意,劝萨前往台湾,萨以病辞。后来,蒋又电朱绍良送萨赴台,萨称病住院。

福州临解放前,萨镇冰做了一些有益于福州解放的事情,与刘通、丁超五、何公敢、陈培锟等社会知名人士联名发出文告表示拥护共产党。

1949 年 9 月,萨镇冰被特邀为全国政协代表,当选为全国政协委员、中华人民共和国中央人民政府人民革命军事委员会委员、中央华侨事务委员会委员及福建省人民政府委员。他为新中国写了许多歌颂的诗章。

1952 年 4 月 10 日萨镇冰病逝,葬于福州西门外梅亭山。

主要参考资料

萨镇冰、萨嘉曦修:《雁门萨氏家谱》,1935 年版。

萨伯森编:《萨镇冰(鼎铭)先生年表》,中国人民政治协商会议福建

① 蔡廷锴:《回忆十九路军在闽反蒋失败经过》,中国人民政治协商会议全国委员会文史资料研究委员会编《文史资料选辑》第 59 辑,文史资料出版社 1979 年版,第 106 页。

省委员会文史资料研究委员会等编《福建文史资料》第15辑，1986年版。

中国人民政治协商会议全国委员会文史资料研究委员会编：《辛亥革命回忆录》（六），中华书局1963年版。

剑农：《武汉革命始末记》，中国史学会主编《中国近代史资料丛刊·辛亥革命》（五），上海人民出版社1957年版。

张国淦编著：《辛亥革命史料》，龙门联合书局1958年版。

［美］奚尔恩：《狂风暴发》，《义和团研究会会刊》，1981年第2期。

中国人民解放军海军司令部研究委员会编：《中国近代海军史参考资料》，1960年版。

陈国缪：《对萨镇冰先生言行的回忆》。

陈文会：《萨镇冰海军上将的简历》。

沙 千 里

傅能华

沙千里，曾用名仲渊、重远。祖籍江苏苏州，1901年6月12日（清光绪二十七年四月二十六日）生于上海。祖辈曾是商业资本家，但他出生时家境已经破落，1908年丧父。因家庭贫困，小学还未读完就被送到上海大丰棉布批发字号当学徒①。由于他学习刻苦，办事认真，深得老板器重，过了两年多就升任职员，再过两年多又代理账房，升任清账房②。他勤奋好学，空闲时间经常阅读进步书刊，并在青年会办的夜校补习英文，过着攻读生活。

1919年五四运动爆发后，他深受新思想的影响，被上海复旦大学师生创办的《平民》周刊所介绍的合作主义思想吸引，认为"合作"一股一权，公平合理，是改造现有经济制度的好办法。在《平民》周刊的影响下，他撰写和翻译了不少宣传合作主义的文章。据《沙千里自传》中说，上海《时事新报》的《合作》副刊上，几乎每期都有他的文章。在北伐战争迅速发展的形势下，他的思想也有很大的进步，积极参加国民革命。虽然当时上海的军阀李宝章疯狂镇压国民革命，残害革命青年，但沙千里毫无畏惧，积极从事国民党的秘密工作，成为一名国民党的党员。当时他十分拥护孙中山的三民主义，特别赞赏其中的民生主义学说。他曾引孙中山民生主义关于分配社会化一节来论证社会分配"可以不必

① 邹韬奋：《韬奋文集》第3集，三联书店1978年版，第125页。

② 邹韬奋：《韬奋文集》第3集，第125页。

由商人分配，可以由社会组织团体来分配，或者是由政府来分配货物”①，以说明他的合作主义和民生主义学说的一致性。

大约1925年秋天，沙千里以同等学力考进了上海法政大学，次年秋转学到上海法科大学。1929年秋毕业于法科大学法律系本科②，1931年开始从事律师职业③。在法科大学读书时，正值革命低潮时期，他在英文补习班教员许德良（共产党员）的影响下，与几位同学集资创办刊物《青年之友》。该刊物的宗旨是“指示青年修养，努力改造社会”，要求青年对社会负起责任来，不要随波逐流，趋炎附势，更不要自暴自弃，意志消沉，丧失斗志。1928年春节过后，沙千里参加青年之友社成立会，被推举为该社的负责人之一，后来又担任《青年之友》的主编。《青年之友》周刊内容充实，形式活泼，切中时弊，深受读者欢迎，发行量逐渐增多，最多时曾达五千多份，在上海几乎每所中学都有分销处，外地也有发行，远至南洋各地也有其读者。由于《青年之友》的读者越来越多，在青年中的影响越来越大，因此引起了国民党当局的仇视，1930年在国民党当局的高压政策和特务的破坏下，被迫宣布停刊。

《青年之友》停刊后，青年之友社并未解散，其骨干核心分子仍定期活动，他们改变斗争方式，把公开活动与秘密活动、合法斗争与非法斗

---

① 沙千里:《合作运动概观》，上海特别市合作运动宣传周委员会1929年印。

② 据上海法科大学校史记载。

③ 沙千里哪一年开始从事律师业务，说法不一，《沙千里自传》（未发表）说，“1933年开始做律师”，但登记表上登记“1935—1948”在上海、重庆做律师。而沙千里生前秘书殷宏志来信说沙千里“1931至1948年先后在上海、重庆执行律师职务”。笔者认为1931年的可能性大，理由是:1. 沙千里1929年上海法科大学法律系毕业，1931年做律师有条件。2. 1933年沙千里应友人黄启埥和华东广播无线电台主持人的约请，在电台讲法律《婚姻、子女、继承》。这应该是沙千里当律师以后，甚至有一点名气以后的事。3. 曾经帮助沙千里写《漫话救国会》一书的许九星在《沙千里与救国会》（《运城师专学报》1984年4月）一文中说:“1931年，‘九·一八’事变发生时，沙千里正执行律师职务，主持一个律师事务所。”

争结合起来,努力争取广大青年,团结斗争。1930 年 12 月,在青年之友社的基础上组织成立了“蚂蚁社”(简称“蚁社”)。他们以蚂蚁自诩,蚂蚁虽小,但能团结,能为共同的利益战斗,一只蚂蚁力量小,但一群蚂蚁力量就大了。他们要向蚂蚁学习,以蚂蚁精神互相鼓励。蚁社的宗旨是“联络感情,增进友谊,从事文化运动”。实际上其骨干分子中有共产党员在起作用,并有较明确的政治目的。“九一八”事变后,蚁社立即投入抗日救亡运动,号召大家向蚂蚁学习,为祖国独立与民族解放不惜牺牲自己与敌人进行拼死的斗争。蚁社逐渐发展成为抗日战争初期的一个著名的群众团体。沙千里在蚁社中有较高的威信,被历届蚁社社友大会推选为执行委员和社友部部长。在此期间,沙千里参加了中共上海地下党的外围组织。他除了参加社团政治活动外,其本职工作仍是律师,并且是上海律师公会的成员。他在受理案件时,认真负责,特别是对贫苦老百姓尽力给予帮助,因此在社会上和同业中有很好的声誉。

“九一八”事变后,沙千里积极投身于抗日救亡运动。1935 年,日本进一步向华北进攻,中共中央发表“八一宣言”,号召建立抗日民族统一战线。沙千里认识到中国共产党才是抗日救国的中坚力量,把希望寄托在中国共产党的身上。10 月,他在蚁社中“苏联之友”小组的支持下,创办了《生活知识》半月刊,以不露痕迹的方式,宣传中共的抗日主张和政策,成为当时文化战线上反“围剿”的一个宣传阵地。12 月 9 日,北平爆发轰轰烈烈的学生爱国运动,全国各地热烈响应,掀起了抗日救亡运动的新高潮。上海和其他省市的抗日救亡组织纷纷建立起来。最先是上海妇女救国会,文化界救国会、大学教授救国会、职业界救国会、学生救国会、电影界救国会、新闻界救国会等组织也相继成立。沙千里参与组织成立上海职业界救国会,被选为常务理事,分工负责总务部工作①。随后又作为职业界救国会代表参加了上海各界救国联合

① 沙千里:《漫话救国会》,文史资料出版社 1983 年 10 月版,第 54 页。

会，被选为执行委员。

1936年5月31日至6月1日，全国各界救国联合会(简称“救国会”)在上海召开成立大会，沙千里作为上海各界救国联合会代表参加大会，并被选举为全国各界救国联合会的执行委员和常务委员。大会决定创办《救亡情报》为“救国会”机关报，沙千里担任编委。7月，国民党中央召开二中全会，“救国会”派沙千里和沈钧儒等五人为代表前往南京请愿，要求国民党立即实行各党派合作，对日宣战，释放政治犯，开放民众抗日运动，保证救国自由。11月12日，孙中山先生诞辰，“救国会”在上海举行声势浩大的纪念大会，把纪念大会变成为一次宣传抗日救国的大会。沙千里与沈钧儒等人在会上发表演讲，呼吁全国各界、各党派继承中山先生的遗志，国共合作，团结抗日，为中华民族的解放而努力。“救国会”努力进行抗日救国宣传，得到全国各界爱国群众的同情和支持，却成为蒋介石国民党政府推行“攘外必先安内”政策的障碍。于是，“救国会”领导人被国民党当局视为眼中钉、肉中刺，必欲去之而后快。1936年11月，沙千里与沈钧儒、章乃器、邹韬奋、李公朴、史良、王造时七位救国会领导人先后被捕，并解往苏州关押审讯，造成震惊中外的“七君子事件”。七位救国会领袖在法庭和监狱中与国民党当局进行坚贞不屈的英勇斗争。沙千里在狱中进行斗争的同时，还依旧勤奋读书写作，锻炼身体，每天记日记不间断。后来出版的《七人之狱》一书就是“七君子”在狱中进行斗争的纪实。1937年7月，卢沟桥事变发生后，国内外形势急剧变化，国民党迫于社会舆论的强大压力和声势浩大的营救运动，不得不对“七君子”“停止羁押，具保释放”。7月31日，在雄壮的军乐声、欢呼声、爆竹声、口号声和救亡歌曲声中，沙千里等七位救国会领导人光荣出狱。他们的爱国和斗争精神受到人民群众的高度敬仰。

全面抗战爆发后，国共两党合作实现，抗日民族统一战线形成，抗日运动的范围更加广泛，上海各界救国会改名为“上海各界救亡协会”。上海职业界救国会也改名为“职业界救亡协会”(简称“职协”)。沙千里回到上海后继续从事抗日救亡活动，他担任“职协”的常务理事兼秘书长①。“职协”积极开展抗日救亡活动，如从事战地服务，救护伤员，慰问伤员，救济难民，筹募慰劳物品与慰劳金，编印宣传刊物，培训救亡干部等等活动。他还担任《救亡周刊》主编和《国民》周刊编委。

上海和南京失守后，国民政府撤退到武汉，救亡协会的干部也先后到达武汉。在周恩来的关怀下，上海蚁社的一部分领导力量联络当地爱国青年，成立了以沈钧儒和沙千里为首的武汉蚁社。在武汉，蚁社得到迅速的发展，很快发展到四五百人，蚁社参加郭沫若领导的政治部第三厅组织的许多活动，成为武汉地区较有影响的革命团体之一。在保卫大武汉的战斗中，沙千里带领爱国青年积极支援前线抗战，参加文化界慰劳前线战士的活动，以及积极开展文化活动。1938 年，他在武汉经杨修范、袁清伟的介绍秘密加入了中国共产党。

1938 年 10 月，武汉失守前夕，沙千里与救国会的部分领导人从武汉撤退到重庆。在重庆，他参加中国工业合作协会（简称“工合”），担任协会的推进组组长及主持《工业合作》月刊。中国工业合作协会由国际友人路易·艾黎（Rewi Alley）和斯诺（Edgar Snow）创办，得到周恩来和宋庆龄的支持。它主张用生产合作的方式组织三万个工业合作社，以发展中国工业，建立起经济的国防线，抵御日本的经济侵略。经过半年多的努力，该会开设了西北、东南、西南和川康四区的办事处。到 1940 年 10 月，“工合”已建立起两千三百多个小工厂，遍布十六个省，从内地到敌后，到处都有“工合”的小工厂②。“工合”发展迅速，成绩巨大，国民党想把功劳归于自己，便派人打入“工合”总部，分化和打击“工

① 关于上海市职业界救亡协会（简称“职协”），李文杰有较详细的回忆。他说：主要发起人有沙千里、袁清伟（庶华）、王文清（纪华）、杨经才、石志昂、李文杰，还有许德良、黄逸峰……“职协”实际上是在中共领导下的“职救”的后继组织。1937 年 9 月 12 日在新寰中学礼堂成立，大会推举沙千里为主席。见李文杰《职业界救亡运动的片断回忆》，《统战工作史料选辑》第 2 辑，上海人民出版社 1983 年 2 月版。

② 田森：《艾黎的春秋》，华中工学院出版社 1983 年版，第 34 页。

合”的干部和技术人员，甚至诬陷沙千里等人领导暴动，以此打击和迫害国际友人艾黎，清洗进步的爱国青年，从而达到由国民党 CC 系分子来控制“工合”的目的。沙千里在“工合”无法正常开展工作，便不得不退出“工合”。

在重庆期间，沙千里与沈钧儒、邹韬奋等人关系密切，经常往来，他经常替沈老代劳为国民参政会及各界爱国组织的事务而四处奔走①。1941 年 1 月，皖南事变发生，国民党加紧迫害中共和各民主党派爱国人士，邹韬奋被迫流亡香港。在重庆的一些抗日党派负责人，为争取实现民主政治和时局好转，1942 年沙千里与沈钧儒等人共同发起成立“中国民主政团同盟”。1944 年 9 月，民主政团同盟为进一步推进民主宪政运动，扩大社会基础，在重庆召开全国代表大会，决定将“中国民主政团同盟”改为“中国民主同盟”，大量吸收无党派的个人盟员参加。10 月，民盟发表了《抗日最后阶段的政治主张》一文，要求“立即结束一党专政，建立各党派之联合政权，实行民主政治”。在这期间，沙千里汇编出版了国民政府公布的战时重要法律，以便作为进行合法斗争的依据。此外，沙千里等人发起组织中国经济事业协进会，团结工商界的进步人士共同坚持抗战，促进民主运动的发展。

1945 年 8 月，日本宣布无条件投降，中国的抗日战争取得了最后的胜利。抗战胜利后，中共领导人毛泽东、周恩来、王若飞应蒋介石邀请抵达重庆，与国民党进行谈判。在谈判前中共领导人曾与沈钧儒、沙千里等人晤面，征求对谈判的意见，听到许多积极的建议。1946 年 7 月，国民党一面扩大内战，一面加紧对民主人士的迫害和镇压。李公朴、闻一多先后在昆明被国民党特务暗杀。沙千里与沈钧儒、王造时、沈志远、徐伯昕、胡子婴等救国会领导人在上海举行紧急会议，决定致电向云南当局提出强烈抗议，要求严惩凶手，以谢国人。同时在上海举行隆重的追悼会，进一步揭露国民党当局镇压民众运动的罪行。同年

① 徐盈：《“家长”风范》，《沈钧儒纪念集》，第 282 页。

11月，国民党军队攻占张家口后，公然撕毁“双十协定”，单独召开国民大会。民盟立刻发表声明，抵制和拒绝参加国民党一手召开的所谓国民大会。沙千里在《文汇报》发表文章，揭露国民党发动内战的罪行，指出国民党一党召开的国民大会是违反政协决议的，因而也是非法的。解放战争时期，沙千里参与组织上海人民团体联合会，推动民主运动，并以律师身份为受国民党迫害的进步人士辩护。

在人民解放战争迅速发展的大好形势下，国民党统治摇摇欲坠，濒临灭亡，因此国民党当局加紧对中共和民主党派的镇压和摧残。1947年10月27日宣布民盟为非法团体，强迫解散，并对民盟成员进行迫害。沙千里陪同沈钧儒等人于11月下旬秘密离开上海，转移到香港。1948年1月5日至19日，沈钧儒在香港主持召开民盟一届三中全会，宣布民盟恢复活动，确定反蒋、反美和反专制的政治纲领，彻底抛弃中间路线，决定与中国共产党密切合作。沙千里作为沈钧儒的得力助手和亲密战友，对这次会议的成功召开起了重要的作用。9月，沙千里陪同沈钧儒离开香港，北上到东北解放区，以民盟和人民救国会的名义进行活动。北平和平解放后，沙千里于1949年2月25日同沈钧儒等人一起进入北平。1949年5月，上海解放后，参加接管上海市的工作，担任上海市军管会和上海市人民政府的副秘书长兼中共上海市委统战部组长。9月到北平参加中国人民政治协商会议第一届全体会议。他代表救国会在大会上发言。他高度赞扬新政协的召开，是“中国人民自己当家做国家主人的一个人民新世纪的开端”①。在会上沙当选为第一届全国政协委员。

中华人民共和国成立后，沙千里被任命为中央人民政府贸易部副部长、商业部副部长。新中国成立初期，他为克服国家财政经济困难，稳定金融物价，合理调整工商业，促进城乡物资交流，恢复国民经济，作

① 中国社会科学院近代史研究所民国史研究室主编：《救国会》，中国社会科学出版社1981年版，第415页。

出了重要贡献。

为了更好地贯彻中国共产党对民族资产阶级的政策，充分调动私营工商业者的积极性，在中共中央和周恩来的关怀下，沙千里从1951年底开始筹备组织中华全国工商业联合会。1953年11月，全国工商联正式成立，他被选为秘书长。后来担任全国工商联第二、三、四届副主任委员。全国工商联的成立，对于推动私营工商业者的自我教育和自我改造，起了积极的推动作用。

1953年6月至8月，中共中央召开全国财经工作会议，沙千里担任中央财经委员会第六办公厅副主任。1958年他又被任命为国务院粮食部部长。沙千里还担任过全国政协第五届副主席，第四、五届全国人民代表大会常务委员会委员兼副秘书长，第五届全国人大常委会法制委员会副主任，中国民主建国会中央常委，中国民主同盟中央委员等职务。

1982年4月26日，沙千里因病医治无效在北京逝世。

沙　　逊

陆志濂

爱里斯·维克多·沙逊(Ellice Victor Sassoon),生于1881年,英籍犹太人,英国海外财阀沙逊家族的后裔,世袭准男爵士。是个跛子,绰号"跷脚沙逊"。维克多的祖父大卫·沙逊(David Sassoon)为老沙逊洋行(David Sassoon & Co. Ltd)的创办人。维克多的父亲爱里斯·大卫·沙逊(Ellice David Sassoon),简称E. D. 沙逊,是老沙逊的第二个儿子。E. D. 沙逊后来脱离了老沙逊的商号,在印度孟买另外创设了新沙逊洋行总行(E. D. Sassoon, Sons & Co. Ltd.),并且以后陆续在香港、上海等地开设分行,新沙逊洋行总行和分行是E. D. 沙逊和长子爱德华、次子维克多父子三人开设的商号,经营的业务和老沙逊洋行一样,以印度鸦片和印度棉纱为主。

1918年维克多在印度孟买接管新沙逊洋行。1921年新沙逊洋行在印度孟买的商号进行改组扩大为沙逊有限公司,成为E. D. 沙逊财阀的中心。

沙逊家族从维克多的祖父和父亲起,就从印度将大量的鸦片装载上英国轮船一直开进黄浦江,时间持续远在鸦片战争以前,直到鸦片战争以后,经营鸦片的品种、数量和价值都具有相当大的规模,沙逊家族就是以贩卖鸦片而发家致富的大鸦片商。

1923年,爱里斯·维克多·沙逊第一次来到上海,他看到这块冒险家的乐园——具有大量掠夺财富的有利条件,于是决定以新沙逊洋行上海分行为立足点,亲自指挥人马在上海大干一场。同年,上海安利洋行(Arnhold Brothers'Co.)的股东英籍德国犹太人阿诺特(Hary Arnhold)无意中在轮船甲板上和维克多相遇。阿诺特经营的安利洋行在1920年2月至12月间上海发生的所谓"九先令风潮"中,因外汇汇率剧烈波动受到很大损失,它的大部分资金几乎都丧失殆尽,安利洋行濒于破产。阿诺特迫切需要资助以摆脱困境。对维克多来说,阿诺特虽处困境,但他是当时上海租界工部局的总董,而且安利洋行内有着很多著名的买办经营着许多企业,这对维克多在拓展事业上具有很大的吸引力。二人交谈之下,一拍而合。阿诺特以安利洋行在上海、香港、汉口和天津的庄口房地产作为担保。1923年3月27日,安利洋行接受新沙逊洋行资金的援助而改组,维克多担任安利洋行的董事,一切经济由他做后盾。此后数年间,新沙逊洋行对安利洋行的贷款多达一千多万两,至1935年5月,安利洋行正式让渡新沙逊公司作为总管理处,至此,维克多就掌握了安利洋行的实权。安利洋行原来经营的子公司有:英商中国公共汽车有限公司,资本一百万两;英商祥泰木行有限公司,资本五十万两;镕瑞机器造船公司,资本五百万两;英商耶松有限公司老船坞,资本二百七十八万两;扬子银公司,资本二千万两;中国钢车制造有限公司,资本一百万两;上海啤酒公司,资本二百万两。以上各子公司资本共约三千三百万两,换算"法币"约为四千六百万元。当阿诺特兄弟在和维克多最后分手时,仅从维克多那里获得一百多万元的补偿。维克多投资经营的企业,计有造船、锅炉制造、船坞、铁道和桥梁建设、金融、公用事业、酿造、地产、水陆运输、保险、饮料制造等,在华占有重要地位。在各个子公司中,维克多都安排得力心腹人员掌握着实权,而维克多本人则是新沙逊财阀的总头目。

维克多曾于1930年创立沙逊银行,总资产约为五百万英镑,到1935年乃增至七百八十万英镑,行址设在沙逊大厦内,自任总裁。该行是沙逊财阀从新沙逊洋行到所属于公司金融和财务的内部总账房和往来开户银行。沙逊银行在上海外汇市场上具有重要的支配力,成为当时金融界人士瞩目的中心。该行还利用当时中国国内政局不稳定和美国提高白银价格等情况进行金融投机，从而获得了巨大的利润。1935年底有人推算，新沙逊财阀全部资金“约达三十一至五十亿元左右”。自从维克多掌权以后，他在中国所获得的财富与怡和、太古不相上下，甚至于超过了他们。

维克多在上海的主要财产，是购置大量的土地和房产。据估计当时旧上海二十八幢十层以上的大楼中，他一人就曾占有六幢，并拥有大小房屋一千九百多幢，占地六百多亩。如1928年建成的位于南京路外滩的沙逊大厦(今和平饭店)，维克多于同年6月依照香港政府的公司法，将大厦的一部分开设华懋饭店，资本五百万两，饭店内布置得富丽堂皇，房间备有各国式样摆设，招徕一批洋行的大班买办和达官豪绅的捧场。而维克多自己则占用华懋饭店最高层金字塔尖顶下的一整套大房间。1930年，维克多又先后将上海苏州河畔的宝康里翻建为河滨大楼，福州路的福华里翻建为都城饭店，在都城饭店对面又盖起了汉弥登大厦。在上海主要几条热闹的马路，到处都有他的产业，如十三层楼(今锦江饭店)、十八层楼(今茂名公寓)等都是他的产业。

维克多在经营房地产方面有着多种办法，如接受客户的房地产抵押，采用高利息和累进利率，当客户到期无力归还押款，地产即归沙逊所有。再如出租土地给人家造屋，不但索取高额地租，且规定造屋式样，当使用期满，土地房屋悉数无偿归维克多所有。又如对一些旧式里弄房屋，维克多投保巨额火险，一旦房屋发生火灾，他可从保险公司获得巨额赔款。

维克多还通过当时任英租界工部局总董阿诺特的关系，预先知道当时租界的城市建设规划，就用低价大量购置将来要开辟为主要马路的周围土地，等马路铺成，商店次第建立，地价就会直线上涨。他还和国民党官僚合办大中实业公司，就在1934年一年里，他就通过这家公司从徐家汇、青浦等地用低价买进了大量地产。

维克多经营的房地产业务，是经过他设立的专门管理机构去完成的。1925年，他成立了远东营业公司，资本一千万两，经营地产交易和金融投资事业；1926 年 12 月更设立华懋地产公司，资本五百万两，经营地产交易和金融事业。1930 年 7 月又创立中国国际投资信托公司，向香港政府注册，作为买卖地产和从事金融投资的公司。此外，还设立了上海地产投资股份有限公司、三新地产股份有限公司、中和地产公司等，这些专业的子公司为他在上海房地产的投机和操纵方面发挥了重大的作用。维克多利用这些公司的名义发行股票和公司债券，十八层楼大厦就是由华懋地产公司发行的债券来建造的。同时，维克多又利用这些名义上各自独立的子公司，操纵地产市场。在各个子公司之间，卖出买进，哄抬房地产市价。在 1932 年“一二八”上海抗战时，恰当美国提高银价，上海发生信用恐慌，地产业处于萎缩不振的时候，维克多竟然提议发行一亿元地产证券用以兼并，这一个举动，不仅轰动了上海，也轰动了伦敦地产界。

爱里斯·维克多·沙逊不仅和上海租界当局关系密切，而且和国民党官僚中的上层人物间的关系也很密切。如 1934 年，他花了七千多两银子购买了一辆新型的小轿车，他一面在租界上申请了一张“1111”号码的车照，一面向上海市“公用局”申请一张在中国地界行驶的“2222”车照，但是这张号码的车照早为中国某富商捐用，维克多派人和对方谈判，愿出高价从他手中挖过来而未得逞。维克多亲自写信给上海市长吴铁城指定要这张车照，吴铁城接信后唯恐“公用局”办事不力，竟亲自下令吊销这张号码的车照，把它转给维克多使用。在中国各派军阀混战期间，维克多曾将欧洲战场上剩余的军用物资，以高价贩卖给中国军阀，让他们用以争夺地盘，荼毒人民，而他却从中获取暴利。今四川中路延安东路口 20 号这幢大厦，过去就陈列过安利洋行的飞机样品，当时奉天、四川等地的军阀都曾到这里来购买军火。以后国民党政府购买飞机零件和军火，很多笔交易也在这里谈判成交的。1934 年，宋子文还亲自到安利洋行去为“上海海关缉私营”购买步枪等军火，他和宋子文关系密切，经常通过当时的“上海海关监督”唐海安和宋联络。1934 年，中国银行准备在上海外滩一侧建造一座远东最高的三十四层的银行大厦，但是维克多·沙逊强横地要求中国银行让步，不能建造超过隔邻沙逊大厦的高度，结果中行当局竟然屈从这一无理要求，只造了十六层，高度比沙逊大厦的金字塔尖顶低三十多厘米。

1937 年中日战争爆发后，维克多在上海的有关各项企业由于当时上海租界畸形发展而获得了相当的厚利，但他也察觉到这种繁荣后面的危机。此后，维克多为了保持 E. D. 沙逊财阀在中国的财产寻找安全出路。1939 年 7 月，他第一次去美国，劝说美国为了对付日本，有确立英美对日共同作战的必要。1940 年 12 月，维克多再次去美国发表谈话，阐明日本国内经济的危殆状况，强调美国对日本抑制力的影响，并且要求日本从中国撤出军队。以后维克多又三度赴美，一方面是活动借款及促使英美对国民党的援助积极化，同时为了保持沙逊家族的财产安全，着手把一部分财产转移到美国。

抗战胜利后，上海的局面已由美国替代了战前的英国势力，其后他看到国民党统治集团在解放战争中节节失利，便把房地产的投机转移到外汇投机上去，加紧和国民党官僚资本相勾结，幕后操纵外汇买卖，抽逃在华资金，套购外汇，抛售在上海的房地产并在国外收款成交，将新沙逊洋行总行迁至巴哈马群岛的首府拿骚(Nassau)。到 1949 年上海解放前夕，除了未及卖掉的土地和房屋外，大部分可以转移的资金都已被他提前转移。

爱里斯·维克多·沙逊 1961 年卒于巴哈马群岛的拿骚。

主要参考资料

张白衣:《远东英国金融巨子沙逊论》,《财政评论》第 5 卷第 4、5 期。

谢夫:《跷脚沙逊》,《上海经济史话》第 1 辑，上海人民出版社 1962 年版。

[美]霍塞:《出卖的上海滩》，中美图书公司 1940 年版。

上海华商国际贸易业蔡永泉访问录，编号 3252。

上海华商国际贸易业李开第访问录，编号 3326。

上海华商国际贸易业高事恒访问录，编号 3303。

[英]班思德编：《最近百年中国对外贸易史》，海关总税务司统计科 1934 年译印。

沙彦楷

汪仁泽　陈光贻

沙彦楷，字武曾，一字伯躬，晚年更名沓，回族，1875 年 7 月 1 日（清光绪元年五月二十八日）出生于江苏宜兴。祖籍原在西北，19 世纪 70 年代清政府镇压西北陕甘回民军时，沙的祖父沙夒和携家迁居内地，定居宜兴行医为业，曾因参加科举考试寄姓吴氏。沙彦楷自幼就读私塾，勤学好问。父亲沙安节，教子严，常亲自课读至深夜。1900 年沙彦楷考取秀才，翌年又参加清政府最后一次的科举考试，中光绪庚子、辛丑并科举人。

1907 年 9 月，沙彦楷考取京师法律学堂，三年毕业后，捐得候补浙江盐使职衔。民国成立后，在司法界任职。1913 年 2 月任江苏第一高等审判分厅推事兼民事庭庭长，1914 年 2 月调任北京京师地方审判厅推事，1916 年 4 月兼署民事庭庭长，1918 年 2 月调任京师高等审判厅推事，1920 年 1 月升任厅长。1922 年发生“金佛郎案”，法国政府要我国以金佛郎的价值偿付“庚子赔款”余额，以其中部分抵付“中法实业银行”倒闭的欠款。当时投机政客乘隙活动，企图从中掊注取利，大理院院长董康等人亦参与其事，沙彦楷站在爱国立场上坚决反对，并向国会提议，得以立案。后愤于司法界之腐败，沙彦楷于是年 7 月辞去京师高等审判厅厅长职务。8 月，被递补为国会议员。1923 年曹锟贿选总统，沙毅然放弃议员职务，挂冠离京赴沪。

1924 年，沙彦楷在宜兴筹款创办宜兴中学，担任校董，经常往来沪、宜间，处理办学事宜，直至 1931 年该校改为省立农业学校。

1925年2月起，沙彦楷与知友沈钧儒在沪合设律师事务所，执行开业律师事务，积极保障人权。1927年蒋介石发动“四一二”政变后，曾任浙江省政府委员兼秘书长的沈钧儒一度被捕，沙到处奔波营救，沈不久获释，继续共同执行律师业务。此后沙与沈多次参与营救被国民党当局逮捕的革命者和爱国人士。1936年，蒋介石对沈钧儒等爱国民主人士进行迫害，发生“七君子事件”。沙坚决声援抗日救国的正义主张，反对蒋介石的卑劣行为。他亲往监狱探望被捕的救国会领袖，积极参加营救活动。

1937年抗战军兴，不久上海租界沦为“孤岛”，沙彦楷不愿事敌，结束律师业务，回宜兴故乡，闭门读书，从事著作，他甘处清贫的隐居生活。1940年3月，汪伪政权建立，沙著文痛斥汉奸卖国罪行。1944年，沙彦楷更名春，作七十自述诗，有“岁寒共抱冬心在，何恨何求更愠穷”句。1945年抗战胜利后，他回沪继续执行律师业务。周恩来代表中国共产党与国民党在沪谈判期间，曾多次与他会晤。在中国共产党的影响下，他逐步认清了国民党政府的本质，积极参加反蒋民主运动，曾加入民社党任秘书长兼组织部长，为反对该党主席张君劢投靠国民党的行径而斗争。不久沙等人另组民社党革新委员会，先后被推为副主席、主席，坚持爱国民主立场，积极开展各项活动，并参加中国民主同盟。新中国成立前夕，与各爱国民主党派发表共同声明，声讨蒋介石。1949年9月，他以特邀代表的身份参加第一届中国人民政治协商会议，当选为全国政协委员。

中华人民共和国成立后，沙彦楷历任中央人民政府最高人民法院顾问、委员，全国政协第二、三、四届委员，民盟中央委员，华东军政委员会监察委员会委员，上海市第一、二、三、四、五届人民代表，上海市民族事务委员会副主任，上海市回民文化协进会主任，上海市伊斯兰教协会主任等职。他在团结伊斯兰教界爱国人士方面做了许多有益的工作。1958年，他以八十四岁高龄亲赴太湖，考察南江入湖故道。晚年专心研究水利，著有《三江五考》、《南江入太湖故道考》等专论。

沙彦楷擅长地方志的编纂工作，曾被推为武进县志总纂。另著有《陶渊明集注补证》、《洪亮吉传》、《杂忆曹锟贿选》等书。沙还精于书法，作品曾选送日本展览，著有《迟翁论书》十篇、《霜鸣室金石考跋》等。

1970年1月27日沙彦楷在上海病故。

主要参考资料

沙彦楷：《自书履历表》。

张维骧编纂：《清代毗陵名人小传稿》卷10，常州旅沪同乡会1944年版。

陈会亮：《金佛郎案痛史》，1925年版。

商　震

张小曼

商震,别号启予、起予,1888 年 9 月 21 日(清光绪十四年八月十六日)生于河北保定,祖籍浙江绍兴。商震五岁丧父,家境贫寒,姐弟三人中他为长子,全靠勤劳的母亲给别人做活维持生计。

商震幼年曾就读于浙江同乡办的私塾,1905 年入保定北洋陆军速成学堂(即保定陆军军官学校前身)洋文班学习。当时孙中山在日本组织同盟会,国内革命气氛日浓,商震愤恨异族专横,国事日危,遂赴东北从事反清革命活动。1909 年 3 月,商震在新军二十镇七十八标三营一哨任哨长,10 月升为掌旗官,次年 3 月任二十镇参谋。在此期间,他与在二十镇四十协八十标任三营管带的冯玉祥结为盟兄弟。

1910 年 1 月,商震与熊成基在哈尔滨谋刺清政府海军大臣贝勒载洵。事泄未果,熊成基被捕就义,商震逃往日本,入日本陆军专门学校。他与孙中山结识,遂加入同盟会。不久,商震仍回东北奉天,积极联络地方进步分子,倡导起义。1911 年 8 月,商震任关外民军总司令。同年 11 月 25 日,商震与同盟会党人徐镜心等人在辽阳率众举事反清,次日为清军所败,退往庄河、烟台等地,继而进抵潍县,联合地方武装反对清军。黄兴当时曾致函孙中山,推荐"陕西之于右任、烟台之商起予"为应联络的海内豪杰。

辛亥革命后,1912 年 10 月,商震就任山东第二混成旅旅长。1913 年 5 月,商震被调充北洋政府陆军部顾问,甚不得志。后因袁世凯怀疑商震参与南方革命党“二次革命”活动而被京畿军政执法处长陆建章拘押，后经冯玉祥向陆建章疏通幸免，商遂投陆。

1914年2月，商震被陆建章委任为河南省仓库总办。同年袁世凯命赵倜及陆建章率部入陕镇压白朗军起义，陆建章委任商震为陕北卫戍司令部参谋长。1915年3月又被任为陕西省第一旅旅长兼陕北卫戍司令。1916年6月，袁世凯病逝后陕西讨袁军陈树藩起兵驱逐陆建章，商震在陕西不能立足，率残部过黄河投奔阎锡山，该部被编为一个团，商震被任命为团长。1917年7月商震奉命率部参加平定张勋复辟后，晋军扩为四个混成旅，商被任命为第四混成旅旅长。此时阎锡山接受段祺瑞的要求派商震率所部援湘，结果全旅溃败。商震回晋后，奉命主管兵工生产，对山西近代工业的发展起过促进作用。1918年，陕西郭坚部进入山西，阎锡山先令晋南镇守使张培梅为总指挥率部迎击，又派商震为副总指挥增援，在吉县以西马斗关黄河滩上歼灭郭部数百人。同年7月，冯国璋任命商震为山西陆军第一混成旅旅长。

1924年1月，商震被任命为山西省暂编第一师师长。同年冬，河南樊钟秀军突攻山西，破晋东南峻极关，围攻辽城，太原震动。商震奉阎锡山之命率部迎击，将樊军击退。经此一战，商震在山西军队中声名鹊起。1925年10月16日，直系浙督孙传芳通电反对奉系向东南各省扩张，吴佩孚19日通电响应。年底国民军冯玉祥部向山西进攻，晋北十三县除大同、天镇外皆失守。阎锡山命商震指挥晋军防守雁门关山岳地带。不久，吴佩孚转与奉张联合，共同反对国民军。1926年8月国民军从南口败退后，商率部挺进绥远，被阎锡山委为绥远特区都统兼北方国民革命军前敌总指挥，收编韩复榘、石友三两个师。9月冯玉祥“五原誓师”重振旗鼓，在商震的默许下，韩复榘、石友三两个师重返西北军。

1927年，山西响应国民革命军北伐，阎锡山的部队改为第三集团军，全面进攻奉军，曾由商震代第三集团军总司令。7月9日，商震任第一军团军团长,9月兼任第三集团军左路军总指挥。1928年1月,在偏关附近击溃奉军郑泽生部。1928年4月,蒋、冯、阎、桂联合北伐奉军,商震任国民革命军第三集团军前敌总指挥兼左路军总指挥,率晋军向黑石关出击,先后占领保定和北京、天津,并另派一部由晋北进占察哈尔。6月26日南京国民政府任命商震为河北省政府主席。8月28日阎锡山委商震兼任河北省剿匪司令。10月19日商震被南京国民政府特任为军事委员会委员。11月商震因北伐有功,兼任平津警备副司令,因当时阎锡山驻在太原,商震住在北平,因此商震兼代阎锡山的平津警备司令,并握有指挥平津警备部队的全权。

1929年3月,商震当选为国民党第三届候补中央监察委员。10月,阎锡山趁国内新军阀间矛盾加剧之际,把有自主倾向的商震调回太原,改任有职无权的山西省政府主席。

1930年,阎锡山、冯玉祥对蒋介石挑起中原大战,商震不以为然,态度消极,未被起用,因而阎、冯失败下野后,商震没有受到南京方面的任何议处。1931年1月31日,国民政府明令改组山西省政府,以商震任省政府主席兼民政厅长。2月13日,晋军缩编为商震、徐永昌、杨爱源、傅作义四个军及孙楚的护路军。4月张学良在北平组织陆海空军副总司令行营,改编山西军队,任命商震兼任第四军军长。6月商震被选任为国民政府委员。

同年7月,石友三举兵进攻东北军,张学良向南京告急。蒋介石一面派刘峙、顾祝同沿京汉线北上援张,一面电示商震出兵石家庄,截击石友三后方。商震秘集所部黄光华、高鸿文两旅,星夜出娘子关截击,石友三叛乱敉平后,商震接管了冀南、豫北一带防地,所部三十二军扩充为三个师,即一三九、一四一、一四二师。以后又将驻邯郸的八十四师高桂滋部及驻大名的骑兵第四师郭希鹏部拨归三十二军建制。

商震以晋省情形复杂、派系各异为由,遂向张学良电辞晋省主席职,并保荐徐永昌继任山西省主席。8月6日,国民政府准免商震山西省主席兼职。9 月 12 日，国民政府给予商震一等宝鼎勋章以示嘉勉。商震从此脱离了晋系。

1931 年，“九一八”事变后，东北沦于敌手。1932 年 8 月，蒋介石委张学良代理北平军分会委员长，商震为北平军分会委员。同年 10 月，商震被任为国民党中央军事委员会北平分会代理委员长。1933 年 2 月热河失守，长城各口告急，商震被张学良任为华北第二军团司令，指挥五十七军何柱国部、六十七军杨正治部和三十二军等，防守长城冷口至秦皇岛一带，率所部与日军激战，多次争夺各防守口。3 月 22 日，日军第六师团第三十三旅团进攻冷口，遭三十二军商震部黄光华师的奋勇抗击。4 月 9 日，日军以第六、第八两师团共三万人的兵力猛攻冷口，三十二军虽奋力抵抗，因伤亡甚众，冷口于 4 月 11 日失守。不久，山海关以西各口相继被日军控制。5 月 31 日，中日《塘沽协定》签订，商震率部退驻北平南苑。

1933 年 4 月，冯玉祥组织察哈尔抗日同盟军英勇抗日，但在南京政府蒋介石的压迫下于同年 8 月被迫收束军事，方振武、吉鸿昌等少数部队向冀东一带挺进，意欲在长城内外开展游击战争。但在国民党军及日军的围击和飞机轰炸下，伤亡惨重。方、吉被迫到顺义第三十二军商震部洽商解决办法，结果商定该部由商震收编。商密令部下在押解方、吉赴天津途中使方振武、吉鸿昌逃脱，并使抗日同盟军余部千余人在商部暂时栖身避难。

1935 年 4 月 3 日，国民政府授予商震为二级上将。6 月，何应钦与日本签订“何梅协定”，根据日本人的要求撤换了河北省主席于学忠，25 日任命商震为河北省主席。河北省政府亦被迫由天津迁至保定。6 月 4 日国民政府任命商震为天津警备司令，6 月 18 日又任命商震代天津市长。天津警备司令部的牌子刚挂出，就遭到日本人的抗议，6 月 22 日遂改为津沽保安司令部才算了事。8 月 19 日商震被任为河北省保安司令。11 月当选为第五届国民党中央监察委员。这时，日本军人曾几次拉商震合作，一些大汉奸也向商游说，均被拒绝。12 月 8 日，商震分电行政院、军委会请辞三十二军军长、冀省府主席、津沽保安司令及冀全省保安司令本兼各职。12日国民政府发表宋哲元任河北省主席，商震为河南省府委员兼主席。1936年1月商震兼任河南省保安司令，所部三十二军仍驻冀南豫北一带。

2月17日，长征到陕西的二万红军东征抗日，渡过黄河进入山西境内。蒋介石命商震率三十二军入晋“剿共”，商震借口与阎锡山不能合作婉拒。蒋介石乃改派陈诚为总指挥，并调三十二军两个师（一四一、一四二）入晋归陈诚指挥“剿共”，商震难以拒绝。在两师出发前，商震在石家庄召集团以上军官讲话，要大家保存实力。故入晋后，并未与红军有大接触，虽避免作战，竟有二三百人携械投入红军。红军西撤后，商震的部队又回到冀南、豫北一带。1937年6月整编东北军时，商震任豫、皖、苏三省军事整编委员会委员。

“七七”事变后，全面抗战爆发，商震被免去河南省主席，于10月2日就任第一战区第二十集团军总司令，仍兼三十二军军长，接替刘峙担负平汉线北段抵抗日军的战斗。商部曾参加正定保卫战，因力不能支，节节败退，撤退到黄河南岸沿河布防。1938年，第二十集团军调归第九战区指挥，下辖第三十二、十八、二十九和七十四军，参加了武汉会战。同年底，商震奉命率三十二军调长沙，不久又调南昌担任南浔线防务。1939年3月1日，商震被蒋介石升为第九战区副司令长官，辅佐薛岳，仍兼二十集团军总司令，下辖第五十四、五十三、三十七军和第二军，曾参加第一、二次长沙会战。

1939年10月，商震被调为第六战区副司令长官；1940年2月升任第六战区司令长官，驻在衡阳，商震仍兼第二十集团军总司令，下辖第五十三军和第八十七军，担任湘江以西至湖北公安沿洞庭湖一线的防务。此后商震被调往重庆，任中央军事委员会办公厅主任。

1941年1月，中英军事同盟成立，中国组织缅、印、马军事代表团，以商震为团长，赴马来西亚、新加坡、缅甸和印度进行军事考察。10月，商震又兼任中央军事委员会外事局局长。1943年商震以高级随员资格随蒋介石出席开罗会议。1944年3月17日，蒋介石派商震任中国驻美军事代表团团长，5月31日，谒见美国总统罗斯福并介绍中国军事形势，曾参加敦巴顿橡树林会议。1945年9月初，任军事委员会办公厅主任，17日即改任国民政府参军长。1946年1月，商震兼任联合国军事参谋委员会中国代表团首席代表。1946年10月，商回国任蒋介石的副官长。1947年5月，商震改任盟国共同管理日本委员会中国方面代表及大使级中国驻日本代表团团长，并于10日抵达东京。

1949年5月，商震因不满蒋介石的统治，看到蒋介石政府大势已去，遂辞去驻日代表团团长职务退休，留居日本。蒋介石曾多次拉他去台湾，他都拒绝了。特别是70年代以来，商震更加向往社会主义祖国，拥护中国共产党，盼望祖国统一。

1972年，中日两国关系正常化，一些留日中国人纷纷加入日本国籍，但商震表示"生是中国人，死是中国人"，决不改变国籍。1974年和1975年，商震先后两次回国参观访问，多次受到周恩来、朱德、叶剑英的亲切接见和宴请，这使商震深受感动。他在病重期间，还念念不忘祖国，心向北京，希望病好以后再次回国。1978年5月15日，商震在日本东京病逝。他的夫人安田作子及亲属将他的骨灰送回国内，安葬在八宝山革命公墓，实现他叶落归根的遗愿。

主要参考资料

王兴纲：《商震略传》（未刊稿）。

唐永良：《商震历史概述》，中国人民政治协商会议全国委员会文史资料研究委员会编《文史资料选辑》第8辑，中华书局1961年版。

安田作子：《商震年谱》（未刊稿）。

周玳：《商震入湘覆没记》，中国人民政治协商会议山西省委员会文史资料研究委员会编《山西文史资料》第10辑，山西人民出版社1964

年版。

王兴纲:《商震收编抗日同盟军余部及释放方振武、吉鸿昌经过》(未刊稿)。

杨玉文:《中国陆军的四十个集团军》,《纵横》杂志1996年10月。

上 官 云 相

王家鼎

上官云相，字纪青，一作霁青，山东商河人。1895 年 2 月 26 日(清光绪二十一年二月初二)生。祖辈世代务农，其父上官维兼营泥瓦匠，间或从事古瓷买卖。上官云相幼时从邻村塾师受业，于 1910 年 7 月至济南考入山东陆军小学。1914 年 6 月升入湖北陆军第二预备学校。1917 年 1 月考入保定陆军军官学校预备生队，半年后转入第六期步兵科。

1919 年 3 月，上官云相在保定军校毕业后，以见习生派往湖北陆军第二师第二十一混成旅(孙传芳部)任卫队排长、连副。1923 年，长江上游警备总司令兼第二师长孙传芳率部入闽，任福建军务督理，上官随任督理公署少校参谋。1925 年，孙改任闽浙巡阅使兼浙江军务督理时，上官任督理公署中校宪兵营长。同年，升任暂编陆军第七混成旅(杨震东部)第一团团长，驻杭州笕桥。

1925 年 10 月，孙传芳发动浙奉战争，上官云相团属联军第二路军谢鸿勋部，沿沪宁线北进。11 月 3 日，上官团在固镇以南与奉系张宗昌部激战，俘其第四十七混成旅旅长施从滨，卓有战功。翌年初，孙传芳将赣军第三师(冯绍闵部)编为陆军第七师，升上官云相为该师第十三旅旅长，驻苏北宿迁运河一线。

1926 年 9 月，国民革命军挥师入赣，孙传芳派主力抵抗，上官云相旅于 10 月上旬开抵九江，与第二师卢香亭部驻守南浔线涂家埠、乐化地区，曾一度挫败蒋介石嫡系王柏龄师，解南昌之围。11 月，孙传芳兵败退出江西，上官旅撤往吴江、苏州。1927 年 5 月，复退往江北，上官调任第十五混成旅旅长。8 月，升任第四师师长。此时，孙利用蒋介石下野、宁汉矛盾之机，集六师三旅兵力大举渡江，在龙潭大战，威胁南京。上官师为孙军劲旅，随东路军渡江。兵败后，上官率第四师残部撤往德州后方补充整训。12 月 27 日，因与奉军安锡珪部发生冲突，上官被逐，遂去职。

1928 年夏，孙传芳余部在张家口被蒋介石改编为陆军第四十七师，以孙旧部王金钰为副师长，上官云相受王邀任该师第一四一旅旅长。

1929 年，第四十七师先后移防徐州、漯河。10 月，奉蒋命讨伐冯玉祥，11 月，第一四一旅参与攻偃师、占洛阳，迫西北军退守陕州，上官受蒋介石传令嘉奖。1930 年 3 月，上官升任四十七师师长。5 月，中原大战爆发，上官师属蒋军第三军团（总指挥何成濬），先在平汉线作战，继又东移陇海线作战。7 月 12 日，上官云相升任第九军军长，辖第四十七、五十四两师。时冯军孙殿英部占据亳州，威胁蒋军后方，上官指挥五十四师攻克亳州，移防柘城。8 月 6 日，冯集全力发动总攻，上官率部在宁陵、柘城地区与冯军主力作战，冒暴雨胶着坚持，使陷于空虚的蒋军阵地重归稳定。21 日，上官率部重返平汉线作战。冯、阎由于矛盾，坐失战机，战局急转直下。9 月初，平汉线蒋军分兵五路反攻，上官云相为第三纵队指挥官，率部沿平汉路西侧北上，切断郑（州）、洛（阳）交通，于 10 月 6 日首入郑州。上官在中原大战中积极为蒋效力，更加得到蒋介石信任。11 月，调任军事参议院参议，旋改任国民政府参军。1931 年 1 月，接任第二师师长。

1931 年 5 月，第九军军长王金钰因参加对江西中央苏区第二次“围剿”遭到溃败而“引咎辞职”。上官云相闻讯赶到南昌，获准回任第九军长兼四十七师师长，旋奉命兼代第五路总指挥。7 月下旬，参加第三次“围剿”，任右翼集团军（总司令陈铭枢）第三路进击军总指挥，率五十四、四十七两师从永丰向南村急进，8 月 4 日进占良村、莲塘。此时，在兴国以北的红军主力第一、三军团，断然摆脱西路蒋军主力陈诚、罗卓英部，又甩掉东路毛炳文、赵观涛、蒋鼎文等师，中间突破，全力攻击处于薄弱环节上的上官部。6日，红军包围四十七师一个旅于莲塘附近山谷，7日全歼该旅，击毙其旅长。同日，红军又包围良村，歼其两个团。上官全军溃散，重武器丧失殆尽。他慌忙收容徒手官兵，重编第四十七师，开赴蚌埠整训。

1932年3月，当十九路军发动的淞沪抗战临近尾声之时，上官云相奉命率四十七师开抵常熟，拨归第五军张治中指挥，负责警戒二线沿江据点，但未经对日作战，淞沪抗战即告结束。6月9日，第四十七师奉命由镇江乘轮开汉口，旋移防武穴，投入对鄂豫皖苏区第四次"围剿"，上官任鄂豫皖三省"围剿"军中路军第五纵队指挥官。9月初移驻蕲水，侵占英山后推进霍山，参与会攻根据地首府金家寨。1933年夏，上官云相率部继续在鄂东罗田一带，进出松子关，追击红军游击队。1935年1月，红军长征进入贵州后，上官被急调追击红军，任湘鄂川边区"剿匪"总部（总司令徐源泉）第一路军总指挥，率部由豫鄂入川，开赴绥阳、綦江、松坎防堵中央红军，并驰援桐梓王家烈部。5月，蒋介石令上官率四十七、五十四师修筑黔北公路扎佐至松坎段，沿途修筑碉堡，借以封锁、阻截红军。8月，上官任驻黔第一绥靖区指挥官。

1936年1月，上官云相因贪污军工筑路款项败露而去职，遂赴欧洲游历并考察军事，于1937年1月返国。同年5月15日就任豫鄂陕边区主任，驻湖北襄阳。

"八一三"上海抗战爆发后，9月，上官云相调任第十一军团军团长，隶属淞沪战场左翼军（总指挥陈诚）第十九集团军（总司令薛岳）序列，驻苏州。11月10日，左翼军自淞沪退守吴（县）福（山）线，薛岳升任左翼军总司令，上官代理第十九集团军总司令，率部撤退至皖南泾县三溪。1938年3月，上官改任第三战区长官部（司令长官顾祝同）总参议，7月调任第三十二集团军总司令。翌年4月，上官奉命率六个师自广德开往江西临川，担任鄱阳湖东、南两岸和赣江东岸对日防御守备，曾一度进击南昌，攻占机场，损兵折将，无功而退。

1940年10月，蒋介石、顾祝同为袭击坚持在皖南敌后抗日的新四军①，置赣东对日作战于不顾，将上官云相第三十二集团军总部迁至皖南宁国，与原在皖南的第二十三集团军连接。10月19日，国民党政府参谋总长何应钦、白崇禧发出“皓电”，迫令第十八集团军、新四军变更作战地区，限于一月内撤往黄河以北。11月9日，朱德、彭德怀、叶挺、项英复以“佳电”，表示愿顾全大局，将皖南新四军撤往长江以北。正当新四军积极准备渡江北撤时，顾与上官等奉蒋之命加紧秘密策划，企图一举歼灭新四军于皖南。12月中旬，上官从宁国总部匆忙赶到上饶，顾破例留他夜宿私寓，面授机宜。接着顾召开徽州秘密军事会议，指定上官为作战指挥官，确定动用七个师又一个旅兵力的作战编组②。会后，上官交代幕僚“要绝对保守机密”，要继续为新四军“催请经费粮秣”，但“弹药器材决不代他请领”，“万勿暴露企图，以免给予新四军口实”③。

1941年1月5日，新四军军部暨直属部队九千余人到达泾县西南茂林地区。当晚，上官云相召开军事会议，诬称新四军“南窜”黄山、天目山发展根据地，立即下令参与包围的蒋军各部推进、堵击，对新四军予以歼灭。他宣称：“我们和共产党誓不两立。”④6日拂晓，上官总部直辖的第四十师在三溪镇东北山口隘路投入堵击战斗，震惊中外的皖南事变由此发生。

---

① 即国民革命军新编第四军，当时隶属第三战区第三十二集团军战斗序列。

② 皖南事变中参加围歼新四军的国民党军队有：第二游击区第四十师，第二十五军的五十二师和一〇八师，第五十军的一四四师、一四五师，新七师的第二旅，第七十九师，第六十二师，近五万人。

③ 武之棻：《上官云相袭击新四军的经过》，中国人民政治协商会议全国委员会文史资料研究委员会编《文史资料选辑》第57辑，中华书局1978年版。

④ 武之棻：《上官云相袭击新四军的经过》，中国人民政治协商会议全国委员会文史资料研究委员会编《文史资料选辑》第57辑。

事变开始后，上官云相负责整个战役的全权指挥，随时通过战区一名联络参谋向顾祝同报告战况。新四军英勇抵抗，7日至10日战况激烈。上官在宁国万福村集团军总部，夜以继日地躺在鸦片灯旁精心指挥这场血腥屠杀。上官7日得报新四军已全部渡过舒溪，乃下令所属各师集中主力搜索、包围，形成互相衔接的封锁圈，又特令直辖四十师迅速夺占榔桥河山口隘路，迫使新四军无法展开、通过。新四军被围在山谷，寒冬阴雨，道路泥泞，在极其艰难的条件下，英勇顽强地作战。当晚，上官严令各师长："如果新四军从哪个师的阵地上突围逃跑了，就唯那个师长是问。"①上官还特别命令所有前线部队：在攻击位置变动后，原封锁线不得撤除，以防止新四军小股或零星潜出。他自诩这是他"多年剿共作战的经验"，"书本上找不到的"②。9日，上官得知新四军副军长项英、参谋长周子昆等人带领少量部队从茂林西北突围而出时，大为震怒，立刻撤换、扣押第一四四师师长唐明昭，以第七十九师师长段茂霖兼任该师师长。当天，上官督饬所属各师发动全线进攻，包围圈日益缩小，新四军军部被迫退守东流山、石井坑一带。11日拂晓，上官指挥所部强攻东流山等地，新四军顽强抵抗，激战至12日晚新四军军长叶挺等人分散突围③。上官指挥所部继续追击，叶挺亲自率领手枪队与之拚杀。叶挺致书上官，斥责其背信弃义，指出应以抗战为重，不要再自相残杀，表示愿与上官面谈。13日叶至上官总部，即被扣押。

皖南事变震惊中外。22日，中共中央发言人向国民党政府提出解决皖南事变的十二条办法，要求严惩祸首何应钦、顾祝同、上官云相三人。但上官云相在蒋介石的庇护下，不仅没有受到惩办，还得到第三战区长官部的特别嘉奖，国民党政府特发第三十二集团军总部奖金五万

① 陈士章：《蒋军第四十师袭击新四军的经过》，《文史资料选辑》第57辑。

② 武之棻：《上官云相袭击新四军的经过》，中国人民政治协商会议全国委员会文史资料研究委员会编《文史资料选辑》第57辑。

③ 这次突围的新四军仅新三团、老三团部分取得成功，在繁昌渡过长江，到达无为县。

元。上官在欢宴“胜利”时炫耀说:“仅半个月完成一个会战任务,也是一个理想的作战指挥。”①1942年春,国民党政府军事委员会在重庆召开参谋长联席会议,三十二集团军总部有人建议将皖南事变战例列入报告。上官供认“这是内战,自相残杀,在抗日战争民族大义上是理屈的”②,阻止上报。由于上官云相反共有功,1943年1月被升任第三战区副司令长官,1945年5月当选为国民党第六届中央监察委员。

1945年春,抗日战争行将进入反攻阶段,继赫尔利发表援蒋声明后,国民党军队在苏南、浙西地区大举发动反共军事行动。5月,上官云相指挥第三战区所辖第五十二、第七十九等师以及部分美国训练的特务部队共十个师,分三路向新四军苏浙军区猛烈进攻。6月上旬,新四军主动退出新登、临安和天目山地区。上官率部跟踪紧逼,侵入浙西解放区达百里③。

抗日战争胜利后,上官云相调任第十一战区副司令长官,参与接收平、津地区。终因非蒋介石嫡系将领,实则有职无权。1946年,他不甘寂寞,自请设唐山指挥所,自兼主任。旋移驻天津张园,奉命指挥冀东的国民党军队进行内战。1947年2月27日,他出席平、津、冀、热“绥靖会议”后,兼任天津城防构筑委员会主任,致力监督天津外围防御工事构筑和款项支付事宜。上官为谋取军事实权,曾托人请求蒋介石准其兼任天津警备司令④,蒋未应允。

1947年7月,第十一战区撤销,改设保定绥靖公署,上官云相任副主任。随着人民解放战争转入战略反攻,上官对华北战局感到消极悲观。1948年1月,他在改任华北“剿总”副总司令后,曾指使亲信赴解

① 武之棻:《上官云相袭击新四军的经过》,中国人民政治协商会议全国委员会文史资料研究委员会编《文史资料选辑》第57辑。

② 武之棻:《上官云相袭击新四军的经过》,中国人民政治协商会议全国委员会文史资料研究委员会编《文史资料选辑》第57辑。

③ 延安《解放日报》1945年7月25日。

④ 杜建时致笔者的信。

放区走私贩运棉花，藉此牟利。同年秋，平津战役前夕，他慑于人民解放军的强大声威，以养疴为由，去职赴沪寓居。1949 年 4 月任总统府战略顾问委员会委员，旋飞香港，转往台湾。

上官云相赴台后，于 1950 年 4 月去职，即去高雄市隐居，晚年益加消沉悲观。1968 年萌生出世之念，自印名片称“古穆和尚”①。1969 年 8 月 8 日，因病在台北死去。

① 《山东文献》第 1 卷第 3 期。

尚 小 云

李仲明

尚小云，原名德泉，又名绮霞，1900 年 1 月 7 日（清光绪二十五年十二月七日）出生于北京安定门内法通寺草厂大院，祖籍河北南宫县。

尚德泉五岁读私塾，后因父亲病故，家境困难，乃于七岁时入“三乐社”京剧科班，学武生，艺名“三锡”，曾演《郊州庙》黄天霸一角，因身体软弱，改学旦角，执教老师见尚脸型颇似京剧名旦孙怡云，遂改艺名为“小云”。尚小云先后师从唐竹亭、孙怡云、张芷荃、戴韵芳等名角。学习青衣、刀马旦，又得到著名青衣演员陈德霖、路三宝、王瑶卿的指教，表演技艺进步很快。

1912 年春，尚小云在北京主演《别宫祭江》等戏，声誉鹊起；翌年，他与赵桐珊（艺名芙蓉草）、荀慧生（艺名白牡丹）被称为“正乐三杰”；1914 年 8 月，在北京《国华日报》为京剧界举办的童伶竞选活动中，尚小云被选为“童伶大王”。尚小云于十六岁出科前后与孙菊仙合演《战蒲关》、《三娘教子》、《审头刺汤》；1916 年 10 月与龚云甫合演《母女会》；1917 年冬与杨小楼合演《长坂坡》、《湘江会》；1919 年春与王瑶卿等人合演《乾坤福寿镜》，均获好评。1918 年北京《顺天时报》评选京剧新秀，尚小云再次当选“童伶大王”。他先后加入“同馨社”、“福庆社”、“玉华社”、“双庆社”等京剧社，先后与王又宸、杨小楼、高庆奎、朱素云、王瑶卿、梅兰芳、筱翠花等名角合作演出。

在演唱风格上，尚小云在学习陈德霖古朴刚劲的青衣唱法的基础上，得孙怡云、王瑶卿的指点，结合自身的性格和戏路，逐步形成行腔高亢、吐字清晰、立音充沛、刚柔相济的特点，念白亦学习王瑶卿爽朗明快的风格。王瑶卿见尚小云武功底子扎实，又为尚整理排演了《昭君出塞》一剧。尚小云谦虚好学、博采众长，他的代表剧目《失子惊疯》、《昭君出塞》、《玉堂春》、《十三妹》、《梁红玉》、《秦良玉》、《武家坡》等，深受观众喜爱。民初的京剧评论家方宾在《十日戏剧杂志》发表《阁炉话小云》一文，评价尚小云的表演技艺：嗓音“刚而圆，炼而亮，似钢之音而浑厚，似石之音而高亢，盖庄重贞烈静雅大方之音也”；唱功“不取巧，无花腔”；念白“字斟句酌，吐字似有千钧之重，而不失自然之韵”；身段动作“虽嫌稍快，但因其神意浑厚而不觉其轻巧伶俐之病”；台风庄重，精神奕奕，是“青衣正宗，音乐戏剧之能潜移默化人之性灵也”①。

1923 年 9 月，尚小云与余叔岩为各国驻华外交使团演出《御碑亭》，两人精湛的表演深深吸引了外宾，日本使节久保得二作诗称赞：“更有青衣迥不群，宛转歌喉高下分。正乐虽废传头在，婉娈第一尚小云。”②几年后，尚小云创办“协庆社”（后改“重庆社”）挑班演出，至 1949 年他先后排演了新编、改编的历史剧目几十出，其中如《林四娘》、《婕妤当熊》、《玉虎坠》、《珍珠扇》、《峨眉剑》、《相思寨》、《前度刘郎》、《绿衣女侠》、《龙女牧羊》、《詹淑娟》、《混元盒》、《虎乳飞仙传》、《刘金定》、《北国佳人》、《兰陵女儿》等戏和外国戏《摩登伽女》较为有名。20 年代中后期，尚小云不仅以其婀娜刚健的表演风格，以《红绡》、《峨眉剑》、《珍珠扇》（“反串”戏）的精彩表演与梅兰芳、程砚秋、荀慧生并列为“四大名旦”，而且以其在《昭君出塞》中边歌边舞的“马蹚子”，《林四娘》中的“剑舞”，《婕妤当熊》中的“扇舞”，《摩登伽女》中的苏格兰舞等创新表演，奠定了尚派艺术的坚实基础。他亦悟出：“任何艺术，要发展，就

① 陕西省政协、河北省南宫市文史资料委员会编：《京剧艺术大师尚小云》，陕西人民出版社 1990 年版，第 23 页。

② 陕西省政协、河北省南宫市文史资料委员会编：《京剧艺术大师尚小云》，第 243 页。

得创新;要竞争,就得独具一格,有自己的‘绝活儿’,没有创新,没有鲜明个性特征的艺术,很难存在和发展。”①在京剧舞台上,尚小云塑造了许多文武兼备、侠肝义胆的艺术形象,如云䩦娘、冯婕妤、谢小娥、聂碧云、李梦兰、吕灵姑等,发挥了自己能唱能武的艺术特长。特别是《相思寨》的排演,以少数民族妇女的正面形象呈现于京剧舞台,弥足珍贵,戏编得好,尚小云的表演亦鲜明生动。1934年出版的《尚小云专集》中收有曾啸宇的诗《观尚艺员小云演云䩦娘歌》,诗曰:“尚郎明慧夸才妙,描摹仪态神弥肖。倏尔长裙拖地重,袅娜西子浣溪湄。忽焉羽冠镳铲剑,桅婳将军来酣战。”②

30年代,尚小云排演了许多新戏,他在表演风格上坚持创新,博采众长,但在多数剧的表演路数上却按照传统演法,不将青衣、花旦融合一体,剧目多不超越青衣范围。徐汉生在《尚小云专集·序》中评论:“青衫一行,在今日石头(指陈德霖)已故瑶卿老,继其后执牛耳者,当推绮霞(即尚小云)无疑。迩来观众心理,喜新厌故,竟尚杂糅花衫、青衫于一炉,号为改良新剧,久矣别成一派。而绮霞兴趣坚决,不为潮流屈服,向亦排演新剧,要皆不越青衫范围。”③

1935年春,富连成科班主要演员李盛藻等人组班赴上海演出,在京演员虽有叶盛章、骆连翔、袁世海等名角支撑,但营业渐衰,处于勉强维持的状态。豪爽侠义的尚小云见此情况,毅然到富连成找叶龙章,慷慨提出协助富社排戏,主动为李世芳、毛世来、袁世海、叶盛章、叶盛兰、叶盛长等人排演了《天河配》、《昆仑剑侠传》、《娟娟》、《金瓶女》、《秦良玉》、《酒丐》等戏,这几出戏的上演,轰动一时,不仅止住了颓势,而且盛

① 陕西省政协、河北省南宫市文史资料委员会编:《京剧艺术大师尚小云》,第29页。

② 陈义敏:《尚小云》,北京市艺术研究所、上海艺术研究所编著《中国京剧史》中卷,中国戏剧出版社1990年版,第645、643页。

③ 陈义敏:《尚小云》,北京市艺术研究所、上海艺术研究所编著《中国京剧史》中卷,第645、643页。

况空前。《酒丐》一剧，连演数十场，上座不衰。尚小云还多次把场，并为李世芳、袁世海主演的《霸王别姬》中虞姬的舞剑配奏“夜深沉”曲牌中的“南堂鼓”，技惊四座，满堂喝彩。

表演之余，尚小云在家里阅览群书，编写剧本；练习打鼓，弹琵琶；学习书法、绘画。他在《战金山》中的击鼓和《汉明妃》中的弹琵琶，以极高的艺术造诣，结合剧情，生动形象地体现了梁红玉的巾帼英雄气概和王昭君凄婉哀怨的愁肠。博学多艺、勤编剧本丰富了尚小云的编剧经验，他曾对友人说：“我每编一剧，只要深入了解素材，脑子里就会出现一个小舞台……从想到人名开始，接着出现这个人物形象，以及穿戴打扮。开笔写戏，就会自然考虑到这些人物在舞台上的位置与唱、念、做、打以及随之而来的锣鼓节奏。”①

1936 年 3 月，尚小云创办的荣春社科班成立，对比自己当年入京剧科班的痛苦经历，尚小云特向入科学生作了三点保证：(一)入科学生均有人身自由，不立卖身契约；(二)入科学生从学习文化入手，革除目不识丁、学艺口传心授之弊端；(三)保证学生温暖，做到学有所获，出科职业有保证②。尚小云除聘请名师传艺，还亲自执教，荣春社以“春、荣、长、喜”排名，历时十二载，至 1948 年因经济窘困被迫解散时，共培养学生二百多人，其中较知名者，有尚长春、李甫春、徐荣奎、杨荣环、景荣庆、马长礼等。

1949 年新中国成立后，尚小云经常率剧团赴各地演出，受到各界民众的欢迎。1959 年为支援大西北文化建设，尚小云率家人和剧团赴陕西西安，对陕西、山西、河北、山东等地各地方剧种的青年演员广为传艺。1962 年，西安电影制片厂拍摄了尚小云的《昭君出塞》、《失子惊

① 陕西省政协、河北省南宫市文史资料委员会编：《京剧艺术大师尚小云》，第 27 页。

② 陕西省政协、河北省南宫市文史资料委员会编：《京剧艺术大师尚小云》，第 246 页。

疯》戏曲影片和《尚小云舞台艺术》纪录片。尚小云曾任北京市政治协商会议第一、二、三、四届常委，尚剧团团长，中国戏剧家协会理事，陕西省戏曲学校艺术总指导，陕西省剧协常务理事，陕西省京剧院院长等职。尚小云在“文革”中受到迫害，至1976年初病情加重，4月19日逝世，弥留之际长叹：“惜天不假年，遗恨多多。”①1980年9月，国家文化部将尚小云的骨灰迁移北京八宝山革命公墓。10月30日，举行了追悼会。尚小云弟子有黄泳霓（雪艳琴）、赵啸澜、黄玉华、梁秀娟、杨荣环、谢锐清、鲍启瑜、李翔、孙明珠等；李世芳，毛世来、张君秋等及各地方戏演员胡小凤、马蓝鱼、王秀兰等也都受过教益。

① 陕西省政协、河北省南宫市文史资料委员会编：《京剧艺术大师尚小云》，第254页。

邵 力 子

袁钟秀

邵力子，初名景奎，又名闻泰，字仲辉。浙江绍兴人。生于1882年12月7日（清光绪八年十月二十七日）。父亲邵霜，曾任江苏吴县县丞。邵力子少时在家塾读书，1902年9月乡试中举人，江苏县令朱智邀任文案，辞未就，径去上海南洋公学特班学习。1905年入上海震旦学院学习，因法国神父干涉学院的行政和教学计划，同学罢课，监院马相伯忿而离职，邵力子等二十八名学生随之集体离校。马相伯带领学生又创复旦公学（复旦大学前身），邵力子入该校学习并工作①。

1907年春，于右任等人在上海创办《神州日报》，邵力子参加筹办工作。邵随于右任赴日本募款，在东京会见了孙中山，赞成孙中山的革命主张。1908年，邵力子与于右任在东京同时加入同盟会②，稍后回国。不久，《神州日报》因遭火灾停刊。1910年于右任又创办《民立报》，邵任编辑。1913年《民立报》因“二次革命”遭禁停刊，邵回到复旦公学任语文教员。1914年邵参加孙中山领导的中华革命党。该党为反对袁世凯复辟帝制，于1916年初创办上海《民国日报》，邵力子为经理兼编辑，并兼任复旦大学国文系教授，后又兼大夏大学新闻系教授。

---

① 刘麦生：《我所知道的上海震旦大学》，中国人民政治协商会议上海市委员会文史资料工作委员会编《文史资料选辑》总第23辑，上海人民出版社1979年版，第68—92页。

② 傅学文：《邵力子生平简史》，中国人民政治协商会议全国委员会文史资料研究委员会编《文史资料选辑》第67辑，中华书局1980年版，第95页。

《民国日报》因反对北洋军阀的统治，受到当局的压迫，经济上十分困难，邵力子等人艰难支撑，有时不得不自己掏钱买纸张，以保持《民国日报》正常出版。

1919 年，北京爆发五四运动，邵力子以极大的热情在复旦大学等处发表演说，鼓动广大青年积极投入学生运动，推动了上海的反帝反封建运动。邵力子还在《民国日报》新开办的副刊《觉悟》任主编，热情宣传新思想，并提倡工人组织起来，号召青年到劳动群众中去，主张妇女解放，关心青年的学习和生活，很受进步读者的欢迎。邵力子亲自接待来访，答复来信，解决青年提出的各种问题，撰写了近千篇短小精悍、寓意深切的短评、随感录和通信。

在十月革命和五四运动的影响下，1920 年以前，邵力子就开始阅读到陈望道翻译的《共产党宣言》和日文版马克思主义书刊。1920 年上半年，邵力子参加了陈独秀等人在上海组织的“马克思主义研究会”。稍后，该会转变为早期共产党组织，邵力子即为早期共产党成员。此后，《觉悟》的编辑工作，实际上是在共产党的直接影响下进行的，因此《觉悟》经常发表共产党人的文章，批判各种错误思潮。

在新思潮的影响下，上海东南高等师专学生酝酿学校改组，邵力子给予坚定支持。1922 年 10 月，该校改名为上海大学，邵力子为副校长、代理校长，邓中夏任总务长，聘请瞿秋白、蔡和森、陈望道等共产党人和进步人士担任各系主任和教员。从此上海大学面貌焕然一新，培养了大批革命积极分子和共产党的干部。

邵力子于 1919 年 10 月加入中国国民党。国民党改组后，邵力子任国民党上海执行部农工委员和农工部秘书。

1925 年春，上海工人掀起罢工高潮，邵力子把报道罢工的稿件送《民国日报》上发表。这引起欧美各国和国民党右派的忌恨和排挤，不久邵便离开了《民国日报》社。6 月 4 日上海大学被封闭，邵力子被法租界当局驱逐出租界。他在上海的处境十分困难，乃应蒋介石之邀，于 6 月中旬南下广州。

邵力子到广州后，被蒋介石任命为黄埔陆军军官学校秘书长，兼政治部副主任。1925年10月，任黄埔军校政治部主任。1926年1月，邵力子出席国民党第二次全国代表大会，被选为中央监察委员。同年7月，国民革命军出师北伐，邵力子任国民革命军总司令部秘书长。

8月，蒋介石委托邵力子代表国民党去莫斯科参加第三国际第七次扩大会议。途经上海时，中国共产党中央让他“以纯粹的国民党员，代表国民党去苏联开会”，欢送他退出共产党。邵力子乃退出了中国共产党①。出国前，蒋介石嘱邵力子向斯大林提出，要求第三国际直接领导国民党，不要通过中国共产党。邵力子向斯大林转达蒋介石的要求时，只说希望第三国际加强对国民党的领导。斯大林未做肯定答复②。第三国际会议结束以后，邵力子暂留苏联，在莫斯科中山大学旁听。

1927年5月初，邵力子从苏联回国，始知蒋介石已发动了清党反共政变。他向蒋介石表示，“希望停止杀戮青年”，并说“不要叫我写关于反共的文字”③。

1928年初，蒋介石执掌国民党军政大权，邵力子又担任了国民革命军总司令部秘书长。国民党二届五中全会后，邵力子为中央政治会议委员④。1931年12月，国民政府任命他为甘肃省政府主席，由于当时甘肃政界极为混乱，他直到1932年4月始赴任。

1933年4月，邵力子调任陕西省政府主席。他注意发展农林事业，着手兴修水利，提倡开荒造林，成立陕西省农业合作事业委员会，自

---

① 邵力子:《出使苏联的回忆》，中国人民政治协商会议全国委员会文史资料研究委员会编《文史资料选辑》第60辑，中华书局1979年版，第184页。

② 邵力子:《出使苏联的回忆》，中国人民政治协商会议全国委员会文史资料研究委员会编《文史资料选辑》第60辑，第185页。

③ 邵力子:《出使苏联的回忆》，中国人民政治协商会议全国委员会文史资料研究委员会编《文史资料选辑》第60辑，第185页。

④ 《中国国民党第二届中央执行委员会第五次全体会议记录》，国民党中央秘书处1928年印行。

任主任，同时发展交通文化事业。

西安事变发生后，邵力子同蒋介石在西安的军政要员同时被捕。12 月 13 日，蒋介石要求同邵力子谈话，邵向蒋介石表明，事变前他一点也不知道，并趁机劝蒋说："事已如此，委员长还应以国家人民为重，他们（指张学良、杨虎城）的要求似乎也可以考虑。"①西安事变和平解决之后，邵力子同张学良一起住在奉化溪口，名义上帮助张学良读书，实际是对西安事变补过。1937 年 1 月 5 日，蒋介石正式免去邵力子陕西省政府主席职务。2 月，国民党召开五届三中全会，邵力子为大会审查委员、政治组负责人和大会宣言起草人之一，会上被任命为国民党中央宣传部长。

卢沟桥事变后，邵力子作为国民党代表，参加蒋介石与周恩来在庐山的会谈，协商两党合作抗日问题。不久，军事委员会战区政务委员会成立，蒋介石兼任主任委员，周恩来等十三人为委员，邵力子为秘书长。

1938 年 1 月 23 日，国际反侵略大会中国分会在汉口召开成立大会，邵力子被选为理事会主席。中国分会在进行反侵略宣传、揭露日寇暴行、争取国际对中国抗战的援助等方面，做了不少工作。同年底，邵力子任中苏文化协会副会长。他主张和苏联结成联盟，反对德意日的反苏反共轴心。

1940 年 4 月，蒋介石为取得苏联的援助，派主张同苏联友好的邵力子为驻苏大使。邵感到任务艰巨，抱着搞好中苏邦交和促进国共合作的目的，于 6 月 7 日到达莫斯科。经过努力，苏联援助的军械物资在当年冬季通过新疆运进国内。

1942 年 10 月，邵力子回国述职，他在重庆对新闻记者发表讲话表示"中苏邦交应不断增进"②。其后，他接连在中苏文化协会、中央银行、复旦大学、交通大学等处作报告并撰写文章，从政治、经济、文化、军

---

① 申伯纯：《西安事变纪实》，人民出版社 1979 年版，第 119 页。

② 邵力子：《苏联工业化》，《苏联归来》，中国文化服务社 1943 年印，第 61 页。

事等各方面介绍苏联情况，对推动中苏文化交流和加深中国人民对苏联的了解起了积极作用。邵力子的活动，遭到反苏反共分子的攻击，说邵力子不是中国的驻苏大使，而是苏联驻华大使。1943 年初，蒋介石免去邵力子驻苏大使的职务，命他为国民参政会秘书长、宪法促进委员会秘书长。

抗日战争胜利以后，全国人民迫切要求和平。1945 年 8 月 28 日，毛泽东、周恩来等中共领导应邀赴重庆与国民党进行和平谈判。国民党派邵力子、张治中等人为谈判代表。经过四十三天的谈判，双方在 10 月 10 日签订了《会谈纪要》。1946 年 1 月 10 日，双方又签订停战协定。在同日开幕的政治协商会议上，邵力子作为国民党代表报告国共会谈的经过，表示毛泽东到重庆来，“是最有诚意的表现”①。

1946 年 6 月，国民党撕毁停战协定和政协决议，发动了全面内战。11 月 15 日国民党在南京单方面召开“国民大会”，各民主党派、各人民团体纷纷通电反对。邵力子认为在国家没有真正统一，上下没有共同意志时，急急忙忙召开国民大会，实属儿戏②。因此他拒绝担任大会秘书长的职务和参加“国大”的选举。1947 年 4 月，他任国民政府委员、社会经济研究会委员、政府顾问委员职务。

辽沈、淮海战役之后，国民党政权败局已定。蒋介石于 1949 年元旦发出求和声明，21 日宣布“引退”。代总统李宗仁在 22 日决定派邵力子、张治中等五人为代表，与中共代表进行和平谈判。在正式谈判之前，李宗仁组织“上海人民和平代表团”，并要邵力子以私人身份前往，同时与中共交换关于和平的意见。在中共举行的招待会上，邵力子明确表示“宁选北平式的和平，不选天津式的和平”③。2 月 22 日，邵力

① 邵力子:《政府与中共代表会谈经过》，历史文献社编《政协文献》，1946 年版，第 35 页。

② 《和平巨人邵力子》，《联合画报》第 226 期。

③ 傅学文:《邵力子生平简史》，第 114 页。

子同代表团成员乘专机到石家庄，受到毛泽东和周恩来的接见，并同周恩来进行了两次商谈。

3月24日，张治中、邵力子一行北上。4月1日，国共双方代表团开始在北平举行谈判。在和谈中，国民党代表大多数不愿接受“惩治战犯”这一条，只有邵力子是个例外①。经过半个月的谈判，双方达成了“国内和平协定”八条二十四款。但由于蒋介石阻挠，国民党方面终于没有在和平协定上签字。

4月21日，人民解放军强渡长江，23日南京解放。当晚国民党和谈代表团商讨回南京还是留北平的问题，邵力子首先表态，坚决不回南京。全体代表一致决定不返回南京。4月27日，国民党行政院宣布撤销和平代表团。邵力子和章士钊于5月18日给李宗仁写了一封长信，托刘斐带到香港转广州交李宗仁，劝其勿“甘犯穷兵黩武之罪名”。5月20日，张治中、邵力子、章士钊、李蒸、刘斐五人又给李宗仁、何应钦一封电报，分析形势，剖陈利害，劝他们“悬崖勒马”，“诚意承认错误，以勇气承认失败，坦然交替政权”②。5月27日上海解放，邵力子和黄启汉等人联络留在上海、南京等地的国民党立法委员五十余人，通电拥护中国共产党，声明同国民党脱离关系。

1949年9月21日，中国人民政治协商会议在北平开幕。邵力子作为特邀代表出席会议。

中华人民共和国成立后，邵力子历任政务院委员，第一、二、三届全国人民代表大会常务委员会委员，中国人民政治协商会议全国委员会常务委员，中国国民党革命委员会中央委员和中央常务委员，中苏友好协会副会长，中国人民外交协会理事，中国抗美援朝总会常务委员等职。

1954年，邵力子在第一届全国人民代表大会第一次会议上提出，

① 黄启汉：《1949年和谈的回忆》，《文史资料选辑》第67辑，第26页。

② 傅学文：《邵力子生平简史》，第121页。

社会主义国家要实行计划生育，得到毛泽东、周恩来的重视。1955 年，邵力子作为中国代表出席世界和平大会。1956 年出席斯德哥尔摩世界和平理事会。

1956 年，中国国民党革命委员会成立“和平解放台湾委员会”，张治中任主任委员，邵力子任第一副主任委员。邵以其同国民党的历史关系，经常通过广播、通讯、发表讲话等方式对台湾军政人员进行争取工作，为台湾回归祖国和完成国家统一大业做了不懈的努力。

1967 年 12 月 25 日，邵力子在北京逝世。

邵 飘 萍

耿云志

邵飘萍，名振青，浙江金华人。生于1884年11月1日（清光绪十年九月十四日）。他的父亲邵桂村是个教员。他弟兄共五人，其他四人都在家乡务农。邵飘萍幼年就特别喜欢读书，十四岁中了秀才。后来因受戊戌变法的影响，他丢弃了“子曰诗云”的一套，改而攻读声、光、化、电等自然科学。1902年，他考入杭州浙江高等学堂。在杭州，他开始读到多种书报杂志，眼界逐渐开阔。那时，梁启超在思想文化界有很大影响。邵飘萍对梁的新文体及其“笔端常带情感”的议论颇为倾倒，用心加以模仿，不时为《申报》写些通讯文章，反映杭州及金华地方情况。不久，他被聘为《申报》特约通讯员。

1905年，邵飘萍从浙江高等学堂毕业，回到金华，在一个中学里教书。他继续为《申报》写通讯，对新闻事业的兴趣更加浓厚起来。他看到报纸颇能影响人心，便认定报纸是救国的有力工具，发展进步的新闻事业可以成为救国的一种途径。和当时一些知识分子幻想“科学救国”、“教育救国”一样，邵飘萍则可以说是一个“新闻救国论”者。

1911年辛亥革命，赶跑了清朝皇帝，结束了两千多年的君主专制制度。当时的中华民国临时政府公布的《约法》里规定“人民有言论著作刊行之自由”。一时间，各种报刊如雨后春笋相继出现于各地。这时，幻想“新闻救国”的邵飘萍，心情非常激动，于1912年离开金华到杭州，与一个叫杭辛斋的报人合作①，办起《汉民日报》。邵在《汉民日报》上经常揭露贪官污吏与地方豪绅的丑恶，对袁世凯盗民国之名，行专制之实，也时有讥讽。所以，他办报还不足三年，竟先后被捕三次，“最后，《汉民日报》遂承袁世凯之电令而封闭”②。到这时，邵飘萍以其亲身经历，锐敏地觉察到辛亥革命的不彻底性。

《汉民日报》于1914年被封禁以后，邵飘萍逃往日本，入法政学校读书。那时，日本帝国主义正加紧策划侵略中国。他感到无比愤慨，于是联络三个中国同学，“设东京通讯社，为京津沪汉著名报纸司东京通讯”③，极力揭露日本帝国主义侵略我国的阴谋和野心。1915年初，日本向袁世凯提出灭亡中国的“二十一条”，首先在外国报纸上透露出来。邵飘萍立即驰报国内，从而激起全国人民对袁世凯的愤怒声讨。他在通讯里，还经常反映留日中国学生开展爱国运动的情况，对国内正在酝酿的反袁斗争起了促进作用。

1916年春，邵飘萍应上海《申报》和其他几家大报的邀请回国。抵沪后，同时担任《申报》、《时报》及《时事新报》的主笔。他以“阿平”的笔名经常发表反袁的政论，很快引起舆论界注意。6月，袁世凯倒台身死，军阀政客们又群集在北洋军阀的新首领段祺瑞周围，北京政局仍是群魔乱舞。邵于此时被《申报》聘为驻京特派员。

邵飘萍到北京后，奋力改变新闻界只靠摘引官方文件发消息的陋习，千方百计，必欲得事实的真相而后发出第一手新闻消息。在邵的要求下，《申报》大大扩充了北京电讯的篇幅。于是，《申报》的《北京特别通讯》，以其内容丰富、真实、生动，受到重视，引起各家报纸效法。邵飘萍通过《北京特别通讯》，及时较详细确实地揭露了段祺瑞为首的北洋

---

① 杭辛斋(1869—1923)，浙江海宁人。清末曾从事革命活动，在北京办过《中华报》。据《警钟日报》说，该报“内容丰富，以恢复国权、启导民智为主”。

② 邵飘萍：《实际应用新闻学》，引自汤修慧《一代报人——邵飘萍》(油印稿)。

③ 邵飘萍：《愚与我国新闻界之关系》，引自汤修慧《一代报人——邵飘萍》。

军阀的种种丑行,因而遭到反动派的忌恨。

1918 年 7 月,邵飘萍创办新闻编译社①,这是在北京由中国人自办通讯社的开始。它的业务是一面采编本国新闻,一面择译外电,然后分发各报馆。当时"北京报纸和外国驻北京记者购用的很多"②,这有利于打破外国通讯社和报纸对我国舆论的操纵。是年 10 月,邵又在北京创办《京报》,他在《创刊词》中写道:"必使政府听命于正当民意之前,是即本报之所为作也。"③在他的编辑室大书"铁肩辣手"四个大字,颇以舆论界"中流砥柱"自命。然而,这毕竟带着很大的幻想成分,恣睢暴戾的北洋军阀,是不可能听命于多少反映一些民意的舆论的。

1919 年,五四运动爆发。邵飘萍激于爱国义愤,在报上揭露了曹汝霖、陆宗舆、章宗祥的卖国罪行,因而触怒了段祺瑞政府。段政府下令查封《京报》并派军警包围报馆,要逮捕邵飘萍。邵仓促化装,逃出北京到上海。不久,他接受大阪《朝日新闻》社的邀请,前往日本,担任该报的特约记者。

邵飘萍到日本后,一面当记者,一面注意研究思想和社会政治问题。在 1920 年内,他写成了《综合研究各国社会思潮》和《新俄国之研究》两本书。前者介绍西方流行的各种社会政治学说,并较多地介绍了马克思的社会主义理论。后者专门介绍十月革命后苏俄的政治、经济、文化教育等各方面的制度和政策。邵根据他当时所能看到的材料,严正地指出,各国反动派所散布的对新俄国的种种诬蔑,皆属荒谬无稽;确认十月革命是"世界历史上之一新纪元"④。

1920 年下半年,段祺瑞政府垮台,邵飘萍从日本回国,在北京重新

① 据邵飘萍《我国新闻学进步之趋势》(《东方杂志》第 21 卷第 6 期)及曾虚白《中国新闻史》所记,新闻编译社创立于 1918 年 7 月。戈公振的《中国报学史》(三联书店 1955 年版)记为 1916 年 7 月,误。

② 曾虚白主编:《中国新闻史》上册,台北三民书局 1966 年版,第 289 页。

③ 汤修慧:《一代报人——邵飘萍》。

④ 邵飘萍:《新俄国之研究》,1920 年版,第 2 页。

办起《京报》。根据对日本新闻事业的观察研究，他看到国内的新闻事业亟待改进，且必须发展新闻学教育。早在1918年，邵飘萍曾被北京大学新闻学研究会聘为导师，讲授新闻采访技术。由于邵氏思想进步，又有丰富经验，讲课很受会员欢迎。1923年，邵又在汪大燮办的北京平民大学新闻系讲授同一课程，并在这年写成《实际应用新闻学》一书出版。1924年，邵又受聘于北京政法大学，讲授新闻采访技术以及报纸经营方法，并于是年写成《新闻学总论》一书出版。

《京报》复刊后，邵飘萍锐意革新。1925年初，《京报》陆续增出各种周刊，其中《莽原》周刊，是鲁迅先生主编的。其他有《妇女》、《儿童》、《电影》、《戏剧》、《民众文艺》等共十二种周刊，此外还刊行三种社会科学半月刊，这些定期专刊深受读者欢迎。这期间，邵飘萍追求进步，同情革命的倾向更趋明显，《京报》成为最活泼而有生气的北方报纸。在第一次大革命高潮中，它是北方进步舆论的一个重要阵地。

1923年"二七"大罢工时，邵飘萍在《京报》上怒斥军阀禁遏工人合法集会并枪杀工人群众的暴行。

1924年1月，孙中山改组国民党，实现国共合作，建立广东革命政府。邵飘萍对南方出现这一新局面，自始就持欢迎态度。是年11月，趋向进步的北方军人冯玉祥率部入京，发动北京政变，囚禁了贿选的总统曹锟，并把清废帝溥仪驱逐出宫，宣布废除帝号。邵对这一进步行动非常赞扬。

1925年初，孙中山为谋求政治统一而北上。《京报》上几乎每天报道孙中山的消息，并以"全国景仰"为题，刊出孙中山照片，表示了对这位伟大的资产阶级民主革命的先行者的高度敬仰，热烈地希望他北上成功。而对于段祺瑞搞的善后会议，则一直持批评态度，曾指出："所谓善后会议者，不过一班寒酸措大，聚讼之庭，嚼字咬文，与人民之实际生活有何关系？"①邵的这种政治态度，再度激起段祺瑞政府的忌恨。当

① 《京报》1925年2月7日。

时邵飘萍曾写信给胡适，向他指出，进步青年对他参加善后会议十分不满，同时在讲到自己的态度时说："微闻当局对弟极为不满，此固意中，亦无所惧。"

接着，震动中外的"五卅"惨案发生。邵飘萍在《京报》上连篇著文，强烈谴责帝国主义是"已退化于野蛮阶级之人中豺虎，自称文明绅士之强盗化身"①；揭露帝国主义和军阀，以"排外"、"暴动"、"赤化"的罪名，作为屠杀中国人民的借口；指出英、日等国政府应负杀人罪责；提出"打倒外国强盗，严办外国凶手"的口号②。他在《愿国民注意根本问题》一文中，还指出了斗争应以废除不平等条约为最终目的。

五卅反帝运动揭开了大革命的序幕，在中国共产党领导下，工农群众日益奋起，推动中国革命走向新的高潮。帝国主义和国内反动势力在"讨赤"的黑旗下，联合起来向革命人民疯狂进攻。这时，邵飘萍又在《京报》上发表《中国今后之趋势》一文，相当深刻地分析了所谓"讨赤"的巨大欺骗性和它的反动实质。然后指出，被帝国主义、军阀、政客指为"赤化"的"祸源"的广东革命政府，其"治绩为全国第一"。在这篇文章的末尾，他写道："腐旧的军阀必归失败，帝国主义者必遭覆没，革新派虽困苦艰难，千回百折，而最后胜利必归于革新者。"③对中国革命事业的胜利充满信心。

1926 年 3 月 18 日，在北京，段祺瑞下令卫队向举行反帝游行的学生群众开枪，造成又一起大惨案，全国为之震动。邵飘萍怀着极大愤慨，连续在《京报》上发表评论，严厉声讨段政府的罪行；揭露其对帝国主义奴颜婢膝、对爱国人民穷凶极恶的反动嘴脸；指出段祺瑞是惨案的祸首元凶，应当逮捕法办。恼羞成怒的段祺瑞对邵飘萍恨之入骨，遂把他秘密列入通缉名单，企图进行迫害。

---

① 《京报》1925 年 6 月 2 日。

② 《京报》1925 年 6 月 6 日。

③ 《京报》1926 年 2 月 18 日。

“三一八”惨案过后不久，奉系张作霖与直系吴佩孚在帝国主义支持下，联合进攻冯玉祥所部国民军。4 月 15 日，国民军被迫退出北京。奉军入京后，疯狂肆虐，不但封闭报馆，钳制舆论，而且残酷镇压爱国运动，屠杀共产党员和进步人士。由于邵飘萍同情国民军，反对“讨赤”，还曾支持郭松龄倒戈，并多次指名谴责奉张亲日卖国，张作霖对他早已怀恨在心。邵为免遭迫害，当奉军入京时，便避入六国饭店。4 月 24 日，奉军设计将邵诱捕，当即封闭《京报》馆。然后，不经审讯，即以“宣传赤化”的罪名，于 4 月 26 日将邵飘萍杀害。

邵 元 冲

黄德昭

邵元冲，字翼如，浙江绍兴人，1890 年 6 月 1 日(清光绪十六年四月十四日)生于一个商人家庭①。十三岁中秀才，十六岁加入同盟会，十七岁进浙江高等学堂。1909 年举拔贡，次年考得法官，任江苏省镇江地方审判厅庭长，不久即辞去。

1911 年，邵元冲东渡日本，辛亥革命后回国，任上海《民国新闻》总主笔。同盟会改组为国民党后，任该党驻上海办事处编辑主任。1913 年 3 月，袁世凯派人在上海刺杀宋教仁，嫌犯应桂馨匿居租界，邵据法理与租界当局力争，使应桂馨得以引渡②。在孙中山反袁的号召下，邵于 7 月赴江西湖口参加讨袁之役，任长江各军总司令部秘书长，失败后逃亡日本。1914 年邵加入中华革命党，担任《民国》杂志编辑，后任中华革命军绍兴司令官，奉命回国同夏尔玙图浙江，以事泄走上海。1915 年 12 月 5 日，在上海参与讨袁的"肇和"兵舰起义；1916 年又在山东潍县参与组织中华革命军东北军举义，均遭失败。

1917 年 9 月，广州成立军政府，孙中山被举为大元帅，邵任大元帅府机要秘书，代行秘书长事。1919 年冬赴美留学，先后肄业于威斯康

---

① 据邵传志《哀翼叔之死国》云："元冲父大昌曾开设邵开成银楼于山阴县下方桥。"(见《建国月刊》第 16 卷第 2 期)

② 据邵元冲《治学自叙》自称："癸丑宋渔父被戕案作，租界当局认应桂馨寄居租界，不允引渡，予乃援据法理，以犯事地在沪宁站属中国，应犯为中国人，杀人为刑事犯，故应交中国法院讯理，乃卒得将应犯引渡。"

辛大学和哥伦比亚大学，并奉孙中山命，视察海外党务，周游美、英、法等国。1923 年 11 月，参加“孙逸仙博士代表团”在俄考察，后由苏联去德国游学。

1924 年 1 月，中国国民党第一次全国代表大会在广州召开，邵元冲被选为候补中央执行委员，不久递补为中央执行委员。是年夏，由欧洲返国抵上海，9 月与张默君结婚。后入粤，被国民党推为代理中央执行委员会常务委员，并兼任政治委员会委员、粤军总司令部秘书长和黄埔军官学校政治教官。同年冬，随孙中山北上，任行营机要主任秘书。在北京创办《民国日报》，任社长。孙中山逝世，他是遗嘱证明人之一。

1925 年，邵元冲南下返粤，任潮梅海陆丰行政长。是年 11 月至北京，参加谢持、邹鲁等召集的“西山会议”，公开反对孙中山“联俄、联共、扶助农工”的三大政策。会后主持上海伪中央执行委员会，并创设“中山学院”，因此受到广州中国国民党第二次全国代表大会的书面警告①。但“西山会议”派我行我素，于 1926 年 3 月在上海召开非法的国民党第二次代表大会，邵被推选为“中央执行委员”。

1926 年 5 月，邵元冲经蒋介石拉拢入粤，任国民党中央执行委员会青年部部长。次年，随北伐军赴浙江，任省政治分会委员兼杭州市市长，因将杭州市工务局公款十余万元汇存沪行，为杭人责难，仅三个月即辞市长职②。

在国民党统治期间，邵元冲大力从事宣传工作。1928 年初，先任广州政治分会秘书长。同年 4 月，到上海创办《建国》周刊，使成为国民党喉舌之一。他提出要在“军事进展中为政治之建设”，“先建设自己理

---

① 据中国国民党第二次全国代表大会《弹劾西山会议决议案》、《处分违犯本党纪律党员决议案》，见荣孟源、孙彩霞编《中国国民党历次代表大会及中央全会资料》上册，光明日报出版社 1985 年版，第 151—153 页。

② 周一志：《关于西山会议派的一鳞半爪》，中国人民政治协商会议全国委员会文史资料研究委员会编《文史资料选辑》第 12 辑，中华书局 1961 年版。

论”,“严密组织、统一意志、团结感情、集中力量为党之建设”一类的主张①。次年,《建国》周刊由上海迁南京,改名《建国月刊》,邵任社长。他以阐发孙中山三民主义为号召,主张强化国民党“党治”,大力宣扬封建专制思想。

1929 年 3 月,邵元冲在国民党第三次全国代表大会上当选为中央执行委员、政治会议委员,兼任国民党党史史料编纂委员会常务委员。次年 12 月,任考试院考选委员会委员长。1931 年,任国民政府委员、立法院副院长代理院长。次年发表孙科为院长,邵提出十人要孙同意提为立法委员,孙因此拒绝就职,邵仍代理院长。是年冬邵被选为国民党第四届中央执行委员会委员,兼政治会议委员、宣传委员会主任委员等职。1933 年解除代理立法院长,仍任副院长及所兼各职。至 1935 年春,因对日外交问题与汪精卫有矛盾,辞宣传委员会主任委员职。后赴陕祭黄帝陵,周游陕、甘、青、宁、绥、晋各省。是年冬再被选为国民党第五届中央执行委员会委员,兼中央党史史料编纂委员会主任委员,主管国民党党史史料编纂工作。

1936 年 10 月,邵元冲赴桂考察,12 月应蒋介石电召入陕,适逢西安事变,被围困于西京招待所,12 日晨因跳窗逃走,被士兵开枪击伤,两日后在医院去世。

---

① 《建国月刊》本社同人:《敬悼邵翼如先生》;参见 1928 年 4 月其亲撰《建国》周刊发刊词。

沈　从　文

娄献阁

沈从文，乳名茂林，原名岳焕，字崇文，后改从文，笔名有焕呼、休芸芸、琬若等数十个。1902 年 12 月 28 日（清光绪二十八年十一月二十九日）生于湖南凤凰厅（又称镇箪城）一个军人世家。其父沈宗嗣自幼过继给箪军（湘军一支）将领，曾任云南昭通镇守使、贵州提督的伯父，曾做过清军军官，1900 年在大沽炮台抵抗八国联军失败后回到家乡，辛亥革命中暗通起义军。1912 年去北京，后因参与谋刺袁世凯事泄，逃至热河，此后在内蒙、西藏军队中任事。母亲黄英为土家族，有文化懂医学，对沈从文影响较大。

沈从文天资聪敏，六岁正式入塾读书，但顽劣不用心，对外面世界那本"大书"的方方面面则感到新奇与亲切，加上受了一些同伴的不良影响，染上了逃学、说谎、掷骰子赌钱和说下流话等恶习，多次遭到家里和塾师的惩罚。1915 年，沈从文先进了城内第二初级小学，后转入城外文昌阁第一初级小学，受教师南社诗人田名瑜的影响，能安心听讲，尤喜诗文，但"仍放不下那本大书"，"在校外所学的实在比校内课堂上多十倍"。

1916 年，沈从文得母允准参加了预备兵技术班，他训练认真、坚强、勇猛，获得好评，曾产生上陆军学校当将军想法，但不久技术班便解散了。1917 年秋，沈从文小学毕业升入初中，但因家境越发困难，母亲无奈只好让他去当兵。沈从文先投入张学济领导的湘西靖国第二军第一支队，随军驻扎于辰州、芷江、怀化镇一带。沈从文在军中只是按常规打发日子，有时也练习书法或临摹一些壁画，同时受一位闻姓秘书影响，开始接触新知识，与同事合伙订了一份《申报》，并阅读《西游记》、《秋水轩尺牍》等。1919年底，湘西靖国二军开往川东，后退至湖北受到王占元部阻击，在1920年中秋节前在鄂西来凤遭所谓"神兵"和民兵偷袭，几乎全军覆灭，沈从文因留守沅陵，幸免于难，稍后被遣散回原籍。

1921年2月，沈从文再次去芷江，投靠任当地警察所长的五舅黄巨川，在警察所做办事员，后又兼任屠宰税收税员。在芷江，沈从文因七姨夫熊捷三的关系，得以常出入熊府，得阅熊府及熊希龄昔年创办的实务学堂的藏书，如《史记》、《汉书》、《大陆月报》等，尤对林纾所译小说感兴趣。后因与一马姓女子恋爱，而被骗去母亲交沈从文保管的卖房款一千块银元，感到无脸见人，便于1921年夏悄悄地离芷江，路过常德时，被表兄黄玉书留了下来。10月，经人介绍，沈从文去桃源贺龙部谋事，后又赴保靖谋事。1922年春，由于一个偶然的机会当上了湘西王陈渠珍部参谋处的司书。后来，沈从文在陈渠珍身边做书记，负责抄写军部文电，担任会议记录，并经管陈渠珍收藏的书籍、碑帖、绘画及古物。因需经常替陈翻检古籍，从而增长了不少知识，这里成了沈从文"学习历史的地方"。

1923年，在陈渠珍的资助下，沈从文带着对新思想的推崇来到北京，先住在不用租金的酉西会馆，想读点书。但到京后，沈从文发现上大学要经过考试，他只有小学水平，难以应付，只好先进行自学。沈从文每天去京师图书馆看书，又常去住所附近的琉璃厂看古董、明清服饰、器物，打下了后来从事物质文化史研究的基础。

1924年春，在北京农大学习的表弟黄村生帮助下，沈从文在离北京大学很近的银闸胡同找了一个"窄而霉"的小公寓。在这个"窄而霉小斋"，沈从文一边断断续续去北大旁听，一边学习写作并向报刊投稿。其时，由于陈渠珍的接济中断，生活陷入困境，靠赊欠与一些相熟的学生接济。沈从文想半工半读，到各工场去联系均失望。他大胆给一些知名文人写信以求帮助，只有郁达夫对他报以同情，特意来沈从文住处看望并请沈吃饭，把结账找回零钱也给了他，使沈从文深受感动。郁达夫鼓励沈从文好好写下去，并在《晨报》副刊发表《给一位文学青年的公开信》，为沈鸣不平。

12月，沈从文的处女作《一封未曾付邮的信》在《晨报》副刊上发表。1925年春，结识了《京报》副刊《大众文艺周刊》的编辑胡也频，后又因胡邂逅丁玲。此时，沈的文章《遥夜》受到北京大学教授林宰平的赞扬，称"全文俱佳，实在感动人"。林约沈从文相见，并对他劝勉有加，这让沈从文终生感念。8月，经林和梁启超介绍，沈进了由熊希龄主办的香山慈幼园任图书馆编辑。后因发表两篇有关慈幼园的文章而发生芥蒂，为保持自己尊严和人格独立，沈从文离开香山。随后一度在《现代评论》任发行员，又去东北谋事，还在冯玉祥秘书处应过差。1926年"三一八"惨案前后，沈从文随他的大学生朋友参加过几次反帝、反北洋军阀的游行和散发传单活动。随着南方北伐战争的进行，早先在燕京大学认识的许多朋友先后到达武汉，并来信邀沈从文南下，但沈从文醉心于"文学革命"，终也未成行。

从1926年起，沈从文陆续在《晨报》副刊、《现代评论》和《小说月报》等刊物上发表了一百七十余篇作品。9月，在北京与蹇先艾、张采真、天庚虞等筹备创立文学社团"无须社"，并在《世界日报》上创办副刊。11月，沈从文的第一部作品集《鸭子》作为"无须社丛书"的一种由北新书局印行。1927年9月，小说集《蜜柑》也由新月书店出版。由于和武汉革命党人通信而受到北京警察局的传讯与搜查，为躲避北洋军阀的迫害，也为寻求自身的更好发展，1928年1月沈从文迁居上海。为生活他拼命写作，先后完成、出版《山鬼》、《长夏》、《神巫之爱》等十多部作品集。为了免除书商的盘剥，1929年初他与胡也频、丁玲共同创办《红黑》和《人间》两个月刊，从写稿、编辑、出版、发行等各种杂事几乎全部由三人包干，开头效益不错，终以经济问题，《人间》只出了四期，《红黑》出了八期，便不得不停业。

8月，经徐志摩介绍，沈从文到吴淞中国公学任教，开设“新文学研究”、“小说习作”、“中国小说史”等课程，并在暨南大学兼课。在此认识学生张兆和。稍后，胡也频和丁玲加入中国左翼作家联盟，胡被选为该联盟执行委员，并担任工农兵文学委员会主席。胡曾劝沈加入该联盟，沈思想有些疑惧，他们仍保持友谊，但因沈不愿同胡走同一道路，无形中产生了隔膜，在丁玲看来，沈是“一个常处于动摇的人”。1930年秋，沈从文去武汉大学中文系任教，1931年1月放假回上海，逢胡也频被捕入狱，沈从文多方奔走营救未果。胡也频牺牲后，沈又帮助丁玲料理后事，耽误回武大授课，只好留上海继续写作。在胡牺牲半年后，为了纪念朋友，并为丁玲母子筹款，沈从文写了记述三人友谊的《记胡也频》。

1931年秋，又由徐志摩推荐，沈从文赴由杨振声任校长的青岛大学任教。11月，徐志摩在济南因飞机失事遇难，沈连夜前往送别。1933年5月，丁玲在上海公共租界被国民党特务绑架，沈接连写了《丁玲女士被捕》、《丁玲女士失踪》等文，揭露国民党秘密逮捕丁玲的行为，又列名于上海文化界营救丁玲的活动，7月发表了《论丁玲女士》(后集结为《记丁玲》)。1936年，沈从文曾去南京看望被囚禁的丁玲，但彼此心存芥蒂，关系已大不如前。

1933年7月，应杨振声之邀，沈从文辞去青岛大学的教职，来北平参加中小学教科书编纂工作，一起工作的有朱自清、吴晗等。9月，沈从文同张兆和结婚。同时接编《大公报》文艺副刊，进行小说等创作，数年间出版了十多个集子，成为30年代著名作家。沈从文和巴金、朱光潜等建立了很好的友谊，对青年作者萧乾、卞之琳、王西彦等给予大力帮助与鼓励。1934年1月，沈从文因母病危回家探望，深感十年间湘西在退化，后写《湘西散记》，表达感叹。同年，沈从文写成以湘西茶峒为背景的小说《边城》。这是沈从文计划以沅水流域为背景的“十城”之一部，也是沈从文的代表作，通过对沅水流域20世纪初凡夫俗子的记述，“或者只给他们一点怀古的幽情，或者只给他们一次苦笑，或者又将给他们一个噩梦，但同时说不定，也许尚能给他们一种勇气和信心”。

20世纪30年代，随着在文坛地位的提高，沈从文卷入了一系列的争论。1933年10月，沈从文发表《文学者的态度》一文，对“在上海寄生于书店、报馆、官办杂导，在北平寄生于大学、中学以及种种教育机构”的作家提出了批评，引发了一场关于“京派”、“海派”的论争；1934年沈从文发表《禁书问题》一文，控诉国民党当局对作家的迫害及对文学书籍的检查与禁止，引发国民党方面对沈“站在反革命立场”的指控，左翼方面则认为沈是“忠而获咎”，是不懂统治者心理的“隔膜”；1936年，沈从文又发表《作家间需要一种运动》一文，指出当时许多作品存在着内容“差不多”的现象，并对这种创作中的公式化、概念化现象提出批评，号召作家来一个“反差不多运动”，“从政府的裁判和另一种‘一遵独占’的趋势里解放出来”，矛头所指的是文学的政治性。沈的观点得到了不少作家的同情，而茅盾则以新文学的历史给予反驳，认为沈从文“抹杀了新文艺发展之过程，幸灾乐祸似的一口咬住了新文艺发展一时所不可避免的暂时的幼稚病，作为大多数应社会要求而写作的作家们的弥天大罪，这种立言的态度根本要不得”。

1937年7月全面抗战开始，8月沈从文接教育部的秘密通知离开北平去武汉，不久杨振声、萧乾到武汉，继续《大公报》文艺副刊的编辑工作。年底，沈又离武汉去昆明，途经家乡沅陵。沈从文在此短暂停留，并通过办事热心的大哥沈云麓协助接待、安置经沅陵向后方转移的文教单位和人士。同时和陈渠珍、龙云飞等地方官员谈时局，做团结工作。为了介绍湘西的情况，沈从文着手创作小说《长河》。全书计划写四卷，一直写到国民党当局将数万湘西武装健儿送上抗日前线，而把自己的嫡系部队开进湘西成征服者。结果只写出第一卷，主要写保安队长和橘园主滕长顺一家的矛盾冲突。

1938年4月，沈从文抵达昆明，先后在西南联大师范学院任副教授、教授，主讲现代文学习作课。教学之外，他继续写作，先后出版有《烛虚》、《云南看云集》等作品，并重新开始国文教科书的编辑工作。为躲日机轰炸，他家搬到昆明附近的呈贡县龙街乡下，离滇池只有五里远近。在抗战时期生活窘迫，但精神却愉快。他关心爱好文学的青年，他的学生汪曾祺、林蒲等后来取得了出色的成绩。1939 年和 1942 年沈相继发表《一般或特殊》、《文学运动的重造》等文章，主张作家在创作中沉默努力，片面反对满足于一般宣传，猎取官职，引起了极大的文学争论，受到左翼文人的批评。1942 年初，沈从文参与筹备、创办和编辑《战国策》半月刊，并负责“处理文艺部门稿件”。

抗日战争胜利后，沈从文于 1946 年夏回到北平，继续在北大任教，并担任《大公报》、《益世报》、《平明日报》等大报的文学副刊编辑。不久蒋介石发动了内战，沈反对内战，不参加任何政治派别，然而 1947 年 1 月沈从文在《益世报》上发表《一种新希望》，认为中国国内政局出现了“三种新发展”，即“政治上第三方面的尝试”、“学术独立的重呼”、“文化思想运动的更新”，欢呼“第三方面有能重造，将来自然有其光辉前途”，期盼“来重造这个国家”的“第四组织的孕育”。沈从文还指责投身学生运动的年轻人是误入歧途。沈从文的论调遭到左翼文化阵营的批评，认为沈从文的“中间路线”、“新第三方面运动”，实质是“配合四大家族和平阴谋的一部分”，“是直接作为反动统治的代言人”。郭沫若撰文更直指沈从文是“存心要做一个摩登文素臣”的“桃红色”作家，“是一直有意识的作为反对派而活动着”。但沈从文在中共地下党员乐黛云和进步学生的劝说下，拒绝国民党青年部次长陈雪屏之邀南下，而决定与朱光潜、杨振声等北大、清华的朋友一道留下来迎接解放。1949 年 1 月，北大一些学生贴出“打倒新月派、现代评论派、第三条路线的沈从文”的标语。3 月，沈从文认为自己的作品会在重新估价中完全被否定，精神受到致命打击，遂自杀。后被家人发现，脱险后，在精神病院疗养。

8 月，沈从文的病情好转，由郑振铎介绍去新成立的历史博物馆工作，并在辅仁大学兼课。1950 年，沈从文进入华北革命大学学习。经十个月革大学习，沈从文在思想上有所提高，1951 年在《大公报》上发表了《我的学习》一文，总结了学习收获。随后，沈从文去四川宜宾参加一段土改工作，回北京后又抽调去清理整顿北京的古董店。考虑到自己在题材、审美、处理材料的方式等方面的认识均已过时，不如避贤让路，根据自己的爱好决定留在历史博物馆。这时，沈受到同乡陈赓的接见，陈对沈表示了关怀和鼓励。1953年全国第二次文学艺术工作者代表大会上，沈从文以美术组成员与会，受到毛泽东、周恩来等国家领导人的接见，毛泽东鼓励沈从文继续从事写作。同年，沈参加政协工作，此后十年他就文物研究问题提出二十多次建议。

沈从文一直眷恋文学写作，1957年《沈从文小说集》由人民文学出版社编辑出版，一度激起他的创作热情，但因“整风”、“反右”等政治运动而熄灭。1958年，中宣部副部长周扬曾提议要沈从文担任北京市文联主席，由于他不同意而作罢。1961年，经王震安排，沈从文等九人去井冈山参观，体验生活并写作，因时过境迁，他创作小说的素材已难找到，只好打消，而重新回到自己所热爱的文物研究工作上来。

从此，沈从文一头扎进丝绸、陶瓷、漆、金、玉等工艺美术的瓦砾堆，刻苦钻研物质文化史。他边写、边观察、边思考，对其花纹设色、笔调风格、风俗习尚等无不注意。沈在馆内随时当讲解员，或为各方面打杂。沈从文同时开展几十个专题研究，经数年努力，成了享誉中外的文物专家，先后出版了《明织金锦问题》、《龙凤艺术》、《唐宋铜镜》、《战国漆器》、《中国绸案》等论文和著作，并参与《中国历史图谱》的编写。

1963年，根据周恩来总理的指示，沈从文立即着手《中国古代服装研究》一书的写作，1964年完成初稿，印出样书送有关部门专家征求意见，又增补定稿，但因极“左”思潮泛滥致使这本书未能及时出版。“文革”中沈受到冲击，下放农村仍不忘服饰研究。1971年冬因病获准回京。1978年，沈从文调中国社会科学历史研究所，由王序、王亚蓉协助，对《中国古代服饰研究》一书进行最后的校正增补工作。1981年，此书由香港商务印书馆隆重出版。此书正如胡乔木在给沈从文的贺信中所说：“以一人之呼，历时十余年，几经艰阻，数易其稿，幸获此鸿篇巨制，实为对我国学术界一大贡献。”

同时在西方出现了沈从文热。1980年，沈从文应美国文学和学术界的邀请赴美访问，在美国会见了有关学者并进行讲学，取得了完满的结果。1982年起十二卷本的《沈从文文集》陆续由花城出版社和三联书店香港分店出版。1985年12月，《光明日报》记者为沈从文从事文学创作和文物研究六十周年做了专访，肯定了他的成就。1988年5月10日，沈从文因病去世。2002年，沈从文的全部文字辑成《沈从文全集》三十二卷，由北岳文艺出版社出版。

主要参考资料

吴世勇编：《沈从文年谱》，天津人民出版社2006年版。

[美]金介甫著，符家钦译：《凤凰之子：沈从文传》，中国友谊出版社2000年版。

凌宇：《沈从文传》，东方出版社2009年版。

刘洪涛、杨瑞仁编：《沈从文研究资料》（上、下），天津人民出版社2006年版。

沈　鸿　烈

马庚存

沈鸿烈，字成章，湖北天门人，生于1882年12月7日(清光绪八年十月二十七日)。其父沈际昌是塾师，沈鸿烈自幼受严格的传统教育，十八岁中秀才，后补廪生，二十岁参加安乐府府考，旋执教于府学。

20世纪初，湖广总督张之洞在湖北创办新军，1904年沈鸿烈弃文从武，前往武昌，入新军第三十标当兵，后擢任炮标司书，继调任初级军官补习班教习。

1906年春，沈鸿烈东渡日本，入海军学校第二期，经数年系统学习，熟谙近代海军业务。他思想尚新，参加留日学生爱国活动并加入中国同盟会。

1911年夏，沈鸿烈毕业回国，任海军教练官及参谋等职。武昌起义爆发，沈鸿烈积极响应，被湖北军政府大都督黎元洪任为海军宣慰使，曾参与策动长江上下游清海军反正，率炮舰配合江浙联军攻打南京。

中华民国成立之初，沈鸿烈任南京临时政府海军部军机处参谋，次年调北京参谋本部任上校课长，主持海军作战及海防事宜，曾考察沿海各口岸及要塞情况。1916年3月，沈作为赴欧观战团海军观察武官，历时两年半，其间他有机会观察对德作战并访问了美国。1918年10月，沈回国仍就职参谋本部，旋任陆军大学第五、六期海军教官。

1920年春，沈鸿烈作为中国方面副代表，参加中日“庙街事件”(日方称“尼港事件”)的交涉，他据理驳斥日方对我国驻庙街舰队毫无根据的指责,维护了中国海军的声誉,受到政界的好评。此事也为东三省巡阅使张作霖所注意,从而成为沈鸿烈厕身东北军政事务的开端。是年冬,吉(林)黑(龙江)江防司令公署成立,沈初始任江防司令公署参谋,后升任参谋长。第一次直奉战后,沈奉命前往北京,利用他与黎元洪的老关系以缓和直奉间的矛盾,因此获得张作霖的赏识。沈与张作霖的总参议杨宇霆系留日同学,所以颇获杨的关照。1922 年 8 月,张作霖在公署内添设航警处,命沈兼任处长,主管东北江海防及航政、渔业等事宜。1923 年 7 月,张作霖接受沈鸿烈"要扩充东北的势力,必须建立东北海军"的建议①,正式组建了东北海防舰队,并将吉黑江防舰队并入,委沈鸿烈兼任海军中将司令,成为东北海军最早的领导人物。

1924 年 10 月,第二次直奉之战直系败北,驻青岛的渤海舰队改隶于依附奉系的山东督军张宗昌。1927 年 7 月,沈鸿烈利用渤海舰队内部矛盾冲突,趁机将该舰队并入东北海防舰队,并成立联合指挥机构——海军总司令部,张作霖自任总司令,以沈鸿烈为上将副总司令,代行总司令职务,负责北自黑龙江、南至长江口的辽阔水域的防务。

1928 年底,张学良统率东北地区改旗易帜归附南京国民政府,沈鸿烈力表支持。奉系海军改名为东北海军,沈协助张学良仍统辖东北海军。1929 年 1 月,沈担任东北政务委员会委员。

1931 年"九一八"事变后,沈鸿烈将东北舰队司令部由东北移往第一舰队驻地青岛,全力统率舰队及陆战队。11 月,南京国民政府任命沈兼任青岛市长;12 月,任北平政务委员会委员。1932 年 8 月,沈鸿烈兼任国民政府军事委员会北平分会委员,次年 6 月被特派为行政院驻北平政务整理委员会委员。"塘沽协定"签订后,沈鸿烈卸去东北舰队司令职务,专任青岛市长直至 1937 年底。

---

① 张衍学、袁方乔:《沈鸿烈是怎样起家的》,中国人民政治协商会议山东省委员会文史资料研究委员会编《文史资料选辑》第 2 辑,山东人民出版社 1982 年版,第 29 页。

沈鸿烈在青岛市长任内，按照国民政府对外妥协、对内镇压的政策办事，以妥协退让来谋取对日本的“敦睦邦交”；对内则加强对人民的统治，压制和破坏抗日救亡活动。沈破坏了中共青岛四届市委领导机关，迫害进步势力，一批共产党人如市委书记李春亭等遭到杀害。

沈鸿烈任青岛市长期间，曾主持进行了一些旨在整顿市容、促进游览事业发展的市政建设，博得建设青岛有功的名声。沈鸿烈还在青岛设立了“乡区建设办事处”和“市区联合办事处”，以“提倡自治”；还兴建一些学校、平民住所、“感化院”等。

1937年“七七”事变后，沈鸿烈兼任青岛陆海军总指挥部指挥。驻青岛日本军民数万人及军舰、飞机于同年9月撤回本国，沈鸿烈按照南京国民政府的指示，决定“保护日人全部留青财产”，幻想战事能和平解决。

1937年12月，日本侵略军进攻山东，进逼济南和胶济铁路。18日晚沈鸿烈才下令将青岛的日商九大纱厂及其他市政、工厂设施炸毁。27日，沈将海军陆战队、警备团等由青岛撤往鲁南。国民党第三集团军总司令兼山东省主席韩复榘对日作战不力率部南逃，被蒋介石绳之以法。1938年1月，沈鸿烈升任山东省政府委员兼省主席，2月兼省保安司令及国民党部主任委员。同年鲁苏战区在山东成立，沈任战区副司令。

沈鸿烈主持山东军政后，以支援抗战为名过度征粮征工，借机搜刮民财民力。抗日战争进入相持阶段，日本加紧了政治诱降活动，国民党反动势力则加紧反共反人民，由“政治限共”发展为“军事限共”。沈鸿烈颁布《山东地方防止异党活动办法》，把矛头指向中国共产党领导的抗日力量。这一时期，沈鸿烈所部“打敌人的时候少，打八路军的时候多”①。1939年初，在山东的国民党军队中，流传着“宁匪化，勿赤化”，

---

① 毛泽东：《和中央社、扫荡报、新民报三记者的谈话》，《毛泽东选集》合订本，第553页。

“宁亡于日,勿亡于共”,“日可以不抗,共不可不打”的反动口号。还叫嚣对待八路军和抗日人民,要“见人就捉,见枪就下,见干部就杀”。4月间,沈指使他所委派的专员秦启荣率部队袭击博山、太和地区的八路军山东纵队第三游击支队,惨杀八路军指战员四百余人,制造了骇人听闻的“博山惨案”。皖南事变后,国民党反动派执行“反共第一”的方针,沈也进一步掀起反共高潮,使山东抗日根据地进入最艰难的岁月。

1941年冬,沈鸿烈调往战时陪都重庆,任农林部长。1942年12月,沈兼任国家总动员会议秘书长。为支援粮饷工作,沈创设农业推广委员会,曾赴东南、西北各省推行管制物价及金融的工作。1944年8月,沈鸿烈改任国民党中央党政工作考核委员会秘书长。

1945年8月,日本投降。11月,沈鸿烈被派赴华北、东北各地视察,为国民党抢占抗战成果而四处奔波。

1946年3月,沈鸿烈奉派担任国民党浙江省主席。沈到任后十分尽力清除战争遗害和建立国民党统治秩序。为笼络民众,曾采取降低田赋等措施。

抗战胜利后,国民党挑起内战。1946年下半年,蒋介石军队大举进攻各地解放区,沈鸿烈则指使绍兴地区行政督察专员兼专区保安司令郑小隐等筹设四明山绥靖指挥部,破坏浙东革命根据地,指挥环山各县组织“自卫”武装,分兵十八路“围剿”四明山区,妄图一举歼灭该地中共领导的革命武装力量。沈鸿烈在“围剿”失败后,曾恣意拘捕共产党人和进步人士,且滥加株连,如中共四明工委负责人朱之光之父朱祥甫遭杀害,爱国人士郜之炳被拘留。

1947年初,沈鸿烈以省府决议在省内设立四明山、会稽山、文成县三个地方绥靖指挥部,组织各县全面清乡反共,历时两月①。

---

① 林泽:《沈鸿烈破坏浙东革命根据地罪恶措施大略》,中国人民政治协商会议浙江省委员会文史资料研究委员会编《浙江文史资料选辑》第13辑,浙江人民出版社1979年版,第168页。

1948年7月，沈鸿烈改任南京政府考试院铨叙部部长。1946年至1948年，他还担任国民党第五、六届中央执行委员会委员。1949年1月，蒋介石被迫“引退”，沈鸿烈亦随之辞职。全国解放前夕，沈随蒋介石去台湾。在台湾，沈鸿烈曾任“国策顾问”，后离职居家，撰稿。十多年间撰有：《政海微澜集》、《东北边防与航权》、《青岛市政》、《抗战时期之山东党政军》、《抗战时期之农林建设》、《抗战时期之国家总动员》和《浙政两年》，其中《东北边防与航权》已于1953年在台北出版。

1969年3月12日，沈鸿烈在台中市病逝。

沈　鸿　英

黄秀颖

沈鸿英，又名沈亚英，字冠南，1871 年（清同治十年）生，原籍广东恩平，前代家业破落，迁居广西雒容。沈幼年家贫，读私塾二年，父母早亡，跟随哥哥沈鸿辉以肩挑贩卖为生。长大曾当店员，替地主当帮工，后沦为盗匪，宣统年间，常出没于柳城、雒容、象县、罗城、修仁、荔浦、富川、贺县等地。沈身强体壮，性狡黠，行动剽悍，被推为匪帮头目。

1911 年武昌起义后，11 月柳州独立。沈鸿英带领匪伙百余人接受柳州革命党人的招抚，被任为管带，隶属刘震寰统辖。1912 年，沈因捕杀密谋叛变的民军队长冯五，被提升为督带。1913 年 7 月，孙中山发动讨袁的“二次革命”，沈鸿英帮助广西都督陆荣廷镇压了响应“二次革命”的柳州起义，出卖了革命党人刘古香，帮统刘震寰被逐，沈由此得到陆荣廷赏识，被提升为帮统。不久，被派到富川、贺县一带平息了“匪乱”，更得陆荣廷信任，升为统领，成为旧桂系军阀的重要人物。

1915 年底，护国战争在云南发动。1916 年 3 月，陆荣廷为形势所促，宣布广西独立，参加讨袁。同年 6 月，袁世凯死，广东督军龙济光与段祺瑞勾结，广东取消独立并阻滇军假道北伐，被在粤护国军击败，率部退往海南岛。“讨龙”战争时，陆荣廷命沈部开进广东，参加作战。沈在战争中攻城略地，尚肯卖力，被陆任为钦廉镇守使。1917 年 12 月，龙济光渡海进攻高雷，陆荣廷组织讨龙军一、二、三、四军，沈鸿英任第三军总司令。

在讨龙作战中，沈鸿烈奉命率部渡海攻击，龙济光抵抗不住，被迫率残部乘轮北投段祺瑞。其后,沈部改为广东护国军第三军,沈任总司令并调任琼崖镇守使。沈因缴了龙部的大量枪支弹药,实力益增,成了旧桂系军阀的显赫人物。1919年冬,沈部调驻北江,任南韶连镇守使兼粤赣湘边防督办。沈在韶关曾开办讲武堂,培训中下级军官,厚植势力。

1920 年秋,孙中山命陈炯明率领驻福建的粤军回粤,驱逐盘踞广东的桂系势力。沈鸿英军败退广西,陆荣廷把沈部改编为广西边防军第三路军,沈任总司令,下辖三个旅,驻防贺县、平乐一带。

桂系军队自被逐回广西后,陆荣廷企图东山再起,重占广东地盘。陆曾获得北洋政府的支持,被委为广西边防督办,陈炳焜被委为广西护军使。陆、陈在梧州集结兵力,准备反攻广东,命沈鸿英由贺县进攻连山、连县、阳山。1921 年 6 月下旬,孙中山派粤、黔、滇军平定广西。陈炯明率粤军第一军溯江西上,初时遭到陈炳焜部的顽抗,后陈部将刘震寰率数百人倒戈,袭击梧州侧背,使桂军防线崩溃,梧州遂为粤军占领。北江方面,许崇智部向富、贺挺进,沈鸿英见势不妙,在贺县发出通电,逼陆荣廷下野,宣布自治,自称为救桂军总司令。粤军怀疑其为诈降,继续进攻沈部,沈乃率部逃到湖南,依附赵恒惕。其后,沈通过岑春煊等人的疏通,获得直系吴佩孚的支持。吴于 1922 年 6 月将沈部列为北洋陆军第十七师,委沈为师长。

1922 年春,广西境内的粤军回粤。7 月沈鸿烈奉吴佩孚之命率部从江西西部向广东进军,屯兵大庾。因图粤不成,11 月回到桂北,占据桂林、柳州、梧州一带。他怀着囊括广西全省的野心,收编各处自治军,成为桂军中实力最大的一支队伍。

1922 年 6 月陈炯明叛变革命,孙中山退居上海,策动滇桂军各部发动对陈炯明的进攻。当时在广西境内的滇军杨希闵部、桂军刘震寰部和沈鸿英部,孙中山都派了代表分别联系,委杨希闽为讨贼滇军总司令,刘震寰为讨贼军西路总司令,沈鸿英为桂军总司令。12 月,沈鸿英派代表黄应山参加了刘震寰、杨希闵、范石生等在藤县大湴江白马庙召开的军事会议,会商驱陈的战略行动计划。会后,以刘震寰和范石生部从西江右岸东下，向都城、广州之陈军进攻；以沈鸿英一部由怀集向清远、花县方面攻击陈军侧背，沈部主力和滇军沿西江左岸东下向肇庆、三水、广州之陈军进攻。1923 年 1 月，讨贼军把陈炯明部逐出广州。

这时，沈鸿英部已扩充到约一万人，分布在广州、肇庆及北江一带。沈鸿英对孙中山并没有拥护的诚意，联合倒陈是为了在广东发展自己的势力，占地为王，因此他把听命于孙中山的粤军视为眼中钉。滇桂讨贼军进驻广州时，孙中山任命粤军第三师师长魏邦平为广州卫戍司令，后魏又受粤军推举为广东讨贼联军总司令。1 月 26 日，杨希闵、刘震寰、沈鸿英邀请广州各军将领在江防司令部举行军事会议，讨论分配防务问题，沈在幕后策动，用武力将魏邦平扣留，并将粤军第三师缴械。

2 月 21 日，孙中山回到广州，重建大元帅府。24 日，任命沈为桂军总司令，并命沈部桂军撤离广州，移防北江一带。沈鸿英阳奉阴违，一面表示愿意遵照孙中山的命令移防，在新街设立桂军总部行营，另一方面又暗中与吴佩孚勾结。吴佩孚想利用沈来拆孙中山的台，3 月 20 日由北京政府下令特派沈鸿英督理广东军务善后事宜。沈鸿英于 4 月 5 日宣布接受北庭任命，次日拂晓兴兵进攻广州。孙中山对沈再次叛变极为痛恨，亲自到农林试验场与杨希闵共同督战，并调回刘震寰部救援广州。经过激烈战斗，终将沈部击败。沈退至银盏坳以北地区。后来，吴佩孚命方本仁、邓如琢率北军和樊钟秀部豫军援助沈鸿英，经过多次拉锯作战，沈军屡吃败仗，经源潭、韶关，狼狈逃窜到赣南的龙南、定南两县，最后窜回广西。西江讨贼军与新桂系黄绍竑部于 7 月夹击梧州，沈军败退桂林。

在沈鸿英窜回广西之前，陆荣廷已于 1922 年返回广西，1923 年受北京政府委派，就任广西边防督办，沈回广西后遂与陆荣廷发生利害冲突。1924 年春，沈鸿英以陆荣廷出巡桂林盘踞不去，派兵包围桂林达三月之久，桂林居民粮食断绝，每天只吃两碗稀粥度日。后来吴佩孚、赵恒惕进行武装调停，沈才解围，让陆荣廷撤至全州。这时，新桂系已袭取了陆的老巢南宁。陆荣廷见大势已去，遂于 9 月 23 日通电下野。

陆荣廷下野后，沈鸿英独占了桂林、柳州、平乐一带，与占据玉林、梧州、桂平等处的新桂系的矛盾日益激化，沈鸿英在桂林向广西各地发了一个通电，宣称他为“广西建国军总司令”，准备进攻新桂系。1925年1月，沈部分三路向新桂系进攻。贺县一路，出信都攻击梧州，由其子沈荣光指挥；柳州一路，出武宣攻击浔州（今桂平），由邓瑞征指挥；蒙山一路，出蒙江截击平南至藤县水道，由陆云高指挥。新桂系亦分兵左、中、右三路迎战：右路军向贺县迎击，左路向武宣、柳州迎击，中路向蒙山迎击。双方同时在三条战线接仗。贺县一路的沈军，因沈荣光指挥无能，一触即溃，退回桂林。柳州方面，双方主力在武宣新墟一带激战，沈军主将邓右文阵亡，邓瑞征率残部弃柳州，分向桂林及长安（今融安）方面溃退。新桂系白崇禧率部向桂林进击，在桂林附近击败沈军，4月占领桂林。沈鸿英率残部窜往长安，后又窜回姑婆山。至此，沈在广西的军事势力完全崩溃。

其后，沈鸿英化装成商人潜赴梧州，再乘轮船下香港。沈搜括的民脂民膏早已在香港、九龙等处置有巨宅和地产，到港后过着骄奢的寓公生活。1938年在香港病死。

主要参考资料

广西少数民族社会历史调查组编：《广西辛亥革命资料》，1960年版。

中国人民政治协商会议广东省委员会文史资料研究委员会编：《广东辛亥革命资料》，1962年版。

龙伟生、陈常九：《反复无常的沈鸿英一生》，中国人民政治协商会议广东省委员会文史资料研究委员会编《广东文史资料》第15辑，1964年版。

李家诜：《孙中山北伐取道桂林经过》、李家钊：《孙中山北伐在桂林》，中国人民政治协商会议广西壮族自治区委员会文史资料研究委员会编《广西文史资料选辑》第1辑,1982年重印本。

韦瑞霖辑:《沈鸿英事略》,《广西文史资料选辑》第16辑,1983年版。

中国人民政治协商会议广西壮族自治区委员会文史资料研究委员会编:《辛亥革命在广西》,广西人民出版社1961年版。

黄绍竑:《五十回忆》,杭州云风出版社1945年版。

李宗仁口述,唐德刚撰写:《李宗仁回忆录》,广西人民出版社1980年版。

沈钧儒

周天度

沈钧儒，字秉甫，号衡山，原籍浙江嘉兴，1875 年 1 月 2 日（清同治十三年十一月二十五日）生于江苏苏州。祖父沈玮宝曾任苏州知府，父亲沈翰，任江苏候补知县，叔父沈卫以甲午翰林简放陕西学政使。沈钧儒七岁从师读书，系统地接受了中国传统儒家教育。戊戌维新运动前后，他阅读了一些传播西方资产阶级民主思想的书刊，开始留心时务，并接受了康、梁改良主义思想的影响。1900 年，父亲病故后，他离开苏州前往西安，在叔父任所当文书。1903 年应顺天乡试，中了举人。次年参加会试，中了进士。

20 世纪初，清廷办“新政”，废科举，办学堂，派遣留学生。沈钧儒以新科进士被派往日本留学。1905 年 9 月，入东京私立法政大学速成科学习。留日期间，他的主要政治倾向还是改良主义。1907 年，沈钧儒学成回国，从事立宪运动，任浙江省谘议局副议长。在浙江两级师范学堂任监督时，曾延聘鲁迅等进步人士为教员。后来，他逐步认识到清政府预备立宪不过是一个骗局，开始转向革命。辛亥革命爆发，光复会在杭州发动新军起义，浙江宣布独立，成立都督府，他任警察局长。1912 年 5 月，由褚辅成介绍参加同盟会。同年 8 月，参加柳亚子等人创办的南社。

民国初年，沈钧儒起初在浙江任教育司长，又被选为第一届国会参议院候补议员（后递补为参议员）。袁世凯复辟帝制时，他表示反对。袁死后，黎元洪继任大总统，沈钧儒的挚友张耀曾出任段内阁的司法总长。1916年冬，他应张函召到北京任司法部秘书，参加了政学系的活动。张勋复辟后，孙中山到广州召开国会非常会议，组织护法军政府，沈钧儒随同国民党国会议员南下广州，曾任军政府总检察厅检察长。1921年，他由广州到上海，担任政学系的《中华新报》主笔。次年第一次直奉战争爆发，曹锟、吴佩孚打败了张作霖，直系军阀控制北京政权。曹、吴为笼络人心，恢复了旧国会，沈钧儒到北京，曾一度任参议院秘书长。1923年10月，曹锟贿选总统，他出京到上海，与旅沪拒贿议员百余人联名发表宣言，反对贿选。随后，参加浙江省自治会议，推动自治运动。

1924年，国民党改组后，沈钧儒拥护国共合作和孙中山的三大政策。1926年7月，广东国民政府举行北伐，沈钧儒与褚辅成等将全浙自治会扩大为苏、浙、皖三省联合自治会，支持北伐战争，反对盘踞东南的北洋军阀孙传芳。他根据“民国主权在民”的精神，主张将“自治”改为“民治”，开展民治运动，认为这样能使省治基础更加巩固，同时可以杜绝军阀官僚代谋自治①。北伐军攻克浙江后，成立国共合作的浙江省临时政府，他任省政府政务委员兼秘书长。不久，蒋介石发动“四一二”政变，浙江省政府被国民党强迫解散，沈钧儒一度被拘禁。不久获释，出任上海法科大学（后改名上海法学院）教务长，同时执行律师职务。1933年，沈钧儒参加了宋庆龄、蔡元培、鲁迅等组织的中国民权保障同盟，任法律委员，参与营救被国民党反动政府逮捕的革命者和爱国人士。

1931年“九一八”事变后，由于蒋介石对日本帝国主义的侵略采取了不抵抗政策，东北全境沦亡。1935年，日本进一步向华北进攻。抗日救亡成为全国人民的迫切要求，中国共产党发表了“八一宣言”，号召建立抗日民族统一战线，北平学生开展了“一二九”运动。沈钧儒目睹敌寇深入，国土沦丧，民族生存受到严重威胁，内心悲痛。他为忧时而

① 沈钧儒：《联省自治谈》，《浙江月报》第1卷第2期。

写的一些诗篇，充满爱国主义的思想感情："我欲入山兮虎豹多，我欲入海兮波涛深。呜呼嘻兮！我所爱之国兮，你到那里去了，我要去追寻。国之为物兮，听之无声，扪之无形；不属于一人之身兮，而系于万民之心。呜呼嘻兮！我所爱之国兮，求此心于何从兮，我泪淋浪其难禁。"①在一篇四首五言体诗中，由于爱国情深，他打破格律，一连用了五个"我是中国人"②。"九一八"以后的严酷现实，使他认识到指望国民党抗日无济于事，必须团结同胞，奋起自救，才能拯救国家民族的危亡。在中国共产党关于建立抗日民族统一战线号召下，1935年12月27日，沈钧儒和马相伯、章乃器、邹韬奋、陶行知等人发起组织上海文化界救国会，发表宣言，提出"停止一切内战"、"释放一切政治犯，共赴国难"等主张③。1936年1月28日，他代表上海文化界救国会同职业界救国会、妇女救国会等团体和其他爱国人士代表，组成上海各界救国联合会。同年5月31日，沈钧儒等和华南、华北、长江流域各省及其他地方救亡团体代表在上海举行秘密会议，成立全国各界救国联合会，并被选为执行委员和常务委员。他参与起草的全救会宣言和《抗日救国初步政治纲领》等文件中，提出救国阵线当前的主要任务，是促成全国各种政治力量的彻底团结，共同抗日，要求各党各派立即派遣代表进行谈判，停止内战，一致对外，制定共同抗敌纲领，建立统一的抗敌政权。7月15日，沈钧儒、章乃器、陶行知、邹韬奋联名发表了《团结御侮的几个基本条件与最低要求》，赞同和支持中国共产党关于建立抗日民族统一战线的主张，要求国民党联合红军共同抗日。指明先安内后攘外的方针只对敌人有利，表示要坚定不移地站在救亡战线的立场上，不动摇，不退让，直到中华民族取得完全胜利④。从这时起，沈钧儒从实际政治生活

① 沈钧儒：《寥寥集》，艺术书店1946年版，第25—26页。
② 沈钧儒：《寥寥集》，第29页。
③ 《大众生活》第1卷第9期。
④ 《生活知识》第2卷第6期。

中，逐步认识到中国共产党主张的正确，进一步向党靠拢。

救国会的主张，反映了人民群众的共同愿望和迫切要求，因而获得社会的广泛支持。救国会成立后，抗日救亡运动在国民党统治区广泛开展。救国会有许多革命知识分子参加，共产党员起了骨干作用，进步力量占了优势，在抗战前后，对推动抗日民主运动作出了重要贡献。沈钧儒在救亡运动中，奔走呼号，不遗余力，进行了巨大而细致的组织工作，勇敢地承担起困难任务。他虽已年过六十，仍像年青人一样热血沸腾。救国会成立后上海市几次大规模群众抗日示威游行，他都是走在队伍最前面，同游行群众一道唱着《义勇军进行曲》、《打回老家去》等救亡歌曲；在国民党军警马队的阻挠威吓面前，他毫不退缩。由于沈钧儒立场坚定，旗帜鲜明，加上他热情诚恳、善于团结人的长处，赢得了人们的尊敬，成为公认的救国会领袖。

沈钧儒对鲁迅十分钦佩。1936 年 10 月 19 日，鲁迅逝世，他和宋庆龄等参加治丧委员会。10 月 22 日，举行葬礼，他在素轴上亲笔题了“民族魂”三个大字，覆盖在鲁迅灵柩上，并在鲁迅墓前发表了演说。

1936 年 11 月，上海日商纱厂工人罢工，进行反日斗争，沈钧儒和救国会其他负责人组织罢工后援委员会，积极予以支持。

救国会的活动虽然采取合法斗争的方式，但从一开始就遭到国民党的镇压和打击。1936 年 11 月 22 日深夜，国民党政府以“莫须有”的罪名，逮捕了沈钧儒和救国会其他负责人章乃器、邹韬奋、李公朴、沙千里、史良、王造时共七人。12 月 4 日移解苏州，押于江苏高等法院看守所，成为当时有名的“七君子”之狱。

沈钧儒被捕入狱后，始终坚持真理，坚持爱国立场，团结其他被捕同志进行斗争。1937 年 4 月 3 日，江苏高等法院以所谓“危害民国为目的而组织团体，并宣传与三民主义不相容之主义”①，罗织成“十大罪状”，向被告七人提起公诉。沈钧儒等在答辩书中，义正词严地指出：

---

① 《“七君子”事件》，时代文艺社 1937 年 8 月出版，第 15 页。

“以被告等爱国之行为而诬为害国；以救亡之呼吁而指为宣传违反三民主义之主义，实属颠倒是非，混淆黑白，摧残法律之尊严，妄断历史之功罪。”①并以大量事实彻底驳斥了起诉书对他们的诬陷。5月，国民党由叶楚伧出面，通过杜月笙等向他们进行劝降活动，要他们写具悔过书，入反省院，然后保释出狱，沈钧儒等断然拒绝了这些无理要求。6月11日，江苏高等法院在戒备森严中，正式开庭审理，沈钧儒第一个受审，他在法庭上大义凛然，同审判官进行了针锋相对的说理斗争。当审判长问他：“抗日救国不是共产党的口号吗？你知道你们被共产党利用么？”沈钧儒从容坚毅地回答说：“共产党吃饭，我们也吃饭，难道共产党抗日，我们就不能抗日？假使共产党利用我抗日，我甘愿被他们利用。”②6月25日，第二次开庭审理，沈钧儒、邹韬奋等再次用坚定有力的语言，简单明白的道理申辩他们救国无罪，一一驳回了审判官提出的问题，使检察长和审判官理屈词穷，十分狼狈。

国民党对救国会的迫害，沈钧儒等人的入狱受审，激起了人民的义愤，全国各方面人士纷纷向国民党政府提出抗议，开展了声势浩大的营救运动。1936年12月，张学良、杨虎城发动西安事变，通电全国，提出八项主张，其中之一即要求立即释放上海被捕之爱国领袖。1937年4月12日，中共中央发表宣言，指出沈钧儒等“以坦白之襟怀，热烈之情感，光明磊落之态度，提倡全国团结，共赴国难，停止内战，一致抗日，此实我中华男女之应尽责任与光荣模范”③，要求国民党彻底放弃过去的错误政策，立即释放诸爱国领袖及全体政治犯，并彻底修改《危害民国紧急治罪法》。6月下旬，宋庆龄、何香凝以及胡愈之等十六人发起救国入狱运动，发表宣言，制订救国入狱运动规约，提出如爱国有罪，愿与沈钧儒等同受处罚；如爱国无罪，则与他们同享自由。并由宋庆龄率

---

① 《“七君子”事件》，第27页。

② 《“七君子”事件》，第65、66页。

③ 《解放》周刊第1卷第1期。

领，亲往苏州高等法院要求羁押①。由于沈钧儒等七人的坚强斗争和全国人民的热烈声援，同时“七七”抗战爆发后，国内政治形势有了很大变化。7 月 31 日，南京政府不得不将“七君子”释放出狱。

沈钧儒出狱后，继续从事抗日救亡运动。“八一三”淞沪抗战后不久，国民党政府从南京撤退，政治中心转移到武汉。1937 年 12 月，他由南京到汉口，与各党派人士筹组了抗敌救亡总会，他任主席。同时，创办了《全民》周刊，提出加强全民族的统一战线，将单纯的政府与军队抗战，转变为全面的全民族的抗战，以克服当前的民族危机作为它的基本任务。1938 年 7 月，《全民》周刊与邹韬奋创办的《抗战》三日刊合并，在汉口出版了《全民抗战》三日刊，由邹韬奋任主编，沈钧儒任编委。《全民抗战》从形式和内容都作了较大的改进，销数很快达到三十万份，是当时最受欢迎的刊物之一。这时救国会已被公认为一个政派，沈钧儒、邹韬奋、陶行知等救国会负责人被聘为国民参政员，出席了在汉口召开的第一届国民参政会第一次会议。同年 10 月，他由武汉到达重庆。从抗战开始，沈钧儒领导的救国会，同中国共产党有了较多接触，拥护共产党的抗日主张，接受共产党的领导，因此有人攻击他和救国会是共产党的“尾巴”。对此，沈钧儒坚定地表示，共产党坚决抗日，主张正确，做这样的“尾巴”，也是光荣的②。在抗战期间，他介绍和资助了不少青年前往解放区。

从 1939 年开始，国民党的政策重心由对外转向对内，由抗日转向反共反人民，并发动了第一次反共高潮，抗战初期人民和各民主党派争取到的一点权利，均被取消。沈钧儒对国民党的倒行逆施不满，要求实现民主政治，切实保障民权，积极支持中国共产党和其他民主党派参政员掀起的宪政运动，并曾往桂林推动宪政运动。为了促进国内统一、团结和实施宪政，同年 11 月下旬，他和黄炎培、章伯钧等人在重庆发起组

---

① 时代文献社编:《救国无罪》，1937 年版，第 127—148 页。

② 范长江:《忆衡老二三事》，《光明日报》1963 年 6 月 15 日。

织了统一建国同志会①。他认定抗日、民主、团结三者不可分,“以团结支持抗战,以民主巩固团结,是目前救国的途径”②。以后,他虽然受到国民党反动派的诬蔑、威胁和恫吓,但都毫不畏惧,仍然为坚持抗日、团结和进步而斗争。

皖南事变后,国民党反动派在对共产党实行军事进攻和政治压迫的同时,对各民主党派和民主人士也采取高压政策,肆意摧残民主,消灭异己力量。沈钧儒和邹韬奋主办的《全民抗战》被迫停刊,各地生活书店被封闭,邹韬奋被迫出亡香港,沈钧儒则仍留在重庆继续从事抗日民主运动。从1940年12月下旬开始,黄炎培等一部分小党派参政员,为了加强团结合作,适应国内政治斗争的需要,经过多次会商,决定将统一建国同志会改组为一个第三者性质的政治团体,并于1941年3月中旬在重庆成立中国民主政团同盟。沈钧儒原为创议人之一,但一部分发起人认为他和救国会同共产党关系密切,思想左倾,怕国民党反对,不赞成他和救国会参加。到1942年,沈钧儒才正式加入民主政团同盟,救国会亦成为盟内政团之一。沈钧儒和救国会的加入,对民主政团同盟的政治进步,起了推动作用。1944年9月,民主政团同盟为了扩大组织,发展无党无派的个人盟员,以便能让更多的爱国和进步分子参加进来,在重庆召开全国代表会议,议决取消“政团”二字,改称为中国民主同盟(简称民盟)。在这次会议上,沈钧儒被选为中央常委。1945年10月1日,民盟召开临时全国代表大会,通过中国民主同盟纲领,并选举中央执行委员和常务委员,沈钧儒继续当选为常委。同年冬,救国会在重庆的会员开会决定改名为中国人民救国会,沈钧儒被推为主席。

抗战胜利后,沈钧儒要求实现和平民主,反对国民党的独裁统治和内战阴谋。1945年12月1日,国民党特务、暴徒屠杀昆明要求和平与

---

① 《黄炎培日记》,1939年11月23日,中国社会科学院近代史研究所藏。

② 《新华日报》1940年1月11日。

民主的教师和学生，制造了“一二一”流血惨案，他写了一首诗：“血洒昆明市，心伤反战年。座谈讵有罪？飞祸竟从天！魑魅食人日，鸱枭毁室篇。防川终必溃，决胜在民权。”①愤怒谴责国民党法西斯暴行。随后，他创办了《民主生活》周刊，该刊发刊词指出：“抗战胜利了，但人民没有得到胜利果实”，现实“问题的症结都在不民主”；表示要站在人民方面，“用笔和舌来号召团结，争取民主”。1946 年 1 月，他作为民盟代表之一，参加了在重庆召开的政治协商会议。2 月中旬，沈钧儒离开重庆回到上海。为了贯彻政协决议，争取国内和平，同年夏秋间，他和黄炎培等民盟政协代表往来于京沪间，促进国共两党的和平谈判。11 月中旬，国民党反动派不顾全国人民反对，悍然召开其一手包办的伪国大，导致国共和谈的最后破裂。他和民盟其他负责人发表声明反对伪国大的召开，并通过决议将背叛民盟立场、参加伪国大的民社党清除出盟。随后，沈钧儒在上海继续执行律师职务，同时参加民盟总部领导工作。他谴责美蒋发动的反革命内战，并反对民盟内部的妥协倾向。

1947 年 1 月，沈钧儒出席了民盟二中全会，被推为财务委员会主任委员。国民党反动派一方面疯狂地进行反革命内战，另一方面对国民党统治区加强法西斯专政，残酷镇压民主运动。民盟被诬为“奸盟”，各地民盟所办报刊全部被查封或被迫停刊，一部分盟员和地方负责人被捕被杀。随着国民党的迫害加剧，民盟中央领导成员间的意见分歧也加大，妥协性增长。同年 10 月下旬，国民党派军警特务包围民盟南京办事处，同时宣布民盟为“非法团体”。在国民党的政治压力下，民盟少数领导人动摇屈服，接受国民党的命令，同意自行宣布民盟总部同人总辞职，总部解散，并停止盟员一切政治活动。沈钧儒反对向国民党妥协投降②，表示民盟一定要继续搞下去。随后，他秘密离开上海前往香港，以便恢复民盟总部的活动，并筹备召开三中全会。

① 沈钧儒：《寥寥集》，第 114 页。

② 《黄炎培日记》，1947 年 11 月。

沈钧儒到香港后，在人民解放战争胜利发展形势的鼓舞和推动下，汇集在香港及从内地来港的民盟中委，在他主持下于1948年1月5日召开了民盟一届三中全会。当日发表紧急声明，不接受国民党政府宣布民盟为“非法团体”的反动措施，否认民盟总部在被威胁劫持下发表的总辞职、总部解散和停止盟员政治活动的声明①。三中全会严肃批判了盟内右翼分子政治上的投降行为，检讨了过去的缺点和错误。经过沈钧儒等左派的激烈斗争，通过了政治报告和宣言两项重要文件，其主要内容有：一、指出南京政府“是当前中国民主革命的中心对象”，要实现真正的和平民主，必须“彻底消灭独裁卖国的国民党反动集团”；表示要坚定地站在人民的民主的立场，跟这一反动集团斗争到底，积极支援人民武装革命。二、认定美帝国主义是国民党反动政权的支持者和靠山，“只有坚决驱逐美帝国主义的势力出中国，毁灭美蒋所订的一切不平等条约，中国的独立才有保障”。三、坚决拥护土地改革，指出为了彻底推翻南京反动集团及驱逐帝国主义出中国，就必须“彻底铲除这一反动统治的经济基础，那就是彻底消灭封建的土地制度，实行耕者有其田的口号”。四、指出中间路线行不通，表示“坚决不能在是非曲直之间有中立的态度”；对中国共产党为民主事业奋斗的历史，为实现国内和平所作的努力，表示赞佩，公开声明要“与中国共产党实行密切的合作”②。这次会议还决定主席一职暂由沈钧儒、章伯钧等中常委负责轮流代理。三中全会是民盟新的历史转折点，它挽救了民盟的政治生命，鲜明地提出了反蒋、反美和反封建的政治主张，使民盟从此抛弃了不切实际的所谓中间路线，走向一边倒。民盟这一历史性转变，受到人民的欢迎。

5月1日，中共中央发布“五一”号召，号召各民主党派、各人民团体及社会贤达，迅速召开政治协商会议，讨论并实现召集人民代表大

① 中国民主同盟总部编印：《民盟文献》第3辑，1949年印，第1页。

② 以上引文均见《民盟文献》第3辑，第3—27页。

会,成立民主联合政府。沈钧儒代表民盟,和在香港的其他民主党派及无党派民主人士致电毛泽东,响应中共提出的筹开新的人民政协的号召。6月中旬,民盟在香港开展新政协运动,并为此发表声明,指出:全中国人民要求一个民主、和平、独立、统一的新中国,必须发动全国人民,用一切力量来推翻与全民为敌的南京反动独裁政权,以通过新政协而建立的真正人民的民主联合政府去代替它①。9月,沈钧儒与章伯钧离开香港前往东北解放区,代表民盟参加新政协筹备工作。

沈钧儒到解放区后,积极响应毛泽东的号召,坚定地跟共产党走。1949年元旦,毛泽东发表新年献词《将革命进行到底》,随后又发表关于时局的声明,针对蒋介石的和谈阴谋,提出关于和平谈判的八项主张。1月22日,沈钧儒在沈阳与到达解放区的其他民主人士发表《我们对时局的意见》,坚决拥护毛泽东的号召,愿意在共产党领导下,将革命进行到底。1月26日,中共中央东北局和东北行政委员会在沈阳举行大会,欢迎前来解放区的各党派及各人民团体的民主人士,沈钧儒代表民盟讲话,热烈赞扬解放区打倒了帝国主义、封建势力和官僚资本主义的反动统治,取得了翻天覆地的历史大变化,指出这是伟大的中国共产党和英明领袖毛泽东领导的结果。他在会上还宣布中国民主同盟中央总部已决议迁入解放区,决心为全部、彻底、干净消灭帝国主义、封建主义和官僚资本主义的反动统治,完成人民民主革命而奋斗②。

北平和平解放后,2月25日,沈钧儒由沈阳到达北平。3月初,民盟中央临时工作委员会在北平成立。6月中旬,新政治协商会议筹备会在北平举行会议,沈钧儒作为民盟代表之一出席会议,被选为筹备会常务委员会副主任。9月下旬,他和民盟其他代表参加了中国人民政治协商会议,并在会上发言,表示毫无保留地赞成和接受中国人民政治协商会议共同纲领等文件草案。在这次会上,他被选为政协全国委员

① 中国民主同盟总部编印:《民盟文献》第3辑,第51—55页。

② 《人民日报》1949年2月2日。

会副主席及中央人民政府委员。

10 月 1 日,中华人民共和国成立,沈钧儒被任命为最高人民法院院长。12 月 18 日,沈钧儒领导的中国人民救国会在北京开会,鉴于十四年来国家发生了伟大的变化,人民已经翻身做主,救国会的政治主张已经全部实现,遂发表宣言,宣告结束。12 月 20 日,民盟举行五中全会,他当选为民盟副主席及中央政治局委员。

新中国成立后,沈钧儒与时俱进,拥护共产党和毛主席的领导,走社会主义道路,积极参加社会主义革命和建设。1954 年和 1958 年,他先后被选为第一、第二届全国人民代表大会常务委员会副委员长。张澜逝世后,1956 年 2 月,他继任民盟中央委员会主席。沈钧儒为了跟上时代的步伐,十分注意自身的思想改造,经常勉励自己和大家"活到老,学到老,做到老,改造到老"。1963 年元旦,政协全国委员会招待七十岁以上老人,为他们集体祝寿,沈钧儒抱病参加。周恩来总理在会上讲话中说:"沈老是民主人士左派的旗帜,他曾经为民主主义,为社会主义奋斗到老。"①这年 6 月 11 日,沈钧儒在北京病逝。

① 沈谱、沈人骅编:《沈钧儒年谱》,中国文史出版社 1992 年版,第 404—405 页。

沈　克　非

商一仁

沈克非，1898年3月2日(清光绪二十四年二月初十)生于浙江嵊县一个信奉基督教的家庭。他幼时家境清寒，三岁丧母，依靠父亲任小学教师的微薄收入抚育成人。他的祖父是个基督教牧师。1914年沈毕业于上海华童公学，旋入杭州之江大学中学部。1916年考取北京清华学校庚子赔款预备生。1919年远涉重洋，就读于美国俄亥俄州克利文市的西余大学(Western Reserve University)。1924年获医学博士学位，后留任该校教学医院为外科助理住院医师两年，同时担任美国中部学生分会会长、美国基督教中国学生会会长。1926年，他返回祖国，任北京协和医院外科住院医师及住院总医师。1929年任芜湖医院外科主任。1930年担任南京中央医院外科主任，后升任副院长、院长。

沈克非在青年时代目睹动荡、贫弱、分裂的旧中国给广大人民带来的深重苦难，很早就潜心于“科学救国”，立志要摘掉中国人民头上那顶屈辱的“东亚病夫”的帽子。他认为中国应该有自己先进的医学科学。20年代的旧中国，西医还处于萌芽阶段，各地的医务力量直接或间接地掌握在教会手里，如北京的协和医院、南京的鼓楼医院、湖南的湘雅医院、上海各教会大学的附属医院等。沈克非渴望改变这种局面，而他所在的中央医院则是中国人自己开办的第一所大型医院。沈出掌该院后，苦心经营，锐意图新，从医院的行政管理、医疗质量、医师修养及作风等各方面下工夫，建立了一整套科学制度。为了提高医师队伍的质量，他每年暑假往返宁沪道上，亲自到上海选拔医学院毕业生，充实中央医院的医务力量。在沈的精心擘划下，该院逐渐成为当时国内第一流的医院，外国人垄断我国西医事业的局面有所突破。

1937年抗日战争爆发，中央医院始迁长沙，再迁贵阳，后建院于当时的陪都重庆。在硝烟弥漫的战争年代，沈克非不惮辛劳，往返奔波于祖国大西南。1941年国民政府委任他为中央卫生署副署长兼陆海空军总司令部医监。太平洋战争爆发后，他又随中国远征军赴缅甸、印度，在军队中担负起救死扶伤的重任。

1945年8月日本投降后，沈克非辞去卫生署副署长职务，受聘为上海医学院教授兼该院附属医院——中山医院院长和外科主任，一直到新中国成立。

沈克非曾多次参加国际性医学会议。1944年，他作为中国医学代表团的首席代表，赴伊朗德黑兰参加中东医学会议。第二次世界大战结束，中、英、美、苏四国倡议成立联合国，沈克非作为中国医务卫生界的首席代表，曾赴美国纽约参加创建联合国世界卫生组织。1946年，沈去南美秘鲁，参加在那里召开的第五次国际外科学会，继又赴美国考察。在外科学会上，沈提出的论文对于麻醉术、胸腔手术作了精辟的阐述，引起与会者重视。沈克非在沟通我国与西方医务界方面起了桥梁作用，增进了学术交流，建立起友谊。他曾获得好些国家医务界知名团体和个人赠送的锦旗、杂志、书籍及纪念品，他的名字(Dr. Shen James Kofei)在西方医务界为许多人所熟知。他还是国际外科学会中国分会的负责人、英国皇家外科学会会员。

新中国成立后，沈克非热爱祖国、热爱社会主义，积极参加政治和社会活动，曾任第一、二、三届全国人民代表大会代表。1950年，抗美援朝运动开始，沈组织志愿医疗队到鸭绿江畔，担任医疗队技术顾问团主任顾问，后又在沈阳筹建中心血库，抢救志愿军伤员。1952年到1958年，他担任中国人民解放军医学科学院副院长，负责科研工作。后又担任上海第一医学院教授、副院长、外科系主任，中山医院院长等职务，直至去世。他的夫人陈翠贞，是儿科专家，解放后曾任全国政协委员，上海第一医学院教授兼该院儿科医院院长。

沈克非以高超的外科医术享誉海内，曾首创脾脏切除大网膜后固定术，以治疗晚期血吸虫病，疗效显著。他重视新兴学科，注意吸取世界先进医学科学成果。上海第一医学院的脑外科就是在他推动下创建并发展起来的，并且他是第一个为脑瘤病人施行手术的医师。1950年春天，中山医院接受了一个确诊为脑瘤的病人，送进医院时已神志不清，经过沈克非长达九小时的手术，终于使病人起死回生。当时上海的《新闻日报》曾以“医疗手术上的辉煌成就，沈克非割治脑瘤成功”为题，高度评价这一外科史上的胜利。

沈克非不仅是出色的外科医师，也是我国医学教育的先驱，很久以来他一直是医学院的一位受人欢迎的教授。他非常重视临床教学，强调外科原则，总是尽最大努力使病人不受或少受痛苦。他认为医师治病救人，应具备高尚的道德修养，特别是人道主义精神，否则就是亵渎这一神圣职业。对待工作，他讲究实效，勇于负责，要求严格，人们都对他很钦佩。在医务界，他“桃李满天下”，其中不少人早已成为我国医务界的骨干，并在医学领域中作出贡献。

医学科学在解放后获得迅速发展，在临床部门中，外科学尤为显著。为赶上世界医学科学先进水平，1956年我国医学界自己编著的第一部高质量的《外科学》问世，沈克非任主编，故又称“沈氏外科学”。这部大型的专业著作，贯彻了“百花齐放，百家争鸣”的方针，不同学派及其理论，在书内均有所反映。如关于休克发病机制的两个主要基本观点——神经论和体液论，同时获得叙述和阐明。此书对外科理论、临床技术等方面都有系统的阐述，为临床医师及医学院学生所必读。出版后在数年内就再版六次。《外科学》出版后，沈曾因过于劳累致心脏病发作。稍愈，又倾全力编写《外科学》的姐妹篇:《外科手术学》，此书分胸腔、腹腔、神经、泌尿、心血管等几个分册，可惜只出了二册，由于“文化大革命”被迫中辍。

沈克非为人正直，一生廉洁奉公。他拥护公医制度，本人坚持不挂牌、不私人开业，一向反对以医学技术作为敛财的手段。他的这种医德，受到许多人称赞。

在“文革”中，沈克非受到冲击。1972 年 10 月 9 日，沈因患癌症去世。粉碎“四人帮”以后，沈克非教授得到昭雪，1978 年 3 月，他的骨灰被安放进上海龙华革命公墓。

主要参考资料

本文的写作除参看有关文字外，还得到上海医务界知名人士石美鑫、史玉泉、冯幼贤、王鹏万诸先生的帮助。承蒙他们提供资料，特此一并致谢。

沈　联　芳

汤肯堂

沈联芳，名镛，以字行，浙江吴兴人，生于1870年12月2日(清同治九年闰十月初十)。沈幼年就读于私塾，十六岁时在湖州城内恒有典当为学徒。

1893年，吴少卿、李松筠在上海创办瑞纶缫丝厂，沈联芳由其舅父荐至该厂任职员，因工作勤奋，能力又强，逐渐升为高级职员。他看到当时缫丝国外需求甚殷，瑞纶丝厂很能赚钱，自己几年来渐有积蓄，就联合了一些朋友，于1900年集资四十余万两在上海河北南路鸿安里创办振纶洽记缫丝厂，系有限公司性质，沈自任经理。该厂有缫丝车二百四十部，工人多时至千名，少时亦有六七百名，在当时是一家颇具规模的民族资本机器缫丝厂。此时缫丝业正在发展，丝茧买卖非常旺盛，利润可观，因此他又开设恒丰丝号于集益里，经营丝茧买卖，获利颇丰。

1908年，沈联芳在闸北建造恒丰缫丝厂，设置缫丝车三百二十部，独资经营，自任经理，聘意大利技师特乃掰利来厂为监工。恒丰丝厂所生产的“飞虎”和“玫瑰”两个商标的厂丝输往欧美各国，颇获好评。当时生丝出口贸易完全被外商洋行所操纵，丝价起伏不定，风险颇大。他为求稳妥计，改变了对丝厂的经营方式，将丝厂出租，以收取租金代替了自行经营。他的恒丰缫丝厂，和与他有关系的振纶洽记丝厂、宝康丝厂等，在第一次世界大战前夕，均出租给人经营，坐收租利。当第一次世界大战爆发初期，缫丝业一度困难重重，他却安渡难关，无甚影响。

沈联芳以办丝厂起家，以后致力房地产投资，成为上海的房地产资本家。他在闸北恒丰路、恒通路等地段建造不少里弄市房出租，计有恒丰里、恒通里、恒祥里、恒康里、恒乐里、恒丰大楼等。他与地产商卢少棠合伙购买南京东路集益里房产，当时以三十万元购进，后以九十六万元的价格售出，获得了巨额利润。又与傅筱庵争买乍浦路联安里地产等。他的恒丰丝号后来改名为恒丰号，经营房地产业务。

沈联芳除置办房产外，还投资于工商企业和兴办一些社会公益事业，在上海声名渐著，1902 年被选为总商会书记议董。1910 年闸北商团成立，他被举为会长。1912 年被举为闸北市政厅厅长，又任闸北慈善团总董、湖州同乡会会董，并筹设一、二、三队救火会，被举为救火联合会会长。1915 年初，被推为江浙皖丝厂茧业总公所总理，连任十余年，成为当时丝茧业的领袖人物。嗣后又任江阴利用纺织公司、上海丰业保险公司、中国丝业银行、苏州太和面粉厂董事长，闸北水电公司、中法求新厂、中国合众蚕桑改良会董事，吴兴电器公司常务董事，中国红十字会监事等职。在他担任江浙皖丝厂茧业总公所总理时期，适逢第一次世界大战发生，初期外销一度停滞，差不多陷于停顿，丝厂业岌岌可危，沈联芳出面向北洋政府交涉请求救济，于 1915 年由财政部拨款六十万两，用作丝业维持金，使上海各丝厂得以渡过难关。

沈联芳担任闸北市政厅厅长期间，帝国主义者往往借口开辟马路兴建桥梁，以越界筑路手段扩充租界范围，侵占我国土地。沈联芳遂发起在闸北筑路造桥，阻止了帝国主义者向苏州河以北扩展的阴谋。从此，闸北市容逐渐兴盛，南北交通也日趋便利。恒丰路和恒丰路桥的名称，就是当时袭用了沈联芳的厂名“恒丰”两字，以此纪念他的功绩。1915 年 11 月，沈联芳当选为上海总商会副会长。正会长朱葆三平时不大过问会务，一切由沈联芳主持。1919 年，当北京段祺瑞政府镇压五四运动的消息传到上海后，学生首先起来斗争，并要求上海商界罢市响应，但上海总商会不仅不发响应函电，反而发出“佳电”，此皆因上海日本商会会长授意日商三井洋行买办朱子奎（朱葆三之子）诱迫之故，因此舆论大哗，朱葆三、沈联芳不得不于 1920 年 6 月联名辞职。

1932年“一二八”事变后，上海战事发生，闸北战火纷飞，沈联芳在闸北所有的房产、丝厂、企业，以及他主持的各种慈善团体的设施几被日机轰炸殆尽，使他大部分产业毁于一旦。他心灰意懒，乃将各项业务收束，全靠未遭战火所毁的房地产收入维持晚年生活。

抗战时期，日本侵略者因沈联芳过去在上海很有名望和地位，曾要他出任上海“副市长”伪职。沈不愿事敌，几次避居亲戚家中，后来又避居英侨哈同花园内，始得脱身。

沈联芳于1947年11月5日去世。

主要参考资料

《上海商会史料》卷137，第79页；卷143。

《上海指南》，1909年版。

上海市缫丝工业同业工会江浙皖丝厂茧业总公所有关档案。

中国征信所编：《上海工商人名录》，中国征信所1936年版。

戚再玉主编：《上海时人志》，展望出版社1947年版。

《近代史资料》1959年第1号。

访问王汉祥记录。

沈 缦 云

汪仁泽

沈缦云，名懋昭，以字行。1869 年 2 月 7 日（清同治七年十二月二十六日）出生于江苏吴县，祖籍江苏无锡。他原姓张名祥飞，父亲张桐龄是举人，母亲郭氏也知书善画，在家乡设塾授课。太平天国进军江南，全家避居上海。父在某绅商家任家庭教师，母在美国基督教长老会所办的清心女书院当教师。祥飞十二岁时，随母信仰基督教。他先在家自学，旋蒙培雅书院（约翰书院的前身）校长颜永京的允许，进该校为插班生，学习勤奋，品学兼优，深得师长赞许。此时，无锡富商沈金士因子早亡，遗独生孙女，拟招赘孙婿，承继家业。经校长颜永京介绍，张入赘沈家，遂改姓名为沈缦云。其后沈家专聘家庭教师教他读“四书”“五经”，旋应科举考试，二十岁时中举人。后来他顺从沈金士的原意，自己也有志于振兴实业，遂放弃仕途，在自办的铁工厂里学习技术，助理家业。

20 世纪初，中国正值内忧外患，面临遭列强瓜分的民族危机。沈缦云受实业救国论的影响，深感振兴实业，首重金融。此时外国银行在中国纷纷开设，沈遂于 1906 年与无锡实业家周舜卿等人合资，在上海创办信成商业储蓄银行，集股五十万元，实收半数，推周舜卿、王一亭、顾馨一、林虎侯、徐子云等为董事，周舜卿任总经理，沈缦云任协理，主持日常行务。沈缦云办事精干谨慎，经营得法，该行业务得以迅速发展，次年又获得钞票发行权，并代理清政府上海道署的库银，信用益著。此后陆续在南京、天津、无锡、北京等地开设分行，营业蒸蒸日上，存款高达七百余万元，钞票发行额亦达一百一十万元。

沈缦云在从商之余关心时局，阅读中外书报杂志，并热心教育慈善事业。1900 年 7 月，唐才常在上海张园召开“中国国会”，谋组自立军，沈助饷一万五千元，是为沈以雄厚资力参与政治活动之始。1906 年，沈与人合办上海竞化女子师范学堂，由其妻沈钦苓任校长。同年沈受马相伯之聘，任复旦公学校董，又与高翰卿、王一亭、李平书等创办上海孤儿院于南市雨化堂，后又在龙华觅地二十余亩，建屋四十余间，收容孤儿三百余人。

1906 年，沈缦云组织上海南市商业体操自治会，自任会长，号召青年锻炼体魄，从事军事操练。次年该会与商学补习会等团体合并成立上海商团公会，参加操练的会员数百人，沈亦带头出操。该会后来成为全国商团联合会的基本队伍，是光复上海时一支重要武装力量。

自同盟会 1905 年在日本成立后，国内革命形势不断高涨。于右任等人 1909 年在上海先后创办《民呼日报》、《民吁日报》鼓吹革命，所刊文章慷慨激昂，沈缦云心向往之，亲往报社访于右任，倾谈之下结为莫逆，并慨助经费万余元。1910 年，沈被上海商务总会推为赴京请愿代表，向奕劻面请速开国会，但遭拒绝。他感叹：“釜水将沸，游鱼未知，天意难回，人事宜尽，请自此辞。”①他认定中国前途“舍革命无他法”②。在高涨的革命形势和革命党人的影响下，他决心投身革命，经于右任、叶兆崧介绍，是年初冬参加同盟会，是为沪地上层资产阶级加入同盟会的第一人。在他的影响下，王一亭、叶惠钧等人也在同年底、次年初加入了同盟会。

1910 年 10 月，于右任等人又办《民立报》，沈缦云资助经费五万元。此时报馆实际上成为同盟会在上海的联络总站，迎送来往人员，交际招待食宿等费开支浩繁，皆由沈缦云主持的信成银行负担；盟友经济

---

① 天津《大公报》1910 年 6 月 12 日。

② 王蕴登：《无锡沈缦云先生之墓志铭》。

困难商借旅费等,沈也有求必应①。此时同盟会准备在长江流域一带组织武装起义,沈缦云受命筹款四万五千两,委托其兄——德商瑞记洋行军装部买办张祥和向德国购得步枪三千支、子弹五十万发,惟从欧洲运经香港时,被香港当局查获,全部没收。

1911年初,英、俄加紧对我边境的侵略,民族危机日甚,同盟会决定指派沈缦云、叶惠钧等人组织反清武装力量。3月11日,在两千多人参加的"保界会"成立大会上,沈即席演说,号召"准备实力"。然后沈又与宋教仁等发起组织全国义勇队,由宋编订章程,但未成立前即被清政府侦知,勒令解散。接着"乃舍义勇队之名,行义勇队之实,与沪上有识志士创办'全国商团联合会'"②,推举李平书为会长,沈缦云、叶惠钧为副会长,于4月8日成立,会员千余人参加军事操练,为上海的武装起义做准备。此后,同盟会于6月联合沪上各团体组成"以提倡尚武,兴办团练,实行国民应尽义务为宗旨"的反清联合军事团体——中国国民总会③,由沈缦云任会长,其中骨干多为同盟会会员,成为同盟会的外围组织,与江浙地区的资产阶级发生了较多的联系。

10月10日武昌首义后,上海同盟会党人多次集会,商议响应武昌起义的部署,初议上海视南京而定举动。10月24日陈其美、宋教仁、于右任、沈缦云、叶惠钧等人在同盟会紧急会议上决定联络商团,沟通士绅,争取商团重要人物李平书等人加入起义,并指派沈缦云担任此一任务。沈与李原系知友,经试探,李表示愿意站到革命方面来,于是约定李与陈其美会见。李认为"时势至此,不能守闭关主义,当审察情势,以为进止"④,并说动沈信卿、吴怀疚、莫子经等人于24日

① 戴季陶1947年4月17日致陈果夫、陈立夫函称:"戊申(1908年)、己酉(1909年)以后,革命同志在上海之活动,无论其事业为教育为宣传,乃至四方途经上海者,或多或少无不受缦云先生物质上、精神上之鼓励。"(原函抄本存沈氏家属处)。

② 《时报》1911年4月9日。

③ 《中国国民总会材料》,《时报》1911年5月8日、6月12日。

④ 李平书:《且顽老人七十岁自叙》卷3,中华书局1922年版,第287页。

与陈相见，共同约定以保民为宗旨参加起义。从此每晚集会商讨，后又有钮永键等人参加，队伍不断扩大。11月1日因南京方面倾向革命的第九镇被调离，一时难以发动，而武汉方面清军反扑，形势危急，陈其美等人决定“上海先动，苏杭应之”，“以解救武汉之危”，并立即进行布置。

11月3日下午，上海发动起义，闸北一路进展顺利迅即光复；而进攻江南制造局一路遇到顽抗，陈其美企图劝说敌军放下武器，结果被敌拘禁。此时清方声言：将从宁、松两路反扑，届时“无论革党、商团，擒获者一律正法”①，形势紧迫，沈缦云与王一亭、李平书、叶惠钧等立即商议于商团公会会所，决定以商团为主力再攻制造局。商团集合千余人，临行前沈即席痛哭陈词，闻者动容，士气高涨，连夜围攻制造局，次日黎明胜利攻克，全市光复。是年年底孙中山回国抵沪时，曾亲书“光复沪江之主功”匾额一方赠予沈缦云②，以彰其功。

11月6日，沪军都督府成立，陈其美任都督，沈缦云任财政总长。由于事起仓促，军无宿储，而清政府所设各税捐局所，已于起事时明令裁撤，原主事者挟款逃遁，以致饷糈无出。与此同时，各地军队集沪者达数万人之众，军政各费皆需财部筹措，每晨鹄候环索者数以百计。沈缦云首当其冲，从黎明直至深夜奔走筹款，任劳任怨，而流言蜚语层出不穷，恫吓信函日必数件。信成银行前后垫款达三十余万两，犹不足应付③。原存信成的前清上海道公款二十六万余两，则被各

① 伍特公：《上海商团克复上海纪略》（1947年回忆），抄本藏上海社会科学院历史研究所。

② 沈子高：《沈缦云的一生》，中国人民政治协商会议上海市委员会文史资料工作委员会编《辛亥革命七十周年》（文史资料纪念专辑），上海人民出版社1981年版，第142页。

③ 沈云荪：《上海信成银行始末》，《近代史资料》总第55号，第112—119页。信成银行于沈缦云亡命大连后因无人经营，1913年9月临时股东大会公推查察员进行清查账目，至1914年秋将存款全部发还，发行之钞票亦如数收回。各地分行相继停业，总行亦宣告清理。

国驻沪领事团强行提取充作赔款,不及扣留,致使都督府面临财政危机。沪军都督府委派沈缦云另组中华银行,于11月21日在沪成立,发行军用钞票及公债,以应急需。12月3日沈辞去财长一职,改选朱葆三继任。

1912年元旦,中华民国成立,孙中山任临时大总统,委沈缦云为驻沪理财特派员,后复委为劝业特派员。同盟会特派沈为本部理财部干事兼南洋群岛交际员。4月1日,孙中山辞去临时大总统职,担任全国铁路督办,研究实业建国计划,以开办金融机构为实施计划的基础,发起组织中华实业银行,自任名誉总董,指派沈缦云为筹备主任,由沈往南洋一带向华侨募集股款。次年事成回国,该行于5月15日在上海正式开业,沈任总理。不久,孙中山发起组织中日合办的中国兴业公司,在沪召开筹备会,孙自任筹备员长,沈缦云、张静江、王一亭、宋嘉树、朱葆三等任筹备员。

1913年3月,袁世凯派人暗杀宋教仁,并向英、法等五国银行签订《善后借款合同》,筹措武力统一中国的军费,反动面目彻底暴露。孙中山领导国民党人在江西、江苏、安徽、广东以及上海等地举兵反袁,发动"二次革命"。失败后,孙中山、陈其美、李平书等流亡日本,沈缦云全家亡命大连。

沈缦云在大连继续从事反袁秘密活动,经常与当地工商、教育、新闻、宗教界人士接触。1915年,陈其美、戴季陶奉孙中山之命从日本到大连,要沈联络关外党人,筹组革命机构,开办报馆,加强反袁宣传。袁世凯侦知沈的行踪,如芒刺背,非去之不可。此时有一自称在奉天(今沈阳)办报的同盟会盟友张复生者,常来访沈晤谈,执礼甚恭,并称奉天有一报馆拟出盘,沈遂被邀往奉天一行,观看该报馆馆址。沈离奉天上火车前,张殷勤设宴饯别,沈数小时后回到大连寓所,顿觉头晕欲吐,四肢麻木,全身颤抖,急延日本医生诊治,谓系烈性食物中毒,已难挽救。沈在弥留之际,断断续续地说:"你这盟友已变成叛徒","孙中山先生和我都是不怕舍身的基督徒","你能害我的肉体，不能损我的灵魂、灭我的志愿”①。延至7月23日晨，抱恨逝世。孙中山获悉噩耗，潸然泪下，亲题“如见故人”挽词，以志哀思。

① 沈子高：《沈缦云的一生》，第143页。并参见戴季陶1947年4月17日致陈果夫、陈立夫函：“思昔年英士先生光复上海之时，商界中之努力相助者以缦云先生为多。即癸丑（1913年）之役，缦云先生亦为最出力之重要人。是以被忌于袁，终至客死大连。”

沈　知　方

熊尚厚

沈知方，原名芝芳，浙江绍兴人，生于 1883 年（清光绪九年），世界书局创办人。十四岁入绍兴奎照楼书坊做学徒，两年后转入余姚某书坊，其后为上海会文堂书局职员。1900 年被夏瑞芳招入商务印书馆发行所工作。次年转乐群书局，未几因教科书出版问题诉讼失败，1902 年再进商务印书馆营业所，不久升所长。辛亥革命前夕，他主张改编教科书，与商务张元济意见相左，遂和陆费逵、戴克敦、陈恭协等人暗中编辑教科书，筹集资金计划另创书局。

1913 年 2 月，沈知方进中华书局任副局长，不久任董事，同时兼文明书局协理。沈推销中华书局教科书，以旧书商为发行网，销路不胫而走。中华书局声望一时鹊起，沈的地位亦随之提高。在负责销售和购货中，沈托美商茂生洋行订购纸张，因大战后纸价大跌，洋商索款甚急，沈被迫去外地躲账。1917 年 1 月，他抽回中华书局投资离去。

沈在商务、中华任职期间，还同王均卿合办国学扶轮社；与陈立炎合办古书流通处；与沈骏声合办进步书局；与屠思聪合办舆地学社；曾任《小说大观》发行人。此外，还同黄楚九合办中华制药厂。

1917 年，沈知方回到上海重操旧业，与旧在奎照楼书坊的同事合办广文书局。同时，为了投时所好，他去苏州约人编辑黄色书籍及通俗小说，以世界书局、国民第一书局等名义出版，委托大东书局代理发行。在经营中，他用摸彩赠送和七折八扣等手段招揽顾客，因而大获厚利，营业额不断扩大。

1921年7月，沈知方得钱庄经理陈芝生、书业商魏炳荣等入股，创立世界书局股份有限公司。资本额二万五千银元，总局设于上海，另于北京、汉口、奉天、广州等地设立分局，沈任总经理。世界书局开办后，他以买空卖空手法，连续向几家银行做抵押贷款，相继设第一、第二两印刷所。1923年接盘广智书局、俄商西比利亚印书馆，1924年又盘入东亚书局，资本逐步扩大并添置机器，于提篮桥购地建造总厂，集中总务处、印刷所及堆栈于一处。在闸北虬江路设编辑所，聘范云六任所长，下设国文部（秦同培）、英文部（严独鹤）、小说部（赵苕狂）、国画部（金少梅）和信托部，由范制订编辑出版计划。世界书局除出版发行中小学教科书外，还大量印行旧小说和通俗小说，推销黄色小说及医卜星相等书籍。一般说来，出版的书籍，品类较杂，质量较低，年出版书约二百五十种，营业收入数十万元。

1925年，沈知方吸收了上海公共租界会审公堂法官孙羹梅、大丝业资本家沈联芳等入股，资本额扩大为五十万元，并盘入古书流通处和进步书局。由于当时出版教科书获利较大，沈设法从商务、中华两书局中挖出几个有经验的编辑，专门编印出版教科书。1926年开始出版旧小说连环画。是年冬，广州分局发行《三民主义读本》、《不平等条约问答》等政治宣传读物。沈知方的锐意经营，使世界书局营业盛极一时，出版物达九百八十余种，资本额近六十五万元，世界书局也进入正规出版企业的行列。

世界书局营业的发展，受到商务、中华两书局的嫉视。为了一致对付世界书局，商务、中华曾提出以十万银元为代价，要沈停止教科书的出版，此项要求为沈拒绝。之后，商务、中华两家又联合出资另设国民书店，以削价竞销手段企图挤垮世界书局。沈亦采取各种办法相对抗，以厚利吸引经理人，于全国各地遍布营业网点；对各地教育部门、学校，使用各种手段收买；并暗中收买商务、中华的人员，实行反间计等等。结果，双方均亏耗大量资本，国民书店终因竞争不过而停业。从此，世界书局的地位愈加巩固，成为当时全国民营三大书局之一。

1927年后，沈知方每月送洋三百元贿赂政府有关部门，以支持世界书局新教科书的出版。同时，沈又聘徐蔚南为秘书长，兼编《ABC丛书》和《生活丛书》、《儿童少年文库》；聘陶行知主编《工人课本》和《农民课本》；出版初、高中教科书，新课程教科书；出版名人杨贤江、沈雁冰等人的译著。此外，承印各种印刷品，还在局内设立读书储蓄部，用职工存款扩充资金。1930年，沈聘请林汉达编的《标准英语读本》出版，立即被林语堂起诉，谓其抄袭《开明英语读本》，结果只好另编《进步英语读本》。次年又因历史课本、法学丛书事，分别与中华书局、会文堂书局在报上打笔墨官司。1931年，为了取得社会势力和金融界的支持，世界书局先后吸收了王一亭、顾馨一、钱新之、吴蕴斋等为董事，将资本额扩充为一百万元(实收七十五万元)，并进一步增置机器、购买地皮、扩建厂房和发行所，在大连路增设油墨制造部，自任经理。当时，世界书局拥有各种机器达五十余台，年出版书籍增至二百三十余种，年营业额达二百余万元。沈还与刘亚夫在1930年1月以资本二十万元，创设了世界商业储蓄银行，自任董事兼行长，将存款贷给书局以充实其资本。1935年7月，该行因沈的地产被冻结，发生挤兑而停业。

"九一八事变"后，由于日本帝国主义加紧侵略，国内经济状况日益恶化，到1933年世界书局的营业大受影响，销路日窄，存货积压，财务极度困难。此时，上海房地产价格大跌，金城银行上海分行经理吴蕴斋，为了从世界书局收回金城银行的房产押款，通过张公权将李石曾引入了世界书局。1934年7月，世界书局改组，以李石曾为董事长，陆高谊为经理。沈仅任董事兼监理，留出版部工作，仍对出版负指导责任。世界书局遂为李石曾所夺。

上海沦陷后，沈知方认定中国决不会亡于日本，战事结束后文化事业定会大有发展。他约蔡丐因等大量搜集旧书进行整理校订，对每种书写出内容提要，并附以作者年谱，以备战后陆续出版，重整世界书局。

1939年9月，沈知方病逝于上海。

主要参考资料

朱保联:《我所知道的世界书局》,中国人民政治协商会议上海市委员会文史资料工作组编《上海文史资料选辑》第15辑,1963年版。

陈真等编:《中国近代工业史资料》第1辑,三联书店1957年版。

杨哲明编:《世界杂志增刊》(十年),世界书局1931年版。

盛丕华

汪仁泽

盛丕华，原名沛华，1882 年 3 月 29 日(清光绪八年二月十一日)生于浙江镇海骆驼桥，父亲在宁波敦大北号当店员。七岁时父亲去世，家境贫寒，依靠长兄盛丕荣继任父职的低微薪给度日。少年时在家乡私塾就读，后至亲戚费家，做表兄弟伴读。

盛丕华十四岁时弃学来沪，进老宝成银楼当学徒，后升为助理司账。在此期间，自修古汉语，泛阅古小说、史书等。戊戌变法时，他深受改良主义影响，“于是崇拜梁启超，多方谋阅梁之文章，迷信立宪即强国，国家观念油然而生”①，从此关心国家大事。不久进恒兴钱庄当跑街，后又经人介绍，进庆大洋布号为司账。1908 年，英帝国主义欲攫取沪杭甬铁路路权，江浙旅沪同乡奋起力争，盛亦参加这次江浙争路运动。不久浙江旅沪学会成立，盛入会为会员。1910 年上海发生外国投机商的诈骗案“橡皮风潮”，致使正元、谦馀、兆康三家钱庄亦遭倒闭，结欠外商庄票银百余万两。清政府上海道蔡某因与此事有牵连，欲以国库款偿付，盛丕华撰文反对，指出商人投机失败欠洋商之款岂能以国库抵付，此例一开后果严重，加以抨击。当天携文往见《时报》馆陈冷血，陈深以为然，次日在该报以社论地位发表。后虽仍由国库抵付，但盛文引起了当时舆论的广泛共鸣。与此同时，盛还在浙江旅沪学会出版的杂志上，发表改革钱庄的论文，得到宁波等地报刊的响应。此时，盛丕

① 盛丕华:《过去五十九年之回忆》。

华鉴于上海商会为少数绅商所控制，乃联合方椒伯、洪苓西等人另组商业研究会与之对抗。1910年，庆大洋布号改组，盛转至大丰布号任司账。该号布匹外销朝鲜等地，获利甚丰，年达银二三十万两。旋因日本加强对朝鲜的经济控制，销路受阻，营业日衰。盛曾建议设厂自织棉布，但未被店主采纳。

1911年辛亥革命军兴，在战事影响下，上海叶澄衷与许春荣合伙之余大、阳大、承大、志大四家钱庄倒闭，许氏存款甚多，而叶氏只欠无存，因此许委派盛丕华为清理员。盛在查账中发现叶澄衷之子叶勉卿积欠该四庄债款达数十万两，叶勉卿恃其已入葡萄牙国籍，受外国领事裁判权的庇护，延不清偿。盛延请律师，首诉于葡驻沪领事败诉，再诉于印度加尔各答葡使馆，最后上诉至葡京里斯本，卒得胜诉，裁决叶勉卿应付清全部债务并加利息。此举影响甚大，是对当时某些借入外籍避债或行不法者的当头棒喝。

1914年，宁绍轮船公司总经理虞洽卿以六万五千两白银承购该公司“甬兴轮”后，即以每年三十万银元的高额租费租给外商公司，坐获厚利。股东闻讯大哗，召开股东大会，盛丕华当时为该公司监察人之一，挺身而出。他一面向法院对虞提出诉讼，“并申请对该轮执行假扣押”；一面致函港务局，制止该轮的过户手续。这时虞虽在沪势力很盛，但对此事却理屈词穷，无力对抗，终于屈服。“甬兴轮”仍由宁绍公司收回。

1920年初，虞洽卿与盛丕华、张澹如等发起成立上海证券物品交易所，当选为常务理事，并主管该所会计。在此期间，盛接触了很多商界上层人物，尤其取得了张澹如（张静江之弟）的信任和重用，而张家是浙江南浔四大富商之一。此后经常由张出资、盛出面经营商业活动，从此进入了资本家的行列，闻名于商界。1927年，盛在交易所经营失利，赴汉口任中国银行分行行长洪苓西的秘书，后又在洪开设的开明公司任委员，经营麻、布、纱、丝等业务。在此期间，并与人合伙，由张澹如出资大半，在武昌开设五埠公司，经营房地产业。

1930年，盛丕华从汉口返沪，仍回证券物品交易所筹设证券部，由东南信托公司经管，盛任常务董事。与此同时，并兼任中一银行董事。上海总商会改选，盛当选为会董。

1931年“九一八”事变后，民族危机日益深重，在蒋介石不抵抗政策下，大片国土沦丧，盛丕华深感在国民党政府的腐朽统治下找不到出路。在此后数年内，盛受进步思想影响，积极谋求救国之途，常常阅读进步书籍，观看进步电影和戏剧等。

1934年，盛丕华为挽救民族危机，在上海静安别墅组织爱国团体“中社”，出版《新社会》半月刊。后该刊由其长子盛康年主持，并与中共地下组织取得联系，加强了政治色彩，积极宣传抗日主张，出了数期即被国民党政府查封。此时盛与人合伙组织“上元企业公司”，自任经理，经营范围甚广。

1937年“八一三”事变后，不久上海沦陷，日商势力侵入，一些华商企业被迫与之合伙贸易。盛丕华鉴于此，遂将上元改称为地产公司。因日商对经营地产不感兴趣，以此避开日人纠缠，坚持其爱国立场。此时并与谢绳祖等合资开设美科药厂，他任董事长。原设在虹口的新亚饭店被日寇霸占，职工失业，纷纷要求店主张澹如在租界内另设一店。张商于盛丕华，乃筹设红棉酒家于爱多亚路（今延安东路）西藏路闹市中心，盛任董事长。由宁商总会虞洽卿等人发起，以盛丕华、包达三、张炯伯为核心的星期聚餐会，也就在此时开始。起初主要是交谈生意经，后来随着形势的发展，有些人逐渐退出；而一些爱国民主人士如胡厥文、黄炎培、胡子婴、陈已生、盛康年等陆续参加。这样，聚餐会上谈话的内容逐渐发生了变化，成为议论时局的集会，使盛的思想更趋向进步。在抗战后期，盛和爱国人士曾资助爱国青年、学生分赴内地和苏北抗日根据地。

抗战胜利后，盛丕华参加“民主建国会”，并将红棉酒家三楼改为“红楼”，专供民主人士开会活动之用，常请有影响的人士如宦乡、孙晓村、马叙伦等人前来演讲，并曾招待从狱中获释的爱国民主人士。1946年9月2日，冯玉祥受蒋介石排挤出国考察。出发当天，民主人士在红棉酒家开欢送会，由郭沫若主持，参加者二十余人，会上郭、冯作诗唱和。郭在会上说："我到这里才真正嗅到民主的空气。"①此时红棉酒家已成为中共团结工商界人士参加民主运动的重要阵地，盛倾向中国共产党的态度也更趋明朗，积极参加民主运动，常要盛康年收听延安新华社的广播。当时美国电影充斥沪上，盛丕华设法与苏联有关方面联系，在他合伙组织的五德公司管理下的大上海电影院，放映《青春的旋律》等三部苏联影片，轰动一时，反应甚为热烈。在该院还放映了袁雪芬等进步人士演出的《祥林嫂》等电影。

1946年6月，国民党政府在美国支持下，悍然撕毁停战协定，发动全面内战，引起了全国人民的愤怒抗议。6月23日，上海工人、学生和各界万余人举行反内战示威游行，并由五十三个人民团体委托推举代表十人，赴南京向国民党政府作和平请愿，盛丕华为代表之一。当推举代表时，盛感到工商界阵容不够坚强，认为蒉延芳对各方面都较熟悉，当代表较为合适，即亲自去劝驾，蒉允参加为请愿代表。当代表团到达南京后，即被冲散分为两处，马叙伦、雷洁琼、阎宝航、陈震中等被包围在候车室，盛和吴耀宗、胡子婴等人被拥至西餐室。特务与胡实声(随团同行的盛的秘书)交涉，要代表团当夜乘11时半的火车回沪，代表团不允。待这班火车开走后，特务就动手殴打候车室里的代表，使多人受伤，这就是国民党政府镇压和平民主运动的"下关事件"。直到半夜2时许特务散去后，大批宪兵才开到，把代表团用卡车先送警备司令部，要未受伤的代表下车，遭拒绝后，方送往中央医院。不久中共方面周恩来、邓颖超、滕代远等带了食品来慰问。次晨未住院的代表在兴华旅馆讨论对策，有人提出用法律起诉，盛认为"这样会被动，将来被告不审审原告，弄得经年累月，没完没了。代表们来京是为了和平请愿，不计较

---

① 据邹兆铭、邢芹生、盛厚甫、刘百年、郑安甫、冯伯准等同志回忆记录。

被打的事”①。代表们都表示同意，次日到国民参政会去请愿要求和平。

“下关事件”发生次日，上海各报刊出消息，盛丕华的家属金曰英、盛康年赶赴南京，在医院里遇到前来慰问的邓颖超。邓对盛的家属赞许说：“盛先生是商界有地位的人，他是为穷苦人民出来请愿的，是不容易的。”②在代表团回沪前夕，周恩来在梅园新村设宴招待全体代表团成员。饭后周详细分析了当时形势，阐明中共的政策，揭示新中国的光明前途，指明民主人士前进的方向，给予代表团以很大鼓舞。通过“下关事件”，盛看清了谁要和平，谁要战争；也更认识了中国共产党的伟大和正确，因此他的爱国民主立场更加坚定，进一步靠拢中国共产党。在南京逗留期间，1946 年 6 月 25 日盛曾会见冯玉祥，冯赠以“重科学思想，求民主精神”的亲笔对联一副，相互勖勉③。盛回沪后，团结工商界人士积极支持和参加日益高涨的反蒋民主运动。

1948 年 10 月，盛丕华和盛康年赴台湾，打算转道香港去解放区。11 月盛康年先去香港，转来中共意见：等到时机适当去解放后的天津，盛遂从台回沪。1949 年初，平津先后解放，1 月 23 日盛离沪去香港。3 月 23 日，盛与黄炎培、俞寰澄及盛康年等由港同船到达天津，受到中国共产党代表的热情欢迎。25 日乘专车到北平，当天下午参加了毛泽东、朱德、周恩来、刘少奇等中共领导人检阅解放军的仪式。晚上参加了中共中央为庆祝北平和平解放的宴会后，毛泽东又设专席宴请盛丕华等人，并由周恩来报告了国共和谈经过④。4 月 15 日晚，毛泽东又约盛等工商界人士谈话，盛陈述了关于经济方面的意见，毛甚以为

---

① 《关于 1946 年 6 月 23 日下关事件座谈会盛丕华发言记录》，并经本人审阅后修改。上海市工商联史料档案编号 31—130。

② 金曰英：《难忘的日日夜夜》，《新民晚报》1984 年 5 月 24 日第 5 版。

③ 这副对联现存金曰英同志处。

④ 《盛丕华日记》1949 年 3 月 23—25 日。

然①。在京期间，盛除参加人民政协的筹备工作外，又与黄炎培、陈叔通等人筹划工商联和民主建国会全国组织的建立和整顿工作，并对解放军南下的准备工作提了很多有益的建议，为中国共产党所重视和采纳。6 月 19 日，中共中央设宴欢送七十余位民主人士南下。盛到达上海后，向上海工商界传达了中国共产党和人民政府对私营企业的方针、政策，解除了他们的各种顾虑，并筹建上海市的工商业联合会。9 月，盛丕华赴京，参加中国人民政治协商会议第一届全体会议，他是这次大会主席团的成员之一，10 月 1 日参加了开国盛典。

新中国成立后，盛丕华在上海积极联系和组织工商界人士，开展劳军和认购爱国公债等工作。以后他历任上海市副市长、全国人民代表大会代表、中国人民政治协商会议全国委员会常务委员、中国民主建国会副主任委员、中国民主建国会上海市主任委员、上海市工商业联合会主任委员等职。在各项工作中不辞辛劳，贡献了自己的才能。1956 年社会主义三大改造高潮中，他代表全市工商业者，向中共上海市委和市人民政府递送了全市各行业公私合营的申请书。

1961 年 2 月 8 日，盛丕华因患胃癌不治去世。

① 《盛丕华日记》1949 年 4 月 15 日。

盛 世 才

陈宁生

盛世才，字晋庸；原名振甲，字德三。生于1897年1月8日（清光绪二十二年十二月初六），辽宁开原人。出身于地主家庭，属汉军旗人。早年在西丰县小学、沈阳农林中学读书，后考入上海中国公学专门部政治经济科。1917年得到亲友资助，留学日本，进入明治大学，攻读政治经济学。1919年五四运动期间，盛世才受留日东北学生同乡会推举，返沪参加爱国活动。同年考入韶关讲武堂，盛在讲武堂期间，与该校教官郭松龄过从甚密，毕业后随郭返奉，在郭任旅长的奉军第八旅担任排长、中尉连副等职。后升为东三省镇威上将军府警卫团上尉连长、中校参谋。

第一次直奉战争后，张作霖锐意整军，选派少壮军官出国深造。1924年，盛世才由郭松龄推荐，保送日本陆军大学学习军事。1925年，郭松龄倒戈反奉，邀盛参与其事，盛乃归国，在其部任营长。郭松龄兵败身亡，盛即仓皇返日，后被张作霖取消官费留学资格。

1927年盛世才回国，任国民革命军总司令部上校参谋，兼中央军校附设军官团欧洲战史教官。1929年至1930年，任国民革命军总司令部参谋本部第一厅第三科上校作战科长。盛不甘任此闲职，多方谋求升迁。恰逢新疆督办公署秘书长鲁效祖在沪、宁延揽军事人才，盛设法与之结识，1930年秋，受新疆省政府主席金树仁之聘入新。经过辽宁时，对其密友赵铁鸣说：“此行乃破釜沉舟之举，有进无退，吾必远到边疆另创一局面,将来或作一东亚红军总司令亦未可知。”①

盛世才初到新疆时,由于金树仁素对南京参谋本部的军官怀有戒心,只委盛为督办公署参谋处中校参谋、上校参谋主任等闲职。盛初来新疆,人地生疏,唯金之命是从,博得了金树仁的好感。不久,被委兼任军校战术总教官。盛以当时先进的军事技术教育学生,颇受学生欢迎。他即以军校为基础,培植个人势力。

1931 年 2 月,新疆发生哈密事件。同年 5 月,甘肃地方军阀马仲英部入新,直趋哈密,威逼迪化(今乌鲁木齐)。金树仁派鲁效祖为总司令,盛世才为参谋长,开赴哈密,迎击马仲英,结果大败。金树仁又改派伊犁屯垦使张培元为前敌剿匪总司令,仍委盛世才为参谋长,驰援哈密。9 月,马仲英部失败,退回甘肃。

马仲英部退回甘肃后,得陕西省主席、第十七路军总指挥杨虎城扶持,改编为新编第三十六师,马仲英任师长。他派遣部将马世明、马占仓再次进入南疆,以图再战。同年 7 月,金树仁提升盛世才为东路剿匪总指挥,统率“归化军”,往剿马部。

1933 年 1 月,马世明等攻陷迪化之咽喉要地达坂城,于旧历除夕,围攻省城。盛世才又挥师北上,在六道湾与马军遭遇,马军败走,遂解迪化之围。在连续两年战乱中,盛世才在军事方面崭露头角。

1933 年春,战事虽暂趋缓和,但是,迪化城内粮煤恐慌,居民啼饥号寒,加上金树仁兄弟趁战乱囤积居奇,高抬物价,投机倒把,大发横财,更使民怨沸腾,金树仁政权已处在风雨飘摇之中。

1933 年 4 月 12 日,迪化县县长陶明樾、督办公署参谋长陈中等人密谋倒金,策动驻迪化南关的白俄归化军攻占了督办公署,金树仁逃走。晚间举事诸人在归化军指挥部邀集省府官员和当地士绅开会,成立临时维持委员会和临时军事委员会,推举原教育厅长刘文龙为临时省政府主席,因在东北抗日退入苏联、归国后滞留迪化的原黑

① 周东郊编:《盛世才祸新记》之二,油印本。

龙江救国军第十五旅旅长郑润成为临时军事委员会委员长，是为“第一次新变”。

政变发生之时，盛世才部正驻防乌拉拜(迪化西三十里)。金树仁命令他火速回城平乱，而同时，陈中也星夜赶至盛驻地，请他支持政变。这时，盛世才举足轻重，他决定倒戈反金，以便伺机取金树仁之地位而代之。13日晨，正当金树仁调集军队进行反攻，归化军眼看招架不住之际，盛世才率部赶到，与郑润成部联合，在“一炮成功”(地名)击溃金军，金树仁仓皇西逃昌吉。14日，盛世才率队凯旋入城，随即参加临时维持委员会和临时军事委员会联席会议。他命令所部包围会场，在高处架起机枪，以武力胁迫联席会议推举他为新疆省临时边防督办。随后他发表就职通电，宣布施政纲领八条：实行民族平等、保障信教自由、澄清吏治、改良司法、整理财政、实施农村救济、扩充教育、推行自治，藉以安定人心①。迪化各阶层人民对盛世才寄予很大的希望，他们在4月22日，破天荒地举行了一次游行集会，表示对盛世才新政府的拥护。

这时，马仲英部又重整旗鼓，挥兵西进，6月14日，盛、马两军激战于阜康、孚远间的紫泥泉。结果，马军大败，向天山南路逃窜。

南京国民政府久欲直接控制新疆，但鞭长莫及，乃趁新疆内乱未息，派遣参谋本部次长黄慕松入新“宣慰”，以图伺机取而代之。黄在督办公署院内，设立宣慰使署，同迪化各界人士广泛接触，并提出废除督办制，改设军事委员会新疆分会，欲邀郑润成等东北军将领参与军政工作。“第一次新变”的发动者陈中、李笑天、陶明樾等各怀己志，亦力主废除督办制。盛世才见黄等的活动威胁他的既得权位，便舍弃马仲英不予追歼，于6月25日匆匆回师。6月26日，盛世才在督办公署东花园设宴庆祝胜利，采取突然袭击的手段，将陈中等三人枪杀。接着，又故作姿态，表示不恋居高位，欲率部开赴塔城。临时省主席刘文龙深感自危，亦表示恳辞。与会者在震慑之余，对盛、刘表示慰留。是时黄慕

① 吴蔼辰：《新疆纪游》，商务印书馆1935年版，第46页。

松已陷软禁处境，只得电告南京国民政府，请维持督办制。7月7日，南京国民政府致电盛世才、刘文龙，表彰他们“维持秩序，巩固后方，平定叛乱之劳绩”，劝慰他们“万不可自生携贰，致隳前功”；要求他们“仰体中央意旨，共济时艰”①。至是，盛世才在新疆的统治便得到南京国民政府的正式承认，黄慕松也得以解脱“人质”地位，于7月9日离开了新疆，是为“第二次新变”。

1933年8月16日，南京国民政府派外交兼司法部长罗文幹入新视察，欲造成盛世才、伊犁屯垦使张培元和南疆马仲英的鼎足之势，使三方互相牵制，以利南京控制全疆。盛世才采取先发制人的办法。于10月10日致电南京国民政府，指控马仲英“煽惑省军哗变”，声称要“率师出发，以张讨伐”②。10月14日，盛军进攻达坂城，盛、马之战再起。马军势孤力单，由吐鲁番退守哈密。

11月，盛世才又以临阵脱逃的罪名，将郑润成和东北义勇军将领二十余人逮捕(后均被秘密处死)，将省长刘文龙软禁，捧出已是高龄的老官僚朱瑞墀为省主席，这样，新疆的军政大权实际上操于他一人之手。

12月，张培元与马仲英相策应，两面夹击，兵临迪化近郊。盛世才得到苏联的援助。次年1月26日张培元兵败自杀，马仲英逃往喀什，后来偕其幕僚亡命苏联。全疆基本统一。

1933年，中国共产党从北平、天津开始派遣党员到新疆开展工作。此时，盛世才刚拿到新疆政权，统治还不巩固，特别是经过三年战乱，经济崩溃，民不聊生，他为了巩固统治，不得不采取对外联苏、对内联共的政策。从1934年9月开始，盛世才即派财政厅长胡寿康和苏联国外贸易公司理事长商洽向苏联借款。1935年5月，以新疆土产公司名义同

---

① 《申报》1933年8月2日。

② 《国闻周报》第10卷第41期。

苏联驻新贸易公司签订了五百万金卢布借款合同①,后来又向苏联续借了二百万金卢布。1936年和苏联签订了“聘请苏联专家待遇合同”,于是大批苏联顾问、专家来到新疆。与此同时,为了取得苏联的援助和换取各族人民的支持,盛世才提出“反帝、亲苏、民平(民族平等)、清廉、和平、建设”六大政策,标榜“是以马克思列宁主义原则为依据的”,是“发展新经济、创造新政治、发展新文化的正确方针”②。并悬挂自制的六星旗。盛世才执政初期,推行“六大政策”,取得了一定成效。

抗日战争全面爆发后,新疆的战略地位愈益重要。盛世才表示赞同中国共产党关于建立抗日民族统一战线的主张。1938年,中共中央在迪化设立了八路军驻新办事处,派遣一批共产党员和爱国民主人士进入新疆。对新疆的政治、经济、文化进行了卓有成效的改革,使新疆成为重要的抗日后方基地。盛世才凭借新疆的特殊战略地位,依靠苏联和中国共产党的帮助,巩固了他的统治地位。

1939年以后,盛世才随着权力欲不断增长,感到抗日民族统一战线政策影响了他的独裁统治。1941年德国法西斯突袭苏联,使社会主义苏联遭受严重困难,同时,国民党当局推行消极抗日、积极反共的反动政策,接二连三地发动反共高潮,破坏抗日民族统一战线。善于见风使舵的盛世才以为苏联靠不住了,共产党靠不住了,企图另找靠山,逐渐走上了反苏反共反人民的道路。

1941年,盛世才经过精心策划,制造了一起所谓“汪精卫系统的阴谋暴动案”,诬陷爱国民主人士、新疆学院院长杜重远是“汉奸”、“托派”,将他逮捕入狱,严刑逼供。被牵连入狱者达一千二百余人,著名文化人如张仲实、沈雁冰、赵丹等均遭到迫害。

---

① 孙福坤:《苏联掠夺新疆纪实》下册,香港自由出版社1952年版,第50页;包尔汉:《盛世才在新疆》,中国人民政治协商会议全国委员会文史资料研究委员会编《文史资料选辑》第79辑,文史资料出版社1982年版。

② 盛世才:《六大政策教程》,新疆民众反帝联合会1942年版。

蒋介石对盛世才的百般笼络，加快了盛公开反共的步骤。从1941年冬到1942年，第八战区司令长官朱绍良曾五次到迪化。1942年春，蒋发表盛世才为第八战区副司令长官。同年秋，宋美龄代表蒋介石赴新，对盛表示抚慰。1943年7月，国民党任命盛为新疆省党部主任委员、督办公署特别党部特派员、中央训练团新疆分团主任、中央军校九分校主任，以及西北运输委员会副主席。盛踌躇满志，随即取消六大政策，并把六星旗改为青天白日旗，公开宣布反苏、反共。

1942年，盛世才制造了一起所谓"共产党阴谋暴动案"作为投靠蒋介石的觐见礼。他制造其四弟盛世骐被暗杀事件，无中生有地称之为"空前的带国际性的错综复杂的四一二阴谋暴动案"，并以此为由，在同年9月5日，通知苏联驻迪化总领事，命其撤走全部专家、顾问和驻星星峡的苏军。9月17日，盛逮捕了陈潭秋、毛泽民、林基路等中共驻新重要领导人，又陆续将在外区工作的中共党员及其家属押回迪化，拘留在八户梁招待所。1943年2月7日，他把在新全体中共党员投入监狱。9月27日，将陈潭秋、毛泽民、林基路等秘密处死。还把杜重远案改为"共产党阴谋暴动案"，煞有介事也呈请国民党中央派员来新复审，并最后将杜重远毒死在监狱里。

1944年，苏联卫国战争节节胜利，德、意、日法西斯灭亡在即，国民党加紧对新疆渗透与控制，同盛世才的矛盾日趋激化。盛世才遂故伎重演，制造了一起所谓"阴谋暴动案"，于8月11日深夜，把国民党要员黄如今、林继庸连同下属一千余人逮捕下狱，妄图再投靠苏联。对此，蒋介石立即派"中央军"入新，盛束手无策，只得听从国民党摆布。同年8月29日，国民党把盛调离新疆，改任农林部长。

1944年9月11日，盛世才满载在新疆搜刮的金银财物，在朱绍良、徐恩曾的护送下前往重庆。当时有一首童谣："盛贼世才讲清廉，八十汽车没拉完，三架飞机还不算，二千骆驼在后边。"9月18日，盛世才就任农林部长时，蒋介石曾亲临授印。但是，深受其害的新疆民众掀起讨盛浪潮，发布"新疆省全体民众讨盛檄文"，编写《盛世才祸新纪略》，迭向国民政府控告盛的罪行。1945 年，国民政府撤去盛世才的农林部长职务，责成法院查办。但盛以重金行贿，此案不了了之。

抗战胜利后，盛世才一度任胡宗南武汉行辕高参，1949 年去台湾，曾被聘为“总统府”国策顾问。在台时，盛一度经商，并撰有《牧边琐忆》以及《新疆十年回忆录》等。

1970 年 7 月 13 日，盛世才病死于台北。

盛 宣 怀

朱宗震

盛宣怀,字杏荪,别号愚斋,江苏武进人,生于1844年11月4日(清道光二十四年九月二十四日)。盛家世代官僚。1860年,清将和春的江南大营为太平军击溃,盛宣怀随祖父母从武进避至其父盛康湖北粮道任所。1866年,盛宣怀回籍应童试,补县学生,以后屡试不第。1870年春,李鸿章奉命督师入陕,进攻回民起义军。盛宣怀经杨宗濂推荐,投李鸿章幕,任行营内文案兼充营务处会办。由于盛的父亲和李的关系深厚,盛宣怀迅速获得李的信任。同年秋,李鸿章调任直隶总督,自此以后,盛宣怀不断受到李鸿章提拔:1879年署天津河间兵备道,1884年署津海关道,1886年任山东莱青兵备道兼东海关监督,1892年调补津海关道兼津海关监督。

盛宣怀是李鸿章兴办"洋务"的得力助手,早在1872年,他就向李鸿章建议"由官设局"、"试办招商"①,成立轮船招商局。这是洋务派第一个"官督商办"的企业,他参与了最初的筹划。翌年,李委他任招商局会办,直接经手具体业务,打破了官不经商的成例。1876年冬,盛宣怀为招商局活动到一笔官费,出高价盘进了濒于破产的美商旗昌轮船公司,并从中贪污了一笔手续费,而招商局营业却更加困难,摇摇欲坠。盛宣怀因此遭到两江总督刘坤一的奏参,被迫在1881年离开了招商局。1883年,李鸿章重新派盛宣怀入局。1885年盛升任

① 盛宣怀:《愚斋存稿初刊》,《附录·行述》,思补楼藏版。

该局督办，全面控制了招商局，并成为招商局最大的股东。当时，盛宣怀以局产作抵押，向汇丰银行借款三十万英镑来维持营业。以后又多次与太古、怡和等外国轮船公司订立齐价合同，来避免在竞争中倒闭。

盛宣怀又于1880年向李鸿章建议，仿照轮船招商局的方法筹办电报局，次年被派为电报局总办。盛宣怀在主管电报局期间，和丹麦大北电报公司、英国大东电报公司签订了一系列条约，允许他们在中国沿海敷设电线，并在上海等海口登陆，控制中国沿海的电信。

1893年10月，李鸿章筹办十年而开张才两年多的上海机器织布局遭焚毁，急派盛宣怀赴沪处理善后。盛重新招股，改名华盛纺织总厂，担任该厂督办。当时，李鸿章经办的经济企业，多数归盛宣怀掌握。其中，华盛则被偷梁换柱，逐步变成了盛家的私产。

1895年中日战争后，李鸿章因兵败被撤销直督职务，失去了北洋地盘。盛宣怀的地位也跟着发生了动摇，不得不请假离开天津前往上海，打算另谋出路。他曾企图弃官从商，大干一番。恰好这时，湖广总督张之洞因汉阳铁厂亏空太大，束手无策，商请盛来接办。盛向张提出，如接办铁厂，须同时组织经办芦汉铁路的公司，以保证汉阳铁厂所产铁轨的销路。张之洞同意了他的要求。于是，1896年5月，盛宣怀首先接办了汉阳铁厂(包括大冶铁矿，1897年起又兼营萍乡煤矿)，改为官督商办。同年8月，张之洞与直督王文韶会奏保荐盛宣怀经办芦汉铁路。10月，盛宣怀又亲自进京活动，结果清廷委他经办的不只是芦汉铁路，而是包括东南诸路的“督办铁路总公司事务”。同时，他还获准主持开设中国通商银行。然后，他才轻松地卸掉了津海关道的职务。

1897年1月，铁路总公司在上海正式成立，不久通商银行也在上海开办，从此盛宣怀的活动中心便从天津移到了上海。此后，他以铁路总公司为枢纽，遥控汉、冶、萍、铁煤厂矿，近制轮电、纺织及银行业务，声势十分显赫。张之洞、王文韶在保举盛的奏折中，曾称赞他通晓“官法”、“商业”和“洋务”，一身而兼“三长”①。在19世纪末叶的中国，盛宣怀是一个新兴的官僚买办资产阶级的典型人物。

铁路总公司成立后，盛宣怀一面开工建造芦汉铁路芦保段和淞沪铁路，一面立即筹借外债。他的方针是“造成一段”，就“抵借一款”②。同年7月，盛与比利时正式签订芦汉铁路借款合同。1898年，比在俄、法支持下，寻找借口违反合同，进一步向中国勒索利权。盛不得不与比改订了合同，使其获得贷款的高额利率，并攫得芦汉铁路的建筑权和行车权。同年，盛宣怀又与英国签订了沪宁、苏杭甬、浦信铁路的借款合同草约（浦信路约后来实际作罢），与美国签订了粤汉铁路借款合同草约（后于1900年签订正式续约），其条件较比利时的更为苛刻。

1900年，义和团运动兴起。盛宣怀多次密奏清廷，主张对义和团实行镇压。八国联军入侵后，他运动“东南互保”，代表两江总督刘坤一和湖广总督张之洞与各国驻沪领事订立“东南互保章程”，保护列强在长江流域的利益。事后，西太后十分赞赏盛宣怀在东南互保中所起的作用，夸奖他是“不可缺少之人”③。1901年1月，盛升任会办商务大臣，驻沪办事。同年10月，又任办理商税事务大臣，奉命协助吕海寰与各国进行增加关税、改订商约的谈判，希望以出让内河航行权、增辟商埠、裁撤厘金为条件，换取列强增加关税。经过几年谈判，终因与列强的利益相违背，遭到反对，无果而终。

1902年起，袁世凯任直隶总督兼北洋大臣。他依仗权力，从盛宣怀手中接管了电报、轮船两局。虽经盛宣怀的极力抵拒，在轮船招商局保存了很大的势力，但在电报局的势力却完全丧失了。从此，盛、袁之

① 张之洞：《芦汉铁路商办难成另筹办法折》，《张文襄公全集》卷44，北平文华斋1928年版，第24页。

② 盛宣怀：《寄张香帅》，《愚斋存稿初刊》卷25第29页。

③ 盛宣怀：《愚斋存稿初刊》，《附录·行述》，思补楼藏版。

间发生了激烈冲突。1903 年 7 月,盛宣怀与英国把前签订的沪宁铁路借款草约改为正式合同。其后不久,湘粤士绅要求废除前与美国订立的粤汉铁路合同,收回自办。1905 年,张之洞在人民的压力下,被迫同意废除美约,而盛则反对废约。因此,盛宣怀与张之洞之间发生争吵,盛由此失去了张的支持。继而,江浙两省士绅也要求废除与英订立的沪宁铁路合同及苏杭甬铁路草约,并发展为声势颇大的收回利权运动。至此,盛宣怀不得不口头上赞成废约,而实际上却勾结列强,破坏废约运动。盛的手段激起了人民的公愤,是年 11 月 17 日,经商部奏请,清廷派袁世凯的亲信唐绍仪接管沪宁铁路。不久,铁路总公司也被裁撤,盛宣怀黯然下台。

到 1907 年底,由于浙江地区人民要求废除苏杭甬铁路草约的运动仍在扩大,西太后乃召盛宣怀进京,研究对策。盛在西太后面前攻击袁世凯属下主持的铁路政策,朝令夕改,失信中外。

1908 年 3 月,盛宣怀被任为邮传部右侍郎,但未到任即被袁排挤出都。他在京时,曾奏准将汉阳铁厂、大冶铁矿、萍乡煤矿正式合并,改为商办,于 3 月 26 日在农工商部正式注册,成立“汉冶萍煤铁厂矿股份有限公司”,由他担任总理。

先是盛宣怀于 1896 年接办汉阳铁厂时,仅凑得股份二百万两,根本不足以扩大生产,只有依靠借债经营。为了使铁厂获得廉价的焦煤,他曾于 1899 年向德国贷款四十万马克购买采煤机器,扩大萍煤生产。1904 年 11 月,他又以大冶得道湾矿山作抵押,以廉价供应日本优质矿石为条件,向日本预支矿石价款三百万日元,用以改造和扩大汉阳铁厂。他把这笔贷款看成是“无中生有,一线之生机”①,而实际上,却是把日本财阀的势力引了进来。到 1907 年底,汉冶萍公司成立前夕,厂矿设备确已初具规模,但在盛的一手包办下,经营腐败,债务累累。

---

① 盛宣怀:《寄京外务部张宫保、鄂端午帅》,《愚斋存稿初刊》卷 62,第 7 页。

公司成立时，盛声称“加集巨股，大举合办”以扭转亏空局面①，但实际集股仍然十分有限。由于营业上继续出现巨额亏空，公司濒于无法支持。1908年9月，盛宣怀去日本治病兼行考察，实际上是为了进一步联系日本财阀。到11月间，由于光绪、西太后相继死去，盛匆促回国。

1910年8月，清廷召盛宣怀进京，回邮传部右侍郎原任，并要他“帮办度支部币制事宜”。实际上，清政府要他出面向列强借钱，以维持摇摇欲坠的统治。于是，盛立即与美、英、德、法四国银行团先后谈判币制实业借款和湖广铁路借款。1911年1月，他补授邮传部尚书。不久，就和度支部尚书载泽一起，与四国银行团签订了一千万英镑的币制实业借款合同。同年5月，随着清政府宣布全国商办铁路干线“收归国有”的命令，盛又与四国银行团签订了六百万英镑的湖广铁路借款合同，把原先已允归商办的川汉、粤汉铁路，奉送给帝国主义。

所谓“铁路国有”，是由盛宣怀策划奏请，由清政府批准实行的。清政府通过铁路国有政策，以筑路权换取列强的贷款。但是，这一政策严重损害了民营铁路投资者的利益，立即遭到人民的强烈反对，掀起了声势浩大的保路运动，盛宣怀成了千夫所指的对象。保路运动促进了武昌起义的爆发，在革命洪流的冲击下，清政府不得不于10月26日将盛宣怀革职。盛的反对者们乘机要清廷将他“明正典刑”，惊惶失措的盛宣怀赶紧向外国使节求救。革职后的第二天深夜，他在英、美、法、德、日五国驻京使节分别派兵护送下，经天津乘德国轮船逃往青岛。12月下旬，盛在日本人的接引下，移居大连。

盛宣怀在逃亡青岛、大连期间，密切注视着时局的演变。他消除了与袁世凯的宿怨，通过亲家孙宝琦的关系，一再为袁镇压革命、篡夺政权出谋划策，为袁的一举一动拍手叫好。

---

① 盛宣怀:《汉冶萍煤铁厂矿现筹合并扩充办法折》,《愚斋存稿初刊》卷14,第15页。

当时，盛宣怀在江苏等地的钱庄、房地产被革命当局查封。为此，他曾恳求外国驻华使节出面保护他的财产。但是，外国使节并不为他的那些与外国资本无关的财产"启封"而出力。汉冶萍公司则因有日本的大量投资，革命当局受到日本驻华使节的阻挠而不能予以接管，在日本人的保护下，继续维持经营。因此，盛宣怀认为"商产恐非洋债，终难保全"①。他打算重新组织汉冶萍公司，增强日本资本，来保护他的这一份财产。为此目的，他于 1912 年 1 月 3 日，前往日本神户。

当时南京临时政府财政十分困难，孙中山派人向盛宣怀接洽借款，盛和日本方面于是提出了中日合办汉冶萍公司的要求。1912 年 1 月 29 日，盛宣怀指派其代表，在神户和日本签订了中日合办汉冶萍的合同。但消息一经传出，一些党派和社会舆论即表示坚决反对，孙中山不得不宣布取消前议。在上海的汉冶萍公司股东会于 3 月开会时，一致反对中日合办，撤销了盛宣怀的公司总理职务。

其后，临时政府北迁，袁世凯大权在握。盛宣怀以赈灾为名，独捐银元一百万元，向袁表示效忠。1912 年 10 月中旬，他从日本悄然回到上海。回国后，立即要求发还财产。他在为此给江苏都督程德全的呈文中，公然气势汹汹地诋毁革命，竭力为自己开脱罪责。是年 12 月 10 日，在所谓"保护人权"的幌子下，以报销水利经费二十万元为条件，程德全下令发还盛宣怀的全部财产。

1913 年 3 月以后，盛宣怀又当上了汉冶萍公司的董事长和轮船招商局的副董事长。在"二次革命"期间，他攻击这次革命是"革命流毒忽又剧作"②，一再要求袁世凯政府迅速派兵镇压。他操纵轮船招商局，一面竭力抵制、破坏革命军对该局所属船只的调用，一面积极地为袁世凯军队运兵运械。盛宣怀还乘机向袁表示忠心，吹捧袁世凯"实超轶乎

① 《盛宣怀致王子展函》，上海图书馆藏《盛宣怀档案》。

② 《盛宣怀致孙宝琦函》，陈旭麓等主编《辛亥革命前后》(盛宣怀档案资料选辑之一)，上海人民出版社 1979 年版，第 298 页。

汉高、宋祖而上之,方之华盛顿、拿破仑亦有过无不及”①。但是,盛宣怀这番献媚,并没有获得袁的青睐,袁不愿和这个已经无用的宿敌和解。盛在袁政府内部寻找靠山的目的既无法达到,他经营汉冶萍公司在政治上就缺乏依靠,因而不再享有从前的种种特权;而且,经济上还遭到中央和地方当局的盘剥,使营业更为困难。于是,他一方面表面上提出“国有”或“官商合办”的主张;另一方面,决心更进一步接近日本,以便依靠日本的力量,来迫使袁世凯政府给予更多的特权,迫使袁政府不敢实行国有或官商合办。1913 年 12 月,盛宣怀与日本财团签订了以汉冶萍公司财产作抵押,贷款一千五百万日元的大借款合同,规定长期供应日本廉价的生铁和铁砂,并由日本派遣顾问来监督企业。自此,中国这一煤铁联合企业,便与日本势力联系愈加紧密。

1915 年日本政府向袁世凯提出的“二十一条”中,又要求把汉冶萍公司改归中日合办。当时,日本方面曾派人和盛宣怀密商中日合办问题。但因中国人民的强烈反对,盛不敢贸然同意。随后他又和日本策划搞一个中日合办的钢铁公司,但未及实现,就于 1916 年 4 月 27 日在上海病故。

---

① 《盛宣怀致孙宝琦函》,陈旭麓等主编《辛亥革命前后》(盛宣怀档案资料选辑之一),第 291 页。

施 从 云

吕乃澄

施从云，字燮卿，1880年4月25日（清光绪六年三月十七日）生于安徽桐城县。父亲施志宽，以农为业，兼做豆腐买卖，有七个子女，家境贫寒。施从云少时入村塾读书，稍长助父业农，仍勤勉好学，喜读有关鸦片战争、太平天国等反帝反清的书籍。他性格豪爽，好见义勇为。

1900年，施从云不堪地主的压迫与剥削，背井离乡弃农从戎，经同乡介绍，入天津镇台吴化纯部。1904年入保定将弁学堂，次年毕业后，在北洋第五镇中任排长，继升队官，再升任督队官，驻奉天新民府。1909年春，他回家安葬母亲，誓言："从此双亲归净土，头颅便可造山河！"①决心投身于推翻清朝封建王朝的斗争。由于他从军后多与思想进步的官兵交游，逐渐成为第五镇中的活跃人物。他与王金铭、冯玉祥等结交，联合六名下级军官，于1910年春发起组织"武学研究会"，以读书研究军事为名，秘密鼓吹革命，互相传阅《嘉定屠城记》、《扬州十日记》等反清书籍。施经常向官兵讲述满清王朝屠杀汉人的残酷情景，激发大家的革命情绪。经过施从云等人的宣传鼓动和组织工作，武学研究会发展很快，许多士兵纷纷加入。

同年9月，施从云被编入新成立的第二十镇，由队官提升为第七十九标第一营管带。他与营副王金铭等继续在士兵中发展武学研究会组

① 潘祭野：《施公燮卿烈士传》，稿存安徽省桐城县政协文史资料编辑委员会。

织，广泛开展活动，二十镇的同盟会员也参加该会活动。不久一部分下级军官也陆续入会，王化东所训练的学兵一千五百余人则几乎全部加入。武学研究会的声势日益扩大，受到二十镇的反动将领潘榘楹等人的疑忌和监视。正在这时，同盟会员在东北秘密组织“山东同乡会”以联络同志，于是山东籍的王金铭、孙谏声等发起在二十镇组织山东同乡会，聘潘榘楹为会长以遮人耳目，王金铭为副会长实际负责。施从云虽非鲁籍，为便于开展革命活动，被吸收为“名誉会员”，担任会外干事，实际成为该会负责组织和宣传工作的重要成员，积极开展革命活动。

1911 年秋，第二十镇奉命入关参加永平（今河北卢龙）秋操，10 月 10 日行军到昌黎，武昌起义爆发，清廷电令秋操停止，二十镇暂驻滦州待命，继而下令该镇赴武汉前线攻打民军。29 日，第二十镇统制张绍曾等通电要求清廷立宪。施从云、王金铭、冯玉祥等人力劝张绍曾率部起义，进攻北京，推翻满清王朝。张不采纳他们的意见，又不愿到武汉攻打民军，决定在滦州按兵不动。11 月 6 日清廷下令张绍曾的第二十镇统制职务由潘榘楹接任，另给张一宣抚大臣并赏加侍郎衔空名，削去了他的兵权。清廷的倒行逆施，更加激起了第二十镇革命官兵的愤怒，施从云与王金铭等在滦州文庙召开七十多人参加的紧急会议，决定挽留张绍曾。施等力劝张绍曾说：“君主立宪并非我们最后的目的，为解救国家人民于水深火热之中，只有革命一条道路。武昌首义后，全国革命胜利，指日可期，不必再有所顾虑。”①张以第六镇统制吴禄贞已经遇害，自己的力量单薄，遂借口养病，避居天津。

潘榘楹接任第二十镇统制以后，奉袁世凯之命，把全镇部队拆散分驻于葫芦岛、海阳镇、锦州、临榆等地，并严密监视，滦州只留驻第七十九标。为了冲破敌人设置的障碍而继续开展革命活动，爱国士兵共同

---

① 鹿钟麟：《滦州起义的前前后后》，中国人民政治协商会议全国委员会文史资料研究委员会编《辛亥革命回忆录》（六），中华书局 1963 年版，第 169 页。

推举王金铭、施从云、冯玉祥出来主持革命工作。他们三人毅然任之，召集革命同志开会，施说："国事本非一人所能独任，亦不能以一人之不留将国事进行停顿，天下兴亡，匹夫有责，况革命事业，须以牺牲精神与恶劣环境奋斗。我辈军人，尤应本此主义，地狱当前，我请先入，拿破仑字典无难字，我亦云然。同志相处，匪依朝夕，愿共以铁肩担当革命，竟厥全功。"①他们决定加紧积蓄革命力量，积极准备武装起义。施、王随即与到滦州来运动新军起义的天津革命组织"共和会"取得了联系，与共和会会长白毓昆及凌钺、王葆真等人密切合作，共策进行。12 月下旬，他们研究决定由王金铭潜赴海阳镇，与第八十标第三营管带冯玉祥等秘密商议武装起义的具体计划。

当王金铭从海阳镇返回滦州时，白毓昆已携带了"中华民国军政府北军大都督之印"，率领二十多名敢死队员从天津来到滦州，积极发动武装起义。12 月 30 日，施从云和王金铭等在北关师范学堂召开军事会议，决定立即发动武装起义，并拟推举第七十九标标统岳兆麟为北军大都督，以造声势。散会以后，施与王去见岳兆麟，告以推举他为大都督之事，岳借口兵力单薄推辞。施、王为了争取岳，进一步把去海阳镇与冯玉祥密商起义的计划也告诉了他。当天晚上，他们即以陆军混成四十协官长目兵的名义，由王金铭、施从云、冯玉祥等署名，发出主张共和的通电。但岳兆麟是一个反动军官，他于第二天早晨逃往开平，向通永镇守使王怀庆告密。王奉袁世凯之命，于第三天(1912 年 1 月 1 日)赶到滦州，想用恐吓的手段"顺机消弭"起义，被起义军监视了起来。当晚，凌钺、张振甲率领官兵逼王怀庆起义担任北军大都督。王假装接受，暗中却与第七十九标第三营管带张建功勾结，于 1 月 2 日早晨入滦州城的途中逃走。

王金铭、施从云等闻悉王怀庆逃走以后，立即召开紧急会议，推举

---

① 罗正纬：《滦州革命纪实初稿》，中国史学会主编《中国近代史资料丛刊·辛亥革命》(六)，上海人民出版社 1957 年版，第 343 页。

王金铭为“中华民国军政府北军大都督”，张建功为副都督，施从云为总司令，白毓昆为参谋长，当天宣誓就职。在滦州城里张贴独立布告，并向全国发出通电，发表对内对外宣言及各种文告，阐明军政府的各项方针政策。当时天津八国领事团推代表到滦州来与军政府谈判，承认滦州起义军为交战团体，允许起义军通过天津。

王怀庆到了开平，伪造了一份从秦皇岛登陆的民军的电报发给王金铭、施从云，要他们按兵待援；同时，他又急电袁世凯从石家庄调第三镇第十二标，于 1 月 4 日下午 5 时开到雷庄附近布防，并拆掉一段铁轨。这时，其他各地配合起义的部队，被袁世凯的爪牙监视，不能自由行动，冯玉祥也被拘禁在海阳镇。王金铭、施从云原计划起义军于 1 月 3 日直取天津，因误信伪电而等待秦皇岛登陆的民军，迟未出发，直到 4 日才明白是中了敌人缓兵之计，乃于当天誓师出发。下午 5 时施等准备登车之际，忽然捕获了张建功派向王怀庆密报军情的奸细。张建功图穷匕见，率领第三营官兵踞城顽抗，与第一、二营展开激战，相持两小时不下。王金铭欲下令猛攻张部，施从云说：“建功无能为也，若必攻之，旷日持久。海阳军及关外民军方盛，业已约定以劲旅直趋天津，会攻北京，大事可立就也。”①遂决定放弃滦州，率第一、二营官兵约七百余人登车出发。晚十二时许，火车开到雷庄附近脱轨，并遭到炮火袭击，王、施指挥官兵下车奋勇杀敌。敌方炮火猛烈，且众寡悬殊，势难支撑。司书瞿胜耻和马弁龚某劝施从云换掉衣服往东后撤，施说：“见危授命，古训昭然。予自从军之日，即思以死报国。死得其所，幸也！已矣，毋复言！”②依然奋勇督战，与敌军血战数小时。此时清军鸣号停战，诈称请王金铭、施从云到雷庄议和。王、施应允，众官兵谓王怀庆诡

---

① 罗正纬：《施从云》，中国史学会主编《中国近代史资料丛刊·辛亥革命》（六），第 366 页。

② 罗正纬：《施从云》，中国史学会主编《中国近代史资料丛刊·辛亥革命》（六），第 366 页。

计多端,恐遭毒手。王、施认为:"如果和议能成,双方免受无谓的牺牲,一直可攻京津。如出意外,以身殉志,求仁得仁,有何憾焉。"①遂率领一百多官兵前往,到了雷庄,即全部被伏兵包围。次日施从云惨遭杀害,临刑时庄严挺立,大义凛然。时为1912年1月5日,年方三十一岁。

① 刘骥:《滦州起义记》,《近代史资料》1958年第2期,第59页。

师　　复

杨天石

师复，原名刘思复，民国初年著名的无政府主义者。广东香山（今中山）人。1884年6月27日（清光绪十年闰五月初五）生。十六岁时考中秀才，但不久即对科举失去兴趣，专心研究诸子学、文字学及中国古算术，颇有心得。1901年在香山创立演说社。1904年留学日本，次年8月加入同盟会，旋至横滨向俄国无政府主义者学习制造炸弹。1906年初归国，在香山创办隽德女学，提倡女子教育。不久，应谢英伯邀，至香港编辑《东方报》。

1907年春，为配合许雪湫、邓子瑜在潮州、惠州两地发动的起义，同盟会计议暗杀粤督岑春煊和水师提督李准，刘思复慷慨自请任实行委员，因试验水银炸药击伤脸部，未能成行。同年6月初，李准镇压潮惠起义后班师回广州，刘思复即准备乘其赴总督衙门参谒时截击。11日晨，装配好炸弹，不料出门时发生爆炸①，面部及左手受伤，五指全废。岗警闻声赶来，发现铁弹，巡警道龚心湛命将刘思复先抬入医院治疗，待伤愈后再行审讯。治疗中，刘思复左手下部被医生截去。出院后，清吏多次审讯，刘思复均自称为三水人李德山，因试验化学受伤。清吏虽怀疑其为革命党，也查出了他的真名实姓，但因得不到他的确实证据，于同年9月判令解回香山原籍监禁。

1908年9月，革命党人郑彼岸创办《香山旬报》，刘思复在狱中起

① 刘思复：《驳江亢虎》，《师复文存》，广州革新书局1928年版，第225页。

草了发刊词，宣称“欲令邦人士女，拂拭真智，咸革旧染，兴化砺俗，作我民气，因以恢复自由”①。他在报上先后以净慧居士、寥士等笔名发表《净慧室随笔》、《寒柏斋剩言》、《絅庵谰语》、《粤语解》等著作多种，宣传民族、民主思想，涉及历史学、方言学等方面。他还曾起草《改良监狱议》，受到香山县令的激赏。1909年10月，经陈景华、郑彼岸等营救出狱，赴香港，受到同盟会南方支部的热烈欢迎。

两年多的牢狱生活给了刘思复不少刺激。在香港，他专心研究《新世纪》宣扬的无政府主义，思想发生变化，认为自己已属于“反抗强权之革命党，而非复政治之革命党”②。1910年春，与谢英伯、高剑父、朱述堂等组织支那暗杀团，幻想以个人行动警醒社会，推动革命。据有关人士回忆，该团初次宣誓时，厅房四周围以黑布，中间置一圆桌，围以白幔，上放一骷髅头，屋边燃着一支白蜡烛，宣誓者须在烛影摇红中独对骷髅三分钟，由主盟者宣读暗杀团宗旨和方略③。1911年4月广州起义失败，刘思复曾帮助林冠慈谋刺李准，后又曾准备刺杀清摄政王载沣。武昌起义爆发后，刘思复在东江一带领导民军起义，号称香军。同年冬，和未婚妻丁湘田、同志郑彼岸一起北上，准备暗杀袁世凯。途经上海时，适值南北和议告成，于是往游杭州西湖，隐居于白云庵。

1912年5月，为了散布所谓“社会革命”的种子，刘思复回广州组织晦鸣学舍，印行《无政府粹言》、《无政府主义丛刻》等小册子，免费赠送。7月，废姓，易名师复。同月，因仰慕托尔斯泰及其道德自我完成说，与郑彼岸、莫纪彭组织心社，宣称“破除现代社会之伪道德、恶制度，而以吾人良心上之新道德代之”④。该社无章程，无规则，取绝对自由主义，仅公布《信约》十二条：（一）不食肉；（二）不饮酒；（三）不吸烟；

① 《香山旬报》第1号(1908年9月7日)。

② 刘思复：《驳江亢虎》，《师复文存》，1928年版，第226页。

③ 郑佩刚：《关于刘思复之暗杀活动》，中国人民政治协商会议广东省广州市委员会文史资料研究委员会编《广州文史资料》第5辑，1962年版。

④ 刘思复：《答凡夫书》，《师复文存》，第144页。

(四)不用仆役;(五)不坐轿及人力车;(六)不婚姻;(七)不称族姓;(八)不作官吏;(九)不作议员;(十)不入政党;(十一)不作海陆军人;(十二)不奉宗教①。师复自誓永远遵守。心社的成立及其活动引起广州社会的瞩目,称许者誉为圣人,反对者目为禽兽。师复曾于广州《平民日报》辟《心社析疑录》一栏,刊载讨论《信约》的有关文字。在论证其所谓"废婚姻主义"的时候,师复引用《史记》材料,说明孔子也是其父与人野合而生的"野子",引起尊孔派大哗。同年秋,师复认为世界大同当以语言统一为先导,发起研究世界语,任环球世界语会广州分会会长。

师复厌恶资本主义的都市生活,曾拟邀约几个同志建立无政府主义新村,已经选定了零丁洋畔一块地方,有田七十亩,荔枝五百株,命名为红荔山庄。因国民党人发动的反对袁世凯的"二次革命"爆发,计划中辍。

对"二次革命",师复态度消极,认为两方面的是非胜败,均无"评论之价值"。1913 年 8 月 20 日,他在广州发刊《晦鸣录》(一名《平民之声》)。其中除中文外,特设世界语部,是近代中国较早的世界语刊物。该刊宣称:"今天下平民生活之幸福,已悉数被夺于强权","欲救其弊,必从根本上实行世界革命,破除现社会一切强权"②。《晦鸣录》仅出两期,9 月 8 日广东都督兼民政长龙济光下令"永远停版",晦鸣学舍亦同时被封,心社被"立饬解散"③。12 月 20 日,《晦鸣录》转澳门出版,更名《民声》。出版两期后,龙济光又奉袁世凯命,串通葡萄牙驻澳门领事予以封禁。1914 年 4 月,师复又转上海继续秘密出版《民声》。

7 月,师复在上海成立无政府共产主义同志社,对外名称用 A · K · G,译名"区克谨"。该社宣言说:"无政府共产主义者何?主张灭除资本制度,改造共产社会,且不用政府统治者也。质言之,即求经济上

① 《心社意趣书》,《民声》1914 年第 14 期。

② 《编辑绪言》,《晦鸣录》1913 年第 1 期。

③ 《粤督解散心社》,《民立报》1912 年 12 月 16 日。

及政治上之绝对自由也。”①其后，南京、常熟、广州先后有人成立类似的组织，表示响应，克鲁泡特金、格拉佛、高德曼、大杉荣等国际无政府主义者也纷纷来信表示支持；日本人山鹿泰治并到沪担任《民声》世界语部分的编辑工作。8月，师复致书万国无政府党大会，报告无政府主义在中国的传播历史，提议组织万国机关、注意东亚的传播、与工团联络、万国总罢工、采用世界语等五事。11月，上海漆业工人因要求增加工资举行罢工，师复曾撰文鼓吹工团主义，要工人“不恃政治而惟恃自己实力以灭除贫富阶级”②。

1915年1月，师复肺病加重。医生建议多食牛肉汁、牛奶、鸡蛋等营养物，但他不愿违背心社《信约》，拒绝不吃；有人为筹集其医疗费，提议出卖印刷《民声》的机器，他表示此为“吾党主义、东方命脉”，不能“断之以活一人”③。当时，住院费极为昂贵，《民声》也因捐助经费者日少，陷于困难境地，他感慨地在致郑彼岸书中说：“文明科学本为富人之专利品，托尔斯泰所由深恨而痛绝之也。现在《民声》垂危，几将易箦，余之忧《民声》，比忧病为更甚。倘《民声》呜呼，余又真成为不治之痨病，则师复将与无政府主义同葬支那之黄土而已。”④同年3月27日师复病逝。著有《师复文存》。

在师复传播无政府主义期间，江亢虎正组织中国社会党，在“社会主义”的旗号下传播社会改良主义。二人间曾展开辩论。师复批评江亢虎“违背社会主义之根本要义”，“颠倒瞀乱”，“饰说欺人”⑤，并将有关文字编为《伏虎集》；其实，师复自己由反对剥削、压迫进而笼统地反对一切政治、政府和权威，也是错误的。五四运动至1927年前后，师复的信徒们曾将他的思想吹捧为“师复主义”，以反对马克思主义和中国共产党。

---

① 《师复文存》，第53页。
② 《师复文存》，第84页。
③ 《师复文存》，第31、224页。
④ 文定：《师复先生传》，《师复文存》，第8页。
⑤ 文定：《师复先生传》，《师复文存》，第8页。

施 复 亮

寿祝衡

施复亮，原名存统，曾化名方国昌，笔名光亮、文亮、伏量等。1899年出生于浙江金华县叶村的农民家庭。家境较富裕，其父以耕为业，母亲能看书识字。施复亮幼从母读，六七岁时就帮助父亲下地劳动，做些杂活。九岁时才进村塾，勤奋刻苦，熟读"四书"。

辛亥革命后，施复亮受进步思想影响，率先剪掉发辫。不久他进了城里的长山高等小学堂学习，在课余，广泛涉猎《三国演义》、《西游记》、《古文观止》和《纲鉴易知录》等书，尤崇拜孙中山，阅读了不少关于三民主义的著作。施有意从军报国，无奈不识门径。高小毕业时，他希望进一步求学深造，但父亲希望他回家务农，经母亲说情，才被允许继续升学。1917年夏，施复亮考上浙江第一师范学校，校长经亨颐是著名的新派人物，教师有陈望道、夏丏尊、刘大白和李次九等。施立志刻苦学习，以便将来做出一番大事业。在五四运动激励下，他开始接触《新青年》等刊物，看到陈独秀写的《复辟与孔子》一文，思想顿时开朗，遂和沈端先（夏衍）、阮毅成等创办《浙江新潮》，他们亲自撰稿，轮流编辑。施写的一篇激昂慷慨的文章《非孝》，发表在该刊第二期上，犹如惊蛰的春雷，立刻引起轰动，由此他名闻遐迩，但当局下令将他开除。

施复亮在杭州不能立足，便于12月与俞秀松、傅彬然、周伯棣一起到了北京，一度参加空想社会主义和无政府主义的混合物"工读互助团"，但该团旋即解散，1920年春又同俞秀松到了上海，并结识了陈独秀，他们常在一起讨论中国革命和其他有关问题。当时陈望道也在上海，与陈独秀密切来往，共同活动。这些初步具有马克思主义信仰的知识分子，给施的思想较大影响。同年5月，施同陈独秀、陈望道等借上海澄衷中学的风雨操场，庆祝“五一”国际劳动节，《中国青年》、《星期评论》且出版特刊。会后他们经过多次商谈酝酿，决定着手建立共产党。施加入了陈独秀、陈望道、李汉俊、陈公培（吴明）、俞秀松等人组织的马克思主义研究会，即共产主义小组，同陈独秀等开始发起组织中国共产党与筹建社会主义青年团工作，但因7月去日本而中断。

在日本，施复亮首先拜访戴季陶介绍的宫琦龙介，又与李达的朋友周佛海取得了联系。施努力学习日文，很快就能阅读马克思主义的日文著作。不久接到陈独秀的信，陈通知施担任东京共产主义小组的负责人。该小组起初只有他和周佛海两人，后很快发展了杨嗣霞、林孔昭等十余人。施很重视马克思主义的学习与宣传，曾发表《马克思底共产主义》、《唯物史观在中国》等多篇文章。在1921年中国共产党准备召开全国代表大会前，他得到通知，要求东京小组推派一名代表参加，周佛海作为东京小组代表参加了一大。同年12月，施复亮在日本警察搜捕日共党员时被逮捕，并于1922年1月被驱逐回到上海。他立即向党组织报到，党组织派他负责青年团的工作。同年5月，社会主义青年团在广州召开第一次全国代表大会，到会的有刘少奇、邓中夏、谭平山、陈公博等人。会上选出俞秀松、蔡和森、张太雷等为中央委员，施复亮不仅被选入中央委员会，且担任中央书记，负责主持团的日常工作。他多次到火热的群众斗争中去，1923年1月，青年团机关刊物《先驱》创刊，前三期是刘仁静、邓中夏编辑的，第四期以后多由施复亮主编。他曾两次被捕，其中一次因反对曹锟贿选总统，后由李大钊保释出狱。同年8月，社会主义青年团在南京召开第二次代表大会，施仍为中央委员，但因病力辞团中央书记工作，获得批准；团中央派他到上海就医，同时在上海大学任教。

施复亮于1924年初到上海大学，担任社会学系教授，讲《社会主义运动史》、《社会思想史》和《社会问题》三门课程，分别写有讲义，后收入

《社会科学讲义》第二集中。同年瞿秋白被捕，社会学系主任由施继任。作为革命摇篮的上海大学，无论在理论宣传和革命实践中都走在前列，施复亮不仅努力做好教学工作，更积极参加各项政治斗争，1925 年五卅运动时，他在《五卅特刊》上发表了不少支持工人、鼓舞斗志的文章，在反对戴季陶和西山会议派的斗争中表现尤为突出。

1926 年下半年，施复亮到广州担任中山大学教授，同时在黄埔军官学校和农民运动讲习所讲课。1927 年 2 月，施复亮又到武汉，任武汉中央军事政治学校教官。蒋介石发动“四一二”政变，施对此认识不清。5 月，夏斗寅叛变，率部逼近武汉，中央军事学校、农民运动讲习所的学生组成中央独立师，由叶挺率领、恽代英为党代表，施复亮担任政治部主任，随军开往前线。在行军途中，他多次登上较高的田坎，向部队演讲，激励士气。但因片面地听信顽固派对共产党的攻击，认为农民运动不是“好得很”而是“糟得很”。又受陈独秀思想影响，感到民主革命应由国民党领导，对共产党领导革命产生怀疑。在独立师凯旋武汉的路上，他听了总政治部主任邓演达第二次改组国民党，解散共产党的主张，产生了共鸣，觉得为避免误会，“共产党这块招牌不是不可以牺牲的”①，终于写了《悲痛中的自白》一文，刊登在同年 8 月 30 日的《中央日报》上，公开声明脱离共产党，而不退出国民党。后来他对此不断自我批评，悔恨莫及。

1928 年初，施复亮邀集许德珩、李达、邓初民等十几位志同道合的朋友，共同商量今后中国革命的出路，秘密成立一个定名为“本社”的组织，表示不忘马克思主义之“本”，反蒋而不反共。他们分别参加了认为可以争取的各派系团体，如“第三党”等，李达办《现代中国》，邓初民办《双会》，施和许德珩参加了号称国民党“左派”陈公博主持的革命评论社，出版《革命评论》。不久《革命评论》等刊物被查禁。

施复亮自 1927 年起，从事翻译工作，先后独译或与人合译《资本论

---

① 冯明：《施复亮同志传略》(未刊稿，存民主建国会)，第 25 页。

大纲》、《现代唯物论》等二十余种进步著作，1932 年出版了《中国现代经济史》一书。这时他除译著外，还在北京大学、北京师范大学、民国大学任教。面对日本帝国主义野蛮侵略，施积极宣传抗日救亡，受到国民党市党部的监视，成为国民党市党部密令逮捕的五位教授之一，由于事先得到学生报信，才幸免于难。

1933 年初，施复亮经人介绍，认识了冯玉祥，得冯资助暂去日本，同年回国，在老家叶村读书写稿。1935 年春，应冯玉祥邀，施曾往泰山讲学，得酬劳两千元，偕妻子再去日本。在友人的帮助下，在日本创办了《文物》综合杂志，任白戈、艾思奇都在该刊发表过文章。至 1936 年春，回上海投入救亡运动。施在《救亡日报》、《文化战线》等刊物上发表一系列文章，驳斥“亡国论”、“速胜论”，指出全面抗战必须把军事、政治、经济、教育、思想等一切方面动员起来，要求取消国民党的独裁统治，后来他把这些文章汇编成《民主抗战论》一书出版。抗战开始后，施复亮征得叶澄波同意，把进化书局和一个印刷厂一同迁往昆明，改名为民主印刷厂，1940 年复迁往重庆，改名为南方印书馆，施任总编辑和代总经理。1941 年皖南事变发生，施失去工作，生活艰难，有人劝他当参政员，他拒绝说：“即使饿死，也不做蒋介石政府的官。”①不久，由胡子昂介绍到四川省银行经济研究所工作，编辑《四川经济季刊》，并出版了《经济漫谈》、《四川征购粮食办法》等著作。

抗战后期，施复亮曾参加“中国经济事业协进会”、“星五聚餐会”的活动，同企业家有所联系。当时周恩来副主席在重庆，劝民族资产阶级成立自己的组织，表达自己的主张。1945 年 8 月，毛泽东主席在重庆谈判期间，多次会见民主人士和各界代表。施复亮对毛泽东检讨了自己过去的错误。毛泽东对施热情慰勉，称赞他为介绍马克思主义和推动抗日救亡事业付出了辛勤劳动，希望他坚持统一战线，为争取和平民主，建设新中国继续努力。施复亮在党的统一战线政策感召下，先于 9

① 冯明：《施复亮同志传略》，第 42 页。

月间同许德珩等创立九三学社(民主科学社)。不久脱离“九三学社”,又于12月与黄炎培、胡厥文、章乃器在重庆成立民主建国会。施为常务理事,他同黄炎培、章乃器等其他几位领导人在政治上并不一致,但都希望通过和平道路,在民主的基础上建立新中国,反对独裁、反对内战,具有进步意义。他们在党派关系方面标榜“不右倾,不左袒”①,自处于中间地位,表现了民族资产阶级的软弱性。施复亮曾在民建机关刊物《平民》周刊上发表《怎样促进政治民主化》等一系列文章,对建立反蒋统一战线起了一定的作用。

1946年1月,国民党被迫召开政治协商会议。参加这次会议的有国民党、共产党、民主同盟、青年党及社会贤达代表,共三十人。施对此寄予很大的期望,以为通过这次会议,可以打破国民党一党专政和蒋介石一人独裁的局面,实现政治、经济民主化,建立自由、民主、独立的新中国。为了促进会议成功,民主建国会同其他民主党派和人民团体一起,组成政治协商会议陪都各界协进会,多次假迁川工厂联合会合作会堂和沧白纪念堂等处,举行报告会以动员群众。2月10日,在重庆较场口召开“陪都各界庆祝政治协商会议成功大会”,施复亮、章乃器代表民主建国会参加大会主席团,国民党特务派遣一些流氓打手,冒充群众,大打出手。李公朴、郭沫若、施复亮等数十人被暴徒打伤,施复亮伤势最重。较场口事件暴露了国民党反动派貌似民主的假面具。施复亮躺在医院的病床上口述,由妻子记录,题为《愤怒的抗议》一文,在《新华日报》发表。周恩来及各界各地代表到医院或致电向施慰问。出院后,周恩来劝施早日离开重庆,不久他随着新华社同志一起搭飞机离渝赴沪,稍后民主建国会总会也迁往上海。

施复亮想在上海找一个适合他的文教工作来维持生活,但国民党教育部已密令全国各学校,不得聘用施。在沪他拿不出租房押金,找不

① 《民主建国会成立宣言》,孙晓村、冯和法、张帆《中国民主建国会史话》,中国人民政治协商会议全国委员会文史资料研究委员会1983年版,第84页。

到住处,却受到一位叫周庚的人欢迎,让施住到半淞园路家中,而且不收房租,施非常感激,后来知道周是地下党员,是党组织让他帮助施复亮克服困难的。解放战争时期,施复亮在白色恐怖笼罩下的上海,仍然坚持向反动派进行斗争。1947年,国民党实行大逮捕,发生“六二”事件,施并没有被吓倒,他做好了被捕的思想准备,为了揭露反动派捕人的阴谋,他邀集民主党派在上海的十位领导人一起去见国民党上海市长,严正地说:“听说你们要逮捕,我们自己来报到坐牢。”①弄得市长狼狈不堪。同年10月20日,国民党悍然宣布民主同盟为“非法团体”,予以取缔,民主建国会等民主党派被迫转入地下活动。

1948年4月30日,中国共产党发出“五一口号”,建议召开没有反动派参加的新政治协商会议,讨论成立民主联合政府。施复亮对此非常兴奋。在5月23日民主建国会常务理事会议上,施等经过争论,一致决定响应中国共产党的号召,与蒋介石独裁政府决裂,为创建新的民主共和国而奋斗。同年冬,民主建国会领导人由沪到香港,施和章乃器、孙起孟被民建会推为代表,到解放区参加新政协的筹备工作。翌年1月,施复亮同其他民主人士一起到东北参观,在老解放区看到一派欣欣向荣和人民热爱共产党的情景,深受教育。回到北平后,他于4月间加入新政协的筹备工作。同月15日,毛泽东主席在北京香山双清别墅请民建会一些负责人共进晚餐,勉励大家为解放大上海作贡献,施立即报名参加南下工作团,随陈毅大军进入上海。不久施被任命为华东军政委员会顾问,为贯彻党对民族资产阶级的政策尽了自己的力量。9月,政协全国委员会成立,施复亮被推举为政协常委兼副秘书长。

1949年10月1日,中华人民共和国成立。建国后,施被任命为劳动部第一副部长,1954年因病辞职。此后历任全国人大第一、第二、第三届常务委员和政协常务委员,同时继续担当中国民主建国会中央常务委员、副主任委员、组织委员会主任委员。他工作认真负责,在恢复

① 冯明:《施复亮同志传略》,第49页。

国民经济、“三反”、“五反”及抗美援朝、资本主义工商业社会主义改造等各项运动中表现积极。他坚决拥护《共同纲领》，把民主建国会转变为在中国共产党领导下，适合于新民主主义到社会主义革命和建设需要的政治团体，他通过开会作报告和到武汉、重庆、上海视察，同工商界代表座谈，进行深入细致的思想工作。施患有半身瘫痪，病中仍关心国家大事，“文革”时受到冲击，病情加重，于 1971 年 11 月 29 日去世。

施复亮一生为革命尽心竭力作出了贡献，党和人民是不会忘记他的①。

主要参考资料

冯和德:《民主革命时期的英勇战士施复亮同志》,《新华文摘》1982 年第 8 期。

史群:《中国民主建国会主要创始人小传(施复亮)》,《人物》1982 年第 2 期。

戴逸、李文海:《翔实、公允、清新——评〈中华民国史〉第一编上册》,《学习与研究》1982 年第 3 期。

① 《新华月报》1982 年第 8 期，第 189 页。

施　今　墨

寿祝衡

施今墨，浙江萧山县人，生于 1881 年 3 月 28 日(清光绪七年二月二十九日)。他原名施毓黔，行医后，改名施今墨。表示他要向中国古代哲学家墨子学习：行兼爱之道，治病不论贵与贱，施爱不分富与贫。同时，在医术上要勇于革新，使自己成为当代的医学绳墨。

施今墨幼年时期，其母多病，遂立志学医，曾从其舅父——河南安阳名医李可亭学中医。1902 年，因其父在山西为官，进入山西大学堂就读。由于他参与反对该校西斋创办人美国传教士李提摩太(Timothy Richard)而被学校开除，于 1903 年转入山西法政学堂。1906 年转入北京京师法政学堂学习。他在校虽然攻读法律，但仍然孜孜不倦地钻研中医。

施今墨于 1911 年毕业于京师法政学堂后不久，便追随黄兴奔走革命。1912 年 1 月民国临时政府在南京成立时，黄兴任陆军总长。施今墨以山西代表的资格参与活动，为陆军编纂了三种法令：《陆军刑法》、《陆军审判章程》、《陆军惩罚令》。1913 年，他返回山西。一方面行医，一方面从事社会活动，与范源濂、汤化龙等在北京和山西创办尚志学会和尚志学院。1917 年，他出任湖南教育厅长，不到一年即辞职引退，弃政从医，并决心以行医作为自己的终身职业。1921 年他协助顺直水利督办熊希龄创办香山慈幼院，负责该院孤幼儿的卫生保健工作。

1929 年，国民党政府下令废弃中医。施今墨到处奔走，组成"华北中医请愿团"，南下联合各省医家，多次请愿，在全国舆论的支持下，终于使国民党当局收回成命，并被迫同意成立国医馆。

南京中央国医馆成立后，焦易堂任馆长，施今墨任副馆长。为了发展中医事业，施今墨一方面行医，一方面从事中医教育改革。1932 年，他在北平以自己行医的收入创办了华北国医学院，任院长。学院除开设中医基础和临床课程外，还设有西医解剖、生理、病理、细菌学、内科、外科及日、德文等课程。这在当时的医学界，还是一个创举。该学院一、二年级为中西医基础课，三、四年级为临床课，学生毕业时还须进行临床实习。施今墨亲自授课，并指导学生实习。该院在成立后十年期间，共培养出学员六七百人。

施今墨于 1941 年担任上海复兴中医专科学校董事长，并在北平、上海、山西、察哈尔等地协助创办中医院校、讲习所及研究班。数十年以来，他除办学外，还收有门生数百人，培养训练了很多中医人才。

抗日战争胜利后，施今墨曾“代表”华北医药界出任“国大代表”及“立法委员”。任职期间，多次提出发展和改革中医的建议及方案，均未被采纳。事实教育了他，北平解放前夕，他坚决抵制了国民党诱使他赴台湾或国外的阴谋，并于 1949 年 9 月和其他一些国民党“立法委员”在《人民日报》上联名发表《虔诚接受中共领导》的声明。解放后，他加入农工民主党，被推选为中国人民政治协商会议第二、三、四届全国委员会委员，并担任中华医学会副会长及中医研究院学术委员会委员。他还在平安医院、协和医院、儿童医院、铁路医院等北京各大医院中医门诊部工作，并担任北京医院中医顾问及北京医学院顾问等职。

施今墨擅长医治胃肠病及妇科病，对于糖尿病的治疗，也有独到之处。晚年对于冠心病和防老法也颇有研究。

他在医学上勇于革新，五十年前即提倡中西医结合。他常说：“中医累积千余年之经验，必须与西洋医学相结合，始能究明真理。”他主张中医辨证，西医辨病，辨证辨病相结合，总结疾病规律，取得古人理论的精华。他的医案常附中西医两论，中西并举，融会贯通。

施今墨不仅在疾病的诊断上勇于革新，对于中药的剂型和配制，也力图改进。曾创办“中药制药厂”，以实现自己的革新愿望。他处方配制的丸药，如气管炎丸、神经衰弱丸、高血压速降丸等，也是在打破常规和旧传统的基础上制成的。

1969 年 8 月 22 日，施今墨因病逝世。他预立遗嘱将自己的遗体解剖贡献给医学事业。他是中国历史上中医界第一位将遗体贡献给医学事业的名医，反映出他追求真理，献身科学，坚持走中西医结合道路始终不渝的决心。

施　　愚

张学继

施愚，字鹤雏，号小山，四川涪陵人，生于1875年（清光绪元年），1898年戊戌科进士，授翰林院编修。同年赴日本留学，后又赴德国继续深造。回国后，历任户部江西司主事、考察宪政大臣顾问、山东巡抚顾问、宪政编查馆科员、度支部清理财政处总办、弼德院参议、法制院副使等职务。

1912年中华民国成立后，经孙宝琦推荐，施愚担任总统府秘书。1912年7月30日至1914年5月26日，施愚先后担任国务院、政事堂法制局局长，在近两年的时间里，施愚主持制订了北洋政府的官制官规及一系列法律文件。在袁世凯撕毁《中华民国临时约法》的过程中，施愚等法律派起了重要作用。

1913年6月底，中华民国第一届国会按照《国会组织法》第二十条的规定，由参、众两院各自选出三十名议员组成宪法起草委员会，负责宪法起草工作。宪法起草委员会成立不久，袁世凯即将法制局拟定的一个宪法草案大纲提交宪法起草委员会。这个大纲共二十四条，除在形式上采用内阁制外，其主旨在扩大总统权力。大纲要求赋予总统下列权力：大总统对于两院之议决有复议权及拒绝权；大总统有任命国务员及驻外公使权，无得议会同意之必要；大总统有发布紧急命令权；大总统有议会停会权；大总统得参议院同意，有众议院解散权；行政最高权委任之于大总统，内阁总理及各部总长辅助等。袁世凯企图强迫宪法起草委员会按照他的意志制订宪法。

对于袁世凯的要求，宪法起草委员会未予理睬。1913 年 10 月 16 日，宪法草案脱稿，并在报上公布以征求社会各方面的意见。袁世凯见宪法起草委员会没有完全采纳其要求，便决心破坏国会的制宪工作。

首先，袁世凯故意无视《天坛宪法草案》的存在，由法制局提出所谓《增修约法案》，要求将《临时约法》中限制大总统权力的种种规定予以修正，但遭到国会的拒绝。接着，袁氏又于 10 月 18 日咨文国会，与宪法会议争夺宪法公布权，指责宪法会议公布《大总统选举法》侵犯了大总统的法律公布权。袁不待国会的答复，即于 10 月 23 日派遣施愚、顾鳌、黎渊、方枢、饶孟任、程树德、孔昭焱、余肇昌八人强行要求出席宪法会议，他们声称“奉总统令，来会陈述意见”，并宣布袁氏咨文，要求此后开会都要事先通知国务院，“以便该委员等随时出席陈述”。但宪法起草委员会严词拒绝施愚等八人出席宪法会议，并严正指出按照会议章程，“除两院议员外，其他机关人员不但不能出席，即旁听亦不可”。国会的不妥协态度，促使袁世凯狗急跳墙，悍然决定以暴力手段解散国会。

袁世凯在非法解散国会并撕毁《临时约法》后，成立御用的“约法会议”。约法会议议员共五十七人，实际上都是由袁世凯及其爪牙指定的角色，人们称“约法会议是法制局的放大”。袁世凯指定卖身投靠的原安徽都督孙毓筠为约法会议议长，法制局局长施愚被指定为副议长，王式通、顾鳌先后任秘书长。

1914 年 3 月 18 日，“约法会议”在北京象坊桥前参议院会场举行开幕典礼。国务院代总理孙宝琦代表袁世凯出席会议并宣读大总统“约法会议”成立“颂词”。“颂词”继续攻击《中华民国临时约法》，称：“其内容规定束缚政府，使对于内政、外交及紧急事变几无发展伸缩之余地。本大总统证以种种往事之经验身受其苦痛，且间接而使四万万同胞无不身受其苦痛者，盖两载于兹矣。……方今吾国宪法既因事实上之障碍而猝难发生，若长守此不良之约法以施行，恐根本错误，百变横生，民国前途危险不可名状，故本大总统对于此次增修约法固信诸君发抒伟论，必有良好之结果，尤愿诸君宝贵时日能为积极之进行也。谨致颂曰：中华民国万岁！中华民国国民万岁！”①

袁世凯嘴里喊着“中华民国万岁”的口号，内心里却一直做着皇帝梦。继孙宝琦、孙毓筠先后致词后，施愚也以副议长身份发表就职演说：“今日约法会议开会选举正副议长之结果，以鄙人承乏副议长一席，以在会诸君之年龄、学识、社会之声誉、政治之经历比较言之，先进甚多，而选及鄙人无任惭愧。鄙人近年来于立法事业以职务关系稍有经验，即此次增修约法，鄙人素日亦颇有所主张，当为诸君所共闻，以今日互选，卜之主旨当能一致，甚愿以经验所得供诸君之参考。鄙人尝考各国法律，凡经一次修改，必以施行之当时能否适合为标准，无论异国之法律不能强行于本国，即本国之法律因时间先后之不同亦有不能施行尽利者，约法之良否已有公论。今观已过之历史，政府与国民既皆因是障碍而受痛苦，则其对于约法观感相同，将来讨论结果，其增修条件虽尚待研究，然必能互相印证，一致主张，此则鄙人所可预料者也。约法既删去临时二字，将来究能为正式宪法之蓝本与否，现在尚不敢断定。惟既应当时之所必需而从事增修，则其增修之结果必能适合于施行之当时，此亦鄙人所可预料者也。果能适合于施行之当时，则此施行期间必能得一良好之结果，而我国将来之进行，即凭此数年间之建设以为基础。此数年间因根本法之良善，使国家基础得以坚固，则将来之进行亦易收效力。故现在增修约法完备一分，即将来正式宪法亦多得一分之良善结果。观于德意志联邦宪法几全用北德意志宪法之原文，盖已经实行而又适合，后此即难大变亦不宜屡更，我国将来正式宪法是否即用此次增修之约法，现在虽不可知，然宪法之良否，即视此次增修约法如何而以为根据可断言也。深愿诸君对于约法之增修当视同将来之宪法

① 顾鳌编：《约法会议记录》(2)，《近代中国史料丛刊》第19辑，台北文海出版社1968年影印版，第338—339页。

一体郑重注意,以备为将来正式宪法之蓝本则幸甚矣。"①

约法会议在孙毓筠、施愚主持下,用了一年的时间,先后炮制出了《中华民国约法》、《参政院组织法》、《审议院编制法》、《立法院组织法》、《立法院议员选举法》、《大总统选举法》、《国民会议组织法》等法律文件。在完成这一切形式上的手续后,于 1915 年 3 月 18 日举行闭会式。

其实,"约法会议"是袁世凯的御用机构,所有的法律文件都是按照袁世凯一人的意图进行的。《中华民国约法》赋予了袁世凯以绝对的专制独裁权力,这些权力与封建帝王毫无二致。故人们称这部约法为"袁记约法"。

施愚在为袁世凯完成这一切独裁专制的法律文件后,却因为不赞成袁世凯称帝,于 1915 年 5 月辞去法制局局长职务,改任参政院参政。1915 年 9 月,任洪宪大典筹备处委员。施愚的思路是拥护袁世凯实行专制独裁,但不赞成袁世凯称帝。故在洪宪帝制过程中,施愚并没有积极参与请愿与劝进活动,目前所查到的史料中,施愚的名字仅在"四川省公民"张炳华等二百一十五人的劝进书上作为五名介绍人之一出现过一次。尽管如此,1916 年 7 月独立各省在广东肇庆成立的中华民国军务院还是将施愚列为洪宪帝制的首犯之一,并且下令通缉。但无论是以云南将军唐继尧、巡按使任可澄名义发表的要求袁世凯取消帝制、诛除祸首的通电上,还是黎元洪总统发表的惩办洪宪帝制祸首名单上,均没有列施愚的名字,可见,施愚在洪宪帝制关系不大②。

1919 年 2 月,施愚作为北京政府代表团十名代表之一(代表直

① 顾鳌编:《约法会议记录》(2),第 342—343 页。

② 徐友春主编的《民国人物大辞典》(河北人民出版社 1991 年版,第 612 页)称:"1916 年 7 月,(施愚)被护法军政府列为帝制首犯之一,被下令通缉。"此说显然是错误的。

系江苏督军李纯）到上海参加南北和平会议。1925 年 8 月，应聘担任国宪起草委员会委员。1927 年 1 月，由安国军总司令张作霖聘为政治讨论委员会委员。北洋军阀覆灭后，施愚在北平、上海等地做寓公。

1930 年病故，时年五十五岁。

施 肇 基

罗幼娟

施肇基，字植之，浙江钱塘（今杭州市）人，1877年4月10日（清光绪三年二月二十七日）生于江苏震泽。其父施则敬举人出身，后从商，经营蚕丝出口业务，家道殷实。施肇基五岁时即习读中国典籍，1886年至南京入江宁府同文馆学习英文，一年后考入由基督教圣公会主办的上海圣约翰书院（圣约翰大学前身），学习三年，主编过学生刊物《圣约翰之声》。1890年转入国文学院，专修中文。

1893年8月，施肇基随清政府驻美公使杨儒赴美，任中国驻华盛顿使团翻译生。1897年夏，施辞去使团职，进入康奈尔大学深造。1899年，杨儒出使俄国，施肇基被调为驻俄使馆随员。其间曾随杨儒赴海牙，“出席弭兵会议，任中国代表团参赞官”①。嗣后返美，继续康奈尔大学学业，先获文学学士学位，两年后又获文学硕士学位。

1902年夏，施肇基学成回国，经其兄施省之推荐，入湖广总督衙门，任洋务文案，兼鄂省留美学生监督，曾两次率鄂省公费生赴美。施肇基工作勤勉，处理免付厘金的进口商品事务成绩卓著，迭获升迁，官至币制局督办。

1905年12月，清政府派端方等五大臣出国考察宪政，施肇基被奏请随同前往，任一等参赞官。施随同五大臣在欧美考察半年余，所得宪

---

① 施肇基口述，傅安明笔录：《施肇基早年回忆录》，台北传记文学出版社1967年版。

政专著四百余种。翌年7月回国后，即在北京法华寺参与编辑《列国政要》一百三十三卷、《欧美政治要义》十八卷，呈请清廷实行君主立宪。施于9月参加清政府对留学士子举办的会考，获法政科最优等，“赐进士出身”。

施肇基的才华早已受到唐绍仪的青睐。在随同五大臣出国考察前，同唐绍仪之侄女唐玉华在上海结婚。回国后适值唐绍仪调任邮传部右侍郎，施被任命署理邮传部右参事，兼京汉铁路局总办。由于他拒绝给浏河矿业公司优先权，一度被人讥讽是靠裙带关系当上官的。但他不为所动，并力革积弊。他为取消铁路免票制度，有官吏来索免票者，施或婉拒，或于个人薪俸中购票赠之，“因之索者逐渐减少，增加路上收入甚多”①。1907年，施肇基调任京奉铁路局会办。翌年出任吉林西北路兵备道兼滨江关监督、吉林林业局监督。1909年2月，他“对俄人在哈尔滨及中东铁路沿线非法收税行为，向中东铁路公司提出抗议”②；3月参加与俄使廓索维慈、中东铁路公司总办霍尔瓦特等就中东铁路界内公议会问题谈判③。不久，施肇基升任吉林交涉使，办理对外事务。10月26日，前日本驻朝鲜统监、日本枢密院议长伊滕博文在哈尔滨被朝鲜爱国志士安重根刺死，施肇基妥善处理了这一涉外事件。

1910年，施肇基奉调回京，晋升为外务部右丞。翌年8月改任外务部左丞。10月简放为出使美、墨、秘、古大臣，因武昌首义爆发，乃中止出使。

1912年3月，袁世凯接孙中山任临时大总统，令唐绍仪出任第一任国务总理并组阁，4月施肇基出任内阁交通总长。唐绍仪不堪忍受袁世凯虐法越权之行为，于6月16日辞职，施肇基也托病递上辞呈。

---

① 陈之迈：《〈施肇基早年回忆录〉跋》，《传记文学》第9卷第6期，第11页。

② 李鸿林、张本政主编：《东北大事记》上卷，吉林文史出版社1987年版，第374页。

③ 李鸿林、张本政主编：《东北大事记》上卷，第375页。

袁提名施为驻美公使，但未获国会批准。11 月，施任总统府大礼官。1914 年 6 月，被派驻英国公使，12 月赴伦敦任，开始了历时七年的使英生涯。

1919 年初，第一次世界大战的二十七个战胜国在巴黎召开“和平会议”。中国是战胜国之一，由外交总长陆徵祥率施肇基等人出席。中国代表团向和会提出取消列强在华特权、取消“二十一条”、收回大战期间日本从德国手中夺取的山东各项权利等要求。但是巴黎和会为列强操纵，中国难以在会上有所作为。在 4 月 29 日至 30 日讨论中国山东问题时，和会完全拒绝中国代表团所提出的归还被日本夺取的山东权益的合理要求。消息传到国内，爆发了“五四”爱国运动；当时在巴黎的华侨和留学生也强烈要求代表团拒绝签字。在中国人民共同声援下，施肇基赞成顾维钧等人的主张，不顾北京政府训令，拒绝在巴黎和约上签字。

1921 年 2 月，施肇基与顾维钧互换任所，转任驻美全权公使。1921 年 11 月至 1922 年 2 月，美国总统哈定（Warren Gamaliel Harding）发起召开华盛顿九国会议，以缓和列强之间的矛盾，继续讨论巴黎和会没有完全解决的分赃问题。施肇基和顾维钧、王宠惠、伍朝枢是中国出席会议的全权代表，施、顾被特加大使和特任官衔，以表重视。由于当时国内军阀混战，政局动荡，华盛顿与会国某些代表对中国的态度极为傲慢。法国代表外长白里安（Aristide Briand）曾冷言冷语地询问施肇基：“贵国代表团能否代表全国？”施严正回答说：“能够代表各国承认的合法政府。”①

11 月 16 日大会开幕，施肇基在太平洋及远东问题总委员会第一次会议上提出关于中国问题十项原则。要求各国须尊重中国领土完整与行政独立，给予中国充分的机会发展并巩固统一政权。尽管有“赞成门户开放，机会均等”等表示，仍不能满足列强的贪婪要求。后来美国

---

① 陶菊隐：《北洋军阀统治时期史话》中册，三联书店 1983 年版，第 1101 页。

代表罗脱(Elihu Root)将十项原则归纳为四原则,侧重“门户开放”、“机会均等”,于11月22日通过。对于施肇基在会议上的发言,当时国内报纸予以严厉批评①。此后,施肇基和顾维钧先后向大会提出关税自主、解决山东问题、废除“二十一条”、收回治外法权、退还租借地、取消势力范围、撤退外国在华驻军、撤销客邮、撤销外国在华电台、确守战时中立等十二个提案,其中尤以山东问题为关键。经英美居间斡旋,中日双方进行会外谈判,英、美两国各派代表二人与议。经过中日代表在会外三十六次会谈,几经周折,终于在美英代表的压力下,于1922年1月27日通过了美国提出的折中方案——《中日解决山东悬案条约及附约》三十四条,规定日本将山东胶州湾德国租借地及胶济铁路有关设施以及青岛海关归还中国,撤走以上各地的驻军;中国付给日本五千三百四十万金马克作为“补偿”,同时将收回之租借地作为商埠对外开放。在请示北京政府同意后,施肇基代表中国于2月4日在条约上签字。

经过帝国主义国家的明争暗斗,华盛顿会议于2月6日结束,施肇基代表中国政府签订了《关于中国事件应适用各原则及政策之条约》(即《九国公约》)和《九国关于中国关税税则条约》,确认美国提出的“门户开放,机会均等”原则,否认了日本在华的“特殊权益”与垄断地位,为美国加紧对华扩张提供了有利条件。至于中国所要求的关税自主、撤销领事裁判权、交还租借地、撤退外国军队等问题,华盛顿会议均未予解决。

施肇基在华盛顿会议上为争取废除不平等条约做出了一些努力,又听命于北京政府在条约上签字,因而获得北京政府的好评。1923年1月4日,张绍曾奉命组织内阁,施肇基被延揽为外交总长。施过于自信,未等国会通过表决就搬进外交总长的官邸。但众、参议院分别于1月19日、24日投票,由于“施肇基不肯设宴招待议员被否决”②。施十

① 《晨报》1922年2月7日第7版。

② 陶菊隐:《北洋军阀统治时期史话》下册,第1213页。

分尴尬，复感时疫，遂于2月11日提出辞呈，移津养疴。3月底，施肇基返美复任驻美公使。他与美国谈判，商定以庚子赔款作为派遣留美学生之用。为处理这笔基金，施担任了中国教育基金会董事会的理事。1924年，奉命任中国全权代表出席日内瓦国际禁烟会议第一、二次会议。1926年5月，施被颜惠庆内阁任命为外交总长，但他看到颜阁之艰危，未即返国赴任，不久颜阁即被奉系势力摧垮。

北伐战争期间，施肇基已与国民党有了联系，在北京政府行将瓦解之时，施在美国表示：外国政府对中国应采取“不介入”政策。1928年7月，国民政府确认施肇基为驻美公使，11月调任驻英全权公使。

1930年，施肇基担任出席国际联盟中国全权代表兼国联理事会中国全权代表。他在1931年9月11日国联第十二届年会上发表演说，提请大会注意“‘如甲国谋以武力侵略乙国，国联应如何设法制止’之问题”①。

9月18日夜，日本关东军制造了“九一八”事变。翌日，施肇基即向国联报告日军侵占沈阳真相，“要求国联主持公道”②。奉行不抵抗政策的蒋介石把全部希望寄托于国联主持“公理”、制裁日本侵略行径，于9月22日在南京表示：“余敢信国际联合会之参加国及非战公约之签字国，对于日本破坏公约之所为，必有适当之制裁。”③施肇基根据蒋介石的谈话，于9月25日在国联声称：中国“完全听命于国联，毫无保留条件”④。但是日本侵略者对国联采取的是断然排除第三者干涉的强硬态度。虽然国联不分侵略和被侵略，先后于9月22日、9月30日、10月24日作出停止冲突、双方撤兵的决议，然而日本不但没有撤

① 张本政等编写：《东北大事记，1898—1931》，《吉林文史资料》第7辑，中国人民政治协商会议吉林省委员会文史资料研究委员会1985年版，第298页。

② 李鸿林、张本政主编：《东北大事记》上卷，第727页。

③ 张德良等主编：《东北军史》，辽宁大学出版社1987年版，第200页。

④ 王芸生编著：《六十年来中国与日本》第8卷，三联书店1982年版，第251页。

兵,反而扩大军事行动,进一步侵占吉林、敦化、洮南一线,并进攻黑龙江省。11 月 25 日,施肇基奉南京政府训令,向国联提出"划锦州为中立区"的建议,但此举遭到全国舆论的强烈抨击。12 月 4 日,施又接到南京政府外交部的紧急训令,立即在国联大会上表明:"'锦州中立案'不能接受,如日军进攻锦州,我国将不能不采取自卫办法。"①施肇基在国联处境艰难,并受到国内人民和海外华侨的指责,乃于 12 月 5 日向南京政府电辞国联代表之职,但未即获准。此后施惟南京政府之训令行事,仍然寄望国联能阻止日本进占锦州。翌年 1 月,南京政府派驻美公使颜惠庆接替施肇基任国联理事会理事。

1932 年 4 月,施肇基以身体不好为由辞去驻英公使职。旋即奉派去华盛顿,代理驻美公使职,1933 年被正式任命为驻美公使。1935 年 6 月,中美双方将驻外使节升格,施肇基遂成为中国第一任驻美大使。

1936 年 8 月,五十九岁的施肇基以年迈力衰为由辞驻美大使职返国,定居上海。1937 年"七七"事变发生,抗日战争打响,施激于民族大义,担任国际救济会宣传组主任,负责向外国宣传中国的抗日立场,争取各国政府和人民的援助。他还兼上海市防痨协会董事长,并在上海设附属医院。1938 年 7 月,施肇基被国民参政会聘为参政员,他因住在上海,未去武汉、重庆出席会议。

1941 年夏,施肇基去美国,被美国总统罗斯福任命为五名委员组成的美国南非联邦国际和平委员会的"非本国籍委员"。同年 12 月,太平洋战争爆发,施被国民政府委任为中国物资供应委员会副主任委员,常驻华盛顿,为中国争取战时物资。1945 年 6 月,施任中国出席旧金山联合国成立大会代表团的高等顾问。1948 年施任国际复兴开发银行顾问委员会委员兼顾问。

1958 年 1 月 3 日,施肇基病逝于华盛顿。遗著有由施肇基口述,傅安明笔录整理的《施肇基早年回忆录》。

① 李鸿林、张本政主编:《东北大事记》上卷,第 738、739 页。

石 筱 山

商一仁

石筱山,江苏无锡人,1903 年 10 月 21 日(清光绪二十九年九月初二)生于上海。曾于上海神州中医专门学校肄业,该校停办后,回家随父学医,二十二岁开始悬壶,以善治骨折伤痛闻名江、浙一带。

石氏伤科,以独特的正骨复位手法和独创的伤科内治经验方,成为我国南方伤科的一大流派。它创始于清末,数代相传,迄今已有百余年历史。石筱山的祖父石蓝田,年轻时因习武而留心于跌打损伤的治疗术,后发展为理伤正骨,曾在无锡农村为农民驱痛治伤。石筱山的父亲石晓山也从小熟习拳棒,对接骨入骱,技法圆熟。石筱山继承先辈治伤经验,加上自己努力钻研,技术益加精进,渐至炉火纯青。他又从偏治外伤进而善治内伤,兼理针外科,是以声名大噪。

1929 年,国民党政府卫生署曾明令取缔中医中药,粗暴地干涉有数千年历史的祖国医学,石氏伤科也横遭摧残,被污蔑为“卖狗皮膏药”的“江湖医生”,伤科技术被当做“邪术”。但深厚的民间基础和广大病家的信任,使他们得免厄运。

石筱山的私人诊所,初设在上海南市大东门外复兴东路附近的新新街。抗战之前,这一带属于华界,周围住户多为码头、搬运、建筑和人力车工人。他们终年胼手胝足,筋骨损伤的事故特别多。石筱山的治疗,使他们解除痛苦,重获健康。于是一传十、十传百,石筱山的名气不胫而走,成了城乡老少皆知的伤科名医。1937 年淞沪抗战开始后,石的诊所迁至当时的法租界吕宋路(今连云路)一条弄堂里面,病人仍然很多，其中还有来自四乡的农民。当时诊所内医生和职工有十余人，多系石氏族人。门诊无固定时间，往往从太阳出来看到万家灯火。诊所除看病外，也配制、出售部分成药及外用药，予病人以方便。

在几代人努力的基础上，石筱山对家传的“三色敷药”、“消散膏”又进行了提炼，并发展了一系列临床有效的内服经验方。这些药膏、药方对骨折、脱臼、脑震荡、胸肋内伤等伤病都有很高的疗效。

石筱山对正骨复位手法的运用独具匠心，诸凡摸、接、端、提、按、摩、推、拿八法，无不精通，做到“机触于外、巧生于内、手随心转、法从手出”。他纯熟的技巧，能使损伤的骨节、肌肉或筋络，离者合，斜者正，陷者起，突者平，筋急者松弛，疼痛者减轻，肿硬麻木者逐渐宣通而柔和①。

“内外兼治，动静结合，全体与局部相关联而又重在内治固本”为石筱山伤科的医疗特色。其基本原则是根据祖国医学中的辨证施治，做到气血并重。如有的病人头部内伤，来就诊时已神志不清，伤势十分严重，经石诊治后得以起死回生。又如对老年人常见的“髋部骨折”，石既重视手法运用，又强调牵引和夹板固定，再加上外敷内服，效果也很好。还有不少疑难病例，在石筱山手中化险为夷，转危为安。

解放以后，中国共产党提出“团结新老中西医”的方针，十分重视祖国医学遗产的整理，并予以大力扶持。石筱山被选为全国政协委员，并任中华医学会上海分会理事及华东医院顾问。

1952年，上海市卫生局联合各科专家组成“中医公费医疗门诊所”，石筱山欣然跨出他的私人诊所参加公费门诊。从这时起他不但扩大了带徒弟的范围，第一次接受国家分配给他的学员，而且公开了石氏秘方。在1958年的中医献方热潮中，他把石氏经验方，包括百年来祖传老本子全部公诸于世，为不少医院包括解放军医院所采用。

石筱山治愈的各类伤科病人，多不胜数。他晚年体弱多疾，仍念念

---

① 《医宗金鉴》，卷87“正骨心法要旨”，人民卫生出版社影印本，第276页。

不忘把自己一生从事伤科的经验留传给后世。根据石筱山口述，由其子石仰山协助整理的长达二十万字的《石筱山医案》原稿，是石筱山毕生心血的结晶和伤科技术的精华①。

1964年7月，石筱山因患癌症去世。

① 本文资料主要根据石筱山之弟石南山（已故）及子石仰山提供。

石 友 三

沈庆生

石友三，字汉章，吉林白城县人，生于1891年(清光绪十七年)。家贫，其父石玉琨在北小龙湾开荒落户。石友三有兄弟九人，他行三。年少时，经人介绍到长春一家粮店当徒弟，后进当地小学读书。成年后与刘氏结婚，后因逃赌债经刘氏亲戚介绍于1908年投到驻在长春的陆军第三镇吴佩孚营当兵①。1912年春，在北京改投左路备补军冯玉祥营当马夫。1914年，冯玉祥任陆军第十六混成旅旅长率军入陕，见石机灵敏快，颇为赏识，提为贴身护兵。此后石升迁很快，1919年升任模范连连长，不久升营长，与韩复榘同为下级军官中“十三太保”之一。1924年10月“北京政变”后，石由团长升任国民军一军第八混成旅旅长。1925年春，又升任第六师师长。1926年5月，当国民军与直奉联军在南口大战时，阎锡山出兵晋北，抄袭国民军后路，石友三、韩复榘等奉令率部往晋北，石在雁门、左云一带同晋军作战，很卖力气。8月，国民军在南口失败，向绥远等地撤退，时雁北国民军受前后夹击，军心离散，石、韩等乃与晋军将领商震联系，接受晋军收编。

同年9月，冯玉祥自苏联回国，到五原(在今内蒙古自治区巴彦淖尔盟)就任国民军联军总司令后，召石归来，石深怀疑虑，经冯派人解释，石才率部回到冯处，被冯任命为援陕第五路军总指挥。1927

---

① 石友三的籍贯及当兵经过，现根据白城师范学院徐盛金先生于1980年11月6日来信所提供的调查资料补正。

年5月，冯玉祥由潼关出师攻豫援鄂，任石为北路援军副总指挥。6月，冯玉祥国民革命军第二集团军整编，石任第一方面军副总指挥兼第五军军长，进占郑州。1928年4月，蒋、桂、冯、阎四派联合“北伐”，石率部在山东鱼台大败北洋军孙传芳部，受到蒋介石的“嘉奖”。石密派其秘书长刘郁周到徐州谒蒋，蒋赠以巨款。1928年“北伐”结束后，经过“编遣会议”，石部缩编为第二十四师，石任师长，驻防河南南阳地区。

1929年3月，蒋桂战争爆发时，冯玉祥令石友三部进驻襄樊，暂持观望态度。4月，桂系失败，冯电促石友三率部急向武汉挺进。蒋介石立即电石停止进兵，并派人携款赴襄樊，借劳军之名，再次对石进行收买。蒋邀石到武汉见面，石怕冯见疑，不敢亲往，派其亲信副官李志明密赴汉口见蒋。

1929年5月，冯玉祥策划反蒋。5月22日，韩复榘在洛阳发出“养”电，表示“维持和平，拥护中央”，把石友三的名也列在通电上。石与韩的叛冯投蒋，是早有默契的，因为他们对冯都怀疑惧，又都受蒋收买。蒋介石见韩、石通电喜出望外，立委石为讨逆军第十三路总指挥。石即率部到郑州与韩会合，共同投蒋。7月，蒋介石委石友三为河南省政府委员。10月，安徽主席出缺，蒋改委石任安徽省政府主席。10月下旬，石率部进入安徽境内，尚未就职，蒋介石又以广东地盘相许，命石南下，去和广州方面的李宗仁、陈济棠作战。这时，驻河南的唐生智和广州方面先后派人向石游说反蒋。他们都向石说，蒋可能趁他南下途中，把他的部队分割消灭。石很相信这个分析。1929年12月初，他率部到浦口后，突然与蒋决裂，以大炮轰击南京。蒋事先毫无准备，于是南京城内，乱成一团。石于炮轰南京后，自知终无法敌蒋，赶紧率部从浦口北撤，退入河南商丘，时韩复榘驻兵河南，得韩帮助，暂驻豫北新乡一带。

1930年春，冯玉祥、阎锡山酝酿反蒋逐渐成熟。冯事先派人与石疏通前嫌，阎又许以山东省地盘，要石采取一致行动。石既已得罪了蒋，乃又与冯、阎携手；并与韩密约，暂时各投一方，以便于胜负决定之后，互相提携。4月2日，石在新乡就任阎、冯加委的第四方面军总司令，接着宣布就任山东省政府主席职，派秦建斌暂时代理。5月至8月，石随冯、阎在中原地区与蒋方大战。8月中旬，晋军溃退，济南失守。石探知张学良即将派兵入关拥蒋，时局将急转直下，即放弃阵地，从前线撤兵，并电张学良："服从东北，愿效前驱。"9月18日，张学良"拥蒋"通电发出后，石立即通电响应。当石擅自撤兵时，陇海线上，蒋、冯双方尚处于胶着状态，石的行动，给冯军以重大打击。10月，大战结束，石退据河北与河南之间，收集了一部分溃散的晋军和大批物资，实力反而加大。经张学良、韩复榘从中斡旋，蒋介石复任石友三为十三路总指挥，受张学良节制，驻顺德（今邢台）。

1931年5月，汪精卫、李宗仁等与西山会议派的政客集中广州，促成粤、桂合作，在广州另组成"国民政府"，再与蒋介石集团相对抗。粤桂方面派李汉魂到顺德与石友三联络，许以广州国民政府委员、第五集团军总司令之职，联合反蒋。此前，石曾到沈阳谒张学良，张以优礼相待，但石好猜疑，反疑张将不利于己。他还认为东北军将骄兵惰，不值一击。待返回顺德，得到广州方面许给的条件后，他经过一番布置，于7月18日在顺德就任广州政府所委第五集团军总司令，决定先行北指，把东北军逐回关外，然后挥兵南下。但东北军在于学忠指挥下，诱敌深入，把石部诱至保定附近，然后反击；同时南京方面也派刘峙率军北来。在东北军和蒋军南北夹攻下，不到半月，石部六万余人全军覆没。8月初，石逃往德州，后寄居济南韩复榘的山东省政府内。

1932年秋，石友三在日本特务的保护下潜往天津，与日本驻华特务头子土肥原拉上关系，并勾结土匪、汉奸，组织伪军，在冀东一带活动。1933年8月，被国民党华北当局改编为河北战区保安队，驻扎冀东玉田一带。1936年1月，"冀察政务委员会"委员长宋哲元委石为冀北保安司令。

抗日战争爆发后，宋哲元将石友三部扩编为一八一师，石任师长，隶属宋之第一集团军，随宋军逐步南撤，辗转于冀、鲁边境。他收集了些散兵和各地自发的游击队，于1938年2月扩编为六十九军，得任军长。5月，徐州撤守后，石部进入沂蒙山区，又扩编为第十军团，石任军团长。

石友三生平反复无常，又嗜杀人，动辄把人活埋，因得"倒戈将军"绰号，又称"石阎王"。抗战初期，为了发展势力，他还一度表示进步，并得到进步力量的帮助。但到1938年武汉失守后，由于蒋介石加紧了反共活动，他于12月被国民党政府任命为冀察战区副司令兼察哈尔省政府主席，遂专门进攻八路军。1939年初，石率部由山东入河北，驻枣强、南宫、宁津、盐山一带。不久石部扩编为第三十九集团军，石任总司令。此后，石友三伙同张荫梧、朱怀冰等不断向八路军冀南部队寻衅，逮捕、活埋八路军政治工作人员和伤病员，偷袭八路军部队。石又经常密派其弟石友信等前往北平、天津、开封等地与日寇勾结。为了制止石友三的投降活动并打击其反共气焰，1940年2月，八路军冀南部队在山东临清下堡寺一带将石部包围，予以沉重打击①。石率残部逃至濮阳。3月下旬，又移驻山东曹县。6月初，石派石友信和参议黄广源在开封与日本驻军司令佐佐木签订了所谓"防共协定"。7月初，石部遵照日军命令，回驻濮县、濮阳一带，与日军实行"联防"，专门对付八路军。不久，石又派代表向济南日军接洽投降条件。日军准备给石以河北省省长兼治安军总司令名义，要石公开投降，宣布与华北伪政权合流。石的投降活动，为所部多数将领所不满。蒋、石矛盾本已很深，蒋介石早有除石之心；石部新八军军长高树勋与石也有矛盾，同时，石的总参议毕广垣又为蒋介石所收买，石已处于众叛亲离之境。1940年12月1日，高树勋、毕广垣与蒋介石派来的政治部主任臧伯风共同商定，乘石前来濮县柳下屯高军军部时，将其扣押，当夜活埋，第二天又将石友信杀死。

---

① 围歼石部的地点，已据申以绥先生所提供的史料加以订正。

主要参考资料

李泰棻:《国民军史稿》,1930 年版。

高兴亚:《国民军革命史》,1930 年初稿。

第十八集团军总政治部宣传部:《抗战八年来的八路军和新四军》,1945 年版。

邵鸿基:《冀鲁豫边区挺进军抗战史》,1945 年版。

黄广源:《反复无常的石友三》,中国人民政治协商会议全国委员会文史资料研究委员会编《文史资料选辑》第 52 辑,中华书局 1965 年版。

高树勋:《石友三酝酿投敌和被捕杀的经过》,中国人民政治协商会议全国委员会文史资料研究委员会编《文史资料选辑》第 40 辑,中华书局 1963 年版。

史 迪 威

严如平

约瑟夫·沃伦·史迪威(Joseph Warren Stilwell),1883年3月19日生于美国佛罗里达州帕拉特卡市,父亲经商。史迪威少年聪敏,语言天赋甚高,中学毕业后遵从父命考入西点军校。1904年结业后入伍,以少尉军衔在美国驻菲律宾第十二步兵团任职。1906年回国,在西点军校任现代语教官,讲授英、法、西班牙语。五年后回菲律宾步兵团,升中尉。曾至日本、中国旅行,在广州、梧州时正值辛亥革命爆发之时。1913年又返西点军校执教;1916年至纽约州普拉茨堡训练营任上尉教官。1917年至德国,在美国远征军第四军团任情报官,大战结束后返美。

1919年8月,史迪威被任命为驻华陆军首任语言教官,先至加州伯克莱大学学习中文,翌年9月以少校军衔来华,入北京语言学校学习汉语。他被国际赈济委员会聘为公路建筑工程师,参加修筑山西汾阳至黄河军渡的公路;后又被冯玉祥聘为修建陕西公路的总工程师。1923年7月,他奉调回国,在佐治亚州本宁堡步兵军官高级班进修步兵课程,1925年又至堪萨斯州利文沃斯堡入指挥参谋学校进一步深造。

1926年,史迪威来华任美国第十五步兵团少校营长。该步兵团是根据《辛丑条约》的规定,驻华保护京津地区的侨民以及保证天津至山海关的铁路畅通以备撤侨。1928年他升任中校、代参谋长。他对中国风俗民情以至政治派别都很熟悉,能用流利的北京话与天津街头小贩随意交谈,被认为是个“中国通”,每月向驻军作一次关于中国时局形势的报告。1929 年,他奉调回国,在本宁堡步兵学校任战术科主任,与副校长马歇尔(George Catlett Marshall)交谊深厚。1932 年他被派往圣地亚哥训练后备军。

1935 年 1 月,史迪威被任命为美国驻华使馆武官,晋升上校军衔。他在南京、上海、北平等地结识各界人士,广泛了解情况、收集情报,对具有军事意义的各种因素和事态发展进行分析后向陆军部报告。1936 年他至各地旅行考察,对中国抵抗日本的能力作出消极判断。1937 年 7 月日本全面侵华的战争爆发后,他派人到卢沟桥实地调查,向中外记者提供了日军发动侵略的较为详细、确切的情形。他目睹日军的侵略罪行,对美国政府的绥靖政策甚为不满,对中国政府的消极防御战略和国民党军队将领的无能颇多恼恨。12 月,他随外交使团撤至武汉,先后到开封、徐州、台儿庄、德安等地观察;在武汉会见周恩来、叶剑英等人,访问了八路军办事处。他向美国政府建议拨款援华,促成进出口银行于 1938 年末安排二千五百万美元援华贷款。1939 年 5 月,史迪威奉调回国,任步兵第二师第三旅准将旅长,驻得克萨斯州。1940 年被任命为第七师师长,晋升为少将;1941 年任第三军军长。

1941 年 12 月,太平洋战争爆发,美、英等同盟国决定成立中国战区,蒋介石为中国战区统帅,史迪威被派任中国战区参谋长,并兼任中缅印战区美国部队最高司令官、美国总统驻华军事代表、美国租借法案监督。他按照美国陆军部参谋长马歇尔的布置,以打通滇缅公路,提高美国对中国政府援助的效果,帮助改进中国军队的战斗效能为使命,于 1942 年 3 月来华抵重庆。他被蒋介石派为援缅远征军总司令,率领中国第五、第六军赴缅作战。但是他指挥不动两军,因为远征军直接听命于蒋介石。4 月日军攻占腊戌,中、英军队向印度退却,他拒绝搭乘前来援救他的飞机,与一百一十四名中、美、英、缅随行人员一道跋山涉水,穿越丛林,经过半个月的徒步行军,终于安全逃至印度边境英帕尔。他的体重减轻了八九公斤,并染上了黄疸病。

作为中国战区参谋长的史迪威，力图提高中国军队的作战能力。他针对国民党军队的弊端，向蒋介石提出了一份改革中国军队的备忘录，建议对军队重新加以整训、装备，整肃掉无能的高级军官，改善士兵的给养。蒋介石不理睬史迪威的改革方案，只同意史迪威在印度训练十万军队的计划。8月，史迪威在印度建立蓝姆伽训练中心，由美国军人担任教官和联络官，分批训练国民党军队，至1943年10月共训练十六个师。1943年春，史迪威又在云南昆明设立训练中心；同年冬，再在广西桂林设训练基地。他的目标是使中国拥有六十个装备优良、训练良好的战斗师，成为击败日本的主力部队。

这期间，史迪威一再向蒋介石建议裁汰昏庸无能的国民党军队高级指挥官，主张国民党军队与共产党军队共同出击日军，要求撤除胡宗南部队对延安的封锁。他牢牢控制美国租借法案物资，向共产党军队也提供了一部分；在缅甸失陷后，他同意英美联合参谋长委员会关于削减运往中国物资的方案；他也不肯支持蒋介石向美国政府索要五百架飞机的要求。所有这些，都使蒋介石难以容忍，几次表示希望美国撤换史迪威。

1943年10月，盟军成立东南亚司令部，英国将军蒙巴顿(L. Louis Mountbatten)为最高司令官，史迪威为副司令官。11月，他参加开罗会议，代表中国战区提出了缅甸作战的方案。1944年1月，他赴缅指挥经过训练的中国陆军第二十二师和三十八师以及美国远程突击队作战，进军胡康河谷，于6月攻占加迈，8月攻克密支那。这年7月，他晋升为四星上将。

已是强弩之末的日本侵略军为了挽救孤立于南洋的日军，建立一条纵贯中国大陆到印度支那的交通线，于1944年4月发动了号称“一号作战”的豫湘桂战役。国民党军队节节败退，4月22日郑州失陷，5月25日洛阳失守，6月18日又弃长沙。日军继攻衡阳，战局危殆。美国参谋长联席会议向总统罗斯福提出建议，由史迪威统一指挥中国的所有武装部队，以扭转危局。7月6日，罗斯福致电蒋介石，要求将指挥中国所有武装部队的全权授予史迪威。蒋十分尴尬，但他不肯交出中国军队的指挥大权。几经转圜，蒋于9月12日应允史迪威为中国陆空军前敌总司令，受军事委员会委员长命令，商承军事委员会同意，指挥全部陆军和空军。但是罗斯福9月18日的备忘录坚持要求蒋介石立即授予史迪威“全权指挥所有中国之军队”。蒋介石不能容忍，一再交涉，最后终于迫使罗斯福为维护美国在远东的长远利益，于10月18日下令召回史迪威，改派魏德迈（Albert Coady Wedemeyer）。史迪威于10月20日愤然回国。

史迪威回到美国后不久，即被任命为第十军军长，驻冲绳，准备进攻日本本土。日本无条件投降后，史迪威回国任美国陆军地面部队指挥官、装备部部长等职。

1946年10月12日，史迪威因胃癌不治逝世。

主要参考资料

瞿同祖编译：《史迪威资料》，中华书局1978年版。

美国国务院编：《美国对外关系文件》（*Foreign Relations of the United States Diplomatic Papers*），华盛顿版。

美国国务院编：《美国与中国关系——着重1944—1949时期》（白皮书），《中美关系资料汇编》第1辑，世界知识出版社1957年版。

《中华民国重要史料初编——对日抗战时期》，台湾国民党中央党史编纂委员会1981版。

严如平、郑则民著：《蒋介石传稿》，中华书局1992年版。

Charles F. Romanus and Riley Sunderland：Stilwell's command problems，*Washington*：*Office of the Chief of Military History*，Dept. of the Army，1956.

史　　良

周天度

史良，字存初，1900 年 3 月 27 日（清光绪二十六年二月二十七日）出生于江苏常州。父亲史刚，读得不少经书，但对封建纲常名教具有一种叛逆性格，生平不慕功名利禄，澹泊以明志，颇有名士气度。为了维持家计，他把教私塾和为一些大户人家当家庭教师作为唯一职业。后来受孙中山领导的资产阶级民主革命的影响，倾向反清革命，并参加了同盟会。母亲刘璇，对旧学也略有功底，还会绘画、刺绣、弹琴，是一位颇有才华的女子。

史良有姊妹及一个弟弟共八人，由于家贫无钱上学，她幼年时在家从父读书，十四岁时才进县立女子师范附小读四年级。入学后，一直很用功，成绩名列前茅。五四运动爆发后，她积极参加女师和常州学界的爱国运动，是常州学界联合会的重要成员之一。女师学生的进步活动，遭到常州地方上一些封建势力的嫉恨，他们和县署当局相勾结，提出要求撤换支持学生爱国运动的女师校长刘古愚，停办女师。史良带领同学们和女师教员一道，为维护学校，反对旧势力，进行了长达一年半的斗争。最后江苏省政府下达了不同意停办女师的命令，护校斗争取得胜利。

1922 年，史良从女师毕业后，到上海女子法政学校学习，后升入上海法政大学，不久又转入法科大学。毕业后到镇江，在江苏省妇女协会任常务委员兼总务主任，从事妇女运动工作。1931 年到上海任律师，加入上海律师公会，不久被选为执行委员。她担任律师后，在中共上海地下党组织领导下，营救了被捕的邓中夏、艾芜、任白戈、熊瑾玎及贺龙家属等革命志士和爱国人士。

“九一八”事变后，史良积极参加了反日爱国运动。1935年“华北事变”后，民族危机进一步加深，抗日救亡成为全国人民最迫切的要求。是年12月，史良和上海文化界的爱国进步人士沈钧儒、章乃器、邹韬奋、李公朴、王造时等发起救国运动。21日，上海妇女界救国会率先成立，史良是主要领导人。她在成立大会上发表了充满爱国激情的讲话，会后率领全体与会者举行了游行。妇女界救国会发表《告全国妇女书》，提出“打倒妇女只会烧饭抱孩子的反动理论，要同爱国的男子来共负救国的重任”①。

1936年1月28日，上海各界民众在市商会举行“一二八”四周年纪念大会，史良是主席团成员之一，并在大会上发表了演说。是日，上海各界救国联合会成立，她被推为常委。5月11日至6月1日，全国各地的救亡团体代表在上海开会，成立全国各界救国联合会（简称全救会或救国会）。史良作为上海妇女界的代表与会，并被选为常务委员，成为全国各界救国会的领袖人物之一。9月18日，“九一八”五周年纪念日，救国会举行盛大的纪念会，以推动抗日救亡运动，遭到国民党军警的镇压，史良亦被殴伤。她在医院疗伤时写《九月的鞭笞》一文，控诉军警的暴行，称这“是一个伤痛的纪念日”，并满怀信心地说：“我们苏醒的群众会一天天加多，我们的心要凝结成一条铁链。”②

11月23日凌晨二时许，国民党政府屈从于日本的压力，通过法租界巡捕房在上海辣斐德路（今复兴中路）辣斐坊1号史良的寓所逮捕了她。与史良同时被捕的还有救国会的其他领导人沈钧儒、章乃器、邹韬奋、李公朴、王造时、沙千里。12月4日，沈钧儒等六人被送往苏州江苏高等法院看守所羁押。史良先得友人帮助得以脱身，30日仍前往苏

① 《大美晚报》1936年1月9日。

② 《妇女生活》第3卷第6期，1936年10月1日。

州投案，被押于吴县横街女看守所。史称“七君子”事件。

1937年4月8日，江苏高等法院以所谓“以危害民国为目的而组织团体，并宣传与三民主义不相容之主义”①，罗织“十大罪状”向沈钧儒、史良等七人提起公诉。与此同时，国民党当局还在幕后进行劝降活动，要他们承认有罪，送入反省院，写具悔过书，然后予以释放。史良等人坚持救国无罪的正义立场，断然予以拒绝。6月7日，他们和辩护律师发表了长篇《答辩状》，逐一驳斥了《起诉书》提出的罪名，并有力地指出：“以被告等爱国之行为而诬为害国，以救亡之呼吁而指为宣传与三民主义不相容之主义，实属颠倒是非，混淆黑白，摧残法律之尊严，妄断历史之功罪。”要求国民党司法当局“秉公审理，依法判决，谕知无罪，以雪冤狱，而伸正义”②。11日和25日，江苏高等法院两次开庭对他们进行审讯，并内定以“危害民国”罪名判处徒刑。史良和沈钧儒等在法庭上大义凛然，忠贞不屈，依据事实，据理回答了法官提出的各种讯问。史良等七人在狱中坚强抗争，加上全国人民的强大声援，使国民党当局感到很大压力；不久全面抗战开始，国内政治形势发生了很大变化，江苏高等法院于7月30日裁决将沈钧儒、史良等七人交保释放。

抗日战争爆发后，史良作为妇女救国运动的领袖人物，十分注重发动妇女参加抗战。在她看来，抗日战争没有占全国人口一半的两亿多妇女参加，是根本不能取胜的。1938年，她在武汉写的《妇女动员中的一点意见》、《今年“三八”纪念中的特殊任务》两文，主张跳出知识分子的圈子，目光向下，强调发动广大下层劳动妇女和农村妇女参加抗战的必要性和重要性，要求各级政治机构向妇女开放，吸收妇女参加；并指出，忽视妇女参加，不动员她们贡献力量，无异甘愿毁弃一半抗战实力。如果妇女不解放，整个民族就谈不上解放；也只有民族解放的成功，才

---

① 中国社会科学院近代史研究所中华民国史研究室主编：《救国会》，中国社会科学出版社1981年版，第236页。

② 《救国会》，第249、270页。

足以保证妇女解放的实现。是年春夏间，在宋美龄领导下，武汉成立战时儿童保育委员会和作为全国妇女总动员机构的新生活运动促进会妇女指导委员会，史良是重要领导成员之一。7月，国民参政会在汉口召开，她被聘为参政员。

10月下旬，史良和一部分参政员由武汉抵达重庆，继续在妇女指导委员会从事妇运工作。为了支援抗战，在她参与领导下，开展了妇女献金竞赛运动和为前方将士征募寒衣运动，获得各方人士的好评。救国会在重庆成立了“十七人座谈会”，定期开会研究时局，讨论工作，史良是成员之一。

1939年9月，重庆各抗日党派发起宪政运动，要求结束国民党一党专制，立即实行民主宪政，并成立了国民参政会宪政期成会，由二十五名参政员组成，史良是其中之一。她是重庆妇女宪政运动的主要领导人。在她主持下，重庆妇女宪政座谈会先后开会七八次，气氛十分热烈，统一了思想认识，得出了正确的结论：“实施宪政即实现三民主义，如要巩固团结和加强抗战力量，非实施宪政不可。妇女参政运动必须随着宪政运动实施，才能得到成功。”①在讨论如何修改1936年国民党政府制定的《中华民国宪法草案》(即“五五宪草”)时，史良提出在有的条文中须加上“不分男女”四字，以贯彻男女平等的原则；在宪草“国民大会”一章，妇女代表名额应有明确的规定，至少应占百分之二十到三十。由于史良不懈的努力和斗争，宪政期成会通过了她的提议。但因国民党坚持一党专制，不愿意实行民主宪政，宪政运动被压制下去。接着国民党于1941年发动了第二次反共高潮，妇女运动也受到遏制，史良退出了妇女指导委员会。1942年，沈钧儒参加各抗日民主党派成立的中国民主政团同盟(后改名中国民主同盟，简称“民盟”)，救国会同时成为盟内党派成员之一，史良因之也成为盟员。

1944年，国民党统治区再次出现民主宪政运动的高涨，史良积极

---

① 《新华日报》1940年4月7日。

参加了这一运动。她针对现实，就民主宪政、民主的涵义和妇女与民主等问题，发表了许多精辟的见解。她认为民主就是人民是主人，官吏只不过是由主人请来代为管理事物的公仆，如果仆人有了错误，主人是有权来更换的；只有实行民主，才能澄清吏治，铲除贪官污吏，挽救政治腐败；人各有自身的人格和价值，大家都是平等的，应当互相尊重，民主不分你我，只有正义公理；空谈民主不够，人民应当自己起来学会使用和实行民主等等。由于史良对深受压迫的广大中国妇女寄予深切同情，她始终把争取妇女的民主权利和人格平等当做自己的首要任务。她说，民主是“我是人，大家是人”，“我们妇女说，我们女人也是人”，“妇女要民主可说是对不民主的反抗”，“我们妇女要踏上世界人的立场，中国社会人的立场，要真正争取到每人天赋的自由，人的应有的权利”①。

1945 年 9 月，民盟重庆支部改选，史良当选为委员。10 月，民盟召开临时全国代表大会，史良被选为中央委员。12 月，救国会召开大会，决定改名为中国人民救国会(仍简称救国会)，史良被选为中央常务委员，仍然是救国会的领袖之一。

1946 年 7 月，李公朴、闻一多在昆明被国民党特务杀害，救国会的负责人之一陶行知因患脑溢血逝世，史良深为悲恸，积极参加悼念活动。是年秋，史良返回上海，继续从事律师工作，同时参与了民盟所从事的民主运动，反对国民党发动内战，要求实现人民民主。1947 年 1 月，民盟在上海召开一届二中全会，史良是主席团成员之一。3 月，她为纪念“三八”国际妇女节，撰文号召妇女起来反对国民党发动内战与反民主的行动。国民党政府在扩大内战的同时，也加紧了对民主运动的镇压，10 月下旬宣布民盟为“非法团体”，强制民盟解散。民盟被迫停止活动，其领导人沈钧儒和章伯钧等秘密离开上海前往香港，并在那里召开了具有重要意义的民盟三中全会。此时，史良担任上海支部主委，她对三中全会提出的新纲领、路线表示完全赞同。

---

① 史良:《妇女与民主》,《现代妇女》第 5 卷第 4 号,1945 年 4 月。

1948年，在上海、南京等国民党统治区掀起了反饥饿、反内战、反迫害、反美扶日的新高潮，在史良的参与领导下，上海民盟组织参加了斗争。6月28日，她在上海几千学生大会上发表演说，表示为反对国民党当局的迫害，要充当学生的义务辩护律师。

国民党当局对史良的进步活动十分痛恨，特务一直在监视她。1949年四五月间，上海解放前夕，上海警备司令汤恩伯曾发出密令，要不择手段逮捕史良。史良四处躲藏，她的家被军警特务洗劫一空，亲戚多人株连被捕，秘书遭到毒打。5月25日上海解放，史良才从虎口脱险，死里逃生。不久她到北平，作为民盟代表出席了9月举行的中国人民政治协商会议第一届全体会议。

1949年10月，中华人民共和国成立，史良被任命为司法部长，历时十年。她勤奋工作，推动各级政府建立和健全司法机构的工作，在全国各地筹建了各级人民法院和法庭，取得了卓有成效的进展。史良十分重视律师工作，认为新社会的律师是“法庭的桥梁”，至1957年初，全国已建立法律顾问处七百多个，律师两千多人。此外，她还创议建立了公证制度。史良反对歧视妇女、男女不平等、包办婚姻以及重婚、纳妾、寡妇不能再嫁等封建陋习，参与制定了《中华人民共和国婚姻法》，并不遗余力地督促贯彻执行。

史良历任中华全国妇女联合会第一届常委，第二、三、四届副主席，民盟中央政治局委员、中央常务委员、副主席、主席等职。她还历任第一至五届全国政协常委、第五届副主席；第一届全国人民代表大会代表、第二至四届全国人大常委、第五届人大常委会副委员长。

1985年9月6日，史良在北京因病逝世。

史 量 才

耿云志

史量才,名家修,1880 年 1 月 2 日(清光绪五年十一月二十一日)生于上海青浦县泗泾镇。其父史春帆是个商人。1899 年,史量才考入松江府娄县县学为附生。但以后他放弃了科举道路,开始研究日文及理化等近代科学。1901 年秋,他考入杭州蚕学馆,毕业后投身上海教育界,先后在育才学堂、兵工学堂、务本女学、南洋中学等校任教。1904年,史量才在上海创办女子蚕桑学校(即苏州女子蚕桑学校前身)。1907 年,他积极参与江、浙两省绅商的拒款保路运动,被举为江苏铁路公司董事。1911 年 10 月武昌起义后,史量才在上海与陈其美、章梓等人结识,乘机多方联络,因而于民国初年被委任主办沪关清理处及松江盐务局。

史量才早年任过《时报》主笔。1912 年,以特殊机缘盘进《申报》,以后遂将一生主要精力经营报馆。《申报》是在中国出版最早的报纸之一,1872 年 4 月 30 日创刊于上海。原为英人美查(E. Major)所办,后美查返国,由席子眉、席子佩兄弟接办,即逐步变成华商企业,但仍用外人名义发行。到史量才接办后,《申报》才真正成为中国报纸。史接办后,初任席子佩为经理,继又将席挤走,改任张竹平为经理,自任总经理,悉心经营,销路日增,1912 年销七千份,1917 年销两万份,其后仍逐年上升,其间还先后增出多种专栏、专刊,成为国内著名的大报。

1929 年,史量才从美商福开森(John . C. Ferguson)手里购进《新闻报》的大部股权,从而成为上海最大的报业资本家。

《申报》在史量才的经营下，规模不断扩大，1932年4月，《申报》销数已达十五万份。同年7月，创办了《申报月刊》，1933年开始编印《申报年鉴》。同时期，还陆续创办了申报业余补习学校、申报新闻函授学校及申报流通图书馆。1934年，出版了翁文灏等绘制的中国新地图。随着这些业务的发展，《申报》的社会影响日益扩大。

史量才凭借他在新闻界的地位，扩展其社会活动。1921年与南洋侨商黄奕住创办中南银行，同年发起民生纱厂，又曾帮助项松茂扩大五洲药房，协助陆费逵复兴中华书局。特别是中南银行的成立，使史成为金融界有力分子，而《申报》也有了经济后台。

《申报》从史量才接办以来，其政治立场基本是保守的。但从销路着眼，又以"民众喉舌"自诩，对时政亦偶有批评。袁世凯搞帝制活动时，《申报》等上海报纸持批判态度；北洋军阀混战时，《申报》政评甚少；蒋介石统治初期，《申报》采取了拥蒋的立场。

但从1931年"九一八"事变后，面对着日本帝国主义的野蛮侵略和蒋介石的不抵抗政策，史量才及其《申报》的政治态度逐步地有了变化。当上海"一二八"抗战爆发时，他曾捐巨款支援抗战，因而被推为上海地方维持会（后改称上海地方协会）会长。同时，《申报》对国民党的内外政策，开始有所批评。国民党政府为了拉拢史量才及其《申报》，曾给史各种荣誉职衔，如农村复兴委员会委员、中山文化教育馆常务理事、红十字会名誉会长及上海临时参议会议长等职。但这并未改变史量才及《申报》对国民党政策的批评倾向。相反，随着国民党的反动政策日益丧失人心，《申报》对它的批评也愈趋激烈。《申报》从抨击蒋介石的不抵抗政策，进而反对国民党的一党专政，要求"停止训政，实行宪政"。1932年12月，宋庆龄等组织民权保障同盟，与蒋介石的独裁统治作斗争。史量才积极支持该同盟的活动。他代觅通讯社发表民权保障同盟的宣言，并在《申报》上发表宋庆龄尖锐批评国民党的文章，登载有关民权保障同盟的代电和报道。这时期，史量才还聘请了一些爱国和进步人士参加《申报》馆工作，如用李公朴主持业余补习学校和流通图书馆，以黄炎培主持设计部。同时还经常刊登陶行知、胡愈之、茅盾等人的文章和作品。从1933年1月至1934年5月，鲁迅用各种笔名在《申报·自由谈》副刊上发表了大量杂文。

1932年，《申报》曾连续发表短评，抨击国民党的军事“剿共”政策，要求结束国民党专制统治，引起蒋介石统治集团的严重不安和仇视。与此同时，《申报》报道关于“中大学潮”的真相，揭露了国民党统治集团的黑暗，蒋介石遂下令对《申报》禁止邮递。后来，蒋介石得到其特务机关关于史量才的种种“告发”材料，终于下令要戴笠亲自部署暗杀史量才。1934年10月6日，史量才携眷去杭州休养，11月13日下午乘汽车由杭州返上海，途经浙江海宁县翁家埠附近，为蒋介石特务狙击遇害。

主要参考资料

《申报月刊》1934年第12期。

舒 新 城

谈宗英

舒新城，又名维周、心怡、遁庵，湖南溆浦县人，著名出版家、教育家，生于1893年7月5日（清光绪十九年五月二十二日）。世为小农，家境贫寒。五岁入私塾读书，1907年进鄘梁书院，次年转入溆浦县立高等小学，1911年因闹学潮被开除。辛亥革命后，曾在常德第二师范附设单级教员养成所、长沙游学预备科和武昌文华大学中学部暑假英文补习科等处求学，1913年8月借用同族舒建勋的中学毕业文凭，考入湖南高等师范本科英语部，1917年毕业。

此后在长沙兑泽中学、省立第一中学及长老会所办福湘女学执教。在福湘女学曾任教务主任，但未及一年，因在上海《时事新报》的副刊《学灯》上发表《我对于教会学校的意见与希望》一文而去职。在此期间，他致力于研究教育学和心理学，曾据美国人贺恩（H. H. Horne）的《教育上的心理原理》等书，编著《心理原理实用教育学》。离开福湘女学之后，又与宋焕达、杨国础、方扩军等创办《湖南教育月刊》，以“研究我国教育所应采之宗旨，介绍世界教育之思潮，批评旧教育之弊端，商榷新教育之建设”为目的，出至第五期即在军阀张敬尧的胁迫下停刊。此后，他在省立第一师范教授教育学和教育心理学。与此同时，他还为《体育周报》写《儿童学》，为北京《新中国》杂志写《美学》，为《北洋时报》写《心理学》等。

1921年7月，舒新城应张东荪邀请，至上海吴淞中国公学中学部（后改名中国公学附设吴淞中学）主持校务。他不满当时的教育制度，一意实行改革，如推行五年的能力分组制和选科制以及男女同校等。时适美国人柏克赫司特（Helen Huss Parkhurst）创始的道尔顿制传来中国，舒对此作了研究，认为道尔顿制的自由合作原则，即不用旧日的班级制及钟点制，而使学生按照自己的能力与同学共同研究、自由学习的教学制度，可以解决年级制及学科制的许多问题，其理论与办法都比国内现行制度好。于是力排众议，从1922年10月起，与常乃德、沈仲九、孙俍工等在吴淞中学进行试验，主要措施有三：（一）改教室为各科作业室，按学科性质陈列参考用书和实验仪器，使其兼备旧日教室、自修室、图书馆、实验室的作用，每室由教师一人或数人为指导员，学生可在规定时间内，按照自己的兴趣，自由入室研究问题。（二）废除课堂讲授，由教师将各科学习内容制成分月、分周的作业大纲，并规定需要完成的各项作业，由学生自行学习。（三）制定学习进度表，由学生将各科学习进程及所费时间记录在表上，以检查自己的成绩，再由教师加以考核，决定其是否达到某种程度。舒新城在试行道尔顿制的同时，还为《教育杂志》的《道尔顿制专号》撰文，广为宣传，以期引起教育界的注意。

1923年2月，舒新城因吴淞中学内部对推行道尔顿制有分歧，愤而辞职，举家迁居南京。不久应东南大学附属中学主任廖世承的聘请，在该校任研究股主任，继续实验道尔顿制，同时还在江苏省立第一中学兼课。此时，道尔顿制已逐渐为教育界所重视。他因最早试行道尔顿制，故各地通函及面询者很多。于是在这年夏天，他专为东南大学的暑期学校讲授道尔顿制，旋又应上海、上虞、武进、宜兴、武昌、长沙等地邀请，到各地作有关道尔顿制的讲演，介绍研究所得，供有志改革者参考。

同年11月，舒新城经恽代英、李儒勉等人介绍，加入少年中国学会，积极参加该会的活动，曾与会员杨效春、曹刍起草少年中国学会的办学计划，规定学校的目的为实现本会之宗旨——创造中国的教育，但因时局纷扰，未能实现。

1924年4月,舒新城为了研究实际教育问题,又先后至芜湖、安庆、宁波、上虞、绍兴、杭州、嘉兴、上海、徐州等地,深入调查中等教育。在此期间,他连续发表了《心理学初步》、《人生哲学》以及介绍道尔顿制的四部译著:《道尔顿制概观》、《道尔顿制讨论集》、《道尔顿制研究集》和《道尔顿制浅说》。此外,他还翻译了桑戴克(Edward Lee Thorndike)的《个性论》、莫尔(J. S. Moore)的《现代心理学之趋势》等。

11月,舒新城由南京溯江而上入四川,在国立成都高等师范任教育学教授,旋因学校发生风潮,在川不足八个月即于1925年6月返南京。从此专门从事著述,翻译了美国人林勤(A. J. Lynch)所著《个别作业与道尔顿制》,又与余家菊等合编《中国教育辞典》,编著《教育通论》、《现代教育方法》、《近代中国教育史料》、《中国新教育概况》、《近代中国教育思想史》和《教育指南》,还发表了大量有关教育史的论文。由于他对清末以来的留学教育方针不满,著有《近代中国留学史》一书。建议以后的留学政策当以研究学术改进本国文化为唯一目的,并提出改进办法:国家应调查国内学术界之需要,通盘筹算,预定每年应派出国研究某种学术的名额,公开向全国召集此项专门人才;留学生研究期满回国后,应严格考察以验其所学,及格者予以适当的事业使之办理,俾能展其所长,以免空耗国家经济、个人精力等,见解十分精辟。他从1924年至1928年秋,前后五年多,共编著了各类教育书籍十七种二十册,共四百余万字,堪称一位多产的教育理论家。

与此同时,他还主编了共二百余万字的《中华百科辞典》,从拟订体例至校阅全稿,用力极勤。全书收集通行名词万余条,一以中等学校之各种科目为标准,一以一般社会所需要之基本知识为根据,尤注意于教科书或专业训练中所不易见的常识事项,故此书实为兼备常识教科书作用的百科辞典。

1928年,舒新城应中华书局总经理陆费逵之约,继徐元诰主编《辞海》。任事之后,立即组织力量从事编纂;同时又为全书厘定编辑计划,规定内容体例及排列方法。他以原稿中已死的旧辞太多,流行的新词太少,乃变更方针,删旧增新,并改加新式标点。1930年,舒担任中华书局编辑所所长兼图书馆馆长,曾创刊《新中华》等期刊。1932年"一二八"事变后,他与刘济群合编《淞沪御日战史》。1936年,收词十万条以上,兼有字典和百科性质的综合性辞书《辞海》正式出版,受到读者的好评,对当时的文化教育界颇有影响。次年陆费逵去香港,舒为中华书局代总经理。太平洋战争爆发后,日军进入租界,他因久病仍留居上海。1944年长沙沦陷,日本侵略军曾企图强迫他返湘出任伪职,他以病重为托辞,坚决拒绝。抗战胜利后,继续主持编辑所工作,出版了大量教科书和各种读物。

新中国成立后,他曾被选为全国人民代表大会代表、上海市人民代表大会代表,并任中国人民政治协商会议上海市委员会副主席。对于所主持的文史资料征集工作,一贯重视,尤其注意收集帝国主义对我国进行文化侵略的史料,进行研究。1957年秋,他提议重新修订《辞海》,得到毛泽东主席的支持,后即着手筹备。次年春成立中华书局辞海编辑所,1959年夏成立辞海编辑委员会,任主任委员。他对再次主持《辞海》工作极为重视,曾对制定修订方针提出过许多有益的建议,并力予贯彻。在辞海编辑委员会和上级领导的研究后,确定了《辞海》的修订方针,强调政治性、科学性、通俗性三者紧密结合,以提高《辞海》的质量。他积极筹划,全力以赴,即在病中亦经常关心。1960年11月28日,因癌症在上海逝世。

主要参考资料

《舒新城日记》,现存上海辞书出版社。

舒新城:《近代中国留学史》,中华书局1927年版。

舒新城:《我和教育》,中华书局1945年版。

舒新城:《道尔顿制概观》,中华书局1923年版。

舒新城:《我怎样恢复健康的》,中华书局 1947 年版。

“魏文伯在舒新城公祭仪式上的悼词”,《解放日报》1960 年 12 月 1 日第 3 版。

斯　　诺

任嘉尧

埃德加·斯诺(Edgar Snow),1905 年 7 月 19 日生在美国密苏里州堪萨斯市的一个贫苦家庭。父亲詹姆斯·埃德加·斯诺(J. Edgar Snow),母亲安娜·埃德曼·斯诺(Anna Edelmann Snow)。年轻时,他半工半读,当过农场收割工人、铁路工人、印刷学徒。1923 年,斯诺进入堪萨斯城初级学院,后在密苏里大学及哥伦比亚新闻学院学习。

1927 年大学毕业后,他开始从事新闻工作,先后在堪萨斯市的《明星报》及纽约的《太阳报》担任记者。不久,他当了远洋货轮的海员,又开始了旅行记者的生涯,先到中美洲,取道巴拿马运河,动身到南太平洋去,在夏威夷和日本逗留了三个月,终于在 1928 年到达了上海。当时,中国革命正处于低潮,白色恐怖笼罩着上海。通过密苏里新闻学院院长沃尔特·威廉斯(Walter Williams)的介绍,斯诺见到了《密勒氏评论报》主编(兼《芝加哥论坛报》记者)约翰·本杰明·鲍威尔(John Benjamin Powell)。作为一个具有新见解的人,斯诺被任为《密勒氏评论报》的助理编辑。他阅读了不少关于中国的书刊,写了一系列《新中国》特刊的文章。

在当时南京国民政府铁道部长孙科帮助下,斯诺从宁波到汉口,从南京到哈尔滨,从北平跨长城而东北,作了四个月的旅行,逐渐熟悉各地风土人情,认识了中国社会众生相。他看到了太湖地区的丝绸、西湖的山水、"东方威尼斯"苏州的园林、南京紫金山的中山陵、泰山附近的孔庙、北平的故宫,以及拥挤着白俄的哈尔滨,还亲眼目睹了西北和内蒙古令人毛骨悚然的饥荒、黄河流域悲惨的水灾。《密勒氏评论报》刊载了他的旅行通讯。

1930年,当鲍威尔前往东北和苏联采访时,斯诺被委任为《密勒氏评论报》代理编辑和《芝加哥论坛报》驻华南记者。在《密勒氏评论报》和《中国新闻》创办人、纽约《先驱论坛报》驻亚洲首席记者托姆·密勒的推荐下,斯诺接受了统一新闻协会的旅行记者的任命,为《今日世界》专栏写稿。统一新闻协会当时是一个新成立的国外新闻机构,要为《纽约太阳报》、《芝加哥每日新闻》等十二家报纸提供消息。而旅行记者可以在亚洲各地游历,这对斯诺的旅行癖是理想的职业。鲍威尔返沪后,斯诺便履行他新的工作了。他到了被日本侵占了三十五年的台湾,去了福州、厦门、汕头、广州一带,访问了西南重镇云南,报道了越南三十年来的农民起义运动,目击了印度的"不合作运动",再到缅甸等地游历,然后回到中国。

当时,斯诺又应纽约《先驱论坛报》周刊之邀,担任了特派记者,去上海访问孙中山夫人宋庆龄女士,从而懂得孙先生和宋庆龄所信赖的中国,正是劳苦民众的中国,也领悟到中国人民能够彻底变革自己的国家,并能迅速提高国家在世界上的地位。

斯诺在"一二八"事件发生后,冒着枪林弹雨,深入上海和东北中日交战的前方采访。通讯报道集中记述了日军"不宣而战"的情况,也批评了国民党政府的不抵抗政策。在上海时,斯诺开始同姚克(莘农)合作,翻译鲁迅的《阿Q正传》,曾同鲁迅多次见面,提出要把一些中国现代白话短篇小说译成英文,结集出版。鲁迅对这打算予以热忱赞助。后来,斯诺在北平又得到杨刚、萧乾的帮助,还有海伦·福斯特(Helen Foster,又名佩格,笔名尼姆·威尔斯,Nym Wales)的参与,终于编译成《活的中国》(*Living China*)一书,把中国新文艺概况及代表作品介绍给世界广大读者。

统一新闻协会倒闭后,斯诺又和《星期六晚邮报》取得了联系,作为经常撰稿人。不久,斯诺迁往北平,担任《纽约日报》驻华记者,并兼任燕京大学教师，讲述新闻撰述和旅行通讯。他一面学中文，一面写书，并为《亚细亚》、《现代历史》、《幸福》、《展望》等刊物撰写文章。那时，他跟海伦·福斯特结婚，同美国著名女记者史沫特莱(Agnes Smedley)相识，还和一些爱国青年、中共地下党员黄敬、龚澎、黄华、龚普生、陈翰伯等经常接触。人们称斯诺的家为“呼吸一点新鲜空气的窗口”。斯诺还替自己起了个“施乐”的中文名字。

1935年6月，斯诺被聘为英国《每日先驱报》特派记者。“一二九”运动爆发时，斯诺热情参与示威游行并及时报道了北平学生爱国运动。斯诺还向在场镇压学生运动的士兵质问:学生为了不当亡国奴而上街示威，你们是中国人，为什么要打他们?

1936年是中国国内局势大转变带有关键性的一年。斯诺带着当时无法理解的关于革命与战争的问题，着手访问红色中国。通过宋庆龄的安排，带了一封给毛泽东主席的介绍信，斯诺于6月初从北平出发，经过西安，冒着生命危险，突破重重困难，进入西北革命根据地延安。他是第一个向红色区域采访的西方新闻记者。他首先在安塞同周恩来会晤，随后到达苏区临时首都保安(即志丹县)和毛泽东进行长时间晤谈，记下了毛泽东的生平和战斗历程，了解了抗日战争的形势和前途，明了了中国共产党的基本政策，搜集了红军二万五千里长征的第一手资料。斯诺发现在毛泽东身上有一种实实在在的根本活力——在于他深深懂得中国人民大众，特别是农民的迫切要求，这些要求是推动革命前进复兴中国的动力。斯诺当时就预言毛泽东将在历史上成为一个非常伟大的人物。然后，经过长途跋涉，他到达宁夏南部预旺县，同彭德怀将军作了交谈。不久，离开这和国民党中央军犬牙交错的前沿阵地，冒着炮火，重新折回保安。再经过西安，顺利返回北平。

四个月的红色区域旅行，扩大了斯诺的眼界。通过和中国共产党、工农红军的领导人，革命战士，农民，牧民，工人，知识分子，妇女，老人，儿童的亲切恳谈，他思想感情上起了深刻的变化，他以敏锐的洞察力，精心编写、琢磨、修改他这次采访的实录。一系列文章首先刊载在当时世界上发行量最大的《星期六晚邮报》上，接着美国《生活》杂志和伦敦《每日先驱报》也先后刊登了那组文章及照片。《每日先驱报》并提升斯诺为该报驻远东的首席记者。

这些震撼人心的报道，1937年—1938年在英国和美国以《红星照耀中国》（即《西行漫记》）为名被结集出版。1938年2月，中译本在被日军包围的“孤岛”上海用复社名义出版。《红星照耀中国》一经问世，向英、美和全世界人民公开介绍了在中国共产党和毛泽东主席领导下的中国革命斗争和工农红军二万五千里长征的真相，受到了广大读者的热烈欢迎，成为迄今为止有关远东的最畅销书之一。《西行漫记》的出版，更轰动了中国人民、港澳同胞及海外华侨。在香港等地出版了众多的重印本和翻印本。在中国内地，当时这本书被秘密地广泛地流传着，人们藉此认识中国共产党，懂得革命道理，看清中国前途。

1937年初，斯诺在北京和燕京大学新闻系主任梁士纯教授合办了英文刊物《民主》，出版了几期，“七七”卢沟桥炮声响了，刊物便夭折了。这期间，海伦·福斯特去延安采访，后来写成了《红色中国内情》，亦称《续西行漫记》。

抗日战争期间，斯诺担任英美报纸的驻华战地记者。他采访了上海之战，取道汉口、重庆、西安，1939年在延安重访毛泽东，这些对话后来发表在《密勒氏评论报》上。

与此同时，斯诺还同路易·艾黎（Rewi Alley）、海伦·福斯特共同发起中国工业合作社计划（简称“工合”），企图运用“生产救济”方式恢复被日军侵略所破坏的工业生产，发展经济，提高士气，为持久抗战打下基础。这个计划得到宋庆龄和当时英国驻华大使卡尔（Archibald Clark Kerr）等热心人士的赞助，斯诺他们并在海外募集了好几百万美元的捐款。到1940年10月，“工合”在十六个省建立了二千三百个小工厂，职工达二十五万人，还有四万人在家劳动制造军毯。当时在游击区和敌后这是一支可观的生产大军。蓬勃发展的“工合”终被国民党当局通过冻结信贷和经营资金以及政治干涉等方式扼杀了。

1941年，斯诺对于皖南事变作了如实的报道，受到国民党当局的打击，护照被吊销，于2月被迫离开中国。这一年，他的《为亚洲而战》出版。其后，他作为《星期六晚邮报》的首席世界记者，在香港、泰国、缅甸、印度以及中东、苏联、欧洲等地采访，写了大量战地报道和新闻评述，出版了《人民在我们一边》、《苏维埃力量的格局》、《斯大林需要和平》三本书。1942年—1943年，他又一次来到中国。在这以后，他要访问中国是越来越困难了。

在麦卡锡主义横行期间，美国联邦调查局把斯诺看作危险分子，不容许报刊发表他的文章。1951年，由于不愿意让自己的名字被利用来支持他所不赞成的方针，斯诺不得不辞去《星期六晚邮报》副主编的职务。1957年，他出版了《红色中国杂记》，这是对《红星照耀中国》一书的重要补充。次年出版自传《复始之旅》。

1959年斯诺被迫迁居瑞士，那时洛伊斯·惠勒·斯诺夫人（Lois Wheeler Snow）及子女们偕行。斯诺的护照被禁止去中国旅行，但他认为中国的事业也就是自己的事业。直到1960年6月，斯诺得到中国领事馆的单独签证，才第一次来到解放后的新中国，和毛泽东主席、周恩来总理进行了交谈。在这期间，他写了不少新中国的报道，出版了《今日的红色中国：大河彼岸》一书。1964年到1965年初，他再度访问中国，毛泽东主席又接见了他。根据此行所搜集的资料，他拍成一部纪录片《四分之一的人类》。

1970年8月，斯诺和洛伊斯·惠勒·斯诺夫人一同来华访问。10月1日国庆节在天安门城楼上，周恩来总理陪同斯诺夫妇和毛泽东主席会面，作了亲切交谈。12月18日，斯诺又一次和毛泽东主席作了长时间的谈话，在谈话中毛泽东主席表示，欢迎同美国总统尼克松晤谈。从中美两国关系来说，斯诺是第一只报春的燕子。关于这次访问的主要内容，记录在1971年出版的《漫长的革命》一书中。

1972年2月，斯诺刚回瑞士不久，美国乒乓球队应邀访问北京，揭开了中美友好的新篇章。接着，尼克松总统访华之际，斯诺原拟以记者身份再次访问中国，可是病魔缠身，不克如愿。毛泽东主席、周恩来总理获悉，急派以马海德(George Harem)医生为首的医疗小组前往协助医疗护理；当时中国驻联合国代表黄华和驻瑞士大使陈志方代表毛泽东主席、周恩来总理前往慰问探望。1972 年 2 月 15 日上午 2 时 20 分，埃德加·斯诺与世长辞。

在弥留之际，他用毕生感情喊出一句话："我热爱中国……"毛泽东主席、周恩来总理、宋庆龄副委员长都致电斯诺夫人，表示沉痛哀悼和深切慰问。遵照斯诺生前遗愿，他的一部分骨灰安葬在北京大学内(即前燕京大学校园里)，汉白玉石墓碑上镌着叶剑英题写的"中国人民的美国朋友埃德加·斯诺之墓，1905—1972"。1973 年 10 月 19 日，周恩来总理亲自参加了骨灰安葬仪式。

主要参考资料

斯诺：《西行漫记》(原名《红星照耀中国》)，三联书店 1979 年版。

《海伦·福斯特的来信》，《新闻战线》1980 年第 1 期。

胡愈之：《〈西行漫记〉中文重译本序》，三联书店 1979 年版。

斯诺：《漫长的革命》，上海人民出版社 1975 年版。

洛伊斯·惠勒·斯诺：《我热爱中国》(原名《尊严的死——当中国人到来的时候》)，三联书店 1979 年版。

商务印书馆编辑部：《近代现代外国哲学社会科学人名资料选编》，1965 年版。

梁士纯：《回忆斯诺》，《编译参考》1979 年第 3 期。

裘克安：《斯诺怎样采访和写作》，《新闻战线》1979 年第 2 期。

张文定：《斯诺在燕园》，《新时期》1980 年第 3 期。

张文定：《斯诺先生与北京大学》，《文化与生活》1980 年第 3 期。

斯　特　朗

任嘉尧

安娜·路易斯·斯特朗(Anna Louise Strong),女,1885年11月24日生于美国内布拉斯加州弗兰德城一个牧师家庭。她在芝加哥郊区一所中学毕业后,曾在德国住了一年、瑞士待了半年,学习语言。1903年上大学,从欧伯林学院毕业后,在芝加哥《前进》周刊担任了几个月的副主编。1908年,获得芝加哥大学哲学博士学位,论文题是《祈祷者的心理》,成为当时该校最年轻的博士。

1909年—1910年,她和父亲悉尼在西雅图一起组织"熟悉你们的城市"讲习会,在西部沿海城市巡回演讲。1914年—1916年,为美国儿童局担任展览会工作专家。1916年起,她在西雅图市教育委员会工作了两年。随后,西雅图工人主办的《联合纪事报》创刊,她任特写编辑。1921年,报社由于经济不景气倒闭,她被美国教友会派往海外,作为服务队成员,去波兰、苏联调查饥荒状况,并把救济物资运往伏尔加河灾区。旋受聘为赫斯特报系国际新闻社驻莫斯科记者,于1922年又到了苏联。她在农庄孤儿学校担任"大姐姐保护人",后来把这段经历写成《革命的儿童》一书(1925年出版)。

斯特朗第一次访问中国是在1925年初,那还是军阀割据时期,南方则呈现变革迹象,孙中山先生逝世后广州创建了一个国共合作的新政府。正当省港大罢工之际,斯特朗访问了朝气勃勃的广州,后来又访问一些将军和北洋军阀头目。两年以后,斯特朗又前来中国旅行,她从上海经武汉,取道西北,经蒙古再到苏联,她亲眼看到中国工农中兴起的强大的新生力量。1928 年出版的《千千万万的中国人民》，就是这两次访问的实录。随后，她又把在苏联中亚细亚历次旅行的见闻，写成《撒尔马罕的红星》(1929 年)及《通往古老的帕米尔高原的道路》(1931 年)。1929 年，她访问苏联，了解农业集体化计划推行的情况，在《苏联人征服小麦》(1931 年)中作了戏剧性手法的描述。

1930 年，斯特朗在苏联政府主办的英文报《莫斯科新闻》工作，曾与斯大林及有关人士商谈，将两份英文小型报纸并成一份日报，她先后担任该报主编及特写撰稿人，广泛介绍苏联革命的成就。1932 年，她与苏联农学家舒宾(Joel Shubin)结婚。这期间，斯特朗撰写了《中国大众：1927 年——1935 年间的革命斗争》(1935 年)、《我改换世界：一个美国人的改造》(1935 年)、《苏联社会真相》(1936 年)和《苏联宪法》(1937 年)等书。

1936 年，斯特朗辞去《莫斯科新闻》职务，回到美国西海岸安家。她数次访问西班牙，写成《武装的西班牙》(1937 年)一书，就西班牙人民反对佛朗哥独裁政权的武装斗争作了忠实的记叙。

1937 年，中国抗日战争爆发。抗战期间斯特朗两次来华，访问了武汉八路军总部以及抗日各战场，看到了中国军民英勇抗战可歌可泣的生动景象。在 1938 年出版的《人类的五分之一》，对中国革命的不同阶级进行了细致的描述。1941 年 1 月，她将抵达旧金山时，发生了骇人听闻的皖南事变，斯特朗在纽约的报纸上揭露了蒋介石不再统治着一个统一的中国，也不再指挥着一个统一的军队的事实①。1940 年出版的《我的祖国》，是斯特朗描述她本人对美国的观感，是一本出色的报告文学。1941 年出版的《苏联人的预见》，分析了苏联在第二次世界大战前的年代中所采取的各项政策。1943 年出版的《荒野的河流》，是一本以作者在苏联战时生活为素材的小说。1944 年—1945 年，又出版了《苏联各族人民》和《我看到了新生的波兰》。

① 斯特朗：《我在中国的经历》，《人民日报》1980 年 3 月 27 日。

第二次世界大战结束后，斯特朗于1946年6月再度来华。这是她第五次访问中国，在解放区旅行了九个月，在延安多次见到毛泽东和周恩来，一起度过1946年的寒冬，经历过中国解放战争的艰苦岁月。刘少奇用一整天时间和她谈马列主义如何和中国革命实践相结合的问题。她在革命根据地亲眼看到中国共产党和人民解放军深深扎根于人民之中的情景，认为这是中国革命必然胜利的力量源泉。访问时她写了一系列文章，由路透社向四十一个国家发稿①。其中最著名的是1946年8月去延安，毛泽东主席同她作了一次关于国际形势和中国国内形势的谈话，提出了"一切反动派都是纸老虎"的著名论断②。斯特朗把这些文章编成《中国现出黎明》和《中国人征服了中国》(1949年)，前者凭着作者敏锐洞察力，预言中国革命的胜利，后者叙述了在中国解放区的见闻。

1948年秋冬，斯特朗从美国来到欧洲，参加在布达佩斯举行的世界妇女代表大会，然后打算取道苏联来中国，以美国新创办的《国民前卫》周报记者的身份，报道中国解放战争最后阶段的实况。当时美苏走向冷战，1949年2月斯特朗在莫斯科竟以"间谍罪名"被捕，苏联当局指控她是"一个有名的间谍分子"，她在监狱里关了一些日子后被驱逐出境。蒙受不白之冤的斯特朗拖着虚弱的身躯回到美国时发表声明说："目前全世界都弥漫着对间谍的恐惧心理，只要一个政府希望的话，任何记者的任何活动都能被称为是间谍活动。"③她不愿人们利用她来"加剧国际摩擦"，她说："如今的新闻犹如原子弹，它能爆炸并能摧毁一

① 陆璀：《忆安娜·路易斯·斯特朗》，《人民日报》1980年3月28日。

② 《和美国记者安娜·路易斯·斯特朗的谈话》(1946年8月)，《毛泽东选集》第4卷。

③ 商务印书馆编辑部编：《近代现代外国哲学社会科学人名资料汇编》，1979年版。

切。”并指出:“官方的愚蠢行为并不是某个国家的专利品。”①

尽管蒙受如此冤屈,斯特朗对苏联和斯大林本人的感情并未因此而改变②。六年中,世界上没有一个共产党员愿意同斯特朗谈话,但她相信总有一天事情会得到澄清。即使被不少老朋友疏远,斯特朗仍丝毫不动摇自己的政治信念,仍然用自己的力量去教育人民。她在《纽约先驱论坛报》和《国民前卫》周报上发表了一系列文章,还向世界各地寄发她编印的时事通讯《今日》,并在美国许多城市作旅行演讲,继续进行战斗。直到1955年苏联终于发表声明,承认对斯特朗的指控没有根据。清白无辜的不屈战士斯特朗终于得到平反昭雪,在全世界人民面前恢复了名誉。

1956年,斯特朗的《斯大林时代》一书出版了。作者成功地描写了斯大林时代苏联人民建设社会主义的热情和首创精神,以及反法西斯战争和战后重建的生动场景。

斯特朗渴望在中国度过晚年,可是美国国务院拒发护照。经过三年交涉,她赢得了胜利。1958年8月,七十二岁的斯特朗到达北京,这是她第六次访问中国。斯特朗认为:“中国人比其他任何人都更懂得人类应走的道路,我希望学习和写作。”③在这最后的十二年,斯特朗以她的名义发行《中国通讯》,用六种文字出版,每期印四五万份,先后发行了七十期,字字句句浸透着她的汗水和心血,浸透着她对中国的深厚感情。她还到中国各地参观访问,寻找报道素材。有一段时间,她每天经常工作十五六小时④。她向全世界报道中国社会主义革命和建设的辉煌成就及其对全世界人民的意义,为增进中美两国人民之间的了解和

---

① 詹姆斯·阿伦森:《一个戏剧性的故事》,《新闻采访和写作》新华通讯社1980年版。

② 斯特朗:《斯大林时代》中译本《出版说明》,世界知识出版社1979年版。

③ 斯特朗:《我在中国的经历》,《人民日报》1980年3月27日。

④ 路易·艾黎:《回忆安娜·路易斯·斯特朗》,《人民日报》1980年3月29日。

友谊作出了卓越的贡献。她在中国受到人民的爱戴和尊敬。

1965 年 11 月，斯特朗在上海度过她的八十岁生日。那一天，毛泽东主席接见了她并共进午餐。当天晚上，周恩来总理为斯特朗举行盛大宴会，祝贺她的八十高寿①。

1970 年 3 月 29 日，辛勤劳动、紧张战斗、永不知疲倦的斯特朗在北京逝世，安葬在北京八宝山革命公墓。斯特朗的一生是革命的、战斗的一生。为了追求真理和光明，为了人类的进步事业，为了促进美国人民和全世界人民对中国的了解，她真正做到了"生命不息，战斗不止"②。

① 王楚良:《为中国的明天讴歌终生——纪念美国进步女作家安娜·路易斯·斯特朗逝世十周年》,《光明日报》1980年3月27日。

② 新华社北京 1980 年 3 月 27 日电:对外友协举行大会，纪念美国朋友斯特朗逝世十周年。

司徒雷登

阎 铁

司徒雷登(Stuart John Leighton),1876 年 6 月 24 日出生于中国杭州的一个美国传教士家庭。其父斯图尔特·约翰·林顿(John Linton Stuart)是美国南长老宗的牧师,1868 年来中国传教,在杭州四十六年,1913 年病故。母亲霍顿·玛丽(Mary Louisa Horton),亦为传教士,早年来中国,1925 年病逝。司徒雷登夫人名艾琳(路爱玲,Aline Rodd),也是传教士,1904 年 11 月与司徒雷登在美国结婚后,同来杭州传教,1926 年病逝于北京。

司徒雷登儿时,父母为他选择奶娘、女仆和中国小同伴,教他学杭州方言。同时母亲授英语课和"主日学"教育。1887 年,司徒雷登十一岁时回美国读书,1888 年入亚拉巴马州莫尔比城小学校。1893 年考入汉普顿—悉尼学院,1896 年毕业,获学士和文学士学位。1897 年到潘尼普斯附中任拉丁文和希腊语教师三年。1899 年秋进入里士满城协和神学院,1901 年加入学生义勇海外布道团。1902 年被授为长老宗牧师。同年 6 月神学院毕业,得神学士学位。1904 年 11 月,受南长老宗差会派遣回中国杭州传教。

司徒雷登从 1904 年至 1908 年一直在杭州北部乡村传教。他十一岁前已有杭州方言基础,这时又特聘高敬甫教授汉语。平时也尽量找教友攀谈,上台布道讲汉语。如是者三年,他对浙沪一带吴语系的几种方言,都能流利地会话。后来他到南京,又延师学习南京方言,到北京又学习普通话。他的中文水平相当高,被目为中国通。

1908年，司徒雷登调到南京金陵神学院，主持《新约圣经》注释系并担任拉丁文、希腊文教授。在金陵神学院从事教学和研究工作十一年。著有《环球布道小史》、《希腊文初阶》、《希英汉词典》、《启示录新注释》和《第四福音注释》等。

司徒雷登欣赏"基督教青年会不受教会、教义和组织上的约束"，因而经常参加青年会举办的一些夏令营讨论会，彼此"公开讨论如何将基督教的教义，应用到政治、社会、学术和经济问题上"①。这种思想与他后来创办燕京大学和参加政治活动，是息息相关的。

1918年秋，司徒雷登奉华中布道团之命，到北京筹建一所教会大学②。原北京汇文大学（属圣道宗北派美以美会）、原通州的协和大学（属公理会和长老会合办）、原北京协和大学与协和神学院（几个公会合办），遵照差会的意见合并为一个大学。为并校组成联合委员会，聘请司徒雷登为新校的校长。司徒雷登了解到合并中的矛盾很多，主要争论是通县协和大学与北京的汇文大学（他们自己英文名字称北京大学）都坚持新校必须使用自己的原校名，彼此争论不休；而新校的经费来源，却无人关心。司徒雷登首先要求委员们停止争论，他对委员们说："诸公爱护旧校，理所当然，然基督教运动前途，实赖教育，幸勿以小害大。"③对新校校名，采纳了诚静怡博士建议，不用"汇文"，也不用"协和"，而用北京的古称"燕京"这一词汇。一经提出，委员会便一致通过。

接着，司徒雷登大力解决经费来源和物色新校址。他推荐齐鲁大学副校长哈利·卢斯（Henry Winters Luce）为燕大副校长和纽约燕大托事部的副主席，专门负责筹款事宜。卢斯立即启程赴美。1922年，司徒雷登又亲自赴美。他曾往返中美间十次，发动过三次大规模募捐

① ［美］约翰·司徒雷登著，程宗家译：《在华五十年——司徒雷登回忆录》，北京出版社1982年4月版，第38页。

② 司徒雷登属于华中布道团。

③ 刘廷芳、谢景升编：《司徒雷登博士年谱》，燕京大学1946年版，第25页。

活动，截至 1936 年，总计共募捐二百五十万美元①。创办燕京大学的关键经费问题得到解决。

1912 年，燕大在北京西郊以六万银元买妥前陕西督军陈树藩的一所旧园，地处海淀北面两公里，面积达三百八十亩。接着在附近买了一些废园、荒地，总面积达到一千余亩。1921 年起兴建，到 1925 年基本竣工，将旧校迁入，1929 年举行落成典礼。校园建筑，利用原有的山水风景精心设计，采中国宫殿式外观，内部钢筋水泥，西式水暖和照明。园内湖光山色，碧树繁花，配以小桥流水，宝塔古钟。这座独树一帜的校园，为燕大和司徒雷登本人赢得了好声誉。

司徒雷登受命办一所综合性的大学。他认为办"正规大学""应该与宣扬宗教互为助长，相得益彰"②。从 1919 年至 1929 年，他用了十年工夫使燕大基本上具备了普通大学规模，设立了文学院、自然科学院（后改称理学院）、应用社会科学院（后改称法学院）三个院和一个国学研究所，院下共分十八个系（后来增至二十多个系），教职员（不含工人）共三百四十五人。此外，他把宗教学院和哈佛燕京学社单独经济核算，名义上与燕大分开。燕大学生经常保持八百人左右，日本占领时期到过一千二百人。从 1919 年至 1949 年"一共有六七千学生"③。燕大以优厚的物质待遇聘请师资，以 1930 年为例，拥有教授、讲师、助教一百七十人，内正副教授占六十人；同时还聘请客座教授授课。燕京大学被列为当时全国著名大学之一。

司徒雷登认为："燕大是整个传教事业一个组成部分"，燕大应"保

---

① [美]约翰·司徒雷登著，程宗家译：《在华五十年——司徒雷登回忆录》，第 61 页。

② [美]约翰·司徒雷登著，程宗家译：《在华五十年——司徒雷登回忆录》，第 44、61 页。

③ 陆志韦：《司徒雷登与燕京大学》，中国人民政治协商会议全国委员会文史资料研究会编《文史资料选辑》第 83 辑，文史资料出版社 1982 年版。

持浓厚的基督教气氛和影响”①。他提倡“思想自由化”，要“传教士完全可以壮着胆子去宣传基督教生活方式”。他还认为：“信仰或表达信仰的方式则纯属个人的事。”②1922年，他废除了宗教必修科目和礼拜仪式的规定，他认为：“必修与强迫，劳而无功。”③他仿照青年会在燕大独创了一个“基督教团契”(Fellowship，即同志会)，规定任何教职员工，任何教派的基督徒都可以自由参加，契友都有平等的选举和被选举权。团契不属于任何教派，由选出的执行委员会领导，有自己的牧师，能施洗礼、收教徒等等。他认为这样可以把宗教活动与学校行政分开，避免教派间矛盾④。

燕京大学后期虽有中国人担任校长，但实权依然掌握在司徒雷登手中。

司徒雷登创办燕京大学，颇受美国政府、美国基督教会和美国上层社会的重视。1930年6月17日，普林斯顿大学授予他“名誉博士学位”。

司徒雷登一向重视广泛结交上层社会人士，参与他们某些政治活动。在民国成立之初，司徒雷登就以兼任美联社特约记者身份，经常找机会会晤临时大总统孙中山并列席会议，开始接触一批名人，如王正廷、蔡元培、王宠惠、袁宝林(袁世凯的侄女)等。到北京后，司徒雷登联络的权贵有阎锡山、孙传芳、韩复榘、宋哲元、张作霖、张学良、冯玉祥、汪精卫、张宗昌等。他熟悉每个人的政治动向和要求，为这些人出主意拉关系。1936年“两广事变”中，司徒雷登两次造访李宗仁，为蒋介石

① 陆志韦：《司徒雷登与燕京大学》，中国人民政治协商会议全国委员会文史资料研究会编《文史资料选辑》第83辑。

② [美]约翰·司徒雷登著，程宗家译：《在华五十年——司徒雷登回忆录》，第61页。

③ 刘廷芳、谢景升编：《司徒雷登博士年谱》，第19页。

④ [美]约翰·司徒雷登著，程宗家译：《在华五十年——司徒雷登回忆录》，第61页。

说项。

“七七”事变后不久，日本侵占平津，司徒雷登坚决执行美国的“严守中立”政策。珍珠港事件前，他曾受华北日军最高当局之托，为日、蒋之间牵线搭桥。他借参加中华教育基金会之机，每年春偕秘书傅泾波经香港飞重庆会晤蒋介石。

1941年12月，日本偷袭珍珠港太平洋战争爆发后，司徒雷登被日军逮捕。日本宪兵没有送他去潍县集中营，而把他与协和医院院长亨利·霍顿（胡恒德，Henry Spence Houghton）、总务主任特利弗·鲍恩（Trevor Bowen）、荷兰籍大夫斯纳珀博士（Dr. Isidore Snapper）一同幽禁于霍顿的住宅，厨师、仆人依旧，读书看报照常。如此幽禁生活，过了三年零八个月。

1945年5月，希特勒彻底垮台，日本为挽救覆灭命运，曾试图通过苏联或蒋介石做中间人，同美国媾和。苏联回绝后，日本内阁打算起用司徒雷登，让他去重庆说服蒋介石充当媾和的中间人，乃匆忙派出两名外交官到北平办理。正当此期间，7月26日《波茨坦宣言》发表，责令日本无条件投降。日本已无和谈条件，司徒雷登亦未能成行。

司徒雷登在中国的广泛活动，颇受美国政府重视，不时接受政策咨询，并搜集战略情报。1933年5月3日，他受罗斯福召见，“垂问中国时局……颇蒙嘉纳”①。此后，美国政府为制定对华政策，多次向他咨询。他在燕大时，每年至少要有一次亲自起草向纽约托事部作的“秘密报告”。珍珠港事件前，“他先后就日本人威胁以及美国应趁早采取行动，以防患于未然的建议”，曾几次送过“绝密报告”②。

1945年8月15日日本投降，17日司徒雷登获释。他于9月飞赴重庆会晤蒋介石并看望燕京流亡在渝的师生。10月，他回北平参加复

① 刘廷芳、谢景升编：《司徒雷登博士年谱》，燕京大学1946年版，第41页。

② [美]约翰·司徒雷登著，程宗家译：《在华五十年——司徒雷登回忆录》，第131页。

校后第一次开学典礼。1946年4月,司徒雷登又到南京拜会蒋介石。蒋氏夫妇建议他去会见美国总统特使马歇尔。马歇尔对他通晓中国情况、结交广泛、长期为美国政府做政策咨询等非常欣赏,当即向国务院推荐他为驻中国大使。此项任命于1946年7月发布。

司徒雷登任大使时,正值美国采取援蒋反共政策。他随同马歇尔调停国共冲突偏袒国民党,还支持蒋介石召开"国民大会",企图为蒋介石国民党发动内战制造"合法"的面纱。

蒋介石为获得更多美援,不惜牺牲中国的主权和利益,先后同美国签订公开或秘密的条约一项、协定十六项,司徒雷登任大使期间有十四项。其中由他代表美国政府签订的"中美友好通商航海条约",名为"友好通商",实则规定了美国在中国享有政治、军事、经济方面的许多特权。订约消息一公布,全国舆论哗然,称之为"新二十一条"。

司徒雷登还要在华基督教各差会派代表去南京,公开表示支持蒋介石的"戡乱动员令"。1947年秋,司徒雷登多次向蒋进言改革,无奈此时国民党政权已腐烂至极,无计可施。后来,司徒雷登寄希望于李宗仁挽回败局,亦无补于国民党政权的垮台。

1949年2月,国民政府由南京迁往广州,司徒雷登滞留南京。他建议美国政府试行与中共接触,谋求建立新的关系。他通过南京军管会外事处主任黄华和民革领导人陈铭枢,向中共领导人传递建立新关系和他本人可否去北平的信息。中共方面答复:中国愿在平等互利基础上与任何国家建立外交关系,欢迎他以"中共老朋友"的身份前往北平。司徒雷登把上述两项请示美国国务院,均被否定。于是,他于8月2日乘一架小型飞机离开了生活长达五十年的中国,随行的有私人秘书傅泾波一家。

司徒雷登回到华盛顿后,美国国务院立即向他下令三个不许:不许演讲,不许谈美中关系,不许接受记者采访。从此他过着拮据的隐居生活,未再参加政坛。他写下约十万言的回忆录《在中国五十年》,内容主要来自他的日记。据说:"司徒雷登在生命最后的十三年中,也一直关注中国的事情。他常常念叨一生中有两个遗憾:一是1949年夏天没有听傅泾波的话,来个'先斩后奏',在向美国国务院请示之前,就从南京前往北平与中共接触,造成既成事实。但司徒雷登骨子里还是个牧师,害怕说谎遭上帝惩罚。二是没有机会再回中国去。他常说,他回到中国'可以更正一些事情'。"①

1962年9月19日,司徒雷登在华盛顿中心医院逝世。回到中国安葬是司徒雷登的遗愿,他自称"是一个中国人更甚于一个美国人"②。时隔四十六年之后,这一愿望终得实现,2008年11月17日司徒雷登的骨灰葬于杭州半山安贤园,墓碑上写着:"司徒雷登1876—1962燕京大学首任校长。"③

① 《司徒雷登·晚景凄凉魂归中国》,《老年文摘》2008年11月27日第4版。

② 《司徒雷登·晚景凄凉魂归中国》,《老年文摘》2008年11月27日第4版。

③ 《司徒雷登·晚景凄凉魂归中国》,《老年文摘》2008年11月27日第4版。

司徒美堂

陈　民

司徒美堂是美洲爱国华侨领袖。他从1880年出国到1949年归国，在美国生活了近七十年，“一生所走的道路，反映着国外爱国侨胞从鸦片战争以来所走的道路”①。

司徒美堂原名羡意，字基赞，1868年4月3日（清同治七年三月十一日）出生于广东开平县滘堤洲一个破产的农民家庭。他四岁丧父，由寡母抚养成人。童年时在家乡读了四年私塾，后到新会县城一家小作坊当学徒。

1880年，十二岁的司徒美堂抱着闯“金山”、寻找出路的希望，随同乡亲经香港乘轮船去美国。船票龙洋五十二元，是他母亲东凑西借得来的。他刚踏上旧金山码头，就被美国流氓抛了一身马粪②。此后，他在旧金山两家中国餐馆“会仙楼”当帮厨，每天工作十六小时，月工资仅得十二美元。

1883年，司徒美堂先后阅读了《扬州十日记》、《嘉定屠城纪略》等书，思想受到很大的启示。他激于义愤，加入洪门致公堂③，开始进行

---

① 廖承志：《首都各界人民公祭司徒美堂先生悼词》，《人民日报》1955年5月11日第1版。

② 司徒美堂：《我痛恨美帝》，《祖国与华侨》，香港《文汇报》，1956年版，第45、94页。

③ “洪门”是明末抗清人民群众的秘密组织。太平天国失败后，由于革命分子逃亡海外，美国华侨的洪门组织开始发展起来，习称为“洪门致公堂”。

“反清复明”活动。当时,有些美国流氓欺侮华侨,常到中国餐馆吃“霸王饭”(即吃饭不给钱),还要摔碗扔碟,甚至动手打人。华侨深受其害,但因身居异国,无可奈何。司徒年轻气盛,富有正义感,好打抱不平,加上从小又学得格斗武术,所以遇上这类流氓,他就挺身而出,把对手打翻在地,抛到街上。有一次,因把一美国流氓打伤致死,被捕坐牢,差点被判死刑,幸亏华侨及洪门人士募捐营救,囚禁了十个月才获释出狱。从此,司徒其人其事,就在华侨中传开了。

1894年春,司徒美堂到美国军舰“保鲁磨”号当厨工,随军舰到过南北美及欧洲各地,此行使他大开眼界,也结交了不少社会各阶层人物。1898年春,因“美西战争”爆发,司徒辞职不干,回到波士顿当小贩,用小车推着肉类、瓜菜等,走街串巷。

早在1894年冬,司徒美堂感到致公堂情况复杂,组织涣散,作用不大,经同洪门人士阮本万、李圣策等商议后,集合堂内一些富有正义感的青年,在波士顿另行组织了“安良工商会”(简称“安良堂”,仍隶属于致公总堂系统之内)。安良堂以“锄强扶弱,除暴安良”为号召,司徒被拥为“大佬”(即洪门大哥)。从此,他连续担任安良堂总理达四十四年之久,一直到1938年他七十岁时才退休。在这近半个世纪中,由于他努力活动,“安良大厦”遍于美国东部各城市,成员达两万人之多。安良堂在团结华侨、互助互济、兴学办报等方面,都曾经起了良好的作用。

1904年夏,孙中山从檀香山到北美大陆进行革命活动,到达波士顿时,司徒美堂发动该地洪门人士,热情接待。后来孙中山还在司徒家住过一段时间。这期间,司徒聆听了孙中山讲的许多革命道理,提高了政治认识;孙中山对司徒的组织能力也颇为赞许,并曾给予指导。

1905年,司徒美堂从波士顿到纽约,成立了安良总堂,继续扩大华侨的爱国团结工作,并从人力、财力上支持孙中山的革命活动。1911年4月广州起义失败后,国内同盟会电告孙中山,急需革命经费十五万美元。孙中山一时难以筹措,经司徒提议,将加拿大的多伦多、温哥华、维多利亚三地的四所致公堂大厦典押了出去,才筹足所需款项。同年武昌起义后，孙中山归国所需的旅费，也全由司徒与阮本万、李圣策等人提供。

司徒美堂“为人慷慨豪爽，热心公益事业”①。他对华侨社会的人事动态、姓名籍贯，记得清清楚楚。从20世纪初到50年代，司徒除担任安良堂总理外，还几度被选为致公堂总监督。在美国华侨社会，小至排难解纷，大至抗日募捐等各项爱国活动，他都过问，深为广大侨胞所拥戴。致公堂和安良堂的集堂决议，有时甚至成为当地华侨所必需遵守的规约。致公堂和安良堂一贯同清朝驻外官员、保皇党相对立；其后则同国民党反动派相对立，用司徒自己的话说，是“天性地反对国民党反动派”②。如1933年，国民党派张发奎到美国进行欺骗华侨的宣传活动，华侨在一次宴会上，就对他镇压广州公社、屠杀华侨子弟的罪行，严加责问，搞得他狼狈不堪，中途逃席。再如1943年，国民党CC分子肖吉珊赴美“募捐”骗钱，当他出席“七七”纪念大会时，就遭到致公堂的反对，开始是嘘声，继而是喊打，国民党外交官也无可奈何。而蔡廷锴、杨虎城、冯玉祥、陶行知等人赴美宣传抗日，由于得到司徒美堂的关照和保护，使国民党特务无法捣乱。

1937年抗日战争爆发后，司徒美堂与旅美进步人士共同发起成立“纽约华侨抗日救国筹饷总会”，发动华侨捐款支持抗战，并与宋庆龄所领导的“保卫中国同盟”保持密切联系，支持了中国人民的抗日部队——八路军和新四军③。

1941年冬，司徒美堂因被聘为华侨参政员，自美回国。途经香港时，正碰上太平洋战争爆发，日本侵略者企图利用司徒组织香港帮会，以巩固其“占领秩序”。司徒拒绝了敌人的威胁利诱，在爱国洪门人士

① 陈汝舟：《美国华侨年鉴》，1946年1月版，第16页。

② 司徒美堂：《我痛恨美帝》第6章附注，《光明日报》1950年12月5日第3版。

③ 廖承志：《首都各界人民公祭司徒美堂先生悼词》，《人民日报》1955年5月11日第1版。

的帮助下,化装逃脱。他因跛足而手执木杖,步行二百多里进入我东江游击区,然后经曲江、桂林到达重庆。蒋介石对司徒颇为重视,到访必迎,出则搀扶,还叫吴铁城拉司徒参加国民党,并以“国府委员”作诱饵。司徒断然拒绝,并于次年经印度飞返美国。1945 年初,司徒及致公堂其他领导人看到抗战即将胜利,有必要组织“华侨政党”,以便胜利后归国参加祖国的建设事业。当时大家认为另起炉灶建党,不如将致公堂改为致公党,更有群众基础。同年 3 月 12 日,在纽约举行的“美洲洪门恳亲大会”上,决定洪门致公堂改称为“中国洪门致公党”(这一美洲的致公党同后来在国内成立的致公党是两个不同组织),司徒美堂被选为全美总部主席。但由于没有明确的政治纲领,致公党还只是一个群众性的社团组织。

抗战胜利后,司徒美堂率领美洲各地洪门代表,于 1946 年 4 月回上海参加“五洲洪门恳亲大会”。这些久离祖国的老华侨,以为美洲致公堂过去对辛亥革命有过贡献,八年抗战也为祖国出钱、出力,这次海外归来,一定会得到蒋介石的热情接待。他们回国前夕,曾分别致电蒋介石、中国共产党和民主同盟。中共和民盟都复电表示欢迎,唯独蒋介石未予答复。洪门代表回国后,亲眼看到蒋介石正忙于准备内战,四大家族也正忙于“劫收”发财,美国兵代替了日本兵,老百姓依然处于水深火热之中。司徒在记者招待会上沉痛地说:“数月居沪,曾亲睹国内实际情形,贪污事件层出不穷,工厂倒闭,大部分经济事业均为官僚资本所垄断,此种现象,如不用民主力量予以制止,将使国家沦于万劫不复之地。”①

10 月 23 日,司徒美堂到南京梅园新村拜会中共代表周恩来。事后,周恩来两次亲赴司徒寓所晤谈,还邀请他到解放区去参观。这几次会晤,对司徒教育很大。

1946 年 11 月,国民党“国大”开场前夕,由于国民党军队已攻占了

---

① 上海《文汇报》1946 年 11 月 15 日第 3 版。

张家口，蒋介石更加趾高气扬，根本不把民主党派和国外华侨放在眼里，只给五洲洪门“国大”代表一席和特别费美金三千元。司徒表示不接受。蒋介石、陈立夫又指使江征卿、杜月笙等进行“劝驾”。他们向司徒恐吓说：“蒋为人翻面无情的脾气，你难道不知道？他一不高兴，你老人家会吃亏。”司徒勃然大怒，针锋相对地回答说：“司徒美堂的为人你们也知道，我何曾是一个好惹的人！”①美国驻华大使司徒雷登也出面“调解”，并邀请司徒到南京美国大使馆吃饭，声称是以“半个中国人”的资格来欢迎这位“半个美国人”的老华侨。宴会上，当司徒雷登吹嘘所谓美国对华援助时，司徒美堂当场严正指出，美国帮助蒋介石掀起中国内战，是与中国人民为敌，而不是什么“援助”②。结果不欢而散。司徒美堂拒当“国大”代表后，洪门代表全部离沪返美，他自己也于 1947 年 7 月乘船去香港。

这时，司徒美堂对蒋介石的幻想已完全破灭。他苦闷、彷徨，找不到出路，因此留港期间，闭门谢客。

1948 年 5 月，中共中央发布《纪念五一国际劳动节口号》，号召召开没有反动分子参加的政治协商会议，讨论成立民主联合政府。这个号召立即得到全国人民的响应，南洋的华侨团体和在香港的各民主党派以及无党派民主人士，也纷纷通电拥护。这个号召对司徒美堂也是个很大的鼓舞。他于 8 月 12 日在建国酒家举行记者招待会，发表“临别赠言”，指出回国后的耳闻目见，使自己实在不能缄默无言，过去华侨出钱、出血、出头颅，完全是为了祖国和民族的昌盛；今后“谁能解救祖国于危亡，使民众安居乐业，即馨香祷祝之”③。这是他以美洲洪门致

① 司徒丙鹤：《司徒美堂与美洲洪门致公堂》，中国人民政治协商会议全国委员会文史资料研究委员会编《文史资料选辑》第 38 辑，中华书书局 1963 年版，第 248 页。

② 司徒美堂：《我痛恨美帝》，《祖国与华侨》，香港《文汇报》，1956 年版，第 45、94 页。

③ 香港《大公报》1948 年 8 月 13 日。

公堂耆老身份第一次公开发表政见，当时香港各报都作为要闻刊出。

司徒美堂返美前夕，中国共产党华南分局接连设宴为他饯行。在宴席上，经过深入交谈，司徒的认识得到进一步提高，他即席写了《上毛主席致敬书》，表示接受中国共产党的领导，并说："新政协何时开幕，接到电召，当即回国参加。"①随后，又起草了《拥护中国共产党召开新政协的声明》，并郑重地签名盖章，嘱留港秘书俟他到达美国之日，即在报上发表。10月30日司徒抵达纽约，这篇声明也就于同日在香港各主要报纸上登载出来。《声明》中说："美堂于1946年自美返国，适逢当时之政治协商会议，为之大慰。奈因蒋介石玩弄阴谋，背信弃义，行独裁之政治，置民主于不顾，一手撕破政协决议，发动剿民内战……今中共中央及民主党派号召以四大家族除外之新政治协商会议，进行组织人民民主联合政府之主张，余认为乃解决国内政治问题唯一良好之方法，热诚表示拥护，并愿以八十有二之高龄，为中国解放而努力。"②

司徒美堂返回美国之后，在进步华侨人士的支持下，到美国西部各城市唐人街去访问演讲，报道祖国解放战争的胜利形势，对团结爱国洪门人士，澄清思想，打击蒋介石集团在洪门中的活动，起了积极的作用。

1949年中国人民政治协商会议开幕前夕，司徒美堂被推选为美洲华侨代表。在他即将回国之时，逃到美国的孔祥熙邀请他吃饭，假惺惺地"劝告"说："不要受人利用，年纪大了，何必跑来跑去，留在美国，生活不必过虑。"③司徒断然拒绝这种"劝告"，严正指出自己是激于爱国之心，必须归国，完全出于自愿，未受任何人利用。

1949年8月，年逾八旬的司徒美堂毅然离开居住了将近七十年的美国，于9月4日到达北平。9月21日，他带着美洲华侨对祖国的热

① 司徒丙鹤：《司徒美堂与美洲洪门致公堂》，中国人民政治协商会议全国委员会文史资料研究委员会编《文史资料选辑》第38辑，第252页。

② 司徒美堂：《祖国与华侨》，第1页。（"八十有二"是本人习惯按虚岁说的）

③ 司徒丙鹤：《司徒美堂与美洲洪门致公堂》，中国人民政治协商会议全国委员会文史资料研究委员会编《文史资料选辑》第38辑，第255页。

爱，出席了中国人民政治协商会议第一届全体会议，“用最热烈的心情，向大会致贺”①。

此后，司徒美堂一直住在北京，历任中央人民政府委员、全国人民代表大会常务委员会委员、中国人民政治协商会议第一届、第二届全国委员会委员、华侨事务委员会委员等职，积极参加人民政府的工作，经常向国外华侨发表讲话，报告祖国解放后的情况，宣传抗美援朝，宣传党的政策，介绍侨乡的土地改革，增进华侨的爱国大团结。

1955 年 5 月 8 日，司徒美堂因脑溢血在北京逝世，遗体葬于八宝山革命公墓。

① 《中国人民政治协商会议第一届全体会议纪念刊》，1949 年版，第 218 页。

司 徒 乔

任嘉尧

司徒乔，小名乔兴，1902 年（清光绪二十八年）生于广东开平县赤坎塘边村。父亲司徒郁曾在本县小揽地方开过小米店，由于英、法商人在广东倾销洋米以及本人不善经营，不几年工夫便倒歇。司徒郁回乡下无所事事，于是弄起画笔，学着给人画真容，画关羽、岳飞，因无法解决一家生计，后经堂兄介绍到广州美国教会办的岭南大学附小管杂务、办伙食。当时每个校工可享有一个孩子免费入学的优待，于是便把司徒乔从乡间鸣鹤小学转到岭南附小。在各门功课中，司徒乔最喜欢图画课。学校每年的图画奖，都是司徒乔领走的。

司徒乔在岭南附中读书时，同冼衣妇冼大娘的儿子冼星海最要好。他们虽然不同班级，但都爱好艺术：一个绘画，一个拉小提琴、唱歌，两人十分契合。在一位油画老师和广州赤社美展、全省美展的启发下，司徒乔一边揣摩，一边练习，经过两三年实践，终于画出了《搁浅》和《海》两幅早期的油画。后者曾在国内多次展出，还参加了 1929 年的巴黎沙龙画展。

1919 年发生的五四运动，对当时的青年影响巨大。岭南许多学生纷纷北上转学，冼星海转到上海音乐学院。经过较长时间的准备，司徒乔也于 1924 年到北京入燕京大学神学院，靠免费继续上学。他赞同蔡元培“以美育代替宗教”的主张，不愿听《圣经》上那套说教。他热爱绘画，课余时间，以坚韧不拔的毅力画古庙、土山、破屋、穷人、乞丐等等，试图画出人民的辛酸疾苦和街头的悲剧。他还给未名社和《莽原》半月刊画封面、插图。1926年6月，司徒乔把七十多幅习作在中央公园（即今中山公园）水榭举办画展。鲁迅曾选购了《五个警察和一个0》、《馒头店门前》两幅画，对初出茅庐的司徒乔是一个很大的鼓励。就在这一年的夏天，司徒乔大学毕业了。他决心不当牧师，而要用画笔来参加变革人民生活、挽救祖国命运的斗争。他毅然拿起画笔，背着简陋的行李，搬进北京西城的贫民窟，去与被压在社会底层的人接触，走上了荆棘丛生的创作道路。

1926年12月初，他用十天时间画成了十幅画，参加在北京举行的万国美术展览会的展出。俄国女画家罗尔斯卡娅认为“司徒乔年轻，很有希望”，并指出作家画家必须到工厂去、到贫民窟去、到人力车夫家去，在那里创作出来的作品，才是“真正有生命的作品”。司徒乔的《被压迫者》在英文《晨报》星期画报上被称誉为“全场五幅最好的人像之一”①。

北伐战争开始后，1927年2月司徒乔来到扬子江畔的武汉，在苏联顾问鲍罗廷办公室工作，用画笔进行政治宣传，鼓动人们战斗。4月蒋介石清党反共，不久武汉白色恐怖也开始了，司徒乔化装逃往上海。

在上海，他好不容易在虹口租到一座三角形小屋，取名为“乔小画室”，又开始了创作生涯。1928年春天，挑出了七十多幅作品举行了“乔小画室春季展览会”，引起了文化界的注意，鲁迅特地为他的展览会目录写了序言②；徐悲鸿撰文赞扬说：“司徒先生对色调之感觉，为当代最敏之人，又有灵动之笔，供其纵横驰骋。”③随后，万国美术会在上海给他开了个展览会，会上出售展品获得了几百元收入，使司徒乔筹得了留法勤工俭学的川资。行前，还在上海、香港举行了画展。

1928年底，司徒乔怀着兴奋的心情到达巴黎，向写实派大师比鲁

① 冯伊湄：《未完成的画》，人民文学出版社1978年版，第13页。

② 鲁迅：《看司徒乔君的画》，《鲁迅全集》(4)，人民文学出版社1981年版。

③ 《良友画报》第26期。

求教，在名师指点下严格锻炼。但好景不长，仅仅半年时间，他无法偿付高昂的学费，被迫辍学了。即使靠画稿所得的一些稿酬，也只能断断续续地上学。巴黎的艺术宝库鲁佛尔宫藏有欧洲各国的名画佳作，司徒乔常带着几块黑面包，整天在绘画大师的作品前流连，用达·芬奇、伦勃朗、米勒、杜米埃、莫奈们的心血来灌注自己的艺术生命。有时，还通过朋友的介绍，探访有成就的画家、雕塑家、收藏家，来丰富艺术修养，增长社会知识。

也就在这个时期，司徒乔遇上了爱好文学的冯伊湄。冯是复旦大学毕业生，正在法国留学。由于艺术创作上有着共同的语言，两人友情弥笃。1930 年初，冯的父亲经营的赣省矿业被军阀方本仁掠夺而破产，不久身故。冯接济断绝，不得不辍学东返；而司徒乔靠朋友的帮助，要到美国去观摩学习。两人只得暂时别离。

司徒乔到纽约后，靠着替饭馆装饰壁画的菲薄收入维持生计。他把五十七号街画廊当做课堂，把书店里的名画复制品和画家传记视为老师。1930 年，戏剧家梅兰芳访问纽约，梅卓越的京剧艺术风靡了美国。罗马尼亚著名肖像画家斯托恩内斯库渴望为梅画一幅戏装画像。司徒乔促成了这事，从而第一次亲眼目睹一幅杰出的油画是怎样绘成的。正好印度诗人泰戈尔来美讲学，司徒乔用最新的心得，以大刀阔斧的笔触画出了这位诗哲风采粲然、神思清澈的半身像。

正在他半工半读学习和创作逐渐登堂入室的时候，警察以留学生画画赚钱、触犯移民法的罪名予以拘禁，他在监禁中终于病倒。监禁期满又花了一笔罚款才被释放，但限令在两星期内离境。

1931 年 5 月，他横渡太平洋，回到广州。这时，岭南大学开了美术课，岭南画派创始人之一高奇峰教国画，司徒乔教西洋画。冯伊湄在中山大学教书。司徒乔和冯在 8 月间结婚。冯业余爱好国画；司徒边练习油画，也边学国画和书法，试图画出中国气派的油画，把中国画简练有力的线条化入素描和速写中去。埋头苦练一年后，他在青年会开了个画展，其中富有“东方精神”的油画《夜未央》（画的是在茫茫黑夜里，珠江上一个老船夫划着小艇送客过江的情景),更博得舆论的好评。

不久,岭南大学美术课停开,司徒乔又染上肺结核病。1932 年,邹鲁当中山大学校长,一下撤换二百多人,冯伊湄亦在被撤之列,司徒乔的父亲又失了业。这时司徒乔的长女刚出世,六个弟妹都在念书,生活十分窘困。

1933 年,日军强占热河,进犯察哈尔。广东人民组织了粤东各界慰劳团北上慰问抗日同盟军,司徒乔不顾疾病,随团到了张家口,为冯玉祥将军画速写油画像,表达了支持打日本的心意。为了描绘抗日战士的不朽业绩,他四处奔走搜集题材,后来病倒在一家小客店里,被送到北平治疗。

1934 年春,冯伊湄在西山疗养院找到了司徒乔。冯这时在民国大学教古典文学,光靠薪金是不够维持生活的,家里断炊是常事。恰好《大公报》要办《艺术》周刊,司徒乔把这工作接下来,每月有编辑费六十元。北海、什刹海、天桥,到处有入画的题材,可是限于经济,他那时画的都是竹笔速写和素描。

华北局势日益紧张,司徒乔一家于 1935 年 12 月初移居上海。《大公报》接着出上海版,但《艺术》周刊只继续办了几个月便夭折了,他再度失业。这时传来一个不幸的消息:鲁迅于 1936 年 10 月 19 日逝世了。他急忙赶到万国殡仪馆,含泪画下了鲁迅的遗容,一共画了三张,最后一张背面写上:“鲁迅先生盖棺前五分钟司徒乔作。”不久,“七君子”下狱①,司徒乔痛心人民没有爱国的自由。

正当就业无着的时候,司徒乔被介绍到南京中山陵园去画孙中山像。为了把孙中山百折不挠的革命精神体现到画面上,他八易其稿,呕

① 1936 年 5 月,沈钧儒、邹韬奋、李公朴、章乃器、王造时、史良、沙千里七人响应中共中央关于建立抗日民族统一战线的号召,在上海发起成立全国各界救国联合会,要求国民党政府停止内战、释放政治犯、与红军议和、建立统一的抗日政权。蒋介石政府坚持内战政策,于 11 月悍然逮捕了上述七位爱国人士,时称“七君子事件”。

心沥血半年多，终于完成。这幅画曾被誉为“惊人的肖像画”①，陵园管理处只送润笔费二百元，他对此并不介意。由于积劳过度，他重又病倒。

1937年7月7日，抗日战争爆发。8月15日，日机突袭南京。司徒乔十二年的创作，连同书籍、日记、文稿都化为灰烬。他一家乘轮船到了武汉，又遇见冼星海。不久，冼星海去延安，司徒乔因病打算返乡疗养。到了广州，冯接到仰光福建华侨女子师范学校的聘书，便举家于1938年1月到达缅甸。司徒乔的病体有了转机，三个月后，他便画出《泼水节》、《缅甸古琴图》、《街头夜宵》、《莱雅湖上的清洁工人》等作品。后来因为司徒乔夫妇给陕北公学、延安抗日军政大学募捐，通过在香港的廖承志（岭南大学时的同学）把钱款转去延安，触怒了当地的国民党分子，被扣上一顶红帽子，使他俩不能在仰光立足，于1939年4月流离到槟榔屿，同年末到达新加坡。太平洋战争爆发后，司徒乔一家历尽艰难，于1942年2月到达重庆。

在重庆，他的健康状况又恶化了，生活也无着落，在贫困和疾苦折磨下，他花了十个月工夫画成了高达一丈七尺的大壁画《尚未瞑目》，后改名为《国殇图》②。过了一年，他参加国民政府军委政治部西北视察组前往新疆，画了二百八十多幅作品，其中有《生命的奔腾》、《珠勒多斯草原》、《新疆集体舞》等，于1945年9月举行画展，轰动了山城。

抗战胜利后，司徒乔谢绝了为司法院院长居正作画的邀约，却应行政院善后救济总署之聘，到遭受天灾、战祸严重的粤、桂、湘、鄂、豫五省旅行创作。他倾注了真挚的感情，用有力的彩笔，写了地狱的一

① 引自一位德国人在美国《国家地理杂志》上发表文章中的话。

② 这幅画的构思是：在巍峨的山头上，就山形凿成一个抗日阵亡将士横卧的石刻。他脚边有长明的火焰，他身后出现抗日阵亡将士们的英灵，他们都睁着眼睛好像在问：我们舍命保卫祖国，你们为祖国干了些什么？在重庆展出时，国民党的军委政治部却不许用《尚未瞑目》作画题，司徒乔只好改题为《国殇图》。

角，写了黄河的水，写了无名英雄，写了忠骨和义民，写了人间的互爱，写了神州的剩水残山，把劳动人民苦难遭遇在画上再现。1946年6月、7月，灾情画展先后在南京、上海展出。《义民图》的长卷最吸引观众，人们不忍离开这些血泪交织的作品。郭沫若对司徒乔只以三个月的努力画出这许多画面，深深“佩服了他的献身精神”①。司徒乔如此热爱生活、热爱事业，可是肺病加剧了，不得不于这年8月离开上海，去美国治病。在洛杉矶遇见医生贺达（去灾区作画途中的旅伴），承他热忱款待和细心料理，病情有些起色。然后，去纽约一所肺病疗养院诊治，那时链霉素刚问世，医药费昂贵，幸有美国友好人士马莉·壁珈和她的弟弟以及侨胞们的支援，加以冯伊湄的辛勤照料，经过五个月的治疗，他肺上百孔千疮的病灶大都结了疤。其后，又相继在两所免费医院疗养。

1949年10月，新中国诞生了。1950年8月28日，他一家从三藩市起程返国，同行的还有物理学家钱学森、赵忠尧等。10月底到达北京，结束了长期颠沛流离的流浪生涯。

这是司徒乔第三次来到北京城。他不顾长途跋涉的疲劳，又立即描绘《毛主席在农民运动讲习所》的新作了。1952年10月，亚洲及太平洋区域和平会议在北京召开，有七十八个国家的代表参加，他打算采用中国画法以简练明快的线条来纪录时代的脉搏，画一幅有一百二十五位代表形象的巨幅史画（可惜这幅史画到他生命最后一息只完成了初稿）。在1953年9月第二次全国文学艺术工作者代表大会期间，他为农民诗人王老九、《谁是最可爱的人》的作者魏巍等人画像，还创作了《鲁迅与闰土》等插图。1956年10月，他去上海庆祝国庆，用画笔记下了社会主义改造的图景。1957年十月革命四十周年，他画了《秋园红柿图》，这是他最后一幅创作。

1958年2月16日，司徒乔病逝于北京。正如他的老友廖承志所

① 郭沫若：《从灾难中象巨人一样崛起》，《清明》杂志第4号。

说:“司徒乔把整个生涯贡献给了祖国的劳动人民,司徒乔的一生是为苦难祖国和人民服务的一生。他对劳动人民的热爱,对祖国的无限忠诚,对民族敌人的刻骨的仇恨,他的节操,他的淡泊,他的无欲,都可为我们的师鉴。”①

① 廖承志:《〈未完成的画〉序》,《未完成的画》,人民文学出版社 1978 年版。

宋棐卿

熊尚厚

宋棐卿，名显忱，1898年(清光绪二十四年)生，山东益都人。父亲宋传典是基督教徒，为济南德商德昌花边行买办，早年在外籍牧师的资助下制作花边、发网，兼营地毯、土产出口，获利甚大。其后在济南开设德昌洋行，相继于青岛设分行，烟台、上海设分庄，又在天津开设德昌贸易公司，生意越做越大，遂成了巨富。1922年，宋传典不惜花费大洋十八万元，当上了山东省议会议长。1925年又任段祺瑞执政府临时参政院参政。

宋棐卿十二岁时在益都上教会中学，十八岁时考入山东齐鲁大学读书，不久转入北京燕京大学。1918年他去美国留学，入西北大学习商。在美"求学时，则感到毛织事业在中国地位之重要及生活上之需要，遂决意于回国后创办毛织工厂"①。

1925年宋棐卿回国，在济南德昌洋行内开设毛纺部，聘一名德国人为技师，因缺乏办厂经验，误购粗纺机而失败。次年，他再次前往欧洲考察各国毛纺织厂，进一步学习毛纺织的生产技术及经营管理办法。1927年宋回国，筹划重营毛纺织业，派其弟宋宇涵去英国留学，专学毛纺技术。同时帮助其父扩展德昌的营业，在济南、青岛、烟台、天津等地经营出口地毯、发网、帽辫等土产，及进口汽车、呢绒等业务，兼办毛纺

① 《一九三四年东亚毛呢纺织股份有限公司年刊》"问答"栏，天津华中印刷局1935年版。

业，一时均甚发达。1928年济南“五三”惨案发生，日本帝国主义出兵侵占济南，他认为山东易受威胁，遂分别收缩在山东地区的营业，前往天津专办德昌贸易公司，自任经理，继续经营进出口业务，并经理飞得禄牌汽车等。

“九一八”事变发生后，全国抗日爱国运动高涨，各地抵制日货斗争蓬勃开展，国货畅销，此时宋宇涵亦自英回国。宋氏兄弟遂会同德昌贸易公司副经理赵子贞，于1932年春组成天津东亚毛呢纺织股份有限公司。工厂集资二十三万元，并得到山东军阀韩复榘投资，有工人一百七十余人，宋棐卿任董事长兼经理，赵子贞任副经理，宋宇涵任副经理兼厂长及总工程师。他们眼见我国毛纺织品市场长期为外商控制，年年进口大量呢绒、毛毯，资金外流，“素抱创办毛织工厂以杜塞斯项漏卮之大志”①，受爱国热忱的驱使，取“抵羊牌”作为东亚厂产品的商标，以寓抵制洋货之意。1932年4月毛纺厂投产，于上海开设分庄。始初仅开毛纺，专纺单、双、四、六各股毛线，高举“提倡国货”、“实业救国”的旗帜广为推销。由于产品经过良好的梳毛加工，光泽弹力较之舶来品均无逊色。除英国的蜜蜂牌外，“抵羊牌”毛线在国内市场上数得上是最好的产品，受到消费者的欢迎。

1933年11月，上海经营进口毛线生意的洋商，以捏造“抵羊牌”毛线系日货冒充相中伤。在中华工商总联会及上海国货维持会等团体的支持下，宋棐卿聘上海著名律师江庸代表出面，悬赏万元征求反证，结果获胜。是年，东亚公司资本额扩大至五十万元。年产四、六股毛线七十五万磅，为1932年产量的五倍，年营业额一百五十万元。宋在东亚公司特设编织科，专门传授手工编织毛衣的技术，以利产品之推销，营业更是骎骎日上。同时，又得南京国民政府获得相当的优惠待遇，实业、交通、铁道等部准予免征各种捐税二年，核准官营轮船、火车运费二年内各减五成，财政部亦批准只纳出口税及二五附税。宋氏兄弟取得

① 《一九三四年东亚毛呢纺织股份有限公司年刊》“本公司沿革”栏。

各方支持，信心倍增。

为了进一步办好东亚公司，宋棐卿锐意改进经营管理，努力提高产品质量。1934 年春，他聘请山东齐鲁大学化学系主任王启承任东亚公司化学部主任兼技师，加强对毛质的化验和染色的分析工作，大力革新技术，改良产品。同年 6 月，宋创办《方舟月刊》，“以增进家庭幸福，研究家庭实施，提倡家庭手工业为宗旨”①，发行近万份。该刊系一家庭杂志，除研讨各种家庭问题外，还经常大量介绍手工编织毛线衣的技术和各式图案，以利东亚毛线广拓市场。11 月，他再派宋宇涵出国，考察英、法、意、美、日等国毛纺织的新技术和新机器，了解国际行情。在推销方面，他扩大营业部和经销商店，设置督销主任、督销员，分赴各地广泛建立代销处达六百余家，并分别聘请一些大商号为地区的总经理。在华北地区以天津国货售品所为总经理，以天津会利合作社为华北“专牌经理家”；华中地区以长沙湘记经理处、汉口集义生号、南昌德大永等为总经理；西南地区以重庆宝元通为总经理，华南地区以汕头震东公司及集会昌号为总经理；华东地区以上海义裕兴为总经理。是年，东亚公司资本额增至八十万元，拥有各种机器数十种，蒸汽罐两台，男女工人增达四百六十余名；同时添设毛织部和针织部，生产驼绒、绒头绳及各种毛纺织品，年产四、六股毛线一百三十余万磅，单股呢绒纱四十万磅，年营业额二百余万元。在产品推销上，与天津祥和毛织厂展开了激烈竞争。

东亚与祥和经过一年的鏖战，祥和终于不支，遂请人出面调解。祥和大部分资产并入东亚，厂主袁子卿等任股东。宋棐卿接收祥和后，改组为东亚第一分厂。东亚扩张后，使用低锤精纺机生产粗毛线，采取薄利多销办法；同时以部分进口半成品毛条生产三百号细线，用德国染料生产高级呢绒。此时，东亚产品除“抵羊牌”外，还出有“孔雀牌”、“五羊牌”、“骑羊牌”等，自称“唯一国产”、“完全国货”产品，畅销全国，名噪一

① 《方舟月刊》1934 年第 1 期。

时。1936年7月,宋又在天津旧英租界建成一座新厂,陆续添购前纺、后纺、洗染三大工段的机器设备,使之成套,并出产游泳衣、毛内衣、花毛衣等针织品,产量不断增大。数年之间,宋棐卿成了华北著名的毛纺织工业资本家。

1937年7月,卢沟桥事变爆发,日本帝国主义侵占天津,东亚厂地处租界得以苟安。1939年欧洲大战激烈进行,东亚进口原料减少,生产顿即不振。此后,宋棐卿将东亚公司的经营重点先后转为麻纺和西药业。同时以业务活动为名前往上海,在租界暗中会见国民党人,通过上海租界与重庆国民政府取得联系,并给津地一些抗日人员家属以帮助。1940年,他创设东亚麻袋厂,以印度麻和国产青麻制袋,年产约计二百余万条,销路甚畅。太平洋战争爆发后,日军进占天津英法租界,将东亚厂房当做"敌产"加以接管,还强迫东亚麻袋厂替其生产军需品。宋对日军采取一些应付手段,一面利用日人翻译虚与委蛇,一面以重金拉拢日本三井、三菱洋行和华北日军军需司令前川少将等以求庇护。

1944年9月,宋棐卿采用募集医药股的办法,向医生、护士和药店主广招股份,筹集资本创设了东亚化学厂,聘请北平协和医院的几位医学博士,生产西药及化学品,又利用"股东"(医生、护士、药店主)广为推销,他还开设了福隆、新中两商行经销其产品。1945年春,宋棐卿从事股票买卖,又开办广信行经营东亚股票。

抗日战争胜利后,为了扩展企业,宋棐卿请天津商会会长兼河北七省银行总经理姬奠川任东亚公司董事长。通过姬的关系得与国民党华北军政首要李宗仁、孙连仲、张廷谔等结交,以张其声势。但事与愿违,1946年民族工业面临美货泛滥和国民党政府苛捐杂税及恶性通货膨胀的摧残,东亚化学厂于是年被迫停办。次年春,宋棐卿利用东亚公司十五周年纪念之机,将公司再次改组,更名东亚企业公司,广泛招股,资本增至法币三亿元。同年9月,又加入CC系控制的天津恒大企业公司为董事,与官僚资本拉上关系。1948年南京蒋介石政权摇摇欲坠,陷入全面崩溃,东亚公司遭到军警当局的接连强征和敲诈勒索,宋处于走投无路的境地。在此期间，他任天津工业协会常务理事、天津经济调查研究所评议员。

天津解放后，宋棐卿表现积极，人民政府对他十分信赖，曾邀他出席中国人民政治协商会议，任全国政协第一届委员、政务院财政经济委员会委员。1950年，宋棐卿赴香港增购机器，准备扩大天津东亚公司生产。后从香港去了阿根廷，1956年病故①。

① 杨天受、李静山：《宋棐卿与东亚公司》，中国人民政治协商会议全国委员会文史资料研究委员会编《文史资料选辑》第49辑，中华书局1963年版。

宋汉章

汪仁泽

宋汉章,原名鲁,原籍浙江余姚。1872 年 4 月 6 日(清同治十一年二月二十九日)生于福建建宁①。父亲宋世槐曾在闽办盐务,兼营木业,后协助经莲珊创建上海电报局。宋有兄弟四人,排行第二。早年在本地私塾就读,后随父到上海,进中西书院,1889 年毕业后在上海电报局当会计,业余在夜校补习英文,1895 年考取上海海关任关员。

1898 年,经莲珊赞助康梁变法,通电拥护,宋汉章亦列名其间;戊戌政变后受清政府追缉,随经出亡。不久,经以宋尚年青,亡命非久远之计,且非要员,不为追索者所瞩目,乃更其名为汉章,资助返沪,进中国通商银行当跑楼②。该行系盛宣怀 1897 年在沪创办的第一家新式银行,聘有西人大班和华人买办两名经理,跑楼专任沟通华洋经理之间的业务联系。宋在该行十年间,学到了中西金融工作的实务经验。

1908 年,清政府的户部银行决定在北京增设储蓄部,宋汉章经人介绍主持该部业务,成绩斐然。户部银行改组为大清银行后,宋被调至

---

① 余姚县政协文史组:《宋汉章》,中国人民政治协商会议全国委员会文史资料研究委员会编《工商经济史料丛刊》第 1 辑,文史资料出版社 1983 年版,第 68 页。

② 陈安性:《宋汉章与中国银行上海分行》,中国人民政治协商会议上海市委员会文史资料工作委员会编《上海文史资料选辑》第 60 辑(旧上海金融界),上海人民出版社 1988 年版,第 56 页。

上海分行进行整顿，不久任沪行经理。1912年中华民国政府成立，大清银行改组为中国银行，宋任上海分行协理，1913年升任经理，张嘉璈任协理。陈其美任上海都督后，曾责令宋汉章筹饷，宋以中国银行系官商合办为由，婉言坚拒。陈乃设计将宋扣捕，但宋仍不屈，后经伍廷芳等营救，始获释。

1915年12月袁世凯称帝后，至翌年4月，滇、桂、粤各省相继独立，袁被迫取消帝制，但仍试图以武力镇压各地反袁势力，为急筹军饷，密谋攫取中国、交通两银行在各地的存银。消息外泄，京、津两地中、交两行出现兑换券挤兑风潮。5月11日，北京政府悍然下令各地停兑，并封存现银。电讯传来，中国银行沪行宋汉章、张嘉璈紧急磋商，认为如执行停兑则非但持券人将蒙受严重损失，银行也信誉扫地，且将牵累全市市面；照兑则必将触怒当局而受查究，但两人认为个人得失事小，“维护中国金融之生命事大”①，决定抗命照常收兑票面上印有“上海”字样的沪行兑换券，并由商股股东组成的股东联合会作出照兑决议，并登报声明沪行事务悉归该会主持，所有资产负债已移交律师代表股东进行管理。宋汉章取得外商银行支持，订立透支契约备用。收兑之初一度曾发生挤兑，后增加委托同业代兑，不及一周，人心即趋安定。不久袁世凯殒命。经此风波，沪行兑换券反信用大增，发行量遍及江、浙、皖各地穷乡僻壤，外商银行在沪发行的纸币，无形中也受到了排挤，宋汉章在沪的声誉随之大为提高。1916年，上海总商会改选，宋当选为会长，辞未就。1918年上海银行公会成立，宋汉章、陈光甫当选为首届正副会长。此时上海的外汇市场，仍为外商银行所操纵，每年损失巨额外汇。为挽回利权，宋汉章亲自研习有关书籍，并聘请熟悉业务的外汇人才。1919年沪行开始经营外汇业务，并与欧、美、日本各国银行签订代理合同，在纽约、大阪等地成立机构，宋亲自拟稿签发重要涉外电讯

① 姚崧龄编:《张公权先生年谱初稿》(上册)，台北传记文学出版社1982年版，第27页。

信函。此后外汇业务日趋发展，足以与外商银行抗衡。

上海开埠后，租界上华人处于无权状态。20世纪起，华人发起参政运动，提出“不出代议士，不纳租税”的口号。经过长期酝酿和斗争，至1921年争取到在公共租界工部局内设置华人顾问五人委员会①。是年11月，公共租界纳税华人会选出宋汉章、陈光甫、余日章等五人为首届华人顾问，此后宋连选连任。其间曾参与两次抗拒工部局加捐的斗争。1925年“五卅”惨案后，宋汉章等五人愤而集体辞职。

1922年，上海总商会再次改选，宋汉章、方椒伯当选就任正副理事长。该会在宋、方主持下，是年8月通电全国商会主张“裁减厘金，增加关税”，后又提出《裁厘办法及理由》，谓此举乃“解百业之倒悬，慰兆民之渴望”。12月15日发起组织裁兵制宪理财委员会，宋任会长。分电各省商会及众、参两院，主张裁减现有军队，整理财政，迅速制订适合国情之宪法②。1923年2月英驻华大使、1924年5月美驻华公使先后来沪，宋汉章在总商会欢迎宴会上，强烈要求无条件收回上海租界会审公廨；并于事后派代表赴北京会见外交、司法部长，要求与英、美各国严正交涉。同年6月召开上海总商会临时会员大会，通过决议，认为“政府中断，国会违法，早失人民信仰，中华民国主权在民，今日正人民行使其主人之职权”；主张组织“民治委员会”解决国是，受到舆论赞许③。

① 卢汉超:《上海租界华人参政运动述论》，唐振常、沈恒春主编:《上海史研究》第2编，学林出版社1988年版，第79页。

② 《上海总商会1922年12月15日快邮代电》，苏州商会档案乙类，卷号695。又参阅《上海总商会月报》第3卷第1、2号。

③ 《民国日报》1923年6月23日发表专评，内称:“总商会会员大会是不轻易开的……以难得的大会应付非常的时局，于此可以显出上海商人对政治的真实态度”，“今天的大会……是对军阀官僚宣战，是做民治运动前驱，是抱牺牲主义的，是抱革命精神的”。中国共产党领导人也给予高度评价，毛泽东在《北京政变与商人》(《向导》周报第31、32期合刊，1923年)中说，“这是商人出来干预政治的第一声”，“这次政变发生惊动了老不注意政治的商人，忽然抬起头来注意政治，这是何等可喜的一个消息”。甚至当时中共中央第二次对于时局主张中也提及此事，并给予赞许。

1924 年虞洽卿继宋汉章任会长,民治运动渐趋低潮。

1927 年 3 月北伐军抵沪后,蒋介石多次责令各业垫款筹饷。5 月 2 日银钱业再次讨论筹款时,中国银行等表示困难。次日蒋介石直接电宋汉章:“军需孔亟,请竭力设法预购二五库券一千万元,限本月 5 日前解交”,“闻贵行上年以大款接济军阀,反抗本军,至今尚有助逆之谋……若不如数筹缴,不惟妨碍革命进行,且不足以表示赞成北伐与讨共大事”。宋 13 日复蒋函:“汉章为创办中国银行之一分子,初即忝长沪行”,“对于北方政府方面暨省库事务向非汉章所顾问”,继述自北伐军出发以来粤、闽、浙、汉、宁、沪各行已先后垫借六百六十余万元,最近 5 月 7 日沪行又勉垫二百万元,合计已达八百六十余万元,但未提续垫事。20 日蒋再电宋,严责“贵行在汉竟给共产政府以一千八百万元之报效,使其尚敢负隅一方……此次沪上借款以有确实二五税作抵、信用卓著,而贵行竟表示反对,始终作梗”,“务请于 23 日前补足一千万元”。次日宋即复其电,说明“汉行非属沪行管辖”。同时致函陈光甫等陈述实情,“宁、浙两行再垫二百万已超出千万之数,在政府虽属杯水车薪,在银行已属精疲力竭,至沪行发行数目,外间不察以为漫无限制”,实际因“准备金共同管理,不容丝毫假借”,“发行之数不足三千万元,即需相当现金以应兑现,又须稍留余力以平市面。其间可以活动之数固已有限,而垫款之巨又如上述,在银行责任实属万分冒险。当总司令不予见谅,必令增垫,设谣言一播纷纷挤兑,汉章个人原不足惜,恐银行从此倾覆,金融亦将不可收拾,反响及于财政,此汉章期期以为不可者。至此次商垫转辗迁延,实因各行接洽起见,并非汉章不具诚意”,请其向蒋缓颊。蒋介石一面派钱永铭、翁文灏赴中国银行商洽;一面指示俞飞鹏,谓宋“此等商人毫无信义可言,何必客气”。25 日蒋又电陈光甫等,指责宋所筹之款延宕无期,“请诸公从严交涉,万勿以私忘公”,显示蒋已欲对中国银行与宋汉章作断然处置。为此陈光甫急于 6 月初以长函劝蒋慎重处置,并指出逼中行从准备金提垫将会产生严重的金融后果①。此后,陆续发行二五库券七千万元,由沪上各业、商联会、两淮盐商等分摊认购,解了中国银行上海分行之围。

1928 年 10 月,中国银行改组为政府特许的外汇银行,官股五百万元、商股二千万元,并将总管理处由北京移沪,以张嘉璈为总经理,宋汉章升任沪区行总经理、常务董事。此后该行积极开展外汇业务,陆续建立国外直接通汇六十三处、特约代理九十六家。

1930 年,张嘉璈从国外考察回国,对保险业务与金融的重要关系感受至深,向董事会提议投资设立中国保险公司,并推定由宋汉章兼任中保董事长,全权筹办。时宋已近花甲之年,受命后刻苦钻研保险业务,精心筹划,使中保于 1931 年 11 月在沪开业。中保以中行信用为后盾,各地中行机构为中保设经理处、分行经理则出面任中保代理人,业务发展顺利。1933 年 3 月承保的汉口申新四厂突遭大火,损失达二百余万元。中保和太平保险公司为首的各分保公司迅速、及时地全额赔付申新四厂②。为此,申新四厂在沪各大报刊登整版鸣谢启事,使中保声誉鹊起,业务更加发展,当年还能盈余。此时宋联络同业发起组织学术研究机构"保险学会",被推为会长。

1935 年,国民政府加强金融垄断,发行金融公债一亿元,其中一千五百万元公债预约券拨充中国银行官股股款,随即成立改组后的中国银行董事会,推选宋子文为董事长,实行董事长负责制。原总经理张嘉璈被迫辞职后调离中行,宋汉章保留常务董事职,并受董事长聘为总经理。

1937 年 8 月淞沪抗战爆发后,宋汉章随中国银行总部迁往香港,后赴重庆。抗战胜利后,宋汉章回到上海,仍任中国银行总经理。1947

① 上海市档案馆编:《一九二七年的上海商业联合会》,上海人民出版社 1983 年版,第 95—99 页、第 105—110 页。

② 保险公司为了分担风险,将部分承保额转分给其他保险公司承担。

年 6 月宋为造福桑梓，筹款数十万元创建余姚阳明医院①。1948 年出任中国银行董事长。

1949 年上海解放前夕，宋汉章被胁持去香港，但他坚决拒绝去台湾。中华人民共和国成立后，宋仍被缺席推选为新生的中国银行董事。1950 年宋汉章去美国，翌年到巴西依其子宋美扬，但仍受国民党“联络员”暗中监视。1960 年设计离开巴西，回到香港。

宋汉章自四十岁起即患重听症，晚年几至失聪。他一生生活简朴，以薪金度日，不谋私利。当选总商会、银行公会、华洋义赈会等会长之职，全尽义务，所得车马、酬谢等费一概谢绝不受。即使在中保董事长任内二十年，也从未领取分文报酬，甚至代表公司对外应酬交际各费，也往往自己承担。垂暮之年，宋时时思念故乡，并以毕生事业的中国银行为念，曾对人表示只要该行得以保存下来，后继有人，自己死也瞑目了。

1968 年 12 月宋汉章因病在香港去世。

① 余姚县政协文史组:《宋汉章》，第 71 页。

宋 教 仁

周天度

宋教仁，字遯初（一作钝初），号渔父，湖南桃源县人，1882 年 4 月 5 日（清光绪八年二月十八日）生。父亲宋起龙，占有土地百余亩。宋教仁童年入私塾。1899 年入漳江书院读书，喜爱政治、法律、地理等学科。1903 年春考入武昌文普通中学堂，在校常与同学田桐等议论时政，关心国事，渐萌革命思想。是年留日学生反对沙皇俄国侵占我国东北三省，组织拒俄义勇队，派黄兴、陈天华回国进行革命活动，与宋教仁取得联系。1904 年春，宋教仁和黄兴、陈天华、刘揆一在长沙创立革命团体华兴会。同年夏，他又参加了在武昌成立的革命小团体科学补习所，任文书。

华兴会成立后，决定于当年 11 月 16 日（阴历十月初十）西太后七十岁生日在长沙举行武装起义，常德、衡州等五路同时响应，宋教仁负责常德一路。这次起义未经发动即因消息走漏而失败，宋教仁被迫潜离长沙。11 月 10 日，船过湖北螺山，他感慨革命事败，口占长歌一首："谋自由独立于湖湘之一隅兮，事竟败于垂成；……嗟神州之久沦兮，尽天荆与地棘；展支那图以大索兮，无一寸完全干净汉族自由之土地。……欲完我神圣之主义兮，亦惟有重振夫天戈。"①

12 月 13 日，宋教仁从上海到达日本东京，起初上东京法政大学，后入早稻田大学。他到日本后不久，即和田桐等于 1905 年 6 月创办

① 《宋渔父日记》1904 年 11 月 1 日，《建国月刊》第 9 卷第 4 期。

《二十世纪之支那》杂志。他在第一期上提出用黄帝纪元代替帝王纪元，以示与清廷决裂。第二期因登载了《日本政客之经营中国谈》一文，出版后日本政府以“妨害公安”罪名予以干涉，全部被没收。

1905年8月，中国同盟会在东京成立，宋教仁任司法部检事长，后又被推为同盟会湖南分会副会长。当同盟会成立时，黄兴提议将《二十世纪之支那》作为同盟会机关报，后改为《民报》，宋教仁担任《民报》庶务干事兼撰述员。

1907年春夏间，孙中山与黄兴先后离日本去河内组织领导机关，准备在中国南部发动起义。与此同时，宋教仁受同盟会委派，和白逾桓、日人末永节到东北安东联络“马贼”，谋占奉天，以与南方起义相呼应。是年4月1日，宋教仁等到达安东，致书“马贼”头目李逢春说：“仆等向在南方经营大业……欲为割据之事则易，欲制清廷之死命则难，视公等所处之地，形势不及远矣。欲与公等通好，南北交攻，共图大举。”①李表示赞同，愿一致行动。宋教仁于是组织同盟会辽东支部，策划进行。后因招兵失败，白逾桓被捕，宋教仁复返日本。

宋教仁回日本后，仍参加同盟会本部的工作，并从事政治、经济与法律等学科的研究。在日期间，曾著《间岛问题》一书，以确凿证据，证明延吉为我国领土，对当时日本帝国主义企图侵略我国领土的阴谋，作了有力的揭露。

1910年春广州新军起义失败后，宋教仁和谭人凤、赵声等主张将注意重心转向长江流域，在中部地区发动革命。在一次会议上，他提出革命三策：中央革命，一举占领北京为上策，然运动不易；长江各省同时并举，先立政府，然后北伐为中策；边地起义为下策。随后，由谭人凤出面，在东京召集十一省区同盟分会会长会议，宋教仁建议“组织中部同盟会以谋长江革命”②。这年冬，宋教仁回到上海，在于右任所创办的

---

① 《宋渔父日记》1907年4月9日，《建国月刊》第11卷第4期。

② 张难先：《湖北革命知之录》，商务印书馆1946年版，第209页。

《民立报》任主编。他在《民立报》上写过不少揭露帝国主义侵略中国、抨击清朝反动统治的政论文章。

1911年广州起义的再次失败，使革命党人在长江流域发动起义的意念愈加坚定。宋教仁与谭人凤等按照前在东京拟订的计划，积极活动，于该年7月31日在上海湖州公学成立了同盟会中部总会，宣读了谭人凤与宋教仁草拟的宣言和章程，预定宣统五年(1913)在长江各省举行大起义，注意点尤在武汉。总会设五总务干事，由谭人凤、宋教仁、陈其美等分别担任。之后，谭、宋二人秘密往来于沪汉间，联络党人，进行起义准备工作，并与同盟会领导人黄兴取得联系，得到黄兴的赞同和支持。

当年10月10日武昌起义猝然爆发，10月下旬，宋教仁与黄兴由上海到达武汉，协助湖北都督府办理外交；并与居正拟定了《鄂州临时约法》。随后，他到了南京，参与临时政府的筹组工作。次年1月，南京临时政府成立，宋教仁被任命为法制局局长。在当时南北议和中，他主张和袁世凯妥协。同年3月，袁世凯就任临时大总统，命唐绍仪组阁，宋教仁在内阁中任农林总长。后唐绍仪辞职，他一同退出了内阁。

宋教仁也认同大总统非袁莫属，但内阁必须由政党组织。他热心于西方资本主义国家的政党政治和议会政治，是责任内阁制的积极宣传者。他以为只要有了一个健全的内阁，就可以限制袁世凯的权力。为了在国会中争取选票，达到建立政党内阁的目的，他不顾一些党人的反对，在"朝野合作"、"新旧合作"的口号下，于1912年8月下旬以同盟会为基础，与几个小党派合并改组而为国民党，将同盟会纲领中的革命部分抹掉，并吸收了许多封建官僚和投机政客入党。至此，同盟会原有革命精神全失，而所谓国民党，其纲领之含混与分子之复杂，同当时其他政党几无多大差异，连他的好友谭人凤也把它看成是狐群狗党，拒绝参加①。国民党虽然仍拥戴孙中山为领袖，实际主持人则是宋教仁。

① 谭人凤:《石叟牌词叙录》,《近代史资料》1956年第3期。

1912年底至1913年初在国会议员选举中，国民党获得了压倒多数的胜利，于是，宋教仁便以政党内阁组织者自居。他没料到由他一手造成的国民党的声势，却深为袁世凯所忌恨，袁已蓄意要除掉他，而他却沉浸在“胜利”的幻想中。这时，他从家乡省亲后，经历湖南、湖北、安徽、江苏等省，到达上海，沿途发表演说，批评时政，宣传他的政治主张，一心企望实现自己的抱负。1913年3月20日22时，宋教仁从上海搭车北上，在车站突遭凶手狙击，22日逝世。事后判明，杀宋教仁的主使者，正是身为临时大总统的袁世凯。但宋临死前在遗嘱中还期望袁世凯“开诚心，布公道，竭力保障民权”①。

① 《民立报》1913年3月22日。

宋 美 龄

严如平

宋美龄，广东海南文昌县(今海南省文昌县)人，1899 年 3 月 23 日(清光绪二十五年二月十二日)生于上海。父亲宋耀如，字嘉树，本姓韩，1875 年随同舅父去美国波士顿谋生，在舅父店中学徒，被收为嗣子，改姓宋。后入基督教，离店去当水兵，得热心人士资助入万特比尔特大学神学院学习。1886 年被派回上海传教，次年与倪桂珍结婚。后来辞去神职，开设印刷厂，又创办基督教青年会。他结交志士，资助反清革命，与孙中山结为好友，曾任同盟会司库。他有三子三女，宋子文、宋霭龄、宋庆龄是宋美龄的哥哥和姐姐。

宋美龄幼年在母亲的抚育下健康成长，五岁入幼稚园，又得家庭教师直接授教英文和中国古文。1907 年，八岁的她随同二姐宋庆龄远渡重洋到美国，先入新泽西州萨密特城的波特温学校，翌年去佐治亚州梅肯，在威斯里安女子学院作为旁听生开始学习。期间曾在皮德蒙特学校学习九个月。五年后，宋庆龄毕业回国，宋美龄乃转往马萨诸塞州的韦尔斯利文理学院学习，受到在哈佛大学攻读的宋子文的照顾。她主修英国文学，研读莎士比亚戏剧作品甚力；同时选修哲学、天文、历史、植物等课程，还学法语、讲演、音乐，以及小提琴、钢琴等。以后又至佛蒙特大学选修教育学，四年级时获大学“桂兰学者”的荣誉。她在学校甚为活跃，喜好交友，还参加网球、游泳等体育活动。将近十年的旅美留学生涯，使她深受西方文化的熏陶，她自己也说“只有我的脸像个东方人”。

1917 年,宋美龄学成毕业,偕同获得经济学博士学位的宋子文离美归国。她到上海后,首先补习汉语和古文,熟悉祖国的文化、习俗;同时参加上海基督教女青年会,从事一些社会服务活动。不久,她担任电影审查委员会委员和上海市工部局委任的童工委员会委员。童工劳动重、工资低、营养差的状况,使她深为震惊,她呼吁社会各界给予同情和关怀。1919 年宋耀如病故,宋美龄孝敬其母甚笃。

宋美龄风姿绰约,才貌出众,在上海社交界曾引得许多人的仰慕和追求。她对当时中国的政局有自己的看法,认为现在民心涣散,地方割据各行其是,须有铁腕人物实行强权政治,要有拿破仑、俾斯麦一样的领袖人物来统治中国。她对终身伴侣的理想人选,就是才堪统驭中国政局的英雄人物。1922 年冬,她在宋庆龄家遇见向孙中山请示工作的蒋介石,看到蒋风流倜傥,英姿焕发;但她从姐姐那里得知蒋已有一妻二妾,故未放在心上。但是蒋介石却一见倾心,寻找机会与她接触,显露自己,还常常写信以赢得好感。后来宋的大姐霭龄又竭力撮合,因为在宋霭龄看来,蒋介石是一个很有政治前途的人物,如能联姻成亲,对于宋氏家族必然大有裨益,乃一再劝说宋母和诸弟妹。当 1926 年蒋介石在南方崛起,成为北伐军总司令,声名日隆之时,一直未曾觅到意中英雄人物的宋美龄,听取大姐的意见考虑蒋的求婚。1927 年 5 月,宋美龄与蒋介石在镇江焦山同游十日,倾心交谈,感情倍增,进而商谈了婚事。这时,原来持反对态度的宋子文也表示同意。宋家只有宋庆龄因为蒋背离了孙中山"联俄、联共、扶助农工"的三大政策而坚决反对这桩婚事。10 月,蒋介石到日本拜见正在神户有马温泉疗养的宋母,表示已与妻妾离异,并允认真研究基督教义。宋母考虑到宋美龄已年近三十,加之霭龄、子文一再劝说,遂乃应允。

1927 年 12 月 1 日,宋美龄与蒋介石在上海举行了盛大的婚礼,先在宋家举行宗教仪式,由基督教青年会总干事余日章主持,随后在豪华的大华饭店举行新式典礼。婚礼结束后,即动身去浙江莫干山度蜜月。只是蜜月刚一天,蒋介石即于 3 日匆匆下山回到上海,主持召开国民党二届四中全会预备会议，一月后由沪至宁，执掌党政军大权。中外舆论和朝野各界广泛认为这是一桩政治婚姻，是蒋介石把自己与宋氏家族以及孙中山联结成一体，并且得到江浙财阀及亲英美势力支持，使自己在争夺权势斗争中增添实力的重要举措。

宋美龄与蒋介石结婚后，没有眷恋上海的现代化豪华生活，随同蒋介石去南京定居，尽管当时南京残破陈旧，黄沙蔽日。她全神贯注地帮助蒋介石在跌宕起伏的政治生涯中搏击，凭借自己的才华纵横捭阖，效力甚多。她有留学美国多年的知识底蕴和流畅的英语，是蒋介石进行外事活动，尤其是与英、美等国打交道的重要助手。她经常出席蒋介石举行的各种会议和宴请，周旋于中外政要之间，常为蒋转寰说项，化解纠葛和矛盾；尤其在蒋脾气暴躁、缺乏理智之时，更是表现出她独特的作用。因此即使蒋介石出征去前线，宋亦随同东奔西走，形影不离。

宋美龄对于在战争中殒命的国民党军队的遗孤表示了同情和爱怜，认为这些孩子"大都缺乏教养，亟应设立学校，造就他们成为健全的公民"①，乃于 1928 年 10 月在南京筹设"国民革命军遗族学校"，以后又加设女校，从选择校址、募集经费、延聘教员、确定教学方针直至学校行政管理，她都具体指导进行，倾注大量精力，只要身在南京，每周都要去学校一两次，"希望把它们办成中国的模范学校"②。宋美龄还将蒋介石于 1929 年创立的"黄埔同学会励志社"掌管起来，派曾经留学美国的黄仁霖主管，成为一个军官俱乐部，仿照美国军队的基督教青年会行事，以密切联系黄埔系的军界要员，使他们效忠蒋介石。

宋美龄多方面以西方文化影响蒋介石。她向蒋介石朝夕灌输基督

① 宋美龄：《国民革命军遗族学校和女校的经过》(1935 年)，《蒋夫人言论集》，国民出版社 1939 年版，第 409 页。

② 宋美龄：《国民革命军遗族学校和女校的经过》(1935 年)，《蒋夫人言论集》，国民出版社 1939 年版，第 419 页。

教义，督促他诵习圣经《旧约》，终于使蒋于1930年10月23日接受基督教洗礼，成为一名信徒；她还向蒋讲解西方文化、礼仪和生活习俗，并且每天午休前后为蒋播放欧美古典音乐唱片。她对于蒋介石于1934年初在江西"剿共"推行"三分军事七分政治"中发动的"新生活运动"表示了很大的兴趣，亲自担任妇女指导委员会指导长。在要求人们的一切言行都要合乎"礼义廉耻"、要从改造衣食住行等日常生活为实行起点之余，还特别号召妇女要根除缠足、吸鸦片烟、不讲卫生等陋习①。只因这个"新生活运动"原本是维护蒋介石统治的"心理建设"、"社会建设"的一种手段，根本不能解除人民和妇女的贫穷落后，虽然声势不小，而实效甚微。

1935年1月，蒋介石为建设一支空军，成立航空建设委员会，自兼委员长。宋美龄自告奋勇任该会秘书长，实际领导空军的筹建工作。她阅读有关书籍资料，研习航空理论和飞机的知识，参与购置飞机、培训人才、修建基地等重大事宜的筹划。在她的组织和推动下，空军建设的进程大大加快，至抗日战争爆发前夕，已有各型飞机三百零五架，组成十个空军作战大队，航校训练出了三批毕业生，在南昌还建造起一座飞机制造厂。

宋美龄凭借自己对蒋介石的影响力，使蒋介石偏袒她的哥哥宋子文和姐夫孔祥熙，不仅使他们在国民政府中获得高位要职，还能凭借职权营私舞弊而逍遥法外。她对孔祥熙的几个子女视同己出，溺爱有加。

1936年10月，蒋介石去洛阳、西安督饬东北军、西北军"进剿"长征到陕北的工农红军，宋美龄因病在上海休养未曾随行。由于张学良、杨虎城劝谏蒋介石停止内战、共同抗日无效，遂于12月12日断然扣蒋，发生了震惊中外的西安事变。宋美龄闻讯后当夜赶回南京，同有关

---

① 《新生活须知》(1934年)，中央宣传部编《新生活运动言论集》，正中书局1938年版，第142—143页；宋美龄：《中国的新生活》(1935年)，《美国论坛杂志》1935年6月号，《蒋夫人言论集》，第390—392页。

人士商议解救办法。她坚决反对何应钦等人武力讨伐、轰炸西安的主张，同孔祥熙、宋子文等人力主用政治谈判的和平方式营救蒋介石，要求各方面“检束与忍耐，勿使和平绝望”①。她到中央军校发表演说，要求军校学员“未明事实真相前，切勿遽加断定”，还指出主张讨伐的人是“别有用心”②。14 日，她派顾问端纳(William Henry Donald)飞往西安了解实情，直接向蒋介石报告南京情况，并带去一封亲笔信，说“戏中有戏”，暗示南京有人借机别有图谋。鉴于何应钦 16 日出任“讨逆总司令”，举行白衣誓师仪式，声称“督率三军指日北上”，欲调十多个师进攻西安，宋美龄愤然直接找何责问，坚持要何停止出兵；同时急电端纳，要蒋介石下停战手令。她为促成西安事变的迅速和平解决，于 22 日在宋子文陪同下飞往西安，向蒋介石介绍并分析了近日的国内外形势和南京动向，力言应与张、杨和中共和平谈判，以挽救大局。在 23 日宋子文代表蒋介石同张、杨和周恩来进行谈判后，她和周恩来长谈了两个小时，获悉中共并没有参与兵谏，对和平解决事变的主张也甚积极公允；还了解到中共的抗日民族统一战线方针，表示钦佩。24 日，宋美龄亦参加谈判，表示赞成停止内战，共同抗日；对谈判中的多项条款，也代表蒋介石作了承诺。当晚，她和宋子文陪同周恩来见了蒋介石，蒋向周保证说：“决不打内战了，我一定要抗日。”③在她和张学良的斡旋下，蒋介石得于 25 日飞离西安至洛阳，26 日回到南京。

抗日战争爆发后，宋美龄表现出高涨的抗日爱国热情，投身这一伟大的民族解放战争。淞沪抗战开始后，她冒着枪林弹雨奔赴前线慰问抗日将士，一次遇敌机扫射发生车祸，不幸摔断了几根肋骨。她在抗战一周年的武汉献金运动中，捐献出了巨款和金银首饰。她主持抗战妇

① 宋美龄：《西安事变回忆录》(1937 年 1 月)，正中书局 1937 年版。

② 陈公博：《苦笑录》，香港大学亚洲研究中心 1979 年版。

③ 周恩来：《论统一战线》(1945 年 4 月 30 日)，《周恩来选集》上卷，人民出版社 1980 年版，第 193 页。

女运动，担任中国妇女慰劳自卫抗战将士总会会长，组织开办战时妇女训练班，亲自讲课，训练年轻妇女从事战地救护等工作。她热心推动“工合”运动，组织生产自救工厂，安置难民妇女。她还担任战时儿童保育会理事长，开展救助背井离乡无家可归的难童的工作，开办保育院收容教养。她带头捐款，并和蒋介石认养一批难童，负担一批难童的生活费用，带动了各界人士掀起捐献和认养的热潮。她在赴香港治病期间，与宋庆龄重叙手足之情，共同投身抗日救亡事业；1940 年 4 月一同返回重庆后，视察医院，慰问伤病将士，组织义卖义演，募集抗战基金等，表达了坚决抗战到底的意志。

宋美龄在整个抗战期间，以主要精力从事外交宣传活动。卢沟桥事变后，她于 9 月 12 日发表了《告美国民众》的广播演说，充满激情地用英语直接向美国人民讲述了日本发动侵华战争的严峻形势。此后她经常在《纽约先驱论坛报》、《芝加哥每日新闻》、《费城记事报》等美国报刊上发表《中国通讯》、《战争与和平通讯》，揭露日本侵略军的残暴行径，介绍中国军民的艰难处境和誓死抗战的决心，呼吁美国政府和人民主持正义、给予同情和援助。1940 年，她撰写的《战争与和平中的中国》和《这就是我们的中国》两书在美国刊行；翌年，又刊行《中国即将复兴》一书。

太平洋战争爆发后，国际反法西斯统一战线形成。宋美龄以巨大的热情协助蒋介石建立中国和美、英等国的反日军事同盟，争取美、英的援助。她为协调中国战区参谋长史迪威(Joseph Warren Stilwell)和蒋介石之间的关系，化解两人的龃龉，充分施展了她的才华和魅力。1942 年 3 月，她陪同蒋介石一行访问了印度。同年 11 月，她以蒋介石特使的身份赴美国访问，争取美国政府和人民对我国抗战更多的支持和同情。她作为美国总统罗斯福夫妇的客人，在白宫住了十一天；1943 年 2 月 18 日在罗斯福夫人陪同下，向美国国会发表演说，表达中国抗战到底的决心，强调亚洲战场对于打败日本侵略者的重要性，指出美、英应当改变偏重欧洲战场的观念，要求美国更多地给予金钱、物资和人力援助。此后，她又去美国许多地方并至加拿大，发表了一系列演说，扩大了中国抗战的国际影响。1943 年 11 月，她陪同蒋介石出席开罗会议，直接参与和美国总统罗斯福（Franklin D. Roosevelt）、英国首相邱吉尔（Winston Churchill）的三国首脑会谈，为争取中国的权益和国际上的应有地位竭力周旋。

历时八年的抗日战争，以日本无条件投降而告结束，宋美龄陶醉于胜利的喜悦中。她为发展国民政府与美、英等国的关系，出现在各种外交场合，以加强蒋介石的统治地位。但是她没有想到蒋介石发动的全面内战，虽然得到美国大量援助，却没能消灭中国共产党领导的人民军队，反而被打得落花流水，陷于内外交困之中。宋美龄眼看局势急剧恶化，把挽救国民党蒋介石统治危局的希望寄托在美国的支持和援助上，于 1948 年 11 月代表蒋介石飞赴美国求援。但是她受到了与六年前迥然不同的冷遇，等了一个多星期才得以与美国总统杜鲁门（Harry S. Truman）会谈了半个小时；与国务卿马歇尔（George Catlett Marshall）也只在医院病房里见了两次，蒋介石所期盼的增加军事援助、派遣军事顾问、发表支持声明等要求均一一落空。她大失所望，原准备立即回国，可是传来的消息是国内局势遽变，她不愿回到已在做撤逃准备的南京，乃暂时留居于美国纽约孔祥熙的宅邸，与大姐宋霭龄做伴。她对美国国务院于 1949 年 8 月发表的《美国与中国的关系——着重 1944—1949 年时期》这本白皮书大不以为然，认为蒋介石的失败全怪美国援助太少。

宋美龄对于蒋介石和国民党统治的失败，最终撤逃至台湾孤岛，沮丧至极。1950 年 1 月 13 日，她黯然神伤地从美国回到台湾。她鼓励蒋介石东山再起“反共复国”；自己也于 4 月组织起“中华妇女反共抗俄联合会”，并出任主任委员，为蒋介石“反共复国”助威。她赞同蒋介石反对“台湾独立”、“国际托管”的立场，坚持一个中国。她虽然在外交场合仍有活动，但已无昔日风采。她不时去美国，为争取反华势力对台湾蒋介石的支持而四处游说，但终究不能阻挡世界进步潮流和美国朝野各界正视现实。当中华人民共和国恢复了在联合国的一切合法权利，台湾代表被从联合国及其所属机构驱逐之后，她颇为气恼，说联合国“应该称之为不合国”①，责怪美国当政者对中共一再“屈服”②。她因胆结石和乳腺癌于1966年和1970年去美国手术治疗。在台湾则渐少在公开场合露面，以学习中国画自娱。

1975年4月蒋介石去世，宋美龄不胜悲痛。尽管她对台湾政局还有一定影响，但她看到主政的蒋经国自有一套，便在料理完丧事后去了美国，住进纽约长岛孔祥熙别墅，与孔令侃、孔令伟生活在一起。1976年10月，她在纽约公开发表《与鲍罗廷谈话的回忆录》，追述她1926年冬在武汉与国民党高等政治顾问鲍罗廷的几次谈话，说鲍罗廷讲的共产主义和第三国际是“漠视人类生活”、“赤化世界的狂热”③。1981年5月宋庆龄病危之时，她不肯接受邀请前往北京探望；1982年8月和1984年2月，她又先后公开致函廖承志、邓颖超，说三民主义才能建设中国。

在1986年10月台湾纪念蒋介石百岁诞辰的前夕，宋美龄在孔令伟陪同下回到台湾，发表了一篇纪念文，说要“突破困难终期”，扬言“我将再起”④。但是星移物换，不久蒋经国去世，李登辉又不顾她的阻挠继位上台。1991年9月，年逾九旬的宋美龄还是选择在美国纽约长岛定居，离开了台北。在孔令侃、孔令伟的陪伴下，她日常诵读《圣经》，阅览报刊，莳花，散步，也接待故旧来访，但对台湾的政情只止于关心。定

① 宋美龄：《真伪之辨》（1974年10月），《我将再起》，台湾黎明文化事业公司1987年版，第50页。

② 宋美龄：《不要说它——但是我们要说》（1975年3月5日），《我将再起》，第64页。

③ 宋美龄：《与鲍罗廷谈话的回忆录》（1976年10月），（台北）源成文化图书供应社1976年版，第103页。

④ 宋美龄：《先总统蒋公百年诞辰纪念文》（1986年10月31日），《我将再起》第10页。

居在加拿大的孙子蒋孝勇，有时偕同妻子、儿女飞来探访，算是对她最大的慰藉。在她百岁寿辰之时，亲友纷纷祝贺，但台湾当局并无重大表示。2003 年 10 月 24 日，宋美龄病逝于美国纽约。

宋 庆 龄

宗志文　李静之

宋庆龄，广东海南文昌县人。1893年1月27日（清光绪十八年十二月初十）出生于上海。她的父亲宋嘉树，十三岁时随舅父到美国，在丝茶行当学徒，后入基督教，经人资助入大学研习神学。1886年回国，在上海一所教会中学任教，兼做地区传教士。1892年他辞去教会职务，经营印刷业，逐渐发展成富有的资本家。他跟孙中山是朋友，同情并支持孙中山的革命活动，曾帮助孙中山印刷革命宣传品，并一度追随孙中山一起工作。

宋庆龄七岁入上海中西女塾读书。那时，孙中山常常到她家跟她父亲议论国家大事，讨论推翻清朝封建专制政府，建立民主共和政府的问题。孙中山的革命思想和意志，曾给予少女时代的宋庆龄以深刻影响。

1908年，宋庆龄到美国佐治亚州梅肯的威斯理安女子大学（Wesleyan College）学习。她好学深思，得到老师和同学的赞扬。她关心祖国的命运，经常翻阅报纸，从中了解国内的情况。她还大胆地在校刊上发表对中国前途问题的看法，主张推翻清朝专制政体，建立民主政府。辛亥革命胜利后，她把宿舍里悬挂的清朝龙旗取下扔在地上，换上父亲寄来的新国旗。不久她在校刊上发表《二十世纪最伟大的事件》一文，盛赞辛亥革命的胜利，并说："革命已经使得中国建立了自由和平等"，"但是，还要争取博爱"①。这时，她的理想是建立一个自由、平等、博爱的民主共和国。

---

① 路易·艾黎：《回忆宋庆龄》，《中国建设》纪念宋庆龄特刊（1981年8月）。

1913 年 8 月，宋庆龄从威斯理安大学毕业后回国，途经日本，到那里看望双亲。她的父母是在讨伐袁世凯的“二次革命”失败后，随孙中山一起流亡日本的，父亲正在为孙中山处理英文信件。满怀革命理想的宋庆龄到日本后，也决定献身于中国革命运动。不久，她担任了孙中山的秘书，帮助他处理机密信件和起草文件。经过孙的帮助，她对中国革命的现实问题和理论问题，认识上有了很大提高。1914 年，孙中山聚集革命力量，组成中华革命党，准备再举革命，宋庆龄是其中成员之一。

宋庆龄在日本随孙中山工作了将近一年后，向她的父母提出要和孙中山结婚，被拒绝。为了不与家庭决裂，她等了差不多一年。1915 年 10 月 25 日，宋庆龄与孙中山在东京结婚。

护国战争爆发后，1916 年 5 月宋庆龄随孙中山回到上海。6 月袁世凯死去，掌权的北洋军阀继续破坏《临时约法》，拒绝恢复国会。1917 年孙中山南下护法，在广州组织护法军政府，宋庆龄随往。1918 年 8 月，孙被桂系军阀和政学系政客排挤，辞去军政府元帅职。宋随同他回到上海。孙在上海从事革命理论的创作，继续撰写《建国方略》，创办《建设杂志》，以启发民众，“唤醒社会”。宋除照料孙的生活外，并和他一起研讨三民主义诸问题，帮助查阅资料，誊写文稿。

俄国十月社会主义革命胜利的消息传到中国时，宋庆龄和孙中山一样非常兴奋，十分向往，希望从中找到中国革命的出路。此后，孙中山和列宁之间开始有函电来往。孙致列宁的函电，有些是宋起草的。五四运动时，许多爱国学生被反动政府逮捕。孙为营救被捕学生而发出的“爱国无罪”的电报，也是宋起草的。

1920 年 8 月桂系势力被逐出广东。11 月，宋庆龄随孙中山重返广州。次年 6 月，孙决定进军广西。宋庆龄同何香凝一起，在广州发动妇女组织“出征军人慰劳会”和红十字会，到前线慰问。不久广西平定，孙中山赴桂林组织大本营，准备北伐。宋随同前往，常常陪同孙视察军务。广东省长兼粤军总司令陈炯明反对北伐，于 1922 年 6 月 16 日在广州发动兵变，指挥叛军包围并炮轰总统府，形势十分危急。孙中山催促宋庆龄一起撤离，宋担心自己同行会影响孙的脱险，对孙说："中国可以没有我，不可以没有你。"①她坚持让孙首先撤离了险境，然后才在卫士掩护下，历尽艰险，突破火线，辗转到达永丰舰，与孙相见。她因这次历险，健康受到摧残，遂先行离粤到沪。

1922年8月，孙中山回到上海。两次护法失败，使他认识到革命不能依靠军阀，必须另找新的力量。宋庆龄完全同意孙的看法。早在1921年底，孙中山就和张太雷及共产国际驻中国代表马林(G. Maring)密谈过多次。这次到上海后，他又几次和陈独秀、李大钊讨论中国革命的种种问题。进行这些活动时，宋都在场，从而她对俄国革命和中国革命的一系列重大问题有了更多的了解。不久，列宁派出的代表越飞(Adolf Abramovich Joffe)在李大钊陪同下，与孙中山就当时远东局势和中国革命问题进行了商讨。宋一直在座，这为她以后坚持孙中山的三大政策奠定了思想基础。接着，孙着手进行国民党改组工作，宋亦参与其事。1924年1月，国民党在广州召开第一次全国代表大会。大会宣言重新解释了三民主义，即联俄、联共、扶助农工的新三民主义。宋庆龄是积极支持者。

1924年10月23日冯玉祥发动北京政变，直系军阀的统治垮台。11月，孙中山应邀北上商讨国是，宋庆龄偕往。1925年3月12日，孙中山在北京病逝，宋庆龄极为哀痛。但是她没有消沉，决心继承孙中山的遗志，投身于中国人民大革命之中。她向国内外介绍了孙中山遗嘱，解释他的新三民主义。4月，她从北京回到上海。不久，"五卅"惨案发生，宋向记者发表谈话，谴责帝国主义的暴行，赞誉人民的反帝斗争。

1926年1月，宋庆龄到广州参加国民党第二次全国代表大会，被举为主席团七成员之一。她执行孙中山的三大政策，同共产党紧密合

---

① 邓小平同志在宋庆龄同志追悼大会上的悼词，《人民日报》1981年6月4日。

作，义正词严地谴责国民党右派集团背弃孙中山的三民主义。这次会上，她被选为国民党中央执行委员。会后，她投身于北伐战争的准备工作。同年7月，北伐军在广州誓师，10月攻克武昌。国民党中央决定将国民政府由广州迁到武汉，宋庆龄与先遣人员于11月到达。12月13日，成立“中国国民党中央执行委员暨国民政府委员临时联席会议”，作为国民政府迁到武汉之前的临时党政最高权力机构。宋庆龄每天都到联席会议办公室去办公，还时常参加民众大会，发表演说，宣传孙中山的三大政策。1927年2月，她在汉口办了一所妇女政治训练班，培养妇女干部，动员她们参加国民革命。她在开学典礼上说：“国是一个大家庭。我们应当先努力于这个大家庭的革命工作，然后才有小家庭存在的希望。只知道做贤母良妻，不去尽国民革命天职的妇女，结果必定做帝国主义与军阀的‘奴才的奴才’。”①

正当大革命顺利向前发展的时候，担任北伐军总司令的蒋介石为了篡夺领导权，坚持要迁都到北伐军总司令部所在地南昌。宋庆龄等国民党左派和共产党人一致反对，与之进行坚决的斗争。3月10日，国民党二届三中全会在武汉召开，会议的决议坚持了国共合作的革命原则，并改选了党政军领导机关，抑制了蒋介石的独裁。宋庆龄被选为国民党中央政治委员会委员、国民政府委员。

4月12日，蒋介石在上海发动清党反共政变，18日，在南京成立国民政府。宋庆龄对蒋介石的倒行逆施极为愤慨，她和国民党左派人士以及共产党人联名发表《讨蒋通电》，声讨蒋介石的反革命罪行，7月14日，隐藏在武汉政府中的假左派汪精卫秘密召开“分共”会议，提出要同共产党决裂。宋没有参加会议，请陈友仁代表她发言，坚决反对“分共”，说“抛弃三大政策就必然要向帝国主义和蒋介石屈服”②。同日，

① 宋庆龄：《妇女应当参加国民革命》，《宋庆龄选集》，人民出版社1966年版，第14页。

② 《吴玉章回忆录》，中国青年出版社1978年版，第150页。

她又发表《为抗议违反孙中山的革命原则和政策的声明》，宣布和孙中山事业的叛徒决裂。《声明》明确指出："本党若干执行委员对孙中山的原则和政策所作的解释"，"违背了孙中山的意思和理想"，"使革命政党丧失了革命性，变为虽然扯起革命旗帜而实际上却是拥护旧社会制度的机关"，"变为一部机器，一种压迫人民的工具"①。宋庆龄表示绝不同流合污，决定"暂时引退"，和蒋、汪之流控制的国民党断绝关系。她表示"对于革命并没有灰心"，坚信"孙中山的三民主义终究是要胜利的，革命在中国是不可避免的"②。8 月 1 日，由宋庆龄领衔的二十二名国民党中央执、监委员发表宣言，严正地揭露和谴责蒋介石、汪精卫的叛变行为。同日爆发南昌起义，宋当时虽然不在南昌，仍被推选为由二十五人组成的"中国国民党革命委员会"的七位主席团成员。她随后高度评价南昌起义、秋收起义等革命暴动，说："在目前，这些暴动似乎是分散的，这里一起、那里一起。但是酿成这种暴动的酵母却遍布国内各地，从遥远的华南到长城内外都将沸腾起来。这表示了一个不可征服的民族的高度决心"，"保证了表面混乱的目前阶段将要过去，中国将要得到自由"③。为了寻求中国革命的胜利道路，8 月下旬，她赴莫斯科。行前发表声明，说："国民党冒牌领袖们所领导的反动势力危害了三大政策"，"他们必然失败，走上以前企图以同样方式来统治人民的那些人的道路"④。

宋庆龄在莫斯科发表了一系列声明和论文。同年 11 月 1 日，她和邓演达、陈友仁以国民党临时行动委员会名义，发表《对中国及世界革命民众宣言》，斥责蒋介石、汪精卫窃取中国国民党和三民主义的旗号，表示要与新旧军阀作坚决的斗争，实现孙中山的新三民主义。12 月 18

① 宋庆龄：《为抗议违反孙中山的革命原则和政策的声明》，《宋庆龄选集》，第 11—21 页。

② 《宋庆龄选集》，第 22 页。

③ 宋庆龄：《中国目前的形势》，《宋庆龄选集》，第 36—37 页。

④ 宋庆龄：《赴莫斯科前的声明》，《宋庆龄选集》，第 27 页。

日，她通电斥责蒋介石与苏联绝交的“自杀行为”。不久，她出席在比利时召开的国际反帝同盟大会，并被选为会议名誉主席。以后，她成为世界反法西斯委员会的主要领导人之一。

1929年5月，宋庆龄回国参加在南京举行的孙中山国葬仪式。行前发表声明说：“在国民党的政策完全符合已故孙逸仙博士的基本原则之前，我不能直接或间接地参与该党的任何工作。”①她拒绝了戴季陶请她住到南京去的游说，坚持住在上海。1930年又动身去欧洲。

1931年6月宋庆龄回国。她拒绝了国民党集团给她安排在国民党中央和国民党政府中的要职，指出：“国民党今天已名誉扫地，受到全国的厌弃和痛恨”，“国民党已不再是一个政治力量”。并表示“坚决地相信：只有以群众为基础并为群众服务的革命，才能粉碎军阀、政客的权力，才能摆脱帝国主义的枷锁，才能真正实行社会主义”②。“九·一八”事变后，她积极支持中国共产党的抗日主张，坚决反对国民党对日本帝国主义妥协投降的政策。同时她又指责国民党内当时正在争吵的宁粤两派“都以军阀为靠山，都在力争他们的帝国主义主子的欢心，而且都背叛并屠杀中国人民大众”③。1932年“一二八”淞沪战争时，她热烈支持十九路军英勇抗日，与何香凝等设立国民伤兵医院，救护治疗受伤的士兵，并予以精神上的安慰与鼓励。这年12月，她联合鲁迅、蔡元培、杨杏佛等组织“中国民权保障同盟”，亲自担任同盟的全国执行委员会主席。“同盟”以营救一切爱国的、革命的政治犯，争取结社、言论、出版、集会自由等民主权利为主要任务，同国民党反动派的屠杀政策进行斗争，保护和营救了大批共产党员和爱国人士。1933年3月下旬，上海公安局勾结租界巡捕房逮捕了罗登贤、陈赓、廖承志等五人。宋庆龄积极组织营救，并于4月1日发表《告中国人民》一文，反对国民党政

---

① 宋庆龄：《关于不参与国民党任何工作的声明》，《宋庆龄选集》，第42页。

② 宋庆龄：《国民党已不再是一个政治力量》，《宋庆龄选集》，第51—53页。

③ 《宋庆龄选集》，第52页。

府与帝国主义分子狼狈为奸，迫害反帝抗日战士，号召“大家一致起来保护被捕的革命者”。她与杨杏佛、沈钧儒等人亲赴南京，要求立即释放一切政治犯，废止滥刑，改良狱中待遇。她并亲自往卫戍司令部监狱探望罗登贤等人，给他们以极大鼓舞。她还以国际主义精神，亲自出面援救被国民党政府扣押的泛太平洋产业同盟秘书牛兰及其夫人，帮助照顾他们的孩子。宋庆龄的这些活动，使国民党统治集团极为恼火。特务们一直严密监视她的行动，多次向她投寄恫吓信。6 月 18 日又暗杀了“民权保障同盟”总干事杨杏佛，妄图以此来吓倒她。但她却发表声明说：“我们非但没有被压倒，杨铨（即杨杏佛）为同情自由所付出的代价反而使我们更坚定地斗争下去，再接再厉，直到我们达到我们应达到的目的。”①

同年 9 月，宋庆龄在上海领导召开了“世界反对帝国主义战争委员会”远东会议，发表演说反对帝国主义战争，拥护民族革命战争。她谴责国民党政府投降帝国主义，出卖民族利益；赞扬工农红军愿与任何军队订立抗日作战协定的宣言。她带头签名于中国共产党 1934 年提出的《中国人民对日作战的基本纲领》上，率先响应中国共产党 1935 年发表的《为抗日救国告全体同胞书》（即“八一宣言”）。宋庆龄和中国共产党合作多年，她不但有许多共产党朋友，并与中共中央有直接联系。“一二九”前后，她曾帮助北平的共产党地下组织同上海共产党地下组织取得联系②。1936 年 1 月，她应中共中央的要求，设法安排护送美籍记者斯诺（Edgar Snow）和医生马海德（George Hatem）到陕北③。

“一二九”运动后，抗日潮流在全国高涨。1936 年 5 月，沈钧儒、邹韬奋等在上海发起成立全国各界救国联合会，要求国民党政府停止内战，释放政治犯，与红军议和，建立统一的抗日政权。宋庆龄当选为该

① 宋庆龄：《为杨铨被害而发表的声明》，《宋庆龄选集》，第 79 页。

② 曹靖华：《点滴忆宋庆龄同志》，《人民日报》1981 年 5 月 29 日。

③ 石肖岩：《一份宝贵的资料》，《中国青年报》1981 年 6 月 4 日。

会的执行委员。国民党当局威胁要解散救国联合会,11 月 22 日又逮捕了沈钧儒、章乃器、邹韬奋、李公朴、沙千里、史良、王造时七位救国联合会领导人。宋立即抗议说:“救国会的七位领袖已被逮捕,可是我们中国还有四万万七千五百万人民,他们的爱国义愤是压制不了的。”①第二年 6 月,她与何香凝等为了营救沈钧儒等七人,发起救国入狱运动。7 月法院审讯“七君子”时,宋亲自带人到苏州江苏高等法院,自请入狱,大大激发了全国人民抗日救国的热情。

西安事变时,宋庆龄从建立抗日民族统一战线的愿望出发,主张释放蒋介石。1937 年 2 月国民党召开五届三中全会,宋为了团结抗日,出席了这次会议。她与何香凝、冯玉祥等十三人联名提出《恢复孙中山先生手订联俄、联共、扶助农工三大政策》的提案,并在会上发表演说,要求国民党政府“实行孙中山的遗嘱”,停止内战,团结抗日,改变其错误的政策。

卢沟桥事变后,全国军民奋起抗战。面对亡国论者散布的“中国必败”的悲观论调,宋庆龄于 8 月发表《中国是不可征服的》一文。她分析了日本的社会经济结构,指出它“不够坚实,经不起长期的战争”,“而中国土地广大,资源富有,人口四万万七千五百万”,“中国最大的力量在于中国人民大众已经觉醒起来了”,“在这种情形下,日本的武力已不过成为一只纸老虎”②。11 月,她又发表《国共合作的声明》,赞同国民党与共产党合作,团结御敌。

同年底,宋庆龄去香港。1938 年 6 月,她在香港发起组织保卫中国同盟,致力于抗日战争的宣传和医药供应等工作。同盟用中、英两种文字出版《保卫中国同盟》双周刊,向全世界宣传抗日,介绍共产党领导下的八路军、新四军和抗日根据地,争取国际舆论对中国抗日战争的同情和支援。同盟为抗日前线募集急需的医疗器械、药品和其他物资。

---

① 宋庆龄:《为沈钧儒等人被捕而发表的声明》,《宋庆龄选集》,第 98 页。

② 宋庆龄:《中国是不可征服的》,《宋庆龄选集》,第 120 页。

宋庆龄以她崇高的声望和杰出的才智，几次在香港发起大规模的募集基金运动，争取到很多同情者。她冲破国民党集团的封锁和阻挠，通过各种渠道把物资输送到八路军和新四军抗日前线去，还组织和安排医疗队到抗日根据地参加救护工作。在她的不断援助下，马海德、白求恩（Norman Bethune）、柯棣华（Dwarkanath Kotnis）等许多外国医生，先后在抗日根据地建立了十一所国际和平医院、四十二个前方流动医疗队、八所医科学校。

太平洋战争爆发后，日军进占香港。宋庆龄转移到重庆，在那里继续开展保卫中国同盟的工作，举行大规模募捐活动。她在重庆仍然受到国民党特务的监视，但她把个人安危置之度外，照样公开活动。她联络史沫特莱（Agnes Smedley）、斯诺、艾黎（Rewi Alley）等国际友人，为中国人民的抗日战争并肩战斗。她争取到中印缅战区美军司令史迪威（Joseph Warren Stilwell）将军的支持和帮助，由他派美国军用飞机运送急救物资到延安和其他根据地，从美军军用仓库里拨送医药用品给八路军、新四军，并派去美国军医。在她的影响下，美国援华会、英国联合援华会等外国友好团体，也都通过保卫中国同盟给抗日根据地一些援助。

抗日战争结束后，宋庆龄回到上海。1946 年 7 月 23 日，她发表声明，揭露蒋介石发动内战的阴谋，主张成立联合政府，并呼吁美国人民阻止他们的政府在军事上援助国民党。她在上海组织了中国福利基金会（它的前身即保卫中国同盟，1950 年 8 月改名中国福利会），开展妇幼卫生、文化教育和社会救济事业，重点是儿童福利工作。她亲手创办儿童福利站，给穷苦孩子治病、发放衣物和食品，并创办儿童剧团，给孩子们以精神食粮，使他们看到未来。为了救济解放区的儿童，中国福利基金会还设立了一个中国儿童义养会，专门为解放区的儿童筹募物资。

在解放战争期间，宋庆龄“千方百计地力争为中国共产党提供活动资金，支援民主运动，为解放区和中国人民解放军募集药品和物资，支援解放战争”①。她亲自出面，从联合国善后救济总署和其他半官方团体所提供的国际救济资金和物资中，为解放区争取他们应得的一份。在运输条件十分困难，国民党特务肆意捣乱的情况下，她想尽一切办法，把救济物资源源不断地运往解放区。

为了反对蒋介石的独裁统治，坚持孙中山的三大政策，1948 年 1 月，国民党内一部分爱国民主人士，以李济深、何香凝、冯玉祥为首，在香港组成中国国民党革命委员会，宋庆龄被邀请担任名誉主席。

1949 年 5 月，宋庆龄十分兴奋地迎接了上海的解放。7 月 1 日，中国共产党成立二十八周年，她发表《向中国共产党致敬》一文，欢呼“这是我们祖国的新光明”②。9 月，她接受中共中央邀请，到北平参加中国人民政治协商会议第一届全体会议，在会上发表了热情洋溢的讲话。她说：“我们达到今天的历史地位，是由于中国共产党的领导”，“孙中山的民族、民权、民生三大主义的胜利实现，因此得到了最可靠的保证”，“让我们现在就着手工作，建立一个独立、民主、和平与富强的新中国，和全世界的人民联合起来，实现世界的持久和平”③。

新中国成立后，宋庆龄先后被选为中央人民政府副主席、全国人民代表大会常务委员会副委员长、政协全国委员会副主席、中华人民共和国副主席。并且担任中苏友好协会副会长、会长，中国福利会会长，中国人民保卫儿童全国委员会会长，全国妇联名誉主席。作为国家的重要领导人，她进行了大量的国务活动，多次出国访问，参加国际活动。1950 年宋庆龄获“加强国际和平”斯大林国际奖金，她把十万卢布的奖金全部献出，作为发展我国儿童和妇女福利事业之用。中国福利会 1952 年 1 月在北京创办了《中国建设》杂志，向世界介绍今日中国情

① 张执一：《争取他们应得的一份》，《人民日报》1981 年 6 月 5 日。

② 宋庆龄：《向中国共产党致敬》，《宋庆龄选集》，第 185 页。

③ 宋庆龄：《在中国人民政治协商会议上的讲话》，《宋庆龄选集》，第 190—192 页。

况。她定期把《中国建设》寄给海外的朋友，三十年来，她为这个杂志撰写了三十多篇文章，其中六篇是介绍新中国的全面成就。

1953 年，她的论文、演讲集《为新中国奋斗》出版。1957 年 11 月，她随毛泽东等一道去莫斯科，出席各国共产党代表会议，参与党代表会议，参与国际共产主义运动中一系列重大问题的讨论，1981 年 5 月 15 日，中共中央政治局决定接收她为中国共产党正式党员。16 日，第五届全国人大常委会授予她中华人民共和国名誉主席的荣誉称号。

1981 年 5 月 29 日，宋庆龄因病在北京逝世。

宋 炜 臣

徐凯希

宋炜臣，字渭润，1866年（清同治六年）出生于浙江镇海县。自幼入乡塾，稍长入南货店做店员，性情沉稳，处事机敏，为乡里父老所器重。1889年，宋被同乡叶澄衷所赏识，带至上海协助叶创办燮昌火柴厂于虹口。宋初任管事，叶的族叔叶安新为经理。宋管理厂务有方，很快升任副经理。嗣后叶安新去世，宋继任经理，总揽全权，锐意扩充，任职六年，获利一百万两。

1896年，叶澄衷、宋炜臣为拓展业务，开辟内地市场，经实地考察，确认汉口居九省通衢，交通便利，火柴市场销售极佳，由宋携银二十五万两，持叶介绍函，来汉求见湖广总督张之洞。为在汉埠立足，宋首先开设华胜呢绒军装皮件号，借以联络湖北文武官员。他不惜巨金，于华胜号二楼辟设书房、吸烟室、卧室、客厅等华丽房间，专作招待官员之用。张之洞有事过江到汉口，即以华胜号为休息、进膳之处。对于新军统制张彪、协统黎元洪等其他文武高官，宋也百般结纳，投其所好，以此打通官府门路。

1897年，宋炜臣招股创办武汉地区第一家民族资本工厂燮昌火柴厂，股金总额二十万两，叶澄衷、宋炜臣各占三分之一，余为散股，宋自任经理。创办初期，除有排梗机三十八部外，其余工序依靠人工完成。梗片等项购自上海，轴木、硫黄、纸板则为日产①。开办当年盈利十八

---

① 《武汉自办工业之状况》，《中华实业界》第10期（1914年10月）。

万两，嗣后陆续添置机器设备，生产“双狮”牌硫化磷火柴和安全火柴。日夜两班，用工一千二百名。经宋呈请督署批准专利十年，产品完厘采用专章办理，“由厘局发与统捐票，每箱收钱四百文，通行全省，不用重征”①。因无有力对手竞争，产品遍销湖北各县，行销河南、陕西、甘肃各省，连年盈利，盛极一时②。

宋炜臣多财善贾，燮昌火柴厂开办不久，他以重金捐得候补道衔，嗣又获二品顶戴③，亦商亦官，蜚声汉皋。张之洞称道他是“有为之士”④，常勉其好自为之。1898 年，张之洞设立汉口商务局，办理汉口全镇华洋商务，宋以同知衔列第一届商务局总董。

19 世纪末，汉口全镇除租界自设电厂，广大市区尚无自来水和电灯。曾有绅商多次要求承办，因查出附有洋股，未获张之洞批准。宋炜臣窥知其意，1906 年 6 月邀集浙江、湖北、江西各帮十余名巨商，联名呈请筹办汉口水电公司，设筹备处于华盛号。7 月，得到张之洞批准，给予专利，允附官股三十万元，以资提倡⑤。为扩大征股，宋又罗致徐之棨、周鲁、张庚飏等七人共同发起，取“水火既济”之义，定名为“商办汉镇既济水电股份有限公司”。张之洞亲为书写“既济”二字，宋炜臣在第一次股东大会上当选为总经理，收足股本三百万元。

同年 8 月，水、电两厂同时动工。1908 年，电厂竣工送电，计有五百千瓦直流发电机三部，半年中报装电灯二万盏。1909 年 7 月水厂落成，每昼夜送水五百万加仑，并在后城马路修建水塔一座，兼作消防报警之用。为消除市民对“洋机器水”的疑虑，宋曾至汉正街闹市，当众饮

① 《中外日报》1900 年 4 月 7 日。

② 《华制存考》宣统元年正月刊，第 12 页。

③ 梁绍栋：《汉口既济水电股份有限公司创办和演变概况》（未刊稿）。

④ ［清］张之洞著：《张文襄公全集》第 118 卷，中国书店 1990 年影印版，第 36 页。

⑤ 湖北省志地方志编纂委员会编：《湖北省志·人物志稿》第 2 卷，光明日报出版社 1989 年版，第 758 页。

用自来水,市民疑虑顿除①。因水、电两厂工程浩大,全部工程费用超过预算一百万元,股东大会议决增资二百万元,以资弥补。适因市面金融枯竭,仅募得四十万元。乃由宋炜臣向日商东方兴业公司联系借款一百五十万元,借期三年,附加条件为:水电二厂所需燃煤、机器及各零部件,均须向日方购买;工程技术部门须聘请日籍工程师担任,财会部门须聘请日籍会计人员,另设日文账目一套,以便日方稽核。日方同时要求,由公司付款敷设通往日租界输水管道,向汉口各租界供水②。公司经营业务,无形中受到日商的干预和牵制。

20世纪初,国内兴建铁路之风方兴未艾。1907年8月,宋炜臣与顾润章、王光等集股四十九万元,创办扬子机器制造有限公司于汉口,准备利用汉阳铁厂产品,制造铁路所需桥梁、车辆及叉轨部件。宋申请援照汉阳铁厂成例,对建厂机器和一切进口物资暂免税厘五年。农工商部仅奏准该公司制造车辆、铁桥等铁路材料,暂准一体免税。对建厂购机及其他进口物件,仍令遵章完税,以示限制。张之洞则以汉阳铁厂旧机器和现银五万两作为投资股份,指名由汉阳铁厂总办李维格插手承办。同年末动工兴建厂房,陆续安装机器设备,生产规模逐步扩大,除生产铁路车辆、叉轨部件外,发展到制造锅炉、水闸、煤气发动机和大小驳轮,成为国内规模最大的机器厂家之一。

1910年,宋炜臣又招股组织矿务公司,勘购兴国州(今湖北阳新县)富池口铜煤矿;修建铁路专线,载运矿砂直抵江边。他还先后集股二百五十万两,创办厦门信用银行;集股五百五十九万元,创办湖南常德德义房地产合资公司等。宋历任汉口商务总会第一至六届议董。

宋炜臣与汤化龙、杨度等立宪派人士关系密切。1910年,杨度由湘入京,途经汉口,寄寓既济水电公司。杨力主路权收归国有,故劝阻

① 湖北省志地方志编纂委员会编:《湖北省志·人物志稿》第2卷,第758页。

② 汪敬虞:《中国近代工业史资料》第2辑(下),科学出版社1957年版,第1063页。

湖南谘议局晋京请愿代表回省。湖北文学社成员闻讯集会湖南会馆，约杨辩论，杨未敢前往。刘复基、李六如二人遂寻至既济水电公司，宋密报英国领事馆，致使刘、李被巡警暂时扣押。

1911年10月武昌起义爆发，湖广总督瑞澂逃往楚豫兵舰，幕僚星散，粮源断绝。瑞澂托宋炜臣代为寻觅食物，宋曾以粮米接济之。湖北军政府成立，宋转向支持革命，与韦紫封、刘子敬等三十二名工商界名流，共同发起国民捐，募得款项十一万余元。但当清军迫近汉口时，宋内心十分不安，唯恐遭到报复。

同年10月末，冯国璋为报复汉口商民对革命军的支持，下令纵火焚烧市区，大火三昼夜不熄，商业各帮损失惨重。宋炜臣为保全水电设施，冒着炮火，求得南北双方同意，将汉口水电两厂划出炮线百丈以外，但电杆、电线仍有九成被炸毁破坏，各种水电输送设备损失合计六十八万余元，连同汉口市区房屋大量被焚毁，水电营业收入锐减，总计损失设备和资财一百五十万元。南北停战议和，宋炜臣与蔡辅卿、刘歆生等渡江面谒黎元洪，要求军政府筹划经费，重建市区。他多次呈文黎元洪及袁世凯，提出建筑汉口新市场办法六条，代表旅鄂浙商请求迁都武昌。

1912年1月，汉口商务总会会董聚会，筹议重建汉口市面办法，宋炜臣提出重建汉口财政困难，建议黎元洪转告袁世凯“与清政府开谈判，以其内帑赔偿汉口之损失”①。4月，汉口商务总会、各团体联合会、商界维持会共同统计，汉埠因战争损失计五千七百万元，一致推举宋炜臣、万伪伯等赴京，要求袁世凯赔偿汉埠兵祸损失。经宋、万等代表一再追询，北京国务院允谘内务部调查确数核办。后几经争取，议定偿恤汉口商民损失五条。1913年2月，经宋炜臣等一再呈请，北京政府责成内务部筹划光复汉口市场，务使首义之区，变为模范之市。

---

① 中国科学院近代史研究所史料编译组编:《辛亥革命资料》，中华书局1961年版，第612页。

民国初立，时局甫定，宋炜臣为恢复既济公司水电设施四处奔走，多方告贷。他先后两次以价值五十万元的私人财产向日本正金银行抵借短期资金，逐步修复供水供电设备，始保持公司得以继续营业。1913年7月，日债到期，无力偿还，日方债权人凭约催索甚急。宋炜臣为避免公司由此落入日商之手，多次进京，谒见军政大员，最后由财政部担保，日商始允延期偿付。

同年秋，宋炜臣在湖北竹山招股创办五丰铜矿。1914年合资创办金矿和硝碱工厂各一座。宋个人创办和投资的企业已有十家，被称为“汉口的中国头号商人”①。同年，宋被任命为参政院参政。曾为袁称帝向各方疏通说项，耗资颇巨。

第一次世界大战期间，民族工业迅速发展，国内市场活跃，既济水电公司各项营业也逐渐恢复，用户大量增加。为了扩充设备，改发交流电，1916年宋炜臣向日本东方兴业公司续借资金一百万元，连同前债共为二百五十万元，订期十年，相继添置五百千瓦交流发电机一部，斯特林水管锅炉两座，作为远距离供电之用。1917年，购置备有两部一百一十五马力浑水泵驳船，解决了压气起水机容量过小的问题。1919年，为将直流全部改发交流，陆续安装一千五百千瓦奇异型交流发电机两部、大型拔柏葛锅炉两座、五百千瓦变压器三台，配电方式则改为单相三线式，使耗煤量大为降低。其后几年，既济电厂又相继安装交流发电机、水管锅炉和单相升高变压器多部，敷设六千六百伏输电线，装机容量达到一万零五百千瓦，基本满足汉口全市用电。

作为既济水电公司的创办人，宋炜臣自公司开办，连续担任总经理一职十五年。其个人股份一度占公司总股份的近八成。1920年，宋炜

---

① 《商埠志》，第708页，转引自汪敬虞：《中国近代工业史资料》第2辑（下），第957页。

臣利用战后日币汇价低落,“筹借华银,购买日币”①,提前偿还了外债。此时,既济电厂设备不断更新,公司营业蒸蒸日上,但公司内部浙江、湖北、江西三帮势力,为争夺经营管理大权引起纷争。一些股东对宋炜臣长期占据总经理职位,管事擅专,不开股东会,不发股息及账目混乱极为不满,掀起“索息保本查账清弊”风潮。1921 年 4 月,经政府有关部门出面干预,既济水电公司召开股东大会,进行改选,宋炜臣被迫辞去总经理职务。

1927 年,宋炜臣创办的竹山五丰铜矿资本蚀空,宣告倒闭。因开采铜矿资本主要依靠燮昌火柴厂垫补,各方债主前来索债,燮昌火柴厂无法维持,宋不得不将该厂作价三十万元,转卖给上海大中华火柴公司,更名为炎昌火柴厂。

1927 年 9 月,宋炜臣因病在汉口去世。

① 湖北省志地方志编纂委员会编:《湖北省志·人物志稿》第 2 卷,第 758 页。

宋希濂

颜　平

宋希濂，又名荫国，湖南湘乡人，1907年（清光绪三十三年）生于一个耕读世家。其父宋宪文，务农，崇尚诗文。宋希濂幼年由父、叔教读古文诗词，八岁入塾，后又入小学求读五年。1921年考入长沙长郡中学，爱好文学，与同学曾三创办墙报《雷声》，文多爱国激情。

1923年冬，宋希濂经进步教师熊亨翰介绍，考入程潜在广州开办的陆军讲武学校。1924年春黄埔军校创办，宋转入黄埔军校，编在学生总队第一队第三区队。当时他年仅十七岁，为全校六百三十五名学生中最年轻者。年底毕业后，分派在军校教导二团第四连任副排长，半月后升任第一排排长。

1925年2月东征讨伐陈炯明，以黄埔军校两个教导团与许崇智粤军为右路。宋希濂参加了攻克淡水和棉湖之役，表现英勇，战后升任第四连副连长，5月下旬接任连长。随即回师参加平定刘（震寰）、杨（希闵）叛乱，率四连战士攻克了滇桂军设在广州市郊的瘦狗岭阵地。宋希濂战斗热情高昂，思想追求进步，经陈赓介绍加入了中国共产党。8月广州国民政府编组国民革命军，黄埔军校的党军第一旅（即原两个教导团）编为第一军第一师，宋为第二团第四连连长。9月下旬，第二次东征讨伐陈炯明叛军，第一军是主力。宋希濂参加了惠州、潮州、汕头、海丰、河婆、阿田、横冈诸战斗，战后升任副营长，随部驻防潮州。1926年3月，蒋介石制造“中山舰事件”，扣押第一军中的共产党员，还下令第一军中不能有跨党党员。加入中国共产党还不到一年的十九岁的宋希濂，在强大的政治压力下，便不再“跨党”，而与中国共产党脱离了关系。

1926 年 7 月，广州国民政府兴师北伐，宋希濂所部编属总司令部预备军，宋任预备军第一师第三团第一营副营长，加紧训练队伍，待命出战。11 月，北伐军底定湘、鄂、赣、闽诸省后，预一师编为第二十一师出征，宋任第六十三团第一营长，在师长严重、团长陈诚直接指挥下作战。1927 年 1 月，二十一师进抵浙江衢州，在龙游、兰溪一带与孙传芳军卢香亭部发生遭遇战，2 月又在桐庐浪石埠与孟昭月部苦战，宋负重伤。2 月 15 日，宋营随二十一师六十三团进占新登，18 日攻克杭州，宋入杭州医院治疗；后二十一师北进至苏州，宋转至苏州一教会医院养伤。10 月伤愈后，至南京在军事委员会军政厅任职。

1927 年末，宋希濂被送往日本陆军步兵学校深造。翌年 5 月，日本侵略军阻挠北伐军北上进击奉系张作霖，在济南制造了“五三惨案”，残暴杀戮我国外交人员和无辜军民。宋闻讯后悲愤填膺，立即与在步校学习的黄埔同学一道，发动在东京的千余名中国留学生，在中华青年会馆举行抗议日军侵略暴行的大会，宋任大会主席团主席，发表演讲痛斥日本帝国主义。会后准备游行，即遭日方警察拘捕，被关押半月之久，经驻日总领事馆交涉始获释。他曾与一些留学生写信给蒋介石，要求罢学归国，未能获准。

宋希濂在日本步兵学校和参谋学院学习两年后，于1930年5月回国，被分派在国民政府警卫军教导一师任中校参谋，嗣后调任营长、副团长。中原大战爆发后，教导师出战，宋因战功升任第二团团长。是年底，又升任警卫军第一师第二旅旅长。1931年，警卫一师改番号为第八十七师，宋任八十七师第二六一旅旅长，率部驻南京近郊小营、马标一带。

“一二八”事变爆发后，宋希濂激愤不已，于 1 月 31 日下午晋见军政部长何应钦，请缨开赴淞沪前线抗御日军，言词激烈，但被何拒绝。当晚十一时，他又鼓动全旅营长以上三十多人乘车闯至何宅请战，与何激烈争执至凌晨一时许。2 月 14 日，宋率全旅在第五军军长兼八十七师师长张治中指挥下开赴上海抗日前线，协同第十九路军抗击日本侵略军,先后在蕴藻浜一带几次与敌展开激战,击退敌军的进犯,坚守阵地。战后,第二六一旅调至南京整训,宋希濂升任第八十七师副师长。

蒋介石在先后四次"围剿"工农红军失败后,为加强兵力发动第五次"围剿",于 1933 年 8 月将第八十七、八十八师的四个补充团编为第三十六师,任宋希濂为师长,并令宋兼抚州警备司令。12 月,宋希濂奉蒋之命率师南下,参加镇压"闽变",攻打延平夺取九峰山奏捷,获蒋嘉奖;继后又向古田推进,直至惠安。1934 年 9 月,宋率师在福建新泉附近参加"围剿"红军,在进攻温坊的战斗中身负重伤,离队到后方休养,伤愈后率部驻福建长汀。他对 1932 年 2 月被省保安团逮捕的共产党人瞿秋白进行审讯,于 6 月 18 日按照蒋介石"着将瞿秋白就地枪决具报"的命令在长汀公园杀害了瞿。

西安事变和平解决后,原奉命准备讨伐张、杨的宋希濂第三十六师从潼关进驻西安,宋兼任西安警备司令。

抗日战争全面爆发后,宋希濂于 1937 年 8 月率师南下参加淞沪抗战。宋率部曾攻入汇山码头,后在江湾天宝路及大场一线抗击日本侵略军达两个多月,不畏牺牲顽强作战,官兵伤亡达一万二千人。10 月下旬,宋升任第七十八军军长,仍兼第三十六师师长。日军于 11 月 5 日在金山湾登陆后战局危殆,宋率部据守的苏州河南岸阵地亦被敌突破,乃于 9 日晚向昆山方向撤退,17 日开往南京。此后参加南京保卫战,在红山、幕阜山、下关、挹江门一线防御日本侵略军。12 月 13 日南京失陷,各部撤退,宋希濂指挥三十六师掩护南京卫戍司令长官公署及直属部队渡江西撤。

1938 年 5 月,宋希濂任第七十一军军长,率部在河南参加对敌土肥原十四师团的抗御,在夺回兰封之战中与敌激战两昼夜告捷。继后在武汉会战中,在武汉东北的史河地区阻击日军第十二师团、十六师团各一部的西进攻势;在富金山要地坚守阵地,与敌苦战十日,使日军十二师团荻州立兵部伤亡过半;接着又在沙窝、小界岭一带防守月余,阻击了敌军的多次进犯。10 月中旬,日军绕道从潢川、罗山夺取信阳,另一部又越过桐柏山占应山，包围我抗日部队。宋希濂奉命率部向钟祥以西地区转移；为避免落入敌军布设的“口袋”，将部队分散隐蔽在三里城、宣化店、七里砰一带；经过一段观察后，于一个夜晚指挥全军二万余官兵安全越出包围圈，渡过淮河迅速南下，转至南阳地区。

武汉会战结束后，抗日战争转入战略相持阶段。宋希濂于1939年冬升任第三十四集团军副总司令；1940年9月曾兼中央训练团副教育长；1941年11月升任第十一集团军总司令兼昆明防守司令。

太平洋战争爆发后，中国与美、英等国结成同盟国，联合抗御日本对东南亚的进攻，宋希濂部张轸第六十六军被编为远征军入缅参加作战。由于英国军队败退，我远征军亦遭日军袭击，一部退往印度，第六十六军残部退至云南。宋希濂将残部编组为新编第二十八师，归入第七十一军；第三十六师改为独立师，由集团军总司令部指挥。1942年5月初，宋指挥所部阻击日军第五十六师团东进，歼灭渡过怒江的敌军四百余人，与敌在怒江两岸对峙。1943年中国重组远征军，远征军司令长官卫立煌以宋希濂第十一集团军为防守集团军，霍揆彰第二十集团军为攻击集团军。1944年5月11日，远征军发动强大攻势，担负防守怒江南岸的宋希濂部，亦以四个加强团分别由惠人桥、双虹桥等地渡过怒江进击前进。接着宋希濂按卫立煌之部署，指挥第十一集团军所属之王凌云第二军、黄杰第六军、钟彬第七十一军以及直属之三十六师、二〇〇师全部渡过怒江参加攻击。宋率部分两路前进，6月10日第七十一军第八十七、八十八师攻入龙陵，但敌增援反扑，宋指挥所部退据龙陵东北郊区，与敌对峙。宋指挥北路主力切断龙(陵)芒(市)公路和腾(冲)龙(陵)公路，占领龙陵外围据点后与敌之援军反复争夺，相持多日。与此同时，配属第十一集团军归宋希濂指挥的何绍周第八军，在滇西人民支援下，向松山之敌连续发动九次攻击，历时三月馀，终于在9月8日全歼敌第五十六师团之第一二三联队，克复了松山。

正在远征军乘胜大举前进之时，宋希濂接到军事委员会命令，回重庆入陆军大学将官班受训。结业后被派往新疆，先任中央军校第九分校主任。1946年3月，蒋介石组建西北行辕，任宋为行辕参谋长；10月，又任宋为新疆省警备总司令，倚重他控制西北边疆要地。

蒋介石发动全面内战后，有生力量大量被歼，战局每况愈下。1948年7月下旬，蒋介石在南京召开军事会议，宋希濂奉命与会。会上蒋介石决定收缩战线，实行重点防御，编组机动兵团和后备兵团以应付全局，蒋任命白崇禧为华中"剿总"总司令，同时派宋希濂为华中"剿总"副总司令兼第十四兵团司令官，驻守鄂西北，要宋防止共军进入四川及阻止共军在宜、沙一带渡江进入湘西。宋于9月初在沙市组设第十四兵团司令部，部署所属各军及湖南保安第一旅在鄂西、湘西严密防守各自阵地，首先在各自地域"肃清"共军力量。11月，淮海战役起，蒋介石急调宋希濂任徐州"剿总"副总司令，并命宋率第十四兵团东下驰援徐州，但白崇禧力阻宋率部东调。蒋无奈，只得令宋回沙市好生经营。

蒋介石内外交困，难以为继，不得不于1949年1月20日宣告下野，但他对宋希濂有所叮嘱。宋先任湘鄂边区绥靖公署主任，后又为川黔湘鄂边区绥靖公署主任。宋以刘平第十五军、龚传文第七十九军、方暾第一一八军编为第十四兵团，推钟彬继任司令官；另以陈克非第二军、顾葆裕第一二四军组成第二十兵团，陈克非兼司令官，驻扎川鄂边境，扼守川东门户。

国共和谈破裂后，4月21日人民解放军突破天险渡江奏捷，23日解放南京，国民党军队以武汉为中心的长江中游防线势如危卵。宋希濂受命统一指挥湖南岳阳城陵矶至湖北宜昌南津关一线的江防部队。但人民解放军5月突破宜沙防线胜利渡江。7月，渡江南下的人民解放军发起宜沙战役，宋部无力招架，退出宜昌向巴东、野三关及秭归等地撤退。8月，他和胡宗南谋议"退守滇缅边境"，以保存力量静待国际局势的变化，但为蒋介石所不准。宋审时度势，准备在川鄂黔边区打游击，乃部署各军分占防地。10月解放军发动强大攻势，15日进军大庸，继又攻取秀山，锐不可当。宋指挥所部退集都山、江口、彭水以西地区，但龚传文第七十九军和顾葆裕第一二四军在撤退途中被歼于宣恩、咸丰地区，方暾第一一八军一部被歼在黔江东。宋的兵力锐减，对于防守川东战线亦已失去信心。在解放军分几路渡过乌江后，他害怕被围歼，指挥所部沿乌江向武隆、涪陵方向撤逃，但一部在白涛镇被歼，一部在白马山地区被截后从小道逃窜，仅剩勤杂部队万余人。宋乃指挥余部分三路向滇缅边境逃窜，企图找个落脚地等待时机。宋打算奔綦江入宜宾再西行，不料驻扎宜宾的郭汝瑰部宣布起义，只得率部沿岷江向西北方向溃逃。12 月 19 日渡过大渡河时，队伍被解放军包围，宋见已无逃路欲自杀，未遂，被俘。

经过近十年的关押改造，宋希濂于 1959 年 12 月 4 日获得第一批特赦。1961 年 2 月，任全国政协文史资料研究委员会文史专员，撰写了一批回忆亲身经历的战事资料。1965 年被选为第四届全国政协委员。1978、1988 年，被选为第五、七届全国政协常务委员，热心祖国和平统一大业。1980 年他赴美探亲后，旅居美国。是年 7 月他写信给台湾袍泽，建议两岸通邮，以释亲人思念之苦。1982 年参加旅美华人发起的中国和平统一促进会，任首席顾问。1984 年 2 月与蔡文治、李默庵、侯镜如发起成立黄埔同学及其家属联谊会，发表宣言说："国家第一，民族第一，统一至上，建设至上，均盼我全体军校同学及其家属，奋发参加促进中国统一运动。"1984 年 6 月，他回国参加黄埔军校六十周年纪念活动，被选为黄埔军校同学会副会长。他将自己以往写的回忆资料整理成书，定名《鹰犬将军①——宋希濂的自述》出版。

---

① "鹰犬将军"之说，初见于台湾国民党的报章，责骂"宋希濂等甘为中共鹰犬"。不久，台湾持不同政见者李敖撰文说，他查遍国民党档案中有关宋希濂的记载，"满篇都是'黄埔之光'、甘为中国（国民党）的鹰犬"的记录。李的这篇介绍宋在国民党军队中的经历的文章，题目就取为《鹰犬将军》。《北美日报》在发表李文时加按语说："宋希濂将军在垂暮之年，身在美国，远离国共两党，但因屡屡出面呼吁祖国统一大业而为人争议。这里被争议的焦点是宋将军应该忠于自己的国家民族，还是应该效忠于政党，甚至效忠于领袖个人？显然宋将军选择的是前者。"宋深有感慨地说，这几句话是对我八十年的总结。因此宋在出版《自述》时即将书名定为《鹰犬将军》。

1993年2月13日,宋希濂病逝于美国纽约。他的骨灰于当年4月11日葬于湖南长沙“唐人永久墓地”。

主要参考资料

陈训正编著:《国民革命军战史初稿》,1929年南京刊印。

台湾“国防部史政局”编:《剿匪战史》,“中华大典编印会”1962年版。

张其昀著:《抗日战史》,台湾“中华大典编印会”1966年版。

《远征印缅抗战——原国民党将领抗日战争亲历记》,中国文史出版社1990年版。

宋希濂:《鹰犬将军——宋希濂的自述》,中国文史出版社1986年版。

姜克夫编著:《民国军事史略稿》,中华书局1986年—1996年版。

宋 则 久

熊尚厚

宋则久，字寿恒，1867 年(清同治六年)生，河北直隶(今天津)人，出生于一个小商人家庭。他十五岁进入天津德泰绸布庄学徒，出师后在庆祥、聚隆、德生锦等布店做店员多年，1899 年任敦庆隆绸布庄经理。1903 年到 1912 年间，他先后与人创设天津制胰公司(宋任董事兼协理)、天津北洋保险公司和天津报国公司(制造牙粉)等企业。此外，宋则久还兼任上海华通保险公司董事，以及天津工商研究总会会长等职。

1912 年 6 月，宋则久创设直隶国货维持会，以顾琅为会长，自任副会长。他为该会起草章程，聘用宣传员和调查员，编辑出版《白话报》，宣传国货的销售和改良，并计划设立国货介绍所。嗣后，宋担任直隶国货维持会会长，因其长于演说，所以他的提倡国货讲演很受听众欢迎，会员发展到三千人。

1913 年 5 月，宋则久辞去了敦庆隆绸布庄经理的职务，以资本二万银元，收买原直隶省工艺总局的实习工厂和天津工业售品总所，创办了天津工业售品所，自任经理。他规定所内店员和学徒均须加入国货维持会，并遵章使用国货。1915 年 2 月，宋则久又创刊了《售品所半月报》，进行实业救国的宣传。同年，宋仍以救国相号召，创办“救国储金会”吸收资金，以扩大其经营。通过这些活动，他在贩卖“爱国布”中发了财。

1916 年，宋则久加入基督教，成为一个虔诚的基督教徒，积极传播宗教思想。他规定售品所职工必须加入基督教,使他的职工都成为基督教徒。1917 年,宋任中国基督教自立会执事,次年任天津基督教联合会干事。其后,他将爱国与宗教结合,创立了基督教救国会,并著有《民德与宗教》、《宗教白话谈》等,进行宣传。

1915 年至 1918 年间,宋则久以极大的爱国热情宣传国货,推销售品所商品。曾多次举办国货展览会、音乐会、游艺会及广告游行等活动以宣传国货,使售品所的营业得到很大发展。为了增辟货源,他与人合办毛巾、牙刷、肥皂等小型工场。此外,宋则久还举办一些社会事业:如创办小学和教养院,以博取社会的同情,从而推动国货运动的开展。1918 年售品所的货品增至两千余种,职工六十余人,年营业额和盈利额大为增加。同年,他被聘为直隶省实业厅谘议,成了当时天津提倡国货运动的著名商业资本家。

五四运动期间,宋则久更加积极地投入爱国运动,担任天津救国十人团总联合会副会长、天津各界联合会干事与天津国民大会委员会委员。在群众反帝爱国运动的推动下,他改天津工业售品所为天津国货售品所。五四运动后,北洋军阀政府镇压爱国运动,取缔抵制日货斗争,并宣布救国十人团和国民大会等爱国团体为非法组织。1920 年 1 月,宋则久将救国十人团等组织迁入租界,继续坚持开展爱国运动。次年,他任天津各团体代表会干事,并加入了天津救国联合会。1924 年,宋则久任天津总商会董事,次年任天津国民大会促成会主席。当冯玉祥到天津时,他与冯相结识,帮助冯部国民军解决部分物资。在这期间(自"五四"后),宋则久的社会声望日高,天津国货售品所的营业更加发达,货品增达八千余种,职工增到一百余人。到 1926 年春,奉系军阀李景林进入天津,3 月以"赤化"罪名封闭售品所,并逮捕职员,他遭到勒索而负债,乃被迫辞去总经理职务。售品所被改组成股份有限公司,宋任名誉顾问。

1927 年,南京国民政府建立后,宋则久加入了国民党。次年,他去河南见到冯玉祥,由冯出资十万元设立开封国货商店,宋任总经理。

1929 年 3 月，宋则久由商而官，当上了河南省政府委员兼工商厅厅长、河南省赈务委员会顾问，并任河南省政府“特派清理共产军事犯负责委员”。

1931 年，宋则久回到天津，任售品所监察人，次年任董事兼董事长。“九一八”和“一二八”事变后，华北形势危急，全国抗日爱国运动更加高涨，宋则久复以极大的热情来开展他的国货运动。1935 年到 1937 年，他在北平、济南、青岛、上海、郑州、太原、西安等地先后设立售品所分所或分庄，大力扩展售品所的营业。

“七七”抗日战争爆发后，日寇侵占天津，国货售品所营业萎缩。在日寇压迫下，宋则久被迫放弃推销国货而改营中外百货，1939 年将天津工业售品所改名天津百货售品所股份有限公司。之后不久，他离开天津避居北京香山。

1945 年 8 月，抗日战争胜利后，宋则久的工业售品所再以“专售国货”相号召，1947 年在美货大量涌入下，又一次被迫放弃“专销国货”，添设国外贸易部，经营进出口业务，并改名为中华百货售品所。这时他已年满八十高龄，退居北平香山养老。

1956 年 1 月，宋则久病逝于北京香山。

主要参考资料

宋则久：《宋则久论著》，天津国货售品所 1933 年版。

纪华：《国货售品所始末》，中国人民政治协商会议全国委员会文史资料研究委员会编《文史资料选辑》第 31 辑，中华书局 1962 年版。

杨家骆：《宋则久》，《民国名人图鉴》（草创本）第 10 卷，辞典馆 1937 年版，第 31—32 页。

宋 哲 元

陈 民

宋哲元,字明轩,山东乐陵县赵洪都村人,生于1885年10月30日(清光绪十一年九月二十三日)。父亲宋湘尺是清末廪生出身,在村中教私塾为业,由于子女较多(共养育三子二女),生活长期陷于贫困。宋哲元从七岁开始,先后随从父亲及舅父沈兰棻苦读十来年,深受儒家思想熏陶。

1906年他投考北洋陆建章为总办的随营武备学堂,毕业后分至第六镇见习。1911年调至左路备补军任第一营哨长,后转入冯玉祥京卫军第二团任前哨哨官。从此,他追随冯玉祥十余年,转战南北,其治军思想和练兵方法,深受冯的影响。

1917年冯玉祥部改编为陆军第十六混成旅,宋任该旅第二团第一营营长。是年6月,张勋拥清逊帝复辟,北京政府段祺瑞在马厂誓师,令冯旅率部讨逆。宋哲元的第一营奉命进攻万庄、丰台,率先攻入北京天坛。此次讨伐迅速取得胜利,宋哲元获得冯玉祥的赏识。

1918年6月,冯玉祥率部进驻湖南常德,宋哲元任第二团第二营营长,担任常德城防,他对当地日本侨民的不法行为与停泊沅江的日舰水兵进入城门,均严予执法盘诘,不予通融,甚得冯玉祥的赞赏,称他“忠实勤勉,遇事不苟”①。

1922年10月,北京政府任冯玉祥为陆军检阅使,所部驻防北京南

① 冯玉祥:《我的生活》,黑龙江出版社1984年版,第280页。

苑。这时冯部扩充为第十一师与三个混成旅，即张之江的第七混成旅，李鸣钟的第八混成旅和宋哲元的第二十五混成旅。从此，宋哲元跻身为冯玉祥的高级将领，因骁勇善战，被时人称为冯部的“五虎上将”之一①。

1924年10月，冯玉祥发动“首都革命”(亦称“北京政变”)，驱逐宣统出故宫，取消其帝号，并宣告脱离直系军阀系统，将所部队编为国民军，任命宋哲元为第十一师师长。

1925年初，冯玉祥至张家口就任西北边防督办。从此，冯部统称西北军，宋哲元以第十一师师长兼教导团团长，为西北军培训干部，驻热河，任热河都统。是年底，直系军阀吴佩孚与奉系军阀张作霖组织了“讨赤联军”，企图消灭南方的国民政府和北方的西北军。冯部在北京及河北、河南两省的地盘处于直系与奉系的大包围之中，处境十分危急。1926年1月1日，冯玉祥通电下野，以张之江继任西北边防督办，自己赴苏联访问，企图转移视线，保存实力。但反动军阀并不因冯的下野而善罢甘休，而是兵分五路对北京地区的西北军施行大规模围攻，迫使西北军撤出北京，退守南口。是年8月，西北军南口溃败，宋哲元率残部撤至绥远。

冯玉祥在苏联得知南口兵败的消息后，即动身回国，宋哲元协助冯玉祥聚集残部，并参加著名的“五原誓师”。冯部改编为国民革命军第二集团军，宋哲元任该集团军北路军总司令。1927年12月，第二集团军与南方的革命军会师郑州，召开党政军联席会议，重新划定新战区，冯部各路军均改编为军，军以上为方面军，宋哲元任第四方面军总指挥，后又兼任陕西省主席。

1929年，冯玉祥与蒋介石的矛盾激化。是年5月初，第二集团军将领二十八人联名通电“护党救国”，要求蒋介石下野，并拥冯为“护党救国”军西北路总司令，敦促冯发兵。蒋介石则以国民政府名义，下令

① 刘汝明：《刘汝明回忆录》，台北传记文学出版社1966年版，第170页。

讨伐。翌年，冯又联络了第三集团军的阎锡山，由阎出任中华民国陆海空军总司令，冯为副司令，宋哲元任第四路军总指挥，施行倒蒋，是役史称“中原大战”，交战双方势均力敌，战况空前激烈。在大战过程中，由于蒋介石收买了西北军的一些将领，加上张学良通电拥蒋，奉军入关，中原大战遂以西北军的失败而告终。宋哲元率残部渡黄河入山西，通电听候中央处置。初，被改编为东北陆军第三军，后改称为南京国民政府陆军第二十九军，宋被任命为该军军长，副军长为佟麟阁，参谋长为秦德纯，第二十九军包括四个师，各师师长分别为张自忠、冯治安、赵登禹、刘汝明。1932 年 8 月，宋哲元被任命为察哈尔省主席，第二十九军随之进驻察哈尔。是年“九一八”事变，宋哲元率部下将领通电全国，请缨杀敌，有“宁为战死鬼，不作亡国奴”的壮语。

1933 年 2 月底，日军攻占热河承德后，继续向长城各口进逼，第二十九军奉命调往长城各口抗击日军，在武器装备落后的条件下，第二十九军采取近战、夜战等战术，出其不意地打击日军，取得长城抗战的胜利，第二十九军的大刀队更是扬名全国，为此，国民政府颁奖宋哲元及所部高级将领以青天白日勋章。是年四月间，日军采取迂回战术，突破商震第三十二军防线。第二十九军处于腹背受敌境地，遂奉命向河北通州以东撤退。日军得以突破长城各口，直逼北平城下。

1935 年 8 月 28 日，国民政府任命宋哲元为平津卫戍司令兼北平市长，不久又调为冀察绥靖主任兼河北省主席。宋哲元成为冀察平津的主要负责人。同年 12 月，宋被国民党第五次全国代表大会选为中央监察委员。

1935 年至 1937 年“七七”卢沟桥事变前，侵华日军阴谋利用宋哲元，煽动华北五省自治，使冀、鲁、晋、察、绥变成日伪自治区，由于当时中国的民心和第二十九军官兵仇视日本侵略者的爱国心，日军眼见煽动华北五省自治的阴谋一时难以实现，便退而求其次地炮制出殷汝耕的“冀东防共自治政府”并加紧对宋哲元的威逼和拉拢。宋哲元处境微妙，他忍辱负重，努力维持局面，争取时间，使国民政府做好抗战准备。

1937年7月7日卢沟桥事变爆发，日军发动全面侵华战争，第二十九军首当其冲，当时宋哲元本人不在平津，因日军催逼履行“经济提携”条款，无法应付，而避往老泉山东乐陵“扫墓度假”。在日军的进攻面前，第二十九军官兵奋起抵抗，师长赵登禹、副军长佟麟阁相继壮烈殉国。

事变发生时，宋哲元虽愤慨，但对日军的“和平谈判”仍抱幻想，一度态度犹豫，及至部属伤亡惨重，日军进占廊坊，威胁北平，并对他下最后通牒时，才下令第二十九军全力抵抗，但为时已晚，在日军陆空优势兵力进攻下，节节败退。

1938年4月，宋哲元渡黄河到郑州，以病向蒋介石提出辞呈，蒋接受其辞职，宋改任军事委员会委员。不久，染肝病，遂离职上衡山疗养。后又患脑血栓，转至四川灌县疗养。1940年初再移至绵阳。是年4月5日，因中风逝世。临终前，仍念念不忘抗日战局，曾留下“但愿还我山河之时，有人酹酒相告”的遗言①。国民政府颁令追赠为陆军一级上将。

主要参考资料

孙湘德、宋景宪编：《宋故上将哲元将军遗集》，台北传记文学出版社1985年版。

王戍斌等主编：《民国高级将领列传》，解放军出版社1988年3月版。

① 孙湘德、宋景宪编：《宋故上将哲元将军遗集》，台北传记文学出版社1985年版，第673页。

宋　子　文

朱信泉

宋子文，广东海南文昌县人，1894年12月4日（清光绪二十年十一月初七日）出生于上海的一个基督教徒家庭，父母给他取英文名字“Paulos”（保罗）和中文名“子文”，意思是希望此儿将来能像圣徒保罗一样在中国弘扬基督教的福音，像革命家孙文（中山）一样在中国传播西洋富强之学。

宋子文的父亲宋耀如，字嘉树，原本姓韩，1875年随舅父前往美国波士顿丝茶店学生意，后被舅父收为嗣子，从此改姓宋。1885年他毕业于万德比尔特大学神学院，回国后在上海任基督教牧师，后经营工商业。他是孙中山民主革命的忠实支持者，曾任同盟会的总司库。他和倪桂珍婚后生有六个子女，他们是霭龄、庆龄、子文、美龄、子良和子安。宋子文就是出生在这样一个接受西方教育、深受西方文化熏陶、富有开创和进取精神的家庭。为了培养子文独立思考的能力与习惯，宋耀如不惜遭到基督教教友的非议和反对，把子文送到天主教会办的圣芳济学堂读书，继入上海圣约翰大学。1912年宋子文赴美入哈佛大学攻读经济，1915年获经济学硕士学位。随后他前往纽约，进入国际银行任办事员，负责办理向中国汇款业务，同时他还到哥伦比亚大学攻读经济学博士学位。1917年宋子文获得经济学博士学位后离美回国。曾在国际银行的实践，使宋子文熟悉对华金融往来和侨汇等业务，并结识了一些美国金融方面的人员。这些经历为他回国后从事金融工作投身财政界提供了初步经验。

宋子文回到上海后，不久就被盛泽丞所罗致，请他担任汉冶萍公司上海总办事处的英文书记，负责汉冶萍公司的业务经营擘划。宋的才识颇获盛府上下的器重，后因向盛家提亲一事被拒而辞职。曾先后经商、炒股和在银行任职。总之，这一阶段宋小试所学，均未能有所展布，从而悟出如果自己没有资本，纵有天大的学问也未必能有所作为，除非打出一个天下来由升官而发财。

1923年春，滇桂军把陈炯明部叛军逐出广州，孙中山于2月下旬由上海到达广州，成立大元帅府，改称大元帅。孙中山不再用“护法”的旗帜，把所能控制的军队改称讨贼军，并宣布此后转入讨贼时期。3月1日广州大本营组成，廖仲恺被任命为财政部长。由于税收多被当地驻军截留，增税又受到商人们的反抗，截用关余则遭到公使团的武力威胁，因此广州政府在财政上一直处于十分困难的境地。此时宋子文从上海来到广州，正是广州政府急需人才之际，4月22日就被孙中山派为中央银行筹备员，负责筹备工作。5月9日宋子文被任命为中央银行副行长。由于筹集资本不易，筹备工作进展迟缓。7月中旬宋曾奉命北上，与孔祥熙同晤冯玉祥于北京，做联络工作。10月27日宋又被任命为两广盐务稽核所经理，改进盐税的征收。1924年1月国民党改组后，由于国共合作和获得苏联的援助，广州的政治形势有所好转。3月5日孙中山严令统一广东财政，其后由于获得苏联的贷款，中央银行的开办资金才有了着落，筹备工作得以加快进行。6月广州政府令广东造币厂大量铸造银元，并通令自8月1日起所有田赋、厘捐、租税均以新造银元缴纳。8月2日孙中山遂下令设立中央银行，任命宋子文为行长，黄隆生、林丽生为副行长，资本一千万元。在15日的开幕会上，宋子文在开幕宣言中称：“本行系国家银行，其资本由政府借款拨充，并奉政府颁布条例，俾资遵守”，“际此开幕之日，所足以为诸公告者有三：第一，自来官办银行每因借垫政费过多，遂致周转不灵。本行自当恪守条例之限制，绝不敢稍有瞻徇。第二，省银行滥发纸币，前车可鉴。本行现既发行纸币惟有十足准备，绝不敢超出定额。第三，为银行所最忌者，厥为投机营业，本为条例所不许。本行应与同人共勉，绝不敢偶涉冒险”①。孙中山亦亲临开幕式致训词，阐明“银行最高之信用是兑现”，并要求军政各界把中行这个资本视为谷种和母鸡，用它播种下蛋，发展经济和生产；开展汇兑免受外国人高汇兑水之苦。中行纸币要十足兑现，一定没有广东省立银行纸币的毛病。

中央银行开业后，由于能确实遵守上述主旨，各项业务都能正常进行，所发行的纸币甚至在不受广州政府控制的地方也能行使。该行信誉日增，宋子文在广州也因此崭露头角。此外对广州财政的开源节流方面，宋也提出过一些有益的建议。

1924 年 10 月下旬，冯玉祥在第二次直奉战争中发动北京政变，并电请孙中山北上共商国是。孙中山由于多年艰苦的革命工作，积劳成疾，抵京后竟一病不起。1925 年 2 月上旬，宋被电邀至北京参加照料病人和办理身后各事，并是《总理遗嘱》的见证人之一。孙中山逝世后，7 月 1 日广州大元帅府改组为国民政府，宋子文被任命为广东省政府商务厅长。8 月 2 日国民政府财政部长廖仲恺遇刺身亡，9 月 20 日宋子文被任命为国民政府财政部长兼广东省财政厅长，并保留中央银行行长和省商务厅长的兼职。宋继廖仲恺之后成为国民政府财政金融的主要负责人。二次东征胜利后，省政府将广东九十四县划分为九个行政区，宋被任命为广州各属行政委员。

1926 年 1 月，国民党第二次全国代表大会除通过政治、党务、军事等决议案外，还通过了《关于财政决议案》，明确提出改善广州国民政府财政制度的任务，要求在短期内迅速统一财政。随后宋签发广东省财政厅的通电，要求各军政单位核实经费，确定预算案；实行统一财政，无论何等部队不得截留；自高级机关以下及各军各部队彻底的财政公开，并实行军需独立和金库独立②。3 月 27 日，国民政府公布《修正统一

① 《大本营公报》1924 年第 23、24 号。
② 《国民政府公报》1926 年第 51 号。

军民财政条例》,严禁擅自征收或截留钱款。在此期间整理财政的具体措施有:清理田赋和厘捐,整顿盐务,改革印花税,整理沙田耕地,募集国内公债与金库券等。由于广东军事政治渐趋统一,为财政的统一和整理创造了重要的条件。1925 年广东的财政收入为二千五百一十八万二千元①,而 1925 年 10 月至翌年 9 月底,即宋任财长的第一年,财政收入猛增至八千零二十万余元②。宋子文在广州理财获得了初步的成效。

随着两广的统一,国民党于 1926 年 7 月 9 日誓师北伐。国民革命军经过一系列战斗,到 9 月上旬攻克汉口,10 月 10 日光复武昌。由于革命重心已移至长江流域,11 月中旬国民党中央政治会议作出迁都武汉的决定。随后宋子文被派往武汉做迁都调查和布置。12 月中旬,已到达汉口的国民党中央执行委员和国民政府委员组成中央党政联席会议,代行国民政府职权。当时宋子文一身膺任中央党政联席会议委员,国民政府委员、常委,财政部长,军事委员会委员、常委等要职。1927 年 2 月 1 日湖北省政府成立,宋子文又兼省府委员和财政厅长。

为解决军需和政费,武汉政府和宋子文曾采取一些措施,如发行公债、征收附税、设立银行和统一财政等。由于连年战乱,当时工商衰落,财力已竭,加之帝国主义势力和国内敌对势力对武汉地区的封锁破坏,以及武汉当局所采取的措施也有失当之处,入不敷出的问题一直无法解决。

江苏、浙江是中国最富庶的地区,上海更是中国最大的工商业中心和金融枢纽。国民党二届三中全会为了统一财政、增加税收,曾决定以宋子文财长兼江浙财政处长,前往整顿统筹。当 3 月 28 日宋奉派抵达上海时,蒋介石已于两天前抢先委派了江浙地区的财政负责人,上海经

---

① 《宋子文答记者谈》,《广州民国日报》1926 年 1 月 4 日。

② 《宋子文财政部长呈报一年间库款收入及整理财政经过情形》,《国民政府公报》1926 年第 51 号附录。

济界因而不与宋氏接洽。好不容易宋向上海各银行、钱庄借到三百万元，却被蒋介石截去，“仅由苏俄之远东银行借得五十万元接济汉口”①。蒋介石发动“四一二”政变后，宋子文的财政部驻沪办事处也于17日被蒋查封，宋本人则滞留上海。4月18日南京“国民政府”成立，以古应芬为财政部长，形成宁汉对立的两个政权。

对宋子文，蒋介石采用又拉又压的手腕。由于宋霭龄、孔祥熙的一再劝说，以及蒋介石等人的威胁和利诱，宋子文处于犹豫动摇和恐惧不安之中。6月，美国记者希安来沪，说服宋子文去武汉，宋已口头同意，随后他在征求家人意见时遭到反对而作罢。宋对希安说，“我去武汉毫无意义”，“你知道，我其实不是社会革命家。我不喜欢革命，也不相信革命”②。随着国内政局的急剧变化，以及家族成员的影响，宋子文为了维护自身的利益，开始倒向蒋介石一边；对蒋介石与宋美龄的婚事，经谭延闿劝导后，也由反对转变为赞同。

7月12日，宋自上海抵武汉，为蒋向汪精卫等游说宁汉合流。当晚他往见二姐宋庆龄，以家人骨肉手足之情来劝诱，又以外界形势险恶来威吓，企图使宋庆龄放弃革命立场或至少保持沉默。坚持孙中山三大革命政策的宋庆龄自然不为所动。14日，宋庆龄发表了《为抗议违反孙中山的革命原则和政策的声明》③，与背叛孙中山三大政策的蒋、汪一伙决裂。

武汉汪精卫一伙开始“分共”后，宋子文回到上海，除为蒋介石集团联络英美争取支持外，则为宋美龄的婚事而奔忙。为此宋子文先期到达日本，向母亲为蒋疏通一切。10月3日蒋介石拜见宋母，婚事终于获得宋母同意。12月1日蒋介石与宋美龄在上海结婚。参加这次显

---

① 《一周间国内外大事评述》，《国闻周报》第4卷第15期。

② [美]斯特林·西格雷夫：《宋家王朝》，中国文联出版公司1986年版，第342—343、626页。

③ 尚明轩等编：《宋庆龄年谱》，中国社会科学出版社1986年版，第62页。

赫婚礼的不仅有朝野诸要人、沪上的名流大亨，还有美、法、日等国的领事以及美国海军上将布里斯托尔(Mark L. Bristol)。当时有人说它是“中(正)美(龄)联姻”。《上海时报》在次日的报道中说：“这次婚姻使南京军队过去最强有力的领导人和新娘的哥哥宋子文博士的家庭以及国民党创始人已故孙中山博士的家庭联结在一起。”蒋通过与宋美龄联姻，可以取得宋氏家族对他在争夺政权和维护统治的支持；对联系江浙财阀，筹款理财和争取美、英等列强的支持，都有巨大的作用。宋子文及其家族则可以利用蒋氏这位“宁波拿破仑”的权力杠杆，步上升官致富的终极捷径。

1928 年 1 月 4 日，蒋介石由沪返宁，复任国民革命军总司令，重掌军事大权。7 日宋子文任南京国民政府委员兼财政部长。3 月 27 日孔祥熙被选为国府委员并特派为工商部长。正如当时人们所说的：蒋家天下陈家党，孔宋一门当部长。“四大家族”的统治由此开端。

由于连年用兵，财政支出浩繁，宋子文出任财长时，南京的财政收入每月仅有二三百万元，支出则需一千余万元，收支相去甚远。随着二次北伐开始，军费日增，蒋介石要求宋子文每五日筹集一百六十万元以供军需。为此，宋除规定苏、浙、皖三省财政机关按时向南京筹解的款项外，同时采取高压手段向上海资本家筹集款项，这种做法与北洋军阀强行摊派并无区别，引起了社会不安和反对。

宋子文为获得江浙资本家的合作和控制预算，使财政工作渐上轨道，于 1928 年 6 月下旬和 7 月上旬在上海和南京先后召开全国经济会议和全国财政会议。经济会议主要由金融、工商界的头面人物和财政专家与会；财政会议的出席者，则为负有执行财政计划的中央和地方官员。会议的结果，为南京政府岁入、岁出、债务、银行与币制、划分中央和各省财政收入等方面，获得广泛的咨询和建议。宋子文与财政专家、企业家、各级官员集思广益，沟通了朝野关系。

二次北伐结束后不久，国民党各军事实力派因权力、地盘的争夺连年混战，南京政府的军政费用更是猛增不已。宋子文作为蒋介石政府的“钱袋”，所采取的措施有：争取关税自主，改革国内税收，发行公债，建立国家预算，成立中央银行，改革币制废两改元等。

争取关税自主，即废除当时仍受列强控制的协定关税(值百抽五的固定税率)，与各国另订新约，增加关税收入，它从1928年岁入一亿三千四百万元，上升到1931年三亿八千八百万元。由于国际上银价跌落，1930年1月1日起改用海关金单位计征，以消除银价跌落带来的损失。当时南京政府除偿还到期外债，每年可从关税中获得一亿元以上的纯收入。

宋子文大力改革国内税制，首先对积弊丛生的盐税进行改革。废除包商引岸旧制，改为就场征税和统一收入、统一税率、整理场产、推广运销、加强稽核和缉私等措施。盐税收入从1928年岁入三千四百万元，到1933年增至一亿五千九百万元，使“财政部竟能宣布不但能逐年摊还盐债，并有余力可以清偿旧欠矣”①。税收明显增加了，但民众负担依然沉重。

税制改革的另一方面是办理统税。所谓统税，即对国内工业产品进行一次性征税后，即可通行全国不再另征捐税。从1928年1月颁行“烟草统税条例”开始，其后棉纱、火柴、水泥、麦粉等产品也先后实行。它对增加中央税收，促进商品流通，裁撤厘捐减少税负，客观上有着较明显的效用。1931年全国统税收入，约占全年财政收入的七分之一。

为了开通借债的渠道，南京国民政府同意承担北洋政府原有内外债务，并筹划清偿拖欠的旧债。至于举借新债，则以海关的二点五附加税的收入和对卷烟、石油征收的新税移充新债的担保，并用很大的折扣向银行取得现金。这种做法使江浙金融资本家获得高额债息，从而使他们与南京政权利害相共而拴在一起。到1933年10月宋子文辞去财政部长职务时，共发行内债十一亿三千二百万元，这些资金原本可以推动私人资本投向生产发展事业的，却被蒋介石用来实现独裁统治所引

① 《国民政府十九年财政报告书·盐务》,《中央周报》第93期。

起的无休止的战火所吞噬。

由于宋子文采用上述多种措施，南京政府的财政收入有大幅度的增加，但是支出增加更快，尤其是军费开支竟占全部支出的三分之二，因此每年都有巨额的赤字。宋子文曾多次呼吁，需要“用一个预算代替现在这种缺乏计划的现挣现吃，而且挥霍靡费的办法”①。这一主张曾得到出席全国经济会议和财政会议人士的支持，认为控制岁出、严格预算最为重要，力促设立一个强有力的预算委员会实行财政上的控制，并要求全国裁兵，把每年军费开支压缩到一亿九千万元。上海商界人物虞洽卿为此还组织了一个“国民裁兵促成会”，通电南京当局要求裁兵和限制军费。蒋介石初不同意，后发现它符合自己“削藩”的意图，在全国裁兵编遣会议上用它作为向异己派系军事领袖们施加压力的舆论武器。预算制度一直是纸面上的东西，蒋向财政部索取军费从不顾及财政和预算，也是蒋、宋之间多次发生冲突的一个重要原因。

在改革税制的同时，中央银行则于1928年11月在上海正式成立，宋子文自任总裁兼理事会主席，以留美同学陈行为副总裁。该行主要职责就是充当南京政府的财务代理人，主要业务则为国库存款、发行公债、发行兑换券、铸造和流通货币、经理外汇等。宋力图以中央银行为枢纽，加强对全国金融业的控制。随着南京政权的控制力向各省市伸延，中央银行的分支机构也迅速在各地成立，它从经济上增强了南京政府对地方当局的控制力量。

宋子文任财长时，国内市面上流通的主要通货是银两和银元，而钞票则是随时可以向银行兑换银元的兑换券。而银两和银元间的比价常变动不定，对商品流通和债务关系造成许多不便。1928年的全国经济会议和财政会议都主张废除银两，专用银元作为货币单位，以为日后采用金本位制做好准备。1933年3月1日，宋子文发布《废两改元令》，

① [美]阿瑟·恩·杨格：《1927至1937年中国财政经济情况》，中国社会科学出版社1985年版，第87页。

规定先从上海实施，以规定银七钱一分五厘合银币一元为一定之换算率，并自本年3月10日起实行，各行各业的交易往来，一律改用银币计算，各种行市改标银元单位。废两改元，一举成功。它对简化纷杂的货币、促进商品流通、发展经济、便利人民生活都产生较好的作用，并推动了中央银行的业务扩展和中行纸币在国内流通的范围，从而为1935年实行法币制度奠定基础。

在南京政府中，宋子文除主管财政金融外，还先后担任国民政府委员，行政院副院长，国民党中央政治会议委员、中央执行委员，全国经济委员会委员、财政委员会委员等要职。1931年12月蒋介石下野时，为了和蒋同进退并给粤方制造财政困难，宋也辞去行政院副院长兼财政部长职务。次年1月蒋介石与汪精卫联手，分主军政，宋复任行政院副院长兼财长。汪精卫出国养病期间，宋曾代理行政院长。

在南京政府的外交事务中，宋子文以亲美英而著称。1931年"九一八"日本帝国主义侵略我东北时，宋支持蒋介石依靠国联调停的主张；但随着民族危机的加深，宋表现出一定程度抗日积极性。如1932年"一二八"事变时，宋命令财政部所属的税警总团改名为第八十七师独立旅归第十九路军指挥，参加抗击日本侵略军的战斗。同年12月间，宋曾联络孙科等人在国民党中央执行委员会上提出一个议案，要求把军队集中于热、察、冀地区，以抵抗日本侵略军；还号召全国一致抵制日货。但此提案被会议所否决。1933年初，日军由山海关向关内侵犯，宋曾率军政、外交、内政等部的部长北上会同张学良到热河视察，表示中央决不放弃东北，决不放弃热河；随后与张学良拟定了热河保卫战初步计划。

热河抗战失败后，宋子文于是年5月出访欧美，参加在伦敦召开的世界经济会议。此行为争取欧美诸国对中国发展经济和结束对日本关税特惠待遇的理解和支持。宋在华盛顿会见了美国总统罗斯福，推进了南京政府与美国的关系，并取得美国给予五千万美元以购买棉花与小麦、面粉的借款；以及争取国联的技术合作等。此行有利南京政府获得欧美经济上的支援和削弱日本对华经济侵略方面的影响，这就引来日本当局的攻击和国内亲日派的不满。加之对此项棉麦借款在用途上的分歧，以及当时“剿共”军费不断增加，每月赤字逾一千万元，筹款极感困难，遂使宋子文与蒋介石之间矛盾加剧。

宋子文反对更多的借款，他认为“这个方针存在着毁灭、政治不稳及最后的灾难。赤字和短期借款的恶性循环，此中痛苦我久经饱尝”①。宋的态度与蒋、汪所坚持的对内镇压、对日妥协的方针相抵触。宋于10月上旬提出辞职。10月14日行政院长汪精卫携行政院秘书长曾仲鸣、外交次长唐有壬赴庐山，与蒋介石商量宋子文辞职及“剿共”经费和福建政局等问题。28日蒋介石由南昌飞回南京，为宋辞职一事经与汪精卫、孔祥熙晤商后，次日国民党中政会决议准宋子文辞财政部长职，由孔祥熙继任。同日国民党中常委决议准宋辞行政院副院长职，选孔祥熙继任，并选宋为国府委员；对宋辞全国经济委员会常委职，则予以慰留。对于宋子文辞职原因，当时传说纷纭，比较可信的说法是蒋、宋在政策上分歧造成的。此时蒋介石在汪精卫的支持下，坚持“攘外必先安内”的政策，对外进一步向日本寻求妥协，对内准备进行第五次“围剿”，采取更大规模镇压措施；而宋则主张坚决抵抗日本，对福建事变反对武力解决，同时主张用经济和政治的办法扑灭共产党。但宋本人拒绝公开说明辞职原因。据胡汉民私下说，宋曾说过：“当财政部长无异做蒋介石的走狗，从现在起我要做人而不是做一条狗。”②

宋子文辞职后离开了权力中心，但仍保留着国府委员、全国经济委员会常委等职位。宋在官场失意，决心另辟致富蹊径。全国经济委员会当时实际由宋主持，美国棉麦借款的巨额资金则归该会分配运用。宋在为南京政府的“经济建设运动”效力的同时，以近水楼台

① 《密勒氏评论报》1932年6月18日。

② 艾萌：《两朝国舅宋子文秘史》，香港环球内幕秘闻社，第18页；中外出版社编：《中国豪门》，中外出版社1949年版，第4页。

之便，成立了“华南米业公司”、“中国棉业公司”，为家族和个人牟利。1934 年 5 月 31 日，创办中国建设银公司，资本定为一千万元，共分一百万股。认股者多为一些大银行家和金融界知名人物，宋子文、子良兄弟认购六万股，孔祥熙认购二万股。在股东会上孔祥熙当选为董事长，宋子文为执行董事，执掌公司全权，宋子良被任命为总经理。他们利用与当局的特殊关系，使公司得以迅速发展，资产由 1934 年末的一千二百六十万元，到 1936 年 6 月扩展到一亿一千五百万元；又筹集中外资本修筑成渝、杭甬、广梅等铁路，组建扬子电气公司，接管淮南路矿公司，控制上海证券交易所等，仅 1936 年一年，该公司即获利一千九百一十四万元。

宋子文还伙同蒋、孔攫夺中国银行。在当时国内金融界，中国银行是首屈一指的大银行。1934 年该行的业务情况，比中央银行的现金多百分之五十，存款多一倍许，有价证券多一百五十倍，资产多近三倍。这些情况早已引起孔、宋的觊觎之心。而中国银行总经理张嘉璈对南京财政当局派销公债、勒借垫款，又常悭吝不给，甚至趁机抛售公债，使南京政府十分难堪。孔祥熙经与宋子文密商并请示蒋介石认可后，就对中国银行下手了。办法是增资改组，1935 年 3 月 19 日以财政部发出一张二千万元的公债预约券，送交中国银行作为增资的股本，随后对该行进行人事改组。中国银行新董事会以宋子文为董事长，张嘉璈调离改任中央银行副总裁，所遗总经理一职由张的老对手宋汉章继任。同时增资改组的还有交通银行。孔、宋攫夺中、交两行，实为南京政权控制全国金融业的开端，也是国民党政府的国家垄断资本的发轫。而宋子文成为豪门巨富，正是在掌握了中国银行之后，运用金融实力巧取豪夺而得以迅速膨胀起来的。一年后，宋以国家银行的资金，投资于广东银行并将该行改组，宋自任董事长，后由其弟宋子安代理，成了宋家的私人银行，从此公私交替运用得更为得心应手。又如以中国银行控制新华储蓄银行，再运用该行将自己势力扩展到众多民营企业之中。宋由金融而实业，在聚敛财富的道路上迅猛发展。宋的政敌曾讽刺他说:“宋从政之前,不过一穷措大耳。”①而今虽暂时丢了官,却大发其财。

在华北危机日益严重的情况下,1935 年中国共产党发表了著名的“八一宣言”,号召停止内战,一致抗日。宣言推动了民众抗日救亡运动的发展。是年底,宋子文和宋庆龄商议请董健吾持密函去延安接洽联合抗日的问题。董健吾顺利完成任务,并携回中共中央关于联合抗日的具体建议,向宋子文、宋庆龄复命。1936 年 8 月 14 日,毛泽东曾致函宋子文,希望他为促成联合战线“竿头更进,起为首倡”②。

由于蒋介石仍然不愿放弃“消灭红军”的反动政策,使全国团结抗日的局面迟迟不能实现,终于导致震惊中外的西安事变。在解决西安事变的过程中,宋子文在宋美龄、孔祥熙等人的支持下,抵制南京内部“讨伐派”的压力,以私人身份于 12 月 20 日冒险飞抵西安调停,经与张学良、杨虎城商谈后,获知他们和平解决西安事变的主张及目睹蒋介石十分安全,便于次日飞返南京后向宋美龄、孔祥熙汇报。22 日,宋子文陪同宋美龄再次飞西安,并经蒋介石同意由宋氏兄妹为代表与张、杨和中共代表周恩来谈判,终于达成和平解决的协议,26 日张学良亲自送蒋回南京。西安事变和平解决,并成为停止内战联合抗日的重大转折点,宋子文是有功绩的。但蒋介石回到南京后却食言自肥,有些承诺未曾兑现,反把张学良长期软禁起来。宋子文为释放张学良多次向蒋劝谏,也无效果。

“七七”抗战爆发,正值孔祥熙出使英国,国内财政金融的若干重要措施,宋子文曾参与主持,如限制提存、集中外汇加强控制,策划中央、中国、交通、农民四银行在沪成立“四行联合办事处”,以加强国家银行的联系和协调,协助政府应付危局。这些措施,对当时稳定金融并转入战时轨道是必要的。

---

① 《中国豪门》,中外出版社 1949 年 3 月初版,第 4 页。

② 中共中央文献研究室编:《毛泽东书信选》,人民出版社 1983 年版,第 45 页。

随着抗战进入相持阶段,争取国际援助以利持久抗战就变得日益重要。1940 年 6 月,蒋介石以宋子文为特使赴美,与罗斯福总统就时局交换意见并争取美援。蒋授予宋代表中国政府在美商洽之全权。经宋积极向美国各方面进行接洽,同年 10 月达成二千五百万美元钨砂借款,12 月上旬又获得一亿美元借款,其中五千万美元用以支付中国从美国进口粮食、汽油、坦克和卡车等;另五千万美元作为外汇平准基金,用以帮助中国稳定币值。随后宋在纽约和华盛顿分别设立了环球贸易公司和中国防务补给公司,负责向美国采购军用物资。1941 年 2 月 4 日,中美签订"金属借款合约",由美方收购中国锡等军用原料六千万元;美方则由进出口银行贷款五千万美元,由中方支用。同年 4 月 1 日,宋与美、英分别签订"平准基金协定",由美国贷予五千万美元,英国贷予五百万英镑以支持法币稳定汇价。5 月 6 日,罗斯福宣布《租借法案》适用于中国,美拨给中国总值为二千六百万美元的物资。此外,还有如接洽购买作战飞机、招募空军志愿人员来华加强中国空军,参与攻缅计划的制订等。为争取美国援助以利抗战,宋子文是出了力的。

宋忆文在美国办事常常越过中国驻美大使胡适,因而胡、宋常生摩擦互不相能。胡更不齿宋借公营私的行径。1941 年 12 月宋被任命为外交部长后,胡适在工作上就更难开展,1942 年 9 月胡适辞职获准,由魏道明继任驻美大使。从此宋可以无所顾忌地去为所欲为,大搞公私兼顾了。

太平洋战争爆发后,中国与美、英加快了联合对日作战的协商。1942 年 1 月 1 日在华盛顿,宋子文代表中国在有二十六个国家参加的《联合国家宣言》上签字,它标志着中国抗战与世界反法西斯战争的洪流汇合,结束了长期孤立抗战的局面。随后,中国战区成立,蒋介石被推举担任最高统帅,以美国将领史迪威任参谋长。美国援华作战物资和借款也获得明显的增加。

为了联合对日作战的需要,美、英两国于 1942 年 10 月 9 日分别通知中国政府,声明愿意放弃在华治外法权及其他有关权益。随后宋子文以外长身份主持了与美、英关于废除旧约和签订新约的谈判。由于英国不肯放弃在1898年强行租借为期九十九年的九龙租借地，因而使谈判拖延，至1943年1月11日才正式签订了中美、中英新约。随后中国又与比利时、挪威、加拿大、瑞典、荷兰、法国、瑞士、丹麦、葡萄牙等国签订了类似的条约。近百年来，帝国主义强加给中国的不平等条约，至此得以基本上废除，全国人民都为此欢呼庆祝。宋子文则以"如愿以偿"感到"无上欣幸"①。

在中美共同对日作战中，双方也并非融洽无间的。由于缅甸作战失利和史迪威控制援华物资使用的决定权，使蒋介石对史迪威产生不满。而史迪威则对中国政府、军队中的"腐败失职、混乱"提出批评。为了挽救"豫湘桂战役"大溃败，罗斯福要求蒋介石赋予史迪威指挥中美一切军队作战的全权，以阻遏敌军深入，而蒋不允。这样终于导致蒋介石要求美国撤换史迪威。宋作为外长积极支持蒋介石，并于1944年9月9日正式向美国政府提出召回史迪威的要求。其后美国特使赫尔利(Patrick Jay Hurley)也向罗斯福建议调回史迪威，以免与蒋介石破裂。10月19日，罗斯福召回史迪威，以魏德迈(Albert Coady Wedemeyer)继任中国战区参谋长。豫湘桂战役的大溃败，极大地暴露了重庆政府在政治军事上的腐败无能，它受到参政会的质问并要求严惩失职官员；当时美国舆论对华亦抨击甚力。为了平息国内外的不满，蒋介石不得不于11月20日调整中央政府人事：以陈诚代替何应钦为军政部长，以俞鸿钧代替孔祥熙为财政部长，以朱家骅代陈立夫为教育部长。12月4日又以宋子文代理行政院长。诚然，孔、宋交替用，肥水不流外人田。

豫湘桂大溃败，国内外舆论哗然，却给宋子文带来取代孔祥熙的机遇。1945年5月3日，经国民党六届一中全会通过，宋由代理而被正式任命为行政院长仍兼外交部长，7月25日又被任命为"四联总处"副主席。宋子文再次掌握国民党政府的行政、外交、金融大权。

---

① 《解放日报》1943年1月13日。

1945年4月,宋子文率领中国代表团出席在美国旧金山召开的会议,参与了联合国的筹建。宋子文与英、美、苏外长同为联合国会议四主席之一,轮流主持大会,制定了联合国宪章。以宋为首的中国代表团,为联合国的产生作出了积极的贡献。

在日本投降前夕,以宋子文为首的中国代表团赴莫斯科,与斯大林为首的苏联代表团进行谈判。双方于8月14日正式签订了《中苏友好同盟条约》,同时还签订了《关于中国长春铁路的协定》、《关于大连的协定》、《关于旅顺口之协定》、《关于中苏此次共同对日作战苏联军队进入中国东三省后苏联军队总司令与中国行政当局关系之协定》。此次中苏会谈与有关协定的签订,可以说是第二次世界大战胜利前夕,美国力图在远东与苏联达成妥协的产物。宋子文虑及签订这些协定日后的政治责任,乃于7月30日辞去外交部长兼职,由王世杰继任,由王代表中国政府于8月14日在《中苏友好同盟条约》及有关协定上签字。

1945年8月15日,日本宣布无条件投降,作为中国行政首脑的宋子文,对战后的国计民生全无通盘筹划,而把主要精力放在接收敌伪物资事宜上,趁机膨胀国家垄断资本和私人官僚资本。10月,行政院收复区全国性事业接收委员会成立,由副院长翁文灏负责,各省市相应设立敌伪物资产业处理局,命令国民党党政军各机关将接收封存的物资交由该委员会接管。在此之前,各色接收大员涌入收复区,以接收日伪财产为名,大肆劫掠应属国家和人民的资财,他们像饿狼一样,每到一地抢占房子、车子、条子(黄金)、女子、票子(钞票),大发劫收财。当时人们讥讽为"五子登科"。宋子文亲自前往上海、北平、天津、青岛、广州等重点地区,召集各地方军政官员,会商和布置接收处理事宜。据在1946年3月召开的国民党六届二中全会上行政院公布的数字,共接受敌伪物资值六千二百亿元之巨①。国民党的国家垄断资本,正是在接

① 国民党六届二中全会决议案:《行政院办理情况报告表附件(二七)》,中国第二历史档案馆藏。

收名义下，攫取了日伪榨取中国人民血汗所聚敛的巨额财富而集大成的。国民党财政当局还用不等值的办法收兑伪钞，使收复区民众蒙受巨大经济损失。民众愤恨地说："想中央、盼中央，中央来了更遭殃！"有的报纸公开发表文章："这一带无数万的人民都曾为胜利狂欢过，而今却如水益深，如火益热，大众不得聊生。他们痛苦极了，比未胜利时还痛苦。"①连同国民党六届二中全会决议，也对行政院的工作给予严厉指责，"尤以财政经济多所贻误，均无可讳言"。

随后蒋介石撕毁政协决议，挑起全面内战，不久社会政治、经济全面恶化。宋子文在一次记者招待会上不得不承认："没有和平，则财政、经济整个都没有办法。"②坚持反动专制独裁的蒋介石，妄想在三个月至半年内消灭共产党军队；而宋子文则把解决财政经济困境的希望，寄托在开放外汇市场以争取美援和抛售黄金外汇来回笼法币，弥补巨额赤字上。然而这种买办商人的手法，仅仅有利于国民党特权阶层化公为私和美国商品似潮水般地涌入中国。民族工业和农业进一步遭到摧残，南京政府掌握的为数有限的硬通货，则迅速濒于枯竭。抗战胜利前夕，国民党政府国库尚存有六百万两黄金和九亿美元外汇，及至 1947 年 2 月爆发争购黄金潮而无法收拾时，已抛出黄金三百五十一万两，占存金的百分之六十，而九亿美元外汇亦所剩无几。由于停售黄金和禁止外币买卖，则牵动物价狂涨不已，法币呈加速恶性通货膨胀。当时南京、上海的一些报刊公开抨击宋子文，要求将宋等有关人员撤职查办。国民党内政学、CC 等派系则趁机攻讦。为了推卸责任，蒋介石大骂宋子文是"败家子"。傅斯年则在 1947 年 2 月 15 日出版的《世纪评论》上发表：《这个样子的宋子文非走开不可》的署名文章，实际成了倒宋的"檄文"。随之而来的是监察院的彻查，立法院、参政会的质询。宋子文陷于"四面楚歌"之中。3 月 1 日宋不得不辞去行政院长职务，随后又

① 《大公报》1945 年 10 月 24 日。

② 《新华日报》1946 年 6 月 21 日。

被免去行政院绥靖政务委员会主任和四行联合办事处理事会副主席等职务。

宋子文的去职，除责有攸归，也有代蒋受过的一面，因此得到蒋介石的极力庇护，不久监察院的弹劾案也就石沉大海了。4月13日国民党中常会通过宋子文为国府委员。9月在国民党六届四中全会上宋又当选中执会常委。9月13日宋子文发起募集国民党基金，捐献他持有的中国建设银公司股份。隔了一周行政院竟决议以宋子文代罗卓英为广东省主席。

1947年9月30日，宋子文走马到广州就任广东省主席一职，11月15日兼广州行辕主任，集广东军政大权于一身。他梦想把广东建成抵御中共的“堡垒”，大力整顿和扩充了省政府所辖的武装。在经济上他想利用美国资金、器材和技术人员，在广东建电厂、煤矿、糖厂、铁矿等。由于人民解放战争节节胜利和广东、华南人民的英勇斗争，宋统治广东一年多时间，除修筑了黄埔港、黄埔公路及粤汉路通黄埔的支线外，其他所成不多。但宋利用所掌握的省府权力成立的广东粮食经济委员会、燃煤供销委员会和物资调节委员会，则加紧对重要物资控制和垄断，从中牟取暴利。此外大炒金钞，套购港汇，操纵广州金融市场，并趁机把从政以来所掠夺的巨额财富及早转移至香港和海外。

在中国大地上，辽沈、淮海、平津三大战役的迅速胜利，标志着蒋介石统治集团赖以维持的主要支柱的军事力量已基本被摧毁。蒋介石所面临的是：战场上已无可战之军；币制改革的骗局破产已使民心丧尽；宋美龄赴美乞援受到冷遇；加之各界反对继续内战呼吁和平声浪日高，桂系趁机逼宫。1949年1月21日蒋介石宣布“引退”。同日宋子文也辞掉了广东省主席之职，于24日携妻张乐怡前往香港暂住。此时宋对南京的“和平”攻势和“长江天堑”尚存有幻想。3月下旬宋曾一度由港回到广州，与孙科及在穗的国民党中央委员们晤谈，随后去溪口见蒋介石。宋自称此行是为处理与家族有关的私人事务。由于解放战争进展神速，4月21日晨解放军渡江战役开始，23日解放南京，5月3日解放杭州。被中国共产党列为主要战犯之一的宋子文在香港再也待不下去了，5 月 16 日携妻赴巴黎，6 月 9 日由巴黎飞抵纽约。

宋子文到美国之后，曾以蒋介石私人代表身份向美国乞求军事和经济援助，8 月与宋美龄商量后向美国国会递交了经济和军事援助计划。但国内形势发展更快，解放军已向华南发展，8 月 5 日解放长沙，10 月 15 日解放广州，12 月 26 日解放成都。中国人民革命迅速胜利，粉碎了宋子文一伙期望依靠美国援助使国民党政府苟活下去的美梦。

宋子文在美国的日子并不好过，8 月 5 日美国公布了《美国与中国的关系》的白皮书，指责蒋介石“不能应变，其军队丧失斗志，其政府不为人民所支持”①。美国联邦调查局发现宋家的动产大都存在旧金山宋家开办的广东银行里。杜鲁门(Harry S Truman)曾对作家默尔·米勒(Merle Miller)说过这样的话：“他们都是贼……他们从我们给蒋送去的三十八亿美元中偷去七点五亿美元。他们用这笔钱去圣保罗搞房地产，他们有的房地产就在纽约市。”②宋子文拥有财产实数，迄今所说不一。宋美龄在美的乞援活动，也受到美方的冷落，于 1950 年 1 月 13 日黯然回到台湾。

1950 年 3 月 1 日蒋介石在台湾复出，再任“总统”。为了吸取失败的教训，他着手“改造”国民党并加紧对去台军队的整顿和控制。蒋曾要求宋子文回台任职，而宋对台湾的前景已丧失信心，同时更怕蒋挖他的宦囊，因此拒绝回台。在美国，宋子文把精力用于经营他的金融事业，大做石油股票、农矿产品期货和新技术的交易；同时在金钱上支持“院外援华集团”，而自己直接出面的政治活动不多。

1963 年 2 月，宋子文接受蒋介石的邀请，在台北的别墅中住了几

① “艾奇逊为公布白皮书致杜鲁门的信”(1949 年 7 月 31 日)，《中美关系资料汇编》第 1 辑，世界知识出版社 1957 年版，第 38 页。

② ［美］斯特林·西格雷夫：《宋家王朝》，第 342—343、626 页。

天。据说蒋请宋子文帮助分析美国当局对蒋“光复大陆”的态度有无变化。1969 年 3 月,宋子文曾去香港出席幼弟宋子安的葬礼。

1971 年 4 月,宋子文偕妻张乐怡去旧金山会友,24 日晚他的老朋友设宴款待他们,宋在进餐时因一小块食物卡在气管里而引起心脏病发作,猝然故去。

苏 炳 文

程舒伟 刘信军

苏炳文，字翰章，别号铁盒，辽宁新民县人。1892 年 10 月 22 日(清光绪十八年九月初二)生于一个富裕农民家庭。父苏京洵为晚清秀才，为人开明正直。

1899 年初，苏炳文入私塾就学。十三岁时，他鉴于国家衰弱，屡遭侵略，以“非武力不能图存，慨然抱投笔从戎之思想”①，离家出走，徒步到奉天城(今沈阳)，考入陆军小学堂。1910 年毕业后，由小学堂送到北京清河镇陆军第一中学，系统学习军事及历史、地理等知识。从奉天到北京，顿使苏炳文视野开阔。他耳闻目睹清政府的腐败，更为“痛心疾首”②。翌年辛亥革命爆发，他“甚为兴奋”③。

1912 年 9 月，保定军官学校成立，苏炳文考入该校，为第一期步兵科。在校期间，他学习努力，训练刻苦，渐露头角。力图加强统治地位的袁世凯为扩充实力，于 1914 年在北京成立模范团，军校毕业生三百余人参加训练，苏炳文也被选中，并任班长。模范团以忠事元首、不入党会为宗旨，进行为期半年的军事训练。1916 年苏升任排长，次年又升为连长。苏所在部队自袁世凯死后隶属皖系，张勋复辟时，该部队在讨伐张勋中立有战功，苏因功被升任第五混成旅一团二营副营长，不久

① 苏炳文:《自传》(1950 年)。
② 苏炳文:《自传》(1950 年)。
③ 苏炳文:《自传》(1950 年)。

又调任北京陆军第九师三十三团二营营长。

1917 年 8 月，北京段祺瑞政府对德宣战，参加协约国方面共同出兵远东。1918 年苏炳文被派遣任驻海参崴支队营长，担任绥芬河以东至海参崴的护路任务，不久升任团长。1920 年 7 月，直系联合奉系对皖系作战，苏团奉命参与战事，混战于河北涿县、高碑店和杨村一带。结果皖系失败，苏团被直系收编，苏炳文被任命为北京卫戍总司令部卫队团一营营长。1922 年第一次直奉战争爆发，奉系失败。苏因籍属东北，受到排挤，愤然辞职，南游长江，旋入福建。1923 年 9 月在福州应旧友刘春台之邀，任福建陆军第三旅参谋长，后调任第一团团长。翌年春，江浙战争爆发，苏炳文不愿卷入军阀混战，辞职回到北京，隐居不仕。

1925 年 11 月，苏炳文应奉系第十军军长郭松龄之请，任东北镇威军第十二旅参谋长。11 月 24 日，郭松龄发动兵变，出关攻奉，改所属部队为东北国民军，苏任第一军少将参谋长。12 月，郭兵败被杀，其部被张学良改编，张对参加兵变者既往不咎，苏炳文被任第六旅上校参谋长。

1926 年春，苏炳文率部与冯玉祥国民军大战于河北。翌年，又渡黄河，抵上蔡，与北伐军张发奎等部激战于河南。因作战甚力，深得张学良的信任和赏识，于 1927 年春升任第六旅少将旅长，1928 年 1 月改任东北军第十七师师长，成为东北军的一员重要将领。未几，随万福麟在涿州(今涿县)参与对傅作义部的围城战。

1928 年 6 月，张作霖在皇姑屯被炸身亡，张学良继任东北保安总司令，万福麟晋升黑龙江省军务督办，苏炳文被委为黑龙江省军务督办公署中将参谋长兼国防筹备处处长及省政府委员，驻防齐齐哈尔。同年 12 月底东北易帜，苏于 1929 年 1 月被国民政府任命为黑龙江省保安司令部中将参谋长和省政府委员。在中东路事件中，他曾多次奔走沈阳，面谒张学良，出谋划策，促成停战，达成和平协定。1930 年 3 月，苏调任东北军步兵第十五旅中将旅长兼呼伦贝尔市警备司令及中东铁路哈满线护路司令。

1931 年，日本帝国主义悍然发动“九一八”事变，迅速占领辽、吉两省，进一步把侵略矛头指向黑龙江省。在民族危亡、国难当头的情况下，苏炳文奋笔写下了“正气有歌文宋瑞，鞠躬报国武乡侯”的诗句①，并将全家南迁北平，以全力筹划抗战。10 月，国民政府任命黑河警备司令马占山代理黑龙江省政府主席。黑省军政界有人担心苏炳文会不服这一决定而影响抗战，但苏以民族利益为重，诚恳表示：“个人的利害久已置之度外，我们军人保国御侮责无旁贷，敌如来侵，宁为玉碎不为瓦全，对于倭寇绝对抵抗到底。”②支持马占山领导全省军民共同抗日。11 月 4 日，日军向嫩江桥中国守军发起进攻，中国守军奋起抵抗，苏炳文派所部两个步兵团参加战斗。震惊中外的江桥抗战，沉重打击了日军的侵略气焰。

1932 年 2 月，在日伪重兵压境、威逼利诱下，马占山一度与日方妥协，后复反正。3 月，伪满洲国成立，黑龙江省也挂上了伪满旗，只剩满洲里和海拉尔地区“一块净土”未被敌人占领。对驻守在这里的苏炳文何去何从，社会上议论纷纷。日伪以高官厚禄来收买他，他托词谢绝，表面上与日方相周旋，暗中则积极进行抗日准备，将从敌占区逃来的爱国学生组成学生连，以此为骨干建立步兵第九团；又在博克图军营中秘密创办了兵工厂，大量制造地雷和手榴弹。同年 10 月 1 日，苏炳文高举抗战义旗，在海拉尔召开“东北民众救国军”成立和誓师大会。他在会上就任该军总司令，并通电全国，希望“敌忾同仇，共纾国难”，“复我国土，还我河山”③。会后，他率部在嫩江西岸与日伪军展开激战，亲临前线鼓舞士气，给敌人以重创。不久敌我双方又在富拉尔基进行血战，民众救国军几进几出该城，曾推进到齐齐哈尔附近郊区。日伪对苏一

① 苏炳文秘书郭竹书的回忆（未刊稿），中共辽宁省委地方党史编委会存。

② 贾文琦：《马占山抗日的见闻》（未刊稿）。

③ 印维廉、管举先编：《东北血痕》第 3 章，中国复兴学社 1933 年版，第 52 页。

面用兵，一面发动“和平攻势”，伪满洲国执政溥仪亲自电劝苏炳文投降归顺，许以高官。苏坚决拒绝。11 月中旬嫩江封冻，对救国军不利，日伪军乘机出动步、骑、炮兵三万余人，配合装甲车、坦克、飞机进攻救国军。救国军前仆后继，英勇奋战，但终因寡不敌众，弹尽粮绝，损失甚重。为保存实力，苏于 12 月 4 日率军民四千人撤退到苏联境内，受到苏联政府和人民的热烈欢迎。

1933 年 2 月，暂寓苏联的马占山、苏炳文、李杜等二十余名将领，绕道欧洲归国。时张学良正在国外考察，马、苏、李应邀于 5 月 8 日抵罗马和张会晤。国破家亡，相遇异国，四人感慨而泣。他们计议重整旗鼓，收复东北失地。苏等归国途中，备受各地爱国华侨欢迎。6 月 5 日船抵上海，次日到达南京，旋被任命为国民政府军事委员会上将委员。苏炳文渴望重赴北国疆场，收复失地，但无一兵一卒，壮志难酬，深为遗憾。

1937年“七七”事变爆发，全民族的抗日战争开始。苏炳文激情满怀，屡次请缨杀敌，均未如愿。1938年5月，苏继任国民政府军事委员会军事参议官。8月转任军事委员会战区军风纪巡察团第三团主任委员，巡视鄂、赣、湘、桂等省。但时仅一年，他又闲居重庆，直至日本投降。

抗日战争胜利后，苏炳文不满蒋介石独裁、内战的政策，在 1946 年重庆政治协商会议期间，多次会见中共代表周恩来、董必武等，表达心迹，并有所默契。苏炳文的所作所为，被蒋介石认为是“思想异动”，令其退休，回北平家居。1947 年秋，苏炳文回到阔别多年的新民故里。次年，卫立煌主持东北军政，任苏为东北“剿匪”总司令部总参议。在辽沈战役中，苏为使沈阳守敌放下武器，曾四处奔走，不遗余力。

中华人民共和国成立后，苏炳文移居北京。1953 年，周恩来亲临苏家探望，使他深受感动。此后，苏历任黑龙江省体育运动委员会主任、黑龙江省人民委员会参事室参事、黑龙江省人民委员会委员和省人大代表、省政协委员、省民革副主席及全国政协委员等职。1975 年 5 月 22 日因病逝世于哈尔滨。

苏　曼　殊

熊尚厚

苏曼殊,原名戬,字子谷,后改名元瑛、玄瑛,出家后法号曼殊,曾用过的名号有四十多个。苏家祖籍广东香山县(今中山县),其父苏杰生,名胜,字仁章,在日本横滨充英商万隆茶行买办,娶有一妻三妾,长妾河合仙是日本人。苏曼殊1884年9月28日(清光绪十年八月初十)生于日本横滨,其生母是日本一位叫若子的下女,他出生后未满三个月,生母就与苏杰生脱离关系,独自返回自己的家乡,曼殊幼时由河合仙抚养,以后他只知河合仙是自己的生母。

苏曼殊六岁时,随嫡母黄氏回到广东香山老家,翌年随乡儒苏若泉读书,课余喜欢绘画。他在家不被嫡母黄氏爱护,在校又受到同学的歧视,被人视为"异类",使他从小就产生了对封建家庭及社会的反感,曾想去庙里当和尚。九岁那年,他父亲经商失败,从此家道中落,每况愈下。十三岁时,他从西班牙牧师罗弼·庄湘学英文。其后,过着寄人篱下的生活,初寄食于上海姑母家,后受表兄林紫垣的资助读书。

1898年春,苏曼殊东渡日本求学,入横滨大同学校学习,与冯自由、郑贯一诸人同学。1902年,他考入早稻田大学预科中国留学生部,学习期间参与兴中会的活动,与廖仲恺、朱执信等结识。当时大多数留日学生受到革命思潮的熏陶,积极投身于孙中山领导的革命运动。一年后,他转入成城学校学军事,又结识刘季平、黄兴、陈天华、蓝天蔚等人。基于爱国热忱,他先后加入中国留日学生的第一个革命团体——青年会,以及拒俄义勇队、军国民教育会,成为留日学生革命运动中积极的一员。

1903年9月，由于表兄林紫垣反对从事革命活动而断绝接济，苏曼殊被迫回到国内，先后在苏州、长沙、芜湖、南京、安庆等地教书；也曾在上海《国民日日报》任翻译、编辑；还为了与养母河合仙团聚，曾多次前往日本。在此期间，正是孙中山领导的革命运动日益高涨之时，他满怀爱国热忱，与秦毓鎏等参加过华兴会在长沙的起义准备活动，并是光复会活动的中坚分子，与革命志士陶成章、刘少白、章士钊、杨笃生、张继、章太炎、陈独秀、柏文蔚、赵声等相往还。苏曼殊一面继续参加革命活动，而以主要精力从事于"词客飘蓬"的文学生涯。

苏曼殊是一个很有文学天才的人，他以满腔的爱国热忱撰写杂文及诗，并作绘画，寓其反清、反帝革命激情于作品中。重要著作有《女杰郭耳缦》、《呜呼广东人》、《本事诗十首》、《岭海幽光录》、《清秋弦目图》等；编译有《悲惨世界》、《娑罗海滨循迹记》、《文学因缘》、《拜伦诗选》、《燕子笺》等；绘画有《儿童扑满图》、《猎胡图》等。他用批判的武器对封建社会进行反抗，突出反清、反帝、反封建思想。其中特别强调"排满"，并把批判的锋芒指向传统的统治思想，对孔子持否定态度，也谴责帝国主义的奴才。他鼓吹起义、暗杀，对无政府主义颇为欣赏。他同情穷人，憎恨富人，对未来新世界主张"公正"、"自由"，反对剥削和压迫。

由于对身世有"难言之恫"，加之苏曼殊生活漂泊，造成经济拮据，而思想伤感，时常有悲观厌世和颓废倾向。当上海《民国日日报》在1903年12月停刊后，他经冯自由的介绍，去香港见《中国日报》负责人陈少白，希望继续从事革命活动，结果受到冷遇。在救国无门、生计断绝之际，他一气之下跑到广东惠州一座破庙削发为僧。苏曼殊跟着老和尚靠化缘糊口，结果受不了饥饿和僧侣的戒律，只好拿了已故师兄法号曼殊的度牒回到香港，从此即以曼殊之名行世。

其后，苏曼殊继续从事革命活动与文学创作，一度只身前往暹罗(泰国)、锡兰(斯里兰卡)、越南等地游历，热衷于佛教。时常学佛典、学梵文、译梵文典，撰《梵书摩多体文》，钻研律宗，以苦为极，致力于佛经的研究。他主张改革佛教,强调佛教的独立性和发挥其教化作用,阐扬“唯识论”和“禅宗”的境界。同时反对崇拜偶像,针对佛教、寺庙、教徒生活,与章太炎合撰《敬告十方佛教弟子启》、《告宰官白衣启》等文。其间,他曾应聘于曼谷青年会、锡兰菩提寺;回到国内后,曾与章太炎等发起组织“亚洲和亲会”,以反帝为主旨。

辛亥革命起义前的一年左右,苏曼殊再次游历新加坡、爪哇等地,一度在爪哇惹班的中华学校教英文,当他获悉武昌首义成功的消息时,欣喜若狂地于1912年春回到上海,在《太平洋报》主笔政,不久加入南社。袁世凯篡权后,他一面满怀忧国忧民之情,发表《讨袁宣言》慷慨声讨;一面以“批判的武器”通过文字形式进行斗争。在《太平洋报》、《民国》、《甲寅》、《小说大观》、《青年杂志》及《南社丛刊》等刊物,先后发表有《断鸿零雁记》、《天涯红泪记》(未完稿)、《绛纱记》、《焚剑记》、《碎簪记》、《非梦记》等小说;杂文《南洋话》;与人合编《汉英辞典》和《英汉辞典》等工具书;续成《燕子龛随笔》;还选编中英诗合集的《英汉三味集》,向外国读者介绍中国古代文学。此外,尚有《东居杂诗十九首》等诗歌问世。

民国初年,在袁世凯、段祺瑞等北洋军阀统治下,“莽操尸位”,一切成空,国家和社会依旧黑暗腐败。苏曼殊深感幻灭和失望,厌恶某些原革命党人“乘时得位”,鄙视争权做官,自己宁愿卖文自给,或向朋友乞贷,过着饥一顿饱一顿的日子,也不肯随波逐流。他对国家的命运和社会的前途十分悲观,厌世和颓废思想更加严重;加之长期养成狂吸雪茄,滥饮冷水,喜食摩登糖及其他甜食,且饮食无节,致使肠胃病日益严重,身体极度虚弱;由于思想厌世,看破红尘,早想结束生命,对自己的身体更加不顾。1917年夏,他从日本回国后肠胃病大发,之后又患肺炎,多种疾病缠身,长期住在医院治疗。翌年2月,他的病情恶化,5月2日,苏曼殊病逝于上海广慈医院。

苏曼殊是清末民初的一位革命者,其短暂一生的主要成就是文学著作。他的诗歌、小说及翻译作品在清末民初的文学史上占有一定地位，有较深的影响。其遗著主要载于柳亚子编的《苏曼殊全集》及施蛰存辑的《燕子龛诗》等书。

主要参考资料

《苏曼殊全集》，上海中央书局1948年版。

裴效维校点：《苏曼殊小说诗歌集》，中国社会科学出版社1982年版。

朱传誉主编：《苏曼殊传记资料》，台北天一出版社1985年版。

柳无忌：《苏曼殊传》，三联书店1962年版。

刘心皇：《苏曼殊大师新传》，台北东大出版公司1984年版。

苏 汰 余

徐凯希

苏汰余，原名必润，四川巴县人。1886年6月16日（清光绪十二年五月十五日）生。其父苏蓬仙以教书为业，家道清贫。苏汰余在兄妹九人中居长，自幼在父亲所办私塾中读书。1900年，其父前往成都西川书院任教，他同往附读三年。1903年回到重庆，继入存仁书院学习。喜爱阅读严复的译著，接受“物竞天择，适者生存”思想，曾改名苏适、苏存①。

1907年，苏汰余供职于重庆广益报社。因撰文讥讽清廷腐败无能，置国家民族利益于不顾的罪恶行径，触怒当局而遭缉捕②。他以其父曾在刘象羲家任教关系，逃往汉口，在川帮德厚荣号做文书。因忠于职守，学习勤奋而受到器重。与徐荣廷共事数载，意气相投。不久，被滇帮票号天顺祥广州庄管事黄辅卿所看中，与其独生女黄冰梅结为伉俪。

辛亥革命后，德厚荣号因徐荣廷与鄂督黎元洪私交甚厚，得以承租湖北布纱丝麻四局，集股八十八万两，组成楚兴公司。徐荣廷任总经理，代表德厚荣号全权主持公司业务，苏汰余被引进公司，做徐的助手，

---

① 苏光勤、苏先劬：《缅怀先父苏汰余》，武汉市政协文史资料委员会编《武汉文史资料》第3辑，1988年，第47页。

② 苏光勤、苏先劬：《缅怀先父苏汰余》，武汉市政协文史资料委员会编《武汉文史资料》第3辑，第47页。

负责文牍和财务。楚兴公司在徐荣廷主持下，经营管理很快大有起色。适逢欧战爆发，花贱纱贵，购销畅旺，连年获得厚利，引起各方垂涎。为确保承租权，苏汰余在内出谋献策，对外沟通渠道，颇为得力。

为了筹备自办纱厂，苏汰余帮助徐大量收购应昌公司韦氏父子所持楚兴股票，又从楚兴公司历年积累中调出资金，先期购买地皮，平整土地，兴建厂房。待四局被迫移交楚兴公司接办时，徐、苏等即以历年积累白银二百一十万两，筹组大兴纺织股份有限公司，兴建大兴纱厂于石家庄。又以各人历年分红，合资组成裕华纺织股份公司，在武昌兴建裕华纱厂。由于事先准备充分，两厂于1922年都相继投入生产。

1923年，苏汰余为大兴纱厂产量偏低事，以大兴公司董事身份，受命前往石家庄考察。经同去的公司技师石凤翔调查，认为主要是车速问题，提出应加大皮带轮直径，通过提高车速来增加产量。大兴经理张英甫则以车速为纺机设计所规定，如增加车速，电机不能负荷为由，表示反对，并提出如加快车速，不愿承担后果，两人相持不下。苏汰余经反复研究，毅然决定更换全部皮带轮，以提高车速，产量大增，很快达到裕华纱厂水平。

1927年春，徐荣廷及裕华经理张松樵看到劳资纠纷日见增多，生产每况愈下，心怀惶恐而联袂赴沪，厂务交由苏汰余负责。苏以湖北纱厂联合会主席身份，被选为全省劳资仲裁委员会委员，竭力调解有关纠纷，但对涉及裕华纱厂案件的处理，惴惴不安。适其父因脑溢血在重庆去世，他便离汉赴渝，厂务交黄师让暂为代理。同年冬，年已七旬的徐荣廷辞去裕华公司总经理，改行董事长负责制，公推苏汰余继任董事长。

苏汰余接任董事长后，独当一面，以经营稳健著称。为提高生产效率，使纱厂在市场激烈竞争中立于不败之地，十分重视和培养专业人才。裕华公司每年都向南通纺织学院招聘毕业生，将他们安置在适当岗位上，积累经验后委以重任。公司内部则办有纺织、成本会计、工业管理培训班，从高中毕业生中招收学员。1928年，苏汰余选派汪文竹、许伯馨等高级管理人员，以工业学校师生名义，分两批前往日本仙台丰旭纺织厂“实习”①。并以“实习”所获，对本厂生产进行改革。

在经营管理方面，苏汰余重视实地调查，经常赴各公司、厂矿考察，直接了解经营情况。他主张集中使用资金，实行按期提取历年公积金，多赚多提，将应分年摊提的项目，一次在盈利中刷账。这样，凭借雄厚财力，平时就可以适时购入大量原棉和机物料，避免官僚资本借口贷款而进行兼并，新建企业时则可一次拨足资金。

1929 年，湖北建设厅厅长石蘅青为解决鄂棉质硬短粗、品种严重退化问题，建议由湖北纱厂联合会、武汉大学、省进出口棉业公会和省建设厅共同组成湖北棉业改进委员会，以民办为主、官方协助为原则。苏汰余对此热情赞助，以省商会主席和华商纱厂联合会湖北分会主席身份，出任主任委员。他主持扩建武昌徐家棚棉种试验场，派遣该场总技师出国深造，并聘请江、浙、沪有关专家来汉实地指导，培育出亩产籽棉二百斤，提前十五天成熟的优良品种②。后又逐渐推广到汉水流域和湖南、四川、陕西等省。

30 年代初，国内华商纱厂受日纱倾销、政局不稳和税捐繁重影响，十分不景气，花贵纱贱，资金短绌，武汉民生、震寰等纱厂被迫停工或改组③。1933 年，裕华纱厂首次出现棉纱全年积压，多时达一千多件。大兴纱厂则因日纱放价倾销，东北市场尽失，积压纱布达九千余件，每月亏损十余万元。为此苏汰余多次与中国银行宋汉章接洽，谋求卖厂未成。为了扭转困难局面，苏派汪文竹等前往平汉路沿线，调查纱号及用户意见。同时亲往大兴纱厂，了解经营情况，发现除日纱竞销原因外，大兴内部管理混乱。厂长石凤翔忙于应酬交际，一些职员追求奢华

① 《大兴津庄函稿》，《裕大华纺织资本集团史料》编写组：《裕大华纺织资本集团史料》，湖北人民出版社 1984 年版，第 76 页。

② 武汉市政协文史资料委员会编：《武汉人物选录》，1988 年版，第 320 页。

③ 《汉口商业月刊》第 2 卷第 6 期（1935 年 6 月），第 70 页。

生活,玩忽职守,以至购回原棉、机物料从不验收。许多用户因大兴棉纱条杆不匀、棉布破眼过多而改用日货。苏汰余回汉即召开董事会,亲自接任大兴总经理职务,并确定由汪文竹接任大兴厂长,以石凤翔负责筹建大兴二厂,对不合格管理人员予以撤换。

与此同时,苏汰余一反货滞减产的习惯做法,采纳徐治平减产不如增产的意见,采取避实就虚,深购远销方法,与日纱展开竞争,突破日商对市场的垄断,通过薄利多销来渡过难关。他一面与川、鄂、湘三省绅商各界积极联系,吁请打破销区限制,加大回佣,多方疏销①;一面调集大兴部分人员设备,添置新式自动织机,创办西安大兴二厂,利用当地棉煤来源充足、独家经营等有利条件,占领新的销售市场。为扩大裕华、大兴两厂生产能力,提高产品质量,苏汰余调集资金、人力,扩充生产设备,引进高压电机、改换立达式大牵伸,采用纱布加重放长,增强市场竞争能力,增设小型印染厂和棉毯厂,通过向国民党军队兜售棉毯,以减少产品的积压。1933 年底,大兴纱厂所有积压棉纱、布匹全部销出。1935 年开始转亏为盈,1936 年获利四十七万元。

1934 年 10 月,上海华商纱厂联合会及天津、汉口、无锡等地分会,选派代表向国民政府财政部请愿。苏汰余作为武汉各纱厂代表前往南京,经石瑛引荐,请愿代表得以列席国民党中常会,正式提出:增加进口关税,限制外纱倾销,维护本国厂商利益;发放贷款,帮助厂商渡过难关。财政部长孔祥熙不但不予支持,反责怪厂商只会赌交易所,不思改进生产。苏汰余当场质问:请问部长,谁在赌交易所?博得一片掌声。孔哑口无言,会议无结果而散。

1936 年 9 月,裕华、大兴两公司股东,以西安大兴二厂为基础,合股创办大华公司。裕大华纺织资本集团正式成立,设公司于汉口,苏汰余任董事长总理全盘。时值华商各纱厂受到外货倾销和国民党官僚资本垄断兼并,处于困境。裕大华集团所属各企业在苏汰余主持下,因在

---

① 《汉口商业月刊》第 1 卷第 2 期(1934 年 2 月),第 92 页。

陕西设有裕兴联合采办处收购原棉，棉花存底雄厚，得以自保和稳步发展。1937 年，裕大华所属各纱厂纱锭和布机，较 1923 年分别增加了百分之九十四和百分之四十七；棉纱、棉布产量分别增长百分之六十一和百分之四百一十六，利润总额达到二千零三十一万元，相当于原始股本额的二十四倍。

1937 年春四川大旱，苏汰余与徐荣廷、张松樵发起组织救灾委员会，邀请卢作孚到汉报告灾情，倡导募捐救灾。苏带头认捐，计募集十余万元救济灾民。同年 7 月，抗战全面爆发，苏带头出面募捐，为前方将士募集寒衣和药品，同时出任汉口孤儿院副院长，赠款一万元，专事收容战争孤儿。不久，平津流亡学生途经武汉，他又主动赠款，以济急需。

抗日战争爆发后，因上海、青岛等地纱厂停工，内地棉纱、棉布日见缺俏。除大兴纱厂地处战区，准备搬迁外，裕华、大华两厂均利用市场有利条件，更新、添置设备，极力扩大生产。武汉撤退前夕，部分年老董事以四川不产原棉，亦难运进为由，主张不迁。后接经济部工矿调整处通知，决定裕华迁往重庆生产，利华煤矿一并撤迁。苏汰余即偕张松樵飞赴四川选择厂址。1938 年 10 月，裕华、利华两厂设备近万吨运抵宜昌，货积如山，待运无期。11 月，遭日机数次轰炸，棉花、布机损失严重，形势日见危急。苏多次请求聚福公司协运未成，改与民生公司接洽。双方商定采取相互投资办法，才得以用专轮将全部物资辗转运至重庆。

1939 年 6 月，裕华渝厂落成开工，7 月产纱上市，计陆续安装纱锭三万六千枚、布机二百五十余台，成为战时西南最大的民族资本纱厂。同年 10 月，西安大华厂迭遭日机轰炸，损失惨重。苏汰余暂不准备修复，拟迁往内地。因军队被服急需，军需署责令立即修复机器，开工生产，允诺在原棉、物料及运输方面尽量予以方便。苏即协调物资和人力，加紧修复厂房，先迁出纱锭二万五千枚，翌年于四川广元设立大华分厂及大兴煤矿。不久，又租进震寰纱厂内迁纱机一万六千锭，补充西安大华厂,迅速投入生产。同年,苏在巴县冰水场开办学校,帮助湖北籍流亡教师解决就业问题,免费招收附近贫苦子弟入学。

1941年7月,福生庄被撤销,经济部农本局执行国民政府的花纱布统制政策,限制棉价并直接掌握棉花采购储运业务,首先在陕西施行。因损害棉农利益,加之田赋征实政策的施行,棉农改种粮食,致使1942年陕棉播种面积锐减,大后方棉花来源更为吃紧。6月,苏汰余、潘仰山等代表裕华、豫丰、申新、沙市四厂,具名在重庆《大公报》发表《对穆藕初先生"棉纱评议"之评议》一文①,引起各界关注。各纱厂提出"棉贱伤农","纱贱无以奖励生产"两口号广为呼吁。9月,为增加产量,调整纱价,裕华、豫丰、申新、沙市四厂于重庆冠生园招待新闻界,苏汰余等详述各厂生产情形,以及棉花物料采购运输种种困难,提出对核价管制及税捐意见,要求管制纱价必须同时管制其他物料,实行"全面管制"。不久,裕华公司董事黄师让、营业部主任何文翰、遭重庆警察局督察长东方白敲诈,被侦缉队以"抬高纱价,扰乱市场"为由捕去,几经疏通未成。苏汰余求助原农本局总经理何廉,通过行政院秘书长蒋廷黻,用蒋介石名义下一"无罪开释"的手令,此事方得解决。

1942年12月,迁川工厂联合会举行全体会员聚餐会,邵力子讲演苏联战时工业概况,苏汰余等签名发起工业界志愿节约按月献金运动推进会。1943年1月,为调剂各厂生产资金,苏汰余在重庆主持创办永利银行,股本额一千万元,裕华、大华两公司占六成,苏任董事长。设立分支行于成都、西安、兰州、广元、宝鸡、达县、平凉等地②。3月,苏汰余、胡西园等代表迁川工厂联合会、重庆市商会,进谒行政院副院长孔祥熙、财政部次长俞鸿钧等。孔等避而不见,推由主管下属接见。苏汰余等对新税法提出尖锐批评,希望予以调整,当局允为从长考虑。6月,苏汰余为解决大华、广元分厂原料来源,资助陕西农业改进所推广

① 厉无咎:《抗日时期国民党管制后方花纱布的经过》(未刊稿)。

② 《新世界》月刊1944年6月号,第15页。

美棉,扩大陕南植棉区计划①,义务代为运输、散发美棉种。同年7月,裕华渝厂被国民政府财政部管制。为逃避管制,苏汰余、黄师让利用成都纱布市场尚未管制,在四川地方势力庇护下,投资法币一亿元,设立裕华纺织公司蓉厂,1944年6月投产②。

1945年8月抗战胜利,苏汰余回到武汉,主持裕华等纱厂复员工作。调配充实各厂负责人员,加强生产管理,把握时机,迅速恢复生产。为缓解原棉紧缺矛盾,他恢复联合采办处,调动一切财力设法购棉。1946年,苏汰余等集股十亿法币,创办华年实业股份有限公司,经营桐油、猪鬃出口业务。设总公司于重庆,设分公司于汉口、万县、上海、天津等地,苏任董事长,先后购买汉口美商其乐油栈,设置储油趸船于万县。

1947年,国统区通货恶性膨胀,裕大华集团所属各企业经营相继陷入困境,利华煤矿负债累累;华年进出口公司被迫转向内贸;永利银行汉口分行因做暗账被控,资金损失殆尽而被迫停业。各纱厂虽努力增开设备,生产仍未恢复到战前最高水平。此时,湖北参议会议长何成濬乘机谋夺裕大华董事长职。苏汰余避居庐山,以为抵制。

苏汰余担任裕大华集团董事长二十余年,历经艰难困顿,治厂有方。他平素待人诚恳、宽厚,善于听取意见、协调大股东关系,博得信任。40年代末,裕大华各厂已有纱锭十万六千万余枚,布机一千三百余台,年产棉纱五万四千余件,棉布四十八万七千余匹,成为国内屈指可数的纺织资本集团。他还私人投资于枣庄中兴煤矿、民生轮船公司、聚兴诚银行、川康毛纺织厂、大秦毛纺织厂、庆华颜料化学公司、秦丰烟草公司等。历任湖北商会联合会会长、华商纱厂联合会湖北分会主席、汉口市商会常务委员,以及迁川工厂联合会、中华全国工业协会、中国

① 《永利银行档案》,《裕大华纺织资本集团史料》,第415页。

② 黄师让:《裕大华企业四十年》,中国人民政治协商会议全国委员会文史资料研究委员会《文史资料选辑》第44辑,中华书局1964年版。

国货厂商联合会理事、监事等职。

1948 年春,苏汰余眼见国民党政府日益腐败,对其滥发通货、横征暴敛做法十分不满。为拒纳“戡乱救国捐”,他避走上海。同年 9 月 10 日苏汰余病逝于庐山。

孙 宝 琦

孙 青

孙宝琦，字慕韩，晚署孟晋老人，浙江钱塘（今杭州）人，世居湖墅。生于清同治六年（1867）三月，曾祖讳嘉谨，妣闻氏；祖讳人凤，妣邵氏；父讳诒经，子子绶，谥号文靖，妣朱氏。孙诒经是清咸丰十年（1860）进士，于同治三年（1864）入值南书房，十年（1871）迁侍讲，光绪四年（1878）升内阁学士，曾授皇帝读，兼礼部侍郎衔，后迁工部、刑部左侍郎，调户部右侍郎、左侍郎等职。

孙宝琦早年“好经世之学”，“性不喜帖括，故两应科试即弃去”。光绪元年（1874）逢恩诏，孙承父荫得到从四品荫生的身份，未经考试，又于光绪十五年（1889）遵例改承正二品荫生。光绪十九年（1893）五月，即以二品荫生资格经钦派大臣在上谕馆考试取列一等，由吏部带领引见，分在刑部贵州司学习行走。光绪二十年（1895）十二月遵例报捐候选道；光绪二十一年（1895）八月经升任直隶总督王文韶奏，奉调发往北洋差遣委用。九月委办淮军行营银钱所，二十二年（1896）正月派稽查津榆铁路，十月销差，二十三年（1897）九月委兼办育才馆及开平武毅军武备学堂，二十四年（1898）五月赴京陛见后，仍回天津办理洋务局；十月经大学士李鸿章奏调往山东查勘黄河工程；二十五年（1899）三月经李奏保二品顶戴，六月办理海河工程；七月经前直隶总督裕禄奏保，留于直隶补用，领咨赴部。二十六年（1900）闰八月经宗人府府丞盛宣怀委办西安电报局，九月驰抵西安，于西安行在办理军机处官电，二十七年（1901）三月经政务处大臣札派检校折件，任政务处提调，办理新政。

孙宝琦日后发迹的起点,即始于庚子事变随扈西安。他因通晓英、法文,又谙熟电码,被委任办理军机处电报房事务。当时,李鸿章回京与联军首领瓦德西谈判,两地通电频密,孙宝琦日译数千言,不假手电码簿而能准确无误,赢得了慈禧和庆亲王奕劻的垂青。于是等到和谈完毕,局势暂定后,孙宝琦便以候补五品京堂擢授三品卿衔,于光绪二十七年(1901)七月奉命出使法国,年底抵任。他的换帖兄弟袁世凯在保荐折中,盛赞他是奋发有为、办事精当、熟悉洋务的"济世之才","才器开朗,奋发有为,向在北洋供差,历办银钱所、育才馆、武备学堂等事,皆区处精当,条理井然,而于各国政治条约均能悉心讲求"。1902 年 12 月 17 日至 1905 年 11 月 12 日,孙任驻法大臣。翌年 11 月,因驻美大臣兼辖的西班牙(时称日斯巴尼亚)使事移交驻法大臣兼摄,他又兼任驻西大臣,实际事务由法馆二等参赞吴宗濂主持。

在驻法、西任内,孙宝琦考察欧洲政情,参观兵工厂及各种机器厂,深明变法之必行,外交之迫切,专才之紧要。清朝官费留学生向由在地使臣督导、稽考,孙宝琦特别强调政法、外交、经济等的专科培养,为国家储备使才。孙保荐了使才如李经方,陆徵祥、刘式训等。民国时期的外交家如顾维钧、唐在复、陈箓、王继曾等非其僚属即其门下。孙在公使任上,屡上封奏,请朝廷定宪法、行新政,并指出,清廷在中外交涉中只抄录汉文约本,遇到交涉事件,援约论辩必因转译的语义损失而贻彼口实,因此建议清廷汇印各国通商条约、往来国书的汉洋文本,咨送各使臣及督抚,令译员日常研习,以随机应变。

辛丑之后,清廷再度上谕变法,并设立督办政务处。但往往是上有诏令而下无施行,舆论以为言路壅塞,变法徒有其表。1904 年,日、俄两国在中国领土上开战,孙宝琦深知此战关系中国存亡,遂会同俄、英、比使臣胡惟德、张德彝、杨兆鋆电请清廷一面恪守中立,一面痛自更新。他稍候又上专折于政务处,倡议仿照英、德、日之制,确立宪政国体。先以政务处为上议院,都察院为下议院,议员由军机、钦差大臣从王公大臣、翰詹科道中选拔。此折虽未被采纳,但孙以清季大臣中首个明言立宪者而声誉鹊起，不仅原折全文见诸报端，更被舆论誉为中国“易亡为存之一大纪念”。

1904 年爆发的日俄战争不仅使孙宝琦暴得大名，也使“伦敦蒙难”后的孙中山找到了“联法革命”的新契机。1900 年，孙中山在日本活动期间就曾与法人联络，计划在革命成功后建立一个以两广、闽贵为中心的独立民主政府，这正与法国扩张主义者欲巩固和拓展在印度支那既得利益相符。但由于法国对华政策以稳健的“保全论”为主导，故未答应其请求。日俄战争使西方列强对日有所忌惮，故孙中山于 1905 年 1 月抵达巴黎，一面在留欧学生中招募兴中会会员，一面与法国政经界人士接触。他提出，以法代日作为革命的后盾，要求法国提供军事援助，并允许革命党人在安南活动；而作为交换，将发动相熟的秘密会社领袖助法深入中国西南地区。双方相谈甚欢，法殖民部长莱芒泰尔(Etienne Clémentel)并交付授意安南总督襄助广西起义的密函一封。不料这封信被四个入兴中会后反悔的留学生窃取，向孙宝琦告发。孙宝琦深谋远虑，一面斥令告密者归还文件，遣人劝孙速逃；一面又将密函内容电告清廷外务部，外务部即饬令广西巡抚林绍年严加防范，并向法驻华公使提出抗议。

1905 年底，孙宝琦卸任归国，次年署顺天府尹。1907 年 4 月，因原驻德大臣荫昌丁忧回国，孙又奉使德国。当时德国正欲与中、美结成三国同盟以对抗英、日，孙宝琦奏请收回青岛主权，为廷议所格，于 1908 年 9 月卸任。归国后，因亲家奕劻奏以山东为对德外交要冲，孙曾使德，便于应付，乃于 1909 年 10 月任山东巡抚。1911 年辛亥革命风起云涌，11 月 13 日，孙氏“顺应潮流”，宣告山东独立，旋又向朝廷解释自己是“奏请独立”，以绥靖地方、伺机恢复，并劝谏清廷“速定共和政体”、“承认各省都督”、“公举全国总统”。袁世凯急派亲信前往控制山东实权，又以财政支援为交换条件，使孙在 11 日内又取消独立。不足一月，孙即以病免职。经此一大变故而须发皆白。

1912 年 3 月，袁世凯就任临时大总统。孙宝琦受聘为外交部顾问。1913 年 7 月，袁世凯在镇压“二次革命”后，复派遣其与李盛铎以考察日本经济专使名义赴日，实际是袁政府希望获得日本的正式承认，并取缔在日革命党人的反袁活动。日本趁机要求满蒙五路借款优先权。10 月 5 日，中日互换照会，同意《铁路借款修筑预约大纲》。次日，北京政府终获得日本政府正式承认。

另一方面，俄人亦伺中国内乱，于 1912 年 11 月签订《俄蒙协约》及其他囊括在蒙权利的专约，罔顾中国主权，视外蒙为己之禁脔。北京政府外交部照会俄使，严正拒绝承认该约。但俄国借口催讨庚子赔款，更仗着与英、日分别所订密约，陷中国于外交孤立，欲迫使中国承认该约。陆徵祥时任外长，历半年之谈判，始于次年 5 月与俄方议定六款条文，稍为维持晚清旧制。但在“二次革命”爆发前一日，该协定在国民党占多数的参议院遭到否决，陆亦称病辞职。俄人推翻前议，另行提出承认外蒙自治、认中国为其上国、中俄依《俄蒙协约》及本条款共计中蒙关系和中俄在蒙利益等四款，实质上仍欲使外蒙独立。袁镇压“二次革命”后，孙宝琦于 9 月接任外长，始与俄使重开谈判，要求仍依前议六款协商，但俄人不允。孙与其前后磋商十次，最终于 1913 年 11 月 5 日，在俄人新四款框架内，议定主件五款、附件四款。该议以声明形式发表，故无须国会批准，翌日便予以通过，11 月 5 日双方正式签署《中俄声明文件》。前陆议各款只涉及基本立场，虽已开启祸端，但将来交涉尚有回旋余地；而孙声明虽将“外蒙为中国领土”列为附件第一条，但内容更加细化，中国既不得干涉蒙古内政与工商业，又无外交上监督的专权，而承认俄人在外蒙一切特权，实际争回的不过一个空洞的宗主权。

1914 年 2 月，熊希龄辞去国务总理，孙宝琦又以外长而兼代理总理。5 月，袁世凯改国务院为政事堂，以徐世昌为国务卿，孙仍出任政事堂外交总长。11 月 7 日，日军攻占青岛，胶州湾租借地全境陷落。日人伺机欲使中国沦为其保护国。1915 年 1 月 18 日，日本驻华公使日置益向袁世凯抛出了“二十一条”。19 日，又将另一文本递交北京政府外交部，作为正式交涉的依据。当晚，孙宝琦等人被召集讨论，之后又连续两日紧急会商应对方案。讨论结果，袁令孙称病辞职，由陆徵祥接任，遂得以新外长须对案件加以研究为借口拖延时间，一面多方打探日本真实意图，一面向报界透露日方要求，鼓动舆论，争取国内外支持。

2月2日起，中日双方代表开始密谈。而孙宝琦并未赋闲，亦开始为汉冶萍公司的事情积极奔走联络。

张之洞创办的汉冶萍（湖北汉阳铁厂、大冶铁矿和江西萍乡煤矿）为清季民初中国最大的钢铁厂，1906年后盛宣怀承办，形成官督商办的格局。辛亥革命起，与袁世凯不和的盛宣怀因提议铁路干线收归国有而引发革命风潮，被清廷问罪革职，家产籍没。日人伺机邀其东渡，后趁南京临时政府财政支绌，商议中日合办，不料遭到全国舆论反对，遂罢。袁就任大总统后，兼为袁、盛两家姻亲的孙宝琦在两人间斡旋，助盛讨回家产，而盛亦借其为实现自己的政治诉求。民国成立之初，盛曾致书鼓励孙从政，并谓财政与外交互为表里，而与实业相始终，当务之急是借外力修内政。这番话也成为孙宝琦在民国活动的最好注脚。

1914年至1918年的第一次世界大战，使钢铁需求量激增，本对汉冶萍是个极好消息，但当时日资介入已深，而内外交困的中国政府无力收之国有，故日人于“二十一条”第三号中再次提出合办要求，成为一件十分棘手的问题。此时若孙宝琦继续以外长身份出面交涉“二十一条”恐受掣肘，而幕后专为汉冶萍事项活动则为不二人选。

密谈之初，中方即深悉若准许日人插手汉冶萍，则中国不仅是以南中国数省矿山拱手相让，更将使一独立主权国之政府受制于一公司，故提出汉冶萍为商人企业，不在国际商议范围。后被迫在《第一次修正案》中让步，请将第三号改成换文，允许汉冶萍合法自愿与日人合作。但日方坚持不允，且以债务催迫。情势告急，盛宣怀只得通过交通部长杨士琦向袁建言，拟将公司移交孙宝琦负责。袁采纳了这个建议，于是4月下旬，孙借回乡扫墓为名，赴沪与盛晤谈，后又亲到大冶、汉口考察。但日方5月7日便下了最后通牒，在没有欧美外交援助的情况下，9日，袁世凯政府最终接受了“二十一条”。25日，签订了《中日民四条约》，附十一"关于汉冶萍事项之换文"中明确允准中日合办，中方不得擅自将其收归国有，不得向日本以外国家借资。5月底，孙宝琦入股汉冶萍，仍与盛宣怀竭力谋求最大限度地保全国利。孙一面向财政、农商两部上呈勘探报告，力争不可合办，积极联络政府补助；一面欲勘定萍乡官私矿界，并力阻日人攫取福建安溪矿山，争取将其由汉冶萍公司合办，先发制人。曾商谈向英资通惠公司借款、中交两行筹款，因国库支绌及日人阻挠，未果。1916年6月，孙被推举为领袖董事(总理)，又计划筹集内债以偿日债，但遭日方阻止。

1916年4月，段祺瑞内阁成立，孙宝琦被任命为财政总长，后任税务总署督办。1920年，又转任经济调查局总裁。1922年4月，北京政府外交部设立太平洋会议善后委员会，孙宝琦任副会长。其间，他曾宣言废除不平等条约，归还租界、撤销治外法权，反太平洋侵地；又敦促南北合作，安内对外，但未被当局采纳。

1924年8月，孙宝琦被任命为中苏建交后第一任驻苏大使，但孙始终未赴任，使馆馆务由代办郑延禧主持。后又明令其就任淞沪商埠督办。孙欲借之复起，但因人密告之，政府建设之名为虚，公卖鸦片为实，遂慨然辞去。由于家累太重，又仅赖汉冶萍公司车马费养活，再加上晚年误信女婿盛承泽，举债二十万元买入其名下汉冶萍公司股份而大伤血本，因此生活过得颇为拮据，不得不靠戚友周济。但孙素负政界名流的声望，沪港等地不少赈济事业都推他领衔，倒也博得清廉好施的清名。孙晚年尚存复起之志，但遇事不能果断，竟托信卜算者言，终无所作为。北伐之后，移居上海。1931年2月3日，因胃疾发作，逝于沪上。死后葬于杭州杨家牌楼。著有《抚东奏稿》、《出使英法德三国随记》。

主要参考资料

杨恺龄辑:《孙慕韩(宝琦)先生碑铭手札集》,《近代中国史料丛刊续编》第 45 辑，台北文海出版社 1980 年版。

海上名人传编辑部编:《海上名人传》，文明书局 1930 年版。

[美]柏脱(T. B. Burt)等编，[美]勃德(A. R. Burt)译:《中华今代名人传》，上海传记出版公司。

《传记文学》，第 12 卷，第 4 期，台北传记文学出版社。

孙 本 文

马先阵

孙本文,原名彬甫,别名时哲,江苏吴江县人,1892 年 1 月 23 日(清光绪十七年十二月二十四日)生。祖父是个秀才,做过乡村塾师。父亲是个贡生,任本乡小学校长,兼事蚕桑。孙本文四岁入家塾,凡十年;1905 年始受学校教育,先在吴江县明体学堂就读,继转江震小学堂学习。1909 年,孙考入江苏两江师范学堂初级师范科,1915 年春毕业,因家庭经济困窘,即去吴江县立小学任教。同年 8 月,孙考取北京大学哲学门,学习勤奋,成绩优秀,毕业后,在南京高等师范附属中学任国文和哲学教员。

1920 年秋,孙本文考取江苏留美公费生,次年 4 月赴美。先在美国伊利诺斯大学研究院学习,获社会学硕士学位;后到哥伦比亚大学研究院继续学习社会学一年;1925 年在纽约大学研究院得彭德尔(Binder)教授指导,获社会学博士学位;同年 8 月进芝加哥大学研究院,又专门进修社会学理论,1926 年回国。孙在美国学习达五年之久,美国的现代科学技术与资产阶级民主政治对他尔后三十多年的政治、学术思想有着很深的影响。

1926 年 2 月,孙本文到上海,先在大夏大学任教,不久任复旦大学社会学系教授。1927 年 4 月蒋介石在南京建立国民政府,孙视此为北伐的成功,幻想通过支持国民政府的一切措施,以谋中国社会之进步。他努力介绍欧美社会学,同时搜集我国社会之材料,致力于社会学的教授与研究。他的第一部著作《社会学上之文化论》于 1927 年出版。次年，又出版《社会问题》、《社会学 ABC》和《人口论 ABC》三书①。1929年，他到南京任中央大学社会学教授兼社会学系主任，所著《社会学的领域》、《社会学的文化基础》、《文化与社会》、《社会变迁》四书也于这年出版。

孙本文在教学之余，积极倡导并组织开展社会学方面的学术交流活动。他与游嘉德、吴景超、潘光旦、吴泽霖等于1928年在上海发起组织"东南社会学会"，作为沪宁各大学教授共同研究社会学的学术团体。1931年在北方各大学教授陈达、陶孟和、许仕廉等建议下，"东南社会学会"改组为"中国社会学社"，作为全国社会学者的团体，孙当选为理事，后被推为理事长。学社的宗旨是研究社会学学理、社会问题及社会行政，主要活动是开年会和办期刊：每两年一次年会，宣读论文，交流心得经验，到1948年共开了九次；期刊名《社会学刊》，孙任主编，经费与印刷均由世界书局承担，自1929年创刊至1936年共出了十五期。1943年，中国社会学社第七届年会在重庆举行，社员们为恢复《社会学刊》，派代表与国民政府社会部接洽，决定社会学社与社会部合作，于1944年创刊《社会建设》月刊，登载社会学、社会行政、社会工作和社会调查等类的论文，孙仍任总编辑。此外，他于1933年为《时事月报》社会栏编写有关人口、劳工和灾情救济等类社会资料；于1936年至1937年代编《中央日报》副刊"社会调查与研究"栏，发表农村调查等方面的材料。

1930年5月，孙本文经北大同学冯友兰和杨振声介绍，到国民政府教育部任高等教育司司长，部长是他在北大的老师蒋梦麟。不久，蒋梦麟辞职，蒋介石自兼部长，实权掌握在常务次长陈布雷手中。1931年6月孙经陈布雷、陈立夫的介绍，加入了国民党。此时孙仍兼中央大学教职，并在中央政治学校兼课。他主编的《社会学大纲》上下两册于

---

① 这是世界书局在1928年编印的"ABC丛书"的一种。这部丛书共有七十种。

1931年出版。

1932年初，朱家骅出任教育部长，孙本文随即辞去司长职，回中央大学任社会学系主任。8月，任中央大学教务长；两年后他又教授社会学并主持系务。1941年，顾孟馀任中大校长，孙任中大师范学院院长，兼理附中校务。1944年，蒋介石自兼中大校长，孙辞师范学院院长职，复任社会学系主任。从1935年到1945年间，他相继撰写出版了专著多种，有《社会学原理》（上下册）、《中国社会问题》、《现代中国社会问题》（四册）、《社会思想》，其中《社会学原理》被当时各大学采用作课本。

抗战胜利后，孙本文在中央大学执教的同时，继续进行社会学的著述和社会调查工作。出版的主要著述有《社会心理学》（上下册）、《近代社会学发展史》、《当代中国社会学》和《现代社会科学趋势》。他还与人合作，根据社会调查资料写成小册子数种，如与陈依兴合著《湖南长沙崇礼堡农村调查》，与赵二喜合著《南京的工厂劳工》，与凌楚璇合著《南京市五十二教员家庭生活费用的分析》以及《南京市人口的分析》等。

孙本文在我国近代社会学界一直居于首位。他的学术思想属于社会学中的文化学派，对社会问题的研究偏重于文化分析，并以此代替阶级分析，以改良代替革命。他在《社会学原理》中说："人类满足需要，解除侵迫，以调适环境而求生存者，其枢纽惟在文化。是故欲求人生之充实，与社会之进行者，惟在发展文化。要而言之，人类共同生活之中心问题，为生存之调适，而共同生活之中心要素，为文化社会学。"他所讲的社会改进，一是要保留中国固有的文化传统，另是要吸收欧美优良文化。所以他主张革新社会机构，调整环境状况，提高文化水平。他虽钦佩马克思的学术成就与治学精神，但说马克思只见到资本主义社会的病理，并认为唯物史观、阶级斗争和科学社会主义不适合中国社会实际，更不足以解决社会问题①；中国只有像蒋介石那样具有"伟人特质"的人作为"最高领袖"，在他的政府统制之下，方能获得进步。因此孙在

① 孙本文：《社会思想》，商务印书馆1946年版，第170—176、202页。

论著中，拥护国民党的统治及其政策法令，提倡劳资协作，主张劳工运动应由政府集中指导，推崇保甲制度是农村自治自卫最发达可靠的基本组织，宣扬“新生活运动”是现时调整我国新道德标准的基本社会运动，社会教育应经常不忘国家至上、民族至上，放弃个人党派私见，等等。这些言论，都适应了国民党统治的需要。

孙本文在国民党统治时期，虽然标榜以中间路线自居，力求超脱政治，专心学术工作，但他的社会学研究实际上是直接为国民党统治服务的，为维护国民党统治，他更是态度鲜明。如蒋介石发动军事“围剿”苏区时，他为《时事月报》编写《一月来之匪患与灾情》中，赞扬蒋介石的“包围封锁，步步推进”的反革命策略，说对苏区红军“若能严加封锁，使其给养断绝，则可不剿自毙”①。因此，国民党政府一直很重视他。从1941年起，他一直被教育部聘为“部聘教授”，被誉为“中国社会学的泰斗”、“文坛的权威”，多次作为名流被请到国民党中央机关所属军政人员训练班作讲演。他在教学生活以外，常常被邀兼任一些国民党政府的工作，曾任国立编译馆社会学名词审查委员会主任委员、社会部社会行政计划委员、考试院典试委员等。

国民党统治的腐败，使孙本文逐步醒悟到自己寄希望于国民党政府推进中国社会进步是不可能的。后期，他竭力推辞政治活动，倾力于社会学的教学和著述。1949年春，南京国民政府土崩瓦解，中央大学校长周鸿经逃往上海，学校陷于无政府状态，孙本文被选为校务维持委员会三名常务委员之一，维持校务。4月南京解放，8月中央大学改名为南京大学，孙代表维持委员会办理校务移交，事毕，被聘为专任教授。中华人民共和国成立后，大学的社会学系撤销，孙调地理系任统计学教授，开讲“统计学与统计图表”和“国民经济计划”课。1957年，北方一些学者提出恢复社会学的主张，他表示反对，并作了《坚决反对资产阶级社会学复辟》的专题发言。1962年孙调政治系(后改哲学系)任教，

① 孙本文:《五省严密封锁匪区》,《时事月报》1933年9月号第103页。

着重进行现代资产阶级社会学的介绍与批判，并进行国民经济计划与统计学的研究。自1952年起，孙历任江苏省哲学社会科学联合会理事、南京市经济学会副会长、《江海学刊》编委，并被推选为江苏省第一至三届政协委员。

1979年2月19日，孙本文病逝于南京。

孙 传 芳

张振鹤

孙传芳，字馨远，山东历城人，生于1885年4月17日（清光绪十一年三月初一）。1904年在北洋陆军速成学堂步兵科毕业后，由练兵处以直隶官费生送往日本留学。1908年底，在日本陆军士官学校第六期毕业。孙留日期间曾混迹同盟会。1909年初由日回国，经陆军部考试，名列上等。11月13日陆军部奉清廷上谕赏给孙传芳"步兵科举人，并授协军校"①。发往北洋陆军近畿第二镇，任步队第五标教官。民国以后，第二镇改为第二师，驻防湖北，他又历充该师辎重第二营营长、步兵第六团团长、步兵第三旅旅长等职②，深为湖北督军王占元所赏识。1917年升第二十一混成旅旅长。1920年7月直皖战争起，王占元拘留皖系的长江上游警备总司令吴光新，8月，以孙传芳代替吴职。1921年8月，"湘鄂战争"中，王占元兵败逃离湖北，28日，北京政府任命孙为长江上游警备总司令继王兼第二师师长③。时吴佩孚为两湖巡阅使，萧耀南任湖北督军，孙遂转依吴佩孚。

1922年5月，以英、日帝国主义对华争夺为背景的直奉战争发生，直系迅即取得胜利。奉系失败后，退守山海关外。直系曹锟、吴佩孚为

① 《正宗爱国报》1909年11月4日、5日、24日（宣统元年九月二十二日，二十三日，十月十二日）。

② 《北洋陆军速成学堂同学录·头班步兵科》，第8页。

③ 《时报》1921年8月28日大总统令。

了赶走安福国会选出来的总统徐世昌，垄断北京政权，并对抗南方护法政府，阴谋策划抬出黎元洪充当傀儡总统，并准备恢复“民六”旧国会，演了一出所谓“法统重光”的丑剧。孙传芳在这幕丑剧中充当中了曹、吴的急先锋。5月15日，他领先通电全国，要求恢复“法统”，请黎元洪复位，电文说：“南北统一之破裂，既以法律问题为厉阶，统一之归束，即当以恢复法统为捷径。”“非常政府原由护法而兴，法统既复，异帜可销。”①28日，再次发出劝告南北两总统孙中山和徐世昌应同时下野的通电。6月2日，徐世昌被迫卸任，11日黎元洪被捧了出来。这是孙传芳在政治舞台上初露头角。从此他逐步成为曹、吴集团中的一员要将。为了夺取福建地盘，孙奉命于1923年1月率部从湖北经江西入闽，3月20日，北京政府任命孙为福建军务督理。

孙任军务督理之前，福建政局与反直三角同盟(孙中山与奉、皖两系的结合)的形势密切联系着。在1922年5月以后到1923年3月以前，福建境内成为皖系军人、孙中山的北伐军与直系策动的陈炯明部队错综复杂的斗争场所。孙传芳率部入闽后，经营一年，到1924年春，才把接近皖系的王永泉与臧致平部赶走。王、臧旧部退入浙江境内，接受皖系卢永祥的委任。浙卢收编王、臧旧部，成为直系齐燮元进攻浙江的借口。同年9月初，作为第二次直奉战争序幕的江浙战争又打起来。孙传芳奉曹锟的命令，以闽浙联军总司令名义，出兵援助江苏的齐燮元。当苏、浙两军在黄渡前线对峙时，孙传芳军突然越仙霞岭，占领衢州，使卢永祥迅速失败。曹锟政府于9月20日任命孙为闽浙巡阅使兼浙江军务督理。孙由于收编了卢部五个师，实力大为加强②。

奉张为了援助浙卢，出兵讨直，发生了第二次直奉战争。10月底，

① 凤冈及门弟子编：《三水梁燕孙先生年谱》下册，1946年版，第228页；李剑农：《最近三十年中国政治史》，上海太平洋书店1930年12月再版，第500页。

② 马葆珩：《齐卢之战纪略》，中国人民政治协商会议全国委员会文史资料研究委员会编《文史资料选辑》第35辑，中华书局1963年版。

由于直系冯玉祥部和奉张秘密停战议和发动北京政变，致曹、吴兵溃失势。从此，北京政府处于冯玉祥、张作霖共同控制之下。11 月 24 日，段祺瑞出任临时执政。曹、吴虽倒，但长江流域的直系势力齐、孙、萧等仍在。他们通电表示拥段，段也愿挟他们以自重。但奉张怂恿浙江督军卢永祥向齐燮元夺回江苏地盘，于是段于 12 月 11 日下令免齐燮元江苏督办职，任卢永祥为苏皖宣抚使。张作霖派奉军张宗昌部随卢沿津浦铁路南下。孙传芳在浙江感受威胁。1925 年 1 月 11 日，他伙同齐燮元，组成"江浙联军"，以阻挡奉军前进。段为分化孙、齐联合，于 1 月 16 日任卢兼江苏督办，孙为浙江督办，并宣布上海永不驻兵。孙觉得自己有了保障，即不再参与齐、卢之争。齐受孤立，被迫宣布下野。2 月初，孙、卢签订江浙互不侵犯的和平公约，双方取得暂时的妥协。

不久，五卅运动爆发，帝国主义及其军阀走狗都惊恐不安。在此之前，奉军并未履行"江浙和平公约"完全从上海撤兵，至是，奉军在帝国主义的纵容下，又大批地进驻上海。同时张作霖又迫使段祺瑞任姜登选为安徽督办、杨宇霆为江苏督办。姜、杨于 9 月分别到皖、苏就职。奉系势力向东南的伸张，终于又使孙传芳和奉系军阀的矛盾再次激化。孙为了自保，一面暗与冯玉祥的国民军联络反奉，一面拉拢江苏张謇、张一麐等地方代表人物，制造反奉的舆论①。10 月中，孙出敌不意，突然向奉军发动猛攻。杨宇霆猝不及防，又恐战线过长，急令奉军撤退，于是孙军一举夺得上海、南京等大中城市。10 月 17 日段祺瑞以临时执政名义发布命令让孙传芳立即撤回原防②。时鄂、皖、赣三省直系军人及旧苏军师旅长多人纷纷通电响应讨奉，并电请吴佩孚与孙传芳共同主持讨奉"大计"。奉军见势不敌，即放弃苏、皖两省，将军队全部集中徐州，与张宗昌部汇合，准备反攻。11 月初，孙又到蚌埠督师，与张宗昌的反攻部队交锋，在安徽固镇以南战役中，重创张部的白俄雇佣

---

① 杨文恺：《孙传芳反奉联奉始末》，《文史资料选辑》第 35 辑。

② 《民国日报》1925 年 10 月 20 日。

军，俘获张宗昌的前敌总指挥、山东帮办军务、第四十七混成旅旅长施从滨，并把施处决。11 月 8 日，孙在徐州召开庆功大会。同月底，他在南京正式宣布成立浙闽苏皖赣五省联军，自任总司令兼江苏总司令，任章太炎为顾问，蒋方震（百里）及日本军人冈村宁次为高等军事顾问，成了中国最富庶的东南五省的实际统治者，也成了直系军阀最有实力的首领。

1926 年夏，国民革命军开始从广东誓师北伐。8 月初，北伐军进抵湖南岳州。当时主要打击的对象是盘踞两湖与河南的吴佩孚。这时孙传芳虽然在南京有些惊慌，但他还希冀北伐军与吴佩孚两败俱伤，让他坐收渔利。因此，他暂时伪装中立，声称"保境安民"①。为了对抗孙中山的三民主义，他炮制了一套"爱国家、爱人民、爱敌人"的所谓"三爱主义"，来蛊惑群众。等吴佩孚在两湖挫败，北伐军于 9 月初进入江西时，他才慌忙地派兵迎战，并通电叫骂北伐军"共产共妻"②。9 月 21 日，他亲赴九江督战，妄想挽回败局；但革命洪流是不可抗拒的，孙传芳在江西战场上进行了一个半月的顽抗，仍然被打得一败涂地。11 月初，他狼狈逃回南京，陷于日暮途穷的境地。19 日，他事先没有通知任何人，化装潜赴天津，去会见了张作霖。在此之前，靳云鹏、王占元来往天津、南京间，虽然已为双方撮合③，但尚未合拍。当时张作霖正在天津蔡园召开奉系将领会议，孙传芳的突然到来，使奉系将领深感惊讶和"钦佩"。孙向张作霖求救。于是，他们在反对革命军的共同基础上，化仇为友。张作霖答应派张宗昌带一部分"直鲁联军"南下支援他，孙也表示对张的衷心拥戴。11 月 30 日，孙传芳和张宗昌等领衔通电拥张作霖为"安国军总司令"，孙、张分任安国军副司令，孙仍兼五省联军司令。会谈结束，张宗昌把直鲁联军开到浦口，孙回到南京，指挥他的部

① 《孙传芳复总商会电》，《申报》1926 年 8 月 18 日。

② 《孙传芳第二次通电》（阳），《申报》1926 年 9 月 9 日。

③ 《申报》1926 年 9 月 16 日、17 日。

队摧垮了当时蔡元培等搞的“浙江自治”，重新夺取了浙江地盘。

1927年2月17日，北伐军占领了杭州，战线渐次逼近上海。在中国共产党领导下，上海工人为了响应北伐军，组织武装起义，遭到了孙传芳的血腥镇压。先是上年10月，当孙在江西指挥作战时，已指使上海防守司令李宝章镇压了上海工人第一次起义。至2月22日，上海工人举行第二次起义时，孙传芳又一次命令李宝章和各帝国主义的陆战队配合，对工人、学生实行了大规模的搜捕和屠杀。孙虽然镇压了上海工人的两次起义，但他的前方作战部队已经涣散无力，24日后，他不得不把浙江防线和宁沪移交给张宗昌的直鲁联军。

随着革命形势的发展，张宗昌代替了孙传芳，但并不能扭转他们的败局。3月21日，上海工人举行了更大规模的第三次武装起义，解放了上海，取得了胜利。24日，北伐军又收复了南京。孙传芳退处扬州，收集残兵败将，设司令部于蚌埠。4月12日，由于蒋介石在上海发动反共政变，北伐停顿，才使孙得到苟延残喘的机会。6月，张作霖企图联蒋反共，在北京召开军事会议。孙传芳参加会议，主动劝张晋升安国军政府大元帅，承认取消五省联军番号，改任安国军第一方面军军团长。早在5月底，武汉北伐军与冯玉祥军已会师郑州；南京蒋介石的军队也占领了徐州。7月，安国军趁宁汉分裂，发动反攻。孙传芳奉张作霖之命反攻徐州。由于蒋介石的背叛革命而造成的人心涣散，士无斗志，蒋军望风而溃，使孙军一战而夺回徐州，并把蒋军赶回浦口。8月底，孙传芳又利用国民党新军阀内部蒋、桂分裂的混乱局面，决定孤注一掷，分兵三路渡江，与蒋、桂军在京沪铁路沿线栖霞、龙潭一带激战五天，结果遭到失败，损失了数万人。从此，他再没有多少实力，只有仰承张作霖的鼻息了。1928年春，他奉张作霖的命令，任鲁西前线总指挥，和蒋军激战于金乡、鱼台、丰县；和冯玉祥部激战于曹州附近。当沿津浦铁路的张宗昌所部溃退北逃后，孙部阵脚立即混乱，他本人也逃回济南。

1928年4月10日，以蒋介石为首，联合阎锡山、冯玉祥等的国民党军向以张作霖为首的北方旧军阀,发动总攻击。张宗昌在鲁南的防线未战先溃,孙传芳军在鲁西南的后路,被冯玉祥军截断而全线溃退。孙、张两人于30日离济南渡河北逃。6月初,张作霖逃离北京,在皇姑屯被日本人炸死;孙的残部退缩在冀东滦州一带,由阎锡山派人收编。随后孙传芳即逃往沈阳,寄食于张学良门下。1929年1月10日,在张学良杀杨宇霆、常荫槐的次晨,孙害怕祸及自身,仓皇避往大连①。

1931年"九一八"事变后,孙传芳举家迁回天津英租界。经皖系政客靳云鹏介绍,孙传芳皈依佛教,过起"念佛韬晦"的生涯。1935年11月13日下午,当他正在天津居士林清修禅院跪诵经文时,被施从滨的女儿施剑翘,从背后用手枪刺杀②。

① 任作楫:《孙传芳在东北》,中国人民政治协商会议辽宁省暨深阳市委员会文史资料研究委员会编《文史资料选辑》第2辑,辽宁人民出版社1963年版。

② 《大公报》1935年11月14日。

孙 道 仁

黄国盛

孙道仁,字退庵,号静山,湖南慈利人,1867 年 2 月 1 日(清同治五年十二月二十七日)生。其父孙开华,系入闽湘军将领。孙道仁幼年随父在闽,好驰马试剑。1884 年中法战争爆发,孙开华以署福建陆路提督职,由泉州渡台办理台北海防,镇守沪尾。法军封锁台湾的时候,孙道仁密雇帆船,把弹药藏在舱底,渡海接济驻台守军,因而被台湾巡抚刘铭传委任前敌营务处,后保加四品衔。这是孙道仁从军之始。

中法战争结束,孙道仁赴北京以荫生参加考试,任京府通判,分发顺天补官。孙道仁赴京时,携有巨金和其父孙开华在战争时抢来之古玩珍宝以通关节,孙开华又巴结攀附庆亲王奕劻,因此他得以于 1890 年被安置在颐和园海军水操内学堂任办事官。这一差使向来多由满洲贵族担任。

1891 年,热河发生金丹道农民起义,清政府调集直、热、奉军队进行血腥镇压,孙道仁奉命担任后路运饷事务,往返于朝阳、赤峰、热河等处。后得赏三品衔以知府分发福建补用,不久又升为道员仍留福建补官。1893 年其父孙开华死,他回籍守制。

甲午中日战争时,孙道仁被湖南提督娄云庆调用,总管庆字全军营务处兼统庆新五营,驻岳州听候调遣,议和后解职。1895 年,孙道仁受闽浙总督边宝泉委任,会同督办善后局。1897 年在闽统带福胜中前两营。次年受闽浙总督许应骙委任,总办全闽营务处仍统领福胜步炮等营,驻扎省城;旋又兼统福强水陆全军。

1900年义和团反帝爱国运动爆发，闽省官僚和洋人惊惶不安，各国驻闽领事指名要孙道仁“出任保护之责”，孙贸然应许。孙并劝请闽督加入“东南互保”，“与各国订约保其商民教士”①。为了防范福建人民起来斗争，孙道仁照会各领事，请闽省各国商人及传教士移居省城，由他派得力军队两营严加防卫。孙道仁还密布侦探，亲自带兵严密梭巡，竭力压制民众的反抗，被时人讥为媚外。同年浦城县刘加福聚众数千人，起来反抗当地官吏的苛暴统治，孙道仁得到情报后立即传令部下，授以机宜，“擒刘加福于江山界”②。孙道仁深得清廷赏识，获二品顶戴。

《辛丑条约》之后，清政府以倡办“新政”为名设练兵处，编北洋新军为中央军，并下令各省编制地方新军，借以维护垂危统治。1901年秋，闽浙总督许应骙奏派孙道仁赴日本参观军事演习，兼考察陆军教育。孙道仁回国后，即开办福建武备学堂，任武备学堂总办，聘日本士官和教习，教学管理等均仿日本士官学校办理。学堂毕业生赴北京考试多名列前茅，各省争相延揽，充任统带、管带者不乏其人。闽军不少军官都曾受训毕业于该学堂。孙道仁同时着手建造陆军营房、购买新式枪炮，为建立闽省新军筹谋甚力。

1902年，闽省暂编常备军左右两镇，以孙道仁本部及福强军步队数营编为常备军左镇。1903年闽浙总督许应骙被清廷免职，孙道仁也为藩司所中伤，解去左镇职，降补通判，但仍充任武备学堂总办兼充督练营务处。不久官复原职。湘人李兴锐1904年督闽，孙道仁被委任为常备军右镇兼统长门炮台。不久李离闽，将军崇善兼署闽浙总督，孙道仁被解去右镇及长门炮台统领职，改任职军政局，仍总办武备学堂。

① 孙道仁:《退庵纪事》，见孙道红撰《闽省革命战史》，抄本，福建师范大学图书馆藏。

② 孙道仁:《退庵纪事》，见孙道红撰《闽省革命战史》，抄本，福建师范大学图书馆藏。

1905年初,孙道仁代理福宁镇总兵。他奉命筹办改编常备军事宜,为使闽省武力练成一镇,变卖其父遗产不少。是年河间府秋操,孙道仁前往参观,并去上海、湖北参观兵工厂。11月,清廷正式提升孙道仁为福宁镇总兵。孙到京谢恩,朝廷赏其福字,并询问湖北张之洞枪炮厂和袁世凯秋操情形,孙受宠若惊,竭力表示效忠清廷。不久孙道仁又世袭骑都尉之衔。1906年升任暂编陆军第十镇统制,成为闽军头面人物。1909年解去练兵处及武备学堂总办职务,因办学堂有功,清廷赏加提督衔。翌年奉命率兵前往厦门"照料保护"美国来华"游历"舰队人员。事后又往安徽参观第八、九镇会操。入京复被召见,得赏陆军副都统衔。1911年,清廷正式任命孙为福建提督。

武昌首义告捷,各省革命迅速开展。福建革命党人积极运动新军。曾任福建佐杂官职的彭寿松,设立"军警同盟会",在第十镇发展革命力量甚众。第二十协协统许崇智是同盟会骨干会员,第三十八标标统杜持和革命党人赵声曾有联系,此时皆跃跃欲试①。孙道仁本来与革命无缘,面对是顺从还是抵制的抉择,初甚犹豫。这时福州将军朴寿制造恐怖,于福州各城门遍埋炸药,还企图把闽省新军将领诱入署中聚而坑之。孙道仁闻悉后颇为震惊,以大势所趋,遂于11月5日在马江一船中,由彭寿松做介绍人,加入了同盟会,立誓并摁手印。孙道仁与革命党人林斯琛等会商部署起义日期和计划后,于8日发出部署密令:许崇智担任前敌总指挥;与"旗界"交接各街道地带,分布进攻和堵截部队,以于山为总攻阵地,前敌总指挥部设在于山观音阁;各革命与进步社团组织于当晚配合军队,紧密巡防,等等②。9日拂晓,福建新军在省城正式宣告起义,孙道仁至于山督战。经过激烈战斗,杀死了朴寿,旗兵

① 杜伟:《闽军北伐支援胶东光复纪略》,中国人民政治协商会议全国委员会文史资料研究委员会编《辛亥革命回忆录》(五),中华书局1963年版。

② 刘通:《辛亥福建光复回忆》,中国人民政治协商会议全国委员会文史资料研究委员会编《文史资料选辑》第2辑,中华书局1960年版。

投降；但孙道仁对闽浙总督松寿在城内吞金自杀，颇为伤感，为松寿开会追悼，“以尽寅谊”。后来他回顾辛亥经历时仍感慨地说：“余虽赞助汉族之光复，且回念先壮武公（即孙开华）谆谆训诫之辞，尤究不能免清史之讥，殊自惭也。”①

11 月 11 日，福建成立临时政府。同盟会福建支会会长郑祖荫等执旗捧印往都督府，推举孙道仁为军政府闽省都督。1912 年中华民国临时政府正式成立后，孙道仁被任命为陆军中将加上将衔福建都督。

光复后的福建情况和全国相似，革命党人涣散自满，新政权内部各派力量争权夺利，局势混乱。任参事会会长的彭寿松居功自傲，认为福建光复系他一手造成，不把都督和其他人放在眼里。第十镇官兵虽然参加了彭组织的军警同盟会，然皆系孙道仁部属。彭寿松无法制孙，乃自设亲兵两营，由哥老会重要分子张煊、刘辅廷分任管带，使其子彭厚庵统之。彭与孙表面上虽然没有公开冲突，但内心仇结愈深。1912 年初商讨正式建立“福建临时议会”时，以彭寿松为首的湘籍“旅闽人”，力主议会需特别规定“旅闽人议员专额”。同盟会会员、都督府民政科科长蒋子尊和福州《民心报》经理黄家成，因坚决反对议员专额，先后惨遭彭寿松手下帮凶的暗杀，引起舆论公愤。孙道仁无能为力，通电袁世凯、黎元洪等，要求派员来闽调解，自己愿意立刻解职，“以谢两面，而息争竞”②。不久岑春煊受袁世凯指派，乘舰船带军进入马江。这时革命党人刘伯仁、黄光弼、郑兰荪等人对彭进行了诚恳的劝说，彭寿松不得不退职，孙道仁得以暂安。

1913 年 7 月“二次革命”爆发，李烈钧湖口通电讨袁，安徽、湖南、

---

① 孙道仁：《退庵纪事》，见孙道红撰《闽省革命战史》，抄本，福建师范大学图书馆藏。

② 福建私立光复中学编：《福建辛亥光复史料》，（连城）建国出版社 1940 年版，第 226 页。

广东等省先后宣布独立。这时福建省内各方群情愤激，福州警界派代表向都督府请愿，要求宣布独立。孙道仁看到袁世凯握有绝对优势之兵力，甚为胆怯；但又看到李烈钧、黄兴决心讨袁，群情难违，感到左右为难，便拖延观望，等待时机。时任民国陆军第十四师师长的许崇智约同刘通、黄光弼等人去见孙道仁，要孙作出“最后决定”。孙不得已，于7月19日和许崇智联名通电各省，宣布福建独立；但电文中只说：“袁氏派兵迫赣，赣省既已率先，吾闽岂容后义，特合各界会议，即日与北京政府断绝关系。”不敢明确谴责袁世凯，也不说及出兵北伐。当时人们就看出，这是孙道仁害怕得罪袁世凯，替自己留有“余地”的表现①。孙道仁对许崇智要求出兵北伐之事只在口头上敷衍，不予行动上的支持，因此名义上虽宣布独立，但实际上并没有行动。

“二次革命”失败后，孙道仁于8月9日宣布取消独立，电袁世凯请罪，并把责任推诿于许崇智。袁世凯一面复电予以安慰，一面裁编闽军，调刘冠雄率李厚基的北洋军第十七旅入闽，并将闽省湘籍军队尽数遣散；随后又下令裁撤福建都督，并以李厚基为福建护军使。闽军遣散后，孙道仁失去活动地盘，事实上等于退出了军界。孙被迫辞去都督职之后，入京受袁世凯审查。期间，孙得知原福建盐场知事饶汉祥担任参政院参政，遂托饶在袁面前为自己“辩白”。袁世凯从饶口中闻知“孙本不学无术，不过是纨袴子弟而已”②；又经陆军部查证，说孙道仁宣布讨袁“有不得已之苦衷”，于是袁发布策令，对孙“特予免议，以示宽大”③。不久孙道仁获准回籍。

1916年6月袁世凯死后，黎元洪继任大总统。孙道仁于翌年被聘任总统府高等顾问。但不久黎元洪下台，孙也去职。1922年黎元洪复

---

① 郑坦：《许崇智响应“二次革命”点滴》，中国人民政治协商会议福建省委员会文史资料编辑室编《福建文史资料》第1辑，福建人民出版社1962年版。

② 闵子南：《我对孙道仁片断之所知》，政协泉州市委员会秘书处藏稿。

③ 见《奋兴报》1914年10月16日。

任总统，特任孙道仁为永威将军。孙奉命前往甘肃、新疆两省查勘烟禁，乘机捞了一笔贿赂之财。1923 年事毕销差回京，遇上黎元洪再次被迫退位，孙失去黎氏依靠，告老回籍，购置田产。晚年应女儿女婿所请，居住厦门养老，于 1932 年 8 月去世，葬于长沙①。

① 湖南慈利县党校罗祥祯调查。

孙 殿 英

熊尚厚　邢汉三

孙殿英，字魁元，河南永城人，1889年（清光绪十五年）生。其父孙玉林，不务正业，后因口角而杀人，被囚死狱中。孙殿英七岁入塾，后因与同学斗殴受到老师责罚，竟放火烧了塾馆，被开除出塾，随母亲在乡里乞讨度日。

孙殿英自幼游手好闲，顽劣成性，成年后和地痞流氓厮混，出入赌窟，逐渐成为当地著名的赌棍。他精习赌博的骗人伎俩，诡计多端，逢赌多赢。其后他以赌博所得，从事鸦片贩卖，北去商丘，南走亳县，远至洛阳、西安，大发横财；同时浪荡江湖，广结军警胥吏。北洋军阀混战时期，孙在豫西投土匪队伍张治公部下，又在洛阳加入了"庙会道"，不久成了庙会道的头目①。他领着会道门分子，勾结土匪，过着打家劫舍的盗匪生涯，同时继续在洛阳一带大肆贩毒。1922年，直系首领吴佩孚在洛阳缉拿毒犯，孙无法立足，乃逃往陕县，投豫西镇守使丁香玲部下任副官。他继续贩卖海洛因、红丸于晋南、豫西一带，还买了几十支枪，拉起一支队伍，被丁香玲委为机枪连连长，次年升为补充营营长。

1924年秋，吴佩孚在第二次直奉战争中败退，孙殿英率部在陕县

---

① 张和宣、苏勋丞口述，张知人整理：《我所知道的孙殿英》，中国人民政治协商会议河南省委员会文史资料研究委员会编《河南文史资料选辑》第3辑，河南人民出版社1980年版。

哗变,重操抢劫旧业,并收编散兵游勇和零星杆匪,扩充至三四千人。他借口筹集军饷,攻城掠寨,抢劫商民,数月之中,临汝、鲁山、郏县、宝丰诸县皆被掳掠。不久,孙受镇嵩军憨玉琨招抚,初任代理团长,不久即升为第五混成旅旅长,驻防密县。

1925 年 3 月,憨玉琨部在豫西被国民二军胡景翼部击败,孙殿英改投国民三军叶荃部,任旅长;不久升任第二师师长。同年秋,国民三军西调入陕,孙即脱离国民军,率部在伏牛山一带流窜,并收编朱锡川等土匪队伍,壮大声势。这时,孙谋投吴佩孚被拒,乃率部越过京汉路东窜,在亳县大肆抢掠后,投奔直鲁联军张宗昌,在褚玉璞部任第五师师长。是年底,孙师在津浦线桑园一带袭击国民三军徐永昌部,翌年夏又参加南口战役,攻打国民军。孙上阵督战,敢冒危险,受到张宗昌、褚玉璞的嘉奖,成为直鲁联军中的一名悍将。孙部编为直鲁联军第二十五师。

1926 年 7 月,国民革命军大举北伐,湘、鄂、赣、闽次第光复,继向豫、皖、浙、苏推进。张宗昌率直鲁联军南下援助孙传芳。孙殿英部被调至安徽阜阳、太和地区。翌年春,孙被任命为直鲁联军第十四军军长兼大名镇守使,驻防大名,阻抗国民革命军北上。5 月,奉调南下曹县扼守。7 月,孙传芳、张宗昌利用宁汉对峙之机反攻徐州,调孙殿英部去豫北。孙率部于 10 月中旬攻占汤阴、临淳,11 月又占卫辉、彰德、淇县。1928 年初被冯玉祥部第三路军孙连仲击败,退往河北。5 月张作霖、张宗昌、孙传芳力图死守津浦线,调孙殿英部到交河至河间一带。但奉军和直鲁联军阻挡不住蒋介石联合冯玉祥、阎锡山、李宗仁各军的北进,全线败退。孙殿英率部先退至天津南仓,继退至蓟县、遵化马兰峪一带。6 月奉军撤回关外后,张宗昌、孙传芳等部先后逃离天津。孙殿英部被蒋介石收编为第六军团第十二军,孙仍任军长。

孙殿英率部驻马兰峪一带,临近清东陵。7 月上旬,他以"军事演习"作掩护,自带少数亲信,悍然炸开慈禧太后和乾隆帝的陵墓,盗走大量珍宝文物。孙盗墓消息传出，全国哗然，各地报刊纷纷揭载，要求惩办①。但孙拿出一部分珍宝贿送权要，得到了平津卫戍总司令阎锡山等人的庇护，国民党最高当局亦不予深究，最后仅以“警戒失职”之名，调动防地移往延庆了事。

同年11月，第六军团缩编为师，第十二军编为步兵独立第二旅，孙殿英任旅长。旋奉调南下，行至山东齐河时，孙宣称“自行其是”。1929年初他在章丘收编土匪张明九部，掳掠大批财物。其时，张宗昌在日本帝国主义支持下，妄图东山再起，纠合鲁军余孽在烟台登陆。3月孙殿英率部至黄县、蓬莱，自封为鲁东民军总司令，加入了张宗昌部，参与胶东混战。不久张宗昌败逃去日本，孙于是年冬又向蒋介石输诚，被改编为新编第十八师，移驻河南商丘②。

孙殿英率部到河南不久，又接受阎锡山允为军长的笼络。1930年春，他赶去太原面谢阎锡山，并与阎部各军长结为盟兄弟。5月蒋、冯、阎中原大战爆发，孙被阎委任为第四方面军第五路军总指挥兼安徽省政府主席。孙部开赴豫东、皖北布防，他自率一部进驻亳县。蒋部王均、叶开鑫等围攻亳县不克，曾派人以二十万元收买孙；孙收了一笔巨款，但未允降蒋。7月，中原战局逆转，孙部在孙连仲部救援下突围，经杞县、朱仙镇退据山西晋城。他在晋城设修械局制造武器，设制造局制造和贩卖海洛因等毒品，设印刷局伪造钞票，竭力扩充实力。9月18日，张学良通电拥蒋，率东北军入关，阎锡山、冯玉祥败北下野。孙殿英立即改换门庭投张。经多次要求，孙部被张学良收编为暂编陆军第二师；1931年7月又改称第四十师，在平汉线与反蒋之石友三军交战。11月，孙升任第四十一军军长。

此时已是“九一八”事变后，全国抗日救亡运动蓬勃兴起。孙殿英

---

① 《一周间国内外大事述评·盗陵案内幕复杂》，《国闻周报》第5卷32期。

② 张述孔：《流氓军阀孙殿英》，中国人民政治协商会议全国委员会文史资料研究委员会编《文史资料选辑》第7辑，中华书局1960年版，第149页。

表示要抗日，于 11 月 22 日通电要求“团结御侮”，“速定出师计划”，“恢复山河”；说“公理公法均不足恃，势非诉诸武力，断难雪此奇耻”，“静待明令宣战，当执戈前驱”①。由于他的这一表现，中国共产党为了团结一切抗日军事力量，派出韩麟符、宣侠父等人前往该军工作，广泛进行抗日爱国宣传，使该军官兵的民族觉悟有了提高。

1933 年 1 月，日本帝国主义侵占山海关，热河告急，平津震动。2 月下旬孙殿英奉调率部驰援热河，在赤峰以北地区布防，与万福麟、汤玉麟等部共同御敌。孙部由山西晋城北上，经河北转入热西围场、隆化时，万福麟部在朝阳、陵南被击溃，日军直逼赤峰。孙部急行军赶至赤峰，部署未定，即遭日军、伪满蒙军猛烈攻击。在爱国官兵的支持下，孙率部阻击，士兵浴血奋战，与敌相持七昼夜，歼敌四五百人；但因敌众我寡，乃从赤峰转移到猴头沟门新阵地，继续与敌作战十余日。后奉命撤退，绕道北山、大庙返回围场，又转至沽源，退驻察东赤城独石口。孙沿途收编了不少东北军，弥补了他在热河抗战中损失的实力。他的赤峰一战，获得了全国舆论的好评②。

是年 5 月，冯玉祥、方振武、吉鸿昌冲破蒋介石的阻挠和破坏，在张家口组织察哈尔民众抗日同盟军，举起抗日旗帜。蒋介石担心孙殿英加入同盟军，乃委孙以青海西区屯垦督办之职，诱其移军西开。孙踌躇满志，派人去天津大批购买军火，在冀、察、热等地广招兵马，所部拥有骑兵三师二旅、步兵三师，号称五万之众。7 月中旬，孙率部抵包头后，向晋绥各地征收粮秣；并将驻晋城之余部悉数调出与大队汇集。9 月，孙率部开发。

孙殿英率部西进，震惊了甘、青、宁诸省的统治者。西北地区久属马家天下，马麟主青海，马鸿逵主宁夏。而蒋介石诱孙西进，本意是借

---

① 陈觉编:《国难痛史》第 3 卷第 4 节，《九一八后国难痛史资料》，上海书店 1996 年版。

② 温仲良辑:《东北战区视察记汇编》，第 51—61 页。

马之刀杀孙，先已密令马鸿逵中途截击孙部；更派朱绍良为甘肃省主席兼靖绥主任，节制三省军务。此时，马鸿逵、马麟、朱绍良先后通电反对孙军西来，并调兵三旅布防磴口，严阵以待。孙率部至五原、临河、陕坝（今杭锦后旗），暂停前进，一面休整、练兵，补充给养，并收编绥西骑匪杨猴小部；一面四出求援，派人分头同汪精卫改组派、陈济棠广东派、福建人民政府、陕西杨虎城以至伪满拉关系。阎锡山担心孙军滞留绥西，危及晋境，许以军械、粮饷，促其早日西去赴任。

1934年1月初，孙殿英率部进入宁夏，与马鸿逵部接火交战。初战甚为得手，一星期内接连攻占石嘴子、五响堡和馒头桥，包围平罗，兵临宁夏县（今银川市）城下；接着又占领了宁夏城外的两道堤岸。马鸿逵向南京蒋介石、北平何应钦及甘肃朱绍良告急，朱迅即调兵增援马军，何、蒋先后下令双方停战，孙不肯甘休。此时，孙军好几个将领被马鸿逵收买，1月下旬两次攻城均未能奏效。孙仍将大部兵力集结宁夏城垣附近，但先后四次攻城均不能下，师劳兵惫，军心涣散。3月中旬，阎锡山突然出兵晋绥，截击孙的后路；何应钦更是指挥五省兵力进剿。孙殿英败退绥西，饷糈不继，内外交困，一筹莫展，于3月23日通电离军，被迫交出所部三万余人由胡宗南、阎锡山等“整编”，自己被阎锡山软禁在太原晋祠。5月，何应钦给他一个军事委员会北平分会高等顾问的虚衔。两年后，孙到平、津向各方活动，后经宋哲元提携，于1936年6月被委为察北保安司令。

“七七”事变后，宋哲元在北平设立抗日民军总司令部，任孙殿英为冀北民军司令。7月28日宋哲元撤往保定，北平失陷，孙殿英在房山收容散兵及平津流亡学生，迅即集合人枪三千余，加以编练。他赶去南京见蒋介石，被委为冀察游击司令。嗣后日本侵略军沿平汉线南下，孙率队南撤，继续收编散兵游勇，发展实力。他利用地形伏击尾追之日军，将所获之战利品及生俘之五名日军解送给蒋介石邀功领赏。1938年孙部退驻河南林县一带活动，继与日本侵略军有数次作战。孙任新编第五军军长，隶属庞炳勋第二十四集团军。此后三四年间，他纵横捭阖，竭力保存实力，表面上仍为抗日部队，甚至派人与八路军取得联系，暗地里却与日伪势力进行勾结。

1943年春，日本侵略军对太行山区发动“大扫荡”，进犯林县、陵川，孙殿英部在林县被围。孙被俘，投降了日军，并派人带领日军至莲花山洞引庞炳勋降日。孙降日后，被日伪编为伪新五军，任军长；后又被扩编为第四方面军，所部各师均扩编成军。孙并兼伪豫北保安司令。他利用职权，重操贩卖毒品勾当，并倒卖金银，武装走私，获取暴利。抗战胜利前夕，孙又与蒋介石派出的熊斌等人挂上了钩，奉命进行所谓“曲线救国”活动①。

1945年8月，日本帝国主义战败投降，蒋介石为了抢夺抗战的胜利果实，于11日广播任命十名汉奸分任各路军总指挥，孙殿英列名为新编第四路军总指挥。孙立即派人买通一记者编发新闻，佯称其将星夜北上维持平津治安；随即去电并派人联络伪华北财务总署督办兼伪联合银行总裁汪时璟。汪答应提供饷给，先后交出伪联币一亿元。孙派人拿了这笔钱在北平抢购黄金珠宝，转手倒卖，大发横财，并以此贿赂国民党军政要员。

蒋介石于1946年7月发动全面内战后，孙殿英被任命为第三纵队司令官，隶属胡宗南部，屡向解放区进犯，兵员被歼甚多。1947年4月，人民解放军进攻汤阴，孙率部顽固踞守。解放军炮火轰开县城东北，孙在缺口处仍负隅顽抗，以猛烈炮火反扑。后夺路逃出，在石庄被围，5月2日被俘。同年冬，孙在狱中病死。

① 王健民：《熊斌宣抚华北概略》，台北《传记文学》第13卷第3期。

孙　　渡

杨光斗

孙渡，字志舟。1898 年 5 月 5 日（清光绪二十四年闰三月十五日）出生在云南省陆良县。父亲孙绍，是陆良县有名的大绅士。孙渡少时在家乡读小学，1915 年入昆明云南陆军讲武堂步兵科，1917 年毕业后，到滇军警卫二团任排长。几年间，追随唐继尧出兵川、黔，历任连长、营长。1922 年 3 月，唐继尧重返昆明，孙渡升为滇军直属独立团团长。

1923 年，孙渡奉调随滇中镇守使胡若愚出征四川，联合川军熊克武、石青阳等攻打川黔军刘湘、杨森、袁祖铭部，10 月占领重庆。12 月，重庆复为川黔军所占，胡军败退贵州，驻防遵义、毕节。

孙渡旋升任滇军张汝骥部旅长兼贵州省警务处长、云南省政府委员。1924 年下半年回滇，调任云南烟酒公卖总局局长。不久又任云南省宪兵司令官。1927 年 2 月，昆明、蒙自、昭通、大理四镇镇守使龙云、胡若愚、张汝骥、李选廷联合倒唐，孙渡潜逃滇西，投奔唐继尧残部。6 月，爆发了胡、张与龙云争夺云南政权的战争。7 月，孙渡见唐军大势已去，又投奔龙部卢汉，随卢汉反攻昆明获得胜利，又诱迫胡、张等释放了龙云，从而成了龙的左右手。在之后两年的军阀混战中，孙帮助龙云打败了胡若愚、张汝骥部及其他反对势力，统一了云南。1929 年到 1930 年间任云南省团务总局会办。

1930 年 5 月，蒋、桂、冯、阎大混战时，蒋介石派龙云为讨逆军第十路军总指挥，令其出兵广西，抄袭桂军李宗仁后路。龙云派卢汉为前敌总指挥，统帅三个步兵师二万余人，进兵广西。孙渡为九十八师第三旅旅长。部队从昆明出发，沿途不断抓兵派款，抽收烟税，军纪败坏，被老百姓称为“三杆枪”军队（即携有步枪、大烟枪、水烟枪）。7月，进迫南宁，围城三月余，未能攻占。10月，张发奎部和桂军在白崇禧指挥下，从柳州出发，解南宁围，并与南宁守军内外夹攻，大败滇军。龙云、卢汉率部经田州（今属田阳县）、百色，撤至乐里（今属田林县）集中，并乘机将部队整编，裁并庞杂腐败的滇军，1931年2月开拔回云南。

3月，孙渡升任龙云的参谋长，卢汉、朱旭、张凤春、张冲四师长请求龙云安置编余官兵，并发给饷糈。龙云既吝不给钱，又不给官，激起编余官兵的不满。各师长认为是孙渡等人在龙云左右梗阻。孙又建议龙云废除师旅建制，以团为单位，划全省为若干绥靖区，以各师长为绥靖区主任。各师长恐失去兵权，乘龙云召集他们到昆明开会之际，联合向龙云进行兵谏，并将孙渡放逐到上海。后因内部发生分裂，他们反而被龙云扣押。不久，孙渡返回昆明，仍任参谋长。

1934年12月，中央红军长征到达贵州时，蒋介石令龙云为“剿匪”第二路军总司令。龙云命孙渡为第三纵队司令，到川、黔、滇边界防堵红军。孙渡认为蒋介石怀有一箭双雕的野心，不仅想消灭红军，而且还想乘便消灭地方武装。如果红军进入云南，则中央军必跟踪而至，云南政局便有发生变化的可能。他建议，在红军未进入云南以前，应尽最大努力去防堵，若红军进入云南，则追而不堵，将红军尽快赶出境外。孙渡的意见得到了龙云的赞赏，又命孙渡兼第二路军总指挥部行营主任，负指挥全责。

1935年2月，红军由云南镇雄回师东进，云南部队也随之进入贵州毕节、大方、黔西一带布防。3月下旬，蒋介石飞抵贵阳，通令各军由他直接指挥，并调来大批中央军和飞机。红军佯攻贵阳时，蒋调孙渡前往保驾。孙渡率部昼夜兼程，提前赶到，受到蒋介石的嘉奖，被授予中将军衔并得奖金三万。由于红军行动神速，灵活多变，孙渡纵队调动十分频繁，不到两个月时间里，先后在安顺、贵阳、龙里、毕节、黔西、打鼓新场及川黔边境、赤水河畔、黔西南等地往返奔命，防堵不成，反遭红军袭击。

4 月下旬，红军从黔西南经兴义进入云南，孙渡军一直尾追不舍，5 月中旬，红军渡过金沙江进入西康，才停止追击。

1936 年 3 月，蒋介石委任龙云为黔滇绥靖公署主任，龙仍派孙渡率第三纵队开到贵州威宁、云南昭通、彝良一带尾追长征的红军二、六军团。

3 月下旬，红二、六军团挺进滇东北，插入宣威县境，孙渡纵队尾追红军到宣威。红六军团萧克曾写信给孙渡，建议双方缔结抗日停战协定，但孙渡置之不理，继续尾追，在宣威来宾铺一带发起猛攻，红军伤亡数百名。随后经过两天激战，红军毙俘滇军近千人，从此孙渡不敢单独再与红军正面交锋。

4 月，红二、六军团突破滇军防线向西挺进，直指普渡河。孙渡纵队尾追不舍，被红二、六军团打得七零八落。红军渡过金沙江，孙渡纵队才停止尾追。

抗日战争爆发后，1938 年 7 月，龙云在云南新编五十八军，任命孙渡为军长，开赴湖北。11 月，该部与云南部队第六十军、新编第三军合编，成立第三十军团，在第一兵团总司令张发奎指挥下，参加武汉会战与崇阳战役，部队伤亡惨重。12 月，第三十军团改编为第一集团军，划归第九战区代司令长官薛岳指挥。

1939 年 2 月，日军侵入江西，进攻南昌。第一集团军开赴江西奉新、靖安、安义，和友军配合与日军激战，伤亡惨重，弃守南昌。接着，日军向奉新、高安西南进犯，与第九战区前敌总司令罗卓英的第十九集团军作战。第一集团军奉命驰援，在潦河南岸，大禾岭、白塔路、上龙岗、新形山一带与日军激战五昼夜。4 月，赣北战局转稳，蒋介石严令罗卓英全力反攻南昌。第一集团军奉令在靖安、安义、奉新一线与日军作战，截断日军后方联络。由于敌我装备悬殊及指挥不力，反攻未能奏效。7 月，薛岳下令发动赣北秋季攻势，孙渡所部奉命进攻雷王殿，未克。9、10 月间，华中日军向第九战区发动第一次长沙会战，薛岳为确保战区第一线侧背安全，命第一集团军立令孙渡率五十八军到江西宜丰、高安间之杨公圩、村前街一带与日军作战。此役重创日军，长沙会战告捷。在此期间，第一集团军副总司令高荫槐请假回滇，由孙渡代职。11月，第一集团军调往奉新、高安等地与日军作战二十余日。

1940年上半年，孙渡率第一集团军在江西潦河南北两岸袭击日军，破坏敌军交通联络，收复奉新等地。5月底，日军被逼撤退。6月，第一集团军调离江西。9月，六十军调回云南，五十八军和新三军移驻湖北通城一带整补。1941年5月，又回防江西上高等地。同年8月下旬的第二次长沙会战和12月中下旬的第三次长沙会战，孙部五十八军都参加了作战。

1942年，日军纠集五个师团的兵力与赣中之敌合力出击，企图打通浙赣线。孙渡奉命率部参加赣东会战，与日军转战于临川、崇仁、丰城之间。9月，调驻分宜、宜春整训。1944年5月，孙部五十八军参加了湖南长衡会战。12月，奉命赴江西宁冈、遂川、新城一带堵截敌军。战后，就地休整，不久调驻安福、永新。

1945年初，孙渡升任第一集团军总司令，调驻安庆。从此，受蒋介石的拉拢与分化，逐步脱离了龙云、卢汉的控制。

抗战胜利后，孙渡第一集团军总部由安庆移往东北锦州，参加反共内战，孙渡任第六兵团司令兼东北"剿总"副司令，辖六十军、九十三军。

在东北解放战争胜利的形势下，云南军队人心惶惶、士气低沉，一些高级军官纷纷逃回云南，军队处于一片混乱之中，孙渡无力控制，加上第六兵团部武装包庇走私，蒋介石便以影响军誉为由，于1948年2月将孙渡调任热河省主席，以卢浚泉为第六兵团司令。

1949年12月初，蒋介石妄图在云南建立反共基地，令孙渡为西南军政长官公署副长官，派他回云南活动。

孙渡回到云南，眼看全国即将解放，思想处于矛盾惶惑之中。他曾经和一些中共地下党员有接触，也读过一些进步书刊，但又不愿投向人民。云南和平解放后，他到昆明郊区潜藏了两年。1952年，"清匪反霸”运动中被捕。

1959年孙渡经人民政府大赦释放,其后任云南省政治协商会议第二届和第三届委员。1967年4月在昆明病故。

主要参考资料

谢本书、冯祖贻主编:《西南军阀史》第一至三卷,贵州人民出版社1991年2月版。

孙渡:《滇军入黔防堵红军长征亲历记》,中国人民政治协商会议全国委员会文史资料研究委员会编《文史资料选辑》第62辑,文史资料出版社1979年版。

王天锡:《红军过黔时蒋介石在贵阳的狼狈相》,《文史资料选辑》第62辑。

郑洞国:《从猖狂进攻到放下武器》,中国人民政治协商会议全国委员会文史资料研究委员会编《文史资料选辑》第20辑,中华书局1961年版。

龙国钧:《长春解放经过》,中国人民政治协商会议全国委员会文史资料研究委员会编《文史资料选辑》第42辑,中华书局1964年版。

孙多森　孙多钰

熊尚厚

孙多森，字荫庭，1867 年 1 月 23 日（清同治五年十二月十八日）生，安徽寿州（今寿县）人。他的父亲孙传樾，曾在李鸿章幕下参加镇压太平军，之后转任江苏记名道，在南京任洋务局总办。孙家在长江一带经营盐务，家资巨万，富甲一方。1885 年孙多森中秀才，继为贡生，捐得候补同知官衔。1893 年后他的父母相继去世，孙氏兄弟在其叔父孙传鼎的支持下，决定开办实业。

初始，鉴于面粉业有利可图，且制造较易，孙多森派人去上海筹办面粉厂。经过两年的准备，1898 年 2 月与其兄孙多鑫在上海创办阜丰面粉公司，是为国内华商第一家机制面粉厂。阜丰资本规银三十万两，获清政府准免税款，向美国购买机器，总公司设上海。1900 年建成投产，日产面粉二千五百包（五百桶），孙多森任总经理，孙多鑫任协理。阜丰开办后营业颇有起色，1904 年扩建厂房，增置机器。次年，国内发生抵制美货的爱国运动，同时因日俄战后东北三省面粉销路很好，阜丰日产增至七千余包，获利甚大。是年，孙多鑫投直隶总督袁世凯幕下，阜丰由孙多森独自经管。

孙氏兄弟与周学熙是安徽同乡，并是亲戚，他们在天津都先后成了袁世凯的僚属，因而关系日益密切。先是孙多鑫在直隶同周学熙一起替袁经办启新洋灰公司、直隶滦州矿务局和天津造币厂等企业，并投资这些企业。1907 年春，孙多鑫病故，袁世凯召孙多森去天津接替孙多鑫的职务。他抵津后，与周学熙共同经营启新洋灰公司和滦州矿务局，担任两公司协理。次年，周学熙在北京创办自来水公司，孙多森任该公司协理。1909 年，直隶全省工艺总局成立他任总办，并兼南洋劝业协赞会会董。其后直隶总督杨士骧指派孙多森会同周学熙组织直隶出品协会，孙任协理，在天津劝工陈列所举办劝业会。1910 年 4 月，孙任直隶劝业道，不久被人指为“庸人”，遭到直隶省谘议局的弹劾，遂辞劝业道职，仍任启新洋灰公司和直隶滦州矿务公司协理。他在劝业道任内，编有《直隶实业汇编》一书。

1911 年 10 月武昌首义，12 月孙多森被袁世凯举荐，任清廷内阁和议代表，随总代表唐绍仪去上海议和。次年 1 月南京临时政府成立后，南北和议陷于停顿，孙回到天津。袁世凯任临时大总统后，他被派往安徽任实业司司长，未及一月被免职。9 月，周学熙于北洋政府财政部内筹设“国家银行事务所”，10 月派金邦平为总办，孙任会办。12 月，周又邀孙管理中国银行，继吴鼎昌任监督。孙多森鉴于中国银行袭用大清银行的旧式管理甚为陈旧，即提出改革意见：增设分行十九处，以在政界有声望的官吏任分行负责人，而以熟悉银行业务的留学生任副职；派人前往日本考察银行业务；派员在各省调查商情；设置金库及高等银行学堂等①，很想办好中国银行。1913 年 4 月，孙被任命为中国银行总裁。他修订《中国银行则例》三十条，得到参议院的通过，由财政部公布施行。其要点是：(一)中国银行为股份有限公司；(二)资本总额六千万元，由政府先认垫一半，缴所认股份的三分之一开业，同时召募商股；(三)经理国库及公债，代政府发行货币；(四)经营买卖金银及各国货币②。5 月，财政总长周学熙下台，交通系首领梁士诒署财政次长代理部务，随即下手攫取中国银行。

---

① 聂其炜：《我和一九一三年的中国银行》，中国人民政治协商会议全国委员会文史资料研究委员会编《文史资料选辑》第 49 辑，中华书局 1964 年版。

② 姚崧龄：《中国银行二十四年发展史》及附录二《中国银行则例》，台北传记文学出版社 1975 年版。

1913年6月30日，袁世凯下令革除革命党人柏文蔚安徽都督兼民政长职，以“皖人治皖”名义，派孙多森为安徽都督兼民政长。7月4日，孙由南京乘“建成”号军舰前往安庆接任，遭到安徽省议会议员的反对。不久，国民党人李烈钧、黄兴、陈其美等分别在江西、南京、上海发动反袁斗争，安徽驻军胡万泰（旅长）于15日在安庆响应，发动安徽公民会及省议会要求孙多森辞都督职（仍任民政长），拥柏文蔚复任都督。孙急电袁世凯及陆军部，请求调派第八师即日拔营前来援救，并电请倪嗣冲出任皖北司令。17日，安徽宣告独立，孙被胡万泰软禁于都督府。后经柏文蔚函胡万泰从中说项，谓“孙多森并无实力，杀之无足轻重，如果释之，还将取信于天下”①。胡遂将孙释放，专轮送往南京，27日袁世凯下令免孙本兼各职。次日，孙在上海发电声明，谓：自“九江兵变，南京响应，安庆陷入危地”，为了“权宜暂维秩序，环迫宣布独立”，“自十六日起凡有安徽民政长印信及孙多森私印各项文件，均非出自多森，多森不负责任”②。其后，孙经海路至北京，向袁解释安庆事变，取得袁的谅解。

8月3日，袁世凯宣布孙多森并未参加“叛事”，随即派他为赴日实业调查专使，前往日本考察。1914年5月，顺应日本的投资要求，孙多森、王克敏、陆宗舆、曹汝霖、杨士琦、李士伟与日人中岛久万吉、仓知铁吉、尾畸敬义等，在北京发起组织“中日实业股份有限公司”（为一投资公司）。6月，经农商部批准开业，资本五百万日元，中日各半，于东京设本店，北京设总营业所，上海设分所，孙任总裁。

袁世凯为了筹备帝制，于1914年5月设立参政院，指定周学熙、孙多森等人为参政。10月，袁拨官款六十万元在北京开办“通惠实业特种公司”以辟财源，孙多森和周学熙任筹办人，列名发起者还有袁克文、张镇芳、李士伟、梁士诒等三十人，资本定额五百万元，招商股九十万

---

① 孙锡三：《孙多森传》（未刊稿）。

② 上海《时报》1913年7月28日第3版。

元，实收一百五十万元，由孙任议长（一说任临时总裁）。通惠实业公司经办银行、仓库、保险及其它农工实业，在北京设总公司，上海、汉口设分公司①。继后，该公司以资本六万元并招商股十四万元，在烟台创办通益精盐公司；集股三十万元于河南新乡开办通丰面粉厂；并创办天津通孚堆栈及上海沪丰堆栈、协孚地产公司等企业。

1916 年 4 月，孙多森筹办中孚银行，作为其企业的金融机关，资本定额二百万元，由通惠实业公司投资六十万元，招商股四十二万元，实收一百零二万元，于 11 月开业。中孚银行设总行于天津，经营信托、储蓄、汇兑、押汇、贴现及金银买卖等业务，孙自任总经理，聂其炜任协理。次年 3 月，该行在北京（初设分号）、汉口（初设通汇处）、上海设分行；继后又与广东银行、中国银行定约，于镇江、扬州、徐州、南京、无锡、苏州、广州、香港、绍兴、宁波、杭州等地设立特约通汇处。1918 年中孚银行开办国外汇兑，通过美国花旗银行和运通银行、日本第百银行代办国外汇兑②，为我国第一家特许经营外汇的商业银行。

第一次世界大战期间，中国民族工业获得一个发展的好机会，上海阜丰面粉厂的营业进一步发展，获利更巨。1919 年孚丰增资至七十万银两，改组为股份有限公司，在五四运动抵制外货的影响下又得到了发展。同年 7 月 6 日孙多森患糖尿病于天津病故。

孙多钰字章甫，安徽寿州（今寿县）人，生于 1882 年 2 月 26 日（清光绪八年正月初九），为孙多森的幼弟。孙多钰六岁入家塾，十二岁在家塾兼学英语。1899 年随其胞兄孙多堃（字厚甫）赴美留学，1905 年入美国康奈尔大学土木工程系学习，1909 年毕业。

孙多钰毕业后回国，经清政府考试，得工科进士。次年，经他舅父邮传部右侍郎李经楚举荐，任吉长铁路工程局工程师。1911 年春，清政府授他为翰林院检讨，吉长铁路工程局升他为工程局总办兼总工程

① 上海《时报》1915 年 10 月 22 日第 3 版。

② 《汉口银行》第 1 卷 1 号，第 39 页。

师。1913 年，袁世凯撤掉了与国民党关系较深的沪宁、沪杭甬两铁路管理局总办钟文耀之职，调孙至上海接任。1915 年，他被调任湘宁铁路工程局总办。1918 年，美国停止湘宁铁路借款，该路工程计划被取消，他改任珠钦、湘鄂两铁路总办。

1919 年夏，孙多森病逝，孙多钰即辞去铁路总办职，接任北京通惠实业公司总裁和中孚银行总经理。1920 年 10 月，孙多钰任督办浦口商埠管理局局长。1923 年 1 月，北洋政府交通总长吴毓麟推荐他任交通部次长，他将通惠实业公司总裁一职让给孙多森之长子孙震方，但仍兼中孚银行总经理。1924 年 11 月，辞去交通部次长，专任中孚银行总经理。1929 年，他接任阜丰面粉公司董事长，同时兼任启新洋灰公司常务董事、直隶滦州矿务公司副董事长。1937 年起任开滦矿务局天津局华经理（买办）。他是国内民族工业资本集团中“通孚丰财团”（通惠实业公司、中孚银行和阜丰面粉公司）的代表人物，是一位声名颇著的大实业家。1946 年 2 月，南京国民政府财政部以《收复区敌伪钞票及金融机关处理办法》，训令中孚银行停业清理，将中孚银行夺为官僚资本所控制，其后他仅挂名为中孚银行副董事长。

1951 年 4 月 26 日，孙多钰病逝于天津。

孙衡甫

冯伯准　宋紫云

孙衡甫，又名遵法，1875 年 3 月 28 日（清光绪元年二月二十一日）出生于浙江慈溪县一个没落地主家庭。幼年入塾读书，时读时辍。1906 年在宁波一家鸦片烟行学徒满师后，进上海乇余钱庄做账房，1909 年转入升大钱庄当信房①，1910 年又转入浙江银行上海分行任营业主任②，工作勤奋，后提升经理。1911 年 4 月，四明商业储蓄银行（简称四明银行）改组，孙衡甫应邀任总经理。

四明银行自 1908 年创办以来，因不善经营，历年亏损，股息无着，濒临破产。孙衡甫接任总经理后，先从整顿内部入手，健全组织；继而开展存放业务，经常亲自外出招揽，辛勤经营，元气渐苏，历年稍有盈余，陆续抵偿积亏。1917 年四明开始发给股息三厘，以后逐年皆有增加，1922 年至 1927 年每年发给股息一分；1927 年春又从积存的余利项下，拨出规银七十五万两，分发给各股东。四明银行经过孙的悉心经营，稳步发展，面貌一新，1931 年 5 月董事会改选，一致推选孙任董事长兼总经理。同年，四明银行向国民政府财政部、实业部分别注册领

---

① 信房：钱庄职工的一种职称，专司各种文书信件往来，及接洽客路的收解。

② 浙江银行创办于 1909 年，官商合办，总行设于杭州，分行设于上海，经理库款，发行纸币，实具浙江省立银行性质。辛亥革命后改行名为中华民国浙江银行，经理国省库款，1914 年金库移交中国银行，1915 年 7 月改名浙江地方实业银行。1923 年 3 月官股与商股分家，官股称浙江地方银行，总管理处在杭州；商股称浙江实业银行，总管理处设上海。

照,进一步刷新行务。

早在北京政府时期,四明银行已取得钞票发行权,为开展业务创造了有利条件。但孙衡甫声言"银行决不能因一时需要而增加钞票发行";又说"争取存款,不在存款利率高低,而在银行信用厚薄",力求该行经营作风稳健。当时,在上海经商的宁绍帮、广东帮及印度商人纷纷把款存进四明银行,四明银行1930年拥有的存款总额由1926年的二千余万元增加到四千余万元。由于存款总额迅猛上升,四明银行信誉越发提高,以致该行开出的本票,可得到洋商仓库同意提货。孙衡甫把四明银行从濒临破产的困境中挽救出来,获得蓬勃发展,他自己也一跃成为上海金融界的重要人物。

孙衡甫对于四明银行资金的运用,侧重购买公债票和购置房地产。四明银行在上海除拥有四明别墅(在今愚园路)、四明村(在今延安路)、四明里(在今淮海路)、长兴里(在今天目路)、元吉里(在今唐山路)外,林森路(今淮海路)支行、民国路(今人民路)南市支行、南京路西区支行以及北京路总行的行屋,均属自产。房地产是四明银行的主要资产,据该行1931年的营业报告称,房地产和营业用房地共值二百七十余万元。四明银行还投资四明保险公司,占该公司股款总额百分之二十,孙衡甫兼任该公司董事长。

孙衡甫与上海许多钱庄关系密切。1931年四明银行对钱庄存放款总额达三百余万元。为了防止钞票挤兑风潮的袭击,孙预先与通商银行及一部分钱庄约定,在头寸调拨方面,遇到紧迫之时相互支持。1935年上海工商业因营业凋敝,无力归还银行借款,谣言纷起,四明银行也发生了柜面挤兑现象。通商银行立即出面支持,大庭广众之下把银元木箱源源抬进四明银行,敞开兑现,壮大声势;同时又有一些钱庄贴出通告,代理四明银行兑现业务。四明银行本身,则星期日照常营业,便利客户前来兑现。客户认为四明银行资金实力雄厚,挤兑现象很快消除。

孙衡甫主持四明银行,独揽大权,总分行人事安排,多重用亲信,他儿子孙祥簋是宁波分行经理。四明银行设有宁波、汉口、南京三个分行，他放手让分行发展业务，指示分行经理“开支大些好”，认为业务发展，开支必大。他还对分行经理说“放款快些好”，认为只要确实掌握情况，危险不大，可以先放后报，必要的大宗放款，可用长途电话与总行联系，以简化放款手续，争取较多的放款利息。

由于孙衡甫急功近利，放款过多而不慎，以致四明银行后来吃了不少倒账，对三北轮船公司放款一百多万元就未能收回，对不少钱庄同业存放款也收不回来。又因孙衡甫在“九六公债”上投机取巧①，使四明银行受到亏损。在上海经济不景气时，公债票和房地产一时都不能兑现，遂使四明银行形成外强中干的局面。孙为了对外缓和空气，于1935年5月托病辞职，挽出曾任工部局华董的叶琢堂代理该行总经理，自己仍任董事长。叶辛劳逾年，无法挽回困局，旋接任中央信托局局长职务，四明总经理一职仍交还孙衡甫。孙衡甫一筹莫展，四明银行从此每况愈下。

早在二十年代初期，孙衡甫曾让蛰居上海的蒋介石住在极司斐路（今万航渡路）自己寓所三个月，两人无话不谈，结为至交。1926年蒋介石率军北伐，军次南昌，曾拟任命孙衡甫为北伐军经理部长，但孙婉谢，说自己只会做生意，不会做官。孙从事金融业，始终不愿卷入政治旋涡。宋子文担任国民政府财政部长时，曾邀请上海金融界头面人物酝酿中央银行理事会名单，孙借故不到，招致宋子文的不满。

1935年11月，国民政府实行法币政策，由中央银行统一货币发行，原已发行钞票之各银行限期收回本行钞票。财政部通知四明银行须根据发行钞票总额，提出十足准备，其中现金百分之六十，房地产债

① 九六公债：北京政府1922年7月发行，因发行总额为九千六百万元，故称。发行后，基金虚悬，利息欠发，票面价格逐步下跌。1924年，孙衡甫得知“九六公债”有付息消息，四明银行乘机大量吃进，接着票面价格趋涨。但不久苏浙发生战争，财长李思浩下台，“九六公债”没有付息，公债价格猛跌，投机者遭到失败。见上海《银行周报》第592号。

券等百分之四十，交由发行准备管理委员会保管。孙衡甫力不从心，不得已亲往南京见蒋介石，以期获得转圜余地；但财长孔祥熙不肯收回成命，并采用巧取豪夺的手法，不断吸进四明银行发行的钞票，继而放出空气，造成四明银行柜面发生挤兑现象，形势严重。孙无力招架，官僚资本乘虚而入，四明银行股东会无奈，于 1936 年冬决定增资减值①，将旧股按一五折减值，计折合三十三万七千五百元，由财政部加入官股三百六十六万二千五百元，合共四百万元。四明银行自此成为官商合办的商业银行，由财政部派吴启鼎为董事长，李嘉隆为总经理。孙衡甫从此退出四明银行，成为一个失意寓公。

孙衡甫对地方公益事业颇为热心，曾在家乡独资兴建半浦小学的校舍，独资修筑半浦乡七华里长的石板路及其沿线的桥梁，并为重建宁波市的老江桥捐款五万元。

孙衡甫除四明银行外，先后投资的企业计有成丰钱庄、益昌钱庄、恒隆钱庄、恒赉钱庄、信裕钱庄、童涵春国药号、穿山轮船公司、长卷煤矿、苏州电灯厂、宁波永耀电灯厂、泰州泰来面粉厂及汉口元泰五金号等十余家。

1944 年 1 月 24 日，孙衡甫在上海病逝。

---

① 中国银行经济研究室编：《全国银行年鉴》(1937 年)。

孙 洪 伊

潘 荣

孙洪伊，初用名洪仪(1909 年宣统继位，为避讳改仪字为伊)，字伯兰，天津人，1872 年 11 月 17 日(清同治十一年十月十七日)出生于天津北郊北仓村。孙的祖父与父亲均因经营长芦盐而富甲一方。祖父孙景前死后诰授中议大夫，其父孙孝曾为附贡生。1881 年孙洪伊入乡塾从同邑孝廉刘士瀛读书，“资禀颇钝”，“读书不易上口”，但是其毅力非凡，“手不释卷”、“久之豁然开朗”，十几岁时所作文章已是“气象弘强沉毅，见者咸以大器目之”①。1893 年考取秀才。

孙洪伊尚在科举道路上纡行时，家乡遭变。1900 年，八国联军入侵京津，清军一部据北仓孙宅抵抗，北仓失陷后，侵略军纵火焚毁孙宅并殴打其弟孙仲华，使孙家产业“十去七八”。庚子事变后不久，其弟即因伤势沉重身亡。家乡的惨祸，使早就留心“经世有用之学”的孙洪伊更深切感到清廷腐败，非革旧布新不足以匡世，迅速走向改良主义道路。

庚子事变后，孙洪伊即移居天津城里，并广泛结交有志于改革的社会名流，在严范孙等影响下，他很快成为天津地方绅士中兴办新式教育和实业的代表人物。1902 年，率先在北仓废弃古庙，出资兴办北仓村蒙养小学堂。同年，捐资建立北仓集市，推进城乡自由贸易。次年孙先在北仓创天津民立第十小学堂，继而又联合妹夫罗云章，

① 陆乃翔撰：《孙公洪伊行状》，《河北月刊》第 4 卷第 10 期(1936 年)。

各出资一万五千元在城内户部街关帝庙创建天津电报学堂。1906年,孙洪伊卖掉祖遗田产得款四万二千元,全数用来创办一所新式中学。

1905年,俄国在日俄战争中失败后,中国资产阶级民主革命运动迅速发展。同时立宪运动也日益高涨。1906年,袁世凯在天津创办自治局,孙洪伊乘机联合谷钟秀、温士霖等组建天津自治研究会,积极宣传提倡宪政和地方自治。次年8月,天津县士绅集会,成立天津县议事会,孙被推选为议事会议员。1908年7月,各省掀起国会请愿运动,清廷被迫谕准公布《谘议局章程》及《议员选举章程》。次年3月,孙洪伊以办学卓然,被推选为直隶谘议局议员。10月,谘议局开幕。11月,孙应江苏谘议局议长张謇邀请,赴沪出席各省谘议局代表会议。12月,16省谘议局代表群集沪上,经过多次会议,组成了请愿代表团。孙洪伊被公推为领衔代表。在孙的组织下,请愿代表团于次年1月到京,16日,向都察院递交了请愿书。此后,孙还遍访王公大臣,呈交请愿书副本,吁请他们支持。但月杪清廷却发布上谕,以“反致纷扰不安”为由,拒绝速开国会。第一次请愿失败后,孙毫不气馁,依上海会议期间的成议,着手组织国会请愿同志会,并支持创办《国民公报》,为速开国会大造舆论。第二次请愿遭清政府更严厉的拒绝,但清廷的上谕并未吓倒孙洪伊。在上谕发表第二天,孙即复电各省谘议局:“决为第三次准备,誓死不懈。”①在孙洪伊等发动下,第三次请愿的声势远远超过前两次,驻京请愿团吸收了各省各团体的代表加入,各地还组织了群众性的请愿运动。在风起云涌的请愿运动压力下,清廷为缓和形势,被迫宣布,“缩改于宣统五年实行开设议院”。与此同时,以载沣为首的满族亲贵着手对请愿运动进行分化和镇压。由于以张謇为代表的立宪派上层的妥协,请愿运动最终未取得任何实际成果。而以孙洪伊为代表的立宪党人激进派在请

① 《帝京新闻》,宣统二年五月二十六日。

愿运动中所表现的不屈不挠的斗争精神，却产生相当大的社会影响。同年与雷奋、徐佛苏等组“政闻社”，继续推动速开国会，组织责任内阁。

请愿运动结束后，立宪派头面人物均把注意力转向组织政党，孙洪伊也不例外。1911年3月，他以谘议局联合会的名义邀请各省谘议局进京会议。公开说这次会议是筹商国是，实际以组织政党为主要目的。各省谘议局的议长或副议长大都应邀到京。谘议局联合会议结束后便研究组党问题。经过充分的研究和协商，确定党名为宪友会，于6月4日宣告在北京成立，孙洪伊被推举为常务干事。10月10日，武昌起义爆发。月末，张绍曾等发动“滦州兵谏”，孙洪伊曾邀集天津士绅开会商讨，以图有所响应，但不久即因暗中支持张绍曾的吴禄贞被袁世凯谋杀，张本人亦被去职而作罢。

1912年1月，中华民国宣告成立后不久，孙洪伊赴沪与汤化龙、林长民等共同发起共和建设讨论会，研讨民国建立后的制度建设等问题，并为组织全国性政党做准备。10日，他出面介绍梁启超入会，并于当日向尚在日本的梁发出“入会证”。3月，孙返北京，与谢远涵等组织共和统一党，被选为理事长。与此同时，他为谋求原立宪党人协调一致，组建大党，竭力联络各方，曾多次与梁启超的同道麦孟华、汤觉顿、黄可权等商讨迎梁回国及梁归来后地位问题。8月27日，汤化龙与孙洪伊等多日谋划的第三大党——民主党宣告成立。该党以共和建设讨论会为核心，又联合了国民协会几个小团体，而精神领袖实为梁启超。10月8日，梁由日本回国，先至天津。孙率在津民主党人对梁表示热烈欢迎并主持接待工作。这一时期，梁启超与袁世凯之间的联系，也多由孙洪伊等居间转达。孙积极筹建民主党的主要目的，本在以政党和国会限制政府独裁，而袁的倒行逆施很快就使他失望了。1913年初，他虽被选为众议院议员，为国会“韬园派”的首领，却与梁、汤等人日益疏远。5月，共和、民主、统一三党合并，孙颇不以为然，“自是不问事”。1913年到1914年，在梁、汤等争相向袁政府献策，并在国会中与国民党人吵骂不已时，其“蜷居陋巷，不与世通，世咸几忘其人”①。

自“二次革命”发生后，孙洪伊在政治上明显地倾向国民党一方，令袁世凯十分恼火。为躲避袁政府的迫害，1913 年 10 月，孙在亲友帮助下，逃离北京，并辗转移居上海。1915 年，袁氏称帝意图暴露，他立即表明坚决反对的态度，并写信痛斥袁“妄行”。当时报纸盛誉其为“威武不能屈之大丈夫也”②。

1916 年 6 月 6 日，袁世凯病死后，副总统黎元洪继任总统，段祺瑞以国务总理身份掌握北京政府实权。30 日，经黎提议，段副署，任命孙洪伊为教育总长。孙尚在犹豫是否履任之际，又于 7 月 13 日改任内务总长。在孙中山与黄兴等敦促下，孙于 27 日抵北京就职。

孙洪伊到任后不久，即与段祺瑞及其心腹国务院秘书长徐树铮发生冲突。首先从孙的政治倾向看，他与段、徐发生的冲突实不可避免。8 月，国会复会后，从原进步党中分化出来的以孙为首的“韬园系”便与由原中华革命党人组成的议员团体“丙辰俱乐部”建立了同盟关系。此同盟在国会中反对段内阁内外政策的态度最为激烈。其次，黎元洪继任后，不甘心仅给段祺瑞做盖印的工具，使府、院双方经常在权限等问题上发生争执，给孙洪伊在内阁中寻机反段反皖提供了便利条件。8 月下旬，议员郭人漳等对投靠皖系的政客胡瑞霖（时任福建省省长）在湖南财政厅长任内的劣迹提出查办提案。但该提案转到国务院后，徐树铮不经国务会议，甚至不与主管的孙洪伊打个招呼，就擅自以国务院名义咨复众议院，极力为胡辩护并将此案驳回。孙闻讯后，立即质问段、徐，并诉诸舆论，搞得段与徐非常狼狈，此后段便寻机去孙。9 月初，孙为整顿内务部，裁减若干冗员。被裁汰者即在段、徐煽动下向平政院控告孙违法。孙早就提出平政院为袁世凯私造的机构，当然不肯接受其“所谓”裁决，而且在此事上孙争取到黎元洪的支持。段不能容

① 大林山人：《孙洪伊别传》，北京《实报》（半月刊）第 19 期。

② 《觉报》1915 年 12 月 11 日。

忍黎、孙联手，便于10月19日呈请黎元洪罢免孙，遭黎拒绝。在国会中，“韬园系”和“丙辰俱乐部”都坚决支持孙与段斗争，六十多名议员联合提出查办徐树铮，而“研究系”则坚决支持段，汤化龙亲自到总统府向黎元洪施加压力。在段、汤威胁下，黎动摇，劝孙“自请辞职”，“赴东西洋各国考察”，或“转任其他特任官”；但孙表示，宁受免官处分，决不自请辞职①。段无奈，只好提出“自辞”，转而威胁黎。黎无法收拾，只好请北洋团体的元老徐世昌出面调停，结果，孙洪伊和徐树铮二人同时被免职。孙被免国务员后，便以议员身份返国会活动。段提出的任命任可澄、张国淦接任内务总长的提案，接连被国会否决。12月2日，“韬园系”大将温世霖在众院直接提出弹劾段祺瑞的提案。段遂决心诉诸武力解决。次年1月13日，步兵统领江朝宗派人包围孙宅，企图罗致罪名，致孙于死地。事先得人通报，孙逃往南京托庇于冯国璋。孙洪伊在南京与冯国璋会谈后，仍赴沪定居。2月中旬，他发表《致各政团书》，表示不赞成对德绝交。在外交问题上采取与孙中山等一致的立场。7月初，张勋拥清废帝溥仪复辟，孙中山在孙洪伊等支持下乘军舰由上海赴广东，揭橥护法旗帜。在孙中山号召下，国会议员纷纷南下参加护法。9月1日，南方的国会非常会议授权孙中山组织护法军政府。10日，非常国会选举各部总长，孙洪伊当选内务总长。这一时期，孙常驻上海，为南方阵营主持宣传和联络工作。1918年到1920年，《民国日报》的重要社论大都由孙署名发表，瓦解北洋军阀政府的工作也卓有成效。孙洪伊利用各种关系，做江苏督军李纯和直隶督军曹锟等人的工作，对促成直皖反目起了一定作用。孙洪伊坚决和孙中山合作，深遭政敌忌恨，1918年10月20日，其上海住所遭不明身份的暴徒袭击，因守门仆人得力，方得免遇难。

1920年底，陈炯明率粤军击败陆荣廷驻粤桂军，为孙中山第二次在广州开府扫清道路。次年初，孙洪伊受孙中山之邀，赴广州。在穗期

---

① 《晨钟报》1916年10月24日。

间，他与国民党要人胡汉民、汪精卫、廖仲恺等多有接触。此后一段时间，他为促成国共合作做了非常有益的工作。孙中山在实行国共合作时，对中共领导人物李大钊格外友好并屡委重任不是偶然的，孙洪伊起了重要的中介作用。孙与李关系很深，早在清末天津学界参与国会请愿运动时，尚在天津法政学校读书的李大钊与孙结交。李从法政学校毕业后，孙帮助李找工作。“二次革命”失败后，孙和汤化龙又共同资助李赴日留学。李回国后，与孙来往更加频繁。1916 年下半年，孙任内务总长期间，曾聘请李代拟《地方自治法规》①。1921 年 7 月中国共产党建立后，李数次赴沪开会，都落脚于孙宅。1922 年 8 月底，李通过孙洪伊，得以面晤孙中山，并由孙中山本人介绍以个人身份加入国民党。次年 10 月 19 日，孙中山急电上海国民党党部，宣布已委派李大钊为国民党改组委员，转请孙洪伊立即通知李到上海“会商”②。下旬，李由京至沪，经孙洪伊介绍，与廖仲恺会谈多次，并参加廖主持的国民党改组会议。两个月后，中国国民党“一大”召开，李大钊代表中共出席，第一次国共合作宣告建立。

1924 年春，孙洪伊受孙中山委托赴南京、安庆、九江等地了解各地军阀及各界人士动向，5 月 26 日返归天津。10 月，第二次直奉战争爆发，曹锟政权垮台。11 月，孙中山北上，12 月 4 日抵津。孙洪伊曾前往看望。次年 3 月 12 日，孙中山病逝，他十分悲痛，赴京吊唁。

孙中山逝世后，孙洪伊与广东革命政府的联系减少。北伐战争期间，他的住所曾被当时占据天津城的直鲁联军褚玉璞部查抄。1928 年 6 月，奉军和直鲁联军从北京撤走以后，阎锡山的军队控制了天津。1930 年 6 月中原大战爆发，阎锡山恐孙为南京方面所用，指使天津市

---

① 《李大钊年谱》，中国人民政治协商会议河北省委员会文史资料研究委员会编《河北文史资料选集》第 3 辑，河北人民出版社 1981 年版，第 87 页。孙玉枢：《孙洪伊生平事迹》，中国人民政治协商会议天津市委员会文史资料研究委员会编《天津文史资料》第 37 辑，天津人民出版社 1986 年版。

② 据天津历史博物馆馆藏件。

当局软禁孙达半年之久。解禁后，孙转赴上海定居。

1931年“九一八”事变发生以后，孙致书蒋介石，反对依赖国联，主张直接交涉。次年，上海“一二八”事变发生时，孙即发表《忠告日本全国国民书》，痛斥日本当局穷兵黩武，号召日本人民起来反对侵略中国。嗣后，国民政府发表孙为国难会议成员。

晚年孙洪伊笃信佛教。1936年3月26日，在上海病故，葬于杭州九溪十八涧徐村的小山坡上，与秋瑾墓遥遥相望。

孙　　科

严如平

孙科，字哲生，1891 年 10 月 20 日（清光绪十七年九月十八日）生，广东香山县（今中山市）人，为孙中山原配夫人卢慕贞所生。孙科生后次年，因孙中山在澳门镜湖医院就职，即随母去澳门居住；不久改在香港定居。1895 年冬，孙中山领导广州起义失败，为安全计将孙科母子等送往檀香山，请哥哥孙眉照顾。孙科童年先随母习读《三字经》等启蒙读物，七岁从塾师读“四书”、“五经”，十二岁入当地天主教会办的圣安东学堂就读。他聪敏好学，成绩优异，八年课程四年就学完毕业，十六岁考入圣路易士学院。

1910 年 3 月，孙中山到檀香山开展革命活动，在大学求读的孙科决心投身革命，加入了同盟会，并参加《自由新报》、《大声周刊》的编辑工作。翌年从圣路易士学院毕业后，到加利福尼亚州立大学学习。他参加当地华侨创办的《少年中国晨报》编辑工作。辛亥革命爆发后，他四处演讲宣传革命，学业暂辍。1912 年 2 月曾回国，7 月再去美求学，文理两科兼学，并阅读大量名著。1916 年大学毕业后又考入哥伦比亚大学研究生院，主修政治、经济，选修新闻，翌年获经济学硕士学位。

1917 年 8 月，孙科学成归国，正值孙中山在广州组建护法军政府，乃任大元帅府秘书兼外交部秘书。翌年孙中山离粤赴沪，孙科与友人创办英文《广州时报》，任副主编。1920 年 11 月孙中山在广州重组军政府后，孙科任广州市政厅长兼治河督办。不久广州改制为市，他任首届市长，精心制订《广州市组织条例》五十七条，规定市政府设公安、工务、财政、教育、卫生、公用六局，并一一明确职责。他于1922年8月任“国民党改进案起草委员会”委员，参加改组国民党的准备工作和拟订新的党纲、总章；1923年10月任国民党临时中央执行委员会委员，负责筹措经费，为召开第一次全国代表大会做准备。1924年秋，孙科奉孙中山之命去沈阳联络奉系张作霖，以图南北合作共讨直系。11月孙中山北上，12月4日抵津，孙科从沈阳至天津迎接，以后随同赴京。孙中山患肝癌不治去世，孙科一直随侍在侧。1925年7月大元帅府改组成立国民政府，孙科任国民政府委员、中央军事委员会委员。1926年1月，他被选为国民党第二届中央执行委员，5月任广东省政府委员暨建设厅长，并重主穗政。他科学规划广州城市建设，大力整顿市容，修筑道路，其中改造西关“盖渠筑路”工程费力甚大，收效显著。他还整理税收，规定公安、工务、公用、财政各局的税收项目，去除繁多的税捐，教育、卫生经费则由政府统筹解决。

随着北伐战争在长江流域的胜利，国民政府和中央党部于12月迁往武汉，孙科任国民党中央执行委员会常务委员及临时联席会议主席团成员。在二届三中全会上，他被选为中央常务委员会委员、中央政治委员、军事委员会委员、国民政府常务委员，并兼青年部长等职。蒋介石“四一二”政变、汪精卫继而“分共”，西山会议派又先在上海另立中央，孙科深为国民党的分裂局面不安，乃积极奔走于九江、南京、上海，游说各方，并倡议成立中央党部特别委员会以求党的统一。该建议终于获得三方赞成，孙为1927年9月15日成立的中央特别委员会委员，9月20日任南京国民政府财政部长，1928年1月改任建设部长。但国民党内的派系斗争依然激烈，孙科于1928年1月与胡汉民等出国赴欧洲和中、近东考察各国政治经济状况，以求建国之鉴。6月，他们在巴黎商议未来政府应按孙中山之构想试行“五权之治”，孙科执笔起草《党国训政大纲及应付外交办法》草案。9月回国后，他参加起草《国民政府组织法》及《中国国民党训政纲领》。10月，国民政府改组，孙科任国民政府委员、考试院副院长及行政院铁道部长和交通大学校长。他主掌铁道部，前期着力于整理和养护全国线路，恢复战后铁路通车，并收回日军占领的胶济路，以及将粤汉路收归国有；同时他积极筹划修建新路，主张利用庚子赔款重点建设陇海铁路、组织勘探、设计等工作。他还创办中国第一家民航公司，任董事长。

蒋介石掌握国民党军政大权后，与国民党内外许多派系矛盾激化，内战频仍，政坛风云迭起。孙科虽然不满蒋之专权独裁，但竭力避开冲突，维持合作局面。1931 年 2 月 28 日，蒋悍然囚禁胡汉民。孙科素与胡交谊深厚，闻讯后愤然而起；原来拥戴胡汉民、鼓吹“再造”国民党的“再造派”成员，这时也以孙为领袖。孙离开南京去广州，以两广为基础，联络各派反蒋势力，于 5 月组织成立“中国国民党中央执监委员非常会议”和“国民政府”，任两组织的常务委员。两广正谋起兵北上讨蒋，“九一八”事变爆发，全国上下强烈呼吁息争御外，宁粤双方应谈判解决“党争”。孙科出席“和平统一会议”，会后被推举为中央常委，并出任行政院长，于 1932 年元旦就职；但他得不到蒋介石的支持，无力处置财政危机和外交困境，于 1 月 25 日即辞职，拱手将行政院长一职让给汪精卫。

1933 年 1 月，孙科出任立法院院长，投入很大精力主持宪法起草工作，集中专家四十余人于 2 月成立宪法起草委员会，自任委员长，张知本、吴经熊为副委员长。张、吴分别组织起草了两部宪法草案初稿，以个人名义自行发表，听取各界反映。孙决定以吴稿为本参照张稿加以修订，提出实行内阁制，行政院负实际责任，总统由全国选民直接选举产生，不负实际责任，等等。蒋介石等人大为不满，遂一再修改，将内阁制改为总统制，总统负实际责任，行政会议由总统任主席，行政院长对总统负责；还将总统选举改为由国民大会代表间接选举产生，并删去“军人非解职不得任总统、副总统及省长”等条文。宪法草案被修改得面目全非，于 1934 年 10 月立法院会上三读通过，之后又送国民党中央审查，又经四届五中全会、六中全会、五全大会、五届一中全会反反复复修改，把十二章一百七十八条改成八章一百四十八条，再于 1936 年 5

月1日回到立法院作形式上的通过，于5月5日公布。此后抗战爆发，蒋介石以战时体制为辞，将实施“宪政”束之高阁。1944年1月，张澜在成都发起民主宪政促进会，讨论“五五宪草”，要求施行民主，促进宪政。孙科也不满蒋介石的独裁专权，主张实施宪政；但蒋说条件还不成熟，继续坚持一党专政。在1946年初的政治协商会议上，对“五五宪草”进行了讨论，中共和民主同盟的代表提出了许多修正意见。会议通过《关于宪草问题的协议》，决定组织宪草审议委员会制定宪草修正案；但蒋介石置政协决议于不顾，在发动全面内战后于1946年11月召开的国民大会上，自行通过了修改为十四章一百七十五条的宪法。孙科主持起草十余年的宪法就此了结。

孙科在主持立法院期间，还在制订民法、刑法、商法及行政、司法、军事、税务等各项法规方面做了大量工作，尤其在司法裁判的各种程序和手段方面，能适合于领事裁判权取消以后违法的外国人受我国法律制裁的需要。

孙科为改善国民政府与苏联政府的关系不遗余力。1935年孙担任中苏文化协会会长，积极促进两国文化交流，改善两国关系。抗战爆发后，孙科三次会见苏联驻华大使，使《中苏互不侵犯条约》很快于1937年8月21日签订。为争取苏联的军械援助和贷款，孙科1938年1月、3月和1939年4月三次出访苏联，取得成功。他竭力推动蒋介石改善和发展中苏关系，使抗战前期两国政府关系比较融洽友好；但他后来终究无力阻挡和扭转蒋介石推行反苏亲美的外交方针。

抗日战争胜利后，孙科参加了政治协商会议；1946年10月“制宪国大”任主席团成员。1947年4月国民政府改组，蒋介石任主席，孙任副主席兼立法院长。1948年3月“行宪国大”，蒋介石当上了总统，孙科被蒋提名参加竞选副总统。孙原本嫌副总统是个吃闲饭的差使，还不如当立法院长实在，后经蒋说服，并许诺当选副总统后仍可兼立法院长，乃参加竞选。经过三次选举，虽有蒋介石及其部属的支持，孙科终究抵敌不过李宗仁而落选，仍任立法院长。1948年11月，孙科被蒋提名出任行政院长;在蒋介石下野后,他于1949年2月5日将行政院迁往广州,对代总统李宗仁持不合作态度。后经李劝说返回南京办公,但在部分立、监委员攻击下,于3月8日辞职下野。

孙科离职后,去香港休养。1951年秋赴法就医疗养,1952年移居美国。1965年到台湾参加孙中山诞辰一百周年纪念大会后,被蒋介石留下聘为"总统府"资政,次年又被聘为"考试院"院长,1967年8月任"中华文化复兴运动推行委员会"副委员长。

1973年9月13日,孙科因心脏病在台北去世。

主要参考资料

孙科:《八十述略》,台北《传记文学》第23卷第4—6期。

孙科:《广州市政忆述》,台湾《广东文献季刊》第1卷第3期,1971年版。

《孙科传记资料》(一)、(二),台湾天一图书公司1979、1981年版。

孙　立　人

颜　平

孙立人，字抚民，号仲能，安徽舒城人，1899 年 11 月 19 日(清光绪二十五年十月十七日)生于庐江。其父孙熙泽，晚清举人，在山东登州府任职，民国时期曾任安徽省督察署署长、五省烟酒专卖局局长。孙立人幼年在庐江金牛山入塾，后随父至山东，在济南上小学。辛亥革命时至烟台、青岛，入高等小学。1914 年，考入北京清华学校，在土木工程系学习。他爱好体育活动，为学校篮球队长；1921 年 6 月，还作为中国篮球队队员参加第五届远东运动会，结果中国队获得了冠军。

孙立人在清华学校学习九年，1923 年毕业，以官费生身份赴美国留学，就读于印第安纳州普渡大学土木工程系，获得理学学士。1925 年，被北京政府保送进入美国弗吉尼亚西点军校深造，与美国著名将领马歇尔(George Catlett Marshall)、艾森豪威尔(Dwight David Eisenhower)、史迪威(Joseph Warren Stilwell)等均为校友。两年后毕业，去英、德、法、日等国参观考察，丰富了军事知识和对各国的了解。

1928 年回国，先被分派在国民党军队中任职，不久调入中央党务学校(后改称中央政治学校)任军事训练队队长。1931 年，经宋子文介绍，调至总司令部侍卫总队任副总队长；不久又回到中央政治学校任训练班主任。1932 年，宋子文在财政部设税务警察总团，以黄杰为总团长，调孙立人任第四团(特种兵团)团长。孙招收官兵严格挑选，考试拔优，中上层军官多系欧美留学生。他自编自订一套训练制度和方法，严格训练所部，因而有较强的战斗力。

抗日战争于1937年全面爆发后，税警总团以第八军番号开赴淞沪战场，孙立人任支队司令，率部驻于苏州河畔。10月8日，孙部接受第一军军长胡宗南指挥，在大场、蕴藻浜一带抗击日军。孙部装备精良，训练有素，与兄弟部队协同作战，勇猛冲杀，给日军以重创。孙立人在战斗中负伤达十三处之多，经紧急处置后被送往香港治疗。翌年7月，孙又率部参加武汉保卫战，两次立下战功。

抗日战争进入战略相持阶段后，国民政府财政部组建盐务总局缉私总队，以孙立人为总队长。孙先在湖南扩充所部，组建五个团和三个直属营，兵力达两个师。不久，缉私总队迁至贵州都匀；孙又兼贵州第三绥靖区司令。孙在总队部设八个处，三个直属营扩为团，并建教导总队。他督饬所部严格训练，还注重开展田径、体操、游泳、球类等体育活动，经常举行体育比赛和运动大会。经过一年多的训练，缉私总队成为一支精锐部队，为军统头子戴笠所垂涎。1940年，财政部盐务总局成立缉私署，戴笠施展伎俩获命为缉私署署长，而以孙立人为副署长。戴要孙交出缉私总队（又恢复旧称为税警总团），孙不允，几经周折，终究抵不过戴的权势，只留下了三个团，还受军统特务的监视。

1941年12月，太平洋战争爆发，根据《中英共同防御滇缅路协定》，国民政府决定组建中国远征军赴缅，协同英军抗击日军。此时，税警总团已改编为新编第三十八师，隶属于张轸第六十六军，孙立人任师长，集中黔南地区整训。孙请缨赴缅获得批准，并至重庆受到蒋介石的接见。新三十八师的训练和素质获得军事委员会点校小组的好评，由丙种师擢升为加强师。1942年4月初，孙立人率领新三十八师随同所属的六十六军、杜聿明第五军、甘丽初第六军相继入缅。孙部由安兴出发，4月14日至腊戍，继抵曼德勒，策应英军和我第五军等兄弟部队抗击日本第十八师团和三十三师团东西两路的进攻。为救援被围困在仁安羌北面一带的英军步兵第一师及装甲兵第七旅，孙调派第一一三装甲兵团星夜穿过克钦邦赶赴前线，自己也亲临现场指挥作战。所部将士训练有素，面对侵略军斗志高昂，英勇奋战。经过两个昼夜的激烈战斗，终于克复仁安羌，歼灭日军主力一千二百多人，解救出被围困的七千多名英军，其中还有英缅军总司令亚历山大（Harold Alexander）上将；同时还解救出被俘的英军官兵、美国传教士及新闻记者共五百多人。对于被日军夺去的百余辆辎重汽车及千余匹战马等，孙也如数交还英军。孙立人指挥一个不足千人的装甲兵团，击败数倍于己的日军，解救出十倍于己的友军，取得仁安羌大捷，一时轰动中外，舆论赞扬不已，英国王室并颁给勋章，美国政府也授予丰功勋章。

由于侵缅日军疯狂东进，先后侵占八莫和密支那，西路英军连连败退，东路和中路的我远征军又来不及集结，以致战局危急。5 月，我远征军各部次第由孟拱以西、以北退入云南。孙立人指挥所部掩护英军退却，由孟拱以西经过英普哈尔退入印度境内。8 月，孙率部进驻印度比哈尔邦兰姆珈。10 月，新三十八师与第五军新二十二师等驻印部队合编为新一军，郑洞国为军长，孙立人仍为新三十八师师长。他率所部在异国仍加紧整训不懈。

1943 年 10 月，驻印的新一军向缅北大举反攻，孙立人指挥所部翻越印缅山区，投入胡康河谷战斗。孙调派第一一二团掩护筑路部队一边筑路一边前进，被日军围困于邦加达一个多月；孙派第一一四团增援，苦战七个昼夜，终于歼敌获胜。翌年 1 月，孙率全师在新三十师主力协同作战下，肃清大龙河以西之敌，迅即攻克太白卡、甘卡等地；继又次第攻占拉征卡、拉安加、马高、拉树卡、礼卡道等地，3 月 5 日攻克孟关，15 日攻克丁高沙坎，从而使驻印军完全占领了胡康河谷地区。接着孙立人又指挥所部发起对坚布山的进攻，第一一三团在攻抵拉班后，与新二十二师南北夹击日军，29 日攻占沙土渣，进入孟拱河谷。至 4 月底，孙指挥新三十八师先后攻占高利、瓦兰、马兰、曼平；嗣后继续前进，于 6 月 16 日与新二十二师在加迈会合，迫使日军残部向南撤逃。孙还派第一一四团迂回南下救援英军，抵孟拱东北攻击日军侧背，随即切断孟拱四周之交通线，进入孟拱城垣，与敌巷战两昼夜，于 6 月 25 日完全占领孟拱。孙指挥所部继续前进，7 月 11 日与夺取密支那的新三十师会合，打通了卡盟、孟拱、密支那之间的交通线。

我驻印军取得反攻缅北第一期战斗的胜利后，经过整训扩编，由新一军扩大为新一军和新六军，孙立人以战功升任新一军军长，指挥新三十八师、新三十师和新六军的第五十师，在10月开始的第二期战斗中，为东路军。孙指挥所部从密支那向南前进，遇到日军的顽强抵抗。孙乃以陆空协同、步炮协同、战车掩护、逐点歼敌的战术，指挥新三十八师苦战月余，毙敌官兵二千四百余，终于在12月15日进占八莫城，敌守城司令原好三大佐被击毙。与此同时，孙指挥新三十师沿八莫公路向南坎发动强大攻势，第五十师攻打瑞丽江岸之敌。经过新三十师与新三十八师的合力奋战，迂回奇袭，终于在翌年1月15日袭占南坎。接着孙又指挥所部与卫立煌指挥的远征军东西夹击，会攻芒友。孙以新三十八师主力沿芒友公路进击，新三十师进攻老龙山地区之敌，在攻占开阳、曼伟因、苗西等据点后，与远征军第五十三军一一六师联合发动进攻，于1月27日攻占芒友，完全打通了中印公路。新一军在孙立人的指挥下又继续攻击前进，2月8日进占南帕卡，继后又攻占朋朗、满塔、腊戍、贵街、新维、拉西、芒卡等地，3月8日第五十师占南图，24日新三十八师占细包，27日新三十师占孟岩，取得反攻缅北第二期战斗的完全胜利。

1945年7月，孙立人率新一军凯旋，返抵广西南宁。未及部署对日本侵略军发起反攻，孙立人即奉命参加军事考察团赴欧洲，考察盟军的欧洲战场，历时三周，行程五万英里。从欧洲归来，日本已经宣布投降，孙率新一军到广州，接受日本第二十一军投降。新一军不仅缴获了日军的大量军械，还装备了美国新式武器，又扩充了兵员。孙立人仍严格整训部队，战斗力得到进一步加强，成为国民党军队的五大主力之一。

1946年3月，孙立人奉蒋介石之命率新一军搭乘美国运输舰从广州北上，在秦皇岛登陆后转乘火车到达锦州，分布在沈阳外围，配合第五十二军和新六军与东北民主联军作战。4月，所部五个师分两路沿沈长线向四平平行推进，遇到东北民主联军的有力阻击。在新六军等部增援下，凭借优势兵力，于5月19日进占四平，22日占领长春。

1946年6月，全面内战爆发，8月，孙立人被任命为东北绥靖公署副主任兼长春警备司令，率第一军扼守长春及永吉以北松花江以南各重要据点，遏制东北民主联军北满部队南渡松花江。在随后的作战中，孙部作战不利。1947年4月，孙立人被调至沈阳，改任东北保安司令部副司令长官；8月，又调离东北，改任代理陆军副总司令兼陆军训练司令；但孙立人并不称心如意，他苦心经营多年的新一军被蒋介石收回，交给了黄埔系的潘裕昆。孙几经努力，只从新三十八师和军部选走了原是税警总团及印度、缅甸时期共事的几百名亲信，渡海到台湾去训练新兵。1949年9月，孙立人被任命为台湾防卫司令，协同陈诚营造退守台湾这个最后据点。

蒋介石复任"总统"，任命孙立人为"陆军总司令"兼保安总司令。孙立人对蒋介石多年的独裁专制统治素有不满，到台湾后对蒋经国在军队中推行的一套"政治工作"又多加抵制，龃龉日深。其时美国派至台湾的军事顾问团团长蔡斯，主张废除军队中的"政治工作"，同时对早年留学于美国西点军校的孙立人又多加赞许。蒋氏父子对孙立人疑虑丛生，于1954年6月下令免去孙之"陆军总司令"职，改任"总统府"参军长；翌年6月，又以孙之部属郭廷亮涉嫌发动"兵谏"之阴谋活动为名，将孙"看管侦讯"。8月，蒋介石下令陈诚等九人组成调查委员会专门调查孙立人案；10月21日，公布调查报告，并决定免去孙的参军长职务，"准予自新"，送往台中软禁。直到三十二年后的1988年3月22日，孙立人始获行动和言论自由，时已年近九旬。

1990年11月19日，孙立人病逝于台湾。

主要参考资料

风云丛书编辑小组编：《孙立人自述生平》，台南风云丛书海外出版社 1989 年版。

许逖:《百战军魂:孙立人将军》(上、下),台湾懋联文化基金 1989 年版。

中国人民政治协商会议全国委员会文史资料研究委员会《远征印缅抗战》编审组编《远征印缅抗战——原国民党将领抗日战争亲历记》,中国文史出版社 1990 年版。

姜克夫:《民国军事史略稿》,中华书局 1987 年—1995 年版。

龙中天:《孙立人事件的始末、内幕与疑情》,艾思明编著《名将孙立人》,台北群伦出版社 1987 年版,第 6—57 页。

孙 连 仲

严如平

孙连仲，字仿鲁，直隶雄县人，1894 年 2 月 3 日（清光绪十九年十二月廿八日）生。父亲孙保安出身农家，在当地开面店，后在雄县南关开办钱粮行，获利甚丰，购置田产四百余亩。孙连仲四岁丧父，由母亲和哥哥孙连喜（席珍）抚育成人。他七岁入塾，后入保定旧制学堂，勤奋学习，尊敬师长。他身材魁梧，膂力过人，爱好武术，仰慕战国齐人鲁仲连义不帝秦，乃以仿鲁为字。

1912 年 2 月，孙连仲应募北洋军，对母亲和兄长的劝阻答曰："男儿应立志报效国家，岂能终在田园与草木同腐！"入伍后编入第二镇八标二营八连为学兵。民国成立后，北洋军改镇为师，孙属王占元第二师。不久，孙由学兵升为正兵，调入炮兵营。1914 年春改归陆建章军左翼第一旅（后改为冯玉祥第十四旅、第十六混成旅）炮兵营任班长，前往陕西追剿白朗，开始成为冯部一员。1915 年末蔡锷在云南率领护国军讨袁，在川的冯旅奉命征伐，孙在龙头山战役中一人扛起二百多斤的山炮，带领士兵抄击护国军后路，一炮击中对方阵地。战后，孙升任炮兵营第一连连长。

张勋复辟事件发生时，第十六混成旅上下义愤填膺，但冯玉祥等将领均不在旅，孙连仲乃配合孙良诚、韩复榘、石友三、刘汝明、佟麟阁等其十二名连长率领全旅士兵，在万庄一带阻截张勋"辫子军"，追击至安定门，俘敌五千余。嗣后孙升任炮兵第一营营长。

1922 年直奉战争后，冯玉祥部扩充为第十一师和三个混成旅，孙连仲于5月因战功升任炮兵团团长;1924年又被冯玉祥升为卫队旅旅长;辖有冯治安手枪团、张自忠学兵团和自兼之炮兵营。在冯玉祥发动“北京政变”时,孙指挥手枪团包围了总统府,收缴了警岗枪支,兵不血刃地解决了曹锟卫队团。政变后冯玉祥与孙岳、胡景翼所辖各部共编为国民军,孙连仲调任国民一军炮兵旅旅长,驻平地泉;不久又升任骑兵第二师师长。他严格训练队伍,与士兵一起操练,同甘共苦,并要求官员恪守国民军“不扰民、真爱民、誓死救国”宗旨。

冯玉祥为首的国民军于1926年遭到直奉两系联手进攻,时驻山海关的孙连仲师难以抗御奉军入关,奉命调赴绥远进攻山西。但因南口大战后国民军全线退却,孙连仲亦率师经包头、五原退到宁夏,所部仅剩千余人。孙下力整训队伍,力期恢复元气。9月,冯玉祥率国民军“五原誓师”后,孙任第十二师师长,并被委为“全军总执法”。10月,孙率全师由宁夏入甘肃,收编孔繁锦部,继入汉中发展。后接冯玉祥电令,即火速起赴西安,参加11月解围西安的战事。

1927年5月,冯玉祥国民军改称为国民革命军第二集团军,出潼关参加北伐战事。孙连仲率师在豫西南一带作战,进占唐河、确山后控制了该地区的平汉线。9月宁汉合流后,孙先任第九方面军总指挥兼第十四军军长,进驻新乡;稍后与鹿钟麟对调,改任第二方面军总指挥,辖梁寿恺第一军、孙连仲第十四军、秦德纯第二十三军,孙并任北伐军京汉前线总司令,在漳河沿岸与奉军杨宇霆第四方面军团激战二十六天,歼敌甚众,对稳定京汉、陇海两线战局起了很好作用。

北伐战争于1928年6月胜利结束后,孙连仲率部赴陕,7月入甘,9月击溃河州事变的马廷勷部,进占古浪、武威。孙在甘肃将连年作战减员甚多的部队加以补充整训,恢复实力。

国民政府于1928年9月19日任命孙连仲为青海省政府主席。这是冯玉祥为巩固实力而争取到的重要一着棋。孙到西宁后,以所部第三十一师(原第十四军编遣后之番号)之第九十一旅驻乐部,第九十二、九十三旅及直属部队驻西宁附近,以控制局势;同时得到冯玉祥支持,将盘踞青海之马家军一一调离：马步青旅去潼关，马子乾旅去湟源，马步芳旅去循化、巴戎。面对贫穷落后的青海，孙连仲着手修筑公路，修渠引灌，植树造林，并修建清真寺，成立回教促进会，开办阿訇训练班，力求改善民族关系。但被派赴湟源的马子乾不久即率部进攻西宁，孙指挥两个旅进剿，马子乾被击毙。孙亲至西宁城外迎马之棺柩，并主持了追悼会，赢得了回族军民的好感。

1929年8月，孙连仲调任甘肃省政府主席。他秉承冯玉祥之意，厉兵秣马，扩充实力，为与蒋介石一决雌雄积极准备。这年10月，宋哲元领衔揭橥反蒋，孙连仲任第八路军总指挥，率部出紫荆关直扑南阳。但阎锡山被蒋介石重金收买，孙良诚第二路军又有投蒋之意，冯军难以为继，乃向潼关退却。翌年4月，冯玉祥与阎锡山联手反蒋，中原大战爆发。冯下令把所属全部军队调往前线。孙连仲主张留一部分队伍控制甘、青，为冯所不允。孙任第五路军总指挥，乃率第八军三个师全力投入战斗。6月入豫，在漯河、太康、归德(今商丘)和安徽亳州等地，先后与蒋军何成濬、朱绍良部激战奏捷。7月战局开始逆转，阎锡山军次第撤出主要战场，冯玉祥军各部军心动摇，庞炳勋等部“自由行动”，石友三则通电拥戴张学良，蒋介石则多方利诱，冯军分崩离析，余部被迫退往豫北。9月18日张学良通电拥蒋后，冯玉祥、阎锡山先后下野，冯军部分将领拥鹿钟麟为总司令，孙连仲为副总司令，重振旧部。此时，冯指示鹿、孙“西望长安”，带部队西撤；但众将领认为陕、甘、青、宁过于贫瘠，难有出路。鹿于此时亦离开了部队。而开入晋境的张自忠、刘汝明、赵登禹等部，被张学良改编为第二十九军。驻在新乡的孙连仲一筹莫展，与部属几经商议，瞻前顾后，经韩复榘说明，向蒋介石表示愿服从中央，接受改编。10月18日，孙在新乡发出通电，随即被委为第二十六路军总指挥兼第四十二军军长，下辖自兼之第二十五师、高树勋第二十七师、关树人骑兵师。

孙连仲归附蒋介石后，不久即被派往江西，连续参加第二至第五次“围剿”工农红军的战事。他对蒋介石的命令和部署绝对服从，率领所部猛打猛冲，以博取蒋的信任。孙部多是西北籍官员，不习惯南方水土，患疫病者甚众。1931 年 12 月，代孙指挥作战的参谋长赵博生和第二十五师第七十三旅旅长董振堂率一万七千多名官兵在宁都起义归附红军；1932 年春红军围攻宜黄的战役中，第二十七师师长高树勋弃城而走，被撤职。孙连仲向蒋自谴以求宽恕，蒋鉴于在前四次“围剿”之中，国民党军队大量被歼，孙部的这些败绩也不算罕见，因而未多加责备。1933 年 6 月，蒋介石在庐山开办军官训练团，为发动更大规模的第五次“围剿”红军训练军官时，除自兼团长外，特委孙连仲为副团长，而以陈诚为教育长。孙受宠若惊，感恩戴德，对蒋更加心悦诚服。接着在 1933 年 10 月开始的第五次“围剿”中，孙任第二十六路军总指挥兼第三十军军长，率领冯安邦第二十七师、李松昆第三十师、李敬明第三十一师、张华堂独立四十四旅和李汉章第七十四师到江西作战。翌年初，蒋介石还把彭振山第二十七军、张印湘第四十二军分孙连仲指挥。1934 年 4 月，蒋介石指挥陈诚所部发起广昌战役，孙连仲指挥所部负责守备永丰、藤田以东及南丰、广昌以西为中间地区，修筑公路和碉堡。红军西撤长征后，孙部于 1935 年调往湖北“围剿”和追击湘鄂川黔边区贺龙、萧克率领的红二、六军团。

1935 年 10 月，孙连仲奉命率部开赴苏北，各师分驻宿迁、涟水、泰县、东台、如皋、南通等地，总部驻淮阴，从事国防工事和导淮工程的建设。11 月在国民党五全大会上被选为中央监察委员。

“七七”事变后抗战爆发，7 月 9 日，驻在信阳、确山一带的孙连仲接蒋介石电“即向石家庄或保定集中”，乃于 7 月 12 日率部北上，途中接宋哲元电，要孙部暂缓前进“以免刺激日军”，乃停于彰德(安阳)。孙电蒋介石请准继续北上到保定。7 月底，平津次第失陷，华北形势严峻。孙连仲被任命第二集团军副总司令兼第一军团司令，率部于 8 月 10 日进至良乡西南窦店，与日军河边旅团对峙。15 日起战事日趋激烈，孙部奋勇作战，予敌重创。日军以猛烈炮火摧毁我阵地，孙部乃于 8 月下旬南撤至琉璃河一线。9 月 15 日，日军侵占固安后继续南犯，孙部在涿县御敌，遭日军迂回包抄。保定战役时，第二集团军总司令刘峙仓皇逃跑，蒋介石怒撤刘职，命孙代之。孙指挥所部转入石家庄地区，10月参加忻口会战之娘子关战役，担负总预备队任务。娘子关右侧的旧关位置险要，敌我反复争夺，孙率第二十七师赴援，沉着应战，激战两周。敌以猛烈炮火轰击，我阵地工事被毁；其他各部伤亡亦甚大，乃转移撤至阳泉。不久忻口会战结束，太原、阳泉失守。孙率部经晋南撤至豫境，招募新兵，并在许昌设立干部训练所，对流亡来豫的青年学生加以培训，大力整补队伍。随后在潢川、武胜关一带构筑国防工事。

1938年3月，孙连仲率第二集团军黄樵松第二十七师、张金照第三十师、池峰城第三十一师东进，参加台儿庄战役。3月19日，孙指挥三十一师主力防守台儿庄城寨，其他部队分别防守台儿庄之西的范口村和之东的官庄以及贾汪东北和台儿庄以南地区。24日，日军濑后启第三十三旅团福荼直平第六十三联队在飞机、坦克、重炮掩护下猛烈进攻台儿庄，孙连仲亲赴前线指挥第三十一师坚决反击，师长池峰城率领敢死队与敌拼杀，歼击从突破口冲入的二百敌军。27日，福荼直平指挥其攻坚部队进攻台儿庄以北之防线，第三十一师各团和炮兵顽强抗击，与敌进行巷战、混战，浴血搏杀，虽死伤十之七八仍拼死坚守。29日夜，第三十一师选敢死队员三百，各持大刀一把、手榴弹五枚乘黑夜杀入敌阵。其时各增援部队陆续赶来，协同包围进犯台儿庄之敌，形成对敌军内外攻击之势。4月6日，内外各军全线出击，在台儿庄北三角地带围歼敌军两万余，残敌万余人向北溃退，孙连仲指挥所部追击前进。台儿庄战役胜利结束后，孙率部至豫南信阳、许昌一带休整补充。

1938年11月，蒋介石在南岳召集高级将领会议，总结抗战一年多来的战况，确定战略相持阶段的作战方针，会后并调整全军指挥抗战。1939年1月，宣布孙连仲升任第一战区副司令长官，协同卫立煌统率在河南的抗日部队。孙率第二集团军池峰城第三十军和刘汝明第六十八军进驻唐河、桐柏等县，嗣后向敌占之信阳展开全面进攻，激战四日取得胜利。同年11月孙又调任第五战区副司令长官，协助李宗仁指挥作战。1940年4月，孙指挥第二集团军所部配合张自忠第三十三集团军在鄂北随县、枣阳地区迎战日军。1943年2月，孙又调任第六战区代司令长官，至恩施代理陈诚指挥所部。是年5月日军向鄂西进犯，孙指挥所部在沙市以南组织抗御失利后，全力在长江入川要塞石牌进行阻击，奏捷后即沿长江组织进攻，恢复了宜昌至宜都间的江防，稳住了重庆的西大门。战后，孙被正式任命为第六战区司令长官。11月初，孙组织指挥常德会战，以诱敌深入之战术，将日军主力吸引于澧水及沅江两岸地区加以聚歼。11月22日，日军增援部队分五路攻击常德外围各据点，于24日对常德发动全线进攻。据守常德的部队顽强抗御，拼死击退日军的冲锋，从城区战转为巷战、屋战，抗日官兵人自为战，短兵相接。12月3日，常德被日军侵陷，孙即指挥一个兵团的兵力增援，与常德退出的余部会合强力反攻，日军仓皇突围北逃，失陷六日的常德得以光复。孙指挥所部将士继续攻击敌军，至年末在会战中失陷的城池全部收复；但孙部在英勇作战中损失亦大，许国璋、彭士量、孙明瑾等师长及大量团营连排长均于前线牺牲。

1945年6月，抗日战争胜利在望，国民政府军事委员会决定新建第十一战区，组织抗日军队北进击敌。蒋介石特任孙连仲为第十一战区司令长官，并兼河北省政府主席、河北省党部主任委员。孙连仲率第三十军、第四十军、新编第八军和第三十二军集结于豫北新乡、安阳地区。8月，日本投降，孙受命为平津地区受降主官，接受北平、天津、石家庄、保定、济南、青岛、德州地区的日本侵略军无条件投降。10月10日，孙连仲在故宫太和殿接受日本华北方面军总司令官根本博等俯首呈递的降书和武士道军刀，二十多万民众在太和殿前和天安门广场扬眉吐气地观看了这一受降典礼。

蒋介石在抗战胜利后不久就加紧策划发动内战。10月，第十一战区副司令长官马法五、高树勋奉命率领所部四万五千余兵力进攻晋冀鲁豫解放区的磁县、邯郸地区。10月30日，不愿打内战的高树勋及新八军万余人阵前起义，通电主张和平；31日，马法五在漳河以北大败，马及第四十军二万三千多人被俘，鲁崇义第三十军亦被歼众多。孙连仲的主力部队损兵折将，实力大减；以至对于调拨第十一战区指挥的第九十三军、第九十四军、第十六军均难以驾驭。1947年3月，第十一战区改为保定绥靖公署，孙为主任。孙感到华北军事责任重大，自己难以担负，向蒋介石请辞。1947年12月，孙被调往南京，任首都卫戍司令。翌年5月，蒋介石当总统后不久，孙改任总统府参军长。

1949年1月，蒋介石在风雨飘摇声中下野，孙连仲亦辞职离京，3月去台湾。蒋介石于1950年在台湾"复职"后，孙先后被聘为"总统府战略顾问"、"总统府国策顾问"，还任国民党中央评议委员、中央纪律委员会委员。晚年他倡导网球、高尔夫球甚力。

1990年8月4日，孙连仲因肝癌在台北去世。

主要参考资料

《孙仿鲁先生述集》(口述录音记录整理)，(台北)孙仿鲁先生九秩华诞筹备委员会，1981年印行。

李泰棻：《国民军史稿》，1930年北平版。

国民政府军事委员会战史编纂委员会档案，中国第二历史档案馆藏(全宗号781)。

刘琦等编：《徐州会战》(原国民党将领抗日战争亲历记)，中国文史出版社1985年版。

中国第二历史档案馆编：《抗日战争正面战场》，凤凰出版社2005年版。

姜克夫著：《民国军队略稿》，中华书局1987年—1995年版。

严如平、郑则民著：《蒋介石传稿》，中华书局1992年版。

孙 良 诚

汪仁泽

孙良诚，原名良臣，字少云，1893 年 6 月 22 日（清光绪十九年五月初九）生于直隶静海县（今属天津市），父亲孙云亭在天津清军中当一名哨兵。孙良诚少年时务农，1912 年弃农投军，入冯玉祥部左路备补营当兵，驻扎北京。曾随冯赴河南围攻“白朗”军，因作战勇敢、机警灵敏，受到冯玉祥的器重，为其改名为良诚，1916 年升为连长。

1917 年 7 月，张勋复辟后，驻京第十六混成旅旅长冯玉祥受排挤离部队去天津，众举孙良诚、刘汝明为代表，赴津请冯回京，不久复辟被平定。1920 年孙随第十六旅赴陕西驱逐陈树藩。1922 年第一次直奉战争中，孙已升任团长，随旅长李鸣钟率部由陕西急趋良乡，抄袭奉军侧翼获胜。战后冯玉祥任河南督办，孙奉命在豫东剿匪安民，于 1924 年 9 月升任旅长。在第二次直奉战争中，孙部奉冯玉祥之命留驻北京参与北京政变，配合鹿钟麟部行动。1926 年春，孙再升任国民军第一军第二师师长，驻兰州。此时陇南及陇东镇守使孔繁锦、张兆钾分据天水、平凉，受吴佩孚指使，组成甘肃联军围攻兰州，经激战被孙部击败，孙乘胜追击，获全胜。8 月，国民军在南口失利、西安被围，处境危殆，甘肃遂成为国民军大后方。10 月，孙良诚任援陕军总指挥，统率前方各军入陕，一举攻克咸阳，随即与围困西安的刘镇华镇嵩军发生激战，孙以疲惫之师苦战一月毫无进展，又逢大雨给养不济，军中苏联顾问建议退守咸阳待援。孙则认为撤守无异自杀，下令决一死战。孙乃以少数兵力佯攻，吸引敌军主力，而调集精兵出敌不意猛袭敌大本营侧背，又因援军已到，士气大振，将镇嵩军击溃，使被围八个月之久的西安得以解围。战后孙被擢升为国民军第四军军长。

1927 年 4 月，冯玉祥率部在潼关誓师北伐，任命孙良诚为第三路军司令，率领方振武、石友三、马鸿逵部从潼关进入河南，连克灵宝、峡县、渑池，于 5 月下旬攻占洛阳直抵郑州，6 月 1 日攻克开封。同月 13 日，武汉国民政府任命孙良诚为国民革命军第二集团军第一方面军总指挥。7 月上旬孙率部渡过黄河，连克新乡、彰德(今安阳)，肃清豫北奉军。8 月直鲁奉军大举反扑，第二集团军五路迎战，孙良城部在郑州为各路策应。

1928 年 4 月，蒋介石会同冯玉祥、阎锡山、李宗仁各军北伐奉张，孙良诚部奉命肃清山东一带直鲁联军残部。是月中旬，孙部连克郓城、兖州、济宁，5 月 1 日进入济南。“五三惨案”后孙于 21 日就任山东省政府主席。9 月赴南京商讨山东军政外交事宜，受到蒋介石宴请。10 月，孙宣布治鲁方针，包括肃清土匪、铲除贪官污吏、整顿教育等六条。此时济南仍为日军盘踞，孙的省府设在泰安，省内政治气氛活跃，由反日会查禁日货，妇女会宣传妇女解放，省府录用女职员，开风气之先。

1929 年 4 月初，孙良诚派代表与日方议定接收胶济事宜，并通电全国。但此时冯玉祥与蒋介石之间矛盾激化，蒋阻止孙部进入济南，而另派自己的部队入鲁。孙大为不满，通电提出辞呈，于 26 日离泰安赴开封。5 月中旬，孙被冯任命为开封及兰封警备司令。蒋介石对冯军向豫西集结之异动密切注视，命唐生智部逼近河南。15 日，孙通电责蒋派“大军压境”，次日与宋哲元等通电促蒋下野，拥冯玉祥为护党救国军西北军总司令。孙部当日撤离商丘，炸毁桥梁二十八座，拆毁铁路、扣留运兵西行的列车；但冯的反蒋战争因所部韩复榘、石友三反戈投蒋而告失败，冯于 5 月底宣布下野。孙良诚一度在洛阳与韩部激战，6 月率部退入潼关。此时冯赴山西被阎锡山软禁，9 月，孙到晋与冯密商反蒋事宜，阎表示愿与西北军共同反蒋。10 月 10 日，孙与宋哲元等二十七名将领联名发表反蒋通电，列举蒋六大罪状，称“蒋氏不去中国必亡”。12日，西北军由宋哲元任代总司令、孙良诚任副总司令兼前敌总指挥，以十七个师的兵力分三路采取攻势。孙率主力沿陇海路东进，午刻已抵洛阳，逼使唐生智部从洛阳退守孝义。嗣后孙部进至新郑、密县一带围攻郑州，唐部以强大兵力反击，双方胶着对峙；但因晋军未如约响应，致使孙部孤军深入危境。孙欲保存实力待援，与唐在前线互通款曲，表示愿反戈归附蒋介石。在洛阳的宋哲元风闻消息，恐遭不测，急令西北军西撤，唐生智部乘机反攻；孙面对强敌孤立无援，仓促后撤，混乱中一败涂地，军需物资悉数丢失，反蒋战事全盘失败。战后宋、孙相互指责，矛盾加深。

1930年2月，冯玉祥与阎锡山联合反蒋。3月中旬，孙良诚与西北军共五十七位将领联名发表通电，拥阎为中华民国陆海空军总司令，李宗仁、冯玉祥、张学良为副总司令。阎、冯调集各路大军与蒋介石展开中原大战。孙良诚任第二路军总指挥，从陇海路出击，次第攻克洛阳、郑州，后又至杞县，击败陈诚部队。6月下旬，冯玉祥部署诱敌深入的“口袋战役”，孙部奉命让出杞县，蒋军中计进入后，被孙及吉鸿昌等部截成数段，双方激战，伤亡惨重。随后在冯部发动“八月攻势”中，孙良诚任左翼，向宁陵以北的顾祝同部进攻，因连日大雨，河水泛滥，攻势受阻；此时，津浦线方面的晋军战败撤出战斗，蒋军乃集中兵力全面反攻。9月18日，张学良通电入关拥蒋，阎、冯军陷于腹背受敌之势，战局剧变。蒋介石并收买分化西北军将领，孙部悍将梁冠英、张印湘等相继降蒋，孙良诚只得率余部辗转撤至山西。反蒋兵败后，冯玉祥原意让孙收拾西北军残局，但遭诸将领反对而未果。张学良在改编西北军时，以宋哲元为改编后的西北军军长，孙未得军职，遂下野寓居天津。

1933年5月，冯玉祥在张家口招集旧部组织察哈尔抗日同盟军，孙良诚应召任骑兵挺进军军长，变卖部分财产以充军费。6月，抗日同盟军成立军事委员会，孙任常务委员。同盟军先后收复康保、沽源、多伦等地，全国振奋；但为蒋介石所不容，调集大军围攻。在蒋军先头部队离孙部仅数里之际，孙忽称病回张家口，冯玉祥殊为不满，从此对孙十分冷淡。8月15日，冯玉祥通电下野，抗日同盟军各部由宋哲元收编，孙被解除兵权后重返天津。

1937年“七七”事变后，全国军民奋起抗战，但孙良诚未被起用。天津沦陷前，孙携家眷迁至汉口。1939年，冀察战区司令兼河北省主席鹿钟麟委孙良诚为冀察战区游击指挥官，但能受孙指挥的仅旧部赵云祥的游击纵队。1940年春，孙被委为鲁西行署主任，其后石友三旧部王清瀚率两团人员来投，使孙的实力有所扩充。1942年春，第一战区副司令长官汤恩伯对孙良诚部既不核定经费又不补给武器装备，使孙日处愁城；5月又被免去行署主任职。孙在赵云祥、王清瀚的怂恿下偕赵、王同去南京投附汪伪。参谋长傅二虞抗阻不成，带走于飞所率的游击队坚持抗日，团长段海洲、孙兴斋也率部投奔卫立煌。6月，孙就任汪伪第二方面军总司令职，所部三万余人随之成为伪军。8月，孙继任伪开封绥靖公署主任职。他为自己留后路，曾接纳国民党方面人员，并开放河口与内地进行物资交流。11月，孙改任伪苏北绥靖公署主任，率部驻扎泰州、盐城一带，多次与新四军发生冲突。

1945年8月日本投降后，孙良诚部被蒋介石改编为第二路军，孙任总指挥，受命原地驻防。其后赵云祥第四军被新四军包围后宣布起义，王清瀚第五军的王和民师在宝应被歼，孙部只剩下第五军残部和孙玉田的第三十七师等总共不及五千人。其时汤恩伯又欲夺其兵权，孙投靠桂系李品仙，得第五纵队番号，开往滁州，苟延残喘。1947年，孙部奉调寿州，缩编为第一保安纵队。1948年，移驻宿迁、睢宁，改为暂编第二十五师。淮海战役前扩编为第一〇七军，归徐州“剿总”节制。11月，淮海战役开始，孙部奉命向徐州集结，行经阜宁西二十里处被解放军包围，孙被迫下令所部放下武器，受到解放军的优待。此时刘汝明兵团在淮河一带布防，孙良诚、王清瀚表示愿前往劝降，到达蚌埠后，刘汝明责孙投共，孙推诿于王清瀚，刘即将王解送南京杀害。孙良诚不久到了南京，后移居上海。

上海解放后，孙良诚被捕，1951年5月10日病死狱中。

主要参考资料

傅二虞:《孙良诚从军始末及投敌经过》,中国人民政治协商会议天津市委员会文史资料研究委员会编《天津文史资料选辑》第12辑,天津人民出版社1980年版。

黄广源:《孙良诚投敌及其下场》,中国人民政治协商会议全国委员会文史资料研究委员会编《文史资料选辑》第54辑,文史资料出版社1962年版。

邓俊升:《孙良诚其人其事》,中国人民政治协商会议天津市委员会文史资料研究委员会编《天津文史资料》总第81辑,天津人民出版社1999年版。

朱忠民:《汤恩伯与伪军孙良诚的勾结》,《文史资料选辑》第54辑。

孙 烈 臣

汪恩郡　王凤琴

孙烈臣，原名九功，字占鳌，后改赞尧，祖籍直隶（今河北省）乐亭县孙家庄，1872 年 6 月 23 日（清同治十一年五月十八日）生于辽宁黑山县老河身屯。父孙魁，以染业为生。

孙烈臣五岁丧父，姐弟三人依靠寡母裴氏替别人做针线活糊口，家贫如洗，度日艰难。因家境贫困，无力常年就学，只乘冬闲进私塾就读。他十五岁起佃田耕种或为人打短工，家境稍微好转。孙虽出身染业世家，但“唯好驰马试枪”①。1890 年起常偕马贩子去古北口，因善辨马之优劣，所获多名马，时人皆以“孙马贩子”相称。

清朝末年，社会动荡不安，富商巨贾争雇炮手以自保。孙烈臣曾受雇于黑山县北新立屯镇立德堂王家，持械护院，后因与主人龃龉而离开。1897 年，他到县北砬子山贾府充当炮手。1900 年，遵母命投效清朝盛京将军部下。1902 年，在田庄台招募马步军旅数百人，隶属中路巡防统领朱庆澜，为绥靖营哨官。孙能身先士卒，练兵有法，用兵有方，深得朱的器重。1906 年，张作霖任奉天（今辽宁）前（左）路巡防统领时，将绥靖营编入所部，任孙烈臣为巡防马队二营管带。1907 年 5 月，清廷改奉天、吉林、黑龙江为行省，设东三省总督取代盛京将军，徐世昌充其首任。1908 年，张作霖奉徐世昌之命率奉天前路巡防队移驻洮南。时顽匪白音大赉、陶什陶胡窜扰洮南、双辽（郑家屯）一带，孙率马

---

① 张伯英总纂:《黑龙江志稿》卷 49，职官传 38，北平 1933 年版。

队三百余人随张作霖追剿，连战皆捷，自11月出师渡洮，驰骋八百里，直抵呼伦贝尔河畔，才胜利回师。战后“叙功保守备加都司衔”①。从此，孙扬名于洮辽及蒙古等地。

1910年，奉天成立讲武堂，孙烈臣入该堂骑兵科学习，次年毕业。因成绩最优，被张作霖擢升为奉天前路巡防队帮统。辛亥革命爆发后，孙与张景惠等人成为张作霖在奉天的耳目。1912年9月，奉天中、前路巡防队合编为陆军二十七师，张作霖任师长，孙烈臣任该师五十四旅旅长。12月，北京政府晋升孙为陆军少将，1915年8月，加衔陆军中将。

1916年4月，张作霖同陆军二十八师师长冯德麟密谋驱赶督理东三省军务段芝贵，孙烈臣建议以人民团体名义方为正大光明。张极表赞同，便假借二十八师官兵要求惩办帝制祸首来威吓段芝贵。段闻讯即电请北京政府赴津养病，以张作霖代理军务，冯德麟为军务帮办。段备专车一列，带走库存官款二百万元及大宗军火。张作霖佯做不知，并派孙烈臣率兵一营护送。车行至沟帮子，冯德麟早已在此伺候，上车检查，声称欢送段将军，被段的部下挡驾拒绝。随后，孙等拿出以奉天各团体、省议会以及二十八师官兵名义发来的电报，要求扣段惩处。段慌忙将官款、军火留下，才得以脱身。10月，孙获四等宝光嘉禾章。

段芝贵离开东北，张作霖被任为奉天督军兼省长，冯德麟自恃是绿林前辈，不甘屈居于张之下，二人发生矛盾。张宠信王永江，以其为奉天警察厅长，又引起汤玉麟的不满，孙烈臣等二十七师高级将领也都忌恨王永江。但当汤玉麟企图依靠冯德麟与张对抗时，一度附和汤的孙烈臣等又都站到张作霖一边，反使汤孤立无援。张便于1917年3月19日发布撤销汤玉麟旅长职务的命令，派孙率所部三千二百余人包围汤部驻地新民，监视汤的交卸，由张景惠继汤任五十三旅旅长。7月，冯德麟参与张勋复辟失败，被夺去军权。孙烈臣升任二十七师师长，张

---

① 张伯英总纂:《黑龙江志稿》卷49，职官传38，北平1933年版。

自兼二十八师师长。

1918年，重掌北京政府大权的段祺瑞拒绝恢复约法，力主“武力统一”，与南方开战。张作霖按北京政府的军事计划，派奉军两个混成旅进关援湘，组成湘东支队，以孙烈臣为支队司令。另在天津设立奉军总司令部，自兼总司令，以徐树铮为副司令。5月，徐擅自以副司令的名义，召孙烈臣等赴长沙，布置奉军入湘作战，引起张作霖的极大反感。张出兵关内名为“拥段”，实为扩张势力，不能允许徐公然调动军队，将关内奉军全部摆在湖南战场。9月，张作霖任东三省巡阅使，势力及于吉林、黑龙江。同月，张撤了徐的奉军副司令职，以孙烈臣充任关内奉军副司令。由于段祺瑞“武力统一”失败，孙率奉军湘东支队从湖南撤回北京，改编为奉军第一师。

1919年7月，经张作霖保荐，由北京政府总统徐世昌任命孙烈臣为黑龙江督军，8月兼黑龙江省长。黑龙江省毗邻苏俄边境，当时苏俄国内红军与白俄军相持于满洲里外，红白两军更迭进退，边境事务非常棘手。孙抵任后，首先屯重兵于满洲里边境，同时召聚蒙旗各部，恢复呼伦贝尔故地，以固边防。沙俄驻海拉尔领事曾煽惑呼伦贝尔宣布“独立”，后经北京政府外交部长陆徵祥与俄国驻华公使签订《中俄会订呼伦贝尔条件》，虽规定呼伦贝尔盟为特别区，受中国政府管辖，但名存实亡，呼盟之吉拉林金厂、察罕敖拉煤矿和呼伦湖渔业均为沙俄侵占。俄国十月革命后，中东铁路归中国军队守护，孙烈臣审时度势，于1920年1月毅然取消呼伦贝尔特别区，收归黑龙江省治理，在其地先后设置了胪滨、呼伦、室韦、奇乾四县。是年10月，白俄军首领谢米诺夫被苏俄红军打败，退至阿巴赅，企图进入中国境内，在兴安岭设立司令部，遭到孙的拒绝，并将越界进入中国境内的白俄军数千人解除武装后遣送海参崴。同时，孙也拒绝了苏俄红军关于引渡谢米诺夫和在中国满洲里设联络机关等项要求。

孙烈臣督黑期间，注重整顿金融和垦殖荒地。他鉴于黑龙江省钱法极为混乱，由该省钱法维持委员会议决四项解决办法；他还指定由实业厅长、垦务厅长及垦务员会同拟定垦务办法十余项，对省内外领垦者加以保护。孙执法较严，杜绝说情。黑龙江山林警察队长兼山林局副局长李紫英，纵人种植鸦片，克扣警饷，鱼肉乡里，被收押法办。李之胞兄李荫棠系北京政府参议员，黑省议会议长高玉堂系李之同乡，二人为李说情，孙均拒而不见。

1921 年 3 月，孙烈臣调任吉林督军兼省长，旋又兼任东省铁路护路军总司令。王树翰随孙同往吉林，任省财政厅长。12 月，孙烈臣为阻止日本在哈尔滨的交易所扰乱金融，下令逮捕该交易所中方股东十一人。日本驻哈尔滨领事无理提出“抗议”，遭到孙的严词拒绝。

1922 年 4 月，第一次直奉战争爆发，孙烈臣任奉军副司令，留守沈阳替张作霖坐镇。这次军阀混战经过一年多时间的战前准备，只打了六天，结果奉军溃败。5 月，张作霖、孙烈臣、吴俊陞联名通电，宣布东三省自治。6 月，东三省议会联合会推举张作霖为东三省保安总司令，孙烈臣、吴俊陞为副司令，正式宣告“联省自治”。同月，直奉两军停战议和，奉军以孙烈臣、张学良为代表，直军以王承斌、杨春芳为代表，在秦皇岛签订停战协定。直军从秦皇岛向后移动，奉军亦大部撤到山海关以外。

张作霖从直奉战争的失败看到奉军的素质太差，于是积极整军经武，扩充实力，以图再起。同年 7 月，将原东三省巡阅使署与奉天督军署合并，改组为东三省保安司令部，并设立东三省陆军整理处(后改称训练处)，由孙烈臣兼任统监，姜登选、韩麟春为副统监，张学良为参谋长，郭松龄为副参谋长。孙等协助张作霖将东三省全部军队整编为步兵二十七个旅，骑兵五个旅，使用统一番号。每个师、旅分期分批地到指定地点集中校阅，进行对抗演习和实弹射击。各级军官的选拔标准和各级军官的任用权限均有规定，校阅完毕时，都按规定有所升降，使东北军迅速改变了面貌，素质有很大提高。

同期，孙烈臣仍主持吉林的军政，但大部时间在沈阳，对省事除重要及关系三省者外，多假手僚属，自己很少过问。孙还将督军署移驻长春，省公署设在吉林，以魁升任省长，王树翰任督军署秘书长，又请划中东路界线为特别区，以朱庆澜为中东路护路军总司令并兼特别区行政长官。不久魁升去职，由王树翰代理吉林省长。王事事不敢擅专，凡遇用人、行政之事，均由孙首肯。

孙烈臣治理吉林无什么政绩。吉林匪患猖獗，积重难返，在蛟河至吉林一带，有大小股匪二千余人，往返骚扰。1922 年除夕，竟乘省城居民燃放鞭炮之际，入城抢劫绑票。吉林官兵也四处勒索财物，人民苦不堪言。鉴于吉林军政衰微，张作霖令孙回省解决，孙于 1923 年 11 月回到长春，连日召集军政当局开会，议定整饬军务、肃清土匪、厉行禁烟、整顿税源等四项计划，但实效不大。同年，孙烈臣因宿疾未愈，精神不佳，向张作霖提出辞呈，保荐张作相任吉林督军、王树翰任吉林省长，张未准所请，但允归故里静养。此后，孙迭次请辞不许。逢新宅落成，他携夫人往视，见雕梁画栋，极为美观，赞美之余，二人竟抱头痛哭，叹曰："此等住宅吾二老去世，遗留于谁也？"①孙烈臣病情日益加重，1924 年 4 月 25 日死于沈阳。

---

① 陈志新:《孙烈臣》，齐齐哈尔市政协文史资料委员会编《齐齐哈尔文史资料》第 21 辑，1992 年版，第 317 页。

孙蔚如

靳英辉

孙蔚如，1896 年 1 月 31 日（清光绪二十一年十二月十七日）生。陕西省长安县人。出生于耕读传家的诗书门第。祖父、父亲务农，伯父、叔父均有功名，居乡课读，兼务农事。孙蔚如自幼随父辈读书，1910 年入咸长初等实业学校，后入长安高等小学校。1913 年入西北大学预科（旋改为省立第三中学）。是年冬，转入陕西陆军测量学校，1915 年夏毕业后任陕西陆军测量局地形课班员。辛亥革命后，北洋军阀祸国殃民，他接受了孙中山的革命思想，立志反对北洋军阀。在讨袁战争时，经友人李桂棠、杨景震介绍，于 1916 年加入中华革命党。

1917 年底，在陕革命党人响应孙中山号召，组成陕西靖国军，反对段祺瑞政府及陕督陈树藩。孙蔚如入靖国军第三路第二支队第一营任连长，在反对北洋军围攻陕西靖国军的战斗中，初立战功。以后，靖国军在北洋军阀的分化瓦解下，纷纷接受直系改编。孙蔚如于 1922 年初转入继续坚持靖国军旗帜的第三路第一支队杨虎城部，任第五营营副，旋任营长。这是孙蔚如和杨虎城长期共事的开始。4 月，靖国军在武功、马嵬坡附近与北洋军激战半月余，孙蔚如两臂负伤，部队也因众寡悬殊，形势不利。靖国军总司令于右任和杨虎城商定："必须设法储备一部分革命力量，在西北保留革命种子，以便和广东方面取得联系，继续进行革命。”①部队遂转移陕北，依托陕北镇守使井岳秀（此时井尚未投靠北洋军阀），保存实力，徐图未来。

1923年初，孙蔚如伤愈后，返回陕北，这时部队改编为陕北镇守使署暂编步兵团，孙任中校团附。他负责招考进步青年学生，成立安边军事教导队，兼任队长，为部队训练忠于三民主义的军事干部。吴岱峰、张汉民、孔从周、刘威诚等都是这时的学员，以后成了杨虎城部队的基干力量；不少人在抗战前后反蒋起义，成了共产党的重要军事干部。

1924年冬，国共合作的统一战线已经形成，革命形势走向高潮。冯玉祥、胡景翼、孙岳推翻了曹锟的北洋军阀政府，在北京建立起国民军。杨虎城的部队即出山响应，回师关中，对北洋军阀部队作战。孙蔚如任陕北国民军第二支队参谋长兼教导营营长、第二游击支队司令，在陕西省汧阳（今千阳）、陇县地区击败甘军孔繁锦部，并参加追击北洋系陕西督军吴新田，重创吴军，使关中西部的北洋军阀无力东犯。1926年初，吴佩孚指使军阀刘镇华等拼凑十万之众，在陕西土匪武装的内应下，侵入潼关，围攻西安城达八个月之久。孙蔚如率部参加了坚守西安的保卫战。这一场战斗，拖住了北洋军阀的十万部队，从侧面上威胁了吴佩孚和张作霖的军队，遥相援应了正在进行的北伐战争。1926年冬，冯玉祥率国民联军解西安之围后，翌年春率军东出潼关。杨虎城就任冯玉祥国民革命军第二集团军第十军军长。孙蔚如任第十军参谋长、第二师副师长、代理师长等职。10月，率部出关参加北伐战争，协同友军在豫东与北洋军阀张宗昌部队会战，年底攻克徐州。战后移防皖北、豫东一带训练。

在第二次国内革命战争时期，孙蔚如执行杨虎城“不危害革命，掩

① 孙蔚如：《杨虎城在武功继续坚持靖国军旗帜》，中国人民政治协商会议陕西省委员会文史资料征集研究委员会编《陕西文史资料》第15辑（纪念杨虎城将军诞辰九十周年），陕西人民出版社1983年版。

护共产党人”的主张①,力求保持中间立场。早在北伐战争时期,孙就和共产党人魏野畴、南汉宸等有密切接触,并涉猎共产主义书籍;但他不信仰共产主义,只信仰三民主义。大革命失败后,反动派疯狂屠杀革命分子,共产党活动很困难,很多共产党人到孙蔚如部队中工作。孙蔚如师部的政治处长曹力如就是共产党员。孙蔚如在一次纪念周大会上讲话时,对于反动派屠杀共产党人的罪恶行径严加指斥,认为这是损伤国家元气,十分可恨②。1928 年春,杨虎城赴日本,由孙蔚如代行军务。这时,中共皖北特委领导皖北暴动,有人叛变告密交出部队中的共产党员名单,孙蔚如给共产党人发路费送出部队,没有一个受伤。1929 年,孙部在南阳驻防时,部队内的共产党组织曾有兵暴计划,事情败露后,孙蔚如即将这些暴露的共产党员送出部队③。对“时而容纳共产党人,时而送走共产党人”的这种做法,他自己说:“我既反对右倾的屠杀共产党,又反对左倾的暴动政策。”④他也很注意军民关系的处理,1929 年驻防山东时,部队在蒋、冯的斗争夹缝中争取生存,粮饷困难,常以杂粮果腹,“而军纪整饬,为时所称”⑤。

1931 年“九一八”事变后,蒋介石的不抵抗政策葬送了东北,而对内则加强反共独裁。11 月,被打倒的北洋军阀头子吴佩孚辗转到达兰州,由甘肃、四川、青海、宁夏等地方军阀拥戴为中国国防军总司令。自称甘肃省保安司令的雷中田,也在甘肃打出独立旗号。孙蔚如当即奉杨虎城之命,带领所部两个旅入甘,在静宁、会宁、定西等地击败雷中田部,驱逐了吴佩孚,慑服了西北地区很多地方军阀,稳定

① 米暂沉:《杨虎城传》,陕西人民出版社 1979 年版,第 18、38 页;孙蔚如:《自传》未刊稿。

② 孙蔚如:《自传》。

③ 杨虎城的许多老部下都在回忆录中记载了这两件事。实际上,孙蔚如这种立场为十七路军所共知,直到解放后,还为人们所称道。

④ 孙蔚如:《自传》。

⑤ 中共汉中地委党史调查室访问徐向前、傅钟的记录。另据武志平的回忆。

了西北局势。12 月，孙进入兰州，主持甘肃省政，起用进步民主人士杜斌丞等，安抚流民，整顿经济。杨虎城曾数电蒋介石，要求以孙蔚如为甘肃省主席，均遭拒绝，仅委以甘肃宣慰使。孙蔚如曾建议杨虎城弃陕西，经营甘、宁、青、新四省，与苏联取得联系，形成一个进退有据的基地，以在未来时局中应付蒋介石的压力和外患日深的局面，时人称为“大西北主义”①。以后，由于蒋介石的排挤打击，孙部被迫撤出甘肃，移防陕南。日本的侵略、蒋介石的对外妥协和对内排斥异己的行为，加深了孙蔚如的反蒋抗日情绪。在 1933 年至 1935 年驻防陕南期间，孙采取了与革命力量联络、反蒋抗日的立场。他在路过张良庙时，曾刻石“借君之椎，以椎暴日”八字，借申其志。从 1933 年开始，他奉杨虎城的指示，派参谋武志平（地下党员）赴川陕苏区与川北红四方面军秘密联系十数次。红四方面军也派徐以新两次到汉中，与孙蔚如商谈互不侵犯及共同反蒋问题，终于达成协议，形成停战合作的局面。孙蔚如曾送给红四方面军一整套四川北部（包括陕南各县、甘南各县）的军事地图和一些通讯器材、医药器械等物②。这种合作局面一直持续到 1935 年 2 月红四方面军发动陕南战役为止。

1935 年秋后，孙蔚如部先后驻防关中、陕北。此时，中共中央和中央红军到达陕北，杨虎城接受了抗日民族统一战线的主张。孙蔚如执行了与红军停战合作的方针，反对蒋介石的“剿共”政策，掩护红军人员和物资过境。在被蒋介石逼迫无法时，即遵照杨虎城的指示，用打假仗的办法迷惑蒋介石。1936 年西安事变时，孙蔚如担任军事顾问团召集人、西安戒严司令、抗日联军临时西北军事委员会负责人、抗日援绥第一军团军团长。他赞同共产党关于建立抗日民族统一战线和停止内战一致抗日的主张，赞成和平解决西安事变的方针，为实现这一方针做出了重要贡献。西安事变结束后，杨虎城被蒋介石逼迫出国，其部队被蒋

---

① 孙蔚如：《自传》。

② 《中国名将录》，第 45 页。

介石分化瓦解，第十七路军缩编为第三十八军，孙蔚如任军长，同时兼任陕西省政府主席。

抗日战争时期，孙蔚如历任第三十八军军长、第三十一军团军团长、第四集团军总司令兼第一战区副司令长官、第六战区司令长官兼武汉战区受降长官等职。他对日作战积极，曾派出部队开赴抗日前线，参加保定、娘子关、忻口诸战役，以重大的牺牲迟滞了日军的军事进展。日军逼近黄河时，盛传将有西进陕甘的行动，飞机也频频侦察、轰炸关中和西安地区。西安行营主任蒋鼎文仓皇失措，拟放弃关中，并已遣送其眷属及高级人员分乘飞机、火车逃亡成都、宝鸡等地。人心惶惑，不可终日。孙蔚如在西安各界的一次集会上，以《西北国防与抗战》为题讲话，力主坚守黄河，阻敌西犯，坚决表示绝不生离西安。他主持的省政府也发出“守土抗战”的通令。“倘有闻警先逃，不事抵抗者，定以军法从事。”①使主张撤退逃走的人惭沮缄默，人心也安定下来。

1938 年 7 月以后，孙蔚如长期在华北地区率部抗击日军。直至 1940 年奉命守备晋南中条山地区，先后十一次粉碎了日军的扫荡，保住了原有阵地。日军由于被大量杀伤，曾先后补充新兵十九次，称中条山是他们军事侵华的盲肠炎②。以后孙蔚如部移防河南，曾于 1941 年从日军手中收复郑州。

孙蔚如的司令部和属下部队中有不少共产党员，他的部队一度曾归朱德和彭德怀指挥③。他曾邀请中共和八路军派人代为训练干部，在茅津渡办了训练班。在孙部特别是第三十八军中，中国共产党建立了党的工作委员会，军长赵寿山秘密参加了共产党。部队政治工作按着人民军队的办法开展起来，提出了“不嫖、不赌、不吸烟（鸦

---

① 《西北文化报》1938 年 3 月 8 日。

② 《中国名将录》，第 46 页。

③ 《孙蔚如先生追悼会上的悼词》，《陕西日报》1979 年 8 月 2 日。

片烟)”的三大纪律和“自觉纪律、自我教育、财政公开、人事公开”的四大口号①,唱《三大纪律八项注意》等革命歌曲,演出革命戏剧,当时国民党中流传着“这支部队赤化了”的说法。蒋介石极为恼怒,派遣特务进行监视、分化、挑拨等活动,企图削弱、拆散这支革命力量,并曾数电孙蔚如,勒令交出第四集团军中比较负责的共产党员,但都为孙搪塞过去,没有交出一人。1944年,蒋介石以明升暗降的手段,将孙部主力三十八军的军长赵寿山调任第三集团军司令,而将其嫡系张耀明调任三十八军军长,赶走三十八军中的共产党人和进步军官,并借口战局紧张,将孙部三十八军拨归其嫡系刘戡指挥,九十六军拨归川军李家钰指挥,调孙蔚如到重庆将官班受训。1945年6月,又以提升、架空的伎俩调孙为第六战区司令长官。至此,孙的实权被蒋介石剥夺净尽。

抗日战争胜利后,孙蔚如兼任武汉战区受降长官,曾连电辞职,未获准。1946年春,第六战区改组为武汉行营,旋改行辕,孙蔚如为副主任,是蒋军系统中完全没有权力的一名备员。1948年秋,解放战争胜利在望,蒋介石加紧逃台的准备工作,并威逼孙蔚如逃往台湾。孙蔚如乃于7月携家避居杭州,并将原带之警卫团扩编为旅,后改为二三二师,随程潜驻长沙。在解放军渡江南下前夕,孙派秘书王子义前往长沙,授意该师相机起义。后程潜起义,就是以该师为警备进行的。1949年春,解放军向上海挺进,孙蔚如以经沪赴台为名,至沪潜居,与共产党联系,在中共地下党组织的掩护下,迎接了全国的解放。

全国解放后,孙蔚如于1950年8月由邵力子介绍加入中国国民党

① 赵寿山:《与蒋介石二十年的斗争史》,中国人民政治协商会议陕西省户县委员会文史资料研究委员会编《赵寿山将军》,中国文史出版社1994年版;另据蒙定军:《回忆我党在杨虎城部三十八军工作》,中共中央党史资料征集委员会、中共中央党史研究室编《中共党史资料》第17辑,中共党史资料出版社1986年版。蒙当时为三十八军中中国共产党主要负责人。

革命委员会。历任民革中央常务委员、民革陕西省委员会主任委员、陕西省第一、四届政治协商委员会副主席、陕西省第一、二、三届人民代表大会代表、陕西省副省长、第五届全国政协委员、国防委员会委员等职。

1979 年 7 月 27 日,孙蔚如因病逝世。

孙　武

萧栋梁

孙武，原名葆仁，字尧卿、摇清，号梦飞，湖北夏口柏泉乡人。1879年11月8日（清光绪五年九月廿五日）生。祖父孙永忠系太平天国天将、处州王。孙武幼好武术，喜弓马击技，读书但观大略。1894年父亲病故后，迁居武汉。1897年张之洞在武昌黄土坡创设武备学堂，招生一百二十名，聘德国军官当教习，孙武考入该校，与吴禄贞、傅慈祥最为友善，常与议论时政，忧时忧国。1898年吴禄贞赴日本入士官学校中国学生第一期，孙武因母泣留未能赴日。

孙武在武备学堂毕业后，历任武威营哨长、湖南岳州新军教练官、武威营管带。1900年义和团运动爆发后，吴禄贞等回国，与唐才常在汉口筹组自立军，孙武被推为自立军岳州司令。8月9日至21日，自立军在安徽大通与湖北汉口起事先后失败，孙武改姓金，逃亡广州。1903年因母丧，潜回故里年余。1904年7月，吕大森、曹亚伯等在武昌成立科学补习所，孙武参加该所，负责运动军队、会党。9月20日，科学补习所因长沙事泄被军警搜查，孙武逃亡日本，进入成城军事学校学习海军。1905年11月2日，日本文部省公布“取缔清韩留日学生规则”，引起留学生公愤，开会抵制，推胡瑛为会长，宋教仁为外交长，孙武为纠察长，因反对无效果，即决定回国办学。孙武回到湖北，在武昌加入刘静庵组织的日知会，并协助刘办理江汉公学和党务。1906年12月，因浏阳事败影响，日知会被封，刘等被捕，孙武逃亡辽阳，依东三省督署军事参议吴禄贞，相与联络关外马侠。1907年，奉延吉边务督办吴禄贞之命，赴延吉查勘边务，孙武乘间游间岛、晖春、海参崴等地，考察北满形势。同年秋，孙武再去日本东京。1908年春，闻黄兴起兵云南河口，孙即前往相助，但行抵香港时，起事已失败。孙武再返日本，与焦达峰等入大森军事讲习会，研究野外战术和新式炸弹。焦达峰、张伯祥等曾于1907年在东京组织“共进会”，孙武由东北抵日后曾加入该会并被推为军务部长，负责编军制、定旗式、内定各省都督，与同盟会军事滴血会互通声气。9月，被推为湖北主盟人，回湖北策划革命。12月与焦达峰等共商两湖革命。

1909年3月，在武汉设机关，联络武昌黄申芗等组织的群治学社。同年秋被当局侦破，孙武逃往广州，协助共进会推举的广东都督起事，也因失机谋败。孙武退居香港，由冯自由介绍加入同盟会。

1911年春，谭人凤到湖北，约两湖响应广州大举，孙武积极准备，配合广州暴动，至3月广州暴动失败，孙武又与居正、杨时杰等决定在武汉举义，以武汉有兵工企业，武器弹药充足；铁路国有引起全国同愤，乘时起义可得人心；军队会党均已运动成熟，起义条件具备。故决定于10月举事。9月24日，武汉共进会、文学社等14个革命团体代表六十余人在胭脂巷共进会机关开会，推孙武为主席，报告各单位合作举义的经过与必要，旋由孙武提义，请蒋翊武任起义临时总指挥，自任参谋长，以示合作诚意，并决定10月6日（农历八月十五日）为起义日期（后因故改为10月9日）。10月9日上午，孙武在俄租界宝善里试验炸弹，孙武姐夫刘燮卿之弟在旁吸烟，引起爆炸，致孙武头部及两手受伤。由李次生用九角旗两面包扎伤处，背负出后门，乘车至日租界鸿顺里日本同仁医院，请日人院长河野医治，后转德租界共和里11号李春萱处暂避。俄国巡捕则将发生爆炸的宝善里机关内的革命党人名册、文告、照会等搜去，并捕去有关的人员三十二人，致使当晚未能起义。10月10日武昌起义爆发，孙武因伤未愈，未能参加战斗，但口授起义命令：一、夜间城内外举火为号。二、工程营首先占领楚望台军械库。三、混成协工辎各营，自通湘门入，集合楚望台会攻总督署。四、炮队自中和门入，架炮蛇山轰击总督署及其他要地。当晚，按孙武命令起义，瑞澂、张彪逃走，武昌光复。10 月 15 日，推黎元洪为都督，孙武任湖北军政府军务部长，下设七科，掌管将校任免升迁等二十四项职权；10 月 26 日，孙扶伤至武昌高等法院军务部办公，视事约四月余。

1912 年元旦，中华民国临时政府成立于南京，在宁湖北代表推孙武出任参谋长或陆军次长，未获同意。3 月 1 日，因湖北内部派系斗争，孙武不愿同室操戈，自行引退。至 4 月 9 日，孙武接待来武汉慰勉辛亥武昌首义革命党人的孙中山。1913 年 4 月 24 日，黎元洪任进步党理事长，孙武等九人任理事。1914 年 11 月 12 日，加入中华革命党。1916 年 6 月，袁世凯在全国反袁声浪中死去，黎元洪继任总统，孙武任将军府义威将军，晋授勋一位。此后，孙武不与闻政事，徜徉于京、津、沪、汉之间，或开办实业，或诵经礼佛。1939 年 11 月 10 日，孙武在北平病逝。

主要参考资料

邹鲁：《邹鲁全集》第七卷，台北三民主义书局 1976 年版。

张难先：《湖北革命知之录》，上海商务印书馆 1946 年版。

贺觉非：《辛亥武昌首义人物传》（上），中华书局 1986 年版。

石芳勤：《孙武——武昌首义的领导人之一》，李新、任一民等编《辛亥革命时期的历史人物》，中国青年出版社 1983 年 3 月版。

孙 秀 三

马国晏 刘 辔

孙秀三，名大有，字秀三，以字行，直隶乐亭县人（今属河北省），1882 年 12 月 29 日（清光绪八年十一月二十日）生。孙秀三幼年家境贫寒，读书很少，十三岁便远离故土前往东北，到长春“益发合”大车店“住地方”①。

长春“益发合”是乐亭县汀流河刘石格庄大财主刘梦道以四万八千吊资本于 1892 年投资开设的，最初仅是一个大车店。“益发合”大车店通过招待过往货车，服务食宿吸引客商，或代客购销，从买卖成交中提取佣金。每到秋后，也囤积粮豆，从倒把中获得厚利。还附设了油坊、碾磨坊、粉坊和豆腐坊等手工作坊，开设了粮米铺，零售油酒米面和杂货。孙秀三入“益发合”时，该号正不断发展，蒸蒸日上。

孙秀三刚到“益发合”时虽然年轻，但聪颖勤奋、任劳任怨，故深得掌柜们的重视，数年便升为“小掌柜”，成了“益发合”车店里出类拔萃的年青买卖人。

清末东北金融混乱，币制复杂，多种银、钱、钞票同时流通。为适应商品流通，便于兑换货币，钱庄业在长春迅速发展，大商号多自办钱庄。1904 年，“益发合”大车店在本城西三道街开设了“益发钱庄”。翌年，二十三岁的孙秀三被提升为钱庄经理。

孙秀三经营“益发钱庄”后，深知钱庄要发展，关键是筹措充裕的流

① 当时到私营店就业，俗称“住地方”。

动资金，增强购买和储存各种钱钞的能力。1907年与日本横滨正金银行有密切关系的长春“同和盛”银号倒闭，他迅即聘用该银号精通业务的佟锡侯等三人，通过他们与正金银行搭上关系，取得贷款。同时，孙积极改进内部业务，增设新的营业项目，扩大业务活动范围：第一，向交通银行学习办理汇兑业务，使“益发钱庄”不仅获得了较多的汇水（汇款手续费），而且提高了存款额，扩充了流动资金。例如，1914年仅乐亭一地待取的汇款，有时就达一百多万元。第二，增加买卖和兑换金票、钞票、卢布和大小洋的业务，从中获利。第三，于1929年自设银炉，铸造“吉林大翅”①，并自出一至五吊的凭帖。第四，1913年以十万元（小洋）为资本，禀请“在黑河开设金炉，收买沙金，铸造‘宝条’”②，运赴上海出售。由于色纯量足，信誉甚佳。在机构设置上，于上海、乐亭、天津、营口、哈尔滨等地增设了分支机构，办理汇兑业务。这样，“益发钱庄”由以兑换为主，逐步转为以汇兑和买卖钱钞为主，并在“益发合”内进行单独核算，独立经营。

由于孙秀三经营有方，“益发钱庄”成为“益发合”各柜中最主要的获利单位。1912年至1917年，“益发合”共盈利二百零二万元，其中绝大部分为钱庄盈利，大车店的生意，则因中东铁路通车后货运量锐减而常常亏损。1916年秋，“益发合”的总经理韩杏林拟从钱庄提取一笔巨款，作为车店买卖粮食的流通资金，孙及钱庄众掌柜对此举颇不以为然。次年元宵节，他与钱庄掌柜们提出总辞职，韩见形势不妙，便自请退约。此时财东刘家亦已看出，韩杏林和一帮老掌柜们不谙商情变化，无所作为，而孙秀三和一伙后起的掌柜们年富力强、有识有为，于是同意韩杏林退约，从而迫使身股高、年岁大的三十余名老掌柜纷纷辞职。店东将孙秀三等人的身股增加一倍，委任孙为“益发合”总经理。此事

---

①　吉林地方铸造和流通的宝银，每锭重为53.5两，因形似元宝，两边有翅而得名。

②　《关于“益发合”请于黑河地方开设金炉禀帖》，黑龙江省档案馆藏。

在当时长春商界影响很大，人们称之为“孙秀三闹革命”。

孙秀三就任“益发合”总经理后，他以钱庄为“益发合”的总柜，在原有分柜、分庄的基础上，积极改革内部业务，不断扩大经营范围，创办了榨油、制粉等工厂。同时积极参加社会活动，加强社会联系，使“益发合”发展到了一个新的阶段。

在孙秀三主持下，“益发合”的金融业务扩展较快，经营方法更加灵活。他大力经营金银和各种钱钞，随时用电话掌握各地兑换比价，在此地低价购入，在彼地高价抛售。1919 年，为日商三井、三菱洋行代收金票，即获利数十万元。“益发钱庄”除自身发展外，又于同年和交通银行合作，各出资十万银元，在长春开设“益通商业银行”。同时，“益发合”还大量经销粮豆，赚取厚利。由于经营金钞和粮豆等倒把买卖，企业经常冒着很大的风险，孙切身感到办企业“虚的不行，要办实的”。鉴于长春一带盛产粮豆，生产豆油、豆饼和面粉，不仅加工简便，而且销路畅旺，于是积极筹建榨油厂、面粉厂等近代工业，这是“益发合”前进道路上具有重要意义的一步。1921 年，油厂建成投产，安装有四十台水压式压榨机，日产豆油二万斤，豆饼三千六百块，每日需用大豆二十万斤，是当时长春设备最先进的机械动力榨油厂。1924 年，以四十余万元买下日商“中华面粉公司”的制粉厂，日产面粉四千袋，每日需用小麦一百二十吨，是当时长春设备最先进、产量最大的面粉厂。为了加强面粉在市场上的竞争能力，“益发合”不惜高薪聘请外籍技师指导生产，在选购原料、精心加工、严格检查产品质量上下工夫；同时还开设了织布厂，自制面袋，为生产面粉服务配套。经过一番努力，“益发合”生产的“龙马牌”面粉在大连博览会上被评为一等品。1928 年又租用哈尔滨“永盛公司”火磨（机器面粉厂），是为“益发合”的面粉二厂。次年与长春“裕昌源”合买“裕滨”火磨，建面粉三厂。这样，“益发合”面粉的年产量遽增至五百四十万袋，在当地位居第一，产品畅销于南满、吉长铁路沿线各地。

在帝国主义和封建军阀的压榨下，为使“益发合”能够生存发展，孙秀三注意联络结交地方官绅,积极参加社会活动。当时的吉长道尹蔡运升、曾任奉天军政两署秘书长的袁金铠、滨江镇守使丁超、依兰镇守使李杜等人,或为“益发合”的座上客,或与孙时有来往。他看到负责经销吉黑两省食盐的吉黑榷运局,进出款项数额颇大,便与局长董某拉关系,为该局代收盐款,从而得到近百万元的存款充作流动资金。同时,由于他在长春商界积极活动,1917 年被选充长春商会常务董事,1922 年又当上了长春总商会的副会长。1924 年—1931 年“九一八”事变前,一直担任长春总商会会长。

1925 年前后,由于军阀混战,滥发纸币,致使奉票币值不稳。当时,不少钱庄大量倒卖奉票牟利,“益发钱庄”内部也有人主张多做奉票买卖,孙秀三虑及这样做可能给“益发合”招致祸患,便坚决禁止买卖奉票,并布置向沈阳、大连等地大量销售“龙马”面粉,使“益发合”的商誉为世人皆知。其后,奉票贬值,市场动荡,民怨大起。为了转嫁责任,奉系首领张作霖竟将倒卖奉票的钱号“天合盛”沈、长、哈等三柜的执事人逮捕,并于 1926 年 8 月 19 日将冯浚川等五人枪毙。据说,“益发合”也曾被列入查办的名单之中,幸有与他早有结交的奉系要员臧式毅出面力保,声称“益发合”素营实业,并不倒把,遂得使该号化险为夷。对此,“益发合”内外无不赞佩孙秀三掌柜有先见之明。

到 1931 年“九一八”事变时,“益发合”已经是商业、工业和金融资本的集合体,各业相互补充,彼此促进,具有较为雄厚的经济实力。1920 年至 1931 年,盈利约计八百万元。除长春总号(包括油厂、面粉厂及其附设的织布厂)外,在关内外二十四个地方设分支机构二十七处,全部从业人员达二千余人。

“九一八”事变后,孙秀三避居大连,在大连设立“总管理处”,仍负“益发合”经营管理的全责。为了扩大粮豆外销,1932 年在大连“益发合粮栈”设出口部,直接向欧洲、南洋各地出口大豆、豆油、豆饼等。后因无力与洋商竞争,加上日伪进一步控制,被迫于 1939 年歇业。1932

年，“益发合”还在长春西四马路口开设“泰发合”百货商场，这是当时中国人在长春开办的营业面积最大、条件最好的百货商场。为了适应业务发展的需要，进一步加强管理，1936 年他提出改进组织领导形式，成立股份公司。是年 7 月，在大连召开筹备会，决定成立“益发合股份有限公司”，总公司设于长春，孙任代表董事，领导董事会。公司成立后，“益发合”由原财东刘家独资变成合资；由一人执掌全局，改为代表董事依董事会决议行事；将三年结账一次改为一年一结算，采用簿记帐，每年提出《业务报告书》。

1937 年“七七”事变后，日伪为了加强对东北的经济掠夺，施行全面经济统制，“益发合”和众多的民族工商业一样，原材料和商品几乎断绝了来源，生产和销售受到严格限制，因而日渐衰败下去。处此逆境，孙秀三仍然尽心竭力进行经营，终使这一民族工商企业得以保存下来。

“九一八”事变后，面对日本帝国主义的武装侵略，孙秀三抑郁愤懑，不久即辞去连任七年的长春商会会长职务，派“益发合”一名副经理出任副会长以事应付。翌年，他干脆以养病为名从长春出走，摆脱伪满“首都”——“新京特别市”的社会活动。日伪当局曾加给他“新京特别市自治委员会委员”、“满洲制粉组合理事”、“新京地区直辖油房组合副组合长”等伪头衔，但孙从未参与其事。在日伪残酷统治下，他对日伪不予合作态度只能是有限的；但作为一个商人，孙秀三所表现出来的民族气节是可贵的。

“益发合”是个拥有数千职工的大企业，孙秀三担任这样一个大企业的主要负责人，在用人、操守等方面也有值得称道之处。“益发合”的一些业务骨干大都是他亲手栽培提拔起来的，他们或老成持重恪守职责，或精明干练勇于创业，对一个私营企业来说，也可谓人才济济。孙执掌柜务，号令统一，不别亲疏。他的女婿高某在“益发合”任事，派驻海龙，1929 年春节前夕，因业务需要，总柜通令各地驻在人员不得回长春度岁，而高某竟擅返沈阳家中过年，当时虽经东家为高求情，但仍执意责令其“出号”①。孙体恤下情，善于笼络人心。一次，经理室内存有蜜橘，一小伙计趁室内无人，登高取食，恰逢孙入内，小伙计惊惧失措，他却毫不介意和悦地说：“取下来，我要吃。”小伙计转恐为安，感激不尽。在企业内他虽权重位高，但廉洁公正，为同人所悦服。他精于计算，一般加减乘除均用心算，很少借助算盘等工具，俗称擅长“袖里吞金”。

孙秀三长期担任“益发合”总经理，资深功高，个人身股也较高。后来将身股折算成钱股，遂成为除刘家一门八支外的较大股东。

1945年2月2日，孙秀三病逝于大连。

附记：在撰写过程中，吉林省工商联副主委万玉英（原“益发合”财东刘次玄的夫人），原财东刘益旺、文书经办人王赫然等曾积极提供资料。稿成后，又经孙秀三的后人孙广礼先生订正，在此一并致谢。

主要参考资料

长春市民建、工商联编：《长春“益发合”史料初稿》。

① 从旧企业中退职、被开除，俗称“出号”。

孙　岳

陈　民

孙岳，字禹行，1878年（清光绪四年）生于直隶高阳县西庄村（今属河北省），为明末兵部尚书孙承宗之后。他童年被送到外祖父家受启蒙教育，早年曾中秀才。但因祖上被清军所杀，怀深仇大恨，遂无心于科举仕途，常往来于高阳、保定之间，结交朋友，饮酒作乐。其父孙迈唐一生勤俭治家，对孙岳所作所为极为不满，视他为不成器的败家子。当时，孙岳年轻气盛，好打抱不平，曾杀死蠡县一地痞，逃到五台山当了和尚。

1904年，孙岳投考保定武备学堂，被录取入炮兵科。在校期间，结识了革命志士吴樾、刘廷森等人。1906年，又进陆军行营军官学堂（后改为陆军预备大学堂，民国后改称陆军大学）第二期速成科进修。这时，北方同盟会创始人陈幼云受孙中山委托，从日本东京回到保定。陈着意在军官学堂进步师生中工作，以聘请体育教员为名义，请孙岳等到育德中学，进行革命联系。后来由陈幼云主盟，张继、王法勤介绍，孙岳加入了同盟会。

孙岳于1909年毕业，先后担任北洋陆军第三镇（统领曹锟）九标三营管带（营长）、中校参谋等职。他在军中联络下层军官，积极从事反清活动，与冯玉祥、王金铭、施从云等秘密组织的反清团体“武学研究会”暗通消息。1911年武昌起义爆发后，为策应南方革命，孙岳参与王金铭、施从云等策划滦州起义。由于有人告密，在滦州起义前夕，孙岳便被革职。不久他潜回保定，随即南下投奔革命党，至南京时江北独立，被陆军部委任为苏、松、宁、扬、镇五路军总司令，驻扎长江以北，与清军作战。后来军队改编，孙岳被任命为陆军第九师师长。

民国成立后，孙岳应江西都督李烈钧之聘，参赞军务并督办庐山牧场。1913 年“二次革命”时，任讨袁一路军总司令。反袁斗争失败后，同李烈钧逃亡日本。不久密潜回国，隐居于陕西华山脚下。

袁世凯病死后，北洋军阀分化为直、奉、皖三大派系，各自扩张势力，争夺地盘。1917 年，孙岳凭借与曹锟的旧关系，任直系曹部军官教导团团长，先后参加了直皖战争和第一次直奉战争。1922 年被任命为陆军第十五混成旅旅长兼冀南镇守使，移驻直隶大名。

曹锟、吴佩孚把持北洋政府后，穷兵黩武，吴佩孚企图武力统一全国，残酷镇压工农运动。1923 年 10 月 8 日，孙中山发布讨伐曹锟令，并电段祺瑞、张作霖、卢永祥采取一致行动。同时，又派李石曾等秘密联络北方将领。孙岳与冯玉祥在滦州起义之前就相交甚厚，两人在政治上都有进步倾向，在直系中又都受到吴佩孚的排挤，因此都有倒直的意愿。1924 年 9 月 10 日，孙岳应冯玉祥之约，以祭奠殉难官兵之名，在北京南苑昭忠祠，就推翻曹、吴之事进行秘密商议，即史书上所称的“草亭会议”①。会后，孙岳即联络胡景翼。胡早年参加同盟会，辛亥革命时率部在陕西耀州起义，后迫于形势，接受直系改编。第一次直奉战争后，驻扎于彰德、顺德一带，正好与孙岳的部队相比邻。经孙岳联络，欣然同意，并派部下岳维峻去见冯玉祥，表示绝对服从指挥。

1924 年 9 月 18 日，第二次直奉战争爆发，吴佩孚以讨逆军总司令的名义，任命冯玉祥为第三路军司令，率部进军赤峰，置于奉军重兵之下，并派胡景翼等监视冯部，如有异动，就地解决。这更迫使冯最后下决心推翻曹、吴。在直军动员会之后，冯向曹锟建议，调孙岳部来拱卫首都。曹不知有计，即令孙岳率部进京，委任为京畿警备副司令（总司令赵玉珂）兼北京戒严司令，负责京城治安。孙岳为了掌握举事主动

① 冯玉祥：《我的生活》（合订本），上海教育书店 1947 年初版，第 489—491 页。

权，安排得力副官门炳岳当陆防处处长，派出马、步兵在各主要街道来往巡查。10月12日，吴佩孚亲赴前线督战。18日，又将驻长辛店、丰台的嫡系部队全部调往前方。冯玉祥得到消息后，遂于10月19日通知孙岳监视总统府卫队和吴佩孚的留守部队，做好举事准备；通知胡景翼扼守通州，防止吴佩孚反扑，命令所部李鸣钟急趋长辛店，切断京汉、京奉两路交通；急令已到承德的张之江、宋哲元部停止前进，限期回师；急令鹿钟麟率部日夜兼程，迅速返京。10月22日夜12时，鹿部前锋到京，孙岳令士兵开城门迎接，布置所有官兵佩戴事先备好印有“不扰民、真爱民、誓死报国”的臂章，占领车站、电报局、电话局，控制了北京与外部的联系，并派人去中南海通知曹锟。曹梦中惊醒，觉得大势已去，只好下令卫兵向孙岳缴械。这样，不费一枪一弹，一夜之间，完成了北京政变。

北京政变使直系失去了根基，前线直军溃不成军，吴佩孚只得收拾残兵败将，从海路仓皇南逃。10月25日，冯玉祥在北苑召开军政会议。孙岳力主迎请孙中山北上主持大计，同时，极力推荐与孙中山有密切联系的国民党人李书城、李烈钧、李石曾等出任过渡政府的重要职位，并坚持自己及其部下均不参加内阁，以示举事为国，不图私利。会议决定将参加北京政变的各部队统一改组为中华民国国民军，推举冯玉祥为总司令兼第一军军长，胡景翼为副司令兼第二军军长，孙岳为副司令兼第三军军长。会后，冯、胡、孙三人联名电请孙中山北上，并派代表持冯玉祥的亲笔信，南下迎接孙中山“务希即日北上，指导一切”①。11月1日，孙中山向冯、胡、孙等发表了感谢电，表示“拟即日北上，与诸兄晤商”②。但是冯、胡、孙迎请孙中山北上主持大计的政治主张却遭到段祺瑞、张作霖等军阀的反对。孙中山抵达北京后，未及开展工

① 李泰棻：《国民军史稿》，1930年北平版，第128页。

② （台湾）国民党“中央”党史委员会：《国父全集》第三册，台北近代中国出版社1989年版，第978页。

作，便因病逝世，使冯、胡、孙等人期盼与孙中山共商大计，开创政治新局面的主张未能实现。

国民军成立后，孙岳即率国民军第三军进取保定，肃清曹、吴残余势力，释放关押在保定监狱的“二七”大罢工的工运干部，使京、津、保等地的工会得以恢复。同时还同意共产党在保定建立妇女联合会、农民协会、反帝大同盟等革命群众组织。孙岳带兵，军纪严明，深得军心、民心。进驻保定后，兵力得到扩充，由一个混成旅发展为两个师，后又扩编为四个师三个混成旅。孙岳任军长兼第一师师长，其余三个师的师长分别为叶荃、杨虎城、何遂。三个混成旅的旅长分别为徐永昌、庞炳勋、刘廷森。

1925 年 1 月，孙岳任豫陕甘剿匪总司令，8 月，任陕西省督办。11 月，国民军反奉之战爆发，直隶李景林部败逃山东，孙岳调任直隶督办兼省长，进驻天津。1926 年初，冯玉祥因和苏联接近激起北方军阀的攻击，以冯“赤化”甚于洪水猛兽。冯迫于处境日益险恶，提出息争呼吁，通电下野。孙岳接任对奉作战前敌总指挥。3 月，奉军及直鲁联军反攻，天津失守，国民军撤回北京。孙岳心情郁闷，染病住进医院。4 月中旬，随国民军退至包头，留五原养病。9 月，冯玉祥自苏联回国，重整国民军，孙岳抱病参加“五原誓师”，本想参加北伐，但因病加重，不得不赴上海就医，国民军第三军军长一职由徐永昌代理。1927 年 6 月，孙任河南省政府委员，8 月，兼任南京国民政府军委会委员。

1928 年 5 月 27 日，孙岳病故于上海。12 月 25 日，安葬于北京西郊温泉山下，张继为之撰墓志铭①。

① 牛国华：《孙岳将军传略》，中国人民政治协商会议河北省委员会文史资料研究委员会编《河北文史资料选辑》第 16 辑，河北人民出版社 1985 年版。

孙 震

马宣伟

孙震，名定懋，字德操，四川成都人，1892年2月5日（清光绪十八年正月初七）生。孙家三世业儒，父亲孙祖翼兼习韩老刑名律学，因家贫，携妻申氏糊口四方。孙震四岁在绵阳发蒙，五岁后随父辗转崇庆、嘉定、叙府各地，八岁时返回成都老家，经亲友介绍到吴运明家附馆读书，喜读历史。1903年父亲病逝，家境更加艰难。次年，孙震考入成都学堂甲班。他埋头苦读，自修补课，于1906年7月考取四川陆军小学第二期，同学有黄隐、刁文俊等。三年后毕业，由成都至西安入陆军中学。在学习期间，孙震接受民主革命思想，参加反对清王朝统治的革命活动，与牛范九、黄隐、夏首勋等人参加同盟会。

辛亥革命爆发，孙震在西安与党人组成了有二百人枪的“四川革命军”，拥戴在西安的四川藩台王人文为大统领，回川发动革命。这支队伍先攻下广元，继而又分道向成都进发。孙震在途中获悉成都独立而武汉仍在恶战，乃和夏首勋等经重庆到武汉参战；但等他们赶到武汉后，局势已定。孙震遂于1912年8月入保定陆军军官学校学习。1913年春，夺取辛亥革命成果的袁世凯又派人杀害了宋教仁，还签订善后大借款，准备用武力消灭南方革命力量，孙中山号召武力讨袁。孙震毅然抛弃学业，由保定南下至上海参加讨袁。不久讨袁失败，遂去汉口。8月，孙得悉熊克武、杨庶堪在重庆举兵讨袁，他和三十名川籍同学返川参加。孙震等抵达重庆时，熊、杨讨袁军亦已失败，重庆治安由前江西都督府参谋长陈泽沛为临时总司令在维持，孙震等人乃在陈泽沛麾下工作。不久黔军将领黄毓成率黔军入川，骗取了陈泽沛的信任，将大部队带入重庆，即按袁世凯的旨意到处搜查、捉拿革命党人。孙震潜离重庆，返成都隐居。

1914年，孙震入刘存厚的川军第二师任排长，翌年12月升任连长，随后在叙永参加护国军讨袁，在与北洋军作战中十分勇敢。1917年初，升任刘存厚部骑兵旅上校参谋，又调任独立第二支队长。他率队先后参加与滇军罗佩金、黔军戴戡部之战，以功升任田颂尧第三混成旅第一团团长。从此，孙震率领的团成为田旅的主力部队。1917年12月，重庆镇守使熊克武通电拥护孙中山护法，联合滇、黔军组成靖国联军，起兵讨伐依附北京政府的四川督军刘存厚。1918年2月，刘存厚退出成都，孙震率全团随刘存厚、田颂尧经绵阳败退陕南。

1920年7月，熊克武在吕超等部组成的滇黔联军攻击下不支，败退至保宁、盐亭、苍溪一带，电请刘存厚回川主持讨伐滇黔军之战。刘存厚当即下令所部组成“靖川军”，任命孙震为靖川军第一路司令，率部于8月10日出兵返川。孙震部先攻占泸州，后合攻成都。由于熊克武、刘存厚、刘成勋联合，终将滇黔联军驱逐出川。刘存厚进驻成都后，升孙震为陆军第二十一师第四十一旅旅长。此后在一、二军之战，熊克武、刘成勋与邓锡侯、陈国栋、田颂尧之战，熊克武与杨森之战等战乱中，孙震都是田颂尧的得力战将。1924年3月，孙震被北京政府任命为将军府将军，4月4日，又被任命为第二十七混成旅旅长。1925年7月，杨森发动统一四川之战失败后，四川大小军阀瓜分杨森的军队和防地，田颂尧、孙震占据川西北大片防区，田颂尧为川西北屯殖总司令驻三台，孙震为副司令兼第二十一师师长，率部驻防绵阳地区。

1926年7月，北伐战争开始，10月即底定湘鄂，川军纷纷易帜，12月，田颂尧部被编为国民革命军第二十九军，孙震任副军长兼第一路司令。孙震在军中以勇敢善战著称，又精于出谋划策，注意对部队的训练和建设，在官兵中具有威望，已实际掌握该军的大权。

孙震热心家乡教育事业，1929年，在成都捐款创办了树德义务小学第一、二、三、四校；1932 年，又开办树德初级中学，分男女生部，招贫寒子弟入学，不收学费和食费，期末还把伙食结余发给学生。后来办起男女高中部，才开始征收学费和住校伙食费。孙震为使办学事业正常进行，设立“私立树德中学董事会”，出任董事长兼校长。他捐出银币四十万和乐山嘉乐纸厂股本十万，以及他在成都市的十几处公馆、百余间铺店，以利息和房租收入作为学校常用经费。孙震还划出郫县的四百亩良田作为学田，由学校收租补充经费。由于他重视教育事业，还在驻防地区奖助开展文教工作，在绵竹、剑阁等县捐资修纂县志等。

1932 年初，孙震与田颂尧争权的矛盾表面化，他负气以养病为名前去上海，经侄儿孙元良牵线，投靠了蒋介石。田颂尧为统率全川军队，又将孙震请回四川。同年，第二十四军军长刘文辉与田颂尧交恶，爆发了成都巷战。孙震指挥所部在成都皇城煤山与刘军展开争夺战，双方激战六昼夜，冲杀不下百次，煤山终于被刘军占领，孙震将守煤山的团长枪毙以泄愤。

此时，红军第四方面军趁四川军阀混战之际进入四川，占领了第二十九军的防地通江、南江、巴中等地，使蒋介石、田颂尧、孙震等惊惶不已。蒋介石令第二十九军向红军进攻，委田颂尧为“剿匪”督办，孙震为前敌总指挥，结果遭到惨败。蒋介石又委刘湘为四川“剿匪”总司令，统率第二十九军、第二十一军及邓锡侯、杨森、刘存厚、李家钰、罗泽洲等部，分六路围攻红军。1935 年 3 月 28 日，红四方面军在阆中、南部一带西渡嘉陵江，突破第二十九军防线。蒋介石大为震惊，当即手令田颂尧撤职查办、孙震“戴罪图功”，实际上这是让投向他的孙震掌握第二十九军及其防地，4 月 19 日，即正式任命孙震为第二十九军军长。5 月 15 日，国民政府派孙震为第四十一军军长，取消第二十九军的番号，彻底更换了田颂尧的班底。

孙震任第四十一军军长兼第二路总指挥后，指挥所部在雅安金鸡关等各要点围堵西进的红军。西安事变发生后，孙震部编为讨逆军第五预备军，奉命进入陕西南郑、凤县。1937 年 7 月初，蒋介石派何应钦到重庆召开川康整军会议，企图大量削减川军。会议进行之际，“卢沟桥事变”的消息传来，孙震当即在会上请缨出川杀敌。8月初，孙震任第二十二集团军副总司令兼第四十一军军长，率三个师六个旅出川。孙部官兵都是单衣薄裳，赤脚草鞋，身背土造步枪，每人配子弹三五十发、手榴弹两枚，徒步翻越秦岭到西安。他们原盼望得到蒋介石许诺补充的枪械装备，结果蒋介石限令川军原车东开，迅速渡河，补充装备的事只字不提，孙震只好带部队进入山西。

是年9月，日本侵略军大举进攻山西。孙震第四十一军隶属第二战区。10月，日军占领石家庄后分兵沿正太线西进，由测鱼口窜入晋境，绕道攻击娘子关守军的侧后。孙震奉命率部赶赴娘子关西南的东回村、柏井驿、石所、平定等地，截阻西进的矶谷师团，掩护娘子关友军转移。接着，孙部又奉令驰援太原。当孙部日夜兼程赶到太原，阎锡山主力已撤走，孙震乃率部扼守洪洞、沁源一线。第四十一军入山西作战四十余天，伤亡过半，全军无一个完整的团，但阎锡山反骂川军是支烂队伍。

是年12月，孙震所部奉令调属李宗仁的第五战区，防守鲁南。1938年1月，孙部与南下徐州的日军在邹县、滕县间遭遇。2月，孙震升任第二十二集团军总司令，率第四十五军、第四十一军仍守山东滕县、邹县一带，同日军作拉锯战达两月余。川军军纪较韩复榘部队好，又远道来山东抗战，受到群众的爱护和支援，蒋介石也电令嘉奖孙部。3月初，占领济南的日军十二军团西尾寿造部队南下。孙震于3月10日到滕县及其以北的界河前线视察，与第一二二师师长王铭章、第一二七师师长陈离等人一同制定了作战方案，并对固守滕县作了具体部署。3月中旬，日军迫近滕县，蒋介石、李宗仁命令孙震指挥第二十二集团军务必死守滕县三日。孙震派王铭章为前方总指挥，统一指挥第四十一、四十五两军对日军作战。3月14日拂晓，日军步骑兵万余人，配备二十余门大炮、二十余辆坦克并飞机三十架，向两下店、界河一线进攻。镇守滕县的王铭章部奋勇作战，伤亡严重，孙震命令守卫总部的特务营营长刘止戈率三个步兵连援救滕县，仅留一个手枪连守卫总司令部。16日上午，汤恩伯集团军来到孙震总部住地临城，孙震面请汤恩伯出兵增援滕县，汤以所部经临城向日军左侧背进行攻击为由，拒绝援助。王铭章率孤军坚守滕县浴血苦战三昼夜，在巷战中壮烈牺牲。孙部官兵阵亡三千余人，负伤者四千余人。正如李宗仁所说："若无滕县之苦守，焉有台儿庄之大捷？台儿庄之结果，实滕县先烈所造成也！"

抗日战争进入相持阶段后，孙震率部在鄂北地区正面战场继续抗御日军。1939年5月，孙震部参加鄂北会战，8月，击退窜扰高城、唐县镇的日军第三师团一部。12月，孙部向日军发动冬季攻势，攻克随县城外擂鼓墩、独崇山各重要据点，及淅河、马坪间各交通要点。1941年5月，孙震率部参加随枣会战。1942年，孙升任第五战区副司令长官兼第二十二集团总司令。同年11月，他指挥部队击退由京钟路窜入张家集的日军第五十八师团。1943年5月至8月，他两次率部参加鄂西会战。1944年2月，日军第三十八等五个师团及骑兵四旅团约十余万人进犯鄂北老河口、襄樊和豫西的南阳、西峡口，孙震指挥抗日部队固守老河口，痛击进犯的日军，并反攻河城口李官桥及襄樊附近的日军阵地。孙部在这一战役中伤亡官兵达七千余人。

抗日战争取得胜利后，孙震于1945年9月20日以第九战区受降副主官身份，在漯河举行受降礼，第二十二集团军解除日军驻郾城、漯河的第一一五团及第十三警备旅的武装。1946年5月，孙震调任郑州绥靖公署副主任兼第五绥靖区司令官。

蒋介石于1946年6月发动全面内战。孙震奉命率部进犯鄂豫陕解放区，与李先念部作战；又回师在开封、兰封一带与刘邓大军对抗，均遭惨败。1947年初，孙震率部守汲县，与刘邓大军再次作战。后来孙部进入豫北、冀南、鲁西地区，驻防考城、车明、滑县、浚县、濮阳、濮县各地。6月，孙震调任国防部郑州指挥所总指挥，负责守卫黄河南北两岸。1948年8月，蒋介石组建华中"剿匪"总司令部，孙震任副总司令兼川鄂边区绥靖公署主任，移驻宜昌。他的基本部队交侄儿孙元良组建成第十六兵团，自己只带少数杂牌部队。1949 年 2 月，孙震改任重庆绥靖公署副主任兼川东绥靖司令，准备阻挡人民解放军入川。10 月，人民解放军由陕、鄂、湘、黔攻入四川，蒋介石政权已届总崩溃，孙震率残部退往南充转绵阳，设立川鄂边区绥靖公署指挥所。12 月 13 日晨，刘文辉、邓锡侯通电起义后，派专人到广汉送信，约孙震、杨森一同起义，使四川免遭战祸，但他和杨森表示不能前往与刘、邓见面。12 月 18 日，孙震和杨森从成都飞往海口转台湾。

孙震到台湾的当天下午，便受到蒋介石的接见，被委为“战略顾问”，后又改任“总统府国策顾问”、“国大代表”等职。他晚年在台湾入不敷出，生活困窘。写有《十年磨剑》、《八十年国事川事见闻录》等书。

1985 年 9 月 9 日，孙震在台北病故。

主要参考资料

《四川文献》。

周开庆编:《民国川事纪要》，台湾四川文献研究社 1974 年版。

马宣伟、温贤美编著:《川军出川抗战纪事》，四川省社会科学出版社 1986 年版。

四川省文史馆编:《四川军阀史料》第 1 辑，四川人民出版社 1981 年版。

孙 中 山

尚明轩

孙中山，名文(幼名帝象，谱名德明)，字载之，号逸仙，1897年(清光绪二十三年)在日本化名中山樵，后遂以中山名世。1866年11月12日(清同治五年十月初六)出生在广东香山县永宁乡大宇都(今中山市翠亨镇翠亨村)一个贫苦的农民家庭。他的父亲孙达成，年轻时在澳门当鞋匠，后归家务农。哥哥孙眉，1871年到檀香山做雇工，后经营畜牧业，逐渐发展成为华侨资本家。

孙中山六岁参加农业劳动，十岁进塾读书。他的童年时代，正值太平天国失败不久，听到人们讲述洪、杨革命故事，非常向往。1878年，他随母亲到檀香山，住在哥哥家里，先后进英、美教会办的意奥兰尼学校及奥阿厚书院读书，初受西方思想影响。1883年返回家乡，目睹清吏腐败，深感不满，常加批评。因毁村庙偶像，为豪绅地主所不容，于同年冬往香港。1884年到1885年间，先入拔萃书室，后转域多利书院读书。

1885年，中法战争以清政府向法国侵略者屈服而告终。孙中山鉴于民族灾难的深重，产生了从事改造国家的念头。他打算“以学堂为鼓吹之地，借医术为人世之媒”，便于1886年入广州博济医院附属南华医校学医。在这里，他结识了同学中的会党人物郑士良，以后在革命过程中运动会党起事，得郑助力甚多。第二年秋，他转学到香港西医书院，到1892年毕业。在校五年，他常往来于香港、澳门之间，与先后结识的陆皓东、陈少白、杨鹤龄、九列等人，志趣相同，经常聚谈，倡言革命。其中和陈、杨、尢三人同住香港，交游尤密。当时革命尚未兴起，人们听到他们的革命性言论，都认为是大逆不道，把他们四人称为“四大寇”。

孙中山结束学生生活后，从1892年起，先后在澳门、广州开设西医房，借行医为掩护，积极结识一些对清朝统治不满的爱国青年和会党分子，互相议论时政，寻找救国道路，开始了挽救民族危亡的政治活动。

当时，改良主义思潮正在国内盛行，孙中山及其同志也受到这种思潮的影响，对统治阶级上层某些人物存有若干幻想。早在1889年，他就曾致书已退职的洋务派官僚郑藻如，提出过效法西方国家以进行改良的具体意见，建议先在香山倡行，然后推广全国各地。1894年6月，他又约同陆皓东到天津，投书给号称为“识时务”的清政府北洋大臣李鸿章，提出“人能尽其才，地能尽其利，物能尽其用，货能畅其流”的变法自强的主张，遭拒绝。

通过事实的教育，孙中山觉悟到上书言事的“和平之法无可复施”，抛却对统治阶级的幻想踏上了革命之路。他于1894年11月在檀香山创立中国早期的资产阶级革命小团体——兴中会，提出“驱除鞑虏，恢复中华，创立合众政府”的革命主张。第一次向中国人民提出了推翻腐朽没落的清政府、建立资产阶级民主共和国的理想。

1895年1月，孙中山回到香港，联合辅仁文社，于2月21日在中环士丹顿街成立兴中会总机关，并积极准备在广州起义。经过半年的筹备，定于当年10月26日(农历九月初九)举行起义。不料在起义前两日，正当运械赴广州时，事泄失败，陆皓东等被捕遇害，孙中山逃往日本。

孙中山在日本联络华侨，11月成立兴中会横滨分会。他断发辫，改服装，以示革命决心。之后，再往檀岛。时当新败，不易开展工作，于是在1896年6月又赴美国联络华侨；但当时美洲华侨风气闭塞，愿赞助革命的不多；与洪门会会员有所接洽，也收效不大，遂决定渡海往英国。10月1日，他到达伦敦，首先访问了他学医时的老师英人康德黎(James Cantlie)，并在康寓附近住下来。10月11日，孙中山在外出途中被清政府驻英公使诱骗绑架，羁囚在使馆里。幸得康德黎等多方设法，积极营救，才于十二天后脱险。此后一年，他留住伦敦，每天到图书馆中悉心钻研西方各国的政治、经济等理论书籍，希望从西方资产阶级的社会政治学说中寻求救国真理，其间曾访问过第二国际。他接触到风行的社会主义学说，并目睹伦敦的产业工人举行总罢工遭政府军队残酷镇压的情景，感触颇深，从而产生了用民生主义来把社会革命与政治革命同时解决的初步设想。

孙中山不愿久留欧洲、远离中国，旷废革命时日，遂于 1897 年秋重到日本，并结识了日本朝野的许多人物，其中不少人都对他的革命事业表示同情或赞助。1898 年 9、10 月间，改良派首领康有为、梁启超因变法失败，亡命日本。由日人宫崎寅藏、平山周居间联络，劝说孙中山等和他们谈判合作。于是，陈少白代表革命党人要他们“改弦易辙，共同实行革命大业”，由于康有为坚持“不能忘记‘今上’”的顽固立场，谈判不得结果。1899 年夏秋间，孙中山又与梁启超等在横滨继续就合作问题进行多次会谈，因康有为强烈反对，梁启超口是心非，联合的计划终未实现。此后，孙中山逐渐识破了康有为保皇派的反动面目，并认为他是个“坏透了的孔学家，是一文不值的”①。

孙中山在日本于准备再次武装起义的同时，对菲律宾人民的解放事业也给予热情的支持。他早在 1898 年和菲律宾人民起义军派到日本的代表彭西（Maroano Ponce）有过接触，并应其所请，积极帮助。1899 年，孙中山为他们购买和运送了一批军械，并准备亲率杨衢云等赴菲支援他们的抗美救国战争。1900 年 1 月，他再次设法为他们购置了一批枪械。这种积极支持被压迫民族反对帝国主义的正义行动，在旅日的亚洲各国革命人士中引起了很好的反响。

同年 10 月 8 日，孙中山组织了惠州（今惠阳）三洲田起义。这次起

① 《犬养毅传》卷二，转引自 Jansen Marius B, *The Japanese and Sun Yat-sen*，p80，Cambridge，Harvard University Press，第 726—727 页，1954。

义是郑士良等奉孙中山之命进行的。惠州起义军一度发展到二万多人，血战逾半月，但由于革命党人未能在人民自发斗争浪潮汹涌高涨时刻发动群众，起义缺乏广泛的群众基础，加上粮械失继，弹尽援绝，最后终于失败。

1901年至1904年，孙中山远涉重洋为革命四处奔走：1901年他在日本，1902年冬到越南，1903年秋又从日本往檀香山，1904年春再去美洲，至年底又由美洲到了欧洲。这次所到之处，与从前大不相同，华侨与留学生中同情或赞助革命的人空前地多起来了。因为自《辛丑条约》签订后，中国民族危机更加严重，清政府威信扫地，人民的不满迅速增长。同时，国内新兴资产阶级的力量，随着资本主义的发展有所增强。不少地方蓬勃地开展抵制美货及收回铁路矿权的运动；农民和手工业者不断地掀起抗捐抗税的运动；资产阶级、小资产阶级知识分子也日益倾向革命。国内外各地继兴中会之后，又陆续涌现了一些诸如华兴会、光复会、日知会等革命团体。与此同时，宣传民族革命和民主思想的各种报刊书籍也纷纷出现，促进着人们的觉醒，推动着革命高潮的到来，中国已处于革命风暴的前夜。

但是，从1898年秋流亡在海外的改良派首领康有为、梁启超等念念不忘他们的“圣主”，先在横滨创办《清议报》鼓吹“斥后保皇”，又于1899年7月以后，在加拿大等地组织保皇会，反对和破坏革命。同年12月，梁启超忽然伪装愿与孙中山合作，骗取了孙中山给孙眉等兴中会员的介绍信，持赴檀岛，用“名为保皇，实则革命”的谎言，混淆视听，诱骗华侨加入保皇会。兴中会发源地的檀岛，会员被夺去大半。海外其他各埠兴中会员也受他们的迷惑，不少人入保皇会，为康、梁所利用。1902年2月，梁启超在《清议报》停刊后，又在日本创办《新民丛报》继续宣传改良派的政治主张；他惯于在字里行间玩弄些“革命”的词藻，用来蛊惑群众。这一套骗人伎俩，逐渐地为孙中山和其他革命党人所识破。早在1900年，孙中山对梁启超上年在檀岛招摇撞骗的无耻行径已给以严厉的谴责；随后，在孙中山指导下，横滨的革命派半月刊《开智录》、香港的革命派机关报《中国日报》对保皇派一些报刊(如《清议报》、香港《商报》、广州《岭海报》以及后创的《新民丛报》等)上的反动谬论都进行批驳。两派之间初步进行了理论上的交锋。

1903 年 10 月,孙中山从日本到檀香山,看到檀岛各埠华侨误入保皇会的很多,自己亲手组织成立的兴中会,因梁启超等人的破坏而面目全非,不少老会员都变为保皇会的骨干,痛感保皇会的危害性。认为“非将此毒铲除,断不能做事”①,决心与保皇派的主张“划清界限,不使混淆”。他一面在檀埠和希炉(Hilo)等地多次举行大规模的公开演讲,驳斥保皇派的各种谬论,一面改组华侨程蔚南所办商业报纸《檀香新报》为革命喉舌,亲自撰文和保皇会机关报《新中国报》展开笔战。他针对保皇党徒对革命的攻击及《新中国报》主笔陈某发表的《敬告保皇会同志书》一文的谬论,于 1903 年底和 1904 年初,先后发表《敬告同乡会》及《驳保皇报》两文猛烈抨击保皇派的宣传,揭破他们所讲的“爱国”,是爱的虐民媚外的“大清国”而不是“中华国”,所讲的“革命”是假革命。他们所谓“借(保皇)名以行革命”,全是骗人的。此外,孙中山还驳斥了他们所谓革命可召瓜分说的可笑,指责他们先行“立宪君主”才能行“立宪民主”说法的荒谬,断言他们没有政治学常识和不懂逻辑,他们是“惑世诬民,遗害非浅”的。这些讲演与文章,有力地揭穿了保皇派的反革命真面目,帮助许多侨胞逐步了解到革命与保皇的区别,使许多误入保皇会的人重新回到革命派立场上来,在檀岛各埠发生很大的影响。

1904 年夏,孙中山离开檀岛到了旧金山。那里是保皇派势力集中之地,华侨中的上层人物多受“保皇”宣传之骗。孙中山为了使宣传易于生效,先在小商人及工人中进行活动,发表公开演讲,力驳“保皇”谬说,博得了人们日益广泛的同情。同时,指派干部改组《大同日报》成为

---

① 《致黄宗仰乌木山僧函》(1904 年 1 月),黄季陆编《总理全集》下册,“函札”,成都近芬书屋 1944 年版,第 22 页。

革命派在美洲华侨中的重要喉舌,使该报在与保皇派的论战中发挥了重要作用。他还偕同美洲致公堂首领黄三德到美国几十个城市访问,在华侨中间广泛进行革命宣传,肃清保皇派的流毒。

孙中山与保皇派经过激烈的论战,初步打击了各地保皇派的嚣张气焰,扩大了革命派的影响,为同盟会的建立进行了政治上和思想上的准备。

1905年初,孙中山在比、德、法等国向中国留学生宣传革命,建立革命组织。7月,他由欧洲再到日本,在东京会晤了革命党人黄兴、宋教仁等,针对过去革命团体的分散状态,商议建立统一的革命组织。8月13日,他于东京留学生欢迎会上,作了长篇讲演,再一次驳斥了保皇派那种"由专制而立宪,由立宪而共和"和在目前"只可立宪,不能革命"的庸俗进化观点,并高度赞扬中国人民的智慧,认为只要敢于革命,就一定能出现大发展的局面。坚决主张从革命着手,在封建皇朝的废墟上建立民主共和国。接着,他和黄、宋等人以兴中会、华兴会为基础,并联合光复会等反清团体,组成了中国第一个资产阶级革命政党——中国同盟会。同月20日,同盟会正式成立,大会通过了《章程》,孙中山被推为总理。在《章程》中提出的政治纲领是:"驱除鞑虏,恢复中华,建立民国,平均地权。"(在翌年制订的《军政府宣言》中还以法国资产阶级革命时的"自由、平等、博爱"口号作号召,对同盟会的四条政纲分别作了阐释。)11月26日,《民报》创刊,孙中山在《发刊词》里首次公开提出了"民族"、"民权"、"民生"三大主义,要求实现民族独立,建立共和国,并且设想通过某些社会经济改良政策,以求避免资本主义进一步发展带来的"祸害"。这是孙中山建立兴中会以来政治思想的巨大发展,也是他在中国旧民主主义革命阶段政治思想的基本内容。它是一个比较完整的民主主义革命政纲,反映了旧民主主义革命时期的历史特点,它的提出是中国近代史上的一件大事。

同盟会成立之后,孙中山领导革命派更加广泛地全面开展与改良派的大论战,以革命派的《民报》与改良派的《新民丛报》为主要阵地,同时有广州、上海、天津、香港以及新加坡、暹逻、旧金山、加拿大等国外各地，双方的二十多种报刊参加了论战。从1905年起论战持续了数年之久。论战的内容，主要环绕着是拥满还是反满？是维护清政府，行君主立宪，还是推倒它，新创民主共和国？是革命会引起瓜分和内乱，还是用革命去消除内乱与瓜分？在这一系列问题上，革命派和改良派都是针锋相对的。通过这场激烈的论战，暴露了改良派的反动本质，揭穿了他们对革命的歪曲宣传，使许多人摆脱了改良派的影响，转向革命，为辛亥革命做了进一步的思想、舆论准备。

在和改良派论战的同时，孙中山还在国内外广泛联络华侨、会党和新军，更积极地筹划武装革命。1907年至1911年的四年中，他连续组织和领导了八次武装起义。1907年3月，他离日本往越南，在河内设立机关，就近策划粤、桂、滇等省的起义。5月有潮州、黄冈起义，6月有惠州七女湖起义，9月有钦州、廉州、防城起义，12月有镇南关（今友谊关）起义。在镇南关起义中，孙中山亲自据守炮台，与清军交战。此役失败后，他被迫离越南，行前又派黄兴、黄明堂分别入广西、云南，因而又有1908年3月的钦州马笃山之役和4月的云南河口起义。1910年2月孙中山又派人策动了广州新军起义，虽仍归失败，但孙中山毫不气馁，随即召集党人会商于南洋庇能（即槟榔屿），决心发动一次更大规模的起义。经过近半年的准备，遂有1911年4月27日（即夏历三月二十九日）影响最大的黄花岗之役。这些武装起义，由于革命党人主要是在部分新军、会党或防营中进行工作，而没能有计划、有组织地发动群众，因而均归失败；但是这些起义在政治上、精神上给清政府以沉重打击，动员和鼓舞了广大人民群众，为辛亥武昌起义准备了条件。

在1907年到1911年的这一时期内，各地劳动群众由于不堪清政府的剥削和压迫，自发的反抗斗争此伏彼起，单是长江中下游地区的“抢米”风潮，就有八九十次之多。这种遍及全国各地的反抗斗争，与孙中山领导的武装起义在客观上相互配合，形成了急剧发展的革命形势，把清朝皇帝的宝座推向火山口上。1911年5月以后，不断扩大的四川、湖南、湖北、广东等省的保路风潮,敲响了清政府的丧钟。当时湖北两个较大的革命团体文学社和共进会,都曾在清朝的新军中秘密地进行革命宣传和组织活动,湖北约有三分之一的新军士兵和一些下级军官加入了这两个革命组织。在声势浩大的群众保路风潮兴起后,同盟会和文学社、共进会中的革命党人感到革命的时机已趋成熟,便准备利用这种形势发动武装起义。10月9日,起义领导机关遭到破坏。10月10日晚,武昌新军中的革命党人发动武装起义,他们冲出营房,经过一夜激战占领了武昌城,两三天内先后占领汉阳、汉口,革命在武汉首先取得了胜利。接着,散在各地的革命党人以及和同盟会有联系的革命小团体,立即在各省领导和发动新军、会党起义,促使革命形势在全国范围内飞速发展。到11月下旬,全国二十四个省区中已有十四省宣布独立,其他各省区也正在进行反清斗争。清政府的反动统治,顿时陷于土崩瓦解的局面。

当武昌起义时,孙中山正在美国进行筹募革命经费的活动。他得知武昌起义胜利消息后,认为当前最主要的工作是办理外交交涉,断绝清政府的后援。因此,便由美赴英,再到法国奔走活动;于11月下旬才动身归国,12月25日,到达上海。29日,独立各省代表会议在南京筹组中央临时政府,选孙中山为临时大总统。1912年1月1日,孙中山由上海到南京就临时大总统职,宣布中华民国成立,改用公历,以这年为中华民国元年。南京临时政府的成立,是孙中山领导人民多年奋斗的结果,它是中国历史上第一个资产阶级共和国政府。随同清朝政府的垮台,绵延两千多年的封建君主专制制度也就最后结束。孙中山在以后的短短三个月内,颁布了三十多件有利于民主政治和发展资本主义的法令,并在3月11日公布了具有资产阶级共和国宪法性质的《中华民国临时约法》,从此资产阶级民主共和国的观念深入人心,使后来任何帝制复辟都只能是短命的丑剧。

但是,孙中山为首的南京临时政府从一开始就处于极不巩固的地位。一方面投机革命的立宪党人、官僚、政客钻进了这个政权的内部进行破坏;另一方面清政府起用了大野心家袁世凯来绞杀革命。袁世凯得到国内外反动势力的支持。由于中国资产阶级的软弱性,革命党人不能广泛地发动人民,打退内外反动势力的夹攻,结果就被内外反动势力所包围,通过所谓“南北和议”,革命党人被迫向袁世凯妥协了。根据协议,1912 年 2 月 13 日,清帝溥仪下诏退位的第二天,孙中山也向临时参议院提出辞去临时大总统职务,并荐袁以自代,革命的果实被袁世凯为代表的大地主大买办势力所篡窃了。

孙中山辞职后,起初还总是对袁世凯抱有幻想。他于 8 月 24 日应邀到达北京与袁会商内政纲领时,为表示真诚合作,声明辞去正式大总统候选人,请袁于十年内练精兵百万,自己则以在野的身份,专力从事社会实业活动;9 月,接受袁政府的任命,担任全国铁路督办,满怀着十年内修筑二十万里铁路的愿望,回到上海。1913 年 2 月,他去日本考察铁路状况并积极进行借款活动。同年 7 月初,在上海与英国宝林公司签订广州至重庆铁路借款合同。这些情况表明,以孙中山为代表的革命党人对袁世凯的反动本性逐渐丧失了警惕。

1913 年 3 月 20 日,宋教仁在上海被刺杀,这是民国成立以来第一桩震动国内外的政治事件。宋教仁在辛亥革命后醉心于责任内阁制,为争取国会中的优势,他在征得孙中山同意后于 1912 年 8 月吸收其他小党派与同盟会合组为国民党。他想以内阁来削弱总统权力的主张和活动,以及国民党在国会中取得多数的事实,引起袁世凯的嫉恨,袁便指使凶徒把宋杀害。宋案发生后不久,4 月,袁世凯又违法和英、法、德、意、俄五国银行团签订二千五百万英镑的“善后”大借款,作为用武力消灭国民党的军费。它使孙中山从“欲治民国,袁总统适足当之”的幻想中警觉过来,认为“非去袁不可”,断然主张立即兴师讨伐。7 月中旬,他发动了讨袁的“二次革命”,但因国民党涣散无力,难以发挥大的战斗作用,旋即失败。孙中山被迫再次逃亡日本。

1914 年 7 月,孙中山在日本另行组成中华革命党,以期恢复同盟会的革命精神,“再举革命”,被推举为总理。他接受失败教训,希望严密组织纪律，规定入党者都要按指印、立誓约，绝对服从总理。许多革命党人因反对这个规定而拒绝加入，党员最多时只有五百来人。1914年至1916年，中华革命党虽在反对袁世凯复辟帝制的斗争中是比较坚决的力量，也积极组织了一些小规模的武装斗争，但是由于严重脱离广大人民群众，这些斗争相继失败。在反袁的“护国”运动中，中华革命党也只充当了配角，没有起到应有的作用。

1916年5月，在全国反袁护国胜利的形势下，孙中山由日本回上海。时袁世凯见势不妙，已“自动”撤销了帝制；孙中山当即发表了《第二次讨袁宣言》，提出此次斗争“不徒以去袁为毕事”，要反对一切“谋危民国者”，说明了他对国内政局有了更清醒的认识。袁世凯在全国军民反对下倒台并于同年6月毙命之后，继起掌权的段祺瑞，对外投降日本帝国主义，对内承袭了袁的全部反动政策，毁弃《临时约法》，拒绝召开国会，仍是一个“谋危民国者”。孙中山对此坚决反对，主张打倒“伪共和”。1917年7月，他偕同部分国会议员率领起义的海军第一舰队由上海去广州，联合“暂行自主”的西南桂、滇系军阀，于8月召开国会非常会议，建立了一个反对北方军阀的中华民国军政府，并被举为海陆军大元帅，揭起“护法”的旗号，以图“树立真正之共和”。

孙中山把《临时约法》和“国会”视为“民国”的重要象征。此后多年，卫护《临时约法》一直是孙中山政治斗争的旗帜。其实，《临时约法》在北洋军阀几年来的任意蹂躏下，已不被人们所重视；所谓“国会”，已成为政客们卖身分赃的活动场所。因此，“护法”不再是一面鲜明的旗帜，起不到动员革命人民的作用。当时西南局势又非常复杂和混乱，在美、英帝国主义操纵下，桂系首领陆荣廷与北方的直系军阀素有勾结，谋取私利。他们用各种手段打击护法运动，排挤孙中山，不容许他掌握武装力量。孙中山局处于广州一隅，“权日蹙，命令不能出府门”。1918年4月，桂系军阀决定改组军政府。废元帅一长制为总裁合议制，进一步排除孙中山。孙中山愤恨桂系军阀的跋扈，本身又无力反击，被迫于同年5月向国会非常会议辞职，离开广州再赴上海，并从此认识到：“吾国之大患，莫大于武人之争雄。南与北如一丘之貉。”①

第一次护法运动失败后，孙中山陷入苦闷和绝望的困境，一筹莫展，他闭门著书，以此启发人民，“唤醒社会”。1918 年，他着手继续撰述过去未完成的《建国方略》，撰写《孙文学说》和《实业计划》，1919 年完成了全书。同时，他指派朱执信等创办《建设》杂志和《星期评论》，鼓吹建设思潮，阐明建设原理，传播新的思潮，并亲自撰写了多篇政论文章。

在此前后，孙中山将视线转向给他带来新的希望的俄国十月社会主义革命和中国共产党。他真诚欢迎十月革命，把它看作人类伟大希望的诞生。在十月革命影响下，1919 年，我国爆发了五四运动。它标志着我国人民革命斗争进入了一个新的阶段，即新民主主义革命阶段。五四运动对孙中山是一种推动。他在同年 10 月说：“试观今次学生运动……于此甚短之期间，收绝伦之巨果，可知结合者即强也。”②不久，又说：“‘五四’运动以来……社会遂蒙绝大之影响，虽以顽劣之伪政府，犹且不敢撄其锋。”③表明他对人民群众的威力有所感受，隐约地觉察到过去的革命方式不能适应当前的革命形势。当年 10 月他把中华革命党改为中国国民党，以“巩固共和，实行三民主义”为政纲。这虽然谈不上彻底的改造，但孙中山是准备用这个国民党新党来继续领导革命。

在孙中山 1918 年离粤回沪时，“护法”军政府在桂系把持下，虽已无护法之实，但广东这块地方却被他们盘踞着。孙中山为了继续“护法”，就须首先打倒桂系，夺取广东和统一南方。1920 年 8 月，他命令自己培植起来的陈炯明部（时驻闽南）回粤讨伐桂系，驱逐了岑

---

① 孙中山：《辞大元帅职通电》（1918 年 5 月 4 日），邹鲁编著《中国国民党史稿》第四册，中华书局 1960 年版，第 1085 页。

② 《孙中山先生在寰球学生会演说辞》，铅印原件；参见《救国之急务》，《孙中山选集》上卷，人民出版社 1956 年版，第 427 页。

③ 《致海内外国民党同志函》（十），《总理全集》下册，“函札”，第 160 页。

春煊、陆荣廷等桂系势力。同年 11 月，孙中山在粤省军民欢迎声中重返广州。1921 年 4 月，国会开非常会议，决定组织中华民国正式政府。5 月，孙中山就任非常大总统，再一次揭起护法旗帜。同年 7 月，他派军队平定了广西，于是两广统一，便在桂林组织大本营，准备由桂入湘，进行北伐。这时北方政权已落在直系军阀曹锟、吴佩孚的手里。孙中山积极筹划与准备讨伐直系，“以成戡乱之功，完护法之愿”。但留守广东的陈炯明，受英、美帝国主义与直系军阀的策动，对他的命令，阳奉阴违，暗中牵制。孙中山被迫于 1922 年 4 月回师广东，改设大本营于韶关，准备改道北伐。时北方直奉战起，孙中山照事先与奉系约定夹攻直系的计划，便于 5 月中旬派兵进入江西。不料 6 月间，当孙中山从韶关回到广州时，陈炯明于 16 日突然发动武装叛乱，炮轰总统府。孙中山于枪林弹雨中仓促脱险，午夜避登到白鹅潭的楚豫舰上，翌日转登永丰舰(后改名“中山”号)，率各舰反击叛军，相持五十余日，至 8 月 9 日，迫不得已始离开广州转赴上海。

陈炯明的叛变，是孙中山一生所遭受的最惨重的一次失败。他完全想不到“祸患生于肘腋，干戈起于肺腑”，相从十余年的部属竟要置他于死地。他心情沉重地说：“文率同志为民国而奋斗，垂三十年，中间出生入死，失败之数，不可缕指，顾失败之惨酷，未有甚于此役者。”①

两次护法的失败，使孙中山很痛苦，甚至绝望，但也使他觉悟到依靠军阀打倒军阀的老办法，应当彻底改变，必须走新的道路了。

如前所述，孙中山向往十月革命，希望学习俄国的经验。他曾与列宁在函电中讨论东方革命问题；又拟派廖仲恺、朱执信、李章达去苏俄学习。还在 1921 年 8 月间，他在答复俄罗斯苏维埃社会主义共和国外交人民委员齐切林信中说：“我希望与您及莫斯科的其他友人获得私人的接触。我非常注意你们的事业，特别是你们苏维埃的组织，你们军队

① 《致国民党员书》，《孙中山选集》上卷，第 448 页。

和教育的组织。”①同年年底，他在桂林军次约见了经李大钊介绍的共产国际的代表，密谈了五天。共产国际代表向他陈说了十月革命的经验，并提出了关于中国革命问题的两点建议：一要有一个能联合各阶层尤其是工农群众的政党；二要有革命的武装核心，要办军官学校。孙中山十分赞同这些建议，打电报给廖仲恺说，这次会见使他“心中非常高兴”。

1922年8月间，孙中山再次回到上海，适逢中国共产党发表了《第一次对于时局主张》。这个文件中提出的中国民主革命的内容以及对国民党的批评和建议，对正在苦闷彷徨中的孙中山是一种有力的帮助。与此同时，中国共产党还通过自己的党员给孙中山以积极影响，如李大钊就在这时由北京到上海和孙中山进行多次交谈，讨论了“振兴国民党以振兴中国”的“种种问题”。孙中山对这种真诚的帮助感到非常兴奋，和李大钊“畅谈不厌，几乎忘食”②。《向导周报》也发表文章，对孙中山进行帮助。正在这时，苏俄政府派出的代表越飞到了上海，和孙中山会见并先后晤谈多次，进一步商讨了改组国民党与建立军队，以及苏俄援助中国革命等问题。之后，为避开反动派注意，孙中山又指派廖仲恺和苏俄代表越飞到日本去进行详细会谈。这一会谈更加强了孙中山前进的决心。

这时工农群众运动正在蓬勃地发展，尤其是工人运动已经形成为全国性的高潮。孙中山从展现在面前的工农群众运动中，受到了教育和启发，逐步觉察到工农阶级和中国共产党的革命力量，并从而发现他所建立的政党缺乏坚实的基础。由于孙中山欢迎中国共产党和苏俄代表的帮助，并肯虚心接受他们的意见，他终于找到了新的革命道路。他决心对国民党进行改组，同中国共产党合作。

---

① 《致俄罗斯苏维埃社会主义共和国外交部信》，《新华月报》第三卷，第四期(1951年2月)；又见《孙中山选集》上卷，第436页。

② 《李大钊狱中自述》，原件藏中国革命博物馆。

1922年9月4日，孙中山在上海召开了研究改组国民党的会议，开始了改组的准备工作，初步成立了改组工作的机构。中国共产党派代表参与了研究国民党改组计划和草拟宣言及党纲、党章。孙中山并邀请李大钊等共产党人加入国民党，以增强国民党的进步力量。

1923年1月，孙中山发表了《中国国民党宣言》。宣言中明确提出："今日革命，则立于民众之地位，而为之向导。所关切者民众之利害，所发抒者民众之情感……故革命事业，由民众发之，亦由民众成之。"①并且第一次提出了修改不平等条约的问题。从这里可以看出，孙中山的思想正由于共产党人的影响而发生明显的变化。与此同时，与廖仲恺会谈的苏联代表回到上海，孙中山再一次会见了他，双方联合发表了《孙文越飞宣言》。恰在这时，滇、桂军中接受孙中山策动的各部向粤境发动了对叛军陈炯明的进攻，陈炯明被逐出广州，退往惠州；2月，孙中山又返回广州重建大元帅府。在此期间，他除继续改组国民党的准备工作外，又于8月派出"孙逸仙博士代表团"回访苏联，并邀请了苏联的政治及军事顾问到广州，帮助中国的革命工作。孙中山这些勇敢的步伐，使他晚期的政治生命放出了可喜的异彩。

1923年6月，中国共产党在广州举行第三次全国代表大会，专门讨论并确定了和国民党建立统一战线的方针。会后，中国共产党为帮助国民党改组，特为发出了十三号通告，具体布置各地保证改组工作的顺利进行。8月，苏联代表鲍罗廷到达广州，被聘为国民党的特别顾问。10月，孙中山指派廖仲恺等九人组织临时中央执行委员会，办理国民党改组事宜。11月发表了《中国国民党改组宣言》，同时公布了《中国国民党纲草案》和《中国国民党章程草案》。12月，孙中山连续对国民党员作了三次演说，表示他改组国民党和学习苏联的决心。他说：

---

① 上海《民国日报》1923年1月1日。

"吾等欲革命成功,要学俄国的方法、组织及训练,方有成功的希望。"①年底,李大钊由北京到达广州,积极帮助孙中山完成了改组国民党和召开代表大会的准备工作。

1924年1月20日,在广州召开了中国国民党第一次全国代表大会,到会代表165人。在由各省推派及由孙中山指派的代表中,有些是共产党人。李大钊是大会主席团成员。几个审查委员会中,也都有共产党人积极参加工作。依靠了共产党员和国民党左派的共同努力,才保证了这次大会的成功。通过与国民党右派分子的辩论和斗争,大会确立了孙中山提出的"联俄、容共、扶助农工"的三大政策,承认共产党员和社会主义青年团员以个人资格加入国民党,并通过了新的国民党党纲、党章和改组国民党使之革命化和各项具体办法,选举了有共产党员参加的中央委员会(会后,各省市的国民党部也大部分都以共产党员和国民党左派为骨干进行了改组)。1月23日,大会通过了著名的《中国国民党第一次全国代表大会宣言》。这个宣言的通过,使国共两党有了合作的共同纲领,因为这里所阐述的三民主义已经不是旧三民主义,而是与三大政策相结合的新三民主义了。在《宣言》中,孙中山根据三大政策的革命精神,对三民主义作了新的解释:民族主义主张"中国民族自求解放",即对外反对帝国主义;"中国境内各民族一律平等",即对内反对民族压迫。民权主义主张普遍平等的民权,使民权"为一般平民所共有,非少数人所得而私也"②。民生主义主张平均地权、节制资本,反对土地权"为少数人所操纵"(稍后,又提出了"耕者有其田"的主张),反对私人资本"操纵国民之生计"③。这样,就使旧三民主义在新的历史时期获得新的革命内容,发展成为反帝反封建的、三大政策的新三民

① 《人民心力为革命成功基础》,《孙中山先生最近讲演集》,1924年版;参见《要靠党员成功,不专靠军队成功》,《孙中山选集》下卷,第481页。

② 《中国国民党第一次全国代表大会宣言》铅印原件,藏国家图书馆;参见《孙中山选集》下卷,第526页。

③ 《孙中山选集》下卷,第527页。

主义。“这种三大政策的三民主义，革命的三民主义，新三民主义，真三民主义，是新民主主义的三民主义，是旧三民主义的发展，是孙中山先生的大功劳，是在中国革命作为社会主义世界革命一部分的时代产生的。”①新三民主义和中国共产党在民主革命阶段的政纲基本原则相符，因此它能成为中国共产党和孙中山的国民党合作的政治基础。

在召开代表大会的同时，孙中山积极筹建中国国民党陆军军官学校（黄埔军校），聘请苏联顾问，仿照苏联红军的建军原则和军事制度，训练武装革命干部。6月，黄埔军校开学。长期曲折的革命实践过程，使得孙中山越来越深刻地认识到革命军队的特殊意义。他不但认识到革命必须有武力，而且提出要“第一步使武力与国民相结合，第二步使武力为国民之武力”②。

国民党改组后，党内右派分子心怀不满，散布流言蜚语，妄图破坏三大政策的推行。孙中山很生气，斥责他们说：你们“站在革命队伍的后面，革命的青年前面去了，你们还在说他们什么呢”③。他对右派分子多次进行批评，并发表《致全体党员书》，说明联俄、容共的必要性。在该书中指出散布谰言者，“非出诸敌人破坏之行为，即属于毫无意识之疑虑”④。为了排除右派顽固势力的干扰，孙中山在代表大会前，把阻挠改组、无理取闹的张继加以囚禁；代表大会后又把破坏容共政策的代表人物冯自由等开除出党。

国民党改组后不久，中国革命就出现了高涨的形势。工农群众运动在各地共产党人的组织、推动下，从一度处于低潮又开始高涨。过去遭破坏了的工会组织得到恢复和发展，农会也陆续成立。广州的工人

① 《新民主主义论》，《毛泽东选集》一卷本，人民出版社 1966 年版，第 686 页。

② 《北上宣言》（1924 年 11 月 10 日），《民国日报》1925 年 4 月 12 日；参见《孙中山选集》下卷，第 828 页。

③ 恽代英：《孙中山先生逝世与中国》（1925 年 3 月 14 日），《孙中山先生与中国》，民智印刷所 1925 年 5 月版，第 27 页。

④ 孙中山：《致全体党员书》，上海《民国日报》1924 年 3 月 16 日。

成立了工团军,广州郊区农民组织了自卫军。孙中山这时坚定地实行扶助农工的政策。1924 年“五一”劳动节,他在广州工人代表大会上鼓励工人“作国民的先锋”。7 月,广东全省第一次农民大会开幕时,孙中山看到许多赤脚破衫的农民到广州来开会,非常感动,他说:“这是革命成功的起点。”8 月,他到广州农民运动讲习所讲演时,指出“农民是我们中国人民之中的最大多数,如果农民不参加来革命,就是我们革命没有基础”①。

随着中国革命形势的高涨,帝国主义也就加紧了对中国革命的干涉和破坏。早在 1923 年 12 月,当广东革命政府截留粤海关关税余款,要求收回海关主权时,美、英、法、日、意、葡等国为劫夺广东“关余”,截断革命政府的经济来源,就调集兵舰二十艘,集中黄埔,进行威胁。孙中山没有为帝国主义者的威胁所吓倒,他指出截留“关余”完全是“中国内政问题,无与列强之事”,严厉谴责帝国主义的侵略行为。那时广州各界人民,以广东工会联合会为主导,也一再举行收回海关主权的示威运动,给他以有力的支持。最后,北京外交使团不得不作出将一部分“关余”拨交广东革命政府的决定。“关余事件”的胜利,不仅取得了经济上的成果,也打击了帝国主义的反动气焰。国民党改组之后,英国又利用香港这个据点对广东革命政府进行破坏,它一面积极援助盘踞惠州的陈炯明反攻广州;一面又利用广州汇丰银行大买办陈廉伯组织商团武装,从内部颠覆广东政府。1924 年 8 月上旬,广东革命政府扣留了陈廉伯为进行阴谋叛乱而秘密运入广州的一批军火。商团便借此出动一千多人包围孙中山的大本营,喊叫发还枪械。在陈廉伯等人煽惑下,广州商人掀起罢市风潮,陆续蔓延到全省一百多城镇。8 月 28 日,英舰九艘集中白鹅潭,将炮口指向中国军舰,进行恫吓,同时英国总领事向孙中山提出最后通牒,宣称“英国海军即以全力对待”,为此,孙中

① 《向农民宣传应该为他们谋幸福》,《总理全集》中册,“演讲”(关于农工商各界及一切国民者),第 43 页。

山发表了《为广州商团事件对外宣言》，指出："从前有一时期，为努力推翻满清，今将开始一时期，为努力推翻帝国主义之干涉中国，扫除完成革命之历史的工作之最大障碍。"①同时对英国麦克唐纳政府提出了严重抗议。

其时，孙中山一直想实现他拟定的北伐计划。还在 1923 年 10 月，北方直系军阀曹锟利用国会贿选为"总统"时，孙中山即曾通电全国声讨曹锟和通缉受贿议员，下令出师北伐，以谋国家统一。他的北伐计划由于内部牵掣等原因一再受阻，可是他毫不懈怠地部署军事，有时还亲临前线，鼓励士气。为了打击主要敌人，他曾联合奉系张作霖、皖系段祺瑞一致行动，进攻直系。国民党改组之后，1924 年 9 月初，作为第二次直奉战争序幕的江浙战争爆发，孙中山认为应乘这一时机向广东以外打开出路，遂再次决定北伐并亲率北伐军到韶关。他到韶关之日，也正是陈廉伯勾结帝国主义加紧煽动叛乱之时，在陈廉伯煽动下，各地买办商人、豪绅地主趁孙中山离开了广州，纷纷集会，肆意攻击广东革命政府，并向国际联盟指控孙中山是"破坏国际善意的叛徒"。10 月 9 日，商团发出第二次罢市的通牒。10 月 10 日，当广州人民为纪念武昌起义十三周年举行游行时，商团竟开枪屠杀游行群众，并构筑炮台，封锁市区，遍贴"驱逐孙文"、"打倒孙政府"等反动标语，四处捕人，发动武装暴乱。在这局势十分严重的时刻，中国共产党力劝孙中山当机立断，镇压叛乱。广州的工团军、农民自卫军、黄埔学生都纷纷表示支持孙中山，愿与反革命势力进行决战。在中国共产党的帮助下，孙中山决定采取断然措施，他立即成立镇压叛乱的革命委员会，下令解散商团军，并命参加北伐的部队星夜由韶关回师广州戡乱，在工农群众积极支持下，仅仅经过几小时的战斗，就平定了叛乱，粉碎了英帝国主义的阴谋。

---

① 《孙中山先生遗言》，上海书店 1925 年四版；参见《孙中山选集》下卷，第 871 页。

商团事件的解决，向帝国主义显示了广东革命政府的决心和力量，使广东革命政府得以巩固下来，也增长了孙中山对革命事业必胜的信心。

商团叛乱平定后一周，正在鏖战的第二次直奉战争，由于直系将领冯玉祥部发动了北京政变，使直系迅速溃败而结束。之后，北方出现了段祺瑞、冯玉祥、张作霖三派联合而又相互猜忌和争夺的局面。冯玉祥等受革命潮流影响，电邀孙中山北来商讨和主持解决时局问题。孙中山也想“拿革命主义去宣传”，以求实现和平统一，遂接受了邀请，于11月13日带病离粤北上。这时，孙中山有了中国共产党和广大革命群众的支持，革命坚定性进一步加强。在当前局势问题上，他主张对内召开国民会议，结束军阀统治；对外废除不平等条约，反对帝国主义的侵略。这些主张，也都是中国共产党提出而为孙中山所接受的。他在北上前，对《粤报》记者谈话说：“帝国主义……不仅为我国实现独立自主的主要障碍，而且是反革命势力最大的因素。”离开广州前三日，又发表《北上宣言》，重申反对帝国主义和军阀的主张。他由上海取道日本到天津，沿途多次发表反对帝国主义、反对军阀，谋求全国真正统一的重要言论，表现了坚强的原则性。他反复申述必须废除一切不平等条约，收回租界，消灭帝国主义在中国的势力，并坚信中国人民“有能力来解决全国一切大事”①。

中国共产党于孙中山北上的同时，发动了一个全国规模的国民会议促成运动，各地区、各阶层都建立了促成会组织，积极展开斗争，为孙中山北上作后盾。但在孙中山北上途中，北京已成立了以段祺瑞为首的临时执政府，冯玉祥一派渐被排斥，无能为力。旧的反动统治去了，新的反动统治又建立起来。因此当孙中山年底到达北京时，面临的对手仍旧是以前的那个“谋危民国者”段祺瑞了。段祺瑞政府于12月6

---

① 《与长崎新闻记者的谈话》(1924年11月23日)，《孙中山先生由上海过日本之言论》；又见《孙中山选集》下卷，第897页。